KB051280

동네 안의
시민경제

서울대생들이 참여 관찰한
지자체의 사회적경제 사례
동네 안의 시민경제

초판 1쇄 발행 2016년 12월 9일
초판 2쇄 발행 2018년 7월 12일

지은이 김의영 외

펴낸이 김선기
펴낸곳 (주)푸른길
출판등록 1996년 4월 12일 제16-1292호
주소 (08377) 서울특별시 구로구 디지털로 33길 48 대륭포스트타워 7차 1008호
전화 02-523-2907, 6942-9570~2
팩스 02-523-2951
이메일 purungilbook@naver.com
홈페이지 www.purungil.co.kr

ISBN 978-89-6291-374-3 93300

• 이 도서의 국립중앙도서관 출판예정도서목록(CIP)은 서지정보유통지원시스템 홈페이지(http://seoji.nl.go.kr)와 국가자료공동목록시스템(http://www.nl.go.kr/kolisnet)에서 이용하실 수 있습니다.(CIP제어번호: CIP2016028731)

• 본 단행본은 2013년도 정부재원(교육부)으로 한국연구재단의 지원을 받아 연구되었습니다 (NRF-2013S1A5A2A03044417).
• 본 연구는 2016년도 서울대학교 아시아연구소의 아시아연구기반구축 사업의 지원을 받아 수행되었습니다(#SNUAC-2016-006).

서울대학교 한국정치연구소 한국정치연구총서 • 013

서울대생들이 참여 관찰한
지자체의 사회적경제 사례

동네 안의 시민경제

김의영 외 지음

푸른길

차례

제1부_ 사회적경제와 지자체

제2부_ 서울시 자치구 사회적경제 사례 분석

서문

··기획과 준비

이 책은 서울대학교 정치외교학부 정치전공 과목인 '글로벌 리더십 연습'을 수강한 9명의 학부생과 8명의 대학원 조교들이 2016년 1학기 동안 필자와 함께 연구한 결과물이다. 이하에서는 이 책을 내기까지의 기획과 준비, 교육, 연구와 집필 과정을 비교적 자세히 기술하고 있다. 이는 전 과정을 투명하게 공개하여 책 내용에 대한 신뢰성(reliability)을 높이는 한편, 모든 기록을 남김으로써 후속 연구를 위한 일종의 길라잡이 역할을 할 수 있으리라는 기대 때문이다.

필자는 2015년 1학기에 '시민정치론' 과목을 개설하여 학생들과 함께 『동네 안의 시민정치: 서울대생들이 참여 관찰한 서울시 자치구의 시민정치 사례』를 출판한 경험이 있다. 이번 『동네 안의 시민경제: 서울대생들이 참여 관찰한 지자체의 사회적경제 사례』는 그 후속 연구의 결과이다. 2015 『동네 안의 시민정치』가 서울시의 10개 자치구 시민정치 사례에 대한 연구였다면 2016 『동네 안의 시민경제』는 서울시 5개 자치구(강동구, 금천구, 마포구, 성북구, 은평구)와 전국 5개 자치단체(광주 광산구, 인천 남구, 전북 완주군, 전북 전주시, 충북 옥천군)의 사회적경제 사례에 대한 연구이다. 비록 사회적경제를 연구 대상으로 하고 있지만 정치학 전공과목으로서 사회적경제를 둘러싼 '시민정치' 현상에 초점을 두고 있다는 점에서 사실상 2015년 연구의 제2탄이라고 할 수 있다.

수업의 성격도 2015년과 마찬가지로 '지역 참여 교육·연구·실천에 기초한 정치학 수업'이었다. 학생들로 하여금 교실 안의 수업에 안주하지 않고 지역 현장에 직접 찾아가 참여 관찰과 인터뷰를 실시하도록 하였고 연구 결과를 학술논문, 기획기사, 그리고 학술도서의 형태로 발표하는 것을 목적으로 하였다. 수업 초반부터 학생들이 담당 지역 사례를 선정하고, 기존 이론 및 사례 연구를 분석·벤치마킹한 후, 각 지역 팀별로 '발로 뛰는' 연구를 집중적으로 수행하였고, 수차례에 걸친 발표와 수정 과정을 거쳐 최종 책 원고를 준비하도록 하였다. 수업 인터넷 게시판(Seoul National University electronic-Teaching and Learning, SNU eTL)을 활용하여 수시로 자료를 소개하고 학생들과 소통하였고, 학생들의 인터뷰와 참여 관찰을 돕기 위해 사회과학연구원 명의의 협조 요청 공문을 준비해 주었을 뿐 아니라 직접 섭외를 도와주기도 하였다. 푸른길 출판사를 통해 서울대학교 한국정치연구소 총서로 출판하게 된 것도 이전과 마찬가지였고, 이번에는 중앙일보가 아닌 한겨레(한겨레 서울&)의 기획기사 후원을 섭외하였다.

그러나 이번 '동네 안의 시민경제' 프로젝트는 '동네 안의 시민정치'와 비교해 사회적경제 사례에 연구 초점을 두고 있다는 점 외에 한 가지 더 큰 차이가 있다. 프로젝트의 전 과정(교육, 연구, 집필, 출판, 발표 등)을 통하여 교내외로부터 풍부한 지원과 후원을 받았다는 점이다. 우선 이번 프로젝트는 2015년 5월 발족한 서울대학교 정치외교학부 '글로벌 리더스 프로그램(Global Leaders Program, 이하 GLP)'의 지원을 받아 개설된 '글로벌 리더십 연습' 과목으로 진행되었다. GLP는 한 동문(1985년 졸업, 김진구 리더스코스메틱 대표이사)의 후한 지원(매해 1억 원 지원)에 힘입어 정치외교학부 재학생들의 공공 마인드(public mind)와 글로벌 마인드(global mind)를 함양하기 위해 마련된 프로그램으로, 현재 학부에서는 여러 가지 다른 세부 프로그램과 함께 매 학기 3~4개의 '글로벌 리더십 연습' 과목을 개설하고 있다.

또한 이 수업은 '서울대학교 글로벌사회공헌단(단장: 안상훈 사회복지학과 교수)

전공연계 사회공헌 실천사업'의 지원을 받았다. 이 사업은 학생들을 지역사회에 관심을 가지고 사회적 책임을 실천하는 따뜻한 마음을 가진 진정한 리더, 즉 '선한 인재'로 양성하는 것을 목적으로 한다. 참여교과목은 수업을 통한 학습과 지역사회 봉사의 결합을 의미하는 서비스러닝(service-learning)을 지향한다. 즉 학생들에게 수업에서 배운 내용을 지역사회에 스스로 적용하는 기회를 제공함으로써 전공과목에 대한 깊이 있는 이해를 도모하는 한편, 전문적인 지식 및 기술과 봉사정신을 지역사회와 함께 나눈다는 아이디어이다.

특히 이번 '동네 안의 시민경제' 프로젝트는 '전국사회연대경제지방정부협의회(회장: 김영배 성북구청장)'로부터 지원을 받았다. 협의회는 사회적경제 활성화를 통해 일자리 창출과 지역공동체 재생을 추구하는 데 뜻을 모은 전국 37개 기초자치단체의 협의체로서 프로젝트 수행 과정에 소요되는 비용에 대한 재정적 지원뿐 아니라 협의회 소속 기초자치단체에 대한 인터뷰, 참여 관찰, 자료 수집 등 여러 면에서 도움을 주었다. 이렇듯 교내외로부터 많은 관심과 성원에 힘입어 학습 및 연구를 위한 문헌 자료 구입, 수차례에 걸친 교내외 회의·워크숍 및 특강 실시, 서울을 비롯한 지방 곳곳의 사회적경제 사례 지역 방문 및 참여 관찰, 부산에서 개최된 '한국정치학회 하계학술회의' 참여 및 발표, 그리고 최종 폴란드 포즈난(Poznan)에서 열린 '세계정치학회 세계대회'(International Political Science Association World Congress) 참여 및 발표 등 프로젝트의 전 과정에서 실로 풍부한 지원을 받아 부족함 없이 교육과 연구를 수행할 수 있었다.

여러 교내외 지원 기관의 후원에 보답하고 기대에 부응하기 위해서라도 이번 프로젝트에서는 교육과 연구에 더하여 특별히 '실천과 사회적 기여'의 측면을 더욱 강조하였다. 이러한 '지역 참여 교육·연구·실천 지향 정치학 수업'은 최소한 다음의 세 가지 점에서 사회적 공헌을 할 수 있다. 첫째, 학생들을 민주적 시민과 공적 지도자로 키우는 것이 시작이다. 지역 현장을 직접 가서 보고, 듣고, 배우고, 분석하며 대안을 제시해 보는 과정에서 비판의식과 책임감, 공감과 공공성, 문제해결 능력과 효능감 등 시민적·공적 덕성(civic and public virtue)을 함양할 수 있다. 둘째, 수업을 통하여 배우고 분석한 내용을 책으로 출판하고 주요 신문 기획기사로 발표함으로써 우리 사회를 위해 지식과 정보를 공유·확산하고 정책적·실천적 함의를 제공할 수 있다. 셋째, 실제 지역의 긍정적·개혁적 변화를 가져올 수도 있다. 비록 작은 변화일지언정 학생들과 함께 고민하고 분석하여 제시한 내용이 지역 차원에서 일정 부분 정책적·실천적으로 고려·반영될 수 있다면 작지만 의미 있는 기여가 될 수 있다.

이러한 실천과 사회적 기여의 의미를 강조하기 위하여 '글로벌 리더십 연습' 강의계획서에 다음과 같이 명시하였다.

> 본 세미나는 교육과 연구뿐 아니라 수강생들의 사회적 책임 실천과 공헌을 목표로 학생들로 하여금 따뜻한 마음을 가진 진정한 리더로 성장할 수 있는 기회를 제공하고자 한다. 수강생들은 교육과 연구 과정을 통하여 자신들의 담당 지역 사회적경제의 발전에 조금이나마 기여할 수 있는 방법을 모색해 보고, 주요 일간지 기획기사 및 책 출판을 통하여 사회적경제의 취지와 중요성을 우리 사회에 더욱 알리고 그 저변을 확장시키며, 실제 현실 적용 가능한 정책적·실천적 지식과 정보를 발굴하는 등 최대한 사회적 실천과 기여를 위한 노력에 경주해야 한다.

··교육과정

이번 '글로벌 리더십 연습' 수업에서도 첫 8~9주간은 사례 연구에 적용할 수 있는 개념과 이론 그리고 기존 경험적 연구들을 집중적으로 교육하였다. 1주차부터 사회적경제에 대한 논의를 소개하고 관련 자료들을 eTL에 올려 학생들이 스스로 쉽게 찾아보게 하였다, 또한 수업에서 직접 다루지 못하는 사회적경제 관련 고전들—가령, 칼 폴라니(Karl Polanyi)의 『거대한 전환』과 자마니(Zamagni)와 브루니(Bruni)의 『21세기 시민경제학의 탄생』 등—을 간략하게 소개하고 10여 권의 고전들을 따로 비치하여 학생들이 수시로 빌려 볼 수 있도록 하였다.

일반적으로 사회적경제는 경제적 목적과 사회적 목적을 동시에 추구하며 연대에 기초하여 특정 재화나 서비스, 지식을 생산하는 기업·조직·결사체를 의미한다. 한국에서는 보통 협동조합, 사회적기업, 마을기업 등이 대표적 사회적경제 조직으로 간주된다. 하지만 사회적경제는 그 개념상 '기업의 사회적 책임'으로부터 '젠트리피케이션 문제에 대한 사회적경제의 대안 찾기'와 '새마을 운동'에 이르기까지 다양한 현상을 포함할 수 있다. 또한 사회적경제는 경제적 가치뿐 아니라 여러 정치적·사회적 가치—가령 공동체, 민주, 시민, 자율, 참여, 협력, 연대, 호혜, 대안 등—를 추구한다. 공동으로 소유하고 민주적으로 운영되는 사업체인 협동조합이 대표적인 예라 할 수 있다. 이러한 기본적인 내용을 중심으로 첫 수업부터 학생들에게 어려운 이론에 대한 얘기를 하는 대신, 앞으로 담당 지역의 다양한 사회적경제 현상에 내포되어 있는 여러 정치적 함의들을 함께 찾아보자는 얘기로 첫 수업을 시작하였다.

2주차에는 우선 2015년 '시민정치론' 수업 결과 출판된 『동네 안의 시민정치: 서울대생들이 참여 관찰한 서울시 자치구의 시민정치 사례』를 읽혔다. 이는 앞으로 한 학기 동안 어떤 방식으로 수업과 연구가 진행되며, 최종 책 출판을 위하여 얼마만큼의 준비와 노력이 필요한가를 학생들에게 미리 알리려는 사전 오리엔테이션의 의도였다. 또한 『동네 안의 시민정치』 자치구 사례 중 각종 마을기업과 협동조합 등 사회적경제 관련 에피소드들을 일별하는 의미도 있었다. 다음으로 필자의 논문인 "사회적경제의 혼종성과 정치학적 연구의 가능성"이란 논문을 읽고 사회적경제에 대한 정치학적 연구를 어떻게 할 것인가에 대한 얘기를 학생들과 나누었다. 기본적으로 여기서 정치란 '집단적 의사결정과 집행'이라는 광의의 정치를 의미하며, 사회적경제를 둘러싼 다양한 행위자들의 집단적 정치적 행위와 그 정치적 함의를 연구 대상으로 한다는 점을 강조하였다. 이에 따라 사회적경제 제도·정책·전략에 대한 연구로부터 시작하여 사회적경제와 집합행동의 문제, 사회적경제와 주민자치, 사회적경제와 거버넌스, 그리고 사회적경제와 민주주의 등 다양한 정치적 주제와 이슈에 초점을 두고 사회적경제 현상을 분석할 수 있다는 점을 논의하였다.

3주차는 기존 연구 중 비교적 학생들이 접근하기 쉬운 국문 논문들을 먼저 공부하였다. 가령 원주 지역 협동조합운동을 풀뿌리 거버넌스 시각으로 분석한 논문(정규호 2008), 사회적경제와 지역 수준의 민주주의를 논한 연구(정건화 2012), 마포구 사회적경제 현상에 대한 결사체 민주주의 시각(권효림 2015; 김의영·한주희 2009), 강원 지역 사회적경제의 '대안운동적' 속성을 분석·평가한 연구(엄한진·권종희 2014) 등 사회적경제의 정치학적 연구와 관련 있는 기존 논문들에 대한 분석을 통해 학생들이 담당 지역 사회적경제 사례에 적용할 수 있는 개념, 이론, 분석틀, 인터뷰와 참여 관찰 방법론을 예시적으로 소개하였다.

4주차에는 유엔사회발전연구소(UN Research Institute for Social Development, 이하 UNRISD)의 사회적경제 보고서인 "Social and Solidarity Economy: Is There a new Economy in the Making?"을 중심으로 사회적경제의 기본 개념과 정치학적 함의에 대해 교육하였다. UNRISD 전 부원장이자 정치사회학자인 우팅(Peter Utting) 박사가 작성한 이 보고서는 동 연구원의 사회적경제 연구 프로젝트인 "Potential and Limits of Social and Solidarity Economy"의 70여 개 연구 결과물의 내용을 종합한 것이다. 이 보고서는 사회적경제 대신 사회연대경제(Social Solidarity Economy, 이하 SSE) 개념을 사용하면서 '연대'의 의미가 내포하고 있는 정치적 함의를 강조한다. 가령 SSE의 핵심적 가치로 경제적 역량강화(economic empowerment), 상호호혜와 사회적 자본, 정치적 역량강화(political empowerment)와 참여적 거버넌스, 연대와 윤리성(ethicality) 등 다분히 정치적 의미가 가득한(politically loaded) 개념들을 제시한다. 또한 사회적경제 관련 정책에 대하여 정책의 정치적 맥락, 국가-시민사회의 거버넌스(co-construction)의 필요성, 시민사회의 참여와 집합행동의 중요성 등 정치학적 논의를 전개한다. 한마디로 사회적경제에 있어 정치적·사회적 가치를 중시하는 정책 철학, 참여적 정책 과정과 제도, 그리고 정책을 뒷받침할 수 있는 정치적 힘의 동원이 중요하다는 얘기라 할 수 있다. UNRISD 보고서는 사회적경제의 여러 가지 정치학적 함의에 대해 곰곰이 생각해 볼 수 있는 기회를 줄 뿐 아니라 세계 여러 지역 국가들의 사회적경제 정책과 사례 및 교훈을 간략하게 개관하고 있다는 점에서 학생들의 담당 지역 사회적경제 사례에 대한 정치학적 분석을 구상하기 위해 유용한 정보들을 제공하였다.

5주차는 '사회적경제와 집합행동'의 주제로 노벨 경제학상을 수상한 정치학자인 오스트롬(Elinor Ostrom)의 『공유의 비극을 넘어』와 퍼트넘(Robert Putnam)의 *Better Together: Restoring the American Community*를 공부하였다. 사회적경제는 지역주민들이 사회적경제 활동을 통해 공동의 문제를 함께 풀어 나가자는 집합행동의 문제로 볼 수 있다. 오스트롬은 국가와 시장이 아닌 주민 자치를 통해 공유자원의 문제를 더욱 효과적으로 해결할 수 있다는 시각과 사례를 제시한다. 이 연구는 학생들이 지역 사회적경제의 집합행동 사례를 분석할 때 적용·활용·응용할 수 있는 이론적 자원과 개념, 접근법과 방법론을 제공한다는 점에서 유용할 뿐 아니라 꼼꼼하고 치밀한 사례 분석의 전형을 보여 준다는 점에서 좋은 벤치마킹의 대상이라 할 수 있다. 퍼트넘의 연구는 시민참여와 상호호혜 및 신뢰의 규범, 즉 사회적 자본을 축적하여 공동체를 복원시킨 미국 12개 지역의 사례를 분석한다. 이 연구는 비록 직접적으로 사회적경제 현상을 다루고 있지는 않지만 지역 행위자들이 공동체의 집합적 문제들을 해결하기 위해 어떻게 다양한 시민참여 전략을 활용하는지에 대해 쉽고 생동감 있게 미국 현지 스토리를 전달해 주고 있다.

6주차의 주제는 '사회적경제와 거버넌스'였다. 앞서 언급한 UNRISD 보고서가 잘 보여 주고 있지만, 세계 어느 곳에서나 사회적경제의 성공에 있어 정부의 정책적 역할과 정부와 사회적경제 행위자 간 거버넌스(UNRISD 리포트에서는 이를 공동구성, 즉 co-construction이라 부른다)가 중요하다. 이 책의 제1부 '사회적경제와 지자체'에서 따로 정리하고 있지만 한국의 중앙 및 지역의 사회적경제에서도 정부의 역할과 거버넌스가 두드러진 요인으로 나타난다. 학생들로 하여금 잘 알려진 거버넌스 이론과 벤치마킹할 만한 경험적 연구들은 공부하게 함으로써 지역에서 관찰하게 될 지자체와 사회적경제 민간 행위자 간 거버넌스 사례 분석에 적용할 수 있도록 하였다(Ansell and Gash 2008; 김의영 2011; 유재원·홍순만 2005).

7주차에는 레스타키스(John Restakis), *Humanizing the Economy: Co-operatives in the Age of Capital*(Canada: New Publishers Societies)의 협동조합 사례 중 이탈리아와 캐나다의 사회복지 사회적 협동조합, 일본의 생활협동조합, 인도 성노동자 협동조합, 스리랑카 차 공정무역 협동조합, 그리고 아르헨티나 노동자 등의 협동조합 사례들을 집중적으로 공부하였다.

이 책의 제목이 암시하는 바는 독재로부터 민주주의로의 전환, 즉 정치의 인간화(humanizing politics)가 중요하듯이, 협동조합을 통해 '자본주의 경제의 권위주의'를 민주적으로 통제하는 것, 즉 경제의 인간화(humanizing the economy)도 필요하다는 것이다. 여기서 협동조합이 추구하는 대안적 경제는 경제 권력을 민주화함으로써 사회적·인간적 가치를 보호하자는, 본질적으로 정치적인 문제이다. 이 책의 사례들은 이탈리아와 캐나다의 복지 소비자, 일본의 생활자(일반 소비자), 인도의 성노동자, 스리랑카의 차 재배 농부, 아르헨티나에서 공장 폐쇄의 위험에 처한 노동자들이 협동조합을 통하여 새로운 사회적 정체성을 깨닫고, 권력 강화와 정치적 효능감을 체험하며, 정책 변화를 위한 정치적 동원에 이르기까지 '정치화'되는 과정을 잘 보여 주고 있다. 물론 이러한 사례들은 예외적인 성공 사례일지 모른다. 하지만 필자는 학생들이 자신들이 선정한 한국의 지역 사회적경제 사례를 찾아가 참여 관찰과 인터뷰를 하면서 그 민주적 대안으로서의 가능성과 한계를 가늠해 보길 원했다.

8주차 젠트리피케이션은 최근 서울 곳곳에서 떠오르는 현안이기도 했고 필자가 개인적으로 관심을 갖게 된 이슈라는 점에서 특별히 배정하였다. 필자의 관심을 끈 점은 젠트리피케이션 문제에 대해 중앙정부의 「상가건물임대차보호법」과 같은 법적·제도적 대응으로부터 성동구의 조례와 임차인과 건물주 간 자율상생협약과 같은 거버넌스 방식에 이르기까지 다층적·다원적 대안이 가능하며, 문제가 불거진 서울시 자치구 사이에 서로 다른 대응 방식이 나타나고 있다는 것이었다. 결국 이 프로젝트에 참여한 대학원생 3명은 필자와 함께 종로, 성동, 마포구 사례를 비교하는 영어 논문을 작성하여 2016년 8월 폴란드 포즈난에서 열린 '세계정치학회 세계대회'에서 발표한 바 있다.

9주차에는 수업에서 배운 내용을 점검하는 동시에 학생들로 하여금 기존 연구를 단순히 이해하는 정도를 넘어 자신들의 사례 분석을 위한 활용 방법을 구상해 보도록 하기 위해 중간시험을 실시하였다. 시험 문제는 지금까지 배운 기존 연구들을 활용해 자신의 지역 사회적경제 사례 연구 프러포절을 작성하는 것이었다.

매주 수업은 세미나 형식으로 학생들의 발표와 토론을 중심으로 이루어졌으며, 학생들은 팀별 발제를 통하여 그 주의 문헌 내용과 담당 지역 사례와의 상호 연관성과 응용 가능성을 찾는 연습을 하였다. 즉 기존 연구의 이론과 분석틀을 자신의 사례에 적용해 보거나 수업 시간에 다룬 사례와 유사한 지역 사례를 발굴하여 비교해 보도록 하는 등 물고기를 주기보다는 가능한 한 '물고기를 낚는 법'을 가르치기 위하여 노력하였다. 또한 뒤에 첨부한 eTL 캡처 사진에서 볼 수 있듯이 매주 배정된 읽을거리 외에 다양한 참고문헌 및 정보를 eTL 자료실에 올려놓아 학생들이 필요할 때마다 찾아볼 수 있도록 하였다.

외부 전문가 특강도 최대한 활용하였다. 2주차에는 전국사회연대경제 지방정부협의회의 김영식 사무국장의 특강을 통하여 전국 지자체 수준의 사회적경제 현황에 대한 정보를 접할 수 있었으며 학생들의 사례연구 지역 선정에도 도움을 얻었다. 3주차에는 서울대학교 아시아연구소 공석기 박사의 전국 사회적경제 성공 사례 연구에 대하여 듣고 배울 수 있는 기회를 마련하였다. 4주차 특강으로 연세대학교 정치외교학과에서 '마을학개론'이란 수업을 개설하여 학생들과 함께 신촌 지역 사례 연구를 수행한 이태동 교수를 초청하였다. 이외에도 홍기빈 글로벌정치경제연구소장을 초청하여 본인이 직접 번역한 칼 폴라니의 『거대한 전환』 관련 특강을 개최하였고, 학생들과 함께 서울시청을 방문하여 유창복 협치자문관의 특강을 듣기도 하였다. 4월 마지막 주에는 서울대학교 아시아연구소와 미국 사회과학연구위원회(Social Science Research Council)가 서울대학교에서 공동 개최한 'InterAsia Connections 국제회의'의 12개 워크숍 중 필자가 조직한 '사회적경제와 아시아의 대안적 발전 모델' 워크숍을 적극 활용하였다. 관심이 있는 학생들의 참여를 강력하게 권하였고, 학생들에게 워크숍에서 발표된 일본, 중국, 인도, 방글라데시 등 다른 아시아 국가 사례에 대한 인류학, 사회학, 정치경제학적 연구들을 소개하였다.

‥연구와 집필

'지역 기반 교육·연구·실천 수업'의 성격상 연구와 집필 및 교육 과정은 함께 이루어졌다. 지난번 '동네 안의 시민정치' 프로젝트와 달리 이번 '동네 안의 시민경제' 프로젝트에는 대학원생들이 단순히 멘토로 참여하는 것이 아니라 학부생들과 같이 팀을 이루어 직접 연구와 집필을 담당하였다. 학부생들과 대학원생들은 첫 수업부터 자신들이 연구할 지역과 사회적경제 사례를 찾아 사전 조사에 들어갔으며, 강의계획서에 나와 있듯이 첫 3주 이내에 사례 선정을 완료하였다. 지역 선정은 우선적으로 전국사회연대경제 지방정부협의회 소속 지자체 중 학생들의 선호와 지자체의 연구 참여 관심의 정도를 고려하여 선정하였다. 그러나 충북 옥천은 협의회와 무관하게 학생들의 선호를 우선으로 선정한 지역이었고, 협의회 소속 지자체 중 구청 차원에서 연구 참여를 원치 않았지만 학생들이 원하여 선정한 지역도 있었다. 여하튼 이번 '동네 안의 시민경제' 프로젝트는 협의회의 공식적인 후원 덕분에 특히 지자체장 및 담당 공무원과의 인터뷰와 정보 수집을 어려움 없이 수행할 수 있었다.

지역 선정을 완료하고 4주차에는 2~3페이지 사례조사 프러포절을 발표하도록 하였고, 5주차에서 8주차 사이 두 번의 필드 방문을 하도록 했으며, 9주차 중간시험 후에는 필드 방문 구두 발표회를 실시하고 2차 프러포절 겸 집필 원고 아우트라인을 제출하도록 하였다. 이 과정에서 모든 프러포절에 대한 개별 피드백을 제공했으며, 수업 시간에 발표를 시켜 다 같이 배울 수 있도록 하였다. 이후 학생들은 지속적으로 필드 연구 및 집필을 해 나갔고 수업 시간에는 필드 연구 발표·토론·피드백의 형식으로 수업을 진행하였다. 마지막 14주차에서 16주차 사이에는 학생들로 하여금 1차 및 2차 초고를 제출·발표·수정하도록 하였다. 그러나 이것으로 다 끝난 것은 아니었다.

비록 수업은 6월 중순에 끝났으나 모든 원고를 7월 1~2일 부산에서 개최되는 '2016년도 한국정치학회 하계학술회의'에서 패널을 조직하여 발표하기로 하고, 이 학술회의 발표 논문에 기초하여 성적을 부여하는 것으로 하였다. 원래 학부생들의 학회 발표 참여는 원칙적으로 불가능했지만, 대학원생 패널을 조직하여 학부생과 대학원생이 공동으로 집필·발표하는 형식을 취하였다. 7월 2일 토요일 오전에 열린 '동네 안의 시민경제' 패널에는 특별히 학계에서 왕성하게 연구 활동을 하고 있는 소장 정치학자들을 비롯해 한겨레와 중앙일보의 베테랑 기자들을 토론자로 모셨다(부록 첨부자료 4 참고). 토론을 통해 학생들 원고의 학술적인 내용뿐 아니라 정책적·실천적 함의와 가독성에 이르기까지 실로 '가혹한(?)' 그러나 유익한 코멘트와 수정 제안을 받았으며, 이후 학생들은 여름 방학 기간 동안 보완·수정을 하여 책 출판을 위한 최종 원고를 제출하게 되었다.

앞에서 잠깐 언급했지만 이번 프로젝트의 일부는 7월 마지막 주 폴란드 포즈난에서 개최된 세계정치학회(이하 IPSA) 세계대회(World Congress)에서 3개의 영어 논문으로 발표되었다(부록 첨부자료 4 참고). IPSA에는 대학원생들뿐 아니라 학부생들도 일부 같이 가서 비록 발표에는 참여하지 못했으나 세계적 수준의 정치학회를 참관하는 기회를 가지기도 하였다. IPSA에 다녀온 후 마지막 작업으로 내학원생들과 서울대학교 한국정치연구소 미우라 히로키 박사의 도움으로 이 책의 1부인 "사회적경제와 지자체"를 작성할 수 있었다. 중앙과 광역 지자체 수준의 주요 사회적경제 정책을 개관하고 있으며, 기초 지자체 차원의 사회적경제 거버넌스에 초점을 두고 이 책의 사례연구 결과를 종합·제시하고 있다.

··감사의 말

2015년 처음 학생들과 같이 출판할 때도 똑같이 느꼈지만, 그 누구보다도 필자의 '글로벌 리더십 연습' 수업을 듣고 이 책을 공동으로 집필한 9명의 학부생과 9명의 대학원생들에게 감사한다. 교육과 연구 및 집필 과정에서 온갖 희로애락을 함께했지만 특히 지난 7월 2일 부산에서의 '한국정치학회 하계학술회의' 마지막 발표 때 '프로' 토론자들의 '혹독한(?)' 비평을 들은 후 의기소침하고 심지어 눈물까지 흘린 학부생들의 얼굴을 기억하면 아직도 미안한 마음이 든다. 하지만 이들은 정말 기대 이상의 성과를 보여 주었다. 역시 지난번에 한 얘기를 다시 하지만, 필자가 알기로 전국 기초 지자체 수준의 사회적경제 사례에 관해 그동안 기사 내지는 짧게 기술하는 정도의 글은 꽤 있었지만, 이 정도로 '발로 뛰면서' 심층적으로 분석한 연구는 찾기 쉽지 않다. 대학원 조교들도 학점 인정도 되지 않은 필자의 수업을 참관하면서 교육과 연구 그리고 집필의 전 과정에서 중요한 역할을 맡아 주었다. 학부생들과 함께 전국을 누볐고, 필자를 도와 부산에서 포즈난까지 논문 발표를 준비할 뿐 아니라 로지스틱스 관련 온갖 궂은일을 마다하지 않았다. 이들의 도움이 없었으면 이 책의 1부 집필도 불가능했을 것이다.

그리고 1부 집필 작업을 주도해 준 한국정치연구소의 미우라 히로키 박사에게도, 출판 마지막 과정에서 편집과 디자인 등 출판사와의 마무리 작업을 맡아 준 이경수 조교(박사과정 수료)에게도 감사한다. 아무쪼록 이번 프로젝트가 이들에게 보람차고 유익한 경험이 되었고, 이 책의 출판이 조금이나마 보상이 될 수 있기를 바란다.

10개 지역에서 인터뷰와 참여 관찰 등 연구 과정에 여러 가지 도움을 주신 모든 분들께 감사한다. 여기서 일일이 감사드리지 못하는 점에 용서를 구하며, 이 책에 등장하는 지자체장과 공무원들, 사회적경제 활동가와 주민들, 그리고 수업 특강을 해주신 전문가들에게 심심한 감사의 마음을 전한다. 이번 프로젝트를 후원해 주신 분들은 앞에 이미 밝혔지만, 전국사회연대경제 지방정부협의회 김영배 회장(성북구청장)과 연구에 동참하고 후원해 준 기초자치단체장 분들, GLP를 위해 통 큰 지원을 제공한 김진구 동문, 서울대학교 글로벌사회공헌단 안상훈 단장, 홍기현 사회과학대학장 등 지원해 주신 모든 분들께 감사한다.

이번에도 책 출판을 허락해 준 푸른길 출판사 김선기 대표께 다시 감사드린다. 다행스럽게 2015년 출판한 『동네 안의 시민정치』가 2016 세종도서 학술부문 도서(구 문화체육관광부 우수학술도서)로 선정되었고, 이번 『동네 안의 시민경제』도 앞으로 좋은 평을 받아 판매에 도움이 될 수 있기를 바란다. 한겨레 윤승일 서울& 편집장과 이현숙 서울& 지역네트워크센터장께도 감사한다. 필자의 '동네' 프로젝트에 관심을 보내 주었고, 부산 정치학회 때 토론자로도 참여한 바 있다. 현재 서울& 지면을 통하여 2015년 책 내용이 열 번에 걸쳐 기획기사화되고 있으며, 이번 2016년 책 내용도 역시 조만간 기획기사로 발표될 수 있기를 바란다.

끝으로 필자와 뜻을 같이하는 정치학자들의 모임인 '시민정치 교육·연구·실천 모임' 동지들의 지지에 감사한다. 이들은 '지역 참여 교육·연구·실천에 기초한 정치학 수업'을 통하여 정치학 연구의 수월성과 교육·혁신을 추구하면서 동시에 정치학의 사회적 역할과 기여를 증진시킬 수 있다는 비전을 공유하고 있다. 현재 연세대학교, 서강대학교, 경희대학교 정치외교학과에서도 필자의 수업과 유사한 수업 프로젝트를 실험하고 있으며, 앞으로 이러한 비전이 학계 차원에서 전국적으로 확산될 수 있기를 바란다.

2016년 12월

집필진을 대신하여, 김의영

 2016년 1학기 〈글로벌 리더십 연습〉 강의계획서

글로벌 리더십 연습

『동네 안의 시민경제: 서울대생들이 참여 관찰한 전국 사회적경제 사례』

2016년 봄학기, 수요일 15:30-18:30
담당교수: 김의영
e-mail: euiyoungkim@snu.ac.kr
전화: 02-880-6369

I. 강의 목적 및 내용

사회적경제(social economy)는 경제적 목적과 사회적 목적을 동시에 추구하며 연대에 기초하여 특정 재화나 서비스, 지식을 생산하는 기업·조직·결사체를 의미한다. 사회적경제의 본고장이라 할 수 있는 유럽에서는 일반적으로 협동조합, 공제회, 결사체, 재단, 사회적기업 등을 지칭하며, 한국의 경우 주로 사회적기업, 협동조합, 마을기업 등을 대표적인 사회적경제 조직으로 간주하고 있다. 그러나 사회적경제는 개념상 '기업의 사회적 책임'으로부터 '젠트리피케이션 문제에 대한 사회적경제의 대안 찾기'와 '새마을운동'에 이르기까지 실로 다양한 현상을 포함한다.

이러한 다양성에도 불구하고 모든 사회적경제 유형은 공통적으로 경제적 가치뿐 아니라 다양한 사회적 가치—공동체, 민주, 시민, 자율, 참여, 협력, 연대, 호혜, 대안 등—를 추구한다. 가령 대표적인 사회적경제 조직인 협동조합의 예를 들어, 국제협동조합연맹(International Co-operative Alliance, ICA)은 협동조합을 공동으로 소유하고 민주적으로 운영되는 사업체(enterprise)를 통해 공통의 경제·사회·문화적 필요와 욕구를 충족시키고자 사람들이 자발적으로 결성한 자율적인 인적결사체(association)로 정의한다. 즉 협동조합은 사업체이자 결사체이며 경제조직이자 민주적 원리와 사회·문화적 가치를 추구하는 혼종적(hybrid) 조직으로서 경제성뿐 아니라 자발성, 개방성, 민주성, 참여성, 자율과 독립, 연대와 협동, 지역사회에 대한 기여 등 다양한 가치와 목표를 추구하고 있는 것이다. 이러한 점에서 협동조합은 이윤추구의 목적과 1주 1표의 원리로 조직된 기업과 근본적인 차이가 있다.

본 Global Leadership Program 세미나에서는 사회적경제에 대한 정치학적 연구를 수행한다. 여기서 정치는 '집단적 의사결정과 집행'이라는 광의의 정치를 의미하며, 본 세미나는 사회적경제를 둘러싼 다양한 행위자들의 집단적 정치적 행위와 그 정치적 함의를 연구 대상으로 한다. 가령 사회적경제 제도·정책·전략, 사회적경제와 집합행동, 사회적경제와 주민자치, 사회적경제와 거버넌스, 사회적경제와 민주주의, 사회적경제와 시민정치, 사회적경제와 정치적·사회적 기업가의 역할(political/social entrepreneurship) 등 다양한 정치적 주제와 이슈에 초점을 두고 사회적경제 현상을 분석한다. 이를 위하여 수업 전반부에 사회적경제 개념과 이론적·경험적 논의와 시민정치와 거버넌스 관련 주요 연구들을 검토하고 벤치마킹하여 수강생들의 사례 분석을 위한 기본적인 시각과 분석틀을 도출하도록 한다. 또한 필요에 따라 관련 전문가를 초청하여 특강을 실시한다.

본 세미나의 수강생(학부생 10여 명+대학원생 조교/멘토 7~8명)은 전국(서울 포함) 주요 사회적경제 사례(7~10개 지역 사례)에 대한 field research를 수행한다. 사례의 중요성, 수강생들의 관심, 전국사회연대경제지방정부협의회의 제안 등을 고려하여 팀별(학부생+대학원생, 2~3명) 담당 지역 사회적경제 사례를 선정하고, 팀별로 최소한 3회 내지는 4회 정도 선정 지역을 방문하여 관련 민·관 행위자들과의 심층적인 인터뷰와 참여 관찰을 실시한다. 실제 field research를 위하여 떠나기 전 수강생들은 기존 2차 자료와 데이터(신문 및 인터넷 정보, 각 지방정부 자료 및 데이터, 기존 연구논문 등)에 기초하여 각 지역 사례의 기본적인 현황 분석을 마쳐야 한다. 수업 후반부는 field research와 참여 관찰 및 집필에 도움을 주기 위한 방식으로 진행될 예정이며, 수업시간과 대학원생 mentor와의 정기모임을 통하여 수강생들의 분석 및 집필 과정을 모니터링 할 계획이다.

Field research와 사례 연구결과를 주요 일간지 기획기사로 발표하고 『동네 안의 시민경제: 서울대생들이 참여 관찰한 지자체의 사회적경제 사례』 한국정치연구소 총서』)로 출판한다. 여기서 '시민경제(Economia Civile)'는 Stefano Zamagni & Luigino Bruni의 *Economia Civile* 『21세기 시민경제학의 탄생』에서 온 개념으로서 인간의 사회성과 상호성을 경제활동의 중심으로 본다는 점에서 사회적경제의 다른 표현이라 할 수 있다. 참고로 2015년에 1학기에 개설한 '시민정치론' 과목을 통하여 중앙일보 '이젠 시민이다' 기획기사 시리즈를 발표하고 『동네 안의 시민정치: 서울대생들이 참여 관찰한 서울시 자치구의 시민정치 사례』(서울: 푸른길)를 출판한 바 있으며, 이번 Global Leadership Program 세미나는 그 후속 연구로 기획되었다.

본 세미나의 강의 및 세미나, 회의, field research, 집필 등 제반 연구 작업은 정치외교학부의 Global Leadership Program, 서울대 글로벌사회공헌단(전공연계 사회공헌사업 참여교과목), 전국사회연대경제지방정부협의회의 재정적 지원과 후원을 받아 진행한다. 가령 끝까지 연구에 참여하는 수강생들에게는 기본 자료 구입비, 회의비, field trip 비용 등을 지원한다.

수강생들의 사례분석 및 집필 결과로 성적을 부여하고 기말 시험 및 리포트를 대체한다. 수업 전반부에 다룬 주요 이론적, 경험적 논의에 대한 중간시험은 실시한다. 2016년 6월 초까지 1차 집필을 완료한다. 적절한 시점에 연구결과 관련 기획기사를 발표하고, 1차 집필 결과를 수정·보완하여 최종 책을 출판한다. 잠정적이지만 연구결과의 해외 학술회의 발표 가능성도 모색한다.

본 세미나는 교육과 연구뿐 아니라 수강생들의 사회적 책임 실천과 공헌을 목표로 학생들로 하여금 따뜻한 마음을 가진 진정한 리더로 성장할 수 있는 기회를 제공하고자 한다. 수강생들은 교육과 연구과정을 통하여 자신들의 담당 지역 사회적경제의 발전에 조금이나마 기여할 수 있는 방법을 모색해보고, 주요 일간지 기획기사 및 책 출판을 통하여 사회적경제의 취지와 중요성을 우리 사회에 더욱 알리고 그 저변을 확장시키며, 실제 현실 적용 가능한 정책적·실천적 지식과 정보를 발굴하는 등 최대한 사회적 실천과 기여를 위한 노력에 경주해야 한다.

II. 주별 강의계획 및 Reading

아래 주요 reading 外 필요한 각종 자료를 수시로 소개하고 함께 연구할 예정임

○제1주: 강의소개

사회적경제 관련 기존 신문 칼럼·기사와 동영상 등 관련 자료 소개

*** 지역 사례 선정 시작**

〈참고문헌〉

칼 폴라니. 『거대한 전환』.

David Bornstein. *How to Change the World: Social Entrepreneurs and the Power of New Ideas*. (데이비드 본스타인. 박금자 옮김. 2008.『달라지는 세계』. 지식공작소).

Stefano Zamagni & Luigino *Bruni. Economia Civile*. (스테파노 자마니 · 루이지오 브루니. 제현주 옮김. 2015.『21세기 시민경제학의 탄생』).

Erik Orlin Wright. 2010. *Envisioning Real Utopia*. London: Verso. (에릭 올린 라이트. 권화현 옮김. 2012.『리얼 유토피아』. 들녘).

임현진 · 공석기. 2015.『뒤틀린 세계화: 한국의 대안 찾기』. 서울: 나남.

Peter Utting ed. *Social and Solidarity Economy: Beyond the Fringe* (London: Zed Books, 2015).

Robert K. Yin, Case Study Research: Design and Methods (Thousand Oaks, California: SAGE Inc., 2009). chapters 1-3 & 5. ··· **사례 연구 방법론**

ㅇ제2주: '사회적경제의 정치학' 소개 및 오리엔테이션

*김의영 외. 2015.『동네 안의 시민정치: 서울대생들이 참여 관찰한 서울시 자치구의 시민정치 사례』. 서울: 푸른길. ··· **자치구의 사회적경제 사례 찾아보기!**

*______. 2015. "사회적경제의 혼종성과 정치학적 연구의 가능성: 조직 지형, 국가 간 비교, 민주주의." 서울대학교 사회과학대학 설립 10주년 기념 심포지엄 발표 자료.

서울시 자치구 사례 관련 자료

*** 지역 사례 선정**

ㅇ제3주: 사회적경제 기본 개념 및 정치학적 논의 I

*정규호. 2008. "풀뿌리 사회경제 거버넌스의 의미와 역할-원주 지역 협동조합운동을 사례로."『시민사회와 NGO』6(1). 113-148.

*정건화. 2012. "민주주의, 지역 그리고 사회적 경제."『동향과 전망』86. 7-43.

*권효림. 2015. "결사체주의 관점에서 본 '마을공동체 만들기'의 민주주의적 의의: 마포파티(Mapo party) 사례를 중심으로."『한국사회학』49(5).

*김의영 · 한주희. 2009. "결사체 민주주의의 실험."『한국정치학회보』.

*엄한진 · 권종희. 2014. "대안운동으로서의 강원지역 사회적경제."『경제와 사회』. 겨울호(통권 제104호).

하승우. 2009. "한국의 시민운동과 생활정치의 발전과정."『시민사회와 NGO』.

______. 2013. "협동조합운동의 흐름과 비판적 점검." 『문화과학』 73(특집).

박주원. 2007. "한국 민주주의의 또 다른 기원." 『기억과 전망』 17. 175-201.

김경희. 2013. "사회적경제를 통한 지역혁신의 가능성과 한계: 마을기업과 협동조합을 중심으로." 『공공사회연구』 3(2).

생협평론 - 협동조합과 민주주의 특집 & 협동조합과 지역발전 중 일부 ···› SKIM

*** 지역 사례 선정 완료**

○ 제4주: 사회적경제 기본 개념 및 정치학적 논의 II

*Peter Utting et. al. 2014. "Social and Solidarity Economy: Is There a New Economy in the Making?" UNRISD Occasional Paper 10.

Smith, Graham and Simon Teasdale. 2012. "Associative democracy and the social economy: exploring the regulative challenge." *Economy and Society*. Vol. 41, No. 2.

*** 팀별 1차 2-3 페이지 프러포절 발표 (수업 이틀 전 제출)**

○ 제5주: 사회적경제와 집합행동

*오스트롬, 엘리노. 2010. 『공유의 비극을 넘어』 서울: 랜덤하우스. [Ostrom, Elinor. 1990. *Governing the Commons*. Cambridge: Cambridge University Press], 1장 & 2장.

*Robert Putnam, *Better Together: Restoring the American Community*. (New York: Simon and Schuster, 2003), chapters 1, 3, 4, 12, conclusion ···› 나눠서 발제하기

이경란. 2010. "도시 속 협동적 연대를 통한 마을경제관계망 만들기: 서울 마포구 성미산 마을의 사례." 『한국협동조합연구』 28(2).

고광용. 2014. "자치구 마을공동체 네트워크와 중간지원조직의 역할 비교연구: 서울시 동대문구와 성북구의 비교를 중심으로." 『사회과학연구』 26(2).

○ 제6주: 사회적경제와 거버넌스

*Ansell, Chris and Alison Gash. 2008. "Collaborative Governance in Theory and Practice" *Journal of Public Administration Theory and Practice*. 18.

*최문형 · 김인제 · 정문기. 2015. "주거환경관리사업에서의 협력적 거버넌스: 길음동

소리마을 주민참여형 재생사업을 중심으로." 『한국지방자치학회보』 27(4).

*유재원·홍순만. 2005. "정부의 시대에서 꽃핀 Multi-level Governance: 대포천 수질개선 사례를 중심으로." 『한국정치학회보』 39(2).

김의영. 2011. "굿 거버넌스 연구분석틀." 『한국정치연구』.

성북구. 2013. 『주민과 함께 만드는 참여 거버넌스를 이야기하다』 ··· SKIM

ㅇ제7주: 협동조합 사례

*John Restakis. 2010. *Humanizing the Economy: Co-operatives in the Age of Capital*. Canada: New Publishers Societies. 중 4장(이탈리아), 5장(캐나다), 6장(일본), 7장(인도), 8장(스리랑카), 9장(아르헨티나) ··· 나눠서 발제하기

ㅇ제8주: 젠트리피케이션 사례

*제 1회 도시정책포럼 "젠트리피케이션 없는 도시재생은 가능한가?" 자료집 중

*"Staying Put: An Anti-Gentrification Handbook for Council Estates in London." 인터넷 자료

*** 제5주에서 제8주 사이에 1차&2차 field trip 실시**

ㅇ제9주: 중간시험 및 1차 field trip 결과 구두 발표

ㅇ제10주: 팀별 2차 프러포절 발표

ㅇ제11주: field report

ㅇ제12주: field report

ㅇ제13주: field report

ㅇ제14주: 1차 초고 제출 및 발표

ㅇ제15주: 초고 수정 보완

ㅇ제16주: 2차 초고 제출 및 발표

– 필요할 경우 방학 중 최종 원고 수정 및 제출

첨부 자료 | 2 사회과학연구원 협조 요청 공문

세계를 품고 미래로

Embrace the world Pioneer the future

서 울 대 학 교

사회과학연구원

수신자	[기관] [담당자]
제목	[동네 안의 시민 경제: 서울대생들이 참여 관찰한 한국 사회적경제 사례] 프로젝트 협조 요청

1. 귀 기관의 무궁한 발전을 기원합니다.

2. 서울대학교 사회과학연구원과 산하기관인 한국정치연구소는 새로운 사회적 대안으로 부상하는 사회적경제(social economy)에 대한 사례연구를 진행하고 있습니다. 이러한 노력의 일환으로 2016년 1학기(3월~8월)에 <글로벌 리더십 연구>를 수강하고 있는 서울대학교 학부생들과 대학원생 멘토들이 직접 사회적경제의 확산 사례를 참여·관찰 및 연구하여 그 성과를 동년 하반기에 단행본(『동네 안의 시민 경제: 서울대생들이 참여 관찰한 한국의 사회적경제』)으로 출간할 것입니다.

관련하여 한국정치연구소는 작년에 『동네 안의 시민정치: 서울대생들이 참여 관찰한 서울시 자치구의 시민정치 사례』를 총서로 발간한 바 있습니다.

3. 6월에는 주요 일간지(『한겨레신문』)가 연구과정 및 성과를 기획기사로 보도할 예정입니다. 또한 학생들은 각자 분석한 지자체의 사례를 오는 10월에 개최될 세계정치학학생대회(장소: 미정)에서 전세계 주요 학자 및 연구자들 앞에서 발표할 계획입니다.

4. 책이 출간되는 시기인 11월에는 사회적경제에 대한 관심을 제고하고, 사회적경제의 연구 심화를 위해 학술대회([사회적경제의 혼종성과 다양성])을 개최할 예정이며, 서울대학교 사회과학대학 소속 교수 10여명이 연구성과를 발표할 것입니다. 아울러 단행본 출간기념 행사도 진행할 예정입니다.

5. 프로젝트의 연구성과는 [기관]의 사회적경제 성과에 대한 홍보 및 지역 사회적경제의 확산에 기여할 것이며, 미래의 주역인 국내외 대학생들의 사회적경제에 대한 인식 제고에도 긍정적 영향을 미칠 것입니다.

6. 이에 아래와 같이 사례연구 조사협조를 요청하오니 [기관장님]인터뷰를 포함해 다양한 방면에서 [기관]이 지원해 주시기를 요청 드립니다.

- 아　　래-

○ 사업명: 동네 안의 시민 경제: 서울대생들이 참여 관찰한 한국 사회적 경제 사례 연구
○ 연구주관: 서울대학교 사회과학연구원, 한국정치연구소
○ 연구기간: 2016.3월~2016.12월 (책 출판 등 포함)
○ 연구성과: 단행본 출간, 사회적경제 학술대회 및 출판기념회 개최, 『한겨레신문』 기획기사 보도(6월 예정)
○ 지원요청
-자치단체 사회적경제 정책 및 우수사례 조사 협조(실무자 및 중간지원조직 관계자 설문조사 등)
-자치단체장 인터뷰(자치단체장 일정에 따란 4-7월 중 진행)
○ 관련문의: 서울대학교 한국정치연구소 임기홍 조교(010-9252-8954/ gyong0507@gmail.com)

붙임 1. 서울대학교 사회과학연구원장 김의영 교수 서신 1부.
붙임 2. 『동네 안의 시민정치』 표지

서 울 대 학 교 사 회 과 학 연 구 원 장

실무관　박 한 진　　담당관　김현철　　원장 04/06 김 의 영

시행　사회과학연구원-778　(2016. 04. 05.) 접수

우 151-742 서울특별시 관악구 관악로1 서울대학교 사회과학연구원 /홈페이지 http://css.snu.ac.kr/

전화 02) 880-6314 /전송 02) 886-7221 /전자우편 8806314@hanmail.net / 공개

[붙임 1] 서신

[기관장]님께.

안녕하십니까? 저는 서울대학교 정치외교학부 김의영 교수입니다. 현재 서울대학교 사회과학연구원 원장 및 한국정치연구소장을 겸임하고 있습니다.

이번 학기에 제가 가르치는 <글로벌 리더십 연습>을 수강하는 20여 명의 학부생 및 대학원생들이 저와 함께 『동네 안의 시민경제: 서울대생들이 참여 관찰한 한국의 사회적경제』라는 책을 출판하기 위해 열심히 연구하고 준비하고 있습니다.

학생들은 우선 '사회적경제'에 대한 국내외 주요 문헌들을 분석했고, 희망지역에 대한 사전 문헌조사도 진행했습니다. 이제 이들은 자신들이 선정한 지역을 직접 찾아가 심층적인 참여 관찰및 인터뷰를 수행하려고 합니다.

여러 가지로 바쁘시겠지만 [기관장]님께서 학생들의 인터뷰 요청에 응해주시기를 정중히 요청 드립니다. 또한 [기관]의 사회적경제 담당자와 지역 사회적경제 조직 구성원들과의 대면접촉이 가능할 수 있도록 도와주시기를 또한 부탁드립니다.

저와 학생들의 연구 결과는 하반기에 서울대학교 한국정치연구소 총서로 출판할 계획이며, 『동네 안의 시민경제: 서울대생들이 참여 관찰한 한국의 사회적경제』(푸른길 출판사 계약완료)는 [기관] 및 [기관장]님의 업적에 대한 기록과 홍보의 의미가 있을 것입니다. 또한 프로젝트와 관련하여 '한겨레신문'의 기획기사가 6월경 보도될 것입니다. 아울러 11월에 개최될 학술대회("사회적경제의 혼종성과 다양성")에도 많은 관심을 부탁드립니다.

다시 한 번 우리 학생들의 참여 관찰과 인터뷰에 협조해주시기 부탁드리며 이 프로젝트와 학생들에 대한 문의 사항이 있으시다면 언제든지 제게 연락주시기 바랍니다.

김의영
서울대학교 정치외교학부 교수
서울대학교 사회과학연구원장
서울대학교 한국정치연구소장(겸임)
이메일: euiyoungkim@snu.ac.kr
모바일: 010-4723-4632

[붙임 2] 『동네 안의 시민정치』 표지

첨부 자료 | 3 수업 인터넷 게시판 캡처 사진

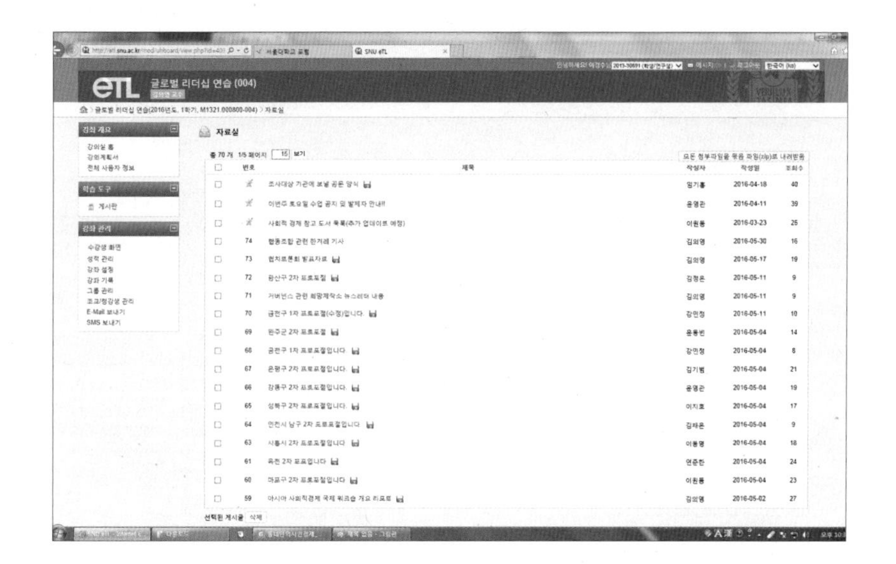

첨부 자료 | 4

한국정치학회 하계학술회의 패널 & 세계정치학회(IPSA) 세계대회 패널

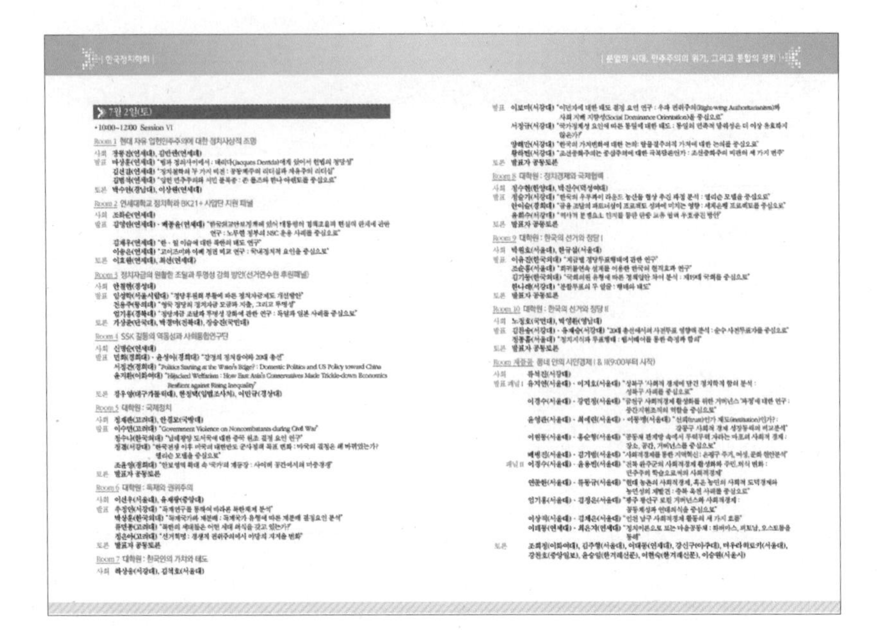

| 한국정치학회 | | 분열의 시대, 민주주의의 위기, 그리고 통합의 정치 |

7월 2일(토)

• 10:00~12:00 Session VI

Room 1 현대 자유 입헌민주주의에 대한 정치사상적 조명

사회 장동진(연세대), 김만권(연세대)
발표 이상훈(연세대) "법과 정의사이에서 : 데리다(Jacques Derrida)에게 있어서 헌법의 정당성"
김선갑(연세대) "정치철학의 두 가지 비전 : 공동체주의 리더십과 자유주의 리더십"
김범석(연세대) "입헌 민주주의와 시민 불복종 : 존 롤즈와 한나 아렌트를 중심으로"
토론 박수인(경남대), 이상원(연세대)

Room 2 연세대학교 정치학과 BK21+ 사업단 지원 패널

사회 조화순(연세대)
발표 김양인(연세대) · 배종윤(연세대) "한국외교안보정책에 있어 대통령의 정책조율과 현실의 관계에 관한 연구 : 노무현 정부의 NSC 운용 사례를 중심으로"
김재우(연세대) "한 · 일 이슈에 대한 북한의 태도 연구"
이승은(연세대) "고이즈미와 아베 정권 비교 연구 : 국내정치적 요인을 중심으로"
토론 이호원(연세대), 최선(연세대)

Room 3 정치자금의 원활한 조달과 투명성 강화 방안(선거연수원 후원패널)

사회 안철현(경성대)
발표 임성학(서울시립대) "정당후원회 부활에 따른 정치자금제도 개선방안"
전용주(동의대) "영국 정당의 정치자금 모금과 지출, 그리고 투명성"
엄기홍(경북대) "정당자금 조달과 투명성 강화에 관한 연구 : 독일과 일본 사례를 중심으로"
토론 가상준(단국대), 박경미(전북대), 장승진(국민대)

Room 4 SSK 갈등의 역동성과 사회통합연구단

사회 신명순(연세대)
발표 민희(경희대) · 윤성이(경희대) "감정의 정치참여와 20대 총선"
서정건(경희대) "Politics Starting at the Water's Edge? : Domestic Politics and US Policy toward China"
윤기환(이화여대) "Hijacked Welfarism : How East Asia's Conservatives Made Trickle-down Economics Resilient against Rising Inequality"
토론 장우영(대구가톨릭대), 한정택(입법조사처), 이민규(경상대)

Room 5 대학원 : 국제정치

사회 정재환(고려대), 한정모(국방대)
발표 이수민(고려대) "Government Violence on Noncombatants during Civil War"
정수나(한국외대) "남태평양 도서국에 대한 중국 원조 결정 요인 연구"
정결(서강대) "한국전쟁 이후 미국의 대한반도 군사정책 목표 변화 : 미국의 결정은 왜 바뀌었는가? 앨리슨 모델을 중심으로"
조윤영(경희대) "안보영역 확대 속 국가의 재등장 : 사이버 공간에서의 미중경쟁"
토론 발표자 공동토론

Room 6 대학원 : 독재와 권위주의

사회 이신우(서울대), 유재광(중앙대)
발표 추정인(서강대) "독재연구를 통해서 바라본 북한체제 분석"
박상훈(한국외대) "독재국가와 계분쟁 : 독재국가 유형에 따른 계분쟁 결정요인 분석"
류연봉(고려대) "북한의 세대들은 어떤 세대 의식을 갖고 있는가?"
정은아(고려대) "선거혁명 : 경쟁적 권위주의에서 야당의 지지율 변화"
토론 발표자 공동토론

Room 7 대학원 : 한국인의 가치와 태도

사회 허상윤(서강대), 김석호(서울대)
발표 이보미(서강대) "이민자에 대한 태도 결정 요인 연구 : 우파 권위주의(Right-wing Authoritarianism)와 사회 지배 지향성(Social Dominance Orientation)을 중심으로"
서정규(서강대) "국가정체성 요인에 따른 통일에 대한 태도 : 통일의 민족적 당위성은 더 이상 유효하지 않은가?"
양혜인(서강대) "한국의 가치변화에 대한 논의 : 탈물질주의적 가치에 대한 논의를 중심으로"
황하빈(서강대) "조선중화주의는 중심주의에 대한 극복담론인가 : 조선중화주의 비판의 세 가지 변주"
토론 발표자 공동토론

Room 8 대학원 : 정치경제와 국제협력

사회 정수현(한양대), 박진수(덕성여대)
발표 정승기(서강대) "한국의 우루과이 라운드 농산물 협상 추진 과정 분석 : 앨리슨 모델을 중심으로"
안이슬(경희대) "공공 조달의 파트너십이 프로젝트 성과에 미치는 영향 : 세계은행 프로젝트를 중심으로"
유희수(서강대) [illegible]
토론 발표자 공동토론

Room 9 대학원 : 한국의 선거와 정당 I

사회 박원호(서울대), 한규섭(서울대)
발표 이유진(한국외대) "지역별 정당투표행태에 관한 연구"
조순용(서울대) "회귀불연속 설계를 이용한 한국의 현직효과 연구"
김가영(한국외대) "국회의원 유형에 따른 경제입법 차이 분석 : 제19대 국회를 중심으로"
한나래(서강대) "분할투표의 두 얼굴 : 행태와 태도"
토론 발표자 공동토론

Room 10 대학원 : 한국의 선거와 정당 II

사회 노정호(국민대), 박영환(영남대)
발표 김한솔(서강대) · 유재승(서강대) "20대 총선에서의 사전투표 영향력 분석 : 순수 사전투표자를 중심으로"
정종흠(서울대) "정치지식과 투표행태 : 웹서베이를 통한 측정과 함의"
토론 발표자 공동토론

Room 세종홀 동네 안의 시민경제 I & II(9:00부터 시작)

사회 류석진(서강대)
발표 패널 I 유지연(서울대) · 이지호(서울대) "성북구 '사회적 경제'에 담긴 정치학적 함의 분석 : 성북구 사례를 중심으로"
이정수(서울대) · 강민정(서울대) "금천구 사회적경제 활성화를 위한 거버넌스 '과정'에 대한 연구 : 중간지원조직의 역할을 중심으로"
윤영란(서울대) · 최예린(서울대) · 이동명(서울대) "신뢰(trust)인가 제도(institution)인가? : 강동구 사회적 경제 성장동력의 비교분석"
이원동(서울대) · 홍순형(서울대) "공동체 관계망 속에서 두터워져 가라는 마포의 사회적 경제 : 장소, 공간, 거버넌스를 중심으로"
배병진(서울대) · 김기범(서울대) "사회적경제를 통한 지역혁신 : 은평구 주거, 여성, 문화 현안분석"
패널 II 이정수(서울대) · 윤용빈(서울대) "전북 완주군의 사회적경제 활성화와 주민의식 변화 : 민주주의 학습으로서의 사회적경제"
연문환(서울대) · 류동규(서울대) "현대 농촌의 사회적경제, 혹은 농민의 사회적 도덕경제와 농민성의 재발견 : 충북 옥천 사례를 중심으로"
엄기홍(서울대) · 김정은(서울대) "광주 광산구 로컬 거버넌스와 사회적경제 : 공동체성과 연대의식을 중심으로"
이상직(서울대) · 김재은(서울대) "인천 남구 사회적경제 활동의 세 가지 흐름"
이태동(연세대) · 최은지(연세대) "정치이론으로 보는 마을공동체 : 하버마스, 퍼트남, 오스트롬을 통해"
토론 조희정(이화여대), 김주형(서울대), 이태동(연세대), 강신구(아주대), 미우라 히로키(서울대), 장원호(중앙일보), 윤승일(한겨레신문), 이현숙(한겨레신문), 이승원(서울시)

IPSA AISP

CONTACT US |  | English Français LOG IN

24th World Congress of Political Science

July 23-28, 2016 | Poznań, Poland

ABOUT - PROGRAM - DESTINATION - EXHIBITORS & SPONSORS - REGISTRATION -

Citizen Politics and Governance in a World of Inequality: Case of Seoul Metropolitan City

Panel Code:
RC05.06
Convenor:
Prof. Euiyoung Kim
'Politics in a World of Inequality' takes a new shape at the local level as well. The relationship between citizens and the local government in particular undergoes fundamental changes in the era of rising inequality. The metropolitan city of Seoul is a case in point. On the one hand, development of new types of civic association such as social and community enterprises, multi-stakeholder cooperatives, and other grassroots-level social economy organizations has been transforming the traditional terrain of advocacy-focused civil society. On the other hand, the metropolitan and district governments have actively pursed collaborative policies with the new civic associations in addressing chronic inequality problems, particularly in the area of social welfare provision. The dynamic interaction and convergence of these push and pull factors has gradually created a new mode of citizen politics and governance, rebuilding the city as a leading model of civic democracy and innovative policy experiments. Collective problem-solving rather than advocacy and collaborative governance rather than hierarchical government characterize this emerging mode of local politics.
This panel will analyze the case of the metropolitan city of Seoul and its 25 embedded districts, focusing on their various manifestations of citizen politics and governance. It is based on a three year research project funded by the Korea Research Foundation. Papers to be presented include an empirical analysis of 'citizen politics indicators' of the 25 districts of Seoul, a study of the ecology of cooperatives in the metropolitan city, a single case analysis of village-

Language:
English
Chair:
Prof. Chan Wook Park
Co-chair:
Prof. Hosup Kim
Discussants:
Prof. Won-Taek Kang
Abstracts:

- Gentrification and Collaborative Governance in Seoul: A Comparative Case Study of Three Districts
  Mr. Wondong Lee, Mr. Gihong Im, Prof. Euiyoung Kim, Mr. Jun-Han Yon
- Governing the Social Economy at the Local Level: Three District Cases of Seoul
  Prof. Euiyoung Kim, Mr. Byeong Jin Bae, Ms. Jiyeon Yu, Mr. Young Gwan Yoon
- Social Economy and Community Gaps in Seoul Metropolitan City
  Dr. Hiroki Miura

제1부

사회적경제와 지자체

지역발전위원회
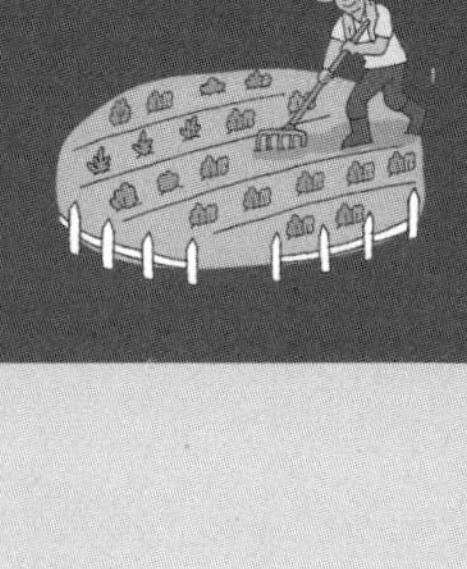

마포구
협동조합
시민단체
사회적기업
시장상인

클린광산

우각마을

로컬푸드

지자체 사회적경제 거버넌스의 특징과 유형

김의영 · 미우라 히로키 · 배병진 · 연준한 · 유지연 · 윤영관 · 이경수 · 이상직 · 이원동 · 임기홍

Ⅰ. 들어가면서

Ⅱ. 기초 지자체 사회적경제 거버넌스의 다층성과 통합성

Ⅲ. 기초 지자체 사회적경제 거버넌스의 전략성과 유형

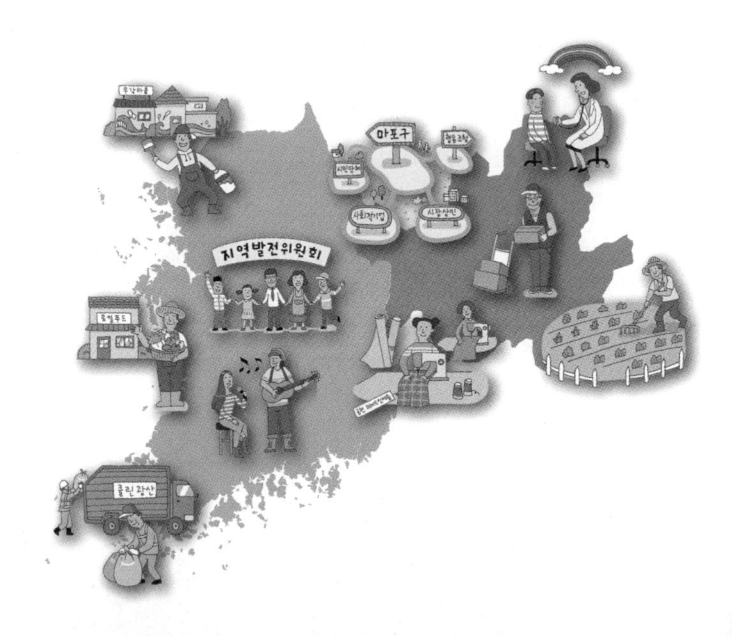

Ⅰ. 들어가면서

1. 사회적경제와 거버넌스

사회적경제 조직들은 경제적 목적뿐 아니라 사회적 목적을 추구한다. 이 책에 나오는 각 지역의 협동조합, 사회적기업, 마을기업 등 각종 사회적경제 조직들은 지역공동체 건설, 민주적 시민참여, 자율과 협력, 연대와 호혜 등 다양한 사회적·정치적 가치를 지향하는 것을 알 수 있다. 특히 시장주의와 국가 주도형 통치 방식에 대한 비판적 문제의식을 배경으로 시민사회의 자발적인 참여를 강조하고 국가, 시장, 시민사회 행위자들 간 협력적 실천을 중시한다. 이러한 점에서 사회적경제는 본질적으로 국가(정부)와 비국가(비정부) 행위자 간 협력과 협업을 강조하는 거버넌스 개념과 궤를 같이한다. 즉 지역의 구체적인 생활문제를 해결하기 위해 정부 행위자뿐 아니라 지역 시민사회 행위자의 능동적인 참여와 실천이 중요하며, 이들 주체들 사이의 협력을 효과적이고 민주적으로 만들어 낼 수 있는 거버넌스에 사회적경제의 성패가 달려 있다고 해도 과언이 아니다.

가령 사회적경제의 대표적인 성공사례인 캐나다 퀘벡 지역의 성공요인으로 기존 연구들은 그 지역 사회적경제 관련 조직 네트워크인 샹티에(Chantier)를 둘러싼 거버넌스를 들고 있다(ILO 2011; Wright 2010; Mendell and Alain 2015). 다음 그림에서 볼 수 있듯이 샹티에는 수평·수직·횡단적(transverse)으로 다양한 정부 및 비정부 행위자들과 네트워크와 연대를 이루고 있고 여기서 지역 사회적경제 추진을 위한 의견제시, 투쟁, 옹호활동, 정책협의(co-construction), 협상, 네트워킹, 연대활동 등 다양한 형태로 민주적 거버넌스가 작동하고 있다는 것이다(Utting 2015).

국내 사례로 원주 지역은 협동조합 네트워크를 중심으로 사회적경제 활동과 대안적 지역발전을 추구하는 풀뿌리 거버넌스 사례다. 다음 그림 1.2와 그림 1.3은 지역 사회적경제 허브라 할 수 있는 원주협동사회경제네트워크의 구조와 그 전신인 원주협동조합운동협의회를 중심으로 한 원주지역 풀뿌리 사회경제 거버넌스의 단면을 보여준다. 원주 지역에 대한 한 연구는 이러한 풀뿌리 거버

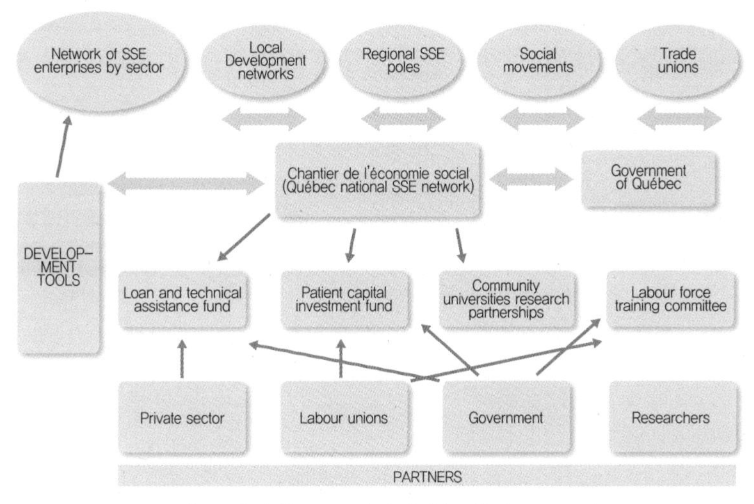

그림 1.1 샹티에(Chantier)의 거버넌스 (출처: ILO 2011)

넌스 네트워크의 구축과 역량 강화 및 연대활동을 통하여 지역 차원에서 대안을 만들어 나갈 수 있었다고 주장한다(정규호 2008). 잘 알려진 성미산마을의 경우도 그림 1.4에서 보듯이 다수의 사회적경제 조직들과 다른 시민사회 조직들 간 네트워크와 연대에 기초한 결사체 거버넌스의 성공사례라 할 수 있다(김의영 2014).

2. 기초 지자체 사회적경제 거버넌스의 기본적 특징: 다층성, 통합성, 전략성

다양한 형태의 사회적경제 조직이나 활동가 그리고 이를 지원하는 정부나 비영리단체가 만남으로써 시민경제가 약동적으로 펼쳐지는 무대는 바로 기초 지자체 수준의 지역사회이다. 이 무대에서는 사회적경제의 본질적 성격, 즉 수익 중심의 비즈니스와 달리 돈보다 사람을 중심으로 하는 경제활동, 사회적 문제의 해결을 위한 시민들의 자발적이고 직접적인 참여, 그리고 상호 간의 신뢰와 협치, 민주주의의 촉진 등이 효과적으로 드러나는 것이다. 기초 지자체의 권한이나 주어진 환경 그리고 사회적경제의 기본적 성격 등을 종합적으로 고려할 때 이 수준의 사회적경제 거버넌스는 특히 다음 세 가지 특징을 가지는 것으로

그림 1.2 원주협동사회경제네트워크 (출처: 원주협동사회경제네트워크 홈페이지)

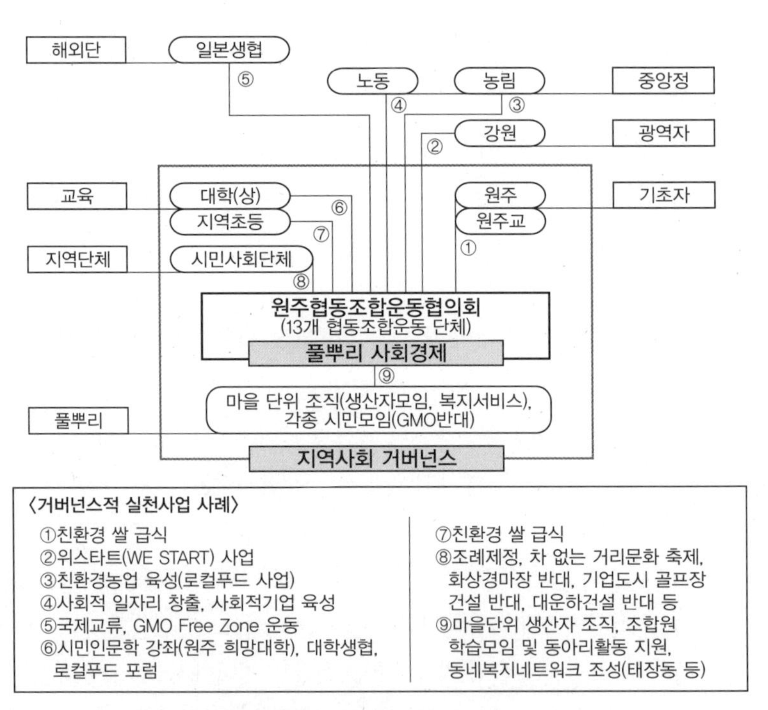

그림 1.3 원주 지역 풀뿌리 사회경제 거버넌스 (출처: 정규호 2008)

그림 1.4 성미산마을 지도

말할 수 있다(그림 1.5).

- 다층성: 기초 지자체의 사회적경제 거버넌스는 법 제도나 정책의 측면에서 중앙정부와 광역 지자체로부터 큰 영향을 받는다. 그러나 3자의 관계는 단순한 하향 전달식인 것은 아니다. 중앙정부와 광역 지자체가 설계하는 정책·제도는 기초 지자체에게는 제약, 의무, 기회, 자원, 목표 등 다양한 성격으로 나타나며, 이에 어떻게 대응할지에 따라 기초 지자체 내에서의 거버넌스의 방향성이 결정된다. 또한 정책·제도의 수행에 있어서 마을기업이나 협동조합 등 개별 조직과 가장 가까운 위치에 있고, 현장 중심의 정확한 정보를 확보할 수 있거나 활동가-공무원 사이의 직접적인 신뢰 관계를 형성할 수 있는 등 이점도 있다. 경우에 따라 독자적인 정책·제도를 마련하여, 기타 지자체나 중앙정부에 대해 모범적 사례를 제공할 수도 있다. 이러한 이유로 기초 지자체는 다층적 거버넌스(multi-level governance)의 한 축으로서 중요한 역할을

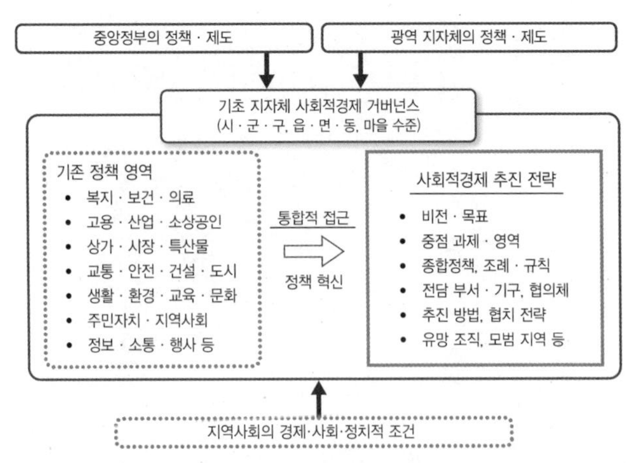

그림 1.5 기초 지자체 사회적경제 거버넌스의 특징: 다층성, 통합성, 전략성

수행하는 것이다.

- 통합성: 사회적경제란 기본적으로 사회와 경제, 복지와 일자리 등 복수의 가치를 동시에 추구하기 때문에 기존의 분야별 정책과 비교해 통합적 접근이 필요하다. 이 특징은 기초 지자체 수준에서 특히 심화된다. 중앙정부 수준에서는 부처 또는 사업 영역별로 전문적인 정책을 마련하는 한편, 기초 지자체 수준에서는 궁극적으로 지역사회의 발전이나 활성화에 정책 목표를 두며, 나아가서 지역에 존재하는 다양한 이해관계자나 민간조직과도 긴밀하게 협력하기 때문이다. 이 결과 부서, 분야, 조직 등 기존의 다양한 칸막이를 뛰어넘는 통합적 거버넌스(joint-governance) 또는 공동 거버넌스(co-governance)나 협력적 거버넌스가 나타나난다.
- 전략성: 위 두 가지 특징의 결과로서 사회적경제 활성화에 적극적인 기초 지자체에서는 각자 고유의 전략적 거버넌스가 나타난다. 기초 지자체는 중앙정부와 광역 지자체로부터 주어진 조건과 기회 그리고 지역사회로부터 주어진 조건과 기회를 효과적으로 연계하려고 노력하게 되며, 이 결과 어떠한 분야나 가치를 중요시하여, 이를 어떠한 방법이나 협치를 통해 추진할지와 같은 전략성이 나타난다. 사회적경제의 기본적 틀은 유사하면서도 정책이나 거버넌스의 추진에서 구체적 목표나 비전, 정책 · 제도의 수행 속도나 규모, 중점

정책 영역의 설정, 이해관계자의 범위나 협치의 수준, 지역사회와의 연계성 이나 주민에 대한 설명 방식 등에 관해서 각 기초 지자체마다 상이한 전략이 마련된다. 이와 같은 차이를 결정하는 요인은 각 지자체의 경제사회적 기본 조건이나 정치 지도자의 리더십, 공무원의 창의력, 민간 수준의 활력, 민관의 신뢰 관계나 경험, 거버넌스에 대한 지식이나 경험 등 다양하게 있을 수 있다.

제2절 이하에서는 이와 같은 기초 지자체 수준의 사회적경제 거버넌스의 특징을 현실적 맥락에서 살펴본다. 구체적으로는 서울과 지방의 사례를 대표해 각각 5개 기초 지자체의 사회적경제 거버넌스에 대해서 다층성, 통합성, 전략성의 측면이 어떠한 방식이나 내용으로 나타나고 있는지를 살펴본다. 우선, 제2절에서는 다층성과 통합성에 초점을 두면서 중앙정부와 광역 지자체의 정책 동향을 포함해서 각 기초 지자체의 동향을 정리한다. 제3절에서는 보다 심도 있는 관점에서 각 기초 지자체에서 나타난 전략성의 차이에 초점을 둔다. 더 나아가 이러한 차이를 만드는 중요한 요인에 주목하여 전략적 거버넌스의 유형화를 시도한다. 다시 말해 기초 지자체의 사회적경제 거버넌스에서 가장 중요한 특징인 전략적 거버넌스의 기본적 패턴을 도출하여, 각 패턴의 성격과 세부적 동태를 고찰하는 것을 제1부의 결론으로 하고자 한다. 특히 전략성에 관한 지역적 차이를 비교하고 유형화하는 것은 한편으로 같은 문제에 대한 여러 가지 해법이나 거버넌스의 모습이 있을 수 있음을, 다른 한편으로 상이한 문제들에 대한 유사한 해법이나 거버넌스가 존재할 수 있음을 시사한다.

Ⅱ. 기초 지자체 사회적경제 거버넌스의 다층성과 통합성

1. 중앙정부 및 광역 지자체 수준의 사회적경제 정책 개관

한국의 각종 사회적경제 정책은 다층적인 성격을 띠면서 발전했다. 생활협동조합이나 신용협동조합 등 일부 유형을 제외한 다수의 사회적경제 조직, 즉 자

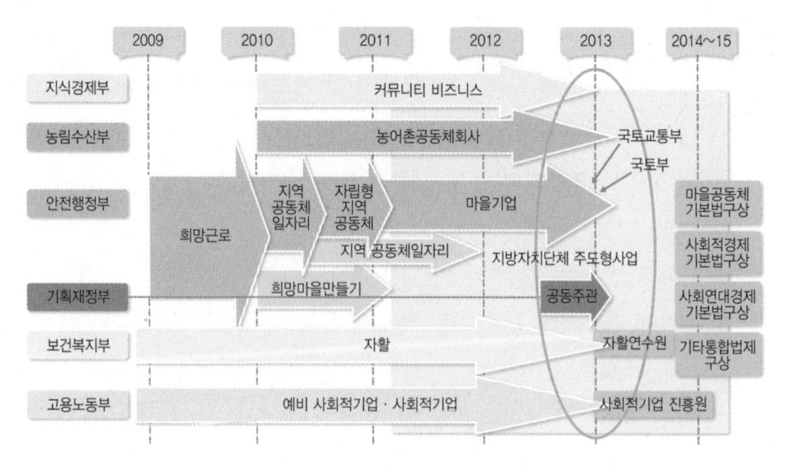

그림 1.6 국내 사회적경제 조직 관련 관계부처 정책 (출처: 이인우 2014: 7)

활 공동체(이후 자활기업으로 전환), 사회적기업, 마을기업, 협동조합 등의 활성화는 자생적 혹은 민간주도라고 하기보다는 1990년대 후반 이후 중앙정부의 정책이나 법 제도에 의존하는 형태로 발전했다(그림 1.6 및 표 1.1). 이 수준의 정책 내용은 주로 각종 조직의 제도화와 운영지원에 집중되고 있으며, 인증 혹은 법인격 부여의 규정마련, 재정지원, 세제우대, 판매·유통지원, 홍보 등이다.[1]

먼저 각 조직의 최근 동향을 보면, 사회적기업에 대해서는 관계부처의 장기계획이 마련되어 있다. 고용노동부와 기획재정부, 행정자치부를 중심으로 「제2차 사회적기업 육성 기본계획」(2013~2017년)하에 사회적기업 3,000개 육성을 목표로 한 지원정책을 추진 중이다(관계부처 합동 2012). 협동조합에 대해서는 「제1차 협동조합 기본계획」(2014~2016년)을 시행 중이다. 기획재정부를 중심으로 2016년 말까지 취업자 5만 명의 자립적 기반을 구축하는 것이 주요 목표이다. 정부는 협동조합의 사업 환경 조성을 위한 간접 지원을 통해 민간이 주도적 역할을 발휘하도록 하며, 시장 진입과 자금 조달, 인력 양성, 연대·협력 강화

1. 조직 정책 이외에도 사회적경제와 관련된 정책은 다양하게 도입되고 있다. 사회복지법인이나 민간 기업에게 노인돌보미 등 복지서비스 시장에의 참입을 제도화한 사회서비스 바우처 사업, 이른바 마이크로크레디트(micro-credit)를 모델로 서민 대출을 제도화한 미소금융과 휴면예금 활용제도, 친환경적 기술이나 가치의 창출에 기여한 기업을 우대하는 녹색기업지정제도 등이 이에 해당된다.

표 1.1 중앙정부 부처의 주요 사회적경제 정책

사업	사회적기업	마을기업	자활기업	협동조합	농어촌 공동체회사
부처	고용노동부	행정자치부	보건복지부	기획재정부	농림부
시행연도	2007	2011	2000	2012	2011
주요 목적	일자리 창출, 사회서비스 제공	소득 창출, 일자리 창출	자활의욕 고취, 일자리 창출	소득 창출, 사회서비스 제공, 일자리 창출	일자리 창출, 지역사회 발전
사업 대상	취약계층 중심	지역민 중심	저소득 취약계층 중심	지역주민 중심	농어촌주민 중심
추진 전력	사회서비스 생산에 의한 일자리 창출	지역자원 활용을 통한 고용 및 소득 창출	자활기업 참여를 통한 자활 능력 향상, 자활 의욕 고취, 고용 창출	재화의 용역의 구매, 생산, 판매, 제공을 협동으로 운영하여 소득 창출, 일자리 창출, 사회서비스 제공	농어촌자원 활용, 기업 경영방식 집목하여 소득 및 고용 창출
관련법	사회적기업 육성법		국민기초 생활보장법	협동조합 기본법	농어업인 삶의 질 향상 특별법, 농어촌공동체회사 육성법

출처: 국회사무처 2014: 18에서 일부 수정.

의 중요성을 강조하고 있다(관계부처 합동 2013). 또한 광역별로 신고 및 지원을 맡고 있어 광역별 중간지원기관이 설립되어 있고, 기초자치단체가 별도로 중간지원기관을 추가 설립하기도 한다.[2] 마을기업을 담당하는 행정자치부 역시 매년 정책 방향을 새롭게 제시한다. 2016년에도 시·군·구, 중간지원기관의 마을기업 담당자 및 마을기업협회 관계자 220여 명 등 마을기업 관계자가 모인 워크숍에서 '마을기업 주요정책방향'을 논의, 제시했다. 2016년의 경우는 농산물 생산·가공 등 1, 2차 사업 중심의 마을기업을 다양화해 지역사회의 인력자원, 공공자원, 전문기술을 활용한 새로운 유형의 발굴, 청년의 적극적 참여를 통한 활성화 등을 새롭게 제시했다.[3]

---

2. 기획재정부 협동조합 홈페이지(http://www.coop.go.kr) 참조. 협동조합에 관한 다양한 정책에 대해서는 한국사회적기업진흥원. 2016. 『2016 협동조합 정책 활용 길라잡이』 참조.
3. 행정자치부 지역경제과. 2016. 『보도자료: 행정자치부, 청년 창업 등 마을기업 다양화 나선다』.

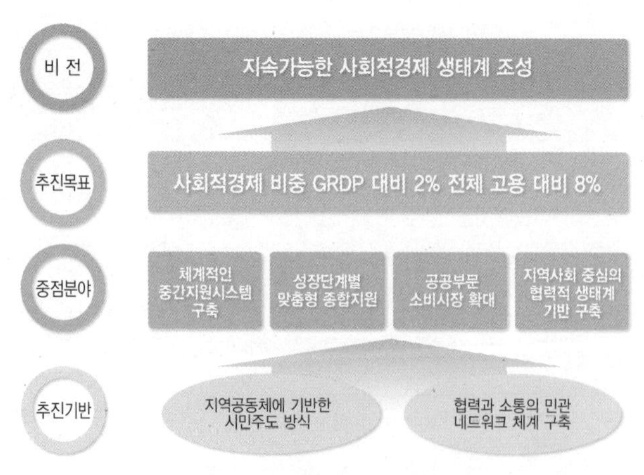

그림 1.7 광역 지자체 수준의 통합적 사회적경제 정책: 서울특별시

(출처: 서울특별시 홈페이지. "사회적경제")

중앙정부 정책의 발전을 바탕으로 2010년대에 들어 광역 지자체 수준에서 다층적이며 통합적인 사회적경제 거버넌스가 나타나기 시작했다.

이러한 통합적 거버넌스 추진에 있어서 필요한 것은 세부 문제에 관해서 각 분야의 민간지원조직과 긴밀하게 협조하는 것 그리고 이러한 개별적 민간조직의 기능이나 역량 또한 포괄적 정책 자문조직 혹은 통합적 지원조직 수준으로 끌어올리는 일이었다. 이에 관해서는 서울사회적기업협의회의 제안으로 사회적기업 민간협의체 그리고 사회적경제 정책기획단이 설치되었으며, 양 조직은 보다 통합적이고 전문적 기능을 수행하기 위해 각각 서울사회적경제네트워크, 사회적경제 민관정책협의회로 발전했다. 이후 사회적경제 거버넌스는 시청과 민관협력기구 그리고 각 사회적기업, 협동조합, 자활기업, 중간지원조직, 마을공동체의 대표를 아우르는 민관 공동수립, 공동집행, 공동책임을 특징으로 운영되고 있다. 이는 충남에서 첫 시도된 전략이지만, 서울시에서 시도된 이후 전국으로 확대되었다(서울특별시 2016b: 9-11).

다층적 거버넌스의 측면에서는 자치구별 사회적경제 생태계 조성을 지원하는 점이 중요한 특징이다. 예를 들어, 2012~2015년 생태계 조성을 위해 지역특화사업을 벌여 각 자치구 내 지역특화사업단 설립, 사회적경제 네트워크 설립

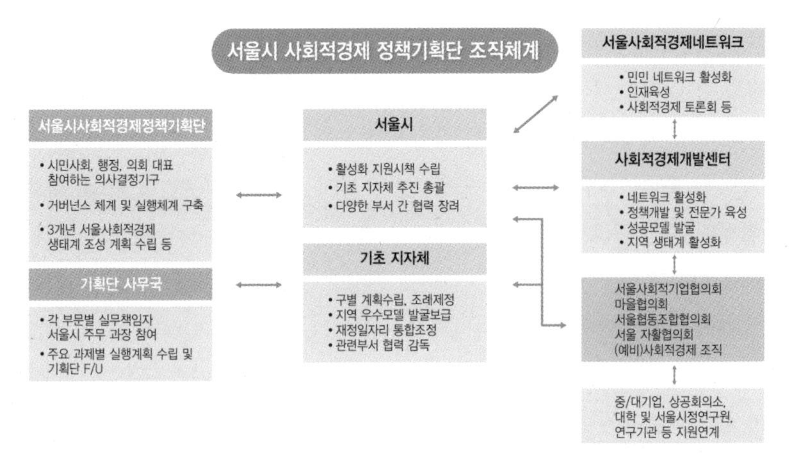

그림 1.8 서울시 사회적경제 거버넌스에서 정책 수립과정 (출처: 서울특별시 2016b: 10)

을 지원해 지역별 생태계 조성활동을 뒷받침했다.[4] 이외에도 서울시는 사회적경제와 관련된 다양한 공모사업을 통해 자치구를 지원하는 활동을 벌이거나 광화문, 어린이대공원, 서울대공원 등에서 개최되는 사회적경제 장터 확대, 온라인쇼핑몰 함께누리몰(hknuri.co.kr) 강화 등으로 자치구별 정책과의 연계를 추진하고 있다.[5]

기타 광역 지자체에서도 2010년 이후 본격적으로 사회적경제 거버넌스를 구축하기 시작했다. 이 과정에서 거버넌스의 다층적이며 통합적 성격이 아래와 같이 다양한 형태로 나타났으며 결과적으로 각 지자체마다의 전략적 거버넌스가 구축되었다.

광주광역시(이하 광주시)는 2015년 3월에 「사회적경제 종합발전계획」을 발표

---

4. 지역생태계 조성사업은 사회적경제의 지역화를 위해 추진되었으며, 5개 자치구(강동, 금천, 서대문, 성북, 송파)에서 지원센터 설립, 16개 자치구에서 협의회 결성, 136개 기관이 참여한 지역특화사업단 13개 설립 및 운영, 협력네트워크 기관 557개 구성, 4개 지역 클러스터 설립 등의 성과를 거뒀다. 서울사회적경제지원센터. 2016. 『2014 사회적경제 현황 및 지역화 과제』 발표자료집. 15.
5. 2014년 10월 기준으로, 각 자치구 차원에서도 마포구의 늘장·홍대프리마켓·따뜻한 남쪽, 동진시장 7일장, 은평구의 풀장, 종로구의 광화문희망나눔장터·함께누리는 사회적경제시장, 성북구의 마르쉐, 중구의 덕수궁 페어샵, 영등포구의 달시장·헬로우문래, 관악구의 세모시, 금천구의 해노리장, 광진구의 아름다운 나눔장터 등 사회적경제 시장이 열리고 있다. 서울사회적경제지원센터. 2014a. 『사회적경제가 만들어 가는 서울의 변화』.

하며, '더불어 함께하는 공동체, 사회적 공유가치 창출'이라는 비전을 내걸고 지역재생, 연대의식 등 광주시의 지역 상황에 맞는 사회적경제 생태계 만들기를 추진하고 있다(그림 1.9). 특히 이 과정에서 민관 거버넌스 협의체 구성, 연계체계 강화를 통한 연대 거버넌스 구축, 성장 생태계 조성, 전문인력 양성, 비즈니스 활성화 기반 구축 등에 힘을 기울이고 있다. 광주시의 중간지원조직 역할은 광주NGO시민재단 사회경제센터가 맡고 있으며 지속가능한 지역공동체 운동이자 지역경제의 토대로서 사회적경제 활성화를 진행하고 있다.[6] 또한 2018년을 목표로 일자리 창출 정책의 일환으로 사회적기업, 마을기업 등을 확대해 「한국의 사회적경제 모델도시 육성」 정책을 펼치고 있다. 광주시에는 자치구 차원의 사회적경제지원센터가 먼저 설립된 이후 2016년 8월 광주사회적경제지원센터가 광역 차원으로 설치되어 각 자치구 지원센터를 연계하고 소통을 원활히 하는 역할을 맡고 있다.

인천광역시(이하 인천시)의 경우는 서울, 광주와 같은 장기 종합정책을 수립하지는 않은 상태다. 인천시에는 2개의 중간지원조직이 활동 중인데(2016년 기준), 인천광역시 사회적경제지원센터는 시가 운영하는 중간지원조직인 반면 사단법인 시민과대안연구소는 한국사회적기업진흥원의 사회적기업·협동조합 통합 지원기관, 인천광역시가 선정하는 마을기업 지원기관을 맡고 있다.[7] 두 조직 모두 각종 교육과 설립 및 운영 컨설팅, 인식 증진 등의 활동을 벌이지만, 인천광역시사회적경제지원센터는 소셜창업실 운영을 통해 사회적 혁신을 확대하고자 하는 시도가 이례적이다. 시민과대안연구소는 자활기업을 제외한 사회적경제 조직 모두를 망라한 통합적인 지원활동을 벌인다. 2010년 사회적기업을 중심으로 인천사회적기업협의회가 설립되어 시 차원의 지역별 기초 협의회는 물

---

6. 광주NGO시민재단은 2009년 7월 지역 시민사회단체와 지방정부, 경재계, 학계 등이 힘을 합쳐 만든 지역 거버넌스 기구이자 지역재단이다. 광주광역시 사회적기업협동조합지원센터, 광주광역시 마을기업지원센터, 사회적기업가육성사업운영기관 역할을 종합적으로 담당한다. 광주NGO시민재단 사회경제센터 홈페이지(http://www.socialcenter.kr) 참조.

7. 시민과대안연구소는 시민의 대안적 실천을 위한 대안정책 생산 싱크탱크로 2013년 창립되었으며, 2016년 현재 한국사회적기업진흥원이 선정하는 사회적기업·마을기업 통합지원기관, 인천광역시가 선정하는 마을기업지원기관으로 활동한다. 시민과대안연구소 홈페이지(http://www.sidaeyeon.net) 참조.

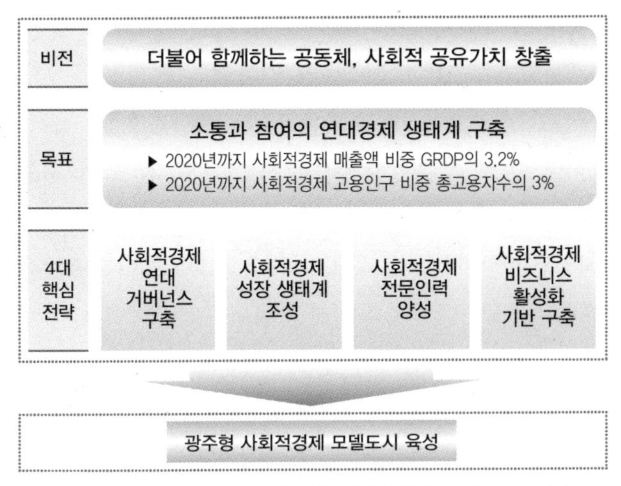

그림 1.9 광역 지자체의 사회적경제 종합계획: 광주광역시 (출처: 광주광역시 2015: 10)

론, 업종별 협의회를 구성하고 있다. 협의회는 시청 내 사회적기업홍보관 설치, 추억극장 미림 개관, 인천 사회적기업 로고 선포, 민관공동 광역시장개척단 등의 다양한 활동을 펼치고 있다.

전라북도와 충청북도 역시 인천과 마찬가지로 장기적인 종합정책은 마련하지 않았다. 전라북도는 2013년 주요 시책으로 지속가능한 동반성장을 위한 발전모델로 협동조합 활성화를 추진하고 있다. 사회적기업과 협동조합을 통합지원하는 사단법인 전북사회경제포럼을 두며, 이 두 가지 형태의 사회적경제 조직 육성을 전략적으로 보다 강조하고 있다. 관련 민간조직들은 전북사회적기업협의회를 결성해 사회적경제 전반보다는 '기업'임을 보다 강조한다. 부문별로 살펴보면 농식품 제조·유통이 25개, 환경 16개, 문화·관광·예술·체험 15개 순으로 농업과 관광 분야의 사회적경제 조직이 두드러진다. 전북의 전체 사회적기업을 살펴보면 97개의 인증사회적기업 중 절반에 가까운 47개, 예비사회적기업 59개 중 20개가 전주시에 위치해 있어 도시로의 쏠림 현상이 존재한다.

충청북도에서는 도 차원에서 '사회적기업 박람회(2014년)', '청년사회적기업 육성모델 개발 경진대회(2014년)' 등을 통해 사회적경제 인식 증진과 지역인재 양성 등에 지속적으로 힘써 오고 있다. 사단법인 충북사회적경제센터(현 사람과

경제)가 2012년부터 사회적기업, 마을기업, 협동조합 관련 지원을 위탁받아 지원정책을 구체화하고 있으며,[8] 2013년 당사자 조직 간 협력 및 교류 역할을 활성화하는 충북사회적경제협의회가 만들어졌다. 사람과경제는 충북 지역 비영리단체와 대학이 중심되어 설립된 것으로 사회적경제 활성화를 목표로 명시한다는 점에서 주목할 만하다. 사람과경제는 제천 덕산면, 봉하읍, 옥천군 배바우 등에서 지역선순환 마을을 만들고, 태양광 등 대체에너지 부문이나 로컬푸드 부문 등에서 마을공동체 구축과 확산을 일구는 데 기여했다. 충북 역시 전북과 마찬가지로 농업과 관광 분야의 사회적경제 조직이 많다. 예컨대 마을기업을 보면 전체 74개 중 식품·먹거리 영역이 57개로 77%를 차지하며, 나머지 중에서도 관광·체험이 7개로 절반가량을 차지해 도농이 모두 존재하는 광역권의 특성을 보여 준다.[9]

2. 기초 지자체 수준의 사회적경제 정책과 제도

기초 지자체에서도 일자리나 복지, 도시계획, 환경, 문화 소상공인 지원 등 기존 정책 영역을 통합하는 형태로 사회적경제 정책을 새롭게 수립하거나, 새로운 조례·규칙을 마련해 사회적경제 활성화를 뒷받침하고 있다. 아래에서는 이 책에서 살펴본 10개 기초 지자체의 동향을 정리한다. 10개 지자체 모두 사회적경제와 관련된 조례를 제정해 두고 있으나 통합적 정책 수립의 측면에서 차이를 보이고 있다.

먼저 종합정책을 마련한 기초 지자체로는 서울 성북구를 들 수 있다.[10] 성북구는 『2016년 사회적경제와 도시재생을 위한 마을공동체경제 구축 종합계획』이라는 정책보고서를 발간해 "일을 통해 사회적 가치를 실현하고 나아가 더불

---

8. 정식 명칭은 '사회적경제를 일구는 사단법인 사람과경제'로, '사회적경제를 통한 사람 중심의 지역선순환경제 구축 및 확산'을 목표로 한다. 2000년 충북 지역 비영리단체 및 대학에서 출발해 2012년 (사)충북사회적경제센터를 설립해 활동해 오다가 2015년 현재의 이름으로 변경했다. 사람과경제 홈페이지(http://www.cbse.co) 참조.
9. 충북사회적기업&마을기업 홈페이지(http://cbsocial.cb21.net). "마을기업" 참조.
10. 이외에도 서울시에서는 광진구와 성동구가 각각 2015년, 2016년 종합계획을 수립했다.

어 사는 사회를 만드는 … 사회적경제를 통해 주민이 수혜의 대상에서 멈추는 것이 아니라 지역변화의 주체로 참여"해 지역자원 발굴·재생·공유를 통한 지역 내에서 선순환하는 대안적 지역경제모델을 구축할 것을 분명히 했다(성북구청 2016a: 9). 이를 위해 구정 주요업무로 마을, 사회적경제, 도시재생을 아우르는 통합적인 지원체계를 구축하고 '공유도시 성북'을 필두로 지속가능한 마을공동체경제를 실현하는 것을 구정 주요업무로 삼았다.

전북 전주시는 '2020년 포용적 성장 사회적경제 대표도시' 기반 정착을 비전으로 삼고 활성화된 공동체, 안정화된 생태계, 혁신적인 사회적경제 기업체를 3대 핵심전략분야로 추진 중이다.•11 전주시청은 '따뜻한 경제 만들기'의 4대 주요과제 중 하나로 사회적경제 활성화를 제시한다. 사회적경제는 청년 일자리 창출, 전주푸드 2025플랜과 더불어 통합적인 지역경제 정책을 펼치는 것이다. 사회적경제 조직 육성과 통합지원 강화 외에도 전주형 공동체경제인 온두레공동체 사업을 펼치고 다른 경제가 존재한다는 것을 보여 주는 '행복의 경제학 국제회의'를 여는 일 또한 사회적경제 관련 정책의 일환이다(전주시청 2016: 51-53).

나머지 기초 지자체는 성북구, 전주시와 같은 종합계획을 수립하지는 않았으나, 공통적으로 사회적경제를 주요 업무의 하나로 제시한다. 서울 은평구는 '주민이 행복한 공동체 만들기'를 위해 사회적경제를 활성화할 것을 밝혔으며(은평구청 2016: 60), 강동구, 금천구, 마포구와 인천 남구는 일자리 창출의 일환으로 사회적기업 지원 및 사회적경제 생태계 조성을 중시하겠다고 밝혔다(강동구청 2016; 금천구청 2015a; 마포구청 2016; 남구청 2016). 요컨대 정책의 추진목적이나 방향은 다양하더라도 공통적으로 사회적경제 활성화를 통해 기존의 각종 정책목표를 통합적으로 달성하려 시도 중인 것이다.

각 기초 지자체는 정책과 더불어 사회적기업, 협동조합 등 사회적경제 조직을 대상으로 하거나 사회적경제 전체를 포괄해 조례·규칙을 제정해 관련 활동을 뒷받침한다. 가장 먼저 중앙정부 차원에서 「사회적기업지원법」을 만든 이후로 지자체 차원에서도 잇달아 관련 조례·규칙이 제정되었고, 「협동조합기본법」이

11. 전주시 사회적경제·도시재생지원센터 홈페이지(http://www.jsec.or.kr). "전주시정책" 참조.

제정된 이후에도 관련 조례·규칙이 만들어졌다. 다음의 10개 지자체가 마련한 조례·규칙 중 사회적기업과 관련된 것은 253개로 가장 많고, 협동조합 관련은 86개, 마을기업과 자활기업 관련은 각 2개(전라남도, 합천군)와 0개로 미미한 수준이다(2016년 8월 기준).[12]

사회적경제와 관련된 조례·규칙 현황

최근에는 사회적경제 전체를 대상으로 포괄한 조례·규칙 제정이 늘어났다. 사회적기업이나 협동조합과 달리 중앙정부 차원에서의 상위법은 없는 상태에서 조례·규칙이 먼저 만들어진 것이다. 상위법 제정을 먼저 살펴보면 국회에서 지속가능한 발전의 대안으로 사회적경제 조직에 주목해 2014년 여야가 각각 법안을 내놓고 합의를 통해 「사회적경제기본법」을 발의한 바 있다.

상위법과 별개로 전체 지자체를 통틀어 사회적경제를 명시적으로 지칭해 88개의 조례(서울, 광주, 대구, 인천시와 경기, 강원, 전남, 충남 포함)와 규칙 12개가 제정되었다(2016년 8월 기준). 사회적경제 관련 조례는 크게 기본조례, 육성 및 지원조례, 제품 구매 및 판로지원조례로 구분된다. 서울 도봉구·성동구·은평구, 경기 오산시·화성시, 전북 완주군, 충남 천안시 등 기초 지자체와 경기도, 충청남도 등 광역 지자체처럼 2개 이상의 조례를 제정한 경우도 드물게 있다. 이를 감안하면 지자체 246개(광역 16개) 중 1/3가량인 79개가 사회적경제를 명시한 조례를 제정한 것이다.

대부분의 조례는 2015년과 2016년에 제정되어(2010~2013년 2개, 2014년 8개) 최근 들어 포괄적으로 전 조직 유형을 아우르는 사회적경제에 대한 지자체의 관심이 높아지고 있음을 반영한다. 각 지자체별로 2017년 입법예고한 사회적경제 관련 조례안도 57개(재개정 10개 제외)로 최근 지자체의 관심이 늘어난 점을 보여 준다. 한편 88개 기초 지자체 조례 중 17개는 서울 자치구가 제정한 것으로 정책에 이어 법제 측면에서도 서울시가 발 빠르게 움직이고 있음을 보여 준다.

이 책에서 다룬 기초 지자체 중 충북 옥천군을 제외하고는 모두 사회적경제를 명시한 조례를 제정했으며 이 중 표 1.2에서 보듯이 서울 성북구와 전북 완주군은 각각 기본조례 외에도 추가로 조례를 제정했다. 이외에도 각 지자체 특성에 맞게 도시농업(강동구, 금천구), 공정무역(성북구), 도시재생(전주시), 커뮤니티비즈니스와 1인 창조기업(완주군) 등 각 지자체 특성에 맞는 조례를 별도 제정해 지자체의 다양한 관심사를 보여 주기도 한다.

12. 전국을 대상으로 지방법규를 조사하면 직접적으로 자활기업과 관련된 조례는 없으나, 자활기금 설치, 자활사업, 자활기관협의체 등 관련 조례 188개, 규칙 67개로 대폭 증가한다. 이하 조례·규칙 관련은 모두 행정자치부, 자치법규 정보시스템(http://elis.go.kr) 참조.

표 1.2 10개 기초 지자체의 사회적경제 관련 조례·규칙 제정 현황

지자체	조례·규칙		제정 시기
	개수	명칭	
서울 강동구	1	서울특별시 강동구 사회적경제 육성 및 지원에 관한 조례	2010. 8.
	3	강동구 친환경 도시농업 활성화 및 지원에 관한 조례 강동구 따뜻한 마을공동체 만들기 지원조례 강동구 청년 기본조례	2010. 11. 2012. 9. 2016. 5.
서울 금천구	1	서울특별시 금천구 사회적경제 기본조례	2015. 7.
	4	금천구 사회적기업 육성에 관한 조례 금천구 친환경 도시농업 활성화 및 지원에 관한 조례 금천구 마을공동체 만들기 지원 등에 대한 조례 금천구 공유(共有) 촉진 조례	2011. 1. 2011. 4. 2012. 9. 2014. 10.
서울 마포구	1	서울특별시 마포구 사회적경제기업 제품 구매촉진 및 판로지원에 관한 조례	2013. 6.
	2	마포구 사회적기업 육성 및 지원에 관한 조례 마포구 살기좋은 마을만들기 지원조례	2009. 10. 2012. 9.
서울 성북구	3	서울특별시 성북구 사회적가치 실현을 위한 사회적경제 기본조례 서울특별시 성북구 사회적경제제품 구매촉진 및 판로지원에 관한 조례, 규칙	2016. 3. 2014. 12.
	5	성북구 사회적기업 육성 및 지원에 관한 조례 성북구마을만들기 지원조례 성북구 공정무역 지원 및 육성에 관한 조례 성북구 협동조합 활성화 지원조례 성북구 공유촉진 조례	2010. 12. 2011. 10 2012. 2. 2015. 11 2014. 5.
서울 은평구	1	서울특별시 은평구 사회적경제 기본조례	2015. 12.
	1	은평구 사회적기업 육성에 관한 조례	2010. 9.
서울 자치구 합계	21	광역 포함	
광주 광산구	1	광주광역시 광산구 사회적경제 육성지원에 관한 조례	2015. 10.
		*사회적기업, 협동조합 관련 조례 폐지 후 통합	
인천 남구	2	인천광역시 남구 사회적경제 육성지원에 관한 조례, 규칙 *사회적경제제품 구매촉진 및 판로지원에 관한 조례 폐지	2010. 9.
전북 완주군	2	완주군 사회적경제 육성지원에 관한 조례 완주군 사회적경제제품 구매촉진 및 판로지원에 관한 조례	2016. 4. 2013. 4.
	4	완주군 지역공동체활성화사업(커뮤니티비즈니스) 육성에 관한 조례 완주군 지역경제순환센터 관리·운영에 관한 조례 완주군 1인 창조기업 육성 및 지원에 관한 조례 완주군 공유경제 촉진 조례	2009. 12. 2010. 10. 2016. 3. 2016. 8.

전북 전주시	1	전주시 사회적경제 활성화 기본조례	2014. 12.
	3	전주시 도시재생 활성화 및 지원에 관한 조례 전주시 공유경제 촉진 조례 전주시 마을공동체 지원조례	2014 12. 2015. 10. 2015. 12.
충북 옥천시			
	1	옥천군 사회적기업 육성·지원에 관한 조례	2011. 2.
광주 지자체	7	광역 포함	
인천 지자체	8	광역 포함	
전북 지자체	4	광역조례 없음(완주, 익산, 전주)	
충북 지차체	1	광역조례 없음(제천)	
전국 조례	88		
전국 규칙	12		
전국 합계	100		

비고: 점선 위는 법규 명에 사회적경제를 명시한 경우. 점선 아래는 관련 조례를 표기.
사회적경제를 명시해 2017년 제정 입법예고된 조례 57개 제외. 2016년 8월 기준.
출처: 행정자치부 자치법규정보시스템.

3. 기초 지자체 수준의 사회적경제 추진 기구와 부서

정책과 제도 이외에도 기초 지자체 수준에서 사회적경제 거버넌스의 다층성과 통합성은 담당 부서나 지원기관, 중간지원기관 등 주요 추진 기구의 설계에도 나타난다. 이와 관련된 10개 기초 지자체의 동향을 살펴보면 다음과 같다. 각 지자체의 정책 추진과 집행은 다양한 방식으로 이루어지며 무엇보다 추진을 담당한 부서부터 차이를 보인다.

먼저 독립적으로 사회적경제(지원)과를 새로 설치하거나 마을자치과, 농촌활력과 등에서 사회적경제를 종합적으로 관리, 지원하는 경우가 있다. 성북구는 마을, 사회적경제, 도시재생을 포괄적으로 다루는 마을재생기획단을 만들고 산하에 사회적경제를 전담하는 마을사회적경제과를 설치했다. 전북 전주시 역시 사회적경제기획단을 실·국 수준으로 새로 설립했다. 금천구의 경우는 사회적경제, 마을사업, 자원봉사, 주민참여 등 주민들과 접촉이 많고 민관협력이 강조되는 사업을 묶어 마을자치과를 만들어 사업 간 의사소통과 집행이 원활하도록 뒷받침했다. 전북 완주군도 조례 제정 시에는 농촌활력과가 사회적경제 관련 조례를 맡았으나, 2016년 공동체활력과를 신설해 사회경제, 도시공동체, 마을회사, 청년정책 등을 포괄적으로 담당하도록 변화를 꾀했다.

서울 강동구, 성북구, 은평구와 전북 전주시의 경우는 사회적경제 전담부서를 설치해 정책을 추진하지만 업무 영역에서 부분적으로 차이를 보인다. 강동구 사회적경제과는 사회적경제를 비롯해 마을공동체, 청년정책을 아울러 추진하고, 성북구는 마을사회적경제과를 두어 사회적경제 조직과 마을만들기 사업을 동시에 담당하며, 은평구 사회적경제과도 사회적경제 외에 청년지원, 사회적 금융 관련 업무를 별도로 담당한다.

앞서 본 것처럼 사회적경제 관련 정책이 일자리 창출의 일환으로 추진되며 일자리지원과, 일자리경제과, 일자리창출추진단 등에서 추진하는 경우가 적지 않다. 실제 전국 기초 지자체를 대상으로 살펴보면 사회적경제를 명시화한 조례에 대해서 지역경제나 일자리 창출·지원 담당부서가 이를 소관하는 경우가 57개(약 72%)를 차지해 가장 비율이 높다.•13 10개 기초 지자체 중에서도 서울 마포구, 인천 남구, 전북 완주군은 일자리 지원과 관련한 부서에서 사회적경제 정책을 담당한다.

사회적경제 거버넌스에서 빼놓을 수 없는 것이 중간지원조직이다. 광역 지자체 및 기초 지자체 부서는 중간지원조직과 협력해 사회적경제 조직을 비롯한 주민들과 소통하고 효과적인 정책 추진을 꾀한다. 특히 우리나라의 경우 중간지원조직이라는 형식 자체가 사회적경제 활성화와 더불어 본격화되었다. 시민사회단체의 자생적 협의회나 네트워크가 아니라 고용노동부, 행정안전부 등 중앙부처 중심으로 사회적경제 조직의 활동을 지원하는 중간지원조직을 만들

---

13. 사회적경제를 명시한 조례를 제정한 기초 및 광역자치단체 79개 기준. 전국 지자체를 대상으로 보면 사회적경제를 명시한 전담부서가 마련된 곳은 8개이고 지역주민의 참여를 강조한 곳은 5개다. 전담부서를 마련한 8곳은 각각 대구광역시, 강원도, 서울 강동구·강북구, 충남 아산시(사회적경제과), 전북 전주시(사회적경제지원과), 서울 동작구(사회적마을과)이다. '마을·공동체·시민'을 명시한 전담부서를 설치한 4곳은 각각 경기도의 따복공동체지원단, 서울 금천구의 마을자치과, 서울 도봉구의 마을공동체과, 전남 순천시 시민소통과이다. 단 경기 화성시는 사회적공동체담당관을 따로 두고 있다. 이례적으로 서울 성동구는 도시재생과에서 사회적경제 관련 조례 2개(지원조례, 활성화기금조례)를 담당한다.

기 시작한 것이다. 각 부처별로 산발적으로 운영되다 2014년 이후 각 광역 지자체별로 사회적기업, 협동조합을 함께 지원하는 통합지원센터를 설립했고, 기초 지자체 차원에서도 중간지원조직을 만들게 된 것이다(김학실 2014; 김지헌 2016).

10개 기초 지자체에서도 각각의 이름과 활동범위는 상이하지만, 모두 중간지원조직을 설치했다. 이러한 중간지원조직은 지자체에서 직접 운영하기도 하고, 적지 않은 경우는 민간단체에 운영을 위탁해 민관, 민민 간 소통을 보다 원활히 하고자 한다(표 1.3). 단 충북 옥천군의 중간지원조직은 관의 정책지원 없이 민간에서 자생적으로 만든 것이라 예외적이다. 중간지원조직 운영을 위탁받은 조직 역시 사회적경제 조직인 경우가 적지 않다. 금천구의 경우에는 자치구 사회적기업이 주축이 되어 설립한 금천사회연대경제협의회가, 성북구는 함께살이성북 사회적협동조합이, 은평구는 사단법인 씨즈를 비롯한 사회적경제 조직 컨소시엄이 중간지원조직을 운영하고 있어 사회적경제 당사자 조직의 역할이 활발함을 확인할 수 있다.

이러한 지원체계는 광역 차원의 정책과 맞물려 시너지 효과를 낸다. 서울의 경우 마을기업, 자활기업 등에 대한 지원센터와 지역특화사업단, 사회적경제네트워크 등이 각 자치구에 중첩적으로 마련되어 있다(그림 1.10). 이는 앞에서 살펴 본 서울시의 자치구 생태계 조성사업의 일환으로, 2012년 이후 기구나 센터의 운영을 위해 매년 심사를 통해 자치구에 최장 3년간 2억 원 내의 사업비를 지원해 왔다. 생태계 조성사업 동안 지역특화사업단 12개, 사회적경제(기업)지원센터가 5개가 설립되고 지역클러스터 4개가 신규 설립되거나 지원을 받아 자치구의 사회적경제 정책을 지원하고 있다. 이 과정에서 중간지원조직 외에도 사회적경제(기업)협의회 16개가 민간 차원에서 만들어지는 성과를 얻었다(서울사회적경제지원센터 2014b: 12). 강동구, 마포구, 은평구의 중간지원조직은 서울시의 사업을 통해 보다 활력을 얻은 사례다.

광주시의 경우에도 2015년 「사회적경제 종합발전계획」을 수립하면서 사회적경제 생태계 구축을 위한 통합지원 연계체제를 구축하겠다고 밝혔다. 각 자치구별로 중간지원조직을 마련하는 것과 동시에 효율적인 조직 간 소통과 광역·기초 지자체 간 연계협력 강화를 위해 종합적 사회적경제 생태계 조성 기관으

표 1.3 기초 지자체 사회적경제 담당부서 및 중간지원조직(2016년 8월 기준)

지자체	담당부서	중간지원조직	운영주체
서울 강동구	기획경제국 사회적경제과	강동사회적경제지원센터, 지역특화사업단*, 강동마을모임 동동*	지원센터는 강동구청, 나머지는 민간 네트워크
서울 금천구	행정지원국 마을자치과	금천구 사회적경제지원센터, 지역특화사업단*	사회적협동조합 금천사회연대경제
서울 마포구	기획경제국 일자리진흥과	마포구 사회적경제지원센터	마포구청
서울 성북구	마을재생기획단 마을사회적경제과	성북구마을·사회적경제센터	함께살이성북 사회적협동조합
서울 은평구	재정경제국 사회적경제과	은평사회적경제특화사업단	(사)씨즈, 은평구청, ㈜두꺼비하우징, 은평구 사회적경제협의회, 은평협동조합협의회,(사)은평상상 컨소시엄
광주 광산구	기획관리실 사회경제과	광산구공익활동지원센터	광산구청
인천 남구	일자리창출추진단	남구사회적경제지원센터	(사)홍익경제연구소
전북 완주군	일자리경제과, 농촌활력과	완주공동체지원센터	(재)완주커뮤니티비즈니스지원센터
전북 전주시	사회적경제지원단	전주시사회적경제·도시재생지원센터	(사)지역농업연구원
충북 옥천시		옥천순환경제공동체, 옥천농업발전위원회, 안남면 지역발전위원회	

* 서울시에서 추진하는 사회적경제 생태계 조성사업의 일환으로 지역사회적경제 조직과 유관단체들이 망라되어 사업단을 구성한 것임.

출처: 행정자치부 자치법규정보시스템; 각 기초 지자체 홈페이지.

로서 광주사회적경제지원센터를 설립하는 것도 계획에 포함되었다. 특별시인 서울을 제외하고 광역시 차원에서는 대구에 이어 두 번째로 설립된 이 센터는 광주권역사회적기업협의회가 위탁을 받아 운영하고 있다.

지금까지 살펴본 기초 지자체의 사회적경제 거버넌스의 내용을 종합하면 다음과 같다. 첫째, 중앙정부와 광역 지자체의 영향을 주고받으면서 정책을 수립, 집행한다는 측면에서 다층적 거버넌스의 성격을 띤다. 우선, 중앙정부와 광역 지자체 수준에서 사회적경제 조직을 비롯한 시민사회단체들에 대한 법적 규제나 지원체계가 마련되며, 이를 집행하거나 보다 효과적으로 활용하기 위해서

그림 1.10 서울시 자치구별 사회적경제 지원조직 (출처: 서울사회적경제지원센터 2016: 17)

기초 지자체 수준에서도 중간지원조직을 마련하는 것을 비롯해, 종합정책이나 각종 조례·규칙을 정비한다. 이 과정에서 특히 상위정책을 보다 효과적, 발전적으로 수행하기 위한 방법에 대해 각 기초 지자체 사이에서 차이가 나타나고 있다. 그림 1.11은 성북구를 사례로 이러한 다층적 거버넌스의 구조를 정리한 것이다.

둘째, 기초 지자체에서도 사회적경제과 등 사회적경제 전담부서를 새로 마련하거나 주민과의 접촉이 높은 업무를 중심으로 담당부서를 통합하는 등, 부서 간 협력을 강화하는 방식으로 통합적 거버넌스가 나타나고 있다. 중앙정부 수준에서도 관계부처가 합동해 사회적기업, 협동조합을 대상으로 한 장기 계획을 마련하게 되었으며, 광역 수준에서는 생태계 개념을 강조해 기존의 개별적 정책을 통합 추진하고 있다. 모든 수준에서 부서, 부처, 분야 간 칸막이를 뛰어넘은 수평적 거버넌스가 나타나고 있는 것이다.

셋째, 모든 기초 지자체가 사회적경제 거버넌스를 구축하는 데 있어서 다층성과 통합성이라는 공통적인 트렌드에 직면하고 있으나, 정책 수행의 속도나 중점 영역, 추진방법 등에 관해서 상당한 차이가 있는 것도 사실이다. 이는 주어진 제도적 상황(다층적 거버넌스)과 사회적경제의 본질적 특징(통합적 거버넌스)에 대해 각 지자체 구성원들이 개별적인 경제조건이나 도시환경의 현황, 주민들의

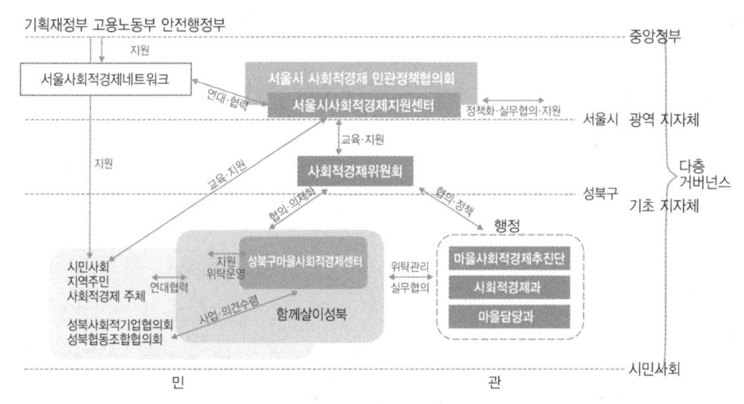

그림 1.11 기초 지자체의 지자체 사회적경제 거버넌스: 서울 성북구

(출처: 김지헌 2016: 5 그림 3 수정·보완)

수요 등을 고려한 결과가 나타난 것이라고 볼 수 있다. 기초 지자체 수준의 사회적경제 거버넌스의 특징을 이해하거나 지자체 간 차이를 설명하는 데 있어 결국 이러한 전략성은 가장 중요한 측면이라고 할 수 있다. 다음 절에서는 이 전략성에 관해서 각 10개 기초 지자체에서 고유한 정책이나 사업, 추진방식의 구체적 내용과 발생 배경을 살펴보고, 전략적 거버넌스의 유형에 대해 고찰한다.

Ⅲ. 기초 지자체 사회적경제 거버넌스의 전략성과 유형

1. 10개 기초 지자체 사회적경제의 발전과 고유 정책·사업

1) 서울특별시 강동구

강동구는 이해식 구청장이 당선된 2008년 이후 꾸준히 사회적경제 분야에서 다채로운 시도를 하고 있다. 이러한 도전은 도시화로 인한 마을공동체 해체나 배금주의적 시장자유주의의 확장에 따른 다양한 문제를 해결하기 위해서 시작되었다. 특히 2014년 이후 단순히 지역사회 주민들의 일자리 창출이라는 경제적 정책을 뛰어넘어 우리 사회의 문제들을 해결하는 하나의 정치적 개혁으로써 시도되었다. 즉 사회적경제 활동을 통해 사람과 사람 사이에서 사라져 가는 신뢰와 협동을 다시 구축하고, 새로 유입되는 사람들을 강동구 주민으로서의 공동체 의식을 가질 수 있도록 유도하여 '민주주의의 학교'로써 역할 강화를 지향한 것이다.

또한 강동구는 실질적인 실천 역량과 자원을 갖고 있는 행정기관의 역할이 비교적 잘 드러나는 지역으로, 구청의 종합적 지원을 바탕으로 사회적경제가 확대되는 관 주도 민관협력 거버넌스 모델의 대표적 사례라고 볼 수 있다. 구청장을 중심으로 행정이 기획과 실천을 주도하여 각종 정책 추진과 지원을 통해 사회적경제가 빠른 속도로 성장하고 있는 특징을 나타낸다. 다만 4선 제한으로 인해 다음 지방선거에서는 출마하지 못하는 이해식 강동구청장의 임기가 끝난 후에도 각종 사회적경제 활동들이 지속가능할 것인지와 민간부문의 역량이 제대로 성장하고 있는지에 대한 의문은 남아있다.

주요 정책 사례로는 '도시농업'과 '엔젤존(Angel-Zone)' 사업이 주목할 만하다. 젠트리피케이션(gentrification)이나 청년실업 문제가 심각한 사회적 문제로 등장하고 있는 요즘 시대상을 반영하여 강동구에서는 이 문제를 해결하고자 엔젤존이라는 지원제도를 시행하고 있다.[14] 이는 주민이나 기관이 소유한 빈 사무 공간을 사회적경제 관련 조직에게 빌려주는 사업을 의미하며, '신생 벤처에 투자하는 행위(엔젤투자)'와 '공간'을 합친 용어다. 2016년까지 3개의 엔젤존 기업이 탄생하였으며, 최근에는 구민들의 자발적인 선의 외에도 구청 차원에서도 공간 확보에 적극적으로 나서고 있다. 또한 엔젤숍, 엔젤공방 등 다양한 형태의 공간 공유 모델로 확산되어가고 있다.

이해식 강동구청장은 언론 인터뷰에서 "엔젤존은 신뢰와 협동이 바탕인 사회적경제가 지역에서 뿌리를 내리는 방식"이라고 소개하며 지역사회와 밀접히 결합하는 사회적경제 인프라를 만들어 나가는 데 정책 목표를 두고 있다고 강조

14. 젠트리피케이션이란 구도심이 번성해 중산층 이상의 사람들이 몰리면서, 임대료가 오르고 원주민이 내몰리는 현상을 이르는 용어이다. 이는 신사 계급을 뜻하는 '젠트리'에서 파생된 말로 본래는 낙후 지역에 외부인이 들어와 지역이 다시 활성화되는 현상을 뜻했지만, 최근에는 외부인이 유입되면서 본래 거주하던 원주민이 밀려나는 부정적인 의미로 많이 쓰이고 있다.

하였다.[15] 이처럼 엔젤존은 단순한 비용 절감을 넘어 타인과의 공간 공유에서 오는 관계 맺음과 신뢰 제고 등 무형의 효과가 크며, 사회적경제가 지역에서 뿌리내릴 수 있도록 지원하는 사업으로서 그 의의가 있다. 특히 성장 위주였던 기존 시장경제의 체질을 바꾸는 크나큰 과제라는 점에서 이 정책은 신뢰와 협동, 공동체 정신이라는 사회적 자본(social capital)을 바탕으로 지속적이고 건강한 지역 생태계를 만들어 나가는 데 긍정적 효과를 미칠 것이다.

2) 서울특별시 금천구

금천구는 공업지역과 주거지역이 혼재된 곳이다. 서울디지털산업단지 제2, 3공단에 1,100여 개의 제조업체가 입주해 있고, 의류 상설할인매장도 조성되어 있다. 인접한 구로구에 공업단지가 만들어지면서 배후 주거단지를 마련하기 위해 독산, 시흥 지역이 개발됐다. 개발이 이루어지면서 금천구는 공업지역과 주거지역으로 양분돼 개발되었지만 이후 공업지역에 소규모 공장이 밀집되고 주택이 함께 들어서면서 토지 이용이 혼재되어 도시 환경은 악화됐다. 주거·교육환경 개선, 교통문제해결이 금천구민들이 꼽은 지역의 당면 과제다(김형호 2013).

금천구는 상대적으로 이른 시기부터 관과 민 양쪽 모두에서 사회적경제에 대한 관심을 가졌다. 금천구청에 사회적경제 관련 전담부서가 생긴 것은 2010년 차성수 금천구청장의 취임 직후였는데, 이는 우리나라에서 아직 사회적기업이나 협동조합이 활성화되지 않았던 시점이다. 차성수 구청장의 정책 실험은 사회적경제가 자본주의의 모순과 양극화를 완화하고 지역 내 경제적 선순환을 일으키는 역할을 할 것이라는 판단에 따른 것이다.

금천구 내에서 민간 주체를 길러내기 위한 작업이 성공적으로 이뤄져 민간 네트워크를 꾸리는 데까지 이어졌다. 2010년 10월 전국 최초로 사회적기업 설명회와 사회적기업가 학교가 개최돼, 이곳에서 양성된 민간 주체를 중심으로 금천사회경제연대(이하 금사연)라는 민간 네트워크가 활성화되었다. 금사연은 서울

---

15. 양은영. “주민들끼리 빈 공간 빌려주는 ‘엔젤존’ 확산중.” 한겨레. 2015년 6월 7일자.

시의 지원으로 사회적경제 지역특화사업을 3년 동안 수행한 데 이어 금천구 사회적경제지원센터를 위탁받아 운영하면서 생태계 조성에 큰 역할을 하고 있다.

금천구는 서울시 자치구 최초로 금천구 사회적경제 민관 공동영업단(이하 공동영업단)을 설립해 운영 중이다. 2015년 12월부터 공공구매와 민간시장을 함께 개척함으로써 지역 내 침체된 경기 회복과 사회적경제의 지속적 성장을 견인하기 위해서다. 민관이 함께하는 거버넌스를 통한 금천구의 시도는 중간지원조직이 시장 개척 역할을 수행해야 한다는 지적에 부응하는 조치이기도 하다(김학실 2014). 영업단에는 금천구청, 서울시 및 금천구사회적경제지원센터, 금사연, 11개 사회적경제 기업이 참여한다. 공동영업난은 월 1회 이상 관내 공공기관 및 일반 기업을 직접 방문해 사회적경제 기업의 제품 및 서비스 설명회를 갖고, 사회적경제 인식을 공유하는 간담회를 진행하고 있다. 이처럼 금천구에서는 사회적경제 생태계 구축 과정에서 민, 관과 중간지원조직이 주요 행위자로 참여하고 정책적·제도적 지원과 금사연으로 대표되는 민간 네트워크가 함께 사회적경제 활성화에 기여하고 있다.

3) 서울특별시 마포구

마포구는 전통적으로 시민사회가 중심이 되어 다양한 활동들을 벌여 왔던 지역이다. 정치, 경제, 사회, 복지 등과 관련된 다양한 풀뿌리 단체들이 오래전부터 활동해 왔을 뿐만 아니라, 기존의 네트워크를 바탕으로 새로운 활동가들의 유입도 활발히 일어나고 있다. 세월호 사건과 같은 굵직한 이슈들이 터져 나왔을 때 정부의 대응에 대항하여 주도적으로 목소리를 내기도 하고, 대기업들이 지역상권을 장악하려 할 때 상인들과 주민들이 연대하여 저항할 수 있었던 저력도 뿌리 깊게 자리 잡은 시민사회의 토양 덕분이라고 할 수 있다. 마찬가지로 마포구에 사회적경제가 뿌리내리고 호혜적 경제관계망이 형성 및 발전하는 과정에서도 기존에 마을 혹은 동네 단위에서 활동해 오던 주체들이 큰 역할을 하고 있다. 또한 전통적으로 자발적 도심 속 마을이 자리 잡아 왔던 성미산마을, 그리고 문화예술생산자들을 중심으로 한 홍대 앞, 연남동과 염리동, 최근에는 망원동까지 곳곳에서 활동가들과 주민들이 접속하면서 특색 있는 커뮤니티가 형성되고 있다는 점도 다른 자치구와 대비되는 마포구만의 주요 특징이다. 또한 이러한 공간적 배경을 바탕으로 상호 신뢰, 협력, 커뮤니티에 대한 소속감, 인적·물적 네트워크 등과 같은 사회적 자본이 오랜 기간 축적되었으며, 주민들도 동네에 어려움이나 큰 위기가 닥쳐왔을 때 자발적으로 공론장에 참여함으로써 함께 현안에 대해 논의하고 해결책을 모색해 온 경험이 풍부하다. 이 모든 과정을 통하여 마을에 대한 애착을 가지고 꾸준히 활동하는 주체들이 발굴되고 이들의 역량이 강화된다고 할 수 있으며, 마포구의 사회적경제 거버넌스에서도 커뮤니티로부터 성장한 민간 활동가들이 주요한 역할을 해내고 있다.

이처럼 주민참여가 매우 활발하고 자발적 공동체 및 마을이 어느 지역보다 먼저 활성화된 마포구이지만, 관련 정책 및 조례는 상대적으로 늦게 시작된 편이라고 할 수 있다. 마포구청 차원에서는 자생적, 자발적, 참여지향적인 주민들의 활동을 지원하고 홍대 등으로 대표되는 젊은 문화공간을 지원하는 데 정책적인 우선순위를 두고 있다. 특히 서울의 문화예술 1번지라고 할 수 있는 홍대 앞과 그 인근이 최근 젠트리피케이션으로 인해 독창성을 상실하고 동시에 급속도로 상업화됨에 따라 행정 차원에서도 이를 정책적으로 저지하기 위해 노력하고 있다. 올해부터 본격적으로 논의되고 있는 '홍대 앞 문화예술 특화 비즈니스 모델 구축사업', '홍대 문화관광특구사업'과 같은 홍대의 기존 인프라를 활용한 역점 사업을 민간 주체와 함께 추진하고 있다. 그리고 서울시와도 손을 잡고 홍대 일대를 문화예술 특화 거리이자 국내외 여행객을 위한 메카로 조성하기 위한 '홍대 걷고싶은거리 문화관광명소화' 사업을 추진하고 있으며, 최근에는 마포구에 들어서 있는 약 4,000여 개의 출판·인쇄사 인프라를 바탕으로 옛 경의선 폐선 부지에 책거리 공원을 개장하였다.

이러한 시도들의 연장선에서 마포구는 2015년부터 서울시의 지원사업인 '사회적경제 예비특구사업'에 선정되어 청년층의 일자리 창출과 생태계 조성을 위해 노력하고 있다. 그리고 홍대 앞의 예술인과 상인들뿐만 아니라 위에서 언급했던 마포구 내의 다양한 마을과 커뮤니티에서도 기회가 닿을 때마다 민간의 주도로 행정과 함께 새로운 사회·경제적 프로젝트들을 진행해 나가고 있다. 그리고 최근에는 곳곳에 따로 떨어져 활동하던 사회경제적 주체들이 활동 영역과 공간을 뛰어넘어 서로 정보와 노하우를 공유하고 인적·물적으로 네트워킹 되고 있다. 대표적으로 마포사회적경제네트워크에서는 곳곳에서 활동하는 주체들이 공동의 관심사와 활동 영역을 바탕으로 협업할 수 있는 인프라를 구축하고 있으며, 동시에 행정과의 관계에서도 대등한 파트너십으로 인정받기 위해 민간 영역의 역량과 활동반경을 넓혀 나가고 있다.

이렇게 마포구는 시민사회가 튼튼히 다져 왔던 기존의 사회적 자본과 풀뿌리 네트워크의 힘을 바탕으로 사회적경제의 영역에서도 생활세계의 필요충족과 커뮤니티가 당면한 문제해결을 위해 협동조합, 마을기업, 사회적기업 등과 같은 자발적인 결사체들이 지속직으로 생겨나고 있다. 또한 여타 기초 지자체들과 비교했을 때 특히 동네와의 친화성이 높은 주민, 예술인, 시민활동가들의 연대와 오랜 기간 경험과 역량을 축적해 온 민간의 생동력이 행정의 지원을 꾸준히 이끌어 내고 있다.

4) 서울특별시 성북구

성북구는 서울시 내에서 뉴타운 도시계획대상지구가 가장 많이 있는 지역으로 도시경관 훼손, 재개발을 둘러싼 주민 간 갈등과 대립, 지역공동체 붕괴 등 다양한 지역현안을 갖고 있다. 또한 성북구는 서울시의 다른 자치구와 비교하였을 때, 비교적 시민사회의 자율적 활동이 활발하지 않은 지역으로 볼 수 있다. 지역을 기반으로 활동해 온 대표적인 시민사회단체가 부재하며, 기타 단체들의 운동 또한 전통적으로 활발하지 못한 지역으로 평가받는다.

이러한 상황에서 민선 5기 김영배 성북구청장은 취임 이후 지역현안 인식을 바탕으로 도시재생을 핵심 키워드로 삼고 뉴타운 재개발과 같은 신자유주의적 도시개발 조류에 대한 대안적 지역경제 모델을 추진하기 시작했다. 구체적으로는 사회적경제와 도시재생을 융합함으로써 지속가능한 마을공동체경제를 구축하는 모델이다. 이 과정에서 성북구는 민관협력을 지향하기는 하지만 시민사회의 역량이 비교적 미약하기 때문에 행정이 우선 제도·체계 구축과 인프라 형성을 주도하며 민간 주체의 역량을 강화하는 양상이 나타나고 있다.

2012년 사회적경제를 전문적으로 담당하는 부서로서 사회적경제과를 신설하는 것을 시작으로 성북구는 다양한 영역의 정책적·제도적 기반을 구축해 왔다. 사회적경제와 관련하여 8개 조례를 제정하였으며, 7개의 위원회와 3개의 협의회를 각각 두고 있다(2016년 8월 기준). 관련 정책과 실천사례 중에서도 생활임금제와 공유경제 사업은 특히 주목할 만하다.

먼저, 생활임금이란 "최저임금에서 더 나아가 주거비, 식료품비, 교육비, 문화비 등을 종합적으로 고려하여 노동자들에게 인간다운 삶을 영위할 수 있도록 적정한 소득보장을 목적으로 하는 임금체계"를 의미한다. 성북구는 이 제도가 저임금계층의 임금 하한을 높여 소득불평등을 해소하는 방법뿐만 아니라 궁극적으로 지역주민의 생활수준 향상과 지역경제 활성화 등 사회·경제적 가치를 촉진하는 점에 기대하고 있다(성북구청 2016a: 51). 2013년 1월 기초 지자체 중 전국 최초로 생활임금제를 도입하였고, 2014년 9월에는 조례를 통해 적용범위를 직접고용에서 간접고용까지 포함하도록 확대했다. 더 나아가, 2015년 이후 성북구는 서울시, 서울시의회, 서울시 교육청, 서울시 자치구 간 MOU 체결을 통한 생활임금 전국 확산을 위해 힘쓰고 있다. 또한 대내외적 홍보를 통해 생활임금체계가 민간 차원까지 확산되는 것을 목표로 하고 있다. 성북구가 생활임금제를 주도적으로 추진하는 배경에는 사회적경제에 더 활발히 참여할 수 있는 시민의 사회·경제적 역량을 강화시키고자 하는 의도도 있다.

한편, 성북구는 지속가능한 마을공동체경제 실현을 위해 '공유도시 성북'이라는 캐치프레이즈를 내걸고 다양한 공유경제 특화사업을 추진 중이다. 공유경제는 지역공동체의 활용가능한 자원을 발굴하고 이를 협력적으로 소비하여 도시재생 및 마을공동체경제를 활성화시킨다는 점에서 사회적경제 정책의 의의를 갖는다. '공유도시 성북' 사업은 활용가능한 유휴공간을 발굴하고 주민이 자치적으로 운영하거나, 임대아파트 유휴 주차면을 공유하는 등 이른바 공유교통 활성화도 추진해 왔다. 더불어, 공유경제 창업가 및 공유활동가를 발굴하고 교육하는 '공유경제 시작학교'를 운영하여 공유경제 문화를 확산하고 민간 공유사업 영역을 활성화시키고자 한다.[16]

16. 김재태. "성북구, '공유(共有)경제시대'를 선도하다: 전국 기초 지자체 최초 '공유촉진 조례(안)' 입법예고

관으로부터의 정책적·제도적 지원 외에 민간 주체들에 의한 실천 사례도 있다. 청년이 주체가 되어 조직한 '협동조합 성북신나'는 지역재생과 청년일자리 생태계 복원을 목적으로 지역공동체에 기반한 경제활동의 영역을 점차 확장하고 있다. 이와 같이 민간 사례도 있으나, 성북구의 사회적경제 거버넌스는 전반적으로 행정기관의 주도로 조직육성과 시민 주체의 양성이 이루어지고 있으며, 이를 통해 민관협력이 성장하고 있다.

5) 서울특별시 은평구

은평구는 서울시 자치구 중에서도 주택 가격이 비교적 낮아 전통적으로 베드타운의 성격을 지녔다. 또한 주거지 중 아파트의 비율이 낮고 저층주거지의 비중이 높아 주거문제가 지역사회의 주요 현안 중 하나이다. 한편, 유소년층의 비중이 높음에도 이들을 위한 문화시설이 빈약하며, 비혼여성인구가 상대적으로 높아 문화와 여성도 주요 사회문제로 인식되고 있다.

2010년 민선 5기 김우영 은평구청장 취임 이후, 은평구는 사회적경제로 지역사회 문제해결의 방향을 전환했다. 사회적경제를 통해 공동체 정서에 기반한 마을공동체를 확산하고, 동시에 일자리 창출과 지역경제 활성화를 추진한 것이다. 이를 위해 일찍이 「서울특별시 은평구 사회적기업 육성에 관한 조례」를 제정하였으며(2010년 9월), 중간지원조직인 은평구사회적경제허브센터를 설치했다(2014년). 민간 주체가 센터 활동을 주도하여, 동시에 서울시 사회적경제 활동의 허브 역할을 담당하면서 사회적경제 활성화에 크게 기여하고 있다.

주거문제가 지역의 주요 현안인 만큼, 은평구는 이 분야의 사회적경제 실천모델을 적극적으로 확장해 왔는데 두꺼비하우징 사업은 타 지자체와 차별화된 대표적 사례이다. 은평구는 사람 중심의 점진적 도시재생 마을만들기를 목표로 2010년 말부터 이 사업을 추진해 왔다. 사업은 주택관리 및 보수·기반시설 확충 등의 주거환경 개선, 커뮤니티 회복 및 골목문화 보존 등의 마을공동체사업, 지역자원 발굴 및 일자리 창출을 통한 자립형 마을조성으로 구성되어 있다. 이

解." 한강타임즈. 2014년 4월 9일자.

사업의 특징은 주거환경 개선을 통한 물리적 재생, 지역공동체 회복을 통한 사회적 재생, 지역경제 활성화를 통한 경제적 재생이 융합된 점이다.[17] 은평구는 2010년 12월 이후 사회적기업인 주식회사 두꺼비하우징을 비롯하여 전문기관 및 대학 등 다양한 민간기관들과 업무협약을 맺어 민관협력의 형태로 사업을 추진해 왔다. 또한 주택개량·보수 자금을 충분히 갖지 못한 주택개량 사업자에게 자금을 지원하는 이른바 '두꺼비하우징론' 제도도 마련했다. 이러한 정책과 제도를 바탕으로 은평구는 사업의 시범단지로서 '산새마을 경관사업'을 추진했다(2013년).

또한, 은평구는 두꺼비하우징 사업의 일환으로 방치된 빈집을 공유주택으로 만드는 '빈집프로젝트 사업'을 진행 중이다. 이 사업은 재개발, 재건축, 뉴타운 지역을 중심으로 늘어나는 빈집을 건물주로부터 임대한 후 리모델링하여 청년 등 주거 취약계층에게 저렴하게 재임대하는 사업으로,[18] 2014년 쉐어하우스 1호를 개관한 이후 2016년 6월에는 공가(共家) 8호를 개관하여 운영 중이다. 이 사업은 특히 주택 공급과 수요의 불일치로 인해 발생하는 사회문제해결을 통해 지역재생에 기여한다. 은평구는 두꺼비하우징 사업과 빈집프로젝트 사업을 통해 마을공동체와 사회적경제를 접목한 도시재생 모델의 경험을 쌓고 있으며, 이는 기존의 전면 철거와 뉴타운식 재개발에 대한 대안적 모델로 주목받고 있다.[19] 이렇듯 두꺼비하우징 사업을 통한 지역혁신은 민관, 그리고 지역주민들까지 참여하는 사회적경제 거버넌스의 좋은 예라고 할 수 있다.

도시재생이라는 전형적인 관 주도의 영역에서 민간 사회적기업이 주요한 역할을 할 수 있었던 것은 시민사회 역량이 있었기 때문이다. 대표적으로 사회적경제 중간지원조직인 은평상상허브는 지역단체들이 은평소방서가 이전하면서 생기는 공간 활용방안을 제안하여 현재의 위치에 자리 잡을 수 있었다. 은평상상허브는 사회적경제 조직들뿐만 아니라 풀뿌리 NPO 및 마을공동체 허브를 포함한 클러스터를 조성함으로써 민간 네트워크를 강화하고 있다. 이는 센터 내

17. 은평구청 홈페이지. "두꺼비하우징 사업."

18. 은평구청 주거재생과. 2014. 『보도자료: 은평구 빈집프로젝트 1호, 증산동 쉐어하우스 개관』.

19. 양은영. "비어 있던 집을 함께 사는 집으로 만들고 있죠." 한겨레. 2015년 8월 16일자.

입주 여부와 상관없이 지역을 기반으로 한 다양한 조직 간 연대와 협력을 촉진하게 된다. 문화와 여성의 지역사회 문제해결을 위한 민간 주체들의 실천 사례도 이러한 민간의 의지와 역량에 기초하고 있다.

6) 광주광역시 광산구

광주광역시 광산구는 지역이 가진 역사성을 토대로 일찍부터 사회적경제를 둘러싼 협력이 이루어져 왔다. 파괴된 사회를 복원하려는 시도로서 사회적경제의 가능성을 주목하고, 이에 걸맞은 정치적 대안을 실천해 온 것이다. 지역정치의 역사성으로 시민사회의 역량이 강할 뿐만 아니라, 민선 5기·6기 민형배 광산구청장의 의지가 사회적경제의 적극적 확산에 기여했다. 특히 민형배 구청장은 일상적 의사결정 구조의 민주화 등으로 문화를 바꾸는 비가시적·비제도적 형태의 지원까지 적극적으로 수행하고 있으며 지원방식에서도 시민들의 참여를 독려하는 등 새로운 시도에도 적극적이다. 이에 따라 광산구의 사회적경제는 시민사회의 활기와 행정의 혁신 역량이 결합된 사례라 볼 수 있다.

광산구는 사회적경제 조직에 대한 보조금 위주의 사업 방식이 조직의 자생력 약화로 이어지는 한계를 갖는 것에 문제의식을 갖고 2014년부터 '사회적 투자펀드 조성 및 자립형 사회적기업 육성' 정책을 실시했다. 사회적 투자펀드 조성을 위한 협의체를 만들고 기금을 조성해 사회적기업의 자립 여건 개선에 투여하는 것이다(광산구 2014b: 90). 이를 위해 광산구청 사회경제과는 2014년에 사회투자기금 모금 계획을 수립하였고, 2016년에는 사업 방식을 크라우드펀딩(crowd funding)으로 전환해 온라인에서 시민들로부터 소액자금을 모아 기금을 조성했다. 2016년 1월에는 크라우드펀딩 콘테스트를 열어 8개 사회적경제 업체의 프로젝트를 선정하고 그들의 사업계획을 소셜미디어에 소개, 시민들이 온·오프라인상으로 투자금 모금에 동참하도록 했다. 최종적으로 8개 중 6개 업체가 목표금액을 달성하였고, 총 270명 시민이 952만 원의 투자금을 모으는 성과를 거두었다(광산구 2016). 광산구청은 펀딩 참여자인 일반 시민을 사회적기업의 잠재적 고객으로 확보하는 동시에 사회적기업이 안정적인 자금을 확보해 자립형 기업으로 거듭날 수 있도록 이 사업에 지속적으로 힘을 기울이고 있다.

한편, 광산구에는 전국 지자체 최초의 민간공동체 운동 네트워크인 광산마을지원네트워크가 활동하고 있다. 또한 전국 최초의 청소노동자협동조합인 클린광산협동조합, 광주·전남 1호 협동조합인 더불어락협동조합, 주민이 주도가 되어 설립된 복지재단인 투게더광산 나눔문화재단 등은 사회적경제 생태계 조성을 주도하는 광산구 시민사회의 역량을 증명하는 대표적 실천 사례이다.

7) 인천광역시 남구

인천광역시 남구는 1980년대까지 인천의 중심지였으나 주변지역 개발과 함께 주요산업·행정시설이 이전하고 인구도 빠져나가 행정적·경제적·사회적·문화적 기반이 쇠락한 대표적인 구도심이다. 이 문제에 대한 해법으로 행정기관과 주민이 2000년대 중반까지 추진했던 것은 이른바 재개발사업 방식이었다. 그러나 2007년 이래 부동산시장이 침체되면서 정비예정구역으로 지정된 지역의 대다수가 사업을 시작조차 못하거나 중단하였다. 그에 따라 기존의 구도심 문제에 더해 재개발 사업 중단에 따른 후유증을 치유해야 한다는 과제도 남게 되었다.

사회적경제는 2010년을 전후하여 이러한 과제에 대한 해법으로서 등장했다. 구도심 문제는 취약계층 고용 및 복지와 주거환경개선 및 상권 활성화 문제로 구체화된다. 문제의 성격에 따라 사회적경제 활동 역시 크게 두 갈래로 나뉜다. 하나는 취약계층의 자활 및 고용을 돕거나, 지역 소상공인 또는 문화예술인들의 협력을 매개하는 사회적기업이나 협동조합을 설립하는 흐름이다. 다른 하나는 거주환경, 먹거리, 교육 등 공통의 생활문제를 주민 스스로 풀어보고자 마을관계망을 구축하는 흐름이다.

이런 흐름을 기본적으로 추동한 것은 2010년 7월에 취임한 박우섭 남구청장을 중심으로 한 남구청의 의지와 노력이었다. 남구청은 2010년 10월에 기초자치단체로는 처음으로 중간지원조직인 사회적기업육성센터(현 사회적경제지원센터)를 설립했고, 2011년 3월에는 구청장 직속조직으로 일자리창출추진단을 신설해 사회적기업팀을 구성했다. 2011년과 2012년, 2013년을 각각 사회적기업 진흥의 해, 사회적기업 확산의 해, 사회연대경제 출범의 해로 정해 사회적경제 조직육성에 행정역량을 집중했다. 평생교육, 도서관 사업 등과 연계해 마을 공동체 활동도 적극적으로 지원했다. 2010년 하반기부터 평생교육 프로그램의 일환으로 마을만들기 교육·연구 모임을 장려했고, 2011~2012년에는 마을만들기 시범사업으로 우각로 문화마을, 염전골 사람들 등 마을모임을 지원했다. 2013년부터는 구청장의 제안으로 통(統) 단위로 주민모임을 만들어 마을문제를 발굴하고 해결책을 모색하자는 이른바 '통두레 운동'이 전개되고 있다.

남구 사회적경제 거버넌스의 두드러진 특징은 행정기관의 역할이 상대적으로 크다는 것이다. 이 점은 행정기관 공무원이나 중간지원조직 실무자뿐만 아니라 사회적경제 활동 참여자들도 공유하고 있다. 비슷한 규모의 인천 내 다른 자치구보다 노년층 비중이 높고 시민사회단체 활동이 미약한 곳에서 행정기관의 역할이 그만큼 강조될 수밖에 없는 현실적 사정을 반영하고 있는 것이다. 이런 맥락에서 남구 사회적경제 참여자들은 행정기관의 주도를 '관리'라기보다는 '지원'의 의미로, '일방적'이라기보다는 '적극적'이라는 의미로 받아들이고 있었다. 민과 관의 바람직한 협력관계를 구축하기 위해서라도 그동안 훨씬 많은 권한과 자원을 행사해 왔던 행정기관이 먼저, 그리고 더 멀리까지 나와 주어야 한다고 생각하고 있기 때문이다. 사회적경제 활동이 본격적으로 전개된 지 6년이 흐른 지금 그동안의 관의 적극성 덕분에 여러 사회적경제 조직과 단체가 많이 생겨나면서 민간의 기반도 점차 마련되고 있다. 그에 따라 중간지원조직을 매개로 민간과 행정이 협력하는 사례도 많아지고 있다.

8) 전라북도 완주군

전라북도의 완주군은 도농복합 중심 지역으로 소농과 가족농, 고령농이 중심이 된 영세농업의 열악한 경제적 상황이 지역의 큰 화두였다. 2008년 임정엽 군수가 부임하면서 지역경제를 활성화하기 위한 방안으로서 로컬푸드를 정책화하고 적극적으로 주도하였다. 이후, 민선 6기 완주군의 3대 핵심정책으로서 '지속가능하고 따뜻한 일자리 창출, 건강한 농업생태계 조성을 통한 완주농업 강화, 도시공동체와 군민의 생활문화 융성'이 추진되었는데 모두 사회적경제와 직·간접적으로 관련되어 있다.•[20]

완주군은 마을공동체사업(community business, 이하 CB) 모델을 중심으로 한 사회적경제 정책이 돋보인다. 2009년 「지역공동체활성화사업(커뮤니티비즈니스) 육성에 관한 조례」를 제정하고 이듬해 전국 최초로 CB 중간지원조직으로 완주커뮤니티비즈니스센터(현 완주공동체지원센터)를 설립하고 CB 활성화를 위해 전담부서로 공동체활력과를 신설했다.[21]

지역경제 회복과 일자리 창출을 위해 완주군이 주목한 핵심적 커뮤니티비즈니스는 '로컬푸드 사업'이다. 로컬푸드 시스템은 농업정책에 소외되어 있던 소농, 가족농, 노후농 가구에게 안정된 소득을 보장할 뿐만 아니라 유통, 판매, 가공과 관련한 일자리를 지속적으로 창출하고 있다. 완주군청은 로컬푸드 인증절차와 같은 체계적인 시스템을 구축하고 직매장 설립 시 부지를 제공하는 등 민간의 활동을 뒷받침하기 위한 제도적 기반 역시 공고하게 마련했다. 정책설계와 실행과정에는 지역에서 활동하던 농업정책 전문가와 완주공동체지원센터 힘을 보탰다. 로컬푸드 안대성 이사장은 로컬푸드를 각 가정에 배달하는 꾸러미 사업을 진행하고, 마을마다 일일이 찾아다니며 로컬푸드 시스템에 맞도록 소농 생산자를 조직하는 역할을 담당해 시스템 구축에 힘을 보탰다. 민과 관의 밀접한 협력 속에서 만들어진 완주 로컬푸드는 전국 각지의 지자체가 모델로 삼는 시스템으로 자리 잡았다.

2013년 7월 말 기준으로 114개의 생산공동체와 총 1,500여 농가가 로컬푸드에 가입해 있으며, 100여 개 마을공동체회사에서 지역 농산물로 가공식품을 만들어 농가레스토랑을 운영하거나 로컬푸드 직매장에 판매한다. 완주산 식재료를 사용해 로컬푸드 직매장에 판매하는 마을공동체회사 마더쿠키, 경력단절여성이 공동체지원센터 수업을 계기로 만든 협동조합 줌마뜨레, 마을 자원을 이용해 된장, 누룽지를 만들어 로컬 직매장에 판매해 소득을 올리는 도계마을 등이 대표적인 사례다. 8년여 사회적경제 활성화 정책이 수행되면서 지역 내 크고 작은 협동조합과 마을공동체회사, 사회적기업이 설립되었고, 각 조직이 공고화

20. 완주군청 홈페이지(http://www.wanju.go.kr) "완주의 비전" 참조.
21. 정기석. "농촌은 '농장'이 아니라 '마을'이다." 오마이뉴스. 2016년 1월 18일자.

되었다. 행정의 든든한 지원과 마중물 역할에 힘입어 민간이 물줄기를 확장시켜 지역에서 문제해결의 답을 찾고자 한 민관의 노력이 성과를 거둔 것이다.

9) 전라북도 전주시

전주시는 사회적경제 활성화를 통한 지역경제의 발전을 추구하고 있으며, '전주형 사회적경제'를 강조하고 있다. 그 내용과 목표는 "시민 주도의 공동체를 발굴해 지원 및 육성하고 외부의 힘에 의존하지 않는 내생적 발전으로 착한 일자리를 만들어 순환경제가 뿌리내리도록 하는 것"이다. 즉, 사회적경제와 공동체, 그리고 지역순환경제의 밀접한 관계에 주목하여 세 요소의 상호보완적 발전을 도모하는 것이다.

전주시는 먼저, 제도적인 측면에서 「전주시 사회적경제 활성화 기본조례」를 제정했고, 이를 바탕으로 민관협력 방식으로 '사회적경제 활성화 위원회'를 구성했다. 또 기초 지자체 중 최초로 국(局) 단위 전담부서(사회적경제지원단)를 설치하였다. 아울러 공동체와 도시재생, 사회적경제를 통합적으로 지원하는 중간지원조직 전주시 사회적경제·도시재생지원센터를 설치했다. 이러한 통합적 지원체계는 "공동체의 활성화를 통해 도시재생의 주민참여를 이끌어 내고 공동체를 통해 발굴된 주민조직을 사회적경제의 영역으로 성장시키고자 하는 전주시의 정책 의지가 담긴 지원체계"이다(김창환 2016).

사회적경제의 근간이 될 공동체 육성에도 전주시는 노력을 기울이고 있다. 2015년부터 본격적으로 온두레공동체를 발굴하고 이를 사회적경제 조직으로 육성하고자 하는 정책 모델을 발전시켜 왔다. 여기서 온두레는 전주의 옛 이름 '온'과 오래된 공동체 문화를 뜻하는 '두레'를 합친 합성어로서 "전주시민 누구나 이웃과 함께 지역사회를 위한 일을 도모하고, 꿈을 펼칠 수 있는 기회를 갖도록 하기 위한" 전주형 공동체사업을 뜻한다.[22] 전주시는 온두레공동체 사업을 통해 주민 공동체가 마을기업과 같은 사회적경제 조직으로 성장할 수 있는 단계별 육성 프로그램(시작단계인 디딤단계와 지속성장이 가능한 공동체를 육성하는 이음

---

22. 전주시 사회적경제·도시재생지원센터 홈페이지(http://www.jsec.or.kr)

단계로 구성)을 운영하고 있다.

전주시의 노력과 더불어 '지역순환경제와 사회적경제에 대한 전주 시민사회의 지속적인 관심 및 참여도 주목할 필요가 있다. 가령 경제적으로 어려움을 겪고 있는 전주시민들은 지역에서 많은 부를 창출하지만 대부분의 소득을 서울로 회수하는 대기업에 대한 문제의식을 가지고 있었다. 시민들의 요구를 수용한 전주시의회는 2012년 2월, 전국 최초로 대형자본의 무분별한 확장을 막기 위해 대형할인점과 기업형 슈퍼마켓(SSM)이 매주 2차례 의무 휴업하도록 하는 내용의 조례를 만들었다. 또한 2014년 치러진 지방선거에서는 주요 후보들이 대규모 개발 혹은 대기업 유치를 내세우는 것이 아니라 사회적경제에 대한 선명성 경쟁을 진행했는데, 이는 사회적경제에 대한 주민들의 관심이 높았기 때문에 가능할 수 있었다. 선거에서 당선된 김승수 전주시장은 지속적으로 시민사회와 소통하고 연계하고 있으며, 주요사업이 실시될 시 우선적으로 지역사회적경제 조직 구성원 및 주민들과의 회의체계를 구성하고, 논의사항 및 결정 사항을 정책에 적극적으로 반영하고 있다.

요컨대, 행정이 드라이브를 걸고 있는 측면이 분명히 있지만, 시가 그러한 정책을 추진할 수 있는 배경에는 시민들의 요구가 있었으며, 전주시는 상호 소통을 통해 사회적경제 정책의 정당성과 효율성을 달성하고자 노력하고 있다.

10) 충청북도 옥천군

충청북도 옥천군은 대전, 청주, 충청권 대부분의 식수원인 대청호를 끼고 있는 탓에 총 면적(537㎢)의 83.7%가 수질보전특별대책지역으로 묶여 있어 개발이 특히 제한된 지역이다. 하지만 이러한 경제적 악조건 속에서도 옥천군민들은 1987년 6월 항쟁과 민주화의 성과로서 1991년 지방자치가 제도적으로 정착되기 이전부터 풀뿌리에서 자체적으로 자치역량을 축적해 왔다. 1989년 222명의 출자자가 모여 전국 최초 군민주 방식의 지역신문인 옥천신문을 창간했고(정순영 2015), 1990년에는 옥천군농민회가 창립되었다.[23] 사회적경제라는 용어

23. 옥천신문. "옥천군 농민회 창립… 농민권익과 지위향상 실현 취지." 1990년 4월 14일자.

가 유행하기 한참 전인 2003년, 안내면 행복한 학교와 안남면 어머니 학교가 주민들의 손에 직접 세워졌고,•[24] 안남면에서는 관광객이 아닌 면민들을 위한 '작은 음악회'를 2003년부터 매년 열고 있다.•[25] 2004년 대청호를 공유하는 대전, 청주권을 아우르는 환경단체 대청호주민연대를 옥천면민들이 주도해서 꾸려 현재까지 이어오고 있으며,•[26] 2005년에는 전국 최초 지역정당 창립시도였던 풀뿌리옥천당 실험도 있었다.

이렇게 축적된 자치역량을 바탕으로 옥천순환경제공동체, 옥천신문, 옥천푸드 등을 통해 자발적인 참여와 연대, 자치의 방식을 보여 주는 반면, 기초 지자체 차원에서는 사회적기업에 대한 정책적 지원을 중요시하고 있다.•[27] 민선 5기 김영만 옥천군수가 취임한 이래로 사회적기업 육성 및 지원을 사회적경제 정책 우선순위로 두고 있다. 군에서 주관하는 사회적기업가 학교와 사회적경제기업 공공구매 설명회 등이 대표적인 제도적 지원이다. 특히 2011년부터 시작한 사회적기업가 학교는 그동안 148명의 수료생을 배출하였고, 교육내용으로 사회적경제를 통한 옥천 경제 활성화전략, 사회적경제의 이해와 사업전략, 옥천에 필요한 사회적기업 설계전략 등에 대해 다루고 있다. 사회적기업에 관한 이해를 돕기 위해 기초부터 사업계획서 작성까지 실질적인 교육이 되도록 군청에서는 사단법인 사람과경제, 사회투자지원재단, 옥천순환경제공동체 등과 협업을 통해 관내 사회적기업들에게 도움이 될 수 있도록 행정적 지원을 하고 있다.

또한 지역경제 활성화를 위해 지역경제의 한 축을 이루고 있는 사회적경제 기업 종사자의 적극적인 노력과 공공구매 담당자들의 의식변화의 필요성 인식에 따라 사회적기업 우선구매제도 및 사회적기업 제품 판로 개척에도 힘을 쏟고 있다.

---

24. 권오성. "앞으로 10년도 건강하고 재미있게: 안내 행복한 학교 10주년 기념식 열려." 옥천신문. 2013년 12월 6일자; 황민호. "어머니 한글학교, 첫 개강 25일." 옥천신문. 2003년 2월 21일자.
25. 황민호. "작은 음악회에 놀러 오세요." 옥천신문. 2003년 10월 25일자.
26. 황민호. "더불어 사는 대청호 공동체를: 3일 대청호주민연대 발기인대회." 옥천신문. 2004년 11월 26일자.
27. 옥천군청 홈페이지(http://www.oc.go.kr)

사회적경제 활성화의 공통적 배경 요인

각 기초 지자체의 전략성 차이나 고유성 이외에도 10개 기초 지자체에서 특별히 사회적경제가 활성화하게 된 공통적 배경 요인에 대해서 알아보는 것도 유익할 것이다. 이러한 요인은 사회적, 경제적, 정치적 측면으로 분류해 정리할 수 있다.

사회적 측면에서 서울시 자치구들이나 인천 남구와 같은 대도시 지역은 대체로 아파트 비율이 낮고 다세대주택 위주의 저층주거지 비중이 높다는 공통점이 있다. 그러다보니 이른바 뉴타운 사업의 광풍을 경험했던 역사도 지니고 있다. 이들 기초 지자체의 상당수 지역이 2000년대 중반 이래 재개발 지구로 지정되었으나 대다수는 사업이 시작되지 못하거나 중단되었다. 전주시와 광주 광산구와 같은 지방 도시의 경우에는 사정이 조금 다르지만 이른바 개발된 주요지역과 비교하면 구도심으로서의 특성을 가지고 있다. 충북 옥천과 전북 완주는 대표적인 도농복합지역으로서의 특성을 갖는다. 서울시 강동구도 대도시 지역이지만 도농복합지역의 특성을 갖는다. 이러한 주거환경 측면은 인구 구성과도 관련이 있다. 충북 옥천과 전북 완주를 제외한 도시 지역은 모두 인구 50만 명 내외의 규모를 갖고 있다. 그중에서 마포구 등 서울의 몇몇 자치구와 광주 광산구를 제외하면 대부분의 지역은 노년층의 비중이 높고, 젊은층이 있는 곳이더라도 베드타운의 역할을 하고 있는 곳이 많다.

경제적 측면에서는 대도시, 중소도시, 도농복합지역 구분 없이 뚜렷한 경제 인프라가 없고, 사업체 수도 많지 않다. 따라서 지역단위에서 지역자원을 활용해 경제 생태계를 구축하는 일이 주요과제로 인식되고 있다. 기존의 대규모 경기활성화 정책이나 산업화 정책으로 지역경제를 살리려는 방식이 갖는 한계를 체감했기 때문이다. 이런 상황에서 지역 단위의 순환적 경제 생태계를 조성한다는 목표가 설득력을 얻고 있다. 최근 주목받고 있는 내발적 혹은 내생적 발전(endogenous development) 개념에 관한 논의도 이들 지역을 염두에 두고 있다.

정치적 측면에서는 대체로 2010년 민선 5기 선거로 취임한 기초자치단체장들의 역할이 컸던 것으로 보인다. 2008년에 취임한 이해식 서울시 강동구청장과 같이 조금 이른 경우도 있고, 2014년에 취임한 김승수 전주시장과 같이 조금 늦은 경우도 있지만, 나머지 사례 지역에서는 대략 민선 5기 기초자치단체장이 취임한 2010년부터 사회적경제 활동이 가시화되었다. 각 기초 지자체는 행정기관 내에 전담부서를 만들고, 관련 조례를 제정해 중간지원센터를 설립하고, 민간 네트워크 조직과 협력을 도모하는 식으로 사회적경제 활동의 기본 틀을 짰다. 주목할 만한 것은 이들 대다수가 야당 소속의 비교적 젊은 단체장들이라는 점이다. 서울의 다섯 개 자치구가 그렇고, 인천 남구, 광주 광산구, 전주시가 그렇다. 이런 연결고리는 '전국사회연대경제지방정부협의회'에 가입한 기초 지자체장들이 대부분 야당 소속이라는 점에서도 확인할 수 있다. 물론 사회적경제와 정치적 지형을 단선적으로 연결시킬 수는 없다. 여당 소속 단체장이 있는 경기도나 인천광역시가 사회적경제를 적극적으로 추진하기도 하고, 야당 소속 단체장이 있는 곳이라고 해서 모두가 사회적경제를 추진하는 것도 아니기 때문이다. 그럼에도 기존의 성장 패러다임과는 맥을 달리하는 사회적경제가 주로 어떠한 정치적 지향과 친화성을 갖는지는 앞으로 주목할 만한 지점으로 보인다.

2. 전략적 거버넌스의 주요 결정 요인과 유형

마지막으로 앞서 간략하게 정리한 사례별 특성을 토대로 기초 지자체 수준의 전략적 거버넌스를 유형화해 보고자 한다. 사회적경제 정책을 둘러싼 수직적 협력(중앙-광역-기초 지자체를 관통하는 일련의 제도적·실천적 협력)과 수평적 협력(지역적 이슈를 매개로 이루어지는 기초 지자체 내 부서, 영역 간 칸막이를 넘어서는 협력)을 기반으로 어떠한 맥락 혹은 요인으로 인해 이와 같은 각 지자체 고유의 전략적 대응이 나타났는가가 기본 질문이다.

이에 대해서는 각 지자체의 경제·사회적 조건이나 역사·문화적 전통과 같은 요인, 지자체장의 리더십이나 공무원의 창의력, 시민사회나 민간부문의 활력, 민관의 신뢰 관계나 경험, 거버넌스에 대한 지식이나 경험 등 이론적 차원에서는 다양한 요인을 생각해 볼 수 있다. 어떤 요인은 공통적으로 중요하며, 어떤 요인은 특정 지자체에서만 나타날 수 있다. 그러나 10개 지자체의 현실적 경험을 살펴볼 때, 전략적 거버넌스의 발전과 성격 차이를 가장 포괄적으로 설명할 수 있는 요인은 바로 행정기관과 민간의 관계라고 할 수 있다. 이것은 결국 지역사회와 밀접한 정책이나 사업들을 누가, 어떤 방향으로 조정(governing)할 것인가 라는 사회적경제 거버넌스의 핵심 요인이기도 하다.

먼저 민간과 행정의 관계는 두 차원으로 구분할 수 있다. 하나는 행정기관과 시민사회 관계의 양상이다. 먼저 시민사회 활동의 역사가 비교적 오래된 곳으로, 사회적경제 맥락에서는 관료주의적·발전주의적 개발 패러다임을 상징하는 주요 사건에 저항하는 형태로 스스로 역량을 키워 온 지역이 있다. 이 지역의 사회적경제 토양은 어떤 의미에서는 민간이 행정 혹은 기타 기관과 긴장 관계를 유지하는 와중에 키워진 내부역량과 동질감이 바탕이 된다. 서울시의 경우 마포구가, 지방의 경우 충북 옥천군이 여기에 속한다. 2부의 사례분석에 따르면, 마포구는 시민사회 활동의 거점 공간을 지켜내기 위한 여러 투쟁이 사회적 자본의 형성으로 이어진 곳으로 꼽힌다. 옥천군은 옥천신문이라는 풀뿌리 언론을 토대로 한 지역 차원의 운동 역사가 오래된 곳이다. 반면 나머지 8개 지역의 경우 상대적으로 시민사회 활동의 토양이 그리 비옥하지 않고, 그에 따라 활동 역사가 그리 길지 않은 곳이다. 이런 차이는 사회적경제 거버넌스의 형태에도 반영되어 있다. 마포구나 옥천군은 민간단체 및 조직들 간의 네트워크가 매우 촘촘하다. 중간지원조직의 설립과 운영에서도 이들 민간단체들의 역할이 주도적이다. 이렇게 형성한 역량을 바탕으로 때로는 행정에 저항하고, 때로는 행정의 협력을 끌어내면서 사회적경제 활동의 틀을 만들고 있다.

반면 나머지 지역에서는 시민사회와 행정의 관계에서 긴장은 크게 드러나지 않는다. 그 자체로는 바람직한 일이지만 긴장의 부재는 반대로 시민사회 역할의 미약함을 방증하는 것이기도 하다. 인천 남구와 같이 역사적으로 시민사회 활동이 미약했던 곳에서는 상대적으로 관 주도적인 특성이 두드러진다. 정도의 차이는 있지만 서울 성북구와 강동구도 비슷한 경향을 보인다. 이들 지역의 특징은 행정이 나서서 민간 역량을 키우려고 애쓴다는 점이다. 관계부처를 신설하고 중간지원조직을 설립하며, 관련 교육 프로그램을 기획하는 등의 주요 활동을 행정이 주도한다. 이런 노력에는 민과 관의 거리를 10이라고 했을 때 적어도 관이 7 또는 8까지 나와 주어야 한다는 취지가 깔려있다. 공적 활동에 대한 주민 의식과 경험이 충분하지 않다고 판단하고 있기 때문이다. 한편 어느 한쪽의 주도성이 그 정도까지는 드러나지 않는 지역도 있다. 앞서 소개한 5개 지역을 제외한 나머지 5개 지역(서울 은평구, 서울 금천구, 광주 광산구, 전북 전주시, 전북 완주군)이 여기에 해당되는데, 이들 지역은 시민사회의 토양이 인천 남구나 서울 성북구, 서울 강동구처럼 척박하지는 않은 곳이라고 볼 수 있다. 그래서 행정이 주도적으로 끌어오기보다는 어느 정도는 자연스럽게 행정과 민간이 협력할 수 있는 체계가 형성되고 있는 곳이다. 이런 점에서 이상적인 모습이라고 생각할 수도 있지만 반대로 어느 한 쪽이 확고한 의지를 갖고 활동하지는 않는, 미지근한 상황이라고 볼 여지도 있다.

요약하면, 시민사회와 행정기관의 관계가 상대적으로 긴장 관계에 있는지 그렇지 않은지에 따라 10개 기초 지자체를 시민운동형과 민관협력형으로 구분할 수 있다. 여기서 민관협력형은 다시 시민사회와 행정기관 관계의 수준에 따라 관 주도형과 초기 파트너십형으로 나뉜다. 이들 유형의 특징을 정리한 것이 표 1.4이다.

시민운동형의 강점은 풀뿌리의 힘이다. 비교적 외부자원에 기대지 않고 스스로의 네트워크를 통해 자족적 활동을 할 수 있다는 점에서 행정의 의지나 역량에 관계없이 활동을 지속할 수 있다. 다른 두 유형과는 달리 선거에 따른 기초 지자체장의 변화가 중요한 변수가 되지 않을 수도 있다. 외부가 아니라 주민 스스로가 의제를 제시하고 실천하는 과정에서 생활에 밀착한 활동을 할 수 있는 토양이 되기도 한다. 이런 특징은 사회적경제의 지속가능성에 긍정적인 역할을 할 요인들이다. 그러나 장기적인 관점에서, 또 확장가능성의 측면에서 행정과의 관계를 어떻게 맺을지는 과제로 남아 있는 것으로 보인다. 행정이 가진 역량

표 1.4 사회적경제 거버넌스의 유형별 특징과 사례

<table>
<tr><th colspan="2" rowspan="2">유형</th><th colspan="4">특성</th><th rowspan="2">사례</th></tr>
<tr><th>행정과 민간의 관계</th><th>거버넌스의 구조</th><th>강점</th><th>한계</th></tr>
<tr><td colspan="2">시민운동형</td><td>민 주도적 협력</td><td>기획과 실천에서 민민 네트워크가 중심/민간이 주도하는 중간지원기관/행정과는 사안별 긴장·협력</td><td>지속 가능성 높음</td><td>확장 가능성 낮음</td><td>서울 마포구
충북 옥천군</td></tr>
<tr><td rowspan="2">민관 협력 형</td><td>관 주도형</td><td>관 주도적 협력</td><td>행정이 기획과 실천을 주도/행정이 주도하는 중간지원기관/행정의 종합적 지원</td><td>확장 가능성 높음</td><td>지속 가능성 낮음</td><td>서울 성북구
서울 강동구
인천 남구</td></tr>
<tr><td>초기 파트너십형</td><td>낮은 수준의 민관협력</td><td>기획과 실천에서 민과 관이 비교적 균형/이런 균형이 중간지원조직에도 반영/사안별 협력</td><td colspan="2">지속가능성 확장가능성 모두 중간 수준</td><td>서울 은평구
서울 금천구
광주 광산구
전북 전주시
전북 완주군</td></tr>
</table>

과 자원이 압도적이라는 점에서 어떤 식으로든 협력을 도모해야 할 것이기 때문이다. 그러나 시민사회의 역량이 행정과의 긴장 관계 속에서 형성되어 왔다는 점에서 이른바 '협력관계'가 시민사회 역량에 어떤 영향을 미칠지는 미지수이다. 다른 한편으로는 행정과 관계를 맺는 과정에서 기존의 지향이나 방식을 둘러싸고 시민사회 내부에서 긴장이 생겨날 수도 있다. 이 두 가지가 향후 어떻게 다뤄지는지에 따라서 사회적경제 활동의 확장가능성과 지속가능성도 달라질 것이다.

관 주도형의 강점은 추진력이다. 지역현안을 조망하는 자리에 있고 중앙정부 및 광역정부와 손쉽게 의사소통할 수 있으며 실질적인 실천 역량과 자원을 갖고 있는 행정기관의 역할은 아무리 강조해도 지나치지 않다. 이런 행정이 적극적으로 나설 경우 사회적경제의 틀을 비교적 신속하고 일관되게 짤 수 있다. 이런 점에서 유심히 살펴봐야 할 지점은 관이 주도한다는 것 자체가 아니라 주도의 의도와 방식일 것이다. 민간의 역량을 키우겠다는 의도와 민간 활동을 관리가 아닌 지원하는 방식을 유지한다면 장기적으로 민간 역량이 커 나가는 데에도 큰 도움이 될 것이다. 그러나 이 유형의 가장 큰 약점은 행정기관의 역할이 너무 크다는 것이다. 행정기관의 특성상 이른바 관료주의적, 성과주의적 관행이 민간 활동의 자율성을 침해할 여지가 있는 것도 사실이다. 보다 근본적인 한계는 지자체장의 의지와 역량의 절대적 영향력과 계승의 문제이다. 지자체장의 임기는 짧게는 4년, 길게는 12년으로 제한되어 있다. 따라서 지자체장이 바뀌어도 행정기관의 의지가 지금과 같은 수준에서 유지될지는 미지수이다. 이런 점에서 민간의 역량이 성장하는 것이 매우 중요할 것이다.

마지막 유형인 초기 파트너십형은 사실 앞의 두 유형이 갖는 특성이 낮은 수준에서 섞여 있는 형태이다. 이를 긍정적으로 해석하면 앞의 두 유형이 갖는 강점을 모두 갖출 수 있는 환경으로 볼 수도 있다. 민간의 의지와 역량도 어느 정도 있고, 행정기관의 의지와 역량도 어느 정도 있어 비교적 대등한 자리에서 협력을 할 수 있는 조건을 갖춘 곳으로 보는 것이다. 따라서 확장가능성이나 지속가능성 면에 있어서 긍정적인 전망을 할 수도 있다. 그러나 두 유형의 특성이 섞여 있다는 점은 장점뿐만 아니라 약점 또한 공유한다는 것을 의미한다. 민간의 입장에서는 행정기관과 관계를 맺는 과정에서 행정기관에 포섭될 수도 있다. 반대로 행정기관의 의지 또한 선거결과에 따라 얼마든지 바뀔 수도 있다. '파트너십' 앞에 '초기'를 붙인 것도 이런 이유에서이다. 즉 민과 관의 협력관계가 심화된 협력관계로 발전할지, 아니면 어중간한 타협관계로 후퇴할지는 결국 민과 관의 의지 및 역량에 달려 있다.

지금까지 10개 기초 지자체 활동을 요약하고, 크게 세 가지 유형으로 분류해 보았다. 물론 여기서 제시한 것은 이해를 돕기 위한 형식적인 분류에 지나지 않는다. II절에서 소개한 것처럼 사회적경제는 다층성과 복합성을 주된 특징으로 한다. 전략성도 이런 특징에 대한 반응으로 나오는 것이고, 그런 점에서 현실에서는 행정, 민간 구분할 것 없이 모든 주체들이 직·간접적으로 관련되어 있다. 즉, 10개 기초 지자체 모두 행정이나 민간 양자가 함께 사회적경제 활동의 틀을 만들어 가고 있다. 어느 한 쪽이 '주도'한다고 말할 수는 있지만 주도가 가능하려면 최소한 다른 한쪽도 따라갈 준비가 되어 있어야 한다. 이 점은 사례 지역들을 다룬 2부의 각 장에서도 확인할 수 있을 것이다. 더욱이 이 유형화는 잠정적인 것이다. 사회적경제가 한국 사회에서 주목받은 지가 이제 10년이 채 지나지 않았다. 그간 상당한 시행착오를 겪으면서 조금씩 틀을 잡고 있지만 여전히 각 지자체의 정책이나 민관협력 활동은 실험 단계에 있다고 볼 수 있다. 따라서 앞으로 각 기초 지자체의 관련 활동이 어떤 방향으로 발전하고 어떤 식으로 구체화되는지에 따라 각 기초 지자체가 속할 유형이 달라질 수 있고, 심지어 유형 자체도 달라질 수 있다. 이런 의미에서 현 시점에서 어느 한 유형이 다른 유형보다 뒤처진다고, 또는 앞선다고 말할 수 없다.

위와 같은 한계에도 불구하고 이런 시도가 의미 있다고 생각하는 이유는 사회적경제가 본격화된 지 6~7년이 지난 현 단계에서 각 기초 지자체 활동의 자리를 잡아보는 것이 매우 중요하기 때문이다. 전국 각지에서 사회적경제로 불리는 활동이 전개되고 있지만 여전히 이들 활동을 조망해 자리를 잡아보려는 시도는 거의 이루어지지 않고 있다. 앞서 소개한 사회연대경제 지방정부협의회와 같은 곳에서 각 기초 지자체들이 서로의 경험을 나누고 있지만 이들 논의가 소수의 관계자들을 넘어 널리 공유되고 있는 것 같지는 않다. 실제로 이번 방문조사를 진행하면서 자신들의 활동의 자리를 좀 더 넓은 맥락에서 검토하고 싶다는 바람을 여러 차례 확인하기도 하였다. 다른 한편으로 이런 유형화 작업은 사회적경제의 조건과 요인을 탐색하는 이론적 작업의 출발점이 되기도 한다. 지역별로 고유한 내부적 및 환경적 요인들이 어떻게 맞물려 사회적경제를 빚어내고 있는지 거시적인 관점에서 조망할 수 있는 기회를 제공할 뿐만 아니라 그 구현 양상을 지역별로 비교함으로써 어떤 요소들이 어떠한 차이점 또는 공통점을 만들어 내는지 분석할 수 있는 기회를 제공해 주기 때문이다.

이런 점에서 비록 거칠게 그린 것이기는 하나 이러한 분석과 유형화가 현장에서 활동하고 있는 여러 참여자들이 각자의 활동을 객관화하고 서로의 활동을 비교하는 틀로 활용되었으면 하는 바람이다. 다른 한편으로는 지역 사례 연구가 조금씩 쌓이고 있는 만큼 학계에서도 이들을 보다 큰 틀에서 비교 분석하는 작업이 활발해졌으면 하는 바람이다.

제2부

서울시 자치구 사회적경제 사례 분석

지역발전위원회

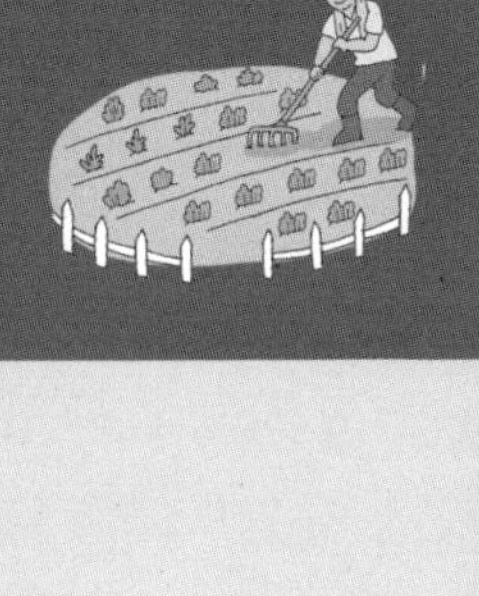

마포구
협동조합
시민단체
사회적기업
시장상인

클린광산

우각마을

로컬푸드

사회적경제로 '감동'을 주는 '강동' : 중간지원조직, 도시농업, 엔젤존(Angel Zone) 사례를 중심으로

윤영관 · 이동명 · 최예린

Ⅰ. '해뜨는 강동' 들여다보기

Ⅱ. 강동을 바라보는 분석의 틀

Ⅲ. 사회적경제의 미드필더, 중간지원조직

Ⅳ. 2평의 행복. 모두가 함께하는 도시농업

Ⅴ. 개인적 선의와 제도적 지원, 그 간극에 선 '엔젤존'

Ⅵ. 결론: 추격자에서 선도자로

Ⅰ. '해뜨는 강동' 들여다보기

1. 강동의 역사

서울 시내에도 이웃 공동체의 감동을 느끼게 해 주는 지역이 있다. 강동구는 급격한 산업화에 따라 파편화·개인화가 이루어지고 있는 서울에서 사람냄새를 느낄 수 있는 곳이다. 한강 이남의 최동단에 위치한 강동구는 서쪽으로는 강동에서 분리된 송파구, 북쪽으로는 광진구, 그리고 동쪽으로는 하남시와 맞붙어 있다. 강동구 내부는 명일동, 고덕동, 상일동, 길동, 둔촌동, 암사동, 성내동, 강일동, 천호동으로 구성되어 있다.

강동구의 역사는 유례가 깊다. 과거 고조선 출신 선조들이 남하하는 과정에서 일부는 고구려를 세우게 되었고 나머지는 한강 유역에 정착하게 된다. 학창시절 많은 사람들이 들어봤을 비류와 온조의 백제 건국 이야기에서 온조는 한강 유역에 정착해 위례성을 세우게 되는데 그곳이 바로 지금의 강동구 풍납토성이다. 이후 이 지역은 자연적·전략적 요충지로서 삼국시대를 관통하는 핵심지의 역할을 수행한다.

강동구는 건국 직후에는 서울특별시에 속하지 않았지만 강남 개발이 시작되면서 서울에 편입되었다. 최초에는 강남구의 일부였으며 이후 강남구 천호출장소에서 승격되면서 분구(分區)가 이루어졌다. 이후 1988년 서울올림픽 개최 장소가 되면서 인구가 급격히 증가하였고 이와 동시에 서울지하철 2호선이 개통되면서 두 개의 구로 분구해야 할 필요성이 대두되었다. 결과적으로 지금의 송파구가 분리되었고 이와 동시에 강동구는 고도(古都)의 유물들을 간직하고 있는 역사의 고장으로 자리를 잡았다.

2. 강동의 지역적 특성

강동구는 전체 면적의 약 40%가 녹지와 산지이기 때문에 전원적이고 목가적인 분위기를 지니고 있다. 이 때문에 서울에 직장을 둔 사람들의 베드타운으로서 역할을 수행하고 있다.

그러나 바로 이러한 강동구의 베드타운 특성 때문에 몇 가지 문제가 발생하는데, 첫째, 거주지역 내 소비시간과 직장소재지지역 내 소비시간을 고려한다면 사실상 생활터전은 직장이 위치한 곳이 된다고 볼 수 있다. 집은 그저 잠을 자러 올 뿐이라는 것이다. 사람들이 퇴근 후 늦은 시간에 집에 도착하고 주말에는 쌓인 피로를 풀게 되면서 생활터전 혹은 지역공동체 구성원으로서의 소속감은 희박해졌다. 직업적 비(非)유사성, 베드타운이 지니는 특징인 유입인구의 증가, 그리고 주말에 이루어져야 하는 공동체적 활동이 사라지고 그저 집 안에서 휴식을 즐기는 경우가 증가함에 따라서 강동구의 사회적 자본(social capital)은 낮아진다.

둘째, 지역에 위치한 기업이 타 지역에 비해 적기 때문에 주민들이 자신의 지역을 위해 생산적인 활동을 하기 힘들다. 첫 번째 문제에서 나타난 문제점이 해결된다고 할지라도 강동구에는 산업을 위한 인프라가 타지에 비해 잘 구축되어 있지 않은 편이다. 결과적으로 강동구에서는 새로운 기업이 자생적으로 탄생하기 힘들며 이는 사회적경제 조직도 예외가 아니다.

그럼에도 강동구는 이 두 가지 문제점들을 해결하기 위해 다시 그 지역적 특성을 활용했다. 우선 강동구의 토지는 산을 개간해서 만들었기 때문에 전원적이며 상대적으로 다른 지역보다 도시농업에 투자하기 유리하다. 이와 동시에 하남시에서 인접해 있기 때문에 하남시의 농업인들로부터 노하우를 습득하기 쉽고 기존에 존재하던 농업인구가 다른 지역에 비해 많다는 이점을 가지고 있다. 또한 도시농업을 통해 생산된 농산물을 하남시의 농산물과 함께 거래할 수 있기 때문에 상품처리에 비교적 유리하다. 또한 주민들의 공동체의식도 비교적 뚜렷한 편이다. 특히 강동구 십자성마을에서 그 특성이 두드러지는데 이는 지역이 크게 발전하기 전부터 단체로 거주하던 주민들이 존재하기 때문이다. 강동구는 유입인구를 소화함과 동시에 기존에 거주하던 주민들이 뭉쳐서 이들을 이끌기 때문에 인구 증가에 따라 마을공동체의 발전을 위한 새로운 인력 충원의 효과를 가져오게 되었다.

지역적 특성을 잘 활용하고자 하는 이러한 강동구의 노력은 조금씩 성과를 내고 있는 것으로 보인다. 필자들은 강동구민들을 인터뷰하면서, 밖에서 보기보다는 주민들이 지역문제에 관심도 많고 또 지역문제 해결에 나설 의향도 있다는 인상을 받았다. 만일 이러한 의지와 관심이 커진다면 주민들은 지방정부 차원에서 실시하는 여러 사업들이 지속가능하고 성공적으로 이루어지도록 구정에 적극 참여하게 될 것이고, 주민의 참여가 강동구의 전체 지역발전과 주민요구 실현에 있어서 건설적인 역할을 할 것으로 볼 수 있다. 그렇다면 구의 입장에서는 이러한 참여의 기회를 제공하고 목소리를 들을 수 있는 통로를 확보할 필요가 있으며, 정책적·제도적인 부분에서 뒷받침을 함으로써 진정한 구민의 대변자로서 역할을 수행할 수 있을 것이다. 물론 사업 초기 및 안정기에 접어들 때까지 구가 사업을 주도할 수밖에 없는 경우가 많고, 가시적인 성과를 비교적 단기간에 산출할 수도 있다. 그러나 주민 관심사와 거리가 있는 정책을 지속해서 펼치는 것은 선택하기 쉽지 않은 옵션이다. 오히려 구가 구민의 요구와 목소리에 민감하게 반응하게 되면 구민들이 가지는 지역에 대한 관심과 애정이 커지는 것은 물론이고, 정책의 정당성과 민주성, 효율성을 동시에 달성할 수도 있다. 요컨대, 구가 정책 입안 및 집행 과정에서 상시적으로 구민들의 의견을 구하고, 강동구의 이러한 노력을 구민들이 피부로 느끼게 된다면 여러 사업들이 주민의 협조를 받아 시너지 효과를 낼 개연성이 높아질 수 있는 것이다. 이를 위해 민과 관은 함께 제도적 대안을 수립하려는 노력을 할 필요가 있다.

3. 강동의 사회적경제 이슈

강동구는 꾸준히 사회적경제에 대한 다양한 시도를 하고 있다. 본래 사회적경제는 급격한 도시화와 산업화로 인해 마을공동체가 내외부의 역풍을 견디지 못해 해체되고 배금주의적 시장자유주의 신념이 비금전적인 부분까지 그 영역을 확장시키면서 발생하는 다양한 문제를 해결하기 위해서 시작되었다. 특히 2014년 이후 서서히 그 부작용이 노골적으로 드러나고 있는 산업화 시대의 후유증과 이로 인한 한국 사회의 고질적인 병폐들을 바라보며 단순히 지역사회 주민들의 일자리 창출이라는 경제적인 개념을 뛰어넘어 우리 사회의 문제들을 해결하는 하나의 정치적인 개혁으로서 시도된다. 즉 사회적경제 활동을 통해 사람

표 2.1 서울 강동구 사회적경제 조직 현황(2016년 6월 기준)

총(개)	협동조합	사회적기업	마을기업	자활기업	중간지원조직
96	76	8	5	7	강동사회적경제지원센터, 강동도시농업지원센터, 마을공동체 동동, 마을지원실

출처: 『함께 강동, 쓸수록 힘이 되는 사회적경제』 참조.

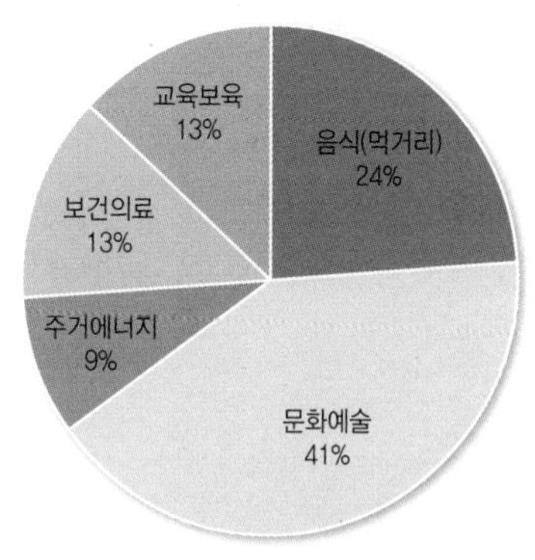

그림 2.1 사업분야별 사회적경제 조직 현황

과 사람 사이에서 사라져 가는 신뢰를 다시 구축하고 새로 유입되는 인구들을 강동구 주민이라는 하나의 이름 아래에 뭉치게 하는 공동체의식을 가질 수 있도록 유도함으로써 그 자신이 가지는 힘을 키우고 내부에서는 협동이라는 가치를 통해 결사체 민주주의의 교육기관으로서의 역할을 수행함과 동시에 이를 실제로 실현하는 장을 제공한다. 사회운동차원에서의 사회적경제의 대표 사례로는 도시농업과 엔젤존 사업이 있으며 이 글에서는 이들을 중심으로 서술하고자 한다.

이와 동시에 강동구의 사회적경제는 인간사회의 회복을 돕는 것에 한정되지 않고 자연회복과 지속가능성까지 나아간다. 강동구에서 주도하는 다양한 사회적경제 사업들은 모두 환경 생태와 연관된 것이 많은데 대표적인 사업은 도시농업과 십자성마을 사업이다. 특히 십자성마을 사업의 경우에는 강동구의 특징이 집약되어 성과를 낸 사업으로 그 자체로서 강동구의 사회적경제가 어떤 형태를 띠는지 함축적으로 보여 줄 수 있다.

십자성마을은 서울시가 진행해 온 에너지 소비 줄이기 사업의 성공사례로 손꼽힌다. 에너지 자립도를 24%로 끌어올려 여타 지역의 에너지 자립도를 뛰어넘는 성과를 보여 주었다. 십자성 마을의 에너지 자립마을만들기 사업은 우선 기본적으로 강동의 지역적 특성에서 언급했던 바와 같이 기존에 거주하고 있던 주민들이 서로 집단을 이루고 있었기 때문에 성공할 수 있었다. 십자성마을은 1974년 베트남 전쟁 이후 전쟁에 파병되었던 국가유공자들의 거주지로 선정되어 만들어진 마을로, 현재까지 참전군인 주민들이 마을공동체의 구심점 역할을 수행한다. 이들을 중심으로 공동체적 목표를 위해 협동을 하고 지방정부에서 실시하는 다양한 프로그램에 참석하거나 직접 건의하는 등의 방법을 통해 자신들의 의사를 지역 정치인들에게 표현한다. 지역 정치인들의 입장에서는 그들의 영향력을 무시하기 힘들어 그들의 의견에 귀를 기울이며 많은 제도를 마련함과 동시에 관공서 및 지역의 사업체들도 에너지자립마을 만들기에 동참하도록 유도했다. 기본적으로 본 사업은 서울시 차원에서 우선 제시를 해 준 것이며 이에 지방자치정부의 지원과 기존 마을주민들 사이의 신뢰를 기반으로 아래서부터의 활동과 위에서부터의 지원이 어우러져 탄생한 강동구의 특성이 담긴 전형적인 사회적경제의 성공사례라고 볼 수 있다.

이처럼 강동구는 공유가치 창출을 위해 노력하고 있다. 특히 자치단체장뿐만이 아니라 주민들에 의해 자발적으로 주장됨과 동시에 구의회 차원에서도 지속적으로 관련 조례를 제정하면서 단순히 구성원 간 신뢰라는 사회 자본에 의존하지 않는다. 위에서 아래로의 지원, 즉 제도에도 주목을 해 그 성공을 유도하고 있다. 따라서 강동구의 사회적경제 사례를 이해하기 위해서는 기본적으로 강동구 사회를 관통하는 사회적 자본과 인프라에 대한 이해가 필요하다. 따라서 신뢰가 지니는 특성과 그 역할, 정부 등의 위계집단에 의해 마련된 제도와 지원요소들의 작용, 그리고 이들의 상호작용에 대한 이론적 접근과 이해가 필요하다. 이 글에서는 강동구 사회적경제의 핵심사례인 도시농업과 엔젤존 사업을 그 두 가지 요소들을 활용해 평가, 상호 비교하여 사회적경제의 성공을 위해서 중요한 요소가 무엇인지에 대해 파악하는 것을 주요 목표로 한다.

Ⅱ. 강동을 바라보는 분석의 틀

1. 조사 대상 선정

본 연구의 주요 목표는 기초자치단체인 서울시 강동구의 사회적경제•[1] 활동의 현황과 배경 및 이 지역의 특징을 탐구하는 것이다. 이를 통해 다른 지역사회적경제 활동과는 다른 강동구만의 '특수성'과 사회적경제가 지니고 있는 공통의 특징인 '보편성'을 두루 살펴볼 수 있을 것이다. 또한 사회적경제가 활성화된 다른 지역에 비해 상대적으로 후발주자인 강동구가 어떻게 사회적경제 분야에서 비교적 빠른 시간 내에 발전할 수 있었는지 그 주요 요인들을 찾아보고자 한다. 따라서 본 연구에서는 크게 세 가지 분야를 중심으로 강동의 사회적경제를 살펴볼 것이다. 첫째, 강동구가 지닌 지역적 특성과 아래로부터의 자발적 움직임(bottom-up)의 중요성을 보여 주는 '도시농업', 둘째, 국가와 개인(혹은 시민)의 중간에서 양자의 입장과 이해관계를 절충하는 기능을 하는 '중간지원조직', 셋째, 기초자치단체의 역점 사회적경제 정책(top-down)으로 추진 중인 '엔젤존(Angel-zone)'이 바로 그 사례에 해당한다. 이 세 분야는 강동구 사회적경제의 특수성을 잘 나타내는 동시에 민(도시농업)·(중간)지원조직·관(엔젤존)이 각각 주도를 하며 발전시켜 왔다는 흥미로운 특징을 지닌다. 시간과 지면의 제약이라는 물리적인 한계를 고려해 보면, 강동구가 지니고 있는 특수성과 다양한 주요 행위자(시민·중간지원조직·공무원 및 구청장)의 참여 및 역동성을 두루 살펴보기에 필자들은 이 3가지 분야가 사회적경제의 중요성(significance) 및 현저성(salience)을 지니고 있는 가장 적절한 사례라고 판단하였다.

1) 중간지원조직

우리나라의 사회적경제 분야에서 중간지원조직의 역사는 짧은 편이지만, 정책 성공과 사회적경제 조직의 지속적인 유지·발전을 위해서 중간지원조직의 역할이 중요하다는 점은 누구도 부정하기 힘들다. 정책과정에서 정부의 역할이 민간 영역으로 이전된 현재에 중간지원조직은 정부나 지방자치단체의 기능 일부를 담당한다는 측면에서 그 중요성이 더해지고 있다. 또한 사회적경제 영역

---

1. 사회적경제 조직은 본래 사회적기업, 협동조합, 비영리법인, 상법상 주식회사 등 다양한 형태가 존재한다. 그러나 한국에서는 고용노동부의 「사회적기업육성법」으로 인증을 받은 사회적기업과 기획재정부의 「협동조합기본법」에 의해 인증된 협동조합과 사회적협동조합이 있다. 본 연구에서는 사회적경제 조직의 다양한 조직형태를 포괄하는 사회적경제 조직이라는 용어로 통일하여 사용하도록 하겠다.

에서 중간지원조직은 사회적경제의 활력을 높이고 운영지원을 위해 조직되었다는 특징을 지닌다. 강동구는 다른 자치구와 달리 무려 5개의 중간지원조직(사회적경제지원센터 · 지역특화사업단[2] · 마을공동체 동동 · 마을지원실 · 도시농업지원센터)이 각각의 영역에서 민관을 이어주는 가교(bridging) 역할을 하며 강동구 사회적경제의 중요 행위자로 점차 부각되고 있다. 따라서 자생적이고 선순환되는 사회적경제의 생태계를 만들어 가고 있는 마중물이 되고 있는 중간지원조직을 뒤에서 좀 더 자세히 살펴볼 것이다.

2) 도시농업

흔히 강동구는 베드타운(bed town)이라고 불린다. 주거지역으로서의 강동구는 사회적경제와 지역공동체 문화 연구지로서 이점을 지닌다. 우선 강동구의 경우 여타의 자치구들에 비해 상대적으로 경제적 활동, 기업 활동을 유치할 수 있는 긍정적인 유인들이 부족하다. 그렇기에 강동구는 자체적인 경제활동 해결책을 모색해야 하는데 현재 강동구에서 야심차게 추진하고 있는 사업은 도시농업이다. 도시에서 이루어진 농업이라는 흥미로운 주제는 지금까지의 사회적 경제가 도시에서 이루어지는 산업적 혹은 인적 결합이라는 하나의 틀을 벗어나서 농촌과 도시의 양분이라는 관념을 부수고 앞으로 나아가야 할 한국의 미래와 지나치게 수도권중심이 이루어진 한국에서 농촌 발전을 어떤 식으로 진행할 수 있을 것인지, 또 농산업의 꾸준한 진흥의 검토를 위해 필요할 것으로 보이며 새로운 형태의 농업협동조합의 역할을 관찰하여 이를 통한 역설계 및 다른 도심지역에서의 적용까지 가능할 것이라 판단된다. 특히 농업은 지속가능한 발전과도 깊은 연관이 있으며 아이들의 교육 등 다양한 면에서 긍정적인 역할을 수행하기 때문에 이는 충분히 연구해 볼 가치가 있다.

3) 엔젤존(Angel Zone)

이해식 구청장이 직접 나서서 "엔젤존은 신뢰와 협동이 바탕인 사회적경제가

2. 강동구 지역특화사업단은 2016년 5월 30일 활동을 종료함.

지역에서 뿌리를 내리는 방식"이라며 "지역사회와 밀접히 결합하는 사회적경제 인프라를 만들어 나가겠다."고 밝힐 정도로 엔젤존은 지역에서 야심차게 시작하여 현재까지 시행되고 있는 강동구 사회적경제의 대표적인 활동이다. '엔젤존'은 강동구 내 주민이나 기관이 소유한 빈 사무공간을 사회적경제 관련 조직에게 빌려주는 사업을 의미하는데, 신생 벤처에 투자하는 행위(엔젤투자)와 공간(Zone)을 합친 말이다. 좀 더 구체적으로 설명하면 유휴 공간을 가진 개인이나 기관을 찾아 사회적경제 관련 조직에 공간을 무상 또는 매우 저렴한 비용에 임대해 주도록 연결하는 '공간 발굴 지원' 사업이다. 서울에서 창업 초기 기업이 제대로 된 사무실을 구하는 게 좀처럼 쉽지 않을 뿐만 아니라 사무실을 구한다 해도 비싼 임대료를 버티지 못하고 다른 지역으로 이전하는 경우가 많은데, 사회혁신 아이디어들이 현실에 좌절하지 않고 강동구에서 커 갈 수 있도록 하자는 취지에서 시작되었다. 젠트리피케이션(gentrification)[3]이 큰 사회적 문제로 등장한 오늘날 엔젤존은 비용 절감을 넘어 타인과의 공간 공유에서 오는 관계 맺음과 신뢰 제고 등 무형의 효과가 크다. 그 때문에 신뢰와 협동의 사회적경제가 지역에서 뿌리내릴 수 있도록 지원하는 의미있는 지원사업으로서 연구대상으로서 그 가치가 충분하다.

2. 분석의 틀

사회적경제는 투자된 자본으로 사익의 극대화를 목표로 하는 자본주의 체제 질서에 대한 대안으로, 사회구성원 각 개인을 가장 중요한 가치로 두고 공동체 이익의 단합과 나눔을 추구하는 대안경제로서 정의될 수 있다. 좀 더 쉽게 이야기하자면 '사람을 중심에 놓은 연대와 배려의 경제활동'이라고 할 수 있다. 본 연구에서는 강동구의 각 사회적경제 활동을 좀 더 분석적이고 객관적인 시각으

3. 구도심이 번성해 중산층 이상의 사람들이 몰리면서, 임대료가 오르고 원주민이 내몰리는 현상을 이르는 용어. 이는 신사 계급을 뜻하는 '젠트리'에서 파생된 말로 본래는 낙후 지역에 외부인이 들어와 지역이 다시 활성화되는 현상을 뜻했지만, 최근에는 외부인이 유입되면서 본래 거주하던 원주민이 밀려나는 부정적인 의미로 많이 쓰이고 있다.

로 분석하기 위해 2개의 기준을 제시하여 살펴보고자 한다. 무형의 사회적 자본의 구성요소인 '신뢰(trust)'와 사회적경제를 지원하기 위한 유형의 자산인 '제도(institution)'를 그 준거 틀로 삼아 각 사례를 관찰할 것이다. 조금은 추상적일 수도 있는 신뢰라는 요소와 더불어 제도적 차원의 지원 및 뒷받침을 두루 살펴보면서 강동구의 사회적경제 생태계와 그 현황을 좀 더 세밀하고 조밀한 시각으로 바라보고자 한다.

1) 신뢰

퍼트넘(Putnam, 1993a)[4]은 비슷한 투입과 유사한 환경 및 여건의 두 지역 간에도 경제적 발전의 측면에서 큰 차이를 보이는 경우를 이탈리아 남·북부의 발전 차이를 통해 설명하였다. 그 이후로 사회적 자본(social capital)에 관한 많은 후속 연구들이 나오고 있다. 사회적 자본이란 사람들이 공동의 목표를 효율적으로 달성하도록 만드는 상호 신뢰와 협력, 소통 네트워크 등을 일컫는다. 즉 평소 경쟁하며 사익을 추구하더라도, 공동의 선을 위해 필요할 때는 믿고 양보하며 협동하는 능력[5]이라고 할 수 있다. 사회적 자본의 긍정적 효과 중 하나로 집단행동(collective action)을 가능하게 한다는 것이다. 공공재를 만드는 집단행동에서는 개별이익이 거의 적고, 무임승차자(free-rider)가 발생할 수 있기 때문에 집단행동의 딜레마가 빈번히 발생한다. 이 경우 사회적 자본의 핵심인 호혜성이 이 집단행동의 딜레마 현상의 발생을 낮출 수 있다. 여기서 호혜성이란 어느 한쪽에 국한되지 않은 포괄적이며 일반화된 호혜성(generalized trust)을 말한다. 다른 사회구성원들도 협력적인 행위에 따라 호혜적인 행동을 할 것이라는 믿음이 제도적으로 만들어지면 무임승차의 가능성을 낮추고 공익을 위하며, 공동의 목표 달성을 하는 것을 말한다.

---

4. 퍼트넘(1993)은 "연결망, 규범, 그리고 신뢰와 같이 상호 이익을 위한 협력과 조정을 용이하게 하는 사회조직의 특성"으로 사회 자본을 정의하였다. 그는 이탈리아의 칼라브리아, 시실리와 같은 북부 지방의 통치가 현격한 차이를 갖는 것을, 사회적 자본으로 설명하였다. 시민 공동체의 강력한 시민 참여(civic engagement)가 경제발전과 정부를 지지하고 있는 점이다. 그 과정에서 시민 참여 전통은 집단 문제의 해결에 도움이 되어, 집단으로 행동할 때 나타날 수 있는 딜레마를 극복한다.
5. 김광기. "[서소문 포럼] 한국 경제, '사회적 자본'의 고갈이 더 큰 문제." 중앙일보. 2016년 7월 28일자.

사회적 자본의 구성요소에 대해 학자들마다 다른 의견이 존재하지만, 그중에서도 '신뢰'는 공통적으로 사회적 자본의 핵심 구성요소로 우선 지목된다. 특히 우리에게는 프랜시스 후쿠야마(Fukuyama, 1995)가 한국을 '저신뢰사회'라고 발표하면서 큰 관심을 가지게 되었다. 이처럼 신뢰는 대인관계에서 사회적 신뢰로 전환되어 구축되는 것으로서, 개별 사회구성원들을 하나로 묶어 공동의 가치 추구와 사회갈등 해소를 가능케 해 주는 공공재 성격의 자본이라고 할 수 있다.

사회적경제는 경제적 이익 추구를 우선으로 하는 보통의 경제와 달리 사회적 자본 형성과 사회적 발전에 목적을 두고 있는 사람 중심의 경제를 의미한다. 그리고 사회 구성원들 간 협동을 통해 공익을 위한 노력을 추구한다. 그러한 가운데 사회구성원에 기반을 둔 대안경제의 주체가 되는 것이다. 이러한 이론적 연구와 논의가 많음에도 불구하고, 사회적경제와 사회적 자본, 즉 신뢰 사이의 상호관계 및 어떠한 메커니즘을 통해서 지속가능한 사회 발전에 기여하는지에 대한 현실적 연구들은 부족한 편이다. 앞으로 사회적경제가 확대되고, 활성화되기 위해서는 더 많은 신뢰구축과 공공시장, 호혜적 거래까지 확대되는 노력이 필요하다고 본다. 공공시장 구매자와 사회적경제 주체들 간의 충분한 소통을 통해 신뢰관계를 구축하고 신뢰관계를 기반으로 서로가 지역사회의 건강한 변화와 문제해결을 위한 공동의 노력이 필요하다. 따라서 본 연구에서는 '신뢰'라는 '무형'의 사회적 자본을 지역에서 관찰하고, 이러한 요소가 사회적경제 발전과 활성화 지속에 어떠한 영향을 미치는지 구체적으로 살펴볼 계획이다.

2) 제도

국회에서는 사회적경제를 제도적으로 뒷받침하기 위해 「사회적경제 기본법안」이 계류중이다. 물론 사회적경제가 주류 시장경제와 맞지 않는다는 지적이 있다. 그러나 헌법 119조 2항은 "국가가 균형있는 경제의 성장과 적정한 소득의 분배를 유지하고, 시장의 지배와 경제력의 남용을 방지하며, 경제주체 간의 조화를 통한 경제의 민주화를 위해 규제와 조정을 할 수 있다."라고 명시하고 있다. 또 국가재정 차원에서 사회적기업을 통한 일자리 창출이 복지재원 조달에 도움이 될 수 있다.

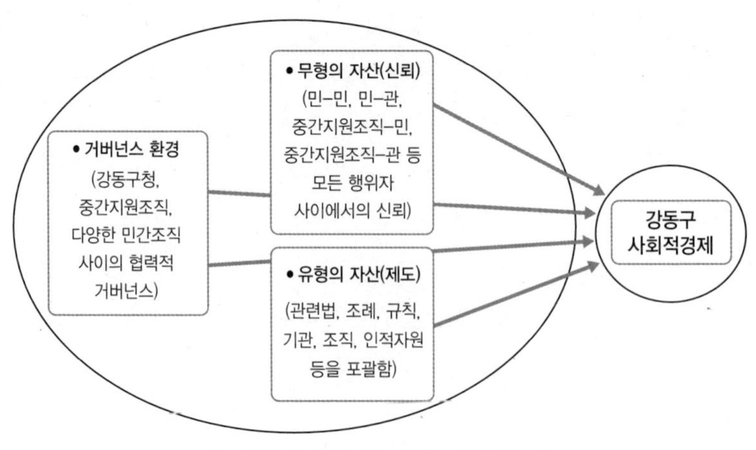

그림 2.2 '신뢰'와 '제도'를 활용한 이론적 분석틀

또한 마거릿 멘델(Marguerite Mendell) 교수의 주장처럼 사회적경제의 핵심은 지방자치단체 중심의 '지역 풀뿌리' 운동의 중요성에 있다[6]고 본다. 따라서 시민들 사이의 신뢰, 민관협력, 다양한 행위자들의 거버넌스(governance) 활성화 등을 위해서는 구의회에서 만든 조례, 구청에서의 행정적 지원, 중간지원조직의 교육 및 지원 등 사회적경제의 발전과 지속성을 위한 제도(institution)적 지원이 뒷받침되어야 한다고 본다. 이런 측면에서 본 연구에서는 강동구 사회적경제의 주요 사례를 '유형'의 자산인 제도를 통해서도 한 번 관찰해 보고자 한다. 본 연구에서 필자들이 정의하는 제도는 법적인 형식으로 나타나는 조례, 규칙 외에도 기관, 조직, 인적자원, 인프라를 모두 포괄하는 광의(廣義)로 사용할 것이다.

6. 염지현. "돈 보다 사람 챙기는 사회적경제가 시장 빈 틈 메울 것." 중앙선데이. 2016년 5월 1일자.

Ⅲ. 사회적경제의 미드필더, 중간지원조직

1. 강동에서 중간지원조직이란?

사회적경제의 바람직한 발전을 위해서는 사회적경제의 근간인 지역공동체 네트워크 활성화뿐만 아니라, 사회적경제 생태계 조성과 지역 내 사회적경제 조직 간의 협력과 연대를 강화하는 지역파트너십을 구축하여 사회적경제 활동가의 경영관리 등의 노하우를 공유할 수 있는 사회적경제 중간조직이 필요하다. 강동구에서는 현재 사회적경제 중간지원조직이 활발하게 운영되고 있는데, 이는 지역중심의 사회적경제 활성화 사업을 효과적으로 수행하기 위한 역할을 수행하고 있다. 참고로 현재 서울시에서는 15개 기초자치단체에서 중간지원조직이 운영되고 있다.

중간지원조직은 사회가 변화하면서 정부의 역량만으로는 사회문제를 해결할 수 없는 한계와 다양한 사회서비스에 대한 요구, 사회서비스의 공급 효율화, 지

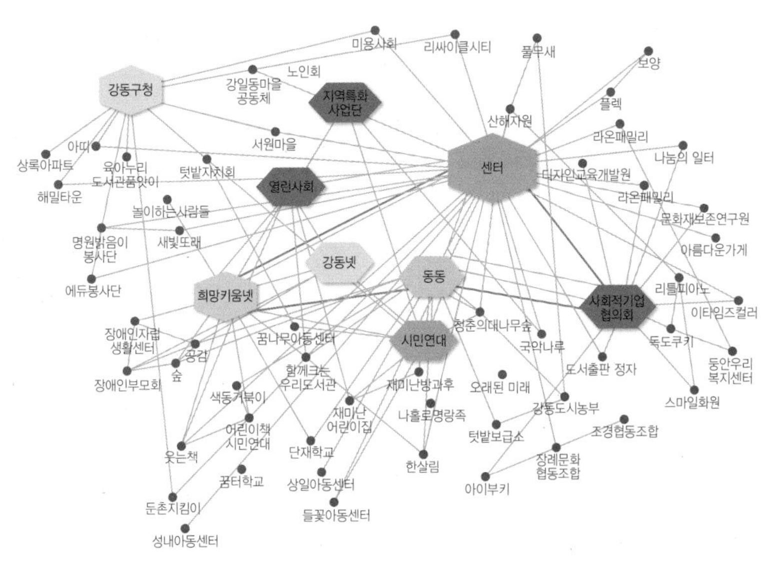

그림 2.3 강동구 사회적경제 중간지원조직 거버넌스 현황

(출처: 강동구사회적경제지원센터 홈페이지)

표 2.2 강동구 사회적경제 중간지원조직 현황

구분	역할	성격
사회적경제지원센터	사회적경제 성공모델 육성 및 지역 네트워크 구축을 통한 사회적경제 생태계 구축	희망제작소 위탁 운영
지역특화사업단	합리적인 거버넌스에 기반한 건강하고 지속가능한 강동구 사회적경제 생태계 조성. 민간주도의 합리적인 강동형 민민 거버넌스 모델 구축	서울시로부터 사업단 선정 후 대표기관 6개 단체와 협력기관 12개 단체로 구성
마을공동체 동동	강동의 문제를 마을공동체로 해결하기 위한 강동구 주민모임 네트워크	24개 시민단체 모임 네트워크
마을지원실	강동구민들이 마을공동체사업에 참여할 수 있는 중간지원조직	직영 운영 체제
도시농업지원센터	도시농업을 지원하는 역할	강동구청 소속

표 2.3 강동구사회적경제지원센터의 사회적경제 3개년 계획

2013년	기반 조성	• 지역자원 조사 • 네트워크 구축, 주민 인식 개선 • 학습동아리, 사회적경제 도서관 • 지역의제형 조직 인큐베이팅
2014년	역량 강화	• 지역인재 육성 시스템 구축 • 네트워크 확대, 강화 • 강동형 성공모델 발굴, 육성 • 공공시장 활성화 등 제도 개선
2015년	선순환 생태계 조성	• 사회적경제 네트워크 활성화를 통한 선순환 사회적경제 생태계 구축 • 지역재단(기금) 설립 • 사회적경제 관련 통합 지원 시스템 구축

역사회 문제에 대한 유연한 대응을 위한 시스템으로서 민간의 역량을 통해 대응할 수 있는 체계가 필요하게 됨에 따라 나타났다(김학실 2014: 77). 강동구는 다른 자치구와 달리 무려 5개[7]의 중간지원조직(사회적경제지원센터·지역특화사업단·마을공동체 동동·마을 상담실·도시농업지원센터)이 각각의 영역에서 민관을 이어주는 가교(bridging) 역할을 하며 강동구 사회적경제의 중요 행위자로 점차 부각되고 있다. 따라서 강동의 사회적경제의 큰 비중을 차지하는 동시에 사회적경제 조직과 민관 파트너 간의 네트워크를 통한 사회적경제 허브를 구축하며 자생적이고 선순환되는 사회적경제의 생태계를 만들어 가는 마중물이 되고 있

7. 지역특화사업단은 5월 30일을 기점으로 활동이 종료되었고, 도시농업지원센터는 관(강동구청)에 의해 운영되고 있다는 측면에서 볼 때 보다 엄밀한 의미에서의 중간지원조직은 3개라고 할 수 있다.

는 중간지원조직을 이 장에서 좀 더 자세히 살펴볼 것이다. 특히 중간지원조직은 사회적경제 활동 주체들의 가운데에 위치하여 주민(民)과 공무원(官) 사이에서 서로의 입장을 각자의 '언어'로 전해 주는 역할을 통해 구성원들의 효율적 상호 이해와 원활한 소통을 돕고 있다. 즉, 예전에는 오해와 이해 부족, 소통의 부정확함으로 서로의 불신이 높았던 단점을 중간지원조직이라는 행위자를 통해서 슬기롭게 해결해 나가고 있는 것이다. 또한 효과적인 교육 및 다양한 프로그램을 통해 주민들의 역량 강화(capability building)를 앞장서서 이끌고 있다. 이러한 중간지원조직은 관련 법으로 만들어진 '조직'이라는 점에서 사회적경제 유형의 자산인 '제도'적 측면과 함께 앞에서 제시한 '신뢰'라는 무형의 자산까지 포괄적으로 살펴볼 수 있는 사회적경제의 중요한 한 축을 담당하는 행위자로 성장하였다.

2. 사회적경제지원센터

강동구사회적경제지원센터는 2012년 강동구민회관에 둥지를 튼 이후 현재까지 만 4년간 지속돼 온 강동구의 대표적인 중간지원조직이다. 지역에 기반한 사회적경제 성공모델을 발굴, 육성하여 지역 네트워크를 형성하며 자생적이고 선순환되는 사회적경제의 생태계를 만드는 역할을 담당하고 있다. 좀 더 구체적으로 살펴보면 지속가능한 사회적경제 생태계 조성을 목표로 사회적경제 조직과 민관 파트너 간의 네트워크를 통한 사회적경제 허브 구축과 사회적경제 조직 및 신규 조직 발굴·육성을 주요 미션으로 삼고 있다. 즉 강동구 사회적경제 활성화와 시민들의 역량 강화를 위한 역할을 하고 있는 것이다. 표 2.2에서 볼 수 있듯이 강동구 사회적경제 3개년 계획을 세워 2013년은 기반 조성에 주력하였고, 2014년은 역량 강화, 2015년은 선순환 생태계 조성을 목표로 활동해 왔다.

강동구사회적경제지원센터는 '협동경제 공동체 아카데미 기초과정', '협동경제 공동체 아카데미 심화과정', '사회적경제 아카데미', '청년인재발굴 프로젝트 희망별동대' 등 많은 양질의 교육 프로그램을 운영하고 있다. 필자도 직접 3월

사진 2.1 강동구사회적경제지원센터 교육 프로그램에 참가하는 필자 (첫 번째 줄 중간)

말부터 현재까지 100여 일 동안 직접 교육 프로그램에 참여하여 강동구 사회적경제에 참여 관찰을 하고 있다. 여러 인적·물적 자원의 한계에도 불구하고 4명의 직원으로 다양한 교육 프로그램과 강동구의 사회적경제 활성화를 위해 고군분투하고 있음이 직접 느껴졌다. 실제로 옥세진 강동구사회적경제지원센터장과의 인터뷰에서도 이런 현실인식을 바탕으로 지원조직의 앞날을 고민하고 있음을 알 수 있었다.

"개별 사회적 조직의 성장도 중요하지만, 주민들이 생산하고 소비하는 그런 시스템을 만드는 환경이 필요해요. 다시 말해 복지, 문화예술, 돌봄과 같은 분야에서 사회적경제 순환구조를 만드는 것이 필요한 겁니다. 체험하고 느끼면서 직접 깨달아 가야 하는 거죠. 틈새시장을 제외하고는 어렵습니다. 토대를 만드는 차원에서 지역이 중요한데 중앙정부 중심의 사회적경제가 아니라 풀뿌리 사회적경제가 이루어지기 위해선 블록화 전략이 절실히 요구된다고 봅니다. 유럽에서는 사회적경제 비율이 GDP 5~10%에 달하는데, 우리는 경제적 구조가 이미 다 완성된 상태에서 후발주자로 뛰어들다 보니깐 유럽이나 북미 국가들에 비해 많은 어려움이 존재해요. 따라서 그람시의 '진지론'처럼 규모가 일정하게 되면 파급력이 커지기 때문에 규모의 경제의 문제와 내실을 갖추는 전략이 앞으로 절실히 필요합니다."

– 옥세진 강동구사회적경제지원센터장•8

또한 옥세진 센터장은 중간지원조직이 처음 자리 잡았던 2012년을 회고하며 그 당시보다 현재 지역의 사회적경제 주요 행위자들 간 의사소통과 신뢰가 놀라울 만큼 확대되었고, 인프라도 단기간에 급속히 성장했다고 설명하였다. 다만 인력 예산의 한계, 실행사업을 하기에 힘든 현실을 거론하며 행정이 하는 것을 대신해 주는 역할에 그친다는 한계 역시 인정하였다. 이런 측면에서 사회적경제 관련 사업과 프로그램의 지속가능성이 현저히 떨어지게 되며 소규모 인원으로 인해 제대로 된 지원조직의 역할을 하기가 힘든 측면이 있다고 고백하였다. 디만 이것은 강동구만의 문제가 아니라 전국 대부분 기초단위의 중간조직의 한계일 것이다.

“앞에서 언급한 그람시의 ‘진지론’처럼 우선 서울 강동구가 25개 자치구 중 하나일 뿐이지만, 여기서 성공적으로 확산시켜 가면 분명 서울시와 대한민국 전체에 긍정적인 영향을 줄 것이라고 확신합니다. 왜냐하면 자본주의 및 신자유주의의 문제점과 지금 계속 드러나고 있는 ‘이익의 사유화’와 ‘손실의 공공화’와 같은 소수 대기업의 잘못된 폐해를 고칠 수 있는 것은 사회적경제가 유일한 대안 시스템이자 보완 시스템이라고 생각하기 때문이예요. 지역주민과 공무원들 사이에 사회적 자본(social capital)으로서 신뢰(trust)도 점차 증가하는 것을 느끼고 있고 해서 사회적경제의 활성화와 제도적 정착이 쉽지는 않지만 멀리 보면 궁극적으로 잘 될 것이라고 저는 확신합니다.” – 옥세진 강동구사회적경제지원센터장

3. 지역특화사업단

강동구사회적경제지역특화사업단(이하 지역특화사업단)은 합리적인 거버넌스에 기반한 건강하고 지속가능한 강동구 사회적경제 생태계를 조성하고, 민간주

8. 인터뷰 일자: 2016. 5. 3.

도의 합리적인 강동형 민민 거버넌스 모델을 구축하는 데 조직의 목표를 설정하고 있다. 2013년 4월 서울시로부터 선정된 지역특화사업단은 강동구의 대표기관 6개 단체와 협력기관 12개 단체로 구성되어 강동구사회적경제지원센터, 강동구청과 함께 지역의 사회적경제 생태계 조성을 목표로 활동하였다. 즉 사람 중심의 호혜 경제를 위해 노력하며 강동 지역이 건강한 마을공동체가 될 수 있도록 보이지 않는 곳에서 지원해 주는 역할을 하는 것이다.

아쉽게도 지역의 사회적경제 생태계 조성을 위해 설립되었던 지역특화사업단은 필자들이 현장조사를 하고 있었던 2016년 5월을 끝으로 사업을 종료하게 되었다. 지난 3년긴 지역특화사업단은 지역사회의 통합 민간 거버넌스를 구축하고 사회적경제 인식을 널리 확산시키며, 사회적경제 주체를 만들고 육성시키기 위해 다양한 사업을 펼쳐 왔다고 평가받는다.

그동안 지역특화사업단이 가장 큰 관심을 기울인 것은 지역의 통합 민간 거버넌스 구축이었다. 통합 민간 거버넌스란 말 그대로 지역의 민간 부문이 한 목소리로 행정과 거버넌스를 만들어 가는 것을 의미하는데 오랫동안 지역의 시급한 과제이기도 했다. 비록 지역의 여러 단체들이 마을모임 동동을 통해 상호 소통해 왔고, 강동구사회적경제지원센터를 희망제작소가 위탁 운영하고 있었지만 분절된 구조의 한계로 인해 민간이 행정과 동등한 위치에서 제대로 된 거버넌스를 구축하지 못하고 있었기 때문이다. 따라서 지역특화사업단은 그동안 갈라져 있던 지역의 목소리를 통합하고자 했고, 이를 바탕으로 행정과의 거버넌스를 구축하는 데 주력하였다. 그 일환으로 마을공동체와 사회적경제 분야의 통합적인 회의를 정기적으로 열었고 마을축제를 함께 진행했으며, 소식지를 제작·배포하였다. 2015년 9월에 창립된 '사회적협동조합 함께강동(이하 함께강동)'은 바로 이와 같은 노력의 결실이었다. 그리고 지역특화사업단은 지역기금 조성에도 심혈을 기울였는데 결국 지역에서 민간의 힘을 키우기 위해서는 궁극적으로 지속가능성을 담보할 수 있는 자금이 필요하기 때문이었다. 그 결과 지역특화사업단은 지난 3년간 마을모임 동동과 함께 약 700만 원의 지역기금을 마련하였으며, 이는 추후 강동구 사회적경제의 종잣돈으로 지역의 변화를 이끌어 낼 것으로 기대되고 있다.

사진 2.2 함께강동 법인 설립 창립총회 현장

사진 2.3 강동 사회적경제장터 뜰장

또한 지역특화사업단은 지역의 사회적경제 인식을 확산시키기 위해 끊임없이 노력해 왔다. 결국 지역의 사회적경제 조직이 제대로 서기 위해서는 주체의 노력뿐만 아니라 그들을 둘러싼 주위의 환경을 우호적으로 만들어야 하는데, 이는 사회적경제에 대한 지각에서부터 시작되기 때문이다. 이를 위해 지역특화사업단은 주민들을 위해 사회적경제 도서관을 마련하였고 학습동아리를 운영하였으며, 다양한 주제의 포럼들을 통해 주민들에게 사회적경제를 홍보해 왔다. 주민들은 이와 같은 지역특화사업단의 사업을 통해 사회적경제적인 삶에 대해 고민하게 되었고, 그중 몇몇은 직접 사회적경제에 직접 뛰어들어 활동하기 시작하는 신뢰와 제도의 선순환 효과가 나타나기 시작했다.

마지막으로 지역특화사업단은 사회적경제 조직들의 성공모델을 만들기 위해 여러 가지 지원사업을 실행하였는데, 우리 사회에 사회적경제를 널리 확산시키기 위해서는 성공모델을 발굴하여 많은 이들로 하여금 그들을 모방하게 하는 것이 가장 효율적이기 때문이다. 이같은 맥락에서 강동구 주민들이 생각하는 지역의제 중 도시재생, 문화예술, 교육 등을 주요 타겟으로 협력 단체들과 사업을 진행하였고, 그 결과 도시재생과 관련된 '지역재생협동조합 우리동네', 선사고등학교 매점을 중심으로 한 '선사고교육공동체 사회적협동조합'의 설립을 이끌어 냈으며, 현재 서울시 교육청에서 추진하고 있는 혁신 교육사업에서도 사회적경제 조직들이 참여할 수 있도록 큰 역할을 하였다. 또한 지역특화사업단은 이와 같은 노력과 함께 매월 격주로 사회적경제장터 '뜰장'을 개최함으로서 지역의 사회적경제 조직들의 판로를 개척하였으며 지역주민들의 사회적경제에 대한 인식을 제고시켰다. 지역특화사업단은 2016년 5월 31일을 마지막으로 3년간의 활동이 종료되었는데, 이해식 강동구청장 역시 그동안의 활동을 평가하며 다른 형태로 중간지원조직을 일원화하여 제도적으로 이런 활동이 뒷받침될 수 있도록 지원할 의사를 나타냈다.

> "강동구는 현재 여러 개의 중간지원조직으로 그 전문성을 살려 분리되어 있는데, 하나로 합쳐져야 시너지 효과도 나고 효율적인 사회적경제 지원활동도 가능하다고 생각해서 지금 통합작업을 진행하고 있어요. 지역특화사업단에서 맡던 중요한 역할과 기능들도 올해 안에 통합조직이 출범하면 그 기관에서 지속성을 가지고 추진하려고 계획하고 있습니다." – 이해식 강동구청장•9

4. 마을지원실과 마을공동체 '동동'

서울시의 다른 중간지원조직과 다른 강동구만의 특징은 중간지원조직이 세분화돼 있다는 점이다. 중간지원조직이 통합되어 일원화된 성북구 등과는 달리 강동구에서는 사회적경제지원센터와 마을공동체 지원조직이 분리되어 있다는 특수성을 지닌다. 마을지원실과 마을공동체 동동의 주요 업무는 마을공동체에 대한 상담 및 교육, 분야별 지원사업 컨설팅 그리고 마을자원조사 및 연구로 나누어진다. 물질을 우선시하는 현대사회에서 보육, 주거, 생활, 먹거리, 공동체 파괴 등 도시의 크고 작은 문제들을 누군가 대신 해결해 주는 것이 아니라 지역주민 스스로가 함께 지혜를 모아 풀어 나가자는 소중한 가치가 바로 마을공동체 지원조직의 출발점이라고 할 수 있다.

다른 중간지원조직처럼 마을지원실과 마을공동체 동동 역시 인적·물적 자원의 어려움이 있었다. 그러나 이혜균 마을지원실 팀장의 말을 들어보면 어려움 속에서도 신뢰와 믿음으로 활동을 지속하는 활동가들의 열정을 느낄 수 있었다.

---

9. 인터뷰 일자: 2016. 6. 17.

사진 2.4 성황리에 개최되고 있는 강동의 주민모임 연합사업 설명회

"공적영역에서 활동하는 것에 대한 대우나 이런 것들이 전반적으로 높지 않아요. 그러나 세금도 지원되고 그래서 저희가 다른 지역의 조직들보다는 대우가 나은 편이예요. 하지만 직영된 조직이나 독립된 센터에 비해서는 낮은 편이기도 하고, 절대적인 비교가 어려운 측면도 있어요. 그리고 저희는 사명감으로 하는 부분도 있어서 금전적인 부분은 그렇게 크게 중요한 문제는 아니라고 생각합니다."

– 이혜균 마을지원실 팀장•10

또한 마을지원실 문지선 팀장과의 인터뷰를 통해 마을공동체 활동에 대한 좀 더 구체적인 현황 및 한계들을 들을 수 있었다.

"서울시에서 마을공동체 씨를 뿌리는 역할을 해요 저희는. 다양한 공모사업을 성장단계별로 지원하고 작은 동아리를 지원하는 것처럼 말이예요. 한마디로 씨앗의 역할을 한다고 보시면 될 겁니다. 이런 사업에는 '씨앗기-실행기-성장기'가 있는데, 공모사업 발굴, 사람들에게 홍보하고 이런 것들이 어렵지 않게 운영될 수 있게 밀착 지원하면서 현재 점차 실행기를 넘어 성장기로 가고 있어요. 또한 네트워크 형성, 교육 및 프로그램을 통해서 각각의 모임들을 연결시키는 역할도 하고, 각각의 모임들이 동네의 생태계를 만드는 것을 지원해 주고 있어요. 즉 저희의 역할과

10. 인터뷰 일자: 2016. 5. 10.

활동은 발굴과 교육이라는 단어가 가장 잘 설명해 줍니다."

– 문지선 마을지원실 팀장[11]

문지선 팀장은 현재 사회적경제 중간지원조직이 가지고 있는 한계와 공모사업이 지닌 행정적 문제, 부족한 참여도 지적하였다. 앞으로 보다 건강하고 지속가능하며 내실화된 사회적경제 활동을 위해 우리 모두가 경청해야 할 내용이었다.

"… 공모사업이 하나의 마중물이지만 너무 금전적, 사업적으로 접근해서 주객이 전도되는 경향이 있기 때문이죠. 사업으로 접근하는 분들은 지속성도 없고, 일회성 모임으로 끝나는 경우가 많아요. 3년까지만 지원받을 수 있는데, 사회적경제 지속가능성을 위한 마중물 역할을 합니다. 기존의 공모사업은 3인 이상의 주민 모임을 조건으로 하는데 기준도 까다롭고, 지원규모도 다양하고 그래서 순수한 주민들도 참여하지만 공모사업만을 목적으로 참여하는 순수하지 못한 사람들도 많은 것이 현실이죠. 2014년부터 시작되어서 3년째 되는 올해가 성패가 드러나는 바로미터인데 지원금은 부차적인 것이라고 생각해요. 또한 성공의 기준을 너무 행정적 기준으로만 볼 필요는 없다고 봅니다. 정량적(개수, 지원금, 지표), 정성적 지표 모두 고려해야 제대로 평가할 수 있다고 생각해요. 많은 설득과 협치(協治라)는 이름의 싸움 끝에 이 사업이 지속되고 있는 것에 많은 보람을 느낍니다. 행정도 예전과 다르게 많이 바뀌고 있는 걸 저희도 몸소 느끼거든요. 다만 보직 이동, 인사이동이 가장 어려운 점인데, 쉽게 말해 사회적경제를 이해할 만한 2년이 지나면 바로 인사이동이 이루어져서 전문성, 연속성이 끊어진다는 공직사회의 한계가 있어요. 다른 직위는 몰라도 마을공동체, 사회적경제 부분은 근무 기간을 다른 부서와 다르게 늘리거나 개방형 직제를 통해 외부전문가, 민간 부문에서의 채용이 점차 확대되어야 한다고 생각합니다."

– 문지선 강동구 마을지원실 팀장

---

11. 인터뷰 일자: 2016. 5. 23.

Ⅳ. 2평의 행복, 모두가 함께하는 도시농업

1. 도시농업의 비(非)상업적 특성

도시농업이라는 표현은 언뜻 모순적으로 느껴진다. 중세시대에 도시라는 개념이 처음 등장했을 때에도 그 도시의 구성원들은 농업과는 거리가 멀었다. 주로 길드원이나 상인들로 이루어진 도시는 이후 산업화 과정을 거치면서 공장이 있는 곳, 그래서 일자리를 찾아 사람들이 모여 많은 사람들이 거주하는 곳으로 자리 잡았으며 그 유래부터 지금까지 한번도 1차 산업과 크게 관련이 지어진 적이 없있다.

그런 도시와 농업이 합쳐질 수 있었던 계기는 분명 정치적이었다고 할 수 있다. 도시농업은 이해식 강동구청장이 당선된 2008년부터 강동구가 야심차게 추진하고 있는 사업이다. 이해식 구청장은 당선되기 이전 후보 시절부터 도시농업을 핵심공약으로 삼고 있었다. 그렇다면 왜 농업이었을까. 주민들의 일자리를 마련할 수 있는 다른 산업들도 많은데 굳이 농업을 선택한 점에 대해서는 농업이 가지는 고유의 특성 때문이라고 할 수 있다. 우선 농업이라는 사업은 기존의 시장자유주의 체계하에서 인간이 단순히 기계부품으로서 존재하고 개인과 개인 사이에 상호작용이 부재한 상태에서 그저 생산에만 투입되는 하나의 자원으로서 여겨지던 사고와는 차이를 지닌다. 농업에서 인간은 자원이 아니라 스스로의 목적에 따른 생산주체가 된다. 이것이 지니는 중요성을 이해하기 위해서는 칼 폴라니의 주장에 주목할 필요가 있다.

칼 폴라니에 따르면, 현대사회에서 발생하고 있는 일련의 문제는 자본주의가 고도로 발달함에 따라서 인간의 목적이 금전에 머무르게 되고 점점 더 사람들이 돈만을 추구하게 되면서 비시장적 영역마저도 배금주의에 오염되었기 때문에 발생한다고 본다. 그러나 인간이 본래 경제활동을 하던 이유는 돈이 목적이 아니라 사회적 생활을 위한 것이었다. 인간은 사회적 동물로서 상호적 동물이다. 이 상호성은 언제나 상호호혜를 의미하는 것이 아니다. 인간 행동의 동기는 다양하다. 경우에 따라서는 그것이 자신의 이익이 되지 않더라도 행동하고는 한다. 가족을 위해 자신을 희생하는 것은 상호호혜가 아닌 사랑이라는 동기에 의해 이루어지는 행위의 대표적인 예시이다. 이런 전통 속에서 인간이 시장에 주목하게 된 계기는 현실로서의 경제, 단순히 금전과 국가의 발전 수준을 나타내는 지표로서의 경제가 아닌 바로 지금 내가 필요한 것, 내가 먹을 것, 내가 가지고 싶은 것, 더 나아가서는 가족이 필요한 것을 충족시키기 위해서일 뿐이다. 이는 단순히 이기적 인간상이나 최대이익을 위해서 하는 행동과는 다르다. 따라서 21세기 자본주의의 위기 속에서 이를 극복해 나아갈 방법은 칼 폴라니가 제시한 바와 같이 단순 금전요인이 아닌 생활 속 경제에 밀착된 방향이어야 할 것이며, 이를 통해 파편화된 개인들을 다시금 공동체의 구성원으로 만들어야 할 필요가 있다. 이를 위해 가장 적절한 방법 중 하나가 농업인 것이다.

또한 도시농업은 기존의 농업보다 더 강한 비금전성을 보인다. 전통사회 혹은 농업사회에서 농업이란 하나의 생산수단이자 생계수단이다. 생계수단으로서의 농업은 자동적으로 금전적인 결과물을 위해 사용되는 것이다. 이에 비해 도시농업은 사실상 생계수단으로서의 농업이 아니라 여가의 한 종류로서의 농업이다. 일종의 '가드닝(gardening)'인 도시농업은 결국 상업적인 목표를 가지고 있지 않기 때문에 금전에 집착하지 않게 되며 농업을 통한 생산물을 자유롭게 배분할 수 있다. 마찬가지로 도시농업을 위한 텃밭 등의 관리에 있어 비(非)상업적이기 때문에 이를 타인과 공유할 수 있는 등 여러 사회적 작용을 야기한다. 특히 생산물의 공유는 현대사회의 1인 가구와 핵가족의 증가로 인해 가구 내 소비 가능한 양이 줄어들면서 이를 이웃과 공유하게 되고 결과적으로 이웃 사이에 생산물의 공유를 통한 관계가 새로이 형성될 수 있도록 돕는다.

2. 도시농업의 성공과 제도적 지원

기본적으로 도시농업의 목표는 자신과 그 가족들, 더 나아가서는 이웃들에게 좋은 것을 먹이고 싶다는 마음에서 시작한다. 이 순간 개인은 스스로 농사를 지어야 하는 필요성을 자각하게 되고 이를 통해 동기가 부여되어 활동에 자신의 노동을 투입하게 된다. 그러나 농업은 투입과 동시에 결과가 나타나지 않기 때문에 꾸준한 노력이 필요하고 그 과정은 개인 혼자서 이루어 내기에는 쉽지 않다. 우선 기본적으로 도시농업을 시작하는 사람들의 가장 큰 문제점은 농업에 대한 기술, 노하우가 부족하다는 것이다. 기본적으로 이를 극복해야 되는데 그 과정에서 상호 간 정보의 교환 및 협력이 이루어지게 된다. 또한 과거에 농업의 경험이 있는 노인 세대의 지혜가 다시 한 번 중요시 여겨지기에 산업화 사회에서 노동가능성을 상실하고 잉여인구로서 존재하던 노인층에게도 새로운 역할이 부여된다. 이는 전통적인 마을공동체의 회복과 노인을 향한 공경이라는 농업사회의 특징을 도시에서 부활시킬 수 있는 계기를 마련해 준다. 강동구의 도시농업 또한 이런 목표를 가지고 시작되었다. 이해식 구청장은 도시농업을 실시한 목적은 잊혀져 가는 공동체 정신의 회복과 극단으로 치닫는 사회의 복귀, 그리고 지나치게 빠른 성장과 생활에 의해 변모된 개인의 목적지상주의를 경계하고 목적지가 아닌 목적지로 향하는 과정에서 그 주변 경치를 볼 줄 아는 중요성을 회복하는 것이라 말한다.

"우리나라의 도시농업은 서양의 것과는 다릅니다. 우리의 도시화는 굉장히 급격하게 이루어졌기 때문에 서구와는 다른 개념입니다. 오히려 주말농장 개념에 가깝다고 볼 수 있어요. 도시민들이 남는 여가시간을 통해서 여가를 선용하는 그런 입장에서 주말농장이 각광을 받기 시작한 겁니다. 그것은 결국 도시민들이 자연과 더불어 살고자 하는 욕구가 있었다는 뜻이죠. 그런 도시농업을 행정영역으로 끌어들일 필요가 있겠다 싶어서 이를 추진하게 되었습니다. 저도 처음에는 폭발적인 반응이 있을지 몰랐는데 정말 폭발적인 반응이 있었어요. 그게 결국 우리 도시민들이 치열하고 각박한 경쟁사회에서 살았기 때문이라 생각해요. … 도시농업으로 공동체 정신을 회복시키는 점에 대해서는 재미있는 것이 농촌의 농업은 환금농업이잖아요. 이를 통해 경제적 이익을 얻어야 되는데 도시의 농업은 자신이 길러서 자기가 먹는 겁니다. 그런데 텃밭의 크기가 한 세대당 인구인 2.3명이 전부 먹기에는 큽니다. 그래서 농사를 지을 때 먹고도 남는 수확량이 생깁니다. 이를 주민들끼리 서로 나눠 먹게 되고 그렇게 되면서 농사를 같이 지을 수 있게 되고 관심도 생기게 되는 거죠. 시의 생활이라는 것은 공동체가 파괴되는 것인데 도시에서 농사를 지으면서 그 공동체를 회복시키게 만드는 것이죠."

– 이해식 강동구청장[12]

이와 동시에 도시농업은 생태계 복원의 역할도 수행한다. 더 이상 도시에서는 흙을 밟을 수 없는 이 시대에서 도시에 녹지를 조성하고 그곳에서 농업을 실시한다는 것은 기후변화에도 대비할 수 있는 21세기 지속가능한 발전모델에 부합한다. 인간의 경제적 활동도 보장함과 동시에 자연 생태계를 보존 및 복원하여 지구공동체에 기여할 수 있도록 하는 점, 그리고 점차 그 가능성이 대두되고 있는 식량자원의 무기화와 국내 농업의 붕괴, 믿을 수 있는 식량에 대한 수요도의 증가 속에서 미래를 준비하는 자세로서 적절하다고 평가될 수 있다. 또한 이는 베드타운이 지니는 특성인 시민들의 휴식공간으로서 역할에도 알맞다고 볼 수 있다.

이처럼 도시농업이 정치적 목적에 의해 시작되었기 때문에 당연히 지방정부 차원에서 제도적 지원에 적극적일 수밖에 없었다. 따라서 강동구는 도시농업에 대해 다양한 정책과 조례를 추진했다. 대표적인 예시로는 서울시 자치구 중 최초로 제정한 「친환경 도시농업 활성화 및 지원에 관한 조례」(이하 「도시농업조례」)를 들 수 있다. 「도시농업조례」의 1조에서는 도시농업의 목적이 주민들에게 안전한 먹거리를 제공하는 것과 단절된 지역공동체의 회복, 그리고 생태도시의 조성이라 명시하고 있다.[13] 이와 동시에 도시농업을 전담하는 위원회를 설치할 수 있는 근거를 마련하고 있으며 위원회는 부구청장, 강동구의회 의원, 강동구 소속 고위 공무원, 그리고 관련 학자들과 민간단체 추천자들로 구성되기 때문에 다양한 입장에서 도시농업을 살펴볼 수 있는 하나의 지역 네트워크 거버넌스 시스템을 구축하고 있다. 또한 이를 토대로 도시농업에 대한 금전적, 비금전적 지원을 하고 있으며 신축되는 300가구 이상 공동주택 단지에는 도시텃밭

12. 인터뷰 일자: 2016. 6. 17.

13. 「도시농업조례」 1조(목적): 이 조례는 친환경 도시농업 활성화를 통해 구민들에게 건강하고 안전한 먹을거리를 제공하고, 개인정서의 함양과 단절된 지역공동체를 회복하며, 친환경 녹색 공간 확충을 통해 지속가능한 생태도시를 조성하는 데 필요한 사항을 규정함을 목적으로 한다.

사진 2.5 이해식 구청장(가운데)과 제6회 강동 친환경 도시농업박람회 개최 현장

사진 2.6 강동구 상일텃밭

강동구 도시텃밭 증가 현황

	공공텃밭구좌수	상자텃밭보급수	옥상텃밭개소수
2016	7,000	19,814	86
2015	6,000	16,231	71
2014	5,300	12,465	50
2013	3,800	8,564	37
2012	2,358	5,617	22
2011	830	2,152	2
2010	226		1

그림 2.4 강동구 도시텃밭 증가 현황

을 의무적으로 조성하는 다양한 방안을 발표하고 있다.

강동구의 도시농업 정책은 즉흥적으로 이루어진 것이 아니다. 위원회와 구청장을 중심으로 다양한 지역사회 구성원들의 의견을 반영해 이른바 '도시농업 2020프로젝트'를 통해 체계적으로 진행되고 있다. 도시농업 2020프로젝트는 2020년까지 '1가구 1텃밭'을 실현시킨다는 것을 목표로 각각의 과정에 대해 크게 조례 제정, 도시농업 지원사업 등의 기틀을 닦는 준비기(2009~2010년), 공공텃밭을 확대 운영하고 도시농업 아카데미를 운영하며 거버넌스를 확립하는 이행기(2011~2012년), 본격적으로 교육과 텃밭을 확대하고 이를 통해 생산된 로컬푸드시스템을 확대하는 확산기(2013~2014년), 그리고 1가구 1텃밭(19만 구좌)를 실현하고 자원순환형 도시농업을 확립하는 정착기(2015~2020년)의 네 기간으로 나눠 실시되고 있으며 현재는 정착기 단계로 목표인 19만 구좌에는 많이 못 미치지만 서울 자치구 중 최대 규모인 15만 1,616㎡ 텃밭(7,000구좌)을 보유하고 있으며 도시농업을 통해 생산된 로컬푸드를 다양한 협동조합과 직판매장에서 유통, 판매할 수 있도록 지방정부 차원에서 지원하고 있다.

또한 매년 도시농업박람회를 개최하여 지역사회 주민들이 참여할 수 있도록 돕고 이를 통해 농사를 짓는 사람만이 아니라 농사를 짓지 않는 사람들도 도시농업에 관심을 가지게 해 주며 하나의 축제로서 역할을 수행하고 있다. 이를 통해 지역사회에 추가적인 이익을 가져오며 도시농업의 붐이 이루어질 수 있도록 하고 있다. 이와 동시에 강동구의 도시농업은 단순히 강동에 국한된 것이 아니고 한국을 대표하는 도시농업 성공사례로서 전국으로 확장될 수 있도록 각 지역의 도시농업 관련자들을 초청해 도시농업 정책 워크숍을 진행하고 있으며 다양한 학술행사를 개최하고 있다. 특히 학술행사의 경우 외국의 사례와 강동구의 사례를 비교, 분석하여 앞으로 강동구가 나아가야 할 방향, 한국의 도시농업 정책의 방향을 제시하고자 노력하고 있다.

3. 도시농업의 성공과 주민 신뢰

그러나 도시농업 또한 단순히 지방정부의 제도적 지원만 존재한다면 성공할 수 없다. 물론 제도적 지원은 도시농업의 확산과 정착에 큰 도움이 되지만 실제로 도시농업이 성공하기 위해서는 농사를 짓는 주민 당사자의 의지가 중요하다. 도시농업의 비상업적 특성에서 언급했던 바와 같이 기본적으로 도시농업의 활동주체는 농사를 짓는 주민이다. 이때 주민들의 동기는 단순히 금전적인 것에 국한된 것이 아니라 다양한 사회적 관계 속에서 탄생한다. 따라서 아무리 지방정부가 금전적인 지원을 해 준다 할지라도 개인이 자신만의 동기를 찾고 이를 통해 농업에 열정을 가져야 도시농업이 성공할 수 있다. 특히 도시농업이 성공하기 위해서는 지식의 공유와 노동력의 소모가 큰 작물 재배를 위해 이웃과 협력을 할 필요가 있다. 이때 필요한 것이 신뢰이다. 신뢰는 사회적 자본의 하나이다. 사회적 자본이란 특정 사회가 정치적, 사회적으로 가치를 창출하는 과정에서 그 효과를 증진시켜주는 작용을 하는데 대표적인 예시로 신뢰와 준법정신 등이 있다. 이때 신뢰는 공동체 구성원 간의 신뢰로서 상대방에게 정보를 제공해 준다면 나 또한 추후 도움을 받을 수 있고 더 나아가서는 공동체 속에서 하나로 융합된 개개인들이 단순히 남이 아니라 게마인샤프트로서 상대의 이익 자체가 곧 내 동기가 되는 상태에 이르게 되는 것을 말한다. 이런 신뢰는 특히 정보 공유의 측면에서 그 중요성이 증대된다.

숙련된 농민의 농업기술은 암묵지(暗默知)이다. 오랜 경험과 이로 인해 학습된 지식은 그 자체로 중요한 가치를 지닌다. 그렇기 때문에 암묵지는 쉽게 공유되지 않는다. 물론 농업의 특징상 서로가 서로에 대해 경쟁구도를 가지지 않는다는 점에서 암묵지 공유에 장애가 있을 것인지에 대해서 의문이 들 수 있다. 애초에 도시농업의 핵심 모토 중 하나가 지나친 경쟁사회로부터의 해방이니 말이다. 그러나 만일 시장자유주의에서 자신의 최대이익을 바라는 이기적인 인간이라면 굳이 시간을 들여 가며 학습시키기 힘든 암묵지를 이웃에게 공유해 줄 필요는 없다. 그렇다면 이 사이에 작용하는 또 다른 동기는 무엇인가. 바로 신뢰이다. 위에서 언급한 바와 같이 신뢰는 공동체 정신의 기초이다. 공동체는 개인의 이익이 전부가 아니다. 공동체의 이익과 발전을 위한 헌신이 요구되는 것이 공동체이다. 이는 언뜻 보기에는 전체주의적 특성을 지닌 것 같으나 실제적으로는 공동체 내부에서 상호 간 신뢰를 기반으로 동등한 위치에서 숙의를 통해 의사를 결정하는 결사체 민주주의적 구조를 띠고 있으며 이를 통해 이른바 풀뿌리 민주주의의 교육장으로서 작동하기도 한다. 이런 공동체 내부에서는 정보의 공유가 활발하게 이루어질 수 있기 때문에 강동구의 도시농업 성공 요인으로 신뢰를 꼽는 것은 무리가 아니다. 이때 강동구에서 기존에 신뢰가 구축될 수 있던 이유는 기본적으로 강동구에 거주하던 고령의 주민들이 과거 강남 개발이 본격적으로 이루어지기 전에는 그 지역에서 농사를 짓던 토박이이거나

사진 2.7 서울 유일의 도시농업 사회적협동조합 도시농(農)담 남시정 대표

정부의 목적에 의해 단체로 이주해 온 경우여서 각각의 그룹들이 결사체를 조직하고 그 결사체들이 각 부분에서 구심점 역할을 수행해 마을공동체를 최대한 수호하고 신뢰 기반을 상실하지 않게 유지하고 있었기 때문이다.

> "도시농담은 서울의 유일한 도시농업 사회적협동조합이에요. 사실 도시농업으로 협동조합 승인을 잘 안 해 주는데 저희가 받을 수 있었던 이유는 기존에 주민들끼리 3년 내지 4년 동안 '텃밭 자치회'라는 단체를 만들어서 도시민들끼리 농사를 짓고 자원 활동을 하고 있었어요. 그래서 사회적협동조합으로 허가도 내준 거죠."
>
> – 남시정 도시농담 대표•14

강동구 주민들의 도시농업에 대한 지지는 이해식 구청장의 3선(三選) 당선으로도 알 수 있다. 현지인들 사이에도 당이 아니라 이해식 구청장이어서 뽑는다든가 이해식 구청장의 당선 원인이 텃밭에 있다는 의식이 존재한다. 이러한 지지는 도시농업의 흥망에 있어 중요한 요소로 작용한다. 특히 한국의 경우 기존에 존재하는 다양한 사회적경제의 도전들이 정치인들의 변화로 인해 무산되는 경우가 많았기 때문이다. 이는 각각의 정치인들이 지니는 신념의 차이일 수 있으나 기존에 정책을 실행하고 있던 정치인이 낙선한 경우 후임자가 전임자의 사업을 중단하고 자신만의 새로운 사업을 시작하기 때문에 발생하는 문제인 경우가 많다. 만일 전임자가 실행하던 사업이 지역주민들에게 진정으로 이익이 되는 사안일지라도 실행은 중단되고 그 피해는 납세자인 지역주민들에게 전가된다. 또한 이런 일련의 과정이 어느 정도 반복된다면 주민들은 정치인에 대한 신뢰를 상실하고 정치적 무관심을 야기해 정치인들로 하여금 더더욱 주민들의 이익을 위한 일과 멀어지게 할 위험이 있다. 악순환에 빠지게 되는 것이다. 강동구의 주민들은 원천적으로 이런 일을 차단한다. 결사체는 자신들의 이익을 정치인에게 확실히 전달하고 정치인은 이 의견을 수렴한다. 또한 위원회 등에 이들을 포함시킴으로써 다층적 거버넌스를 구성하고 만일 정치인이 지역문제에

14. 인터뷰 일자: 2016. 6. 25.

관심을 가지지 않는다면 선거에서 낙선하게 된다. 따라서 강동구는 자연스럽게 지역인재 정치의 전형을 띠게 되는 것이다.

강동구 도시농업에서 드러나는 주민들의 신뢰는 이뿐만이 아니다. 농업이란 기본적으로 생산부터 판매까지 다양한 이해관계자들이 존재한다. 우선 기존에 농사를 짓고 있던 농촌 지역주민들, 그리고 도시 지역에 거주하고 있는 시민들, 도시에 거주하고 있으나 직업적으로 농업을 택한 도시농부, 그리고 이를 관리하는 중간지원조직과 정부 등의 다양한 조직들은 각자의 이익을 위해 협의를 지속한다. 또한 이 협의는 이들 조직 차원에서만 이루어지는 게 아니고 그 내부에서도 이루어진다. 주로 협동조합의 형태를 띤 도시농업조합들이나 조직 구성원 개개인의 지위가 평등한 사회적기업들에서 많이 이루어지는데 이들은 기본적으로 의사결정 방식이 협의에 의해 이루어지기 때문에 상호 신뢰가 뒷받침되지 않으면 애초에 조직 운영 자체가 힘들다. 따라서 강동구는 기존에 존재하는 결사체들을 중심으로 사회적경제 사업들을 주도함과 동시에 이를 기반으로 도시농업을 실시한다. 도시농업을 실시하는 과정에서 학교 텃밭 등에 대한 교육도 실시하고 주민들에 대한 강의를 병행함으로써 교육과 현장에서의 도시농업을 통해 신뢰를 재생산하는 방식을 취하고 있다. 또한 도시농업의 당사자는 이를 통해 현대사회의 많은 공동체 유대 문제의 해결가능성을 제시한다. 그와 동시에 아직까지 도시농업이 가지고 있는 현실적인 문제점 또한 제시한다.

> "저희가 도시농업을 통해 가장 보람찼던 경험은 아이들이 같이 활동하면서 서로 공동체 정신을 함양하는 것을 보는 것이었어요. 소외되는 아이들이 없어진 거죠. 저희는 이와 함께 봉사활동도 진행하고 있습니다. 또 단체 내의 공동체 의식 고취를 위해 '원두막 콘서트'와 같은 행사도 꾸준히 개최하고 있고 함께 밭의 부속물들을 만들곤 하고 있습니다. … 제가 보기에 도시농업은 우리 사회의 많은 문제를 해결할 수 있다고 봅니다. 당장 도시농업을 하는 사람들끼리 연대해서 함께 농사를 지으면 굳이 요양원을 지어서 독거노인들의 건강을 확인할 필요 없이 농사 공동체 내에서 그 역할을 수행할 수 있게 되거든요. 지역공동체의 정신을 회복하는 거죠. 동시에 외로운 어르신 분들의 일거리도 마련되어서 그분들의 복지 차원에

서도 긍정적이죠. 그러나 도시농업에는 아직 한계가 있습니다. 특히 정부의 지원이 많이 부족합니다. 아무리 좋은 일이라도 사람들이 하지 않으면 어떤 일이 이루어질 수 없습니다. 저희 같은 단체에도 대부분 활동하시는 분들에 대한 지원이 제대로 이루어질 수 없어서 일상생활과 도시농업 관리자 활동을 병행하기가 힘들어요. 우리뿐만 아니라 많은 사회적경제 조직들이 겪고 있는 문제입니다. 좋은 취지이니 봉사활동 하라는 것은 너무 이상적이죠. 취지가 있어도 어느 정도 현실적인 지원이 없으면 아무도 적극적으로 하려고 하지 않아요. 저는 이 문제, 활동가들에 대한 지원이 우리 사회에서 사회적경제가 자리 잡도록 하기 위해 우선적으로 정부에서 해결해 줘야 할 문제라고 봅니다." – 남시정 도시농담 대표

아직 부족한 점이 없는 것은 아니지만 지금까지의 성과만으로도 강동의 도시농업은 강동을 대표하는 사회적경제이며 강동이 지닌 특성을 모두 가지고 있는 문화로서 지속가능한 발전과 주민들의 미래를 위한 강동의 준비라고 할 수 있다. 2평 남짓한 1구좌를 1가구마다 비치하여 작게는 지역사회의 공동체정신 회복을 꾀하고, 크게는 전인류의 환경보전과 기후변화에 대처하는 강동의 자세는 모두가 함께 발전하는 행복으로의 길이 될 가능성을 충분히 함축하고 있다고 보아야 할 것이다. 물론 이해식 구청장의 임기가 이번으로 마지막이기에 추후 어떤 정치인이 등장하는가에 따라 사업의 지속성에 위험이 있을 수 있다. 그러나 강동구의 주민들은 자신들에게 필요한 것이 무엇인지 스스로 파악할 능력이 있고 이를 전달하는 방식을 도시농업과 사회적경제의 행위주체로서 지난 10여 년간 터득해 왔기 때문에 잘 해결할 것이라 기대한다.

V. 개인적 선의와 제도적 지원, 그 간극에 선 '엔젤존'

1. 남는 공간을 나의 이웃과 공유하다

우리 사회는 청년에게 창업을 매우 쉽게 권하고 있지만 오늘날 한국 사회에서

창업을 한다는 건 매우 위험한 일이다. 대기업을 중심으로 짜여진 산업 구조부터 치솟는 임대료까지 걸림돌이 한두 가지가 아니기 때문이다. 이 때문에 폐업자 수는 날이 갈수록 늘어 가는 추세를 보이고 있으며, 2013년에는 창업자가 58만 2,000명, 폐업자가 65만 6,000명으로 폐업자 수가 창업자 수를 역전하는 지경에 이르렀다.•15 특히 그중에서도 청년 창업자는 1년 만에 절반 이상이 폐업하고 있어 그 사정이 심각하다.•16

창업 자체가 이토록 어려운 상황에서 이윤 추구라는 기업 본연의 목적에 더해 사회적 가치 창출의 목적까지 함께 달성해야 하는 사회적기업을 시작한다는 것은 여간 부담되는 일이 아닐 수 없다. 그러나 그 기업이 추구하는 사회적 가치의 필요성에 공감하고, 이를 돕고자 하는 투자자가 있다면?

이윤 추구 외에, 기업의 사회적 가치를 실현하기 위해 사회적 기업에 투자하는 투자자들을 두고 '엔젤 투자자'라고 부른다. 엔젤 투자는 1920년대 초 미국 브로드웨이에서 시작된 용어로, 무산 위기에 처한 공연을 후원하는 사람들을 천사(angel)에 비유한 데서 시작됐다.•17 이후 시간이 지나면서 엔젤 투자자는 미국 실리콘 밸리의 벤처 기업에 투자하는 사람들을 지칭하는 용어가 됐고, 우리나라에는 1990년대 말 벤처 붐과 함께 유입되었다.

강동구의 '엔젤존' 사업은 이와 같은 엔젤 투자의 개념에서 출발했다. 엔젤존 사업은 강동구 내 주민이나 기관이 소유한 빈 사무공간을 사회적경제 관련 조직에게 빌려줌으로써 신생 사회적기업을 육성하고자 하는 목적에서 시작됐다. 강동구는 2013년부터 유휴공간을 가진 개인이나 기관을 적극적으로 찾아 사회적경제 관련 조직에 공간을 무상 또는 매우 저렴한 비용에 임대해 주도록 연결하고 있다. 뜻있는 주민이 공간을 제공하면 구청이 중간에서 보증인 역할을 하고, 사회적기업이 공간에 입주하는 방식이다. 일종의 '공간 발굴 지원사업'인 것이다. 이에 대해 이해식 강동구청장은 "말하자면 저희들은 복덕방 노릇, 연결자 노릇을 하는 것"이라며 구청이 공간 제공자와 공간을 필요로 하는 신생 사회적

---

15. 김성규. "'자영업 퇴출' 45%가 40대… 창업보다 폐업이 많아." 동아일보. 2015년 1월 30일자.
16. 정혜미. "청년창업매장… 1년 만에 절반 이상 폐업." KBS 뉴스. 2015년 11월 27일자.
17. 이희동. "월세도 없는데 관리비도 0원… 서울에 이런 사무실이." 오마이뉴스. 2015년 3월 13일자.

기업을 연결하는 역할을 한다고 설명했다.

서울에서 창업 초기 기업이 사무실을 구하는 건 좀처럼 쉽지 않을 뿐 아니라, 사무실을 구한다 해도 비싼 임대료를 버티지 못하고 다른 지역으로 이전하는 경우가 많다. 이런 상황 속에서 사회 혁신 아이디어들이 현실에 좌절하지 않고 강동구에서 성장할 수 있도록 하자는 취지에서 강동구는 엔젤존 사업을 시작했다. 강동구청 담당 주무관은 "새로 인큐베이팅을 통해서 사회적경제 기업을 육성할 때, 기업들이 가장 어려워하는 게 공간 부분"이라며 "자리를 잡기 전인 기업들이라 임대료를 감당하기 어렵고, 공간 지원이 기업들이 가장 현실적으로 원하는 부분"이라고 밝혔다.

또한 무작정 행정이 사회적기업의 모든 것을 지원해 줄 수 없는 상황에서, 민간으로 눈을 돌려 그 해결책을 찾는다는 점에서 그 의미를 발견할 수도 있다. 사실상 행정이 기업을 위한 인큐베이팅 사업을 진행하고 공간을 제공해 주는 것은 쉽지 않은 일이기 때문에, 지자체가 주민의 기여에서 돌파구를 찾았다고 볼 수 있다.

2013년 말 업주의 자발적인 공간 제공으로 강동구 성내로 6길 신광빌딩에 엔젤존 1호점이 개소하며 기업 플렉시큐리티가 입주했다. 2015년에는 서울동부교육기술원에 2호점이 개소하며 기업 워터팜이 입주했다. 1호점에 입주해 있던 플렉시큐리티는 1년 계약이 만료된 후 엔젤존에서 철수했고, 그 뒤를 이어 기업 스토리트리가 입주했다가 역시 1년 계약이 만료된 후 철수해 현재 1호점에는 입주 기업이 없는 상황이다. 2호점의 워터팜은 계약 기간 만료 후 지난 7월 입주 기간 연장 재계약을 체결하였다. 한편 주민들의 자발적인 공간 제공과는 별도로 구청 차원에서도 공간 확보 노력에 역량을 투입하여 현재 엔젤점 3호점 입주 기업은 강동구청이 마련한 강동구 성안로 사무실에서 청년기업가로서의 꿈을 무럭무럭 키워 가고 있다.

2. '삼고초려'로 얻어 오는 엔젤존

엔젤존으로 활용할 공간을 확보하기 위해서는 공간을 가진 개인이 스스로 나서야 한다. 그러나 실제로 부동산 자산이 창출할 수 있는 수익을 생각해 보면 선뜻 사회적 의의를 위해 수익을 희생하고서라도 무료로 공간을 내주겠다고 개인이 나서는 것은 매우 어려운 일이다. 사업을 추진하는 강동구청은 이와 관련해 유휴공간을 가진 개인들을 만나 직접 설득하고, 사업의 가치를 호소하는 방식으로 공간을 확보하기 위해 노력하고 있다. 사실상 주민 개인을 만나 설득, 호소하며 '삼고초려' 방식으로 공간을 확보하는 것이다. 담당 주무관은 "일단 유휴공간을 갖고 있는 주민이나 기업에 접촉해서 엔젤존 사업에 동감할 수 있도록 얘기를 나눈다."며 "그러나 그 분들은 (공간이) 자기 재산이기 때문에, 수익 창출할 수 있는 부분을 포기하고 공간을 내놓기가 현실적으로 어려운 부분이다. 사업에 대해 공감대를 형성해야 한다."라고 밝혔다.

2014년 당시 플렉시큐리티의 엔젤존 입주를 담당했던 담당 주무관은 "사회적경제에 대한 인식이 전체적으로 부족하고, 공간제공자와 건물 소유주, 관리인의 수용 의사가 서로 달라 협의하는 과정이 매우 힘들었다."고 한다. 이에 더해 그는 "자체 사업이었고 비예산 사업이어서 어려움이 어느 정도 있었다."라고 하며 제도적인 부분이 보완되면 좀 더 해당사업이 활성화 될 수 있을 것이라는 아쉬움을 얘기했다.

이처럼 구 차원의 노력과 담당 공무원의 헌신이 더 많은 사업 성과로 이어지고 지속적인 성공사례로 이어지려면, 즉 엔젤존 사업의 지속성과 확대를 위해서 필자들은 제도적인 부분에서의 대안이 필요하다고 제언한다. 현재의 개별적인 설득과 호소를 통해 공간을 확보하는 방식은 들이는 노력이 많은 것에 비해 애초 목적한 성과를 달성하기 어려울 수 있다. 실제 구의 관계자들이 주민 개인이 사적으로 소유하는 유휴공간을 직접 탐색, 발굴해 내는 작업, 그리고 설득작업에는 시간적·정신적·행정적 비용이 많이 투입되고 있다. 엔젤존 1호점 기업 플렉시큐리티 대표 유승환 씨가 "구청의 사회적경제과에서 할 수 있는 노력을 넘어선 수준"이라고 평가했듯이, 현재의 분산되고 개별적인 노력들을 제도적으로 관리하고 지원할 수 있어야 할 것이다.

3. 엔젤존, 얼마나 효과적인가?

그렇다면 이렇게 어렵게 공간을 확보해 개점하는 엔젤존이 실제로 공간을 이용하는 사회적기업들에게 어느 정도로 도움이 됐을까? 다시 말해 엔젤존의 존재가 신생 사회적기업을 육성하는 데 정말로 도움이 됐을까? 이 질문에 대해 민간 소유의 공간에 입주했던 기업과 공공기관에 입주했던 기업은 서로 다른 평가를 내렸다.

민간 소유의 공간에 개점한 1호점에 입점했던 플렉시큐리티와 '스토리창작소 주렁주렁'은 모두 처음의 1년 계약 기간이 끝나자 재계약 없이 퇴거했다. 그러나 공공기관에 개점한 2호점에 입점한 워터팜은 1년의 계약기간이 지난 7월 입주기간 연장을 위해 재계약을 체결하였다.[•18] 이처럼 1호점과 2호점의 반응이 상이한 이유는 무엇일까? 아직 개점한 엔젤존이 많지 않고, 또 입점한 경험이 있는 기업 수도 적기 때문에 섣부른 판단을 내리기 어려운 상황이지만, 그럼에도 원인을 찾아본다면 1호점은 민간 소유, 2호점은 공공기관이라는 차이점을 들 수 있을 것이다.

1호점에 입주했던 유승환 대표는 엔젤존의 공간 상황이 언제 바뀔지 모른다는 공간의 불안정성을 문제점으로 꼽았다. 공간의 소유주가 선의로 베푼 공간에 기업이 입주하는 것이기 때문에, 소유주가 1년이 지난 후부터 임대료를 받기를 원하거나 또는 더 이상 공간을 제공할 의향이 없어지면 기업은 소유주의 요구에 따라야 하는 상황이다. 유승환 대표에 따르면 플렉시큐리티의 기존 1년 계약 기간 동안은 해당 엔젤존의 소유주가 공간을 무상으로 임대해줬으나, 계약기간이 끝난 후에는 소액의 임대료를 받고자 했다. 물론 월 30만~40만 원 정도로 여타 서울의 사무실에 비하면 저렴한 수준이었으나 플렉시큐리티는 임대료를 지급하며 해당 공간에 머물 의향이 없어 엔젤존에서 나왔다고 밝혔다.

1년 단위로 계약이 갱신되고, 소유주의 여건이나 의사 변화에 따라 임대 상황이 언제든지 달라질 수 있는 이런 불안정한 상황은 기업이 머물기에 그리 용

---

18. 현재 엔젤존 2호 기업인 워터팜은 재계약에 실패하여 은평구 서울혁신파크로 사무실을 옮긴 상태다.

사진 2.8 엔젤존 1호점에 입주했던 유승환 플렉시큐리티 대표와의 인터뷰

이한 환경이 아니다. 또 1년이 지나 계약기간이 만료된 후, 구청이 중재자로 나서 공간 소유주를 설득하고 협의를 이끌어 낼 수도 있으나, 이 역시 설득 차원에서 그치기 때문에 구청이 조정할 수 있는 부분도 크지 않다. 결국 공간 소유주의 의사가 가장 중요한 문제인 것이다. 이에 대해 구청 측은 "1년 지나고 나면 다시 한 번 (공간을) 제공하는 측에 협의를 해서 (엔젤존이) 지속될 수 있도록 하고 있다."고 밝혔다.

엔젤존 사업의 지속 및 확대와 관련하여 공간의 중복 이용에 관한 부분도 고려할 필요가 있다. 본래 엔젤존은 기존의 소유주가 다양한 용도로 사용하던 공간이고, 또 임대 이후에도 자유롭게 사용하는 경우가 있다. 유승환 대표는 "우리가 입주한 후에도 원래 소유주 분이 해당 공간을 함께 사용하셨다."라고 말했다. 즉 엔젤존 입주 기업 당사자들만 공간을 사용한 것이 아니고 원래 공간을 사용하던 소유주도 그대로 계속 공간을 사용하면서 소유주와 입주 기업이 한 자리에서 공간을 나눠 써야 했던 것이다. 이처럼 의도치 않게 서로 신경을 써야 하는 상황을 수혜기업이 계속 감당하게 되는 부분에 대해서는 다함께 개선방안을 좀 더 고민해볼 필요가 있다. 소유주와 공간을 나눠 쓰는 상황이 기업으로서는 달갑지 않으면서도, 또 사업의 수혜자인 기업이 선의를 베푼 소유주에게 불만을 내비치는 것 역시 어렵기 때문에 기업이 난처한 상황에 처할 수도 있기 때문이다. "엔젤존은 인큐베이팅 사업보다는 공유경제 모델에 가까운 것 같다."는 유승환 대표의 발언은 엔젤존의 제도적 보완 및 개선을 위한 좋은 충고가 될 수 있을 것이다.

반면 공공기관인 동부교육기술원의 빈 공간에 입주했던 엔젤존 2호 기업 워터팜은 1년 계약이 끝난 지금 다시 계약을 이어가고자 하는 상황이다. 워터팜 조상례 대표는 대체로 불편함 없이 공간을 사용할 수 있었다고 밝혔다. 그는 "무상으로 사용할 수 있었고, 책상과 의자 등 기본적인 물품이 구비돼 있었다."며 "배정받은 사무실 이외에도 회의실 등을 언제든 사용할 수 있었고, 공간을 담당하는 동부기술교육원 측에서도 불편함 없이 지원해줬다."라고 말했다. 물론 장소가 먼저 정해지고 기업이 선정되는 한계로 인해, 또 강동구 지역 자체가 서울의 변방에 있기 때문에 사원들의 출퇴근 시간이 길어졌다는 단점을 지적하기도 했다. 그러나 대체적으로 공간이 만족스러웠고, 또 재계약을 하고자 한다고 밝혔다. 이는 구청에서 제공해 준 공간에 입점해 있는 엔젤존 3호점 김정우 대표와의 인터뷰에서도 잘 드러났다. 그는 엔젤존 정책으로 높은 임대료 문제의 압박에서 벗어날 수 있고, 또 청년 사업가, 스타트업 기업의 초창기 자립을 도와준다는 점에서 엔젤존 정책은 그 나름의 의미가 있고, 기업의 종류에 따라 그 효과는 차이가 있겠지만 그럼에도 정책적 효과가 분명 존재한다고 강조하였다.

1~3호점 대표들의 이야기를 종합해 보면 동부기술교육원에서 제공하는 공간이 사무용 공간으로 적합했던 점, 또 공간 제공자의 의사가 크게 변하지 않고 재계약을 하는 방향으로 사업이 진행될 수 있었던 점 등은 공간을 제공한 동부기술교육원이 공공기관이라는 점에서 원인을 찾아볼 수 있을 것이다. 민간 소유주에게는 공간이 큰 자산이라는 점에서 오랜 기간 임대료 없이 공간을 제공하기가 어렵지만, 공공기관은 상대적으로 이러한 부담이 덜하기 때문이다. 또 공공기관이기에 구청과의 소통이 더 용이하고, 또 구청에서 조정할 수 있는 지점이 더 있었을 것으로 예상해 볼 수도 있다.

4. 신뢰에 부응하는 제도적 보완 필요

현재까지 강동구의 엔젤존 사업은 3개점 개소에 머물러 있지만, 주민의 장소

제공 외에 구청 차원의 장소 확보 노력이 결합되면서 엔젤존 정책의 미래는 점차 밝아지고 있다. 이해식 강동구청장 역시 "엔젤존 사업이 지금까지 썩 활성화되지 못한 것은 사실"이라면서도 엔젤존이 지속적으로 잘 진행될 수 있게 구청 차원에서의 노력을 좀 더 기울이겠다는 의지를 보여 주었다. 엔젤존이 기업에게 실질적인 도움을 제공하는 수준에 이르러 지역구의 사회적경제에 도움을 주고, 또 이후에도 사라지지 않고 지속적으로 사업이 진행되기 위해서는 보완이 필수적이라는 측면에서, 구청이 장소 확보에 적극적으로 나서고 예비 사회적기업에 이 공간을 무상으로 제공해 준다는 것은 분명 엔젤존 정책의 효과성과 지속가능성을 볼 때 고무적이라고 할 수 있다.

이처럼 좀 더 밝은 엔젤존의 미래를 그려보기 위해 제도적 보완책을 고민해 본다면 단기적으로는 공공기관을 중심으로 유휴공간을 탐색해 보는 대안을 제시할 수 있다. 서울과 같은 대도시에서는 특히 땅값, 임대료가 비싸고 이 때문에 설령 유휴공간이라 할지라도 언제 수익을 낼 수 있을지 모른다. 따라서 서울에서 민간 소유주가 오랜 기간 무료로 공간을 제공하는 것은 상당히 어려운 일이고, 무료로 공간을 제공하던 소유주의 마음이 언제 바뀐다고 해도 전혀 이상하지 않다. 따라서 그런 경제적 부담에서 보다 자유로운 공공기관을 위주로 유휴공간을 찾아 엔젤존을 개업한다면 공간의 불안정성이 다소 해소될 수 있으리라 기대한다. 또 지자체 차원에서 공간 제공자에게 제도적 혜택을 주는 방안도 생각해 볼 수 있다. 대표적으로는 세제 혜택 등을 들 수 있다. 그러나 현재 법제하에서는 지자체가 자체적으로 세제 혜택을 신설하는 것은 불가능하다. 이에 대해서는 강동구청장 역시 문제를 제기하며 실질적인 지방자치의 중요성과 지방정부 권한 확대의 필요성을 강조하였다.

"현재 구청 차원에서 독자적으로 지방세를 감면 조치하는 것은 어려워요. 엔젤존 같이 구 단위에서 추진하는 사회적경제 정책이 좀 더 잘 실현되기 위해서는 구청의 책임과 권한을 좀 더 확대할 필요가 있습니다. 즉 지방자치의 수준이 좀 더 향상되고, 모든 권력을 중앙에서 확 틀어잡고 있기보다는 지방으로 좀 더 내려보내 줄 필요가 있다는 것이죠."

– 이해식 강동구청장[19]

사진 2.9 이해식 강동구청장과의 인터뷰 모습

좀 더 근본적이고 장기적인 차원에서 엔젤존의 문제를 살펴볼 수도 있다. 개인의 선의에 의존하는 사업 특성상 위에서 지적한 것과 같이 엔젤존 사업은 제도로서의 역할을 다하지 못하고 있고 따라서 그 지속성을 보장할 수 없는 상태이다. 선의를 베푸는 개인이 없다면 사업이 끝날 수밖에 없고, 이에 따라 공간의 안정성이나 적합성도 매우 부족하다고 할 수 있다. 구청이 기업과 주민 사이의 중개자로 나서서 사업을 주도하고는 있지만, 사실상 사업 내에서 관이 할 수 있는 일이 거의 없는 구조라서 제도로는 안착하지 못하고 있는 것이다. 결국 유형의 사회적 자산인 '제도'가 '신뢰'에 비해서는 상대적으로 부족한 상태다.

반면 무형의 사회적 자산인 신뢰(trust)는 비교적 잘 형성된 상태라고 볼 수 있다. 특히 중간지원조직과 현장의 활동가들 간의 신뢰가 주목할 만하다. 이들은 서로 잦은 소통을 통해 필요한 바, 나아가야 할 방향 등에 대해 상당한 합의를 본 상태이며 중간지원조직이 현장 활동가의 뜻을 관에 전달하기 위해 많은 노력을 기울이는 상황이었다. 특히 신생 사회적기업들을 위한 인큐베이팅 공간이 필요함을 관에 적극적으로 알리는 등의 노력이 있었다.

특히 플렉시큐리티 유승환 대표는 엔젤존이라는 제도가 지닌 장점도 물론 매력이 있었지만, 그보다는 여러 면에서 물심양면 도움을 준 강동구사회적경제지

---

19. 인터뷰 일자: 2016. 6. 17.

원센터장과 강동구청 관계자들에게 고마운 마음이 더 컸던 것이 입주를 결심하게 된 배경이라고 밝혔다.

그러나 사회적경제의 장에 적극적으로 뛰어들지 않은 일반 주민들과 사회적경제 행위자들 간의 신뢰는 거의 존재하지 않는 수준이다. 이는 주민사회가 사회적경제에 대한 정보와 관심이 부족하고, 그 필요에 대한 사회적 공감대를 형성하지 못했기 때문이다. 크게 보면 주민들과 사회적경제 행위자들 간의 신뢰가 없기 때문에 엔젤존 사업에 공감하고 참여하고자 하는 주민이 적다고 볼 수 있다.

결국 장기적으로는 주민사회와 사회적 경제 주체들 간의 신뢰를 이끌어내 민간에서 돌파구를 찾는 것이 엔젤존 사업을 활성화할 방안이라고 볼 수 있다. 그러나 주민사회에서 사회적경제의 가치에 대한 공감대가 아직 형성되지 않은 시점이기 때문에 신뢰의 축적을 위해서는 오히려 더 제도를 탄탄히 정비할 필요가 있다. 신뢰와 제도가 상호 간에 미치는 긍정적인 영향을 고려할 때에도 제도를 통해 주민사회에서의 신뢰를 이끌어 내는 방식이 가장 타당하다.

VI. 결론: 추격자에서 선도자로

1. 8년의 도전이 거둔 성과

2008년에 서서히 시작되었던 강동구의 사회적경제는 이제 그 수확을 목전에 두고 있다. 다른 지방자치단체에 비해 부족한 산업 인프라, 베드타운 성격은 처음에는 사회적경제의 장애물로서 지역주민들의 이탈을 야기했으나 현재에는 이를 통해 지역중심의 사회적경제 활성화를 유도하고 있다. 지역주민들 사이의 불신과 사회적 자본의 고갈은 지역의 전통적 거주민들의 자발적인 노력하에서 다시 회복되었고 이를 통해 주민들은 단순히 탑다운 방식에 맹목적으로 길들여지는 것이 아니라 바텀업 방식을 스스로 익혀 지역현안에 대해 목소리를 키울 수 있는 역량을 발전시켰다.

중간지원조직은 사회적경제 성공의 핵심 요인 중 하나이다. 특히 강동구는 단순히 전체 사회에 기여를 한다기보다 지역사회에 대한 기여와 발전을 추구한다. 이때 중간지원조직은 강동구에 존재하던 지역공동체 네트워크를 활성화시키고 이 과정에서 사회적경제 가치에 대한 교육을 실시한다. 교육생들은 중간지원조직을 통해 노하우를 습득하고 동시에 상호 간 지역 파트너십의 구축을 위한 지원을 받아 효과적인 사업 활동을 지속할 수 있다. 지난 8년간 다양한 영역에서 활동한 중간지원조직은 지역자원조사와 네트워크 구축 등을 통한 기반 조성 작업, 지역인재육성 시스템의 구축을 통한 역량 강화, 그리고 이를 통한 선순환의 사회적경제 생태계 조성을 위한 활동을 지속해 왔다. 결과적으로 지역의 사회적경제 조직을 육성하고 그 과정에서 주위 환경의 변화를 위한 노력의 결실을 수확해 이제는 중간지원조직의 구체적인 지도가 없더라도 주민들 스스로 사회적경제 조직에 참여하거나 새로 시작하는 등의 선순환 효과를 거두었다.

강동구의 사회적경제를 대표하는 도시농업은 이미 강동구만의 성공이 아니라 대한민국 도시농업의 성공적인 아이콘으로 자리를 잡았다. 물론 강동구에는 기존 농업인구과 농지가 많았다는 장점이 있었으나 상업적인 농업이 주를 이뤘고 주민들은 강동을 벗어나 타지역으로 출퇴근을 하는 한계에 봉착해 있었다. 그러나 비상업적인 목표와 지역주민들의 취미로서 농업을 제안하며 '도시농업 2020프로젝트'를 설계해 지난 8년간 도시농업의 도입, 교육, 그리고 생산물의 유통과 자발적인 참여를 유도했다. 그 결과 이제는 지방정부의 제도적 지원에 의존하는 것을 뛰어넘어 실제 농사를 짓는 주민 당사자들의 자발적 참여로 서울 유일의 도시농업 사회적협동조합을 조직하는 등의 성공적인 결과를 얻을 수 있었다. 2020년까지 모든 구민들이 도시농업을 통한 자기계발 및 지역공동체의 회복을 누릴 수 있도록 계속 이어갈 예정이다.

분명 엔젤존 사업은 과도기에 있고 아직 성공을 논하기에는 이를 수도 있다. 그럼에도 불구하고 우리는 엔젤존 사업이 '공유'라는 가치를 확산시키고 있다는 점에 주목할 필요가 있다. 또 그러한 움직임에 구청이 앞장서고 있는 것을 높이 평가할 수 있으며, 엔젤존 사업이 협력과 연대 등을 핵심 원리로 하는 사회적경제의 확산에도 긍정적인 영향을 미칠 것으로 전망된다. 다시 강조하지만, 엔젤존 사업은 개인의 임대 사업장을 사회적기업에게 무상으로 임대해 주는 것이다. 임대업자가 가장 중요한 수익원인 임대료를 받지 않고 사회적경제 기업에 자리를 내주는 것은 그 자체로 울림이 있는 행위이며, 사회적인 메시지이다. 또한 이런 활동이 계속되면서 주민들로 하여금 공유가치에 대한 학습이 진행되고 추후에는 이를 사회적 자본으로 하여 더 큰 도전을 해 볼 수 있을 것이다.

2. 한계 및 개선방안

그러나 강동구 사회적경제의 발전에는 많은 한계가 존재한다. 우선 첫째, 정부에서 사회적경제와 협동조합의 성공을 측정하는 지표로 해당 시기에 새로 만들어진 사회적경제 조직의 수를 활용한다는 것이다. 새로 만들어지는 사회적경제 조직의 숫자가 많다는 것은 일면 긍정적으로 보일 수 있으나 실제로는 준비되지 않은 많은 사람들이 성급하게 사회적경제 조직을 만들고 결국 단기간에 사라지면서 이에 대해 부정적인 인식을 가지게 되고, 또 지원이 필요한 조직들에게 제공될 수 있는 지원을 분산시킬 수 있다. 결과적으로 개인과 개인 사이의 신뢰, 정부와 개인 사이의 신뢰 두 가지 모두의 상실을 야기한다. 따라서 이 부분에 대해서는 단순히 새로 만들어진 수에 의존한 평가를 내릴 것이 아니라 만들어진 조직들이 성공적으로 운영이 되고 있는지, 또 1년 단위로 끊어 어느 정도나 생존했는지에 대해 파악하는 등의 새로운 모델을 개발할 필요가 있다.

둘째, 아직까지 지역공동체 구성원들의 행동은 금전적인 이유에서 시작된다는 점이다. 사회적경제 활동을 하는 과정에서 사회적경제의 가치를 이해한다고 할지라도 그런 경우는 현재까지는 많다고 볼 수 없다. 오히려 당사자들은 사회적경제 조직 활동으로 인해 어떤 금전적인 이익을 취할 수 있을지 계산하고 이를 통해 활동을 시작한다. 물론 이런 방식으로라도 시작하는 것이 완전히 부정적인 것은 아닐지라도 첫 번째 문제에서 언급했던 바와 같이 이를 통해 정말 필요한 영역에 대한 지원이 분산될 수 있다. 또 명목상 사회적경제를 추구하지만 실질적으로는 사익을 추구하는 단체를 정부에서 지원해 주는 위험에 노출될 수도 있다. 이는 결과적으로 사회적경제 조직에 참여한 사람만이 아니라 이를 외부에서 바라보는 사람들의 시선 또한 부정적으로 바꾼다. 이러한 문제를 해결하기 위해서는 참여 당사자들로 하여금 사회적경제 조직 활동을 하기에 앞서 지방정부에서 제공하는 사회적경제 교육과정을 이수할 것과, 이후에는 구체적인 활동방안 및 이에 대한 서약을 받고 지원을 해 줄 필요가 있다.

마지막으로 사회적경제 조직의 활성화를 위해서는 이를 위해 실질적으로 일하는 인력에 대한 지원이 필요하다. 사회적경제가 궤도에 오르기까지는 많은 노력이 필요하고 그 과정에서 투입되는 비용과 인력은 무시할 수 없다. 이를 위해 자신을 희생하는 참여자들이 많은데 정작 이들을 위한 국가적 차원의 지원은 아직까지 미미하다고 할 수 있다. 이미 성공한 사회적경제 조직에 대한 지원도 물론 필요하지만 이런 활동가들에 대한 지원이 전제되지 않는다면 새로운 조직들이 생겨나는 과정에 꾸준히 어려움이 있을 수밖에 없다. 따라서 이를 위한 정책을 마련할 필요가 있고 그 정책은 지역 활동가들에 대한 지원이 되어야 하기 때문에 중앙정부의 권한을 지방정부에게 분산시켜 지방에서 자치적으로 그 권한을 일정 부분 활용해 지원할 수 있도록 하는 시스템을 마련해야 할 것이다.

강동구의 사회적경제는 이제 본 궤도에 오르고 있다. 현재까지의 과정에서는 구청장의 강한 의지와 주민들의 참여가 있었기 때문에 성공적일 수 있었지만 앞으로 구청장의 임기가 종료되고 기존 거주민들의 시대가 아닌 새로운 이주민들 중심의 시대가 찾아온다면 현재의 노력과 성과가 흔들릴 위험이 있다. 이를 위해 앞으로 강동구 주민들의 꾸준한 노력과 관심이 더욱 절실할 것이다.

사회적경제 생태계 만들기의 숨은 힘 : 중간지원조직을 통해 본 금천구 사회적경제

강민정 · 이경수

Ⅰ. 들어가며

Ⅱ. 중간지원조직과 민관협력

Ⅲ. 중간지원조직은 어떻게 협력의 마중물이 되는가

Ⅳ. 사회적경제 생태계와 민민협력

Ⅴ. 맺음말

Ⅰ. 들어가며

금천구는 서울에서 드물게 자취를 감추고 있는 공업지역이 아직 남아 있는 곳이다. 금천구에는 1960년대 경제개발 5개년계획에 의해 국내 최초로 건설된 한국산업단지공단(현 서울디지털산업단지)의 제2, 3공단이 위치하고 있어 약 1,100개의 제조업체가 입주해 있다. 1970년대에는 바로 옆의 구로구에 공업단지가 만들어져, 배후 주거단지를 마련하기 위해 독산, 시흥 지역에 대규모 토지구획 정리사업이 시행돼 구 전역이 개발됐다. 이 곳 역시 많은 소규모 공장들이 들어서있고, 시흥3동에는 1980년대 말 대규모로 조성된 시흥산업용재 유통센터와 중앙철재상가가 있다. 2000년대 들어 제2, 3공단 주변에는 의류상설 할인매장이 조성돼 쇼핑 명소로도 자리 잡아가고 있다.

개발이 이루어지면서 금천구 지역은 용도에 따라 공업지역과 주거지역으로 양분돼 개발되었지만 이후 공업지역에 소규모 공장이 밀집되고 주택이 함께 들어서면서 도시 환경은 악화됐다. 금천구민들 역시 '주거환경 개선'(28.8%), '교육환경 개선'(14.1%), '교통문제해결'(13.9%) 등을 가장 시급한 지역의 과제로 꼽은 바 있다(김형호 2013). 금천구의 노동시장 구조 역시 취약성을 보인다. 산업단지가 들어서 있는데도 금천구 기업의 대부분은 낮은 임금과 열악한 노동 여건으로 구직자의 기피, 잦은 이직 등 만성 인력 부족을 호소하고 있다. 또 청년층에 비해 취업연계가 부족한 고연령자, 저학력자, 경력단절여성들이 주요 구직자인 탓에 일자리 창출이 시급한 상황이기도 하다. 금천구의 이러한 상황을 배경으로, 사회적경제는 적합한 일자리를 제공하고, 취약계층의 취업 지원을 위해 복지와 일자리 구축의 중심적 역할을 할 것으로 기대되었다.

금천구는 상대적으로 이른 시기부터 관과 민 양쪽 모두에서 사회적경제에 대한 관심을 가졌다. 공식적으로 금천구청에 사회적경제 관련 전담부서가 생긴 것은 2010년 차성수 구청장의 취임 직후로 우리나라에서 아직 사회적기업이나 협동조합이 활성화되지 않았던 시점이다. 차성수 구청장은 "사회적경제가 자본주의의 모순과 양극화를 완화하고 지역 내 경제적 선순환을 일으키는 역할을 할 것"이라 내다보고 이 같은 정책 실험을 시작했다. 그간 크게 주목받지 못했지

표 3.1 금천구 사회적경제 조직 현황 (2016년 6월 기준)

총(개)	협동조합	사회적 기업	마을기업	자활 사업단	마을공동 체회사	중간지원조직
134	84	19	5	5	23	금천구 사회적경제 지원센터

출처: 금천구청 마을자치과.

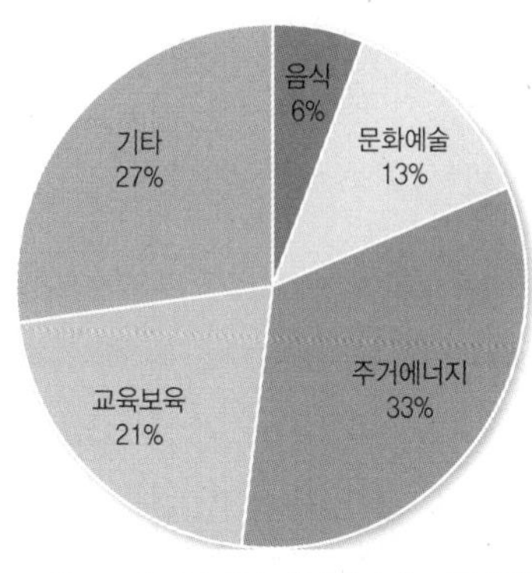

그림 3.1 사업분야별 사회적경제 조직 현황

만 금천구 내에서 민간 주체를 길러내기 위한 작업이 성공적으로 이뤄져 민간 네트워크를 꾸리는 데까지 이어졌다. 2010년 10월 전국 최초로 사회적기업 설명회와 사회적기업가 학교가 개최돼, 이곳에서 양성된 민간 주체를 중심으로 금천사회경제연대(이하 금사연)이라는 민간 네트워크가 활성화됐다. 금사연은 금천구 사회적경제지역특화사업단(이하 금천구사업단)을 맡아 3년 동안 역할을 해 왔으며 금천구 사회적경제지원센터를 구청에서 위탁받아 운영하면서 사회적경제 생태계를 만들어 가는 데 큰 역할을 하고 있다. 이 장에서는 중간지원조직과 이를 운영하는 민간조직의 역할에 초점을 맞춰 금천구의 사회적경제 관련 행위자들의 협력과 거버넌스를 살펴본다.

II. 중간지원조직과 민관협력

1. 사회적경제 중간지원조직

중간지원조직은 일반적으로 국가와 개인(혹은 시민)의 중간에서 양자의 입장과 이해관계를 절충하는 기능을 하며 대개는 인위적으로 만들어진 조직을 의미한다(김학실 2014). 중간지원조직은 미국에서 가장 먼저 등장해 뒤이어 일본과 영국에서도 활성화됐다. 이들 국가에서 발견되는 공통점은 사회서비스가 증가하는 시기에 중간지원조직이 등장했다는 점이다.[1]

미국의 경우 1800년대 후반 급증한 지역자선단체(Charity Organization Society)의 활동을 중간에서 조율·지원하는 형태였다가, 1970년대 들어 비영리부문의 활동 분야가 넓어지고 확장되면서 중간지원조직의 수와 활동 범위도 함께 확대됐다. 일본에선 1988년 NPO(Non Profit Organization, 이하 NPO)법 제정 이후 NPO에 인재, 자금, 정보를 제공하기 위한 NPO지원센터가 중간지원조직의 모태로 꼽힌다. 영국은 복지 등 지역의 공공서비스 제공을 위한 민간 역할이 중요해지면서 이들의 활동을 촉진하는 중앙과 지방정부, 민간 부문 간 네트워킹과 소통을 조정하는 중간지원조직의 필요성이 대두됐다. 특히 사회정책에 대한 지방정부로의 권한 이양(devolution)과 함께 공공서비스 민영화 도입이 지역단위 중간지원조직의 역량을 키우는 데 일조했다.

기존의 연구에 따르면 중간지원조직의 역할은 중개자, 조정자, 역량구축자 등 다양한 역할을 맡고있다. 제니퍼(Jennifer 2011)는 공동체기반(community-based) 중간지원조직이 중개자(intermediary agent)와 네트워크 조정자(coordinator)의 역할을 수행함으로써 공동체의 가치가 더해진다고 주장했으며[2] 로페즈 외(Lopez et al. 2005)는 중간지원조직의 역할을 개인적, 관계적, 조직적 수준으로 나누어 각각 지식·기술·자신감 형성, 파트너십, 지원체계 개선 등 역량구축자로서의 역할을 강조했다. 국내 연구에 큰 영향을 미친 일본 내각성(2002)은 수·발신, 자원과 기술의 중개, 인재육성, 상담 및 컨설팅, 네트워크 및 교류촉진, 정책제안 등을 그 역할로 꼽는다(오단이·정무승 2015 재인용). 고재경과 주

---

1. Blank, Deich, Kazis, Bolitz, Tripples(2003)는 중간지원조직의 등장이 보편적인 현상으로 자리 잡는 데에는 지방자치, 경제적 분권화, 사회서비스 전달체계의 네트워크화가 관련돼있다고 주장했다(고재경·주정현 2014; 오단이·정무승 2015 재인용).
2. 이에 더해 제니퍼는 중간지원조직이 ①의사결정 정책과 정차의 수립 및 집행, ②적극적이고 개방적인 의사소통에 관여 ③적극적인 공동체 지원활동에 의해 개선되는 열린 멤버십을 가진 네트워크 만들기 ④네트워크 구성원들 간 정보공유와 훈련을 용이하게 하기 ⑤정기적인 평가의 책임을 맡고 조직적 학습 추진 ⑥서비스 전달 격차를 확인하기 위한 집합적 노력 조정 등 6가지 활동에 지속적으로 참여한다고 봤다(고광용 2014 재인용).

정현(2012)은 중간지원조직이 여러 단체나 자원을 연결해 시너지 효과를 창출해 전통적인 NGO(Non Government Organization, 이하 NGO)에 비해 영향력이 크고 파급효과가 지속적이므로 정부와 사회적기업뿐 아니라 사회적기업 간의 조정자 역할도 필요하다고 봤다. 한편 김학실(2014)은 당사자인 중간지원조직의 역할 확대를 주문한다. 중간지원조직은 정부의 입장이나 정보 제공, 인증과 같은 역량구축자의 역할보다 지역사회경제 생태계 조성과 조직 간의 네트워킹 같은 조정자의 역할에 힘써야 하며, 현재의 업무는 사회적기업협의회 같은 당사자 조직이 수행하고 시장개척이나 역량 강화에 매진해야 한다는 것이다.

우리나라에서는 사회적경제 조직과 관련해서 중간지원조직의 역할이 두드러졌다. 중간지원조직 개념이 생기기 전에도 지역의 시민사회단체가 자생적인 협의회나 네트워크를 통해 일부 그 역할을 담당하다가 2000년대 들어서 사회적기업(고용노동부), 마을기업(행정안전부), 커뮤니티비즈니스시범사업(지식경제부) 등 중앙부처 중심으로 사회적경제 조직의 활동을 지원하는 중간지원조직이 자리잡기 시작했다.[3] 2012년 「협동조합기본법」이 시행되면서, 기획재정부 또한 7개 권역에서 협동조합 설립·운영을 위한 중간지원조직을 설치했다. 각 부처별로 산발적으로 운영되다가 2014년 고용노동부와 기획재정부가 15개 광역자치단체에 사회적기업과 협동조합을 함께 지원하는 통합지원센터를 인증한 이후 기초자치단체들도 중간지원조직을 설립해 운영 중이거나 설립 준비 중에 있다. 서울시의 경우 광역 차원에서 마을공동체와 사회적경제를 지원하는 중간지원조직의 활성화를 위해 '마을만들기 생태계 조성 지원사업', '사회적경제 생태계 지원사업'을 시행하면서 자치구마다 중간지원조직이 생겨났다(김지헌 2016).

위의 연구를 종합해 보면 공통적으로 제기되는 중간지원조직의 역할을 추려낼 수 있다. 기능적 측면에서 중간지원조직의 역할을 살펴보면(고광용 2014) 중

3. 사회적기업을 육성하고 진흥하는 업무를 효율적으로 수행하기 위해 2011년 1월 한국사회적기업진흥원이 개원했다. 같은 해 지역의 사회적기업 중간지원조직으로 15개의 기관이 선정돼 운영되고 있고, 지역별 유형에는 민간단체·연구소, 대학의 산학협력단·사회적기업지원센터 등이 대다수다. 행정안전부의 마을기업 역시 기존의 사회적기업 지원기관, 중소기업 지원센터 등 컨설팅 수행을 위한 조직을 중간지원기관으로 선정해 운영하고 있다. 눈여겨볼 점은 이들 기관이 새롭게 꾸려지기보단 기존 조직에 이러한 기능과 역할이 부여됐으며, 행정기관의 지원금으로 운영된다는 점이다.

표 3.2 중간지원조직의 역할과 기능

역할	기능
중개자	– 의사결정과정 정책과 절차의 집행자 – 정책효과성 제고(모니터링, 피드백) – 정책제안(다양한 정책수요 전달)
조정자	– 구성원들 간 의사소통에 참여하고 개방적인 네트워크 형성 – 이해관계자 간 자원의 연결 및 조정
역량구축자	– 정보수집 및 제공 – 구성원들 정보공유와 훈련(인재육성) – 조사연구 – 상담 및 컨설팅

출처: 고광용(2014: 135)

개자로서의 역할은 서비스를 직접 제공하는 것이 아니라 민간이 서비스를 제공할 때 연결해 주는 것으로서 민관 관계를 이해하는 데 유용할 것이다. 한편 조정자로서의 역할은 네트워크 촉매자로서 민민 관계를 살펴보는 데 도움이 될 것이다. 이 글의 목적인 사회적경제와 연관시켜 본다면, 중개자와 조정자로서 중간지원조직의 역할을 중점적으로 검토해 민관, 민민 관계를 포괄적으로 짚어 볼 수 있을 것이다.

1. 중간지원조직과 협력적 거버넌스

여기서 '정책의 집행과 촉진'을 위한 중개자 역할과 '네트워크 형성과 연결'을 위한 조정자 역할은 협력적 거버넌스(collaborative governance) 과정과도 밀접히 연관된다. 협력적 거버넌스는 민간의 참여와 공공과의 협력에 일컫는 거버넌스 일반에 더해(김의영 2014) 참여자 간 협력, 특히 조직 간 협력을 강조한다(서휘석 외 2015). 정부부처 중심으로 설립된 사회적경제 중간지원조직은 민과 관의 협력과 참여를 제도적으로 촉진하는 대표적 협력적 거버넌스 요소라 파악할 수 있다.

이 글에서는 협력적 거버넌스의 정책적 결과(policy outcome)보다 과정적 결과(process outcome)를 평가하는 데 초점을 맞춘 앤셀과 개시(Ansell and Gash)

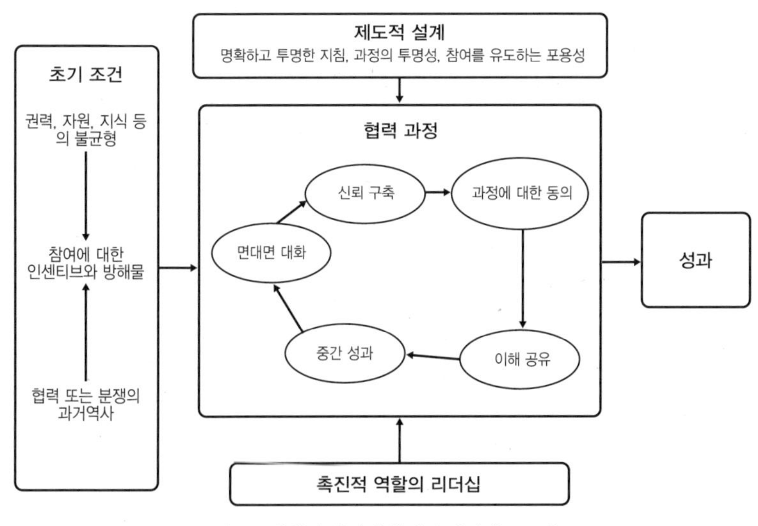

그림 3.2 앤셀과 개시의 협력적 거버넌스 모델

의 모델을 참고하고자 한다(그림 3.2 참조). 이들은 협력적 거버넌스를 "하나 혹은 다수의 공공기관이 공식적이고 합의 지향적 그리고 의도적으로 이뤄지는 집단적 의사결정과 집행과정에 민간부문의 이해관계자와 직접적인 상호작용을 통해 공공 문제를 해결하는 것"이라고 정의한다(Ansell and Gash 2007). 이들은 효과적 제도 설계와 촉진적 리더십을 협력적 거버넌스의 결과에 영향을 미치는 주요 요인으로, 면대면 대화, 신뢰 형성, 과정에의 헌신, 이해의 공유, 작은 성과 등을 효과적인 협력을 위한 과정으로 제시한 바 있다.

금천구의 사회적경제 관련 행위자들은 상대적으로 일찍부터 네트워크 형성에 관심을 보여 왔다. 앞에서 살펴본 것처럼 금천구청은 2010년 10월 서울시 자치구로는 처음으로 사회적기업 설명회와 사회적기업가 학교를 개최한 데 이어, 이듬해인 2011년 4월 자치구 최초로 사회적기업지원센터(2013년 사회적경제지원센터로 확대개편)를 설치했다. 학교의 1기 수료생들과 사회적기업가가 만든 금천사회경제네트워크(이하 금사네, 현 금사연)도 자치구 차원 최초의 사회적경제 네트워크로 꼽힌다. 이 과정에서 중간지원조직인 사회적경제지원센터(이하 지원센터)는 일찌감치 시작된 사회적경제 관련 네트워크를 지원하고, 민관협력을 실현하는 역할을 담당했다. 시작부터 사회적기업가 학교 개최, 금사네 설립을 지원한 데 이어 생태계 조성에 주력하는 현재에 이르기까지 소통과 참여, 네트워크의 주요 연결고리(node)로 활동하고 있는 것이다.

지난해부터는 금천구 사회적경제지역특화사업단(이하 금천구사업단)이 지원센터를 위탁받아 운영하고 있다. 2012년 민간 네트워크인 금사연을 주축으로 금천구사업단이 구성된 데 이어 성공적인 생태계 조성사업을 거치면서 민간의 주도성이 중간지원조직인 지원센터 운영으로까지 파급된 것이다.

본 연구에서는 금천구사업단과 지원센터의 활동에 초점을 맞춰 금천구 사회적경제의 현재를 검토한다. 특히 2012년부터 3년간 서울시가 공모한 사회적경제생태계조성사업의 금천구사업단에 포괄된 사회적기업, 협동조합 등 사회적경제 조직과 이를 지원했던 금천구사업단과 지원센터의 활동을 살펴본다. 이 과정에서 지원센터의 활동이 앞서 제시한 협력적 거버넌스 과정의 신뢰 형성, 이해의 공유 등에 미치는 영향 역시 파악하고자 한다.

Ⅲ. 중간지원조직은 어떻게 협력의 마중물이 되는가

1. 민과 관, 주민과 외부자원을 연결하는 중개자의 역할

중간지원조직은 행정에게는 시민에게로 접근할 수 있는 통로이자, 정책을 원활히 집행할 수 있게 하는 수단으로 이해돼 왔다. 각종 공모사업의 진행과정에서 중간지원조직이 시민사회와 직접 만나 공모사업의 전달자, 조언자, 관리자로서 다양한 역할을 수행한 것이 대표적이다. 지원센터와 금천구사업단의 경우 지역의제 발굴과 해결방안 모색 측면에서 활동이 두드러졌다. 이러한 측면은 '과정에 대한 동의'와 '이해의 공유'를 확대해 중개자로서 중간지원조직이 협력적 거버넌스의 선순환 과정에 기여할 수 있는 지점을 보여 준다.

1) 사회적경제를 통해 풀어나갈 지역 의제 발굴: 봉제와 주거

지원센터는 정책의 전달자로 인식되던 중간지원조직의 한계에서 벗어나 지역사업이나 정책의 제안자로 변화하기 위한 시도를 적극적으로 수행했다. 공공부문이 해결하지 못하는 열악한 주거 환경, 불안정한 봉제 산업, 보육·교육 서비스, 에너지 교육 등 사회적경제를 통해 지역문제를 해결하려 한 것이 대표적이다. 구체적으로는 지역 밀착형 생태계 기반조성을 위한 사업과 전략사업 분야로서 패션봉제와 주거재생 분야의 생태계 조성사업을 추진했다.

봉제 산업은 금천구 내 제조업의 21%를 차지한다.[4] 금천구에는 패션단지, 중저가 대형아울렛, 물류지원센터 등이 몰려있어 사업환경이 우수하고, 금천구의 봉제산업은 디자이너 제품에 대한 수요가 높아 다른 지역에 비해 폐업률이 낮고 브랜드 보유율이 높은 편이다. 그러나 비수기 불확실성, 생산 전문가의 고령화, 해외 아웃소싱에 따른 일감 감소, 원재료 가격 상승에 따른 수익성 악화 등의 문제가 꾸준히 지적됐다. 또 주 평균 노동시간 60시간, 월평균 임금 120만 원 등 근무 환경도 매우 열악하다. 한편 한 해 배출되는 패션디자이너가 12,000명으로 추정되는 가운데 이들 인력을 수용할 일자리가 부족해 취업가능 규모가 10%도 못 미친다는 분석이 나온다.

이에 구와 사업단은 우수한 봉제 기술이 있음에도 불안정한 고용 환경과 열악한 구조라는 장애물로 봉제 산업이 활성화되지 못하는 현실에 사회적경제 방식이 문제해결의 열쇠가 될 수 있을 것이라 판단했다. 목표는 소상공인을 중소 규모 의류제조공장과 연계해 경쟁력을 높이고, 샘플실을 구축해 디자이너와 생산자를 연계하는 등 안정적인 공급망을 구축하는 것이었다.

주거재생 분야 역시 지역사회의 문제를 해결하기 위해 발굴된 의제였다. 금천구 주택의 형태는 다가구주택이 48.5%로 가장 많고, 뒤이어 아파트(29.3%), 다

4. 금천구의 산업구조를 살펴보면 5인 이하의 영세 사업장이 전체 사업장의 70%가 넘는 비율을 차지하고 있고, 제조업 종사자 비중은 22.3%로 금천구 내 산업 중에서 가장 높은 비중을 차지하며 서울시 자치구 중에서도 가장 높은 수준이다. 또 서울의 대표적인 공업지역인 서울디지털산업단지(G밸리)의 제2, 3단지가 금천구에 위치하고 있으며, 2단지에는 의류, 모피 등 패션디자인 산업이 주를 이루고 있다. 이처럼 좋은 입지조건에도 금천구 내 대부분의 기업은 중소기업으로 임금과 노동 조건이 열악해 구직자의 기피, 잦은 이직 등으로 만성 인력 부족을 호소하고 있다.

세대주택(12.1%) 순이다. 금천구의 다가구주택 비중은 서울시 평균(31.2%)보다 17.3%나 높은 반면, 아파트와 주택은 각각 15.2%, 2.7%나 낮다. 또 저소득 가정을 중심으로 적절한 집수리를 받지 못하는 주택의 노후도도 빠르게 증가하고 있는 상황이다.

이러한 문제를 해결하고자 금천구 내 건축·주거·건설 영세 사업장을 발굴하고, 교육 및 훈련을 통해 업종 간 협업 관계를 구축해 실용적인 개보수 시공을 정착시키고자 사업이 추진됐다.

> "금천구의 객관적 조건을 보면 단독주택 비율이 서울 평균뿐 아니라 무려 전국 평균보다 높아요. 서울 개발의 역사에서 소외돼 온 상태라고 볼 수 있죠. 또 최소 규모의 단독주택이 많아 노후화되면 누수나 단열 문제처럼 (주민 스스로) 해결하기 힘든 취약한 부분이 다수에요. 이를 일꾼들이 해결해 보자고 한 게 한 측면이죠. 또 다른 측면은 금천구에 건설 노동자들이 많은데, 이들 대부분이 일용직이예요. 그래서 기술은 있는데 외지에 큰 공사가 있으면 일용직으로 불려 가고, 일거리가 없으면 일당도 못 버는 분들이 많아요. 이들이 함께 모여서 일감을 만들고 지역 안에서 생계문제를 해결해 보자는 것이 다른 한 측면이죠."
>
> – 조미연 마을건축협동조합 전 이사[5]

조미연 마을건축협동조합 전 이사는 차성수 구청장 취임 직후 금천구청의 전문직 공무원을 맡아 사회적경제 관련 업무를 진행했으며, 초대 지원센터 부센터장을 맡기도 했다. 사회적경제 관련 지원체계를 만든 이후에는 주거재생 관련 다중이해관계자 협동조합인 마을건축협동조합을 만드는 일에 힘을 보탰다. 현재 마을건축협동조합은 주

사진 3.1 조미연 마을건축협동조합 전 이사

---

5. 현재는 이사가 아닌 일반 조합원이다. 인터뷰 일자: 2016. 5. 25.

택, 건물 유지보수 관리사업, 에너지 효율화사업, 홈클리닝사업 등 노후 주택이 많은 금천구의 지역 특성을 고려해 주거환경 개선을 중심으로 쾌적한 마을을 만드는 데 박차를 가하고 있다.

2) 사회적경제 판로 지원: 민관 공동영업단과 해노리장

금천구는 서울시 자치구 최초로 '금천구 사회적경제 민·관 공동영업단'(이하 공동영업단)을 운영하고 있다. 이는 2015년 12월부터 공공구매와 민간시장을 함께 개척함으로써 지역 내 침체된 경기를 회복하고 사회적경제의 지속적 성장을 견인하기 위해서다. 금천구의 시도는 중간지원조직이 시장 개척 역할을 수행해야 한다는 지적(김학실 2014)에 부응하는 조치이기도 하다. 영업단에는 금천구청, 서울시 및 금천구 사회적경제지원센터, 금사연, 그리고 11개의 사회적경제 기업이 참여한다. 공동영업단은 월 1회 이상 관내 공공기관 및 일반 기업을 직접 방문해 사회적경제 기업의 제품 및 서비스 설명회를 갖고, 사회적경제에 대한 인식의 폭을 넓힐 간담회를 진행하고 있다. 또 효과적인 영업단 활동을 위해 정례회의를 열어 실적관리와 평가, 개선방안 등을 논의한다.

역할 분담에 있어서 지원센터는 ① 참여기업 심사 및 선정 ② 사회적경제기업 홍보물 및 기타 자료 준비 등을 맡고 있다. 조정옥 지원센터장은 관이 영업단에 함께 참여하기 위해서는 사회적경제 기업의 제품에 대한 질을 보장하는 작업이 필수적이었다고 말한다.

"관하고 (사회적경제) 주체들 간의 입장은 다를 수 있어요. 주체들은 사회적기업이나 협동조합으로 인증됐으면 공공기관이 (자신들을) 이용해야 하는 것이 아니냐고 말해요. 반면 관은 결국 책임은 관이 지는 만큼 제품에 대한 질이 보장돼야 한다는 입장이예요. 실제로 현장에서 잘 운영되고 있지 않는 주체들이 있는데, 지역 차원에서 검증하고 훈련시키는 역할이 필요한 거죠."

– 조정옥 금천구 사회적경제지원센터장[6]

---

6. 이하 조정옥 금천구 사회적경제지원센터 지원센터장의 인용문은 같은 인터뷰에서 발췌한 것이다. 인터뷰

표 3.3 금천구 사회적경제 민·관 공동영업단 심사 및 선정 기준

구분	세부항목		기준	제출서류
기본 자격	제품	조달 및 입찰 요건 가능 기업	적용기준 충족	
	서비스	공공기관 및 학교, 기관 입찰 계약 가능 기업		
조직형태	• 법인 설립 2년 이상 경과 – (사회적)협동조합, 마을기업은 법인설립 1년 이상이고 매출 발생 시점이 1년 이상을 경과한 곳 – (예비)사회적기업은 비영리법인 내 사업단도 참여 가능 – 자활기업은 부가가치세법상 1인 이상 사업자도 참여 가능		각 분야별 적용 기준에 따라 요건 충족	
	• 상시 근로자 1인 이상 – 사회보험가입 기준/대표자, 대표자의 배우자, 대표자의 직계존비속 제외 (*의료보험 가입 현황)		1인 이상	의료보험 현황
기업의 재무건전성	• 자본 잠식율 70% 이내 (*자본금–자기자본)/자본금×100 – '14년 12월 말 재무제표 기준		70% 이내	재무제표 조달청 등록증
	• 유동비율 90% 이상 (*유동자산/유동부채)×100 – '14년 12월 말 재무제표 기준(조달청 등록 업체의 경우 등록증으로 대체)		90% 이상	
인증 등 요건 준수	• 제품 및 서비스 고유 인증서 제출(주요 납품실적 제시)		있음/없음	해당 인증서 주요 납품 실적
기업 대표자의 도덕성	• 노동법 위반사실이 없어야 함		있음/없음	

출처: 금천구청 2015b

조정옥 지원센터장은 공동영업단 활동이 아직 씨를 뿌리는 단계임에도 참여하는 기업들의 만족도가 높다고 평가한다.

"처음에는 공공기관의 문턱이 너무 높아서 설득하는 게 힘들었어요. 책자를 만들어서 다 뿌리고 시설관리공단, 세무서, 우체국, 학교, 경찰서도 방문해서 사회적경제 기업을 이용하라고 했죠. 인근 자치구인 구로, 관악, 동작에까지 금천구에 사회적경제 기업이 있고 자신이 있으니 문을 열어달라고 요청하고 있어요. 이 과정 자체가 기업이 자기 제품에 대해 검증하고 자부심, 책임감을 갖는 시기라고 생각해요. 관에서도 적극적으로 사회적경제에 대해 책임을 갖고 알릴 수 있는 시간이기

일자: 2016. 5. 12.

사진 3.2 매달 세 번째 토요일 금천구 사회적경제 키움터 앞에서 열리는 해노리장 모습 (금천구청 제공)

도 하고요. 선배 기업이 후배 기업과 같이 참여하면서 컨설팅도 하고 있어요. 제품에 대해 품평회도 하고 조언도 하고 있죠."

이와 더불어 진행되는 해노리장 역시 사회적경제 조직의 발전을 목적으로 한다. 사회적경제 기업 홍보 및 판로 확대, 공유경제 실천을 목적으로 지원센터, 주민단체 '금천마실'•7, 구청이 민관 합동으로 기획한 주민장터다. 해노리는 '해(Do)+놀이(Play)=니 마음대로 해!'의 의미로 주민 스스로 자주적이고 자립적인 경제행위를 통해 사회적 가치를 실현하고, 참여주체의 협동과 연대·신뢰가 바탕이 되는 공유경제 시스템 조성을 위해 기획됐다. 실물 화폐인 '원'과 지역 화폐인 '해'를 병행으로 사용할 수 있도록 해 공동체 회복과 지역경제 활성화에 기여하는 점도 해노리장의 특징 중 하나다. 사회적경제 기업의 제품을 효과적으로 주민에게 홍보할 수 있도록 부스도 운영하는데, 해노리장 1회당 지역 내 자금순환 금액은 100여 만 원으로 추정된다(금천구청 2015c: 75). 판매금액의 10%를 모아 조성되는 기금은 지난해 기준 누적 140만 원을 넘는다.

해노리장은 2013년부터 금천구 사회적경제 키움터에서 한 달에 한번 열리며,

---

7. '금천마실'은 살기 좋은 마을만들기에 관심 있는 단체와 개인들이 모여 만든 주민 모임이다. 이 모임에는 생협, 사회적기업, 부녀회, 학부모 등이 함께하고 있다.

자활기업에서 먹거리를 판매하는 등 사회적경제 주체들이 참여하고 다양한 공연, 이벤트로 지역주민들에게 사회적경제 체험의 장이 되고 있다.

2. 민간 부문의 내적 연대를 위한 조정자의 역할

이전의 거버넌스에서 민과 관은 수직적인 관계로 이해돼 왔다. 관은 조직과 재정 면에서 모두 민간보다 더 많은 자원과 권력을 갖고 있다. 협력적 거버넌스에서 필수적인 힘의 균형 역시 민간 부문의 연대를 통해 가능하며, 이 과정에서 중간지원조직은 민간 부문 간 연대를 촉진시킬 소성자로서의 역할을 수행한다. 금천구에서는 지원센터 및 사업단의 지원하에 민간 부문의 연대가 민관 간 수직적 권력관계를 수평적으로 전환시키는 매개가 되었다.

금천구 생태계조성사업 3차년도에는 폭발적으로 늘어난 사회적경제 주체와 네트워크의 자립 강화를 위해 힘썼는데, 주체들이 지역 내에서 저변을 확대하고 지속가능하기 위해선 주체들 간의 협력이 필수적이었다. 이러한 대표적 사례는 지원센터와 금천구사업단이 '금천 made in Seoul'(금천 메이드인서울) 공동브랜드 플랫폼을 구축하고, 협업 사업을 발굴해 추진한 것이다.

1) 공동브랜드 '금천 메이드인서울'

지원센터는 지난해부터 공동브랜딩 사업을 진행하고 있다. 금천구 내의 사회적경제 기업과 소상공인을 연계해 기업들의 경쟁력을 높이고 지역경제의 선순환 체계를 만드는 것이 목표다. 자원과 정보를 공유할 수 있는 플랫폼을 만들어서 공동 홍보, 공동 판로개척 등 사회적경제의 자립을 강화하자는 것이다. 사회적협동조합 금사연 소속 기업들이 지역 내에서 함께 브랜딩을 해 보자는 제안에서 시작돼 현재는 확대해 나가는 단계다.

사진 3.3 '금천 made in Seoul' CI

우선적으로 공동브랜드가 있다는 사실을 홍보하고 신규회원 모집을 위한 온라인 홈페이지를 만들고 있다. 사진 3.3은 금천 메이드인서울 공동브랜딩에 참여하는 기업들이 제품이나 간판, 매장에 붙일 수 있는 로고이다.

장기적으로는 기업에서 자금이 필요하면 금융과 연계해 금융 혜택을 받고, 부동산이나 인력도 지역 내에서 연계될 수 있도록 희망하고 있다. 예컨대 기업의 재정 상황이 악화돼 인력을 정리해야 하는 상황이 온다면 다른 기업으로부터 인력을 받는 구조까지 만들어 보는 것이 최종 목표이고, 그 출발점이 공동브랜딩이라고 볼 수 있다.

"저희가 판매하는 PC 제품은 전국적으로 나가는데 연초부터 금천 메이드인서울 로고를 붙이고 있어요. 타 지역에서 (로고에 대해) 궁금해하기도 하고 지역 브랜딩이 가능할 수 있다는 걸 보여 주는 기능을 하고 있어요. 욕심 같아서는 지역 내에 있는 학교 앞 떡볶이 가게부터 병원까지 활성화돼서 (금천구가) 사회적경제의 메카(중심)로 성장했으면 좋겠어요."

사진 3.4 김준호 금사연 이사장 겸 심원테크 대표

– 김준호 금사연 이사장 겸 사회적기업 심원테크 대표[8]

2) 자립 강화를 위한 협업 사업 발굴

또 중간지원조직은 사회적경제 방식으로 풀어 나갈 수 있는 새로운 일자리나 시스템을 발굴해 사회적경제 주체 간의 협업을 촉진시켰다. 지난해 사회적경제 기업이 생산한 제품을 배송하는 시스템을 구축한 것이 대표적이다. 이전까지는

---

8. 이하 김준호 금사연 이사장 겸 심원테크 대표의 인용문은 같은 인터뷰에서 발췌한 것이다. 인터뷰 일자: 2016. 5. 25.

일반 영리업체에서 담당한 배송 영역을 자활기업을 비롯한 사회적경제 기업에 맡겨 배송사업단을 꾸렸다.

이로써 생협이 금천구 지역 내 학교에 친환경 먹거리를 납품하게 됐다. 이전까지는 납품의 비용 문제로 학교에서 요청이 와도 생협에서 납품할 수 없었다. 이제 학교는 생협과 협약을 맺고 배송사업단을 통해 간식을 배달받고 있고, 곧 지역 내 어린이집까지도 배송사업단의 활동 범위가 넓어질 예정이다.

또한 지원센터가 금천구 내 공장으로 일감을 유입해 제조 생태계를 살리려 한 시도 역시 주목할 만하다. 디자이너 컨설팅과 연계해 양질의 봉제공장을 찾는 디자이너들에게 금천구의 봉제공장을 소개하고, 이들 간의 작업이 원활하게 진행되도록 중간에서 조율하는 역할을 했다. 윤리적 패션을 지향하는 사회적기업 오르그닷(orgdot.co.kr)[9]과의 협업 역시 성과를 거둔 사례다. 금천구청의 지원을 받아 사회적경제키움터 2층에 제품개발실을 설치해 샘플 제작 후 본 생산 물량이 즉각적으로 지역 내 영세 공장에 연계되는 논스탑(Non-stop) 시스템을 구축한 것이다. 제품개발실이라는 구심점을 통해 외부 디자이너의 일감을 모아내고, 이것이 샘플 제작 – 본 제품 생산이라는 안정적인 생산 체계로 이어지는 초석이 된 셈이다. 그 결과 지난해 한 해 약 1억 600만 원의 매출 성과를 기록하면서 목표액이었던 8000만 원을 초과했다.

Ⅳ. 사회적경제 생태계와 민민협력

1. 금천구청의 사회적경제 생태계 만들기

금천구의 사회적경제 관련 협력적 거버넌스에서 중간지원조직이 조정자와 매개자 역할을 할 수 있었던 것은 금천구청의 적극적인 뒷받침이 있었기 때문

9. '금천 메이드인서울'이란 이름으로 디자이너스 앤 메이커스의 하나로 등록되어 활동하고 있다. 패션BtoB 사업을 시행하는 사회적기업 오르그닷에 대한 자세한 내용은 http://orgdot.co.kr/ 참조.

사진 3.5 차성수 금천구청장
(금천구청 제공)

이다. 금천구청은 '사회적경제 생태계' 조성이라는 목표하에 다양한 실험과 지원을 시행하고 있다.

금천구청에서 전체 사회적경제 관련 제도를 만들기 시작한 것은 2010년으로 거슬러 올라간다. 민선 5기로 금천구청장에 취임한 차성수 구청장은 당시 우리 사회는 사회적경제에 대한 관심이 부족한 상태였다고 회고한다. 당시는 「협동조합기본법」이 만들어지면서 관련 홍보가 이루어지고, 오세훈 시장이 서울시정을 맡을 때로 박원순 현 시장이 사회적경제에 정책적 관심을 쏟기도 전이다.

> "저는 이전에 마을공동체 활동을 하기도 했고, 일본의 NPO 사례도 알고 있어 사회적경제가 경제 양극화를 해소하는 데 기여하는 대안적 노선의 하나로 생각해서 처음부터 관심을 가졌습니다. 그런데 당선 후 직원 회의에서 '사회적기업에 대해서 아는 사람 손들어 보라'고 했을 때 한 명도 없었습니다. 공무원들도 잘 모르고, 주민들도 잘 모르고… 알고 있는지 여부도 잘 모르는 상태였던 거죠. 그래서 일단 사회적기업이 있어야 하고, 기업을 만들도록 컨설팅을 해 주는 게 중요했다고 생각했습니다. 기업이 만들어지면 상호 연대하고 협력해 서로 배우고, 조언하도록 생태계를 조성하는 게 중요하다고 봅니다. 그 순서에 따라서 사업을 진행해 오고 있습니다."
>
> – 차성수 금천구청장•[10]

이러한 판단하에 차 구청장은 사회적경제 전문가인 조미연 마을건축협동조합 전 이사를 전문직 공무원으로 채용해 전체 시스템을 만들도록 했다. 이와 동

---

10. 이하 절의 인용은 별도 표기가 없는 한 차성수 금천구청장의 인터뷰에서 발췌한 것이다. 인터뷰 일자: 2016. 6. 14.

시에 사회적경제의 지역사회 기반 성격을 염두에 두고 사회적경제팀, 자치행정팀, 마을사업팀, 주민참여팀, 자원봉사팀, 도시농업팀을 묶어 마을자치과를 만들어 전체 사업을 보다 넓은 맥락에서 담당하도록 했다. 이는 "세탁, 반찬, 수리까지 모든 것들이 시장화되어 있는 대한민국에서 대기업이 아닌 지역 중소기업과 자영업자가 생존하고 사회적 공공성을 가질 수 있도록" 하기 위해서다. 이 과정에서 초점을 맞춘 것은 사회적경제 조직의 자생력과 지속가능성이다.

"공공이 해야 되는 역할은 각자의 사업이 최대한 지속가능성을 가질 수 있도록 서포트하는 일입니다. 인건비나 사업개발비 등 사회적기업에 대한 직접지원보다는 기업 스스로 자생할 수 있도록 판로지원, 경영컨설팅 등 간접지원을 확대하는 것을 말합니다. 서울에서 다른 시군구에 비해서 (이 부분을) 키워서 나가는 데 노력하고 있지만 일정 단계만 지나면 몇 개만 보이고 지속가능성이 위협받는 것이 현실입니다. 기업 개수도 가파르게 늘다가 지금은 조정단계구요. 이 단계에 맞는 지원방식을 고민하다가 민관 공동영업단을 만든 겁니다. 공공구매는 적정가격으로 구매하게끔 되어 있는데, 이 폭을 늘려 주는 거죠. 경찰서, 세무서, 학교 등의 구매담당 직원이 사회적경제에 대한 마인드가 없으니까 과의 해당 팀장이 같이 가거나 구청에서 공문을 발송하거나 해서 돕는 거죠. 기업이 구매담당자를 만나는 게 하늘의 별따기인데 그 기회를 주는 것입니다."

공동영업단도 업체에 홍보 기회를 주는 것에 초점을 맞춘다. 구청에서 앞장서서 '이 협동조합과 계약하라'라는 식은 아니라는 얘기다. 이는 사회적경제 조직도 시장에서 경쟁력을 갖추고 자생력을 보여 주어야 한다는 생각 때문이다. 구의 예산 내에서 저렴한 이자로 운전자금, 긴급자원을 빌려주는 중소기업지원금의 10%는 사회적경제 조직에 배정하고 있지만 중소기업과 다른 '특혜적 지원'은 없다. 차 구청장은 예산에 여유가 있다면 공동판매장 등의 매장을 만들고 싶다는 바람을 내비쳤다. 도시농업 네트워크에서 생산한 먹거리를 판매하거나 사회적경제 조직의 경제활동을 알리는 공간으로 사용하면 더 많은 사람들이 일상에서 사회적경제를 접할 수 있게 되리라는 생각 때문이다. 다만 농촌 지역과는 달리, 턱없이 높은 임대료와 한정된 예산이 발목을 잡고 있어 아쉬울 따름이다. 대신 고민한 판촉 및 홍보방식이 공동영업단이고, 대형마트가 입점하면 아주 작은 공간이라도 사회적경제 조직을 보여 줄 수 있도록 풀어 가고 있다. 이를 통해 "지속가능성을 보여 주고 싶다."는 바람이다. 사회적경제 조직에도 동일한 것을 주문한다.

"사회적기업에게 중요한 것은 10년 동안 살아남는 기업이 되는 거라고 얘기합니다. 구청장 없고 박 시장 없어도 장사가 잘 되게 하는 게 제일 중요하다는 거죠. 기부나 이웃돕기 성금을 내 주는 것은 물론 고맙지만, 그럼에도 불구하고 기업이 생존하고 지속하는 게 제일 중요합니다. 그래서 사회적기업에게서, 사람들에게서 희망을 보는 게 중요합니다. 개인의 이기적 욕심으로 사업하는 게 아니라 공존공생으로도 경제활동이 가능하구나, 하는 것을 희망으로 보여달라고 합니다."

구청 내 조직 개편부터 홍보, 마케팅 강화, 주민 교육과 인식의 확장까지 촘촘히 배치된 크고 작은 정책적 지원이 사회적경제 생태계를 조성하는 발판이 됐다고 볼 수 있다. 이렇게 형성된 생태계 위에서 민관의 협력과 공감이 활성화된 것도 주목할 대목이다. 아래에서는 그러한 협력적 거버넌스 과정이 어떻게 실행되고 있는지 살펴본다.

2. 거버넌스 과정에서 민민협력의 힘

이제 우리는 민간의 사회적경제 주체들과 관으로 대변되는 구청이 사회적경제에 대한 가치를 공유하고, 중간지원조직인 지원센터를 중심으로 '작은 성공'을 쌓아 나갔는지 보다 상세히 살펴본다. 또 그 과정에서 상시적으로 일어나는 면대면 대화와 과정에 대한 헌신, 신뢰 쌓기가 어떻게 협력의 선순환 구조를 만들어 가고 있는지 알아본다.

특히 성공적인 협력적 거버넌스를 위해 민관 간 힘의 균형은 필수적이라는 점을 감안해 금사연을 통한 민간조직의 연대가 민관 권력 관계의 불균형을 해소할 수 있는 실마리가 되고, 성공적인 거버넌스 과정을 구축하기 위한 윤활유가 된 것으로 보인다.

'공유된 이해'의 측면에서 민과 관 모두 사회적경제에 대해 공존, 협력, 나눔의 정신을 공유하는 것을 넘어 지역문제를 해결할 주요한 방안으로 인식하고 있다. 앞서 서술했던 패션봉제와 주거재생 문제가 가장 대표적이다. 이처럼 민과 관이 원활하게 이해를 공유할 수 있었던 배경에는 민간 내부의 '공유된 이해'가 있었기 때문이다. 금천구에는 사회적협동조합 금사연이라는 탄탄한 민간 네트워크가 사회적경제 조직들을 뒷받침하고 있다. 금사연에 참여하는 사회적경제 조직 관계자들은 민간 네트워크의 필요성과 가능성에 대해 긍정적으로 평가하고 있다. 금천구 내 마을기업 민들레워커협동조합은 민간 네트워크가 할 수 있는 역할의 범위와 협업의 잠재력에 대해 이야기한다.

사진 3.6 김혜숙 민들레워커협동조합 대표

"일반적으로는 필요에 의해서 네트워크가 형성이 되죠. 그런데 우리(금사연)는 사회적경제 영역 내의 네트워크이다보니까 내가 필요한 게 다 충족될 수는 없어요. 예를 들어서 협업을 하고 싶을 수 있어요. 내가 부엉이 액자를 기획했고 (네트워크 내에) 나무틀을 만드는 기업이 있다면 이왕이면 다른 곳보다 우리 조직 내에서 함께 작업하는 거죠. 또 상자 만드는 곳이 있다면 협업했을 텐데 없다면 어쩔 수 없죠. 이렇게 좋은 상품을 만들 때 협업으로 완성해 나가는 거죠."

– 김혜숙 민들레워커협동조합 대표•11

민관 공동영업단은 협력적 거버넌스 과정을 통한 민과 관의 상호 변화와 신뢰

11. 인터뷰 일자: 2016. 6. 7.

의 확장을 추적할 수 있는 대표적 사례다. 앤셀과 개시에 따르면 협력과정은 이해관계자 간 '면대면 대화'로 시작되는데, 공동영업단이라는 아이디어를 현실에 옮기기 위한 설립 과정에서도 찾아볼 수 있다. 김준호 금사연 이사장은 "새벽 6시에 조찬 모임 하면서 구청의 입장도 들어보고, 처음에 공무원 분들이 반대하는 이유도 들어보고 설득하면서 1년 동안 제안했다."라고 회상한다.

그 과정에서 제품의 품질에 대한 금천구청의 우려에 대해 금사연이 질을 자체적으로 검증하면서 의구심을 불식시키기도 했다. 이때에는 '과정에 대한 헌신'과 '신뢰 쌓기'가 이뤄졌다. 앤셀과 개시는 참여자들이 '헌신'의 결과에 완전히 동의하진 않더라도 받아들여야 하기 때문에 신뢰와 절차의 투명성, 공정성이 중요하다고 말한다. 즉 공동영업단 활동과 관련된 의사결정의 주체와 책임은 이해관계자인 민관이 함께 공유하는 것이기 때문에 영세하거나 규모가 작은 기업이 생산하는 제품에 대한 검증 과정이 필수적이었다. 이에 민간조직이 제품 인증, 재무건전성 등의 심사 및 선정 기준을 둬 참여기업의 제품에 대한 질을 보장하는 작업을 스스로 만듦으로써 절차의 투명성과 공정성을 높였고 구청 역시 이에 적극적으로 호응했다. 이렇게 민간조직과 구청, 중간지원조직이 책임을 공유하는 것은 서로를 신뢰하는 것으로 이어졌다고 볼 수 있다.

더불어 공동영업단 활동은 그 자체로 협력과정의 중간에 나오는 '작은 성공'이라고 평가받는다. 이러한 중간 결과물은 협력이 전반적으로 성공적일 것이라는 기대를 참여자들에게 심어 주고, 협력이 계속 이어지게 하는 데 중요한 작용을 한다. 동시에 작은 성공은 참여자들이 달성하고자 하는 공유된 이해를 확대시키기도 한다.

금사연을 통해 이뤄지는 민간 내부의 협력은 서로 필요한 것을 주고받는 물질적 교환에서 그치지 않는다. 앞서 살펴본 공동영업단 활동처럼 관과 대화하는 과정에서 민간 부문의 의견과 이해를 조직화함으로써 개별 기업 단위였을 때보다 협상력(bargaining power)을 높일 수 있다. 이는 민민협력이 성공적인 민관협력을 이끌어 낼 수 있음을 의미한다. 나아가 민민협력은 거버넌스 측면에서 힘의 불균형을 해소할 뿐 아니라 민간 주체들이 자립 기반을 강화해 홀로 설 수 있도록 도와주는 보다 적극적인 역할을 수행한다. 제품을 홍보하고 판로를 확대하는 과정을 공동으로 수행해 마케팅 효과를 배로 늘리고자 한 공동브랜딩 작업이 대표적이다.

V. 맺음말

금천구에서는 교육부터 창업 지원 및 컨설팅, 생산 조직, 공동 영업까지 경제 활동의 매 단계를 아우르는 시스템이 구축되고 지역 내 생태계가 마련된 상태다. 향후 생태계 내의 가장 중요한 행위자인 각 사회적경제 조직이 시장경제 내에서 대안적인 경제활동 방식을 성공적으로 제시해야 하는 과제가 남아 있는 상태다.

이러한 생태계 구축 과정에서 중간지원조직인 지원센터는 중개자, 조정자로서의 역할을 담당해 금천구 사회적경제 분야에서 민과 관, 지역주민, 민민 간의 협력을 원활히 하고 특히 민민협력을 활성화하는 적지 않은 역할을 했다. 대부분의 자치구에서 중간지원조직이 설치되어 있는 것을 감안한다면, 새로운 정책적 실험이 지속적으로 이루어진 금천구의 사례는 민간의 적극적인 설득과 노력에 큰 힘을 입었음을 알 수 있다. 민민협력이 활성화될 때, 나아가 조미연 전 이사의 말처럼 민간조직이 "관을 견인할 수 있는 힘을 갖고 있을 때" 성공적인 거버넌스 구축이 가능하다고 볼 수 있다. 금사연을 중심으로 사회적경제 조직이 판로 개척의 필요성을 제시하고, 금천구청과의 지속적 대화를 통해 이를 시행하고, 중간지원조직이 이를 지원하는 형태로 자리 잡은 것인 한 예이다.

현재 금천구에서 시행되는 생태계 조성 사업, 특히 '금천 메이드인서울' 지역브랜딩과 민관 공동영업단은 사회적경제 조직의 판로 개척을 위한 대표적인 협력적 거버넌스 실천으로 파악된다. 그 과정에서 우리는 아이디어가 현실에서 실천되기까지 이해관계자 간 '면대면 대화', 그리고 협력 도중 발생하는 '작은 성공' 등을 살펴봤다. 이러한 작은 성공은 앞으로의 협력을 지속가능하게 하고, 나아가 차성수 구청장의 말처럼 사회적경제 조직의 자생력을 키우는 데 도움이 될 것이다.

다만 이제껏 민간에서 제시한 정책을 구청에서 받아들여 새로운 정책 실험이 이루어졌지만, 앞으로 정책을 공동 생산하는 수준으로까지 발전할 필요성이 있다고 평가된다. 다시 말해 사회적경제 조직과 중간지원조직 각각에게 지속가능성의 증명, 정책 생산자로서의 역할 수행 등 보다 심화된 과제가 주어져 있는 것이다. 이제껏 성공적으로 구축된 사회적경제 생태계를 통해 이러한 과제 역시 다양한 주체의 지원과 협력을 통해 해결의 실마리를 찾을 수 있을 것이다.

공동체 관계망 속에서 무럭무럭 자라는 마포의 사회적경제 : 공간, 행위자, 거버넌스를 중심으로

이원동 · 홍순형

Ⅰ. 마포의 사회적경제는 어디에서 싹트고 있을까?
Ⅱ. 마포의 사회적경제는 누가 만들까?
Ⅲ. 마포의 사회적경제는 어떻게 연결될까?
Ⅳ. 맺음말: 공동체 관계망 속에서 무럭무럭 자라는 마포의 사회적경제

Ⅰ. 마포의 사회적경제는 어디에서 싹트고 있을까?

마포구는 전통적으로 시민사회가 중심이 되어 다양한 활동들을 벌여 왔던 지역이다. 정치, 경제, 사회, 복지 등과 관련된 다양한 단체들이 오래전부터 활동해 왔을 뿐만 아니라, 기존의 네트워크를 바탕으로 새로운 활동가들의 유입도 활발히 일어나고 있다. 세월호 사건과 같은 굵직한 이슈들이 터져 나왔을 때 정부의 대응에 대항하여 주도적으로 목소리를 내거나, 대기업들이 지역 상권을 장악하려 할 때 연대하여 저항할 수 있었던 저력도 뿌리 깊게 자리 잡은 시민사회의 토양 때문이라고 할 수 있다. 그리고 마포구의 사회적경제가 뿌리내리고 호혜적 관계망이 형성되고 발전하는 과정에서도 풀뿌리 차원의 자양분이 큰 역할을 해 왔다. 무엇보다 이 과정에서 마포구 내의 오랜 시민사회의 활동들과 커뮤니티 및 거점 공간을 지켜내기 위한 투쟁의 경험이 사회적 자본으로 축적되어 왔다고 할 수 있다. 초기에는 몇몇 저명한 시민단체들이나 지역의 현안에 관심이 있는 주요 활동가들에 의해 추동되었다고 하더라도, 이러한 에너지와 기운이 전이되고 커뮤니티 차원으로까지 확대된 데에는 평범한 주민, 예술인, 소상공인들의 역할이 컸다고 할 수 있다. 그리고 지난 시간 동안 함께 겪어내고 극복해 온 다양한 위기와 사건들을 통해 더욱더 튼튼한 관계망을 형성해 낼 수 있었다.

마포구 사회적경제의 토대가 되는 시민사회를 제대로 이해하기 위해서는 또한 이러한 움직임들이 활발하게 일어나는 공간에 대한 이해가 중요하다고 할 수 있다. 다양한 사회적경제 주체들이 지역에서 발굴되는 과정은 각 공간이 처한 물리적, 지리적 환경과 그것에서 비롯된 여러 가지 이슈들과 맞닿아 있기 때문이다. 따라서 본 연구에서는 마포구의 사회적경제 행위자들의 개별 활동들을 조사하기 전에 우선 행위자들의 활동 배경이 되는 마포구의 세부 지역들에 대한 문헌 분석 혹은 경험적 연구를 통하여 연구대상 지역을 다각도로 들여다볼 것이다. 이를 통해 지역주민 및 활동가를 포함한 주체들이 어떠한 맥락과 배경 속에서 아이디어를 모색하고 해결책을 궁리하게 되었는지, 또한 기존의 방식을 답습하는 것이 아니라 대안적 '살림살이'(홍기빈 2012)로서 새로운 삶의 방식을 시도하게끔 추동한 사회적·경제적 변화에는 무엇이 있는지 이해하고자 한다.

본 장에서는 마포구 내에서도 크게 성미산마을, 망원시장, 홍대 앞이라는 공간을 배경으로 하여 어떠한 행위자들이 중심이 되어 사회적경제가 형성되고 있는지 알아보고자 하였다. 그리고 이것이 지역의 주민들과 풀뿌리 커뮤니티와 상호작용함으로써 개괄적으로 세부 지역 단위에서 시민사회가 이들을 둘러싼 내·외부의 현안들에 접속하게 된 과정을 들여다보고자 한다. 무엇보다 사회적경제 주체들이 지역 내에서 발생하고 있는 갖가지 사회적·정치적·경제적 이슈들에 대처해 나가고 그들에게 들이닥친 위기를 함께 극복해 나가는 과정에서 공동체의 역량이 성장했으며, 협력과 연대의 가치를 추구해 나가게 되었음을 살펴볼 것이다. 이 과정에서 해결책을 궁리하기 위해 어떻게 중지(衆知)를 모으고 시민사회 및 지역주민들과 교류하고 소통하였는지를 필요한 경우에는 각 공간들과 관련된 주요한 사건들을 통하여 서술할 것이다.

1. 성미산마을

성미산마을은 성산동의 성미산을 중심으로 동쪽으로는 서교동과 연남동, 서쪽으로는 상암동, 남쪽으로는 망원동을 아우르는 서울시의 대표적인 도시 마을공동체이다. 1994년부터 태동하기 시작한 도심 속 자발적 생활 공동체인 성미산마을은 50여 개 이상의 소규모 자발적 마을 커뮤니티와 1,000명 이상의 주민들이 함께 호혜적 관계망을 다양한 방식으로 형성하며 살아가고 있다(유창복 2010). 성미산마을공동체는 특정한 지역을 경계로 한 물리적인 구분이 아니라 인근에서 함께 대안을 찾아 나가는 과정에서 이에 공감하고 이것을 실천하고자 하는 사람들이 자연스럽게 모여 형성된 느슨한 형태의 인적 구성을 일컫는다고 할 수 있다. 성미산마을 내에는 마포구의 유일한 자연숲인 성미산 녹지공간이 형성되어 서울 도심을 매일 오고 가는 주민들에게 안락한 쉼터가 되어 주고 있다. 뿐만 아니라 이 곳에는 천연기념물인 소쩍새, 붉은배새매 그리고 서울시 보호종인 오색딱따구리, 꾀꼬리 등이 서식하거나 관찰된 지역으로(생태보전시민모임 2001) 생태적 가치가 상당히 높다고 할 수 있고 마포구 주민들이나 서울시민들을 위한 천연 자연 체험장으로 기능하고 있다. 그리고 성미산마을 인근에 서울 월드컵 경기장과 마포구청이 위치해 있고 성산로, 증산로, 내부순환도로 및 지하철 6호선이 관통하는 교통의 요충지라고 할 수 있다. 이것을 바탕으로 마포구 내에서 안정된 주거중심 지역을 형성하고 있다.[1]

성미산마을은 처음부터 누군가에 의해 기획된 프로젝트로 만들어졌다기보다 몇몇 주민들이 일상의 문제를 해결하고자 궁리하는 과정에서 자연스럽게 사람들이 모이게 된 곳이다. 처음에는 나의 필요로 출발했던 것이, 그 다음에는 우리의 필요로, 더 확장되어 커뮤니티의 필요로까지 발전하게 되면서 공동의 대안들을 모색해 나가기 시작했던 것이다. 육아와 방과 후의 문제를 해결하기 위해 모였던 주민들이 그 노하우와 역량을 바탕으로 생협을 통해 안전한 먹거리까지 손수 충당했고, 대안학교, 마을기업, 마을 극장, 최근에는 공동체 주택으로까지 의식주의 모든 영역에 걸쳐 새로운 실험들이 진행되고 있다. 이러한 시도들은 당위적인 동기가 아니라, 맞벌이 부부들의 아이들이 성장하고 이들을 둘러싼 사회경제적 배경이 변함에 따라 발생하는 수요에 대응하는 과정에서 생겨났다고 할 수 있다. 그러나 성미산마을 공동체가 생활의 필요를 함께 도모하고 해결해 나가는 커뮤니티로 안착하기까지는 지난한 시간을 보내야만 했다. 모인 사람의 수만큼의 다양한 생각들이 존재하고 각자가 추구하는 가치들과 마을살이에 대한 방향이 제각각인 현실에서 이것들을 조율하고 다름 속에서 공존하기란 여간 쉬운 것이 아니었다. 사실 성미산마을 내의 커뮤니티 조직들 역시 마음이 맞지 않거나 생각이 달라 수시로 갈등을 겪기도 하였고 어떤 경우에는 마을을 떠난 경우도 있었다. 그리고 마을에 계속 남아 있는 사람들 사이에서도 육아와 교육에 대한 합의점을 찾지 못한 경우 별개의 어린이집과 방과 후 학교들을 운영하기도 하였다. 이와 같은 사례가 보여 주는 바와 같이, 성미산마을은 공동체의 이상과 지향을 설정해 놓고 이것을 위해 주민들이 합심해 왔던 형태가 아니라, 철저히 일상생활의 미시적 문제에서부터 이들을 둘러싼 사회적, 경제적, 정치적 과제들에 시나브로 대응해 나가면서 '마을'이라는 느슨한 인적(人的) 경

1. 성산1동 주민센터. http://seongsan1.mapo.go.kr/

계가 만들어져 왔던 것이다.

한 가지 또 빼놓을 수 없는 커뮤니티 형성의 기여 요소는 의도치 않게 찾아 온 외부로부터의 위협과 이에 대해 함께 대처하면서 형성된 신뢰와 공동체 의식이라고 할 수 있다. 성미산마을의 경우 2000년대 초 성미산을 배수지로 개발하는 것을 막기 위해 주민들이 필사적으로 연대하여 결국에는 산을 지켜 낸 경험이 있다. 두 차례에 걸친 성미산지키기 운동•2뿐만 아니라 최근에는 젠트리피케이션으로 인해 마을의 사랑방 구실을 하던 '작은나무카페'가 쫓겨날 위기에 처하자 주민들이 십시일반으로 달려들어 가게 이전 고비를 넘기기도 하였다. 이외에도 마을 내의 대소사가 있을 때마다 누가 강요하지 않아도 동네의 어린아이에서부터 어르신들까지 힘을 합쳐 삶의 터전을 지켜 온 것이다. 그리고 이러한 과정 속에서 여기에 참여했던 주민들 사이에 함께 마을을 일구어 나가는 이웃이라는 동질 의식과 '성미산마을 주민'이라는 고유한 정체성이 생겨나게 된 것이다(유창복 2010).

2. 망원시장

망원시장이 위치하고 있는 망원동의 경우 홍제천과 한강이 교차하는 지역인 관계로 예전부터 특히 장마철에는 홍수로 인해 수시로 침수 피해를 입기도 했다. 1984년 유수지의 부실공사로 인해 수문이 무너져 내리면서 수재민 5,800여 가구가 피해를 입은 일은 대표적인 사례이다. 이러한 연유로 마포구 내의 다른

---

2. 성미산은 2003년과 2008년 각각 1, 2차 성미산지키기 운동이 일어났던 공간으로서, 소위 성미산마을 사람들과 마을 내 관련 커뮤니티들에게는 삶의 터전임과 동시에 인근 주민들에게도 팍팍한 도시 생활 속에서 비빌 수 있는 야트막한 언덕의 역할을 톡톡히 해 왔다. 2001년 서울시상수도사업본부가 배수지 건설이라는 명목으로 성미산을 헐어 버리겠다는 계획을 발표하자, 공사 반대를 위한 성미산을지키는주민연대(성지연)를 결성하여 주민 2만여 명의 서명을 받아 냈다. 그리고 성미산의 위기를 인근에 알리기 위해 산 위에서 직접 음악회를 개최하기도 하였으며, 개발을 저지하기 위해 120일 동안 산상에서 주민들이 순번을 돌아가며 철야 농성을 벌이기까지 한 곳이다. 또한 상수도사업본부측이 주민들의 반대에도 불구하고 공사를 강행했을 때에도, 온몸을 던져가며 필사적으로 투쟁하여 막아 낸 주민들의 수호신과 같은 산이 바로 성미산이다. 그리고 이러한 투쟁 가운에서 싹튼 연대와 협동의 힘으로 이 후 대안 경제적 삶을 위한 다양한 실험을 공동체적으로 모색해 왔다.

공간들과 비교하여 노후된 주택들이 오랫동안 즐비해 있었고, 행정 주도의 사업 및 개발 계획에서도 소외돼 왔다. 따라서 고층아파트보다는 소규모 원룸형 빌라와 연립주택이 많으며, 주로 서민층의 거주지역으로 지역 내에서 인식돼 왔다. 그러나 2009년 발표된 오세훈 전 서울시장의 '한강 르네상스 프로젝트'의 일환으로 망원동 역시 잠실과 반포 등지를 포함하여 유도정비구역 5곳(2차 사업지구) 중 한 곳으로 선정되었다. 따라서 계획대로라면 망원동 인근의 한강변 일대에 재개발 및 재건축을 통해 타운하우스 중심으로 초고층 아파트가 들어설 예정이었으나, 박원순 시장이 취임한 이후 도시개발계획이 새로운 국면을 맞이하게 되었다. 단순히 물리적 환경 개선뿐만 아니라 기존의 토착 커뮤니티를 통한 지역 정체성과 공동체성 회복, 주민 중심의 현안 해결 및 지속가능성 도모, 지역특성을 반영한 마을단위의 맞춤형 도시재생 추진 등에 초점을 맞추게 된 것이다(서울특별시 2016a). 그리고 망원동의 경우에는 최근 "2016 도시재생 희망지 주민공모"사업에 최종적으로 선정되어 앞으로 망원시장을 중심으로 지역 공동체 네트워크를 활성화 할 뿐만 아니라 증가하는 1인 청년 가구 유입에 대응하기 위해 동네 차원에서 다양한 시도를 할 것으로 기대된다.[3] 그러나 망원시장이 현재의 모습을 지켜오기까지는 대기업 자본의 침투에 맞서 상권을 지키기 위한 필사적인 투쟁과 연대가 있었다. 가장 대표적인 사건이 2011년 10월 이후부터 본격적으로 진행되었던 "합정동 홈플러스 입점 저지 농성"이다. 당시 시장 상인회를 중심으로 하여, 망원동 주민, 지역의 사회적경제 주체, 기타 시민사회조직을 포함하는 40여 개의 단체들이 함께 전통시장을 지키기 위해 연대하였다.

3. 홍대 앞

'홍대입구'라는 명칭으로 포괄적으로 상징화될 수 있는 서교동 및 연남동 부근은 2000년대 초반부터 홍대 앞을 중심으로 한 예술인과 창작자들이 주요한 무대로 활동하던 곳이었다. 1970~1980년대 연세대학교와 이화여자대학교 등

---

3. 서울특별시 도시재생 희망지 공모. http://citybuild.seoul.go.kr/archives/58356

밀집된 대학들로 인해 청춘 문화가 형성된 신촌과는 다르게 홍대 앞은 자생적으로 활동하는 예술인들이 공연과 창작의 무대를 개척하고, 다양한 예술적 실험들을 시도하면서 자연스럽게 형성된 공간이다. 또한 지하철 2호선, 공항 철도, 경의·중앙선이 동시에 지나가는 교통과 인적 흐름의 요충지로서 내국인뿐만 아니라 특별히 외국인 관광객들에게도 필수 코스로 자리매김하고 있다. 2015년 한국을 방문한 전체 외국인 관광객 수는 1323만 명이며 그중 마포구를 방문한 외국인 수는 총 651만 명으로 추정되었다. 또한 마포의 외국인 관광객이 가장 많이 방문한 지역이 '홍대 지역(61.8 %)'(경희대학교 산학협력단 2015)으로 드러난 것에서 알 수 있듯이, 홍대 인근의 다양한 맛집과 개성 있는 거리 및 상점, 그리고 길거리 공연 등은 마포구를 명소로 만드는 요인들이라고 할 수 있다. 그러나 최근에는 홍대입구 및 옆 동네인 연남동, 상수동 등지까지 젠트리피케이션의 광풍으로 인해 심하게 몸살을 앓고 있다. 기존에 동네를 일구어 오고, 지역의 가치 창출에 기여해 왔던 토박이 세입자들이 높은 임대료로 인해 쫓겨나게 된 것이다. 그리고 개성 있는 가게, 아기자기한 공방 등 홍대 앞 문화예술인과 창작생산자의 주요 활동 공간이 대형 프랜차이즈와 투기적 자본에 의해 꾸준히 사라지고 있는 것도 홍대입구가 당면하고 있는 문제이다. 한편 경의선 철도 폐선 부지를 따라 조성된 연남동 숲길공원을 중심으로 대안 마을 시장, 거리 축제와 같은 소통의 장들이 수시로 마련되고 있으며, 문화창작예술가 및 마을활동단체들도 생활에 밀착한 예술행사와 축제들을 통해 지역주민들과 지속적으로 생기 있는 관계망을 도모해 나가고 있다. 그리고 최근에는 연남동 일대가 '도시재생 희망지역'으로 선정이 되면서 주민이 직접 기존의 지역자원들을 활용하여 도시를 활성화할 수 있는 지원책이 마련되었다고 할 수 있다. 특별히 홍대에서 옮겨간 문화창작예술인들을 중심으로 주거, 예술, 마을공동체를 접목한 도시재생이 이루어질 것으로 기대되고 있다. 이 과정에서 주민들이 단순히 도시재생의 일방적인 수혜자로 머무는 데 그치는 것이 아니라, 직접 본인의 재능과 특기를 살려 동네를 아름답게 가꾸고 소외된 이웃들을 연결시키는 주체로 등장할 수 있게 될 것이다.

Ⅱ. 마포의 사회적경제는 누가 만들까?

마포구의 사회적경제 생태계가 형성되는 과정은 구내에서도 지역별로 상이하다고 할 수 있는데, 그것은 각 지역이 담지하는 공간적 특이성과 행위 주체, 환경적 조건, 주요 이슈, 관습 등의 영향을 받는다. 성미산마을의 경우는 오랫동안 그곳에서 정주했던 주민들을 중심으로 생활의 이슈들을 해결하기 위해 다양한 시도들을 전개하면서 사회적경제 혹은 살림살이 경제의 기본적인 틀이 갖추어졌다고 할 수 있다. 반면, 망원동의 경우에는 망원시장을 중심으로 민중의집과 같은 풀뿌리 조직과 주민들이 모여서 망원동만의 새로운 교류의 장을 형성하였다. 여기에는 망원시장 상인들이 망원시장이라는 전통적인 시장 공간을 적극적으로 활용했다는 점을 들 수 있다. 상인들은 대형마트에 맞서는 투쟁을 전개하면서 한편으로 지역주민들과 교류하고 연대하려는 노력을 기울였다. 이러한 노력들을 통해서 지역의 진보 활동가 및 성미산마을 내의 마을기업과 협동조합, 그리고 합정동 홈플러스 입점 저지 운동으로 결집하게 된 상인들, 나아가 최근에는 "망원동 좋아요"와 같은 SNS를 통해 실시간으로 소통하는 유저(user)들이 직간접적으로 네트워크화되어 대안적인 경제 생태계를 만들어 나가고자 하는 모습을 볼 수 있다. 홍대 앞의 경우에도 오랫동안 문화예술 산업을 지키고자 하는 움직임이 있어 왔고, 거기에 대하여 주민들의 공감대도 잘 형성돼 있다. 홍대는 예전부터 이 지역 고유의 '홍대스러운 문화'가 거대한 자본에 휩쓸려 쇠퇴하는 것을 막기 위해 지역의 예술인, 상인들이 협동한 전례를 다수 가지고 있다. 2000년대 초반, 인디 음악 클럽들의 위기의식에서 비롯되어 만들어진 '클럽데이'가 성공을 거둔 사례가 있으며, 최근에는 '맘상모(맘편히장사하고픈상인모임)'의 결성에서 볼 수 있듯이 법 제도적 개혁을 위하여 상인 혹은 예술인들이 풀뿌리 차원의 결사체를 형성해 왔다고 할 수 있다(김상균 외 2015). 특히 2009년 홍대 앞 음식점 '두리반'의 철거에 반발하여 일어난 주민들의 투쟁은 단순히 세입자와 주위의 이해관계자를 넘어 인근 예술가, 주민들이 직접 '홍대 앞'이라는 공간의 정체성을 기치로 투쟁에 참여했다는 점에서 단순한 이해관계를 넘어 공공성을 추구한 사례라고 볼 수 있을 것이다.[4] 홍대 앞에서의 연대의 경험과 다

표 4.1 성미산마을, 망원시장, 홍대 앞 공간별 비교 분석

공간	성미산마을	망원시장	홍대 앞
주요 사건	- 1, 2차 성미산 지키기 운동 - 작은나무카페 사태	- 합정동 홈플러스 입점 저지 운동 - 상암동 DMC 롯데복합쇼핑몰 반대 촛불시장	- 두리반 사태 - 홍대 문화 상실 - 서교예술실험센터 사태
대상 지역	성산동, 서교동, 망원동		서교동, 연남동
조직 형태	- 마을기업 - 협동조합 - 사회적기업	- 사회적 협동조합 - 커뮤니티 가게 - 비영리단체	- 협동조합 - 사회적기업
생성 주체	- 주민 - 마을 내 소규모 모임	- 지역 활동가들 - 상인회	- 창작생산자 - 문화예술기획자
생성 원리	- 일상의 문제를 해결하기 위한 자발적 궁리와 연대 - 생활의 의제를 확장함으로써 마을 차원의 동원과 포괄적 관계망 형성	- 진보성향 활동가들의 목적의식적 지역활동 - 상인회를 통한 연대와 협력	- 문화예술주체들의 적극적 문제해결 의지및 의도적 활동 기획 - 도시재생 및 마을만들기 사업과의 연계를 통한 주민주체 발굴
세부 전략	- 주민들 간 공론장을 통한 수평적 의사소통 - 소규모 활동 주체(개인/집단)들의 연결 및 마을 내 호혜적 경제망 활용	- 지역의 활동가들을 통한 다양한 생활밀착형 프로그램 진행을 통한 활동 주체 발굴 - 인근 사회적경제 주체들과의 연대(생태계 확장) - 상인들 및 주민들과의 접점 형성	- 지역의 다양한 이해당사자들을 위한 공론장 마련 - 주민에게 개방된 창작공간 인큐베이팅 - 정기적 이벤트(마을 시장 등)를 통한 지역사회 현안 해결(마을공동체지원사업과 연계)
유사점	- 투쟁의 경험을 통해 연대와 협력(사회적 자본) 축적 - 생활밀착형 이슈들을 통한 네트워킹 및 이를 통한 주민 주체 발굴, 지역사회 공공성 실현 - 사회적경제 행위자들간의 호혜적 관계망 활성화 노력 - 재정 확보/공동체자산 형성의 과제		

양한 시도들을 바탕으로 지역 문화예술기획자들이 중심이 되어 일상과 예술이 만나는 대안적 예술시장 프리마켓을 꾸준히 개최해 오고 있으며, 또한 최근에는 연남동을 근거지로 하여 다양한 마을공동체사업도 진행해 오고 있다.

이 장에서는 이처럼 마포구의 주요한 사회적경제를 움직여 나가는 주요한 주

4. '두리반 사태'라고도 알려진 이 사건은 마포구 동교동에 위치한 칼국수 전문점 두리반에 2009년 용역철거반이 들이닥치면서 시작이 되었다. 두리반이 위치한 땅은 2006년 마포구 '지구 단위 계획 지정' 구역으로 선정이 되었고, 건설사는 차례로 이 일대를 투자 목적으로 매입하기 시작하였다. 그러나 '지구 단위 계획'으로

체들에 대해 1장에서 언급했던 세 곳의 주요 공간(성미산마을, 망원시장, 홍대 앞)으로 나누어 서술하고자 한다.•5 그전에 우선 공간별로 주요 사건, 대상 지역, 조직 형태, 생성 주체, 생성 원리, 세부 전략과 같은 준거틀을 중심으로 분석하여 어떠한 차이점과 유사점이 있는지 밝혀내고자 하였다. 이 세 공간이 형성된 배경과 원리 및 전략에 대한 분석이 우선되어야 이 지역에서 활동하는 사회적 경제 주체들의 등장을 더 쉽게 이해할 수 있기 때문이다.

1. 성미산마을

1) 성미산마을은 어떻게 가능했는가?

성미산마을공동체는 기본적으로 '육아'라는 주민들의 공통 관심사에서 출발했다. 이는 1991년에 설립된 '공동육아연구회'까지 거슬러 올라갈 수 있다. 마포구에는 대학교가 밀집되어 젊은 대학원생 맞벌이 부부가 많았기 때문에 공동육아를 통하여 육아부담을 줄이고, 아이에게 또래 집단을 만들어 줄 수 있는 이웃을 만들고자 하는 수요가 많았다. 그래서 마포와 신촌 부근에서 젊은 부부가 모여 공동 육아 어린이집을 추진하였고 1994년 9월 3일 '신촌지역 공동육아협동조합 우리어린이집'이 정식으로 개원했다(위성남 외 2012).

요컨대 성미산마을은 성미산을 중심으로 육아와 보육에 대한 필요를 느낀 젊은 맞벌이 부부들이 서로의 공감대를 형성하고 당시 신촌 일대에서 공동육아협

지정된 지역은 임대차보호법이 적용되지 않는다는 '상가임대차보호법' 10조의 예외조항에 의해 세입자들은 제대로 된 보상도 받지 못한 채로 쫓겨나게 되었고, 두리반은 끝까지 남아 530여 일에 걸친 농성을 벌이게 되었다(김준호. "두리반의 기적… '뭉치면 살고, 흩어지면 죽는다!'" 프레시안. 2011년 7월 1일자). 결국 두리반은 건설사 측과 극적으로 합의를 이루어 냈는데, 이 과정에서 홍대 인근에서 활동하던 창작문화예술인들이 두리반을 베이스캠프로 하여 다양한 공연을 하였고, 이는 대중들로 하여금 두리반 사태에 대해 관심을 가지게 하는 중요한 계기가 되었다. 그리고 무엇보다 창작문화예술인들 사이에서도 대형 자본에 일방적으로 쫓겨나지 않기 위해서는 서로 연대하고 결사해야 한다는 자성이 생겨나게 되었다. 두리반 사태와 관련한 홍대 인디 뮤지션들의 자세한 활약상은 정용택 감독의 다큐멘터리 "파티51"(2014) 참조.

5. 마포구에는 이외의 공간에서도 다양한 사회경제적 시도들이 진행되고 있다는 점을 밝히고 싶다. 이 장에서 다루는 공간 및 활동 주체들에 대한 서술은 저자들이 판단했을 때, 마포구의 사회적경제를 잘 보여 줄 수 있는 사례라 여겨 책에 싣게 된 것이다.

동조합 준비모임을 정기적으로 가지면서 태동하였다고 할 수 있다. 이후 아이들이 초등학교에 입학함에 따라 자연스럽게 방과 후 교육에 대한 문제가 대두하기 시작하였고, '도토리방과후교실'과 같이 마을주민들이 직접 재능기부를 통하여 동네 아이들을 돌보는 모임들이 생겨 났다.

> "마을의 여러 가지 필요들을 어떻게 해결하지? 나 혼자는 어렵고, 함께 해결해 볼까 해서 처음에는 동아리 형식으로 하다가, 약간은 규모 효과도 필요할 것 같다고 느껴서 점점 확장을 어떤 방식으로 할지 보고 형편대로 일을 나누어서 하자고 생각하다가 협동조합이 된 거예요…. 처음부터 협동조합을 만들려는 생각은 없었어요. 그래서 성미산 내의 마을기업들이 만들어진 방식은 일반적인 기업가 정신(entrepreneurship)과는 다르다고 봐요." – 유창복 서울시 협치자문관[6]

물론 이러한 과정에서 우리나라 최초의 공동육아협동조합인 "우리어린이집" 건물 자체가 2차례나 경매될 위기에 처하기도 했지만, 조합원들이 힘을 모아 지혜롭게 위기를 극복해 나간 사례도 있었다. 또한, 아이들이 자라면서 건강한 먹을거리에 대한 관심이 자연스레 높아지고 수입 농산물에 대한 우려가 증폭되면서 안전한 식자재를 직접 공동으로 구매해 보자는 목소리가 나왔다. 이 과정에서 발생한 한 가지 문제는 기존에 마을에서 생활하던 가구들 중 아이들이 어느 정도 큰 이후에 다른 곳으로 이사를 하는 경우가 늘어났다는 것이었고, 공동육아협동조합만으로는 더 이상 동네에서 주민 간의 관계가 긴밀하게 유지되지 않았다는 것이다. 다시 말해, '어른들'을 연결하고 지역사회의 현안들에 동참하도록 만드는 새로운 관계망이 필요하게 된 것이다. 이러한 문제의식을 공유한 몇몇 주민들과 활동가들이 새터생협으로부터 출발하여 마포두레생활협동조합(이하 마포두레생협)을 결성하기에 이른다. 여기에는 지역에서 설립되었던 4개의 공동육아협동조합 조합원들이 대거 참여하였으며, 인근 지역주민들 역시 지속적인 관심을 보여 주어 그 규모가 상당히 커지게 되었다. 그리고 마포두레생협은

---

6. 인터뷰 일자: 2016. 6. 1.

지역에서 '어린이 마을학교' 프로그램, 성미산 마을축제 등의 기획과 진행을 주도적으로 함으로써 단순히 안전한 먹거리를 추구하는 것을 넘어 지역사회의 교육 발전과 문화생활에도 기여할 수 있음을 보여 주었다. 그리고 그 외에도 다양한 현안들에서 주도적으로 목소리를 내고, 지역공동체의 구석구석을 함께 돌보는 주체로서 신뢰와 역량을 축적해 나갔다.

이렇게 마을을 가꾸는 과정에서 축적된 역량은 공교롭게도 외부에서 가해진 위기 상황에 의해서 분출되었고 그 진가가 확인될 수 있었다. 성미산에 배수지를 건설하고자 하는 서울시 상수도사업본부의 일방적인 계획에 맞서 성미산 주민들이 연대할 수 있는 계기가 마련되었기 때문이다. 2003년의 성미산 지키기 운동은 개발반대 운동이었다는 점에서 지역주민들의 직접적인 이해와 관련되어 있었지만, 한편으로 '도시환경운동'과 관련된 사안이기도 했고, 주민들 역시 성미산 지키기 운동이 공공적 성격을 띠고 있다는 것을 알림으로써 정당성을 확보하고자 노력했다(위성남 2015). 이러한 노력은 결실을 거두게 되어 2003년 10월 16일 성미산 배수지 사업이 공식적으로 철회되었다. 중요한 점은 성미산을 둘러싼 투쟁의 과정에서 공동육아협동조합이라는 기초적인 커뮤니티를 넘어서, 주민들이 성미산을 둘러싼 자신의 삶의 터전에 책임 의식을 가지게 되었으며 그것의 공공성을 의식하기 시작했다는 것이다. 환경보호라는 가치를 두고 평등한 지위에서 대화를 통해 전체의 의사를 결정한 경험은 주민들에게 민주적 의사결정에 대한 의식을 함양시켰을 뿐만 아니라 지역의 문제를 직접 해결하는 주체성을 강화해 주었다고 평가할 수 있다.

마을만들기는 매우 이상적인 공동체로 보이지만, 현실적으로 마을을 만드는 과정은 결코 순탄치 않다. 주민들의 필요에 의해서 자발적으로 모였지만 그들의 생각은 조금씩 다르다. 심지어 다들 모여서 얘기를 하고 난 이후 합의를 하여도, 그 합의를 제각각 다르게 이해할 때도 있다. 성미산마을 역시 마찬가지였다. 공동육아협동조합에서부터 시작하여 지금은 다양한 분야에서 여러 개의 사회적경제 조직을 만들어 냈지만, 거기에는 모두 갈등과 협력의 과정이 녹아 있다. 가장 기본적인 관심사였던 교육만 놓고 보더라도 성미산학교, 우리어린이집 내부에서 갈등이 있었다. 아이들의 다툼에서 시작되어 급기야는 학부모들의 학교

철학과 운영 전반에 대한 문제제기로 이어졌고, 2005년 당시 성미산학교 교감이 사퇴하는 일까지 발생했다(유창복 2010). 이러한 갈등은 사실 어떤 곳에서든 발생한다. 특히 성미산마을의 경우에는 원래 교육이 전문 분야가 아닌 주민들로 이루어졌기 때문에 경험의 부족으로 인해 문제의 소지는 항상 존재하는 것이었다.

중요한 점은 이러한 위기와 갈등의 경험이 배수지 사업과 마찬가지로 공동체를 다시 한 번 강화할 수 있는 계기로 작용할 수 있다는 것이다. 성미산학교 역시, 문제가 발생한 이후 교사들이 빠르게 대처하여 학부모들의 의견에 적극적으로 피드백하는 모습을 보였고 원만히 갈등을 해결할 수 있었다. 비 온 뒤에 땅이 굳듯이, 소통과 관용을 통하여 문제를 해결할 수 있다는 것을 체험함으로써 학부모들의 신뢰는 더욱 두터워졌고 지금까지 학교가 안정적으로 운영되고 있다. 이렇게 공유된 경험들은 주민들이 소통의 기술을 습득할 수 있게 해 주었으며 민주적인 의사소통에 대한 의식을 심어 주었고, 따라서 다가오는 문제에 더욱더 유연하고 효과적으로 대처할 수 있게 해 주었다. 김의영·한주희(2008)는 이러한 성미산 주민들의 의견 조율의 과정을 '심의'(deliberation)의 과정으로 기술하고 성미산 운동의 주의주의적(voluntarism) 요인 중 하나로 꼽고 있다. 이러한 커뮤니티 차원의 심의를 통해 신뢰, 공유된 가치와 규범, 동질적인 집단들 간의 결합(bonding)과 이질적인 커뮤니티 간의 연결(bridging), 공식적·비공식적 네트워크, 효과적 의사소통 채널 등(Putnam 1995)과 같은 사회적 자본의 요소들이 복합적으로 축적될 수 있었던 것이다. 그리고 콜먼(Coleman 1990)이 지적한 바와 같이 사회 구조 혹은 관계의 측면에서도 마을의 구성원들은 오랫동안 커뮤니티에 정주(定住)하면서 상호성과 호혜성을 경험하고 학습하였고 자연스럽게 공동의 참여와 소속감을 익히게 된 것으로 볼 수 있다.

2) 성미산마을의 사회적경제 생태계

현재는 이렇게 자리 잡은 신뢰와 네트워크를 바탕으로, 조금 더 많은 자원과 협동이 요구되는 문제로 주민들이 행동의 영역을 넓혀 가고 있는 모습이 관찰된다. 성미산마을의 발전은 지금도 현재진행형이다. 공동육아협동조합(우리어린이집)으로 시작된 마을이 오늘날에 이르러서는 마을주민들의 필요에 따라 마을기업, 공동주택과 같은 방식으로 마을 내에서 발생하는 의식주에 대한 문제들에 함께 대응해 나가고 있다. 사회적경제라는 용어가 지금과 같이 널리 쓰이기 전부터 일상생활에서 그 방식을 실천하고 있었던 것이다. 마을기업의 시초라 할 수 있는 성미산마을의 반찬가게 '동네부엌'은 2002년에 만들어져 현재까지도 유지되고 있다. 처음에는 단순히 안전한 먹거리를 아이들에게 먹여야겠다는 실천에서 시작된 동네 아줌마들의 작당(作黨)이 마을기업으로 확장하게 되었고, 그 이후에는 필요에 따라 되살림가게, 한땀두레 등 다양한 형태의 조직들이 여기저기서 생겨나게 된 것이다. 최근 대안적 공동주택의 모델로 주목 받고 있는 '소통이있어행복한주택'(이하 소행주)은 이러한 점에서 현대도시의 고질적 병폐라고 할 수 있는 소외와 단절의 문제를 협동과 연대의 힘으로 해결해 나가고 있는 사례라고 할 수 있다. 특히 소행주의 가장 큰 특징이라 할 수 있는 2층의 커뮤니티 공간은 거주자들 간의 교류의 장이 된다. 각자가 일정 정도의 금액을 출자하여 공동으로 소유하고 있는 이 공간에서는 공동 육아가 이뤄지기도 하고, 부모들이 모여서 다 같이 밥을 해 먹기도 하며, 때로는 마을의 단체행사를 기획하기 위한 토론장이 되기도 한다. 여기에서 이뤄지는 이웃들 간의 소통은 단순히 정서적인 유대감을 넘어서 강한 결속력을 가져와, 기존에 개인 단위로는 이루어 낼 수 없었던 공동체의 변화를 끌어낼 수 있게 된다.

> "공동육아협동조합을 중심으로 스물댓 가구가 자연스럽게 모이게 되면서, 이것을 중심으로 사람들이 모여 살게 되었어요. 그리고 아이들이 점차 커 가면서 어떻게 양육을 해야 할지 고민하면서, 마을에서 함께 돌볼 수 있는 방법들을 알아보기 시작했어요…. 그러다가 옆집 아이들과 어울릴 수 있는 일상적인 터전을 만들어 주는 것이 중요하다고 생각했고, 부모들도 시간이 지나면서 점점 가까워지기 시작했어요. 이런 과정을 통해서 공동주택을 생각하게 되었다고 볼 수 있어요."
>
> – 박흥섭 소행주 대표[7]

7. 인터뷰 일자: 2016. 4. 22.

그림 4.1 성미산마을 지도 (출처: 성미산마을 협동조합)

이 외에도 다양한 사회적경제 조직들을 통하여 소규모이기는 하지만 지속적으로 마을주민들의 고용과 수익을 창출해 나가고 있다. 그리고 초기에는 마을주민들의 신뢰를 바탕으로 한 공동출자를 통하여 사업을 시작하였다면, 시간이 지나면서 성미산대동계와 성미산동네금고와 같은 마을 기금 등을 통하여 공동체 자산을 축적해 나가고 있다. 그리고 이러한 자산은 성미산 축제와 같은 마을공동체 프로그램을 운영하기 위해 활용될 뿐만 아니라, 주민들이 새로운 마을기업을 발족하는 데 있어서 저리로 자금을 대출해 주는 착한 금융의 기능도 감당하고 있다. 그리고 초기 진입 단계에서 공적 자산으로부터 혜택을 입은 마을기업들은 어느 정도 정착기를 지나고 나면, 다시 수익의 일정 부분을 마을 기금에 환원한다. 이를 통해 지속가능한 금융안정망을 유지해 나가는 것이다.

지역과 연계한 사회적경제 생태계를 통하여 성미산마을공동체는 안정적인 일자리 및 복지의 문제가 가장 시급한 문제로 대두하고 있는 현시점에 새로운 대안을 제시해 주고 있다. 예를 들어, 성미산의 마을기업 혹은 협동조합의 경우

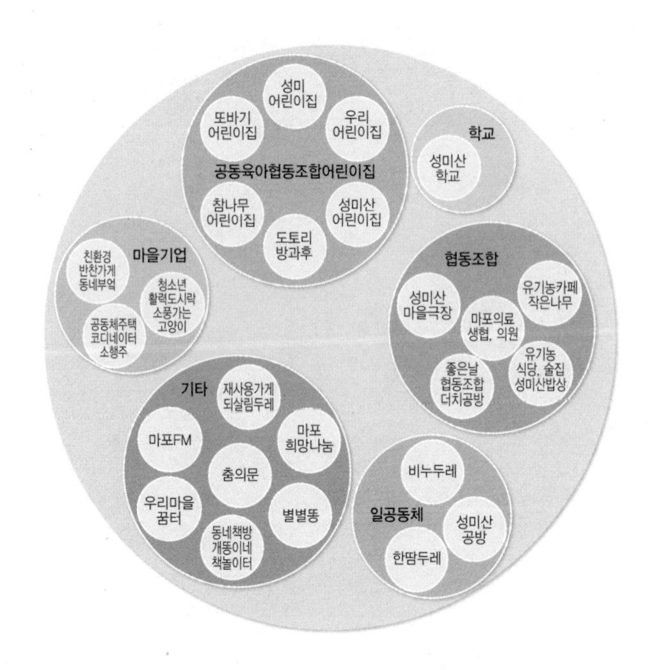

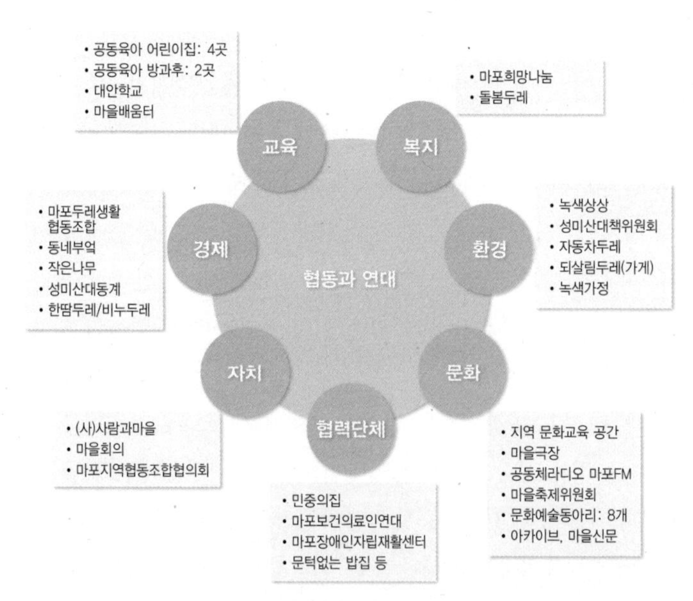

그림 4.2 성미산마을 사회적경제 생태계 (출처: 울림두레생활협동조합/마을지원센터 준비단)

지역의 활동가들이나 마을살이에 관심이 있는 동네 혹은 외지의 청년들을 고용하여 사회적 가치를 창출하고 있다. 비록 일반 사기업을 다니는 것과 비교하여 그 수당이 적은 경우가 대부분이지만, 마을기업들이나 협동조합의 경우 출자금의 납입 금액에 상관없이 1인 1표의 원칙에 따라 본인이 해당 조직을 공동으로 소유하는 주인이자 동시에 운영에 평등하게 참여하는 경영인으로서 역할을 감당하게 된다. 이러한 1/n의 원리는 공동체의 중요한 의사결정 과정에도 적용되어 함께 협동조합 혹은 마을기업이 나아가야 할 방향과 구체적인 사업계획들까지 토의하고 궁리하게 된다.

2. 망원시장

1) 민중의집

민중의집은 2008년도에 세워지게 되었는데, 그전부터 이탈리아나 스웨덴의 '민중의집'과 같은 지역 거점 공간을 만들어 보자는 취지에서 '민중의집 연구모임'이 만들어졌고, 여러 차례 포럼과 설명회를 거치고 나서 민중의집 건립준비위원회가 출범하게 되었다. 그리고 이 과정에서 지역에서 진보정치 활동을 하던 세력들과 노동조합, 그리고 시민단체 및 문화예술 활동을 하던 사람들이 함께 모임에 들어오게 된 것이다. 특히 다른 조직들과는 다르게 민중의집은 처음부터 진보적인 의제를 통해 지역 내에서 새로운 대안을 형성하고 생활 정치의 영역에서 주민들과 소통하고자 하는 의지가 강했다고 할 수 있다. 그리고 이러한 고민은 무엇보다 정치가 해결해야 할 최우선의 과제, 즉 '먹고사는 문제'에 대한 새로운 방향을 제시할 수 있느냐로 이어졌고, 민중의집 역시 이러한 맥락에서 사회적경제의 문제에 본격적으로 착근하게 된 것이었다.

기본적인 아이디어들은 처음 민중의집이 태동하였던 이탈리아나 스웨덴 같은 유럽 국가들의 사례들에서 힌트를 얻었다고 할 수 있는데, 이들의 특징은 지역에 기반을 둔 풀뿌리 운동과 일상생활 차원에서의 자치적 경제의 실천이라고 할 수 있다. 예를 들어 스웨덴 같은 경우 민중의집이 500여 개가 넘게 있는데, 이들을 통해 현재 사민주의 정당이나 이들의 정치적 기반인 노동조합, 협동조합들이 발전할 수 있었다. 마찬가지로 민중의집 역시 지역의 자원들을 활용하여 교육의 기회를 제공하는 대중 활동 및 지역 단위의 경제조직체들을 네트워킹함으로써 마포의 사회적경제 생태계를 더 풍성하게 하는 데 기여하고 있다. 직접적인 경제활동이나 기업활동을 하지는 않지만, 기존에 활동하고 있는 다양한 영역의 사회적경제 주체들이 더 잘 연결되고 성장할 수 있도록 일종의 플랫폼, 허브의 역할을 담당하고 있다. 최근에는 마포구 내의 의료생협, 동물생협, 배달서비스협동조합까지 인큐베이팅하는 데 중요한 역할을 했다.

무엇보다 마포구는 전국에서 세 번째로 1인 여성 가구 비율이 높다. 따라서 마포구의 나양한 사회적경제 주체들 역시 이러한 현상에 대해 문제의식을 공유하고 있으며, 이웃 간의 연결고리를 생성하고 편하게 소통할 수 있는 장을 형성하기 위해 1인 가구들이 모여 함께 반찬을 만든다거나 특정한 요일을 정하여 식사를 같이하는 프로그램(social dining)을 기획하는 등 다양한 활동을 시도하고 있다. 그리고 이렇게 이따금 연결되는 1인 가구들이 마포구 내에서 중요한 사회경제적 주체로 등장하고 있다. 민중의집과 같은 시민단체들에서 주최하는 교육프로그램에 적극적으로 참여하면서 자연스럽게 본인과 비슷한 상황에 처한 사람들과 만나고, 처음에는 느슨한 형태로 연결되다가 어느 정도 소통과 공감이 축적되면 직접 새로운 형태의 대안을 '작당'해 보는 경우도 즐비하다. 마포구 최초의 1인 가구 주거 협동조합인 '함께주택협동조합' 역시 이러한 과정을 거쳐 만들어지게 되었다. 민중의집에서 운영하는 1인 가구 프로그램을 통해 조금씩 유대 관계를 형성해 나가던 주민 중 일부가 주거 안정성을 위해 공동으로 일정 금액의 출자금을 내고 함께 주택을 소유하고 운영하는 조합을 만들게 된 것이다. 나아가 마을공동체 활동을 통해 동네와의 접점을 지속적으로 찾아 나가고, 지역에 거주하는 여성들이 정서적 불안함이나 소통의 단절을 해소하는 것을 넘어 경제적·재정적 자립으로까지 나아갈 수 있도록 노력하고 있다. 이렇게 민중의집에서의 활동들을 통하여 1인 가구를 비롯한 인근 주민들이 생활밀착형 커뮤니티를 형성해 왔으며, 단순히 경제적인 필요를 넘어서서 정서적, 관계적, 정치적 욕구까지 함께 충족시켜 왔다고 할 수 있다. 그리고 이들이 망원시장이라는 공간과 연결됨으로써 이곳에 위기가 닥쳤을 때 동네 시장으로서의 망원시장을 함께 지켜 왔으며, 또한 상인들과 지속적으로 호혜적인 관계망을 맺어 왔다고 할 수 있다. 이상에서 알 수 있듯이, 민중의집에서 진보정치 활동가들은 주민들의 필요를 포착하고 이에 부합하는 경제공동체, 자본주의 질서의 냉혹한 면을 어느 정도 보완해 줄 수 있는 따뜻한 마을 경제를 만들어 내고자 하였다. 그리고 그것을 위하여 연구 세미나를 통해 구체적 모델을 탐색하기도 하고, 이러한 대안 모델을 적극적으로 알리기 위하여 여러 단체들을 네트워킹하고 자립할 수 있는 재원을 마련하고자 하고 있다. 또한, 민중의집은 망원시장을 포함하여 인근 동네를 배경으로 소규모 단위의 프로젝트들을 꾸준히 진행하면서 자연스럽게 상인, 인근 주민, 그리고 지역 활동가들이 접속할 수 있는 계기를 마련하였다. 이렇게 형성된 관계망을 통하여 동네 차원에서 굵직한 이슈들이 발생했을 때 함께 대응방안을 궁리해 나갈 수 있게 되었으며, 시민들에게도 관련된 정보를 전달하고 적극적으로 행동에 동참해 줄 것을 요청할 수 있었다. 다시 말해, 민중의집은 지역현안에 관심이 있고 공동의 해결책을 모색하고자 하는 주민들이 어울릴 수 있는 친밀장(親密場)을 제공하는 것을 넘어, 함께 중요한 사안에 대해 토의하고 생각을 공유하는 공론장(公論場)의 기능을 해 왔던 것이다. 그리고 이들이 주최하는 반찬 만들기, 함께 식사하기(social dining)와 같은 생활밀착형 프로그램 등에 주민들이 직접 참여하면서 평소 동네의 현안들에 관심이 없던 주민들까지도 현재 무슨 일이 지역에서 일어나고 있는지 자연스럽게 알 수 있게 되었고 친숙한 방식으로 문제에 접근할 수 있었다. 그뿐만 아니라 최근에는 주로 청년들을 대상으로 '로컬트립 프로젝트'와 같은 기획들을 통하여 지역과 정치, 지역과 경제가 어떻게 연결되는지 고민할 뿐만 아니라, 공동의 문제해결을 위해 동네 주민들이 연결될 수 있는 방법을 고민하는 플랫폼의 역할을 수행하고 있다.

2) 시장 상인회

앞에서 이야기했듯이 망원시장 상인들이 마을공동체에 눈뜨게 될 수 있었던 계기는 거대 자본으로 이루어진 대형마트의 골목 상권 침투라고 말할 수 있다. 2011년 홈플러스 합정점의 입점이 확정되자, 대형 자본의 상권 침투에 대한

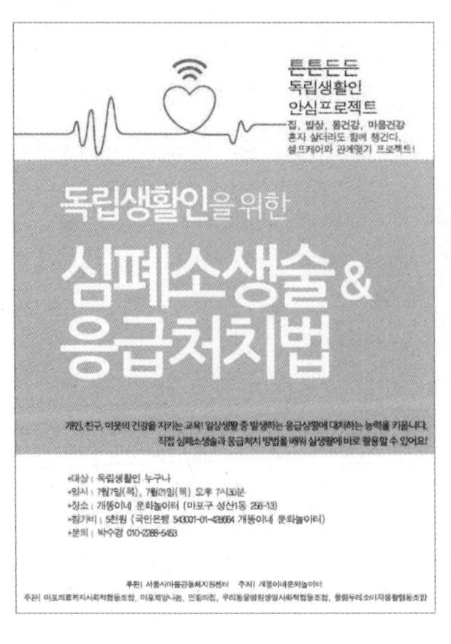

그림 4.3 민중의집 주관 프로그램들
(출처: 민중의집 SNS)

사진 4.1 오현주 민중의집 공동대표와의 인터뷰

상인들의 위기의식이 생겨났고 망원시장과 월드컵시장에서 처음으로 상인회를 중심으로 여기에 대항하려는 움직임이 조직되었다. 그 후, 시장 상인들을 중심으로 대책위가 만들어지고 여기에 대한 관심이 고조되면서 자연스럽게 주민들과 지역의 진보정치 활동가들이 이 문제에 대해서 인식하게 되었으며, 그 결과 마포의 46개 시민단체가 이름을 걸고 공동대책위원회를 구성하였다. 또한, 2009년 두리반 사태 때에 함께했던 지역 문화예술인들과 활동가들이 힘을 보태어 인근 커뮤니티와 효과적으로 문제의식을 공유할 수 있었다. 비록 입점을 막을 수는 없었지만, 이것은 여러 가지 측면에서 큰 의미를 지닌다. 우선, 상인들이 생존권을 지키기 위해 합심하여 5회가량 철시를 했었고, 촛불시장, 길거리 서명과 같은 이벤트를 통해 지속적으로 동네 주민들의 관심을 환기했다는 점이다. 그리고 망원시장상인연합회를 주축으로 하여 지역 중소 상인들, 망원동 주민자치위원회, 홍대 앞 문화예술인, 참여연대와 같은 인근 시민단체들이 함께 운동에 동참하면서 결국에는 사측과의 '상생 협약'을 끌어냈다는 점이다. 이를 통해 홈플러스 익스프레스 망원점을 폐점하게 되었고, 시장에서 유통되는 15개의 1차 식품에 대해 독점적 판매권을 약속받았다. 그리고 사측이 내놓은 상생기금을 통해 시장 내에 지역주민들의 편의를 위한 고객지원센터를 건축하기로 하였다. 이 사건은 기업형 SSM(Super Super Market)이 최초로 민간으로부터의 끈질긴 저항으로 인해 폐점하게 된 사건이자, 대형마트와 전통시장이 상생의 길을 타협해 낸 경제민주화의 중요한 이정표로 회자되고 있다. 또한, 2015년에는 상암동에 들어서게 될 DMC 롯데복합쇼핑몰 입점 강행에 반대하는 촛불시장을 열어 서울시와 마포구에 쇼핑몰 건축 심의와 허가를 중단할 것과 정부와 국회 차원에서 재벌들의 복합쇼핑몰에 대한 규제 법안을 조속히 마련해 줄 것을 요구하기도 하였다. 이러한 경험들을 통하여 상인들은 대기업에 맞설 수 있는 다양한 서비스와 상품을 개발하기 시작했으며, 주민들 역시 전통시장만이 가지고 있는 고유한 기능과 역할에 대해 재고해 볼 수 있게 된 것이다. 이러한 굵직한 사건들을 통하여 상인과 인근 지역의 예술인, 주민들 간의 활발한 네트워크와 신뢰가 형성될 수 있었다.

"성과는 크게 두 가지라고 생각해요. 하나는 상인들 내에 단결력과 의지를 확인할 수 있는 계기가 되었다는 거예요. 이때 다져진 기반으로 전국 최초로 시장 내에서 교통카드를 통한 결제시스템을 구축할 수 있었어요. 자생적인 노력을 통해 대형 자본에 맞설 수 있는 경쟁력을 갖추도록 똘똘 뭉친 거죠. 나아가 지역사회를 위해 공헌하는 것이 중요하다는 것을 망원시장 상인들이 깨닫게 되었어요. 그 전에는 시민사회, 상인, 사회적경제의 영역이 따로 있다고 생각했는데, 이들이 순환하고 같이 가야 한다는 것을 운동가, 시민, 상인들이 깨닫게 된 것이죠."

– 조영권 마포구 주민대책위 집행위원장•8

위에서 관찰한 바와 같이 망원시장의 경우에는 망원동을 중심으로 풀뿌리 사회적경제 조직들, 중소상인들, 인근의 문화창작예술가들, 그리고 동네 주민들이 모여서 망원동만의 새로운 교류의 장을 형성하였다. 이 과정에서 망원시장은 경쟁력을 제고하기 위해 스스로 노력하는 한편, 대형마트에서는 쉽게 발견할 수 없는 면대면의 접촉과 신뢰를 통해 이루어진 상인들과 주민들 간의 '소비를 통한 관계'에 주목하였다. 바쁜 직장생활과 육아로 인해 시장에 직접 나와 장을 보기가 버거운 맞벌이 부부나 몸이 불편하신 독거노인을 위해 직접 장을 봐 주고 배달까지 해 주는 '전통시장 장보기 서비스'가 대표적인 사례라고 할 수 있다. 그뿐만 아니라 재래시장이 가지고 있는 공동체적 기능을 부각하기 위하여 상인들은 동네에 대소사가 있을 때마다 적극적으로 지역사회와 협력하였다. 동네에 축제나 큰 행사가 있을 때마다 물질적으로 후원하기도 하였고, 젊은 세대들과 교류하기 위해 이들이 벼룩시장을 열면 장비를 대여해 주는 등 시장만이 가지고 있는 공동체의 사회적 가치를 주민들에게 불어넣어 주었다. 마포의료사회적협동조합과 같은 인근의 협력기관들과 협조하여 상인들을 위한 건강검진 프로그램 및 문화행사를 개최할 뿐만 아니라 시장을 찾은 주민들을 위해 요리경연대회, 집밥 프로그램, 놀이 한마당 등과 같은 다양한 이벤트를 주최함으로써 지역의 명소로 자리 잡고 있다. 그리고 망원시장 고객센터 내에 공용 화장실을 설치하였을 뿐만 아니라 지하 공간을 개방하여 지역 내에 중요한 이슈가 있을 때 주민들이 함께 모여 논의할 수 있는 장소를 제공하기도 하였다. 이를 통해 망원시장이 단순히 상인들의 전유물이 아니라, 지역사회 속에서 더불어 존재하는 것임을 공유하고자 노력하였다. 망원시장이라는 공간에서 형성된 이러한 연대의 정신은 곧 망원동의 정체성을 형성하는 데 기여한다. 최근에는 이러한 흐름을 바탕으로 망원동만의 고유한 정체성이 형성되고 있으며, 특히 SNS 커뮤니티 '망원동 좋아요'와 같은 온라인 플랫폼을 통해 인근의 20대, 30대가 활발하게

8. 인터뷰 일자: 2016. 5. 20.

그림 4.4 망원시장 자체 행사 프로그램

사진 4.2 망원시장 내부

필요한 자원과 정보를 교환하고 있다. 그리고 이에 발맞춰 망원동 역시 낡은 풍경 속에서도 끊임없이 현대화를 추구하며 외부의 젊은층들을 끌어들이고 있다.

3. 홍대 앞

1) 홍대 앞에서 시작해서 우주로 뻗어 나갈 문화예술 사회적협동조합

주지하다시피 홍대 앞은 젠트리피케이션으로 인해 오랫동안 몸살을 앓아 온 지역이다. 그로 인해, 지역 예술인들이 현장을 떠나게 되었으며 '홍대 씬'이라는 고유한 문화가 오래전부터 상실되어 왔다. 그리고 창작음악가들이 공연하던 자리에 이제는 대형 프랜차이즈나 기업형 식당들이 들어서 있다. 이러한 현상에 대응하고자 인근 문화예술인들과 홍대의 고유문화를 지키고자 하는 사람들이 중심이 되어 만들어진 사회적 협동조합이 바로 '홍대 앞에서 시작해서 우주로 뻗어 나갈 문화예술 사회적협동조합(이하 홍우주)'이다. 사실 이전에도 시어터제로 폐관 반대 투쟁과 같이 외부적인 위기가 있을 때마다 문화예술인들의 모임이 산발적으로 조직되었다가 흩어지고는 했었다.[9] 그러나 서교예술실험센터

---

9. 홍대 앞에서 독창적인 실험 예술을 표방하며 행위예술가들에게 활동 무대가 되었던 씨어터제로는 2003년 건물주의 재건축 계획으로 인해 쫓겨날 위기에 처했다. 이 사태에 대응하기 위해 인근의 문화예술인들은 2004년 홍대앞문화예술인협동조합(이하 홍문협)을 결성하였다. 마포구청이 갈등의 중재에 나섰으나, 결국 씨어터제로가 입주해 있던 빌딩이 2007년 KT&G에 팔리게 되었다(스트리트 H 설명 참조, http://street-h.

가 폐관될 위기[10]에 놓이고, 센터 운영 주체에 대한 논란이 가속화되자 본격적으로 홍대 앞 문화예술인들의 목소리를 대변하고 의사를 반영할 수 있는 체계화된 플랫폼이 요구되기 시작하였다. 이러한 상황에서 홍우주가 설립될 수 있었던 결정적인 계기로는 박원순 서울시장 부임 이후 홍대 문화예술을 회복시키는 데 서울시 차원에서 먼저 관심을 보였다는 점을 지적할 수 있다. 2013년 12월에 박원순 시장은 '정책토론회'에서 홍대 앞 문화예술계의 협의체나 대표체를 만들면 서울시에서도 이들과 소통할 수 있는 정책회의 채널을 만들어보겠다고 제안한 것이다. 홍우주는 이러한 서울시의 제안에 반응하여, 홍대의 문화예술인들을 대표하는 기구를 목표로 설립되었다고 할 수 있다.

"(홍우주는) 협동조합이 원래 갖고 있는 결사체적 성격과 사업체적 성격, 그리고 거기에다 모듬회와 같은 정치적 공론장을 통해서 지역 생태계를 위한 사안들을 (시민들과) 논의하는 역할을 하고 있어요. 사업 쪽으로는, 홍우주가 자체적으로 무엇을 생산하기보다는 기존의 홍대의 콘텐츠와 자원을 네트워킹해서 새로운 콘텐츠를 만들어서 그 사업에 참여하는 주체와 홍우주 모두에게 이익이 되는 것이 홍우주의 성격에 맞겠다고 생각을 했어요." – 정문식 홍우주 이사장[11]

홍우주는 2015년부터 서울시의 사회적경제 예비특구사업 대상지역 중 마포구의 민간 주체로 참여하게 되었고, 이를 통해 홍대 앞의 예술적 가치가 가지는 생산성을 인식시키고 이것이 홍대 앞이라는 '지역'에 기여하도록 만들고자 노력하고 있다. 특별히 문화예술과 관련된 사회적경제 생태계가 장기간 지속가능

---

com/).

10. 서교센터는 서교동사무소 건물이 동사무소 통폐합으로 인해 빈 공간이 되면서 2009년 6월 마포구가 무상임대를 하고, 서울시가 예산 지원을 하는 형태로 운영이 되었다. 논란은 무상임대 계약 만료(2014년 7월)를 1년 앞두고 마포구가 무상임대를 더 이상 하지 않겠다는 것에서 비롯되었다(손효숙. "서교센터 폐관 위기, 민관 문예협력 '공수표'." 한국일보. 2013년 10월 26일자). 이후 지역예술가들은 '홍길동(홍대 앞 문화생태계의 길을 만드는 동무들)' 및 이를 지지하는 '활빈당'과 같은 모임을 만들어 대응하였으며, 결국 마포구청으로부터 건물임대 기간 연장을 이끌어 냈다(박효진. "홍대 앞 서교센터 폐관 위기? "죽지 않아, 아직은!"" 오마이뉴스. 2013년 11월 19일자).

11. 인터뷰 일자: 2016. 5. 20.

하기 위해서는 외부의 재정지원에 의존하는 것이 아니라 문화예술인들이 일회성 공연을 넘어 꾸준히 수익을 창출하고 자산을 축적하는 선순환 구조를 만들어 내는 것이 중요하다. 이러한 노력의 일환으로 홍대에서 직접 문화예술 활동을 하고 있는 당사자들과 홍대 씬을 지키고자 하는 시민들과 함께 대형 자본의 침투에 맞설 수 있는 대안 조직을 만들어 가고자 한다. 뿐만 아니라 최근에는 행정과 협력하여 '문화예술 관광·체험 비즈니스모델 구축사업'을 추진하고 있으며 이를 통해 '홍대 앞 대안적 관광사업' 및 '문화예술 오픈스쿨' 등과 같은 실험적 시도들을 계획하고 있다. 이를 통해 인근의 다양한 사회적경제 주체들, 홍대 앞 중소상인들, 관광객 및 지역주민들의 참여를 이끌어 냄으로써 문화예술인들

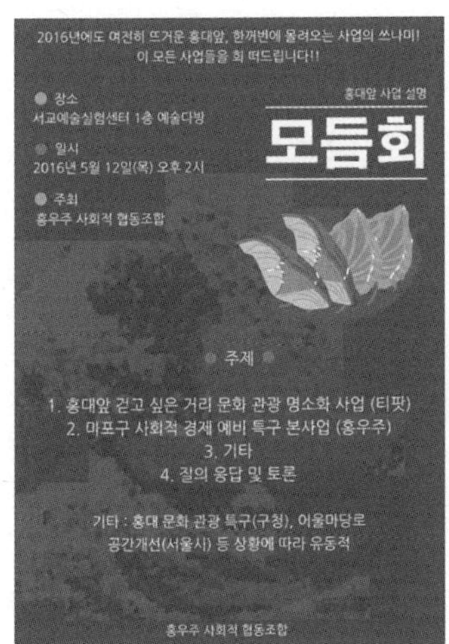

그림 4.5 홍우주 주관 홍대 앞 사업 설명회, 사회적협동조합 기초교육 (출처: 홍우주 SNS)

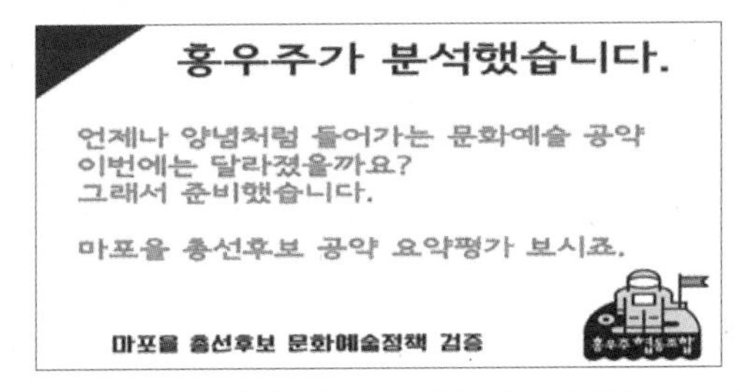

그림 4.6 2016년 4월 마포을(홍대 앞) 총선후보 주요 문화예술정책 분석자료 (출처: 홍우주 SNS)

의 자립 토대를 마련할 뿐만 아니라 대형 프랜차이즈에 맞선 홍대 앞의 특수성도 지켜 나가고자 한다. 이 과정에서 홍우주가 새로운 프로그램을 만들기보다는 기존에 축적되어 있던 홍대의 예술자원들과 창작문화 콘텐츠들을 기획에 맞게 네트워킹하여 선순환 경제 시스템의 기반을 다져 나가고자 한다.

홍대 앞 문화예술 생태계를 활성화하는 데 있어서 기존의 문화예술 생산 주체뿐만 아니라 콘텐츠를 소비해 왔던 지역사회 및 시민들의 후원과 지지도 굉장히 중요하다. 이들이 홍우주 협동조합의 조합원이 되는 등 소규모 사업에서부터 관심을 가지고 연대하는 것이 그 출발이라고 할 수 있다. 그리고 이것을 바탕으로 사회적경제 예비특구사업 과정에서도 적극적으로 홍대 앞 문화예술을 둘러싼 다양한 목소리들이 정책에 반영될 수 있도록 노력하고 있다. 정기적으로 설명회와 세미나를 개최하여 이해당사자들의 목소리를 듣고 현안을 공유하고 있으며, 또한 독립적으로 활동하고 있던 창작문화예술인, 중소상인, 지역 활동가 및 시민들이 연결될 수 있도록 지속적으로 네트워킹하고 있다. 뿐만 아니라 지난 4월 총선 때에는 홍대 앞 지역구 후보들이 내세운 문화예술 정책을 평가하고 분석함으로써 유권자들에게 필요한 정보를 제공하기도 하였다. 또한 현재도 지역 기반의 창작문화예술인들이 성장할 수 있고 홍대 앞이라는 공간의 특수성을 보존할 수 있는 정책들을 제언하기 위해 지속적으로 노력하고 있다.

2) 일상예술창작센터

2002년 한일 월드컵을 맞이해 만들어진 '홍대 앞 예술시장 프리마켓(free market)'을 개최한 예술가, 문화기획자, 자원활동가, 학생, 관련 전문가들이 프리마켓을 지속적으로 운영할 단체의 필요성을 느끼게 되어 2003년에 일상예술창작센터(이하 센터)를 설립했다. 그리고 최근에는 연남동 및 명동으로까지 마을시장을 확장하고 있으며 특히 '연남동 따뜻한 남쪽시장'은 '2013년 마포구 살기 좋은 마을만들기 우수사례'로 선정이 되었을 만큼 반응이 좋았다고 할 수 있다. 사실 센터가 처음부터 마을공동체사업에 관심이 있었던 것은 아니었다. 홍대 앞의 임대료 상승으로 인해 연남동 지역으로 이동해 오면서부터, 본격적으로 문화예술이라는 매개를 통해 지역주민들과 접속하기 시작하였다. 그리고 최근에는 지역재생사업에 꾸준히 관심을 가지고, 마을주민과 문화예술의 만남, 창작활동을 기반으로 골목 공방을 연결하고 활성화하는 사업, 지역현안에 참여하고 공동체를 형성하는 일을 지속적으로 추진하고 있다. 즉 초기의 대안 시장을 뛰어넘어 살기 좋은 마을공동체를 만드는 일에도 주도적으로 나서고 있는 것이다. 예를 들어 '생활창작공간 새끼', '연남동 마을시장 따뜻한 남쪽', '연남동 마에스트로' 같은 행사들은 기존에 살고 있던 주민들과 새로 유입해 들어오는 전입자들 간의 가교 구실을 하고 있다. 이러한 활동들의 특징은 지역의 창작가들이나 아직 발굴되지 않은 예술 자원을 끌어들이는 공간을 마련함으로써 생활 밀착형 예술을 추구해 나가는 것이라고 할 수 있다. 특히 마포는 홍대를 중심으로 한 문화예술 자본이 다른 지역구와 비교하여 굉장히 풍부하기에, 이 자본을 활용하여 대안적 공간을 개척하고 창작자와 지역주민 간의 소통을 촉진함으로써 공동의 문제해결을 위한 문화공동체로까지 나아가고 있다. 이러한 과정을 통해 사회적 자본이 축적되는 것이다. 뿐만 아니라 센터는 사회복지의 측면에서도 청년실업의 위기에 놓인 예술가들이나 산후 경력단절여성들과 같은 취약 계층을 위해 일자리를 제공하는 기능을 하고 있다. 예를 들어 프리마켓 및 생활창작가게 키(KEY)를 위시한 센터의 공간들이 아직까지 제대로 조명받지 못한 생활예술인들에게 본인의 작품을 선보일 수 있는 기회를 제공하는 것이다. 이를 통해 1인 창작자를 비롯한 소규모 문화예술 생산자들이 상품을 전시·판매함으로써 수익을 창출해 내고 지속적으로 경제활동을 할 수 있게 되는 것이다. 그리고 한걸음 더 나아가 비주류 창작자들이 재정적인 어려움에 시달리지 않고 꾸준히 작품 활동을 할 수 있는 대안적인 유통시스템과 문화예술 네트워크를 구축하고자 시도하고 있다. 이러한 노력의 일환으로 '그림과 살림' 같은 아마추어 여성 창작자 지원 프로그램을 통하여 출산과 육아 등으로 경력이 단절된 여성들에게 교육, 멘토링, 상품 개발, 전시와 판매 등의 창작·유통채널들을 제공해 왔으며, 경력단절여성들의 경제적 자립을 꾸준히 지원해 왔다.[12]

센터가 본격적으로 마을공동체사업을 주도하게 된 것은 '서울시 마을예술창

12. 일상예술창작센터 홈페이지(http://www.livingnart.or.kr/)

작소' 지원사업에 공모하면서부터였다. 이 사업에 센터가 선정되고 난 후, 생활창작공간인 '새끼'에서 본격적으로 마을주민들과 예술의 만남이 이루어지게 되었다. 초기에는 참여하는 인원에도 변동이 크고 결과물이 좋지 않은 등 어려움을 겪었지만, 결과적으로는 성과를 거둘 수 있었다. 다 같이 예술활동을 하고 성과를 거둔 경험을 공유함으로써 소속감과 서로 간의 신뢰를 쌓아 갔던 것이다. 이처럼 센터의 활동들은 민주주의적인 함의도 많이 내포하고 있다고 할 수 있다. 예를 들어 마을공동체 예술활동을 통해 주민들이나 해당 지역의 활동가들이 자발적으로 지역의 문제나 현안에 관심을 가지는 경우가 많다. 그리고 문화와 경제생활의 융합을 통해 주민들이 마주하는 일상의 문제를 궁리하고 해결함으로써 지역주민들 간의 연대와 주인의식을 다져 나갈 수 있는 것이다. 이것은 주민들의 삶의 질과 참여 의식 등에 긍정적인 기여를 한다고 볼 수 있다.

최근에는 연남동 지역에 보다 본격적인 변화를 가져오고자 새로운 차원의 프로젝트를 기획하고 있다. 폐선된 경의선에서 연남동 구간에 해당하는 공간을 주민참여형 공간으로 개발하는 프로젝트가 그것이다. 거대한 개발 사업에 본격적으로 '참여'하는 이 프로젝트는 그 규모 면에서나 진행방식에 있어서 이전과는 다른 접근방법을 요구한다.

> "최근에 경의선 공원이 열리고 지역의 변화가 속도감 있게 이뤄지고 있잖아요. 그래서 좀 여러 가지 의견들이 오간다고 해야 될까요? '동네가 너무 빠르게 변화(상업화)해서 팍팍해지는 것 아닌가' 하는 의견도 있고, 또 경제적인 관계에서 무엇을 바라는 흐름도 있는 등 좀 여러 의견들이 흐르고 있는 상황이고 다양한 이해나 입장들이 지역에서 유통되고 있고, 나름대로 합리적인 방향을 만드는 것이 저희의 역할인 것 같아요."
>
> – 김영등 일상예술창작센터 대표[13]

위에서 나타난 것처럼 센터는 이제 단순히 프로그램을 만드는 것을 넘어서서 주민들의 의견을 조율하고, 바람직한 커뮤니티 발전의 방향을 함께 고민하

13. 인터뷰 일자: 2016. 6. 3.

사진 4.3 홍대 앞 예술시장 프리마켓

사진 4.4 생활창작공간 새끼, 생활창작가게 키
(일상예술창작센터 제공)

는 공론장의 기능도 담당하고 있다. 물론 행정의 도움 없이도 꾸준히 지역재생 및 활성화 사업을 추진할 수 있는 재정적 기반을 마련하는 숙제가 여전히 남아 있기는 하지만, 센터는 문화예술을 매개로 지역의 일꾼들을 발굴하고 주민들을 커뮤니티의 주체로 등장시키는 촉진자(facilitator)로서의 역할을 성실히 수행하고 있다.

Ⅲ. 마포의 사회적경제는 어떻게 연결될까?

지금까지는 개별적인 공간과 거점 지역을 중심으로 활동하는 사회적경제 주체들에 대해 알아보았다면, 이제는 어떻게 그러한 주체들이 연결되면서 공동체 관계망이 형성되고 있는지 알아보고자 한다. 그리고 민간의 주체뿐만 아니라 평범한 일반 주민과 소상공인, 시장 상인, 때로는 행정과 접속했다 뗐다를 반복하는 다양한 의제에 걸친 각종 활동 단체들이 공동체 관계망을 통해 오늘도 끊임없이 연결되어 가고 있음을 살펴본다.

마포구의 사회적경제 행위자들(agent)의 활동은 지역 내에서 다양한 네트워크들을 통해 확장되고 그 외연을 넓히고 있다. 마포구의 사회적경제 관련 주요 행위자들의 특징 중의 하나는 지역사회와 소통하며 오랫동안 본인의 고유한 영역과 단위에서 활동해 왔을 뿐만 아니라 중간지원조직 및 플랫폼의 역할을 자발적으로 수행해 왔다는 것이다. 즉 본인의 영역에서 선배활동가들이 후배활동가들을 끌어 주고, 필요한 정보와 노하우들이 있으면 공식적·비공식적 채널을 통하여 자연스럽게 전달이 될 수 있었다는 것이다. 이렇게 지역별로 그리고 이슈 및 영역별로 고유한 역할과 존재 방식으로 활동하고 있던 주체들이 마포구 내에서 자연스럽게 네트워크화되기 시작했는데, 본 장에서는 사회적경제와 관련하여 두 가지를 소개하고자 한다. 바로 마포공동체경제네트워크 모아와 민간 사회적경제 주체들의 포괄적인 네트워크인 마포사회적경제네트워크이다.

1. 마포공동체경제네트워크 모아

마포공동체경제네트워크 모아(이하 모아)는 마포의 사회적경제 영역에서 꾸준히 활동해 왔던 당사자들이 기존의 신자유주의적 경제질서와 자본의 논리가 중심이 된 생활세계에 대한 새로운 대안을 모색해 나가면서 떠올리게 된 것이었다. 기존에 한국 사회에서의 사회적경제 혹은 사회적기업은 고용노동부로부터 인증을 받은 기관들이 사회적 약자 계층을 고용하는 방식 등으로 수익의 일정 부분을 통하여 이들을 위한 사회적 기여를 창출해 나가는 성격이 강했었다. 따라서 사회적경제라고 하면 공익적인 활동과 선한 가치를 추구하는 사회적기업가들의 영역으로 인식되는 경향이 있었다. 이로 인해 비영리단체, 시장 상인, 그리고 무엇보다 일상에서 얼굴을 마주하는 시민들은 이러한 논의에서 소외돼 있었다.

그리고 한국적 맥락에서 사회적기업은 신자유주의와 글로벌 자본주의의 흐름 속에 IMF 경제위기 이후 대기업을 필두로 한 산업, 금융 구조조정과 그로 인해 발생한 사회적 문제들을 해결하기 위해 도입되었다. 다시 말해 극심한 사회 양극화에 따른 근로취약계층 및 저소득층 양산에 따른 대안적인 일자리 제공과 최소한의 소득 보장을 위한 정책적 수단의 하나로서 인식돼 왔다고 할 수 있다(김인태 2010). 한편, 이러한 상황 속에서 지금까지는 이른바 '인증을 받지 못한' 기관들이라든지, 마을 단위의 협동조합과 같이 소규모 그룹 혹은 개인들은 사회적경제 관계망에서 자연스럽게 소외되었다고 할 수 있다.

그뿐만 아니라 기존의 사회적경제 담론이 주로 생산자의 시각에서 재화와 서비스를 어떻게 공공성을 진작하는 방향으로 제공할 것인가에 초점을 맞추었다면, 이제는 소비자의 일상적인 경제활동을 통해 어떻게 사회적 가치를 이끌어 낼 것인가에 대한 고민에까지 다다르게 된 것이다. 이러한 '능동적 소비를' 통해 단순히 좋은 물건, 혹은 '페어(fair)'한 상품들만 구매하는 것을 넘어, 소비자의 일상적인 경제활동이 풀뿌리 사회운동단체의 재원으로 연결되고 지역사회 내에 존재하는 여러 사회적경제 주체들의 고질적인 재정문제를 해결하고자 한다. 이것을 통해 거대한 자본주의 체제에 대한 대안들을 지역 차원에서 찾아 나가며, 영역과 이슈를 초월하여 동네 혹은 지역 단위에서 발생하는 생활의 문제와 복지적 필요를 내생적인(endogenous) 사회적경제를 통해 해결함으로써 효율과 평등, 연대를 이루어 나가고자 하였다(정태인·이수연 2013). 이러한 새로운 협력적 경제체제를 구축하기 위해 마포의 다양한 사회적경제 주체들은 2014년 이후로 지속적으로 '마포 대안경제 체제'에 대한 연구를 지속하였으며, 상호부조, 공유경제 활성화, 생활생산 등 일상적인 경제활동의 근본적인 영역들, 다시 말해 생산-소비-여가를 통틀어 대안적인 삶의 방식을 구현해 낼 수 있는 네트워크를 형성하고자 하였다.[14]

14. 그중 하나가 마포로컬리스트포럼이다. 마포로컬리스트포럼은 마포구 내의 지역과 활동 영역을 초월하여 다양한 풀뿌리 주체들이 한자리에 모여 지역의 현안에 대해 발표하고 의견을 공유하는 자리이다. 이 자리를 통하여 지역 내에서 좋은 사례와 노하우가 공유되고, 함께 새로운 일을 도모할 수 있는 네트워크가 만들어진다.

소극적 의미에서의 정치활동이 투표를 통해 단순히 대리인을 선출하고 심판하거나, 시민단체 혹은 정당에 가입하는 것이라고 한다면, 적극적 의미에서의 정치란 먹고사는 문제를 포함하여 자신의 생활 반경에서 발생하는 모든 문제를 주체적으로 해결해 나가며, 이 과정에서 내 이웃과 함께 접속하여 공동의 필요에 대한 해답을 찾아 나가는 과정이라고 할 수 있다. 그리고 사회적경제 또한 이러한 적극적 의미의 정치 행위의 중요한 한 부분일 수 있는데, 그것은 풀뿌리 민주주의 차원에서의 참여적, 결사체적 역량을 강화함으로써 사회적 권력의 행사에 의해 경제활동이 직접 조직되고 통제되는 형태를 취하기 때문이다. 그리고 이 과정이 제대로 작동하기 위해서는 사회적 권한강화(social empowerment)가 지속적으로 이루어져야 하는데, 이것의 성공 여부는 아래의 세 가지 조건에 달려 있다고 할 수 있다.

첫째, 시민사회가 집합적 결사와 행동의 주체로서 국가 권력과 시장 권력을 효율적으로 그리고 일관적으로 통제할 수 있는지, 둘째, 사회적 권력의 운용과 전개를 촉진하는 공고화된 제도적 메커니즘이 존재하는지, 마지막으로 시민사회로부터의 주도성과 자발적 행동들에 대항하는 국가와 자본의 힘을 상쇄할 수 있는 역량을 가졌는지이다(Wright 2010). 경제의 영역을 시민사회, 국가 그리고 시장이 통제하고 조정하는 역학 과정을 결사체적 민주주의와 사회적경제의 관점에서 도식화하면 아래와 같다.

그리고 이 과정에서 핵심적인 것은 생산과 소비의 방식이 단순히 개인의 문제가 아니라 우리를 둘러싼 환경과 타인의 안녕(well-being)에 직접적인 영향을 끼치는 행위라는 것을 인식해야 한다는 점이다. 따라서 우리의 경제활동은 상호 윤리적이고, 면대면의 관계여야 할 뿐만 아니라 잉여분과 공유자원(commons)의 활용 역시 커뮤니티에 의해 민주적으로 결정되고 관리되어야 한다는 것이다. 이것은 "경제를 다시 찾는(take back the economy)" 일이며, 이러한 과정을 통해 더 민주적이며, 윤리적이고, 지속가능한 실험들이 많이 시도될 필요가 있다(Gibson-Graham et al. 2013).

이러한 기본적인 아이디어들을 바탕으로 마포구 내의 다양한 사회적경제 주체들이 '모아'라는 포괄적 네트워크를 통해 대안적인 생산과 소비의 방식을 구

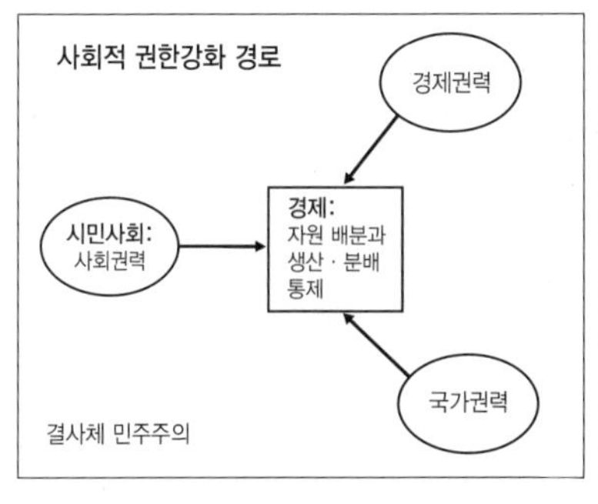

그림 4.7 결사체적 민주주의와 사회적 권한강화

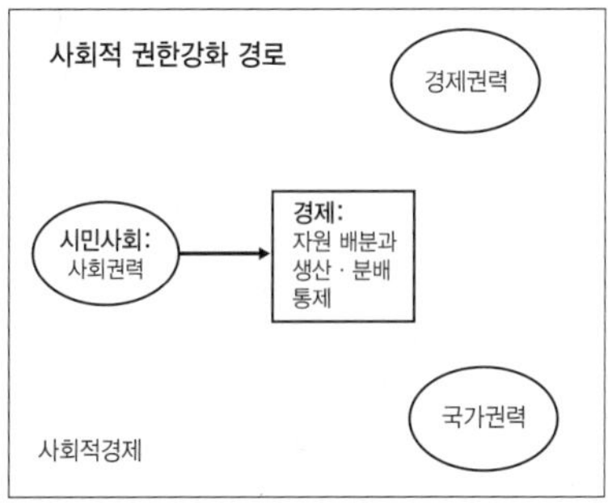

그림 4.8 사회적경제와 사회적 권한강화

현해 나가고 있다. 또한, 마포구 내의 경제적 시민권의 영역을 심화, 확장함으로써 기존에 시장과 대기업이 독식하던 사업들에까지도 진출하여 이것을 통해 발생하는 잉여소득을 비시장(non-market)의 영역에까지도 순환될 수 있도록 하는 것이다. 이렇게 함으로써 지역사회 내의 다양한 사회적기업, 마을기업, 자활기업, 협동조합, 비영리 시민단체, 복지기관 등이 재정적인 혜택을 받는다. 그뿐만 아니라 호혜적 분배망을 통하여 진입한 지 얼마 되지 않았거나 지속가능성의 문제로 어려움을 겪고 있는 사회적경제 주체들을 지탱할 수 있는 생태계가 조성된다. 지역주민의 일상적인 경제활동이 지역사회 내에 존재하는 사회적경제 주체들의 재원으로 직접 연계되어 이들 단체의 고질적인 재정문제를 해결해 나가고자 하는 것이다. 그리고 기업 활동을 통해 축적한 잉여가치를 사업자가 전부 가져가는 것이 아니라 지역사회를 위해 다시 환원하는 시스템이다. 또한 소비자 본인이 재화와 서비스의 판매 구조와 이윤에 대해 인지하고, 수익의 일정 부분의 분배를 직접 결정함으로써 자본의 선순환을 만드는 '착한 소비'가 가능하게 된다.

예를 들어, 모아에서 론칭한 공동체이익회사 ㈜굿바이의 '피플모바일' 웹사이트에서 휴대폰을 한 대 구입할 경우 약 10~30만 원의 개통 수수료 중 70퍼센트를 굿바이와 협약을 체결한 단체들 중 구매자가 선정하여 기부할 수 있다. 그리고 나머지 30퍼센트에 대해서는 ① 지역기금 ② 공공운수노조복지협동사업단 투쟁기금 ③ 사업비로 사용된다. 뿐만 아니라 모아는 '완행열차 321 프로젝

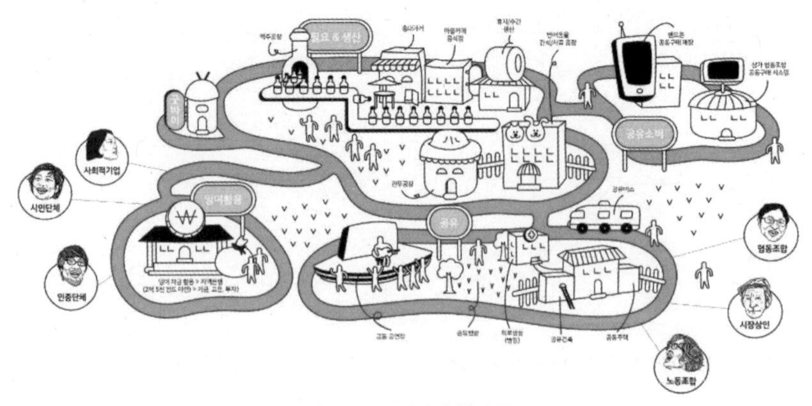

사진 4.5 모아의 순환 흐름

트'를 통해 동네 가게들에서 유통될 수 있는 이용권 형태의 쿠폰을 직접 발행함으로써 이것을 사용하여 물건을 구입할 때마다 5퍼센트의 적립금이 지역기금의 형태로 축적되는 실험을 진행하고 있다. 그리고 이 공공금융은 다시 지역을 위해 유용하게 쓰일 수 있는 공동체 자산으로 활용되어 지속가능한 사회적경제 생태계 조성을 위한 자생력을 키워나가고 있다. 그리고 최근에는 한걸음 더 나아가 동네 가게들에서 유통될 수 있는 공동체 화폐를 발행함으로써 마포구 내의 주요 사회적경제 거점 동네라고 할 수 있는 망원동(망원시장), 성산동, 서교동, 연남동, 염리동 일대의 다양한 조직들이 포괄적 경제 네트워크 안에 들어오고 있다.

> "기존의 사회적경제의 사업내용은 대부분 공적인 영역의 서비스를 민간이 위탁해서 사업하는 방식이었어요. 사실 그래서 사업내용의 특성상 수익을 창출한다는 것이 매우 어려웠어요. 그래서 사회적경제를 이야기할 때 (정당한) 이윤배분이 아닌 고용창출만을 이야기하는 경향이 있는 것 같아요. 이것이 저는 우리나라 사회적기업의 한계라고 생각해요. … 모아 내에서는 마을금고 형태의 지역기금을 만들 계획이 있어요. 500명이 50만 원씩 출자하는 잉여자금 '2억 5천 프로젝트'를 계획 중입니다. 퀘벡이나 몬드라곤 협동조합 같은 경우 노동자은행 등을 통해서 이를 실현하고 있는데, 이 점을 참조하고 있구요. 또한 굿바이에서 시중 은행과 협력

하여 피플카드(신용카드)를 자체적으로 발행할 계획도 가지고 있습니다."

– 정경섭 우리동생 사회적협동조합 이사장[15]

2. 마포사회적경제네트워크

위에서 언급한 모아 이외에도 마포구 내의 민간 사회적경제 주체들의 느슨한 연대체인 마포사회적경제네트워크(이하 마포사경넷) 역시 다양한 형태의 기관들을 연결하고 네트워킹하는 데 중요한 역할을 담당하고 있다. 특히 민민 거버넌스의 측면에서 기존에 지역의 고유한 영역과 사업 단위에서 자생적으로 활동하던 행위자들이나 사회적기업가들이 한자리에 모여 의견을 주고받고, 기존에는 생각하지 못했던 협력 지점들을 발견하도록 도움을 준다는 데 의의가 있다. 마포사경넷은 2013년 12월에 발족하여 '서울시 사회적경제 생태계조성 지원사업'을 통해 본격적으로 주체 간 민민 거버넌스를 형성 및 확장하게 되었고 사업 의제 영역을 뛰어넘어 포괄적 결사체로서 협력적 관계망을 형성하게 되었다. 하지만 마포는 이러한 네트워크가 존재하기 훨씬 전부터 문화예술 및 마을단위에서 활동하던 주체들이 자체적으로 플랫폼의 역할을 구축하고 있었고, 본인의 영역에서 누군가가 도움을 요청하면 언제든 필요한 정보와 자원을 제공해 줄 수 있는 끈끈한 토대가 마련되어 있었다.

물론 서울시의 사회적경제 관련 조례, 지역 단위에서의 사회적경제 생태계조성 지원사업 및 사회적경제 예비특구 준비사업 등 정책 차원에서의 추동도 무시할 수는 없지만, 마포구는 다른 자치구와 비교하여 그보다 훨씬 전부터 개별 단위에서부터 자생을 위한 토양이 마련되어 있었다고 할 수 있다. 그리고 이것이 사회적 자본으로 축적되어 자연스럽게 물밑에서 서로가 서로의 존재와 활동에 대해 인지하고 있었다고 할 수 있다. 다시 말해 동네 방방곡곡에서 운동적 방식으로든 사업의 동기에서든 자기활동을 묵묵히 조직해 오고 있었던 다양한 행위자들이 곳곳에 산재해 있었던 것이다. 이러한 복합적인 흐름들이 2013년 이

15. 인터뷰 일자: 2016. 5. 13.

후로 행정의 적극적인 드라이브와 맞물려 본격적으로 민간의 사회적경제 주체들을 대표할 수 있는 협의체 혹은 네트워크 결성에 대한 논의로까지 이어지게 되었다. 그리고 지난 3~4년 동안은 기본적으로 단체들 간의 경계와 칸막이를 허물고 서로의 활동에 대해 공감대를 형성해 나가는 시기였다. 이 기간에 조직들 간에 신뢰와 관계를 다지고, 정보나 의견을 교환함으로써 수평적 네트워크를 형성해 나갈 수 있다. 그리고 현재는 이렇게 축적된 자산과 관계망을 바탕으로 마포사경넷이 나아갈 새로운 방향을 모색하고 있는 단계이다. 그중 핵심이 바로 민관 거버넌스의 차원에서 행정으로부터 동등한 파트너십으로서 인정을 받는 것이다. 기존에는 단순히 관이 수행하고 있는 프로젝트나 사업에 민간 전문가 혹은 자문관의 형태로 형식적으로 사안에 대해 의견을 제시하는 경우가 많았다. 아니면 행정이 일방적으로 주도한 사업을 위탁받거나 대리하는 경우에 그쳤다. 이 경우 구조적으로 민간은 협치의 파트너로서 인식되기보다는 관리와 감시의 대상으로 머무를 수밖에 없었다. 이런 상황에서 지속적인 거버넌스가 형성되기는 불가능한 것이다. 이러한 상황을 타개하기 위해 행정으로부터의 노력과 양보도 필요하겠지만, 무엇보다 민간 네트워크 차원의 역량과 에너지를 키울 필요가 있다.

다시 말해, 이제는 관계망을 형성하는 것에서 한 단계 더 나아가 지역사회 내의 주요 문제들에 대한 현장의 전문성을 꾸준히 기르고, 지역의 사회적경제 관련 현안들을 발굴하며 이것들에 선도적으로 대처할 수 있는 민간 주체를 발굴해야 한다. 또한, 아직도 시민사회 내부 거버넌스의 큰 걸림돌로 작용하고 있는 민민 칸막이를 제거하고 문턱을 낮추어, 특정한 의제에 대해 민간의 다양한 목소리들이 중층적으로 결집할 수 있는 채널을 확보해야 할 것이다. 이것을 통해 궁극적으로는 정책 수립 단계에서부터 관과 동등한 입장에서 공동의 파트너로서 의사결정 과정에 개입할 수 있어야 하고, 이러한 지위를 행정뿐만 아니라 지역사회로부터 인정받을 때 진정한 의미에서의 민간 주체로서 자리매김할 수 있을 것이다. 또 한가지 마포사경넷이 지향하고자 하는 방향은 지역과의 접점을 지속적으로 모색하고 그 외연을 점차 확장하는 것이다. 이것의 출발은 남녀노소 할 것 없이 누구나 자유롭게 지역의 현안에 대해 본인의 목소리를 내는 공론장을 만드는 것이라고 할 수 있다. 그 대표적인 예로 젠트리피케이션 현상으로 인한 높은 임대료로 쫓겨날 위기에 처했던 성미산마을의 '작은나무카페' 사태를 들 수 있을 것이다. 당시 지역주민들과 자영업자 및 잠재적 퇴거의 위기에 처했던 이들이 우선 카페에 모여 본인의 이야기를 풀어놓는 것에서 공동의 대응이 시작되었다고 할 수 있다. 이러한 논의의 장을 통해 개별적으로 존재하고 있었던 지역의 주민들이 서로 연결되기 시작하였고, 시민사회 차원에서 모색할 수 있는 공동의 대안을 찾아 연대할 수 있었다. 그리고 이러한 모임들이 몇 번 진행된 후에는 지역에 살고 있던 동네 주민들까지도 이 문제에 관해 관심을 가지기 시작했으며, 이것이 결코 본인의 삶과 동떨어진 문제가 아니라는 인식이 퍼져 나가기 시작했다. 마포사경넷도 이러한 중층적 관계망들을 통해 만난 행위자들이 기존의 논의들을 바탕으로 함께 고민한 결과물인 것이다. 마포사경넷의 또 다른 핵심적인 역할 중의 하나는 지속적으로 마포구 주민들의 필요(욕구)와 수요를 파악하고, 이것을 네트워크의 자원과 연결할 뿐만 아니라 다양한 경로를 통해 주민들이 자발적으로 현안과 관련된 공론장을 형성할 수 있도록 기획하는 것이라 할 수 있다. 주민자치위원회와 같은 지역 내 풀뿌리 단위 및 일반 지역단체들 역시 이 과정에 적극적으로 동참하고자 시도하고 있다. 다행히 마포 내에는 지역 내에서 굵직굵직한 사안들이 수면 위로 떠오를 때마다 이해당사자들이 직접 논의에 참여할 수 있는 테이블이 곳곳에 있어 왔다. 그리고 이러한 논의의 장을 공식적·비공식적으로 설계하는 코디네이터들이 곳곳에서 많은 활약을 해 왔다. 마포사경넷 역시 이러한 축적된 사회적 자본을 잘 활용하여 이제는 내부의 결속과 연대를 구축하는 것을 뛰어넘어 지역사회의 숨은 자원들을 적극적으로 활용하여 포괄적인 영향력을 확대해야 하는 시점에 다다른 것이다. 주민들이 생활에서 가장 피부로 맞닥뜨리는 지점을 간파하여 내부의 자원과 정보를 통해 공동사업을 진행하는 것도 한 가지 방법이 될 수 있을 것이다. 더 나아가 대중문화 기획의 형태가 되었든, 마을축제나 이벤트의 형태가 되었든 지역에서 꿈틀대고 있는 점조직들을 연결하고 관심 있는 개인이나 단체들이 등장할 수 있는 공간을 마련하는 것이 시급하다. 이것을 통해 지역의 새로운 사회적경제 주체들을 인큐베이팅하고 이들이 다시 사회적경제 네트워크에 접속될 수

사진 4.6 2013년 12월 마포사경넷 발대식 (마포 사회적경제생태계조성지원단 제공)

사진 4.7 2015년 마포 사회적경제 페스티벌 사진 (마포 사회적경제생태계조성지원단 제공)

있다면 금상첨화라 할 수 있을 것이다. 그리고 마포사경넷을 통해 진행되는 민민 거버넌스의 활동들을 체계화하고, 범지역사회 차원에서의 협력과정과 사업 성과들을 데이터베이스화하는 것도 다음 단계를 위한 중요한 작업이라고 할 수 있을 것이다.

> "선배활동가들이 후배활동가들을 끌어 주고, 지역사회의 문제를 해결하기 위해 정보 자원이든 만남이든 끊임없이 조직해 왔던 것이 마포의 시민사회가 가진 가장 큰 자산이라고 할 수 있어요." – 오성화 마포사경넷 공동대표[16]

16. 인터뷰 일자: 2016. 6. 10.

IV. 맺음말: 공동체 관계망 속에서 무럭무럭 자라는 마포의 사회적경제

본 연구에서는 마포구의 사회적경제를 참여 관찰하기 위해 우선 크게 성미산마을, 망원시장, 그리고 홍대 앞이라는 공간적 특성들에 대해 사전 조사를 한 후, 필드 리서치 및 인터뷰를 통하여 실제로 어떠한 주체들이 어떤 방식으로 각 공간에서 활동하는지 알아보았다. 그리고 마지막 장에서는 각 공간에 개별적으로 흩어져 있는 독립적인 주체들이 생활경제관계망 혹은 민민 네트워크 형태로 연결되는 모습을 보여 주고자 하였다. 그 사례로 망원시장과 성미산, 연남동 등지를 아울러 시도되고 있는 공동체경제네트워크 모아와 풀뿌리 사회적경제 단체들을 연결시키는 마포사회적경제네트워크를 주요하게 관찰하였다. 이상의 연구를 통해 마포구의 사회적경제가 공동체 관계망 속에서 무럭무럭 자랄 수 있었던 요인들을 몇 가지 분석을 해 보자면 첫째, 수십 년 전부터 튼튼하게 자리잡은 시민사회의 토대라고 할 수 있다. 서두에서도 밝혔듯이, 마포구는 다른 자치구와 비교하였을 때, 인권 단체, 비영리 시민단체, 풀뿌리 결사체들의 수가 평균적으로 더 많은 편이다. 뿐만 아니라 이러한 "밑에서부터의" 오랜 기간 이뤄져 온 운동과 연대의 역사, 그리고 생활정치로의 직·간접적인 참여 등을 통하여 뿌리 깊은 시민사회의 저변을 형성해 왔으며, 개인과 조직 차원에서 주체들 간의 협동과 호혜를 가능하게 하는 학습된 경험을 공유하게 되었다. 이러한 과정에서 지역 활동가들과 주민들 사이에 자연스럽게 공동체 의식이 시나브로 형성되어 왔다고 할 수 있다. 또한, 지역 내에 중요한 사건이 발생하거나 위기가 닥칠 때마다 함께 투쟁하고 연대함으로써 사회적 자본의 전통 및 인적 관계망을 축적해 온 공간이라고 할 수 있다. 이러한 인적·물적 관계망을 바탕으로 시민사회의 풀뿌리 행위자들이 사회적경제의 영역에서도 분야별로 오랫동안 활동해 왔다고 할 수 있으며, 커뮤니티 내에서 명망을 얻은 민간 리더십들은 자발적으로 지역사회가 마주한 사회경제적 문제들에 대해 새로운 대안들을 시도해 왔다고 할 수 있다. 둘째로 마포구의 사회적경제가 공동체 관계망 내에 안착할 수 있었던 이유로는 이러한 풀뿌리 조직들이 친밀장(親密場) 및 공론장(公論場) 기능을 충실히 해 왔던 것을 들 수 있다. 성미산 작은나무카페가 젠트리피케이션으로 인해 쫓겨날 위기에 처했을 때 제일 먼저 마을주민들과 인근 활동가들이 카페에 모여 대책을 논의한 것에서 보이는 것처럼, 마포구 내에서는 이해당사자들이 서로 소통하고 정보를 교환하는 플랫폼이 지속적으로 마련되어 왔다. 뿐만 아니라 대기업이 동네 시장의 상권을 침범해 들어올 때 '민중의집'과 같은 비영리 시민단체의 다양한 프로젝트들을 통하여 망원시장 상인들과 인근의 주민들, 그리고 홍대 앞의 예술인들까지 포괄하는 네트워크가 형성될 수 있었던 것도 이러한 사회적경제 조직들이 지속적으로 점과 점을 잇는 촉매로서 기능해 왔기 때문이다. 이렇게 형성된 공론장을 통하여 지역의 굵직한 이슈들에 공동체 차원에서 함께 대응해 나갈 수 있는 방안을 궁리할 수 있었으며, 인근 시민들에게도 관련된 정보를 전달하고 적극적으로 행동에 동참해 줄 것을 요청할 수 있었다. 마지막으로 마포구의 사회적경제가 공동체 관계망 속에서 꾸준히 자라날 수 있었던 이유는 사회적경제를 통해 마을만들기, 도시재생, 공동 자산화 등과 같이 지역사회의 공리를 추구해 왔기 때문이다. 사회적경제가 단순히 사회적 가치를 창출하는 생산과 소비활동을 뛰어넘어, 성미산마을의 사례에서와 같이 마을공동체를 되살리고 옆집과 옆집을 연결하며 기성세대가 다음 세대를 함께 돌보는 유용한 도구로서 활용되고 있음을 볼 수 있었다. 또한 연남동의 문화예술 활동을 통한 지역재생사업에서 볼 수 있듯이 동네의 낙후된 부분들을 마을주민들이 주체가 되어 개선하고 본인들이 살고 싶은 마을을 설계하는 모습을 관찰할 수 있었다. 그리고 홍대 앞의 새로운 시도들에서 볼 수 있었듯이, 젠트리피케이션과 치솟는 임대료에 맞서 문화예술인들이 직접 협동조합을 결성하여 공동의 자산을 축적하고, 행정의 협력을 이끌어 내고자 하는 시도들이 있었다. 더 이상 혼자만의 힘으로는 거대한 자본의 힘에 맞설 수 없기에 작은 개개인들이 협동조합을 통해 결사하여 안정적이고 지속가능한 삶의 터전을 모색하는 과정에서 역시 사회적경제의 원리가 적용되고 있었다. 이렇게 마포구 내의 사회적경제는 조금 더 나은 대안, 그리고 지역주민 중심의 더불어 사는 '공동체'를 항상 지향하고 있었으며 이것이 기존의 시민사회의 활동들과 종횡으로 연결되어 튼튼한 경제 '관계망'을 형성해 나갈 수 있었던 것이다.

성북구 사회적경제를 통한 정치의 재발견

이지호·유지연

Ⅰ. 문제제기

Ⅱ. 성북구의 사회적경제 생태계 개괄

Ⅲ. 사회적경제에 대한 비판적 고찰: 행정 주도의 끌려가기식 발전 양상

Ⅳ. 사회적경제를 통해 본 시민정치: 시민이 주도하는 연대의 경제

Ⅴ. 성북구 사회적경제의 향후 과제

Ⅵ. 맺음말

Ⅰ. 문제제기

사회적경제는 정치적 현상인가? 사회적경제는 어떠한 점에서 정치학의 연구 대상이 될 수 있는가? 오늘날 사회적경제는 일반(자본주의)기업이나 시장경제 모델과 구별되는 대안적 경제조직 모델 즈음으로 이해되기도 한다. 그러나 사회적경제를 대안적 경제 모델로 접근하는 방법만으로 과연 그 현상 이면에 담긴 이론적·실천적 함의를 충분히 이해할 수 있을까? 본 연구는 사회적경제에 대한 단순한 물음에서 시작한다.

필자들은 정치학도라면 사회적경제 조직들과 그들의 활동을 분석할 때 마땅히 그 안에서 일련의 정치적 함의를 찾고자 노력해야 한다는 문제의식을 갖게 되었다. 사회적경제 조직을 단순히 경제적 이익과 사회적 가치를 동시에 창출하면서 시장경제의 일자리 문제를 해결할 수 있는 대안적 경제 모델쯤으로만 평가하는 것은 사회적경제에 담긴 정치적 함의를 간과하는 것이다. 그렇다면, '사회적경제가 정치적 현상'이라는 명제(혹은 주장)는 구체적으로 어떻게 증명될 수 있을 것인가?

여기서 우리는 먼저 '정치적인 것(the political)'의 개념을 규정할 필요가 있다. 대체로 정치적인 것은 대의제하에서 시민을 대표하는 전문 정치인과 정부 행위자가 활동하는 영역의 속성으로 협소하게 이해된다. 그러나 이러한 정치 개념으로는 시민이 주요 행위자로 활동하는 사회적경제는 정치적 활동으로 정의되기 어렵다. 왜냐하면 사회적경제 영역에서 주로 활동하는 주체는 엘리트 정치인이나 정부정책을 시행하는 행정 관료에만 한정되지 않기 때문이다. 사회적경제는 정책과 제도를 만드는 전문 정치인이나 행정 관료뿐만 아니라, 실제 현장에서 사회적경제 활동을 실천하는 다양한 시민 주체가 주인이 되는 영역이다. 따라서 본 연구는 종래의 국가 중심의 정치나 특정집단의 이익을 관철하는 이익정치와 달리, '시민이 아래로부터 새로운 정치주체로 등장하는 정치'로의 개념 확장을 시도하고자 한다. 이러한 정치의 개념은 이른바 생활정치와 시민자치의 담론으로 다루어져 왔다. 여기서 정치적인 것은 정치가 국가나 시장의 메커니즘에 제한되어 있는 것이 아니라 자발적 연대와 민주적인 참여 등을 중심으로 자기 결정권을 가진 시민이 기획하고 연출하기 때문에 시민자치로서의 의미를 지니며, 시민에 의해 일상생활의 의제를 공적인 의제로 전환시키기 때문에 생활정치의 의미를 지닌다(김기성 1999; 하승우 2011).

사회적경제를 정치학적으로 접근한다는 것은 크게 세 가지를 전제한다. 먼저, 사회적경제 활동이 중앙정부, 지자체, 시민단체, 사회적경제 조직, 지역주민 등 다양한 정부·비정부 행위자들 간의 사회적 관계 및 상호작용이 만들어 낸 정치적 과정의 결과물이라는 점을 이해해야 한다. 또한, 사회적경제에 대한 정치학적 접근은 사회적경제의 생태계와 그 속의 행위자들의 행위가 거시적인 정치사회구조의 영향을 받는다는 점을 인지하는 것을 의미한다. 한국의 사회적경제 활동은 사회적경제 모델의 발현지라고 간주되는 서구 사회와는 다른 사회적·역사적 맥락을 갖고 있으며, 이는 두 사회적경제 활동 양상의 차이를 낳는다. 그러나 오늘날 한국의 사회적경제에 대한 기존 연구의 접근법은 이러한 근본적인 정치적 맥락의 차이점을 때때로 간과한다는 한계를 보인다. 오늘날 한국의 사회적경제 활동은 서구의 그것과 같이 시민이 주도하는 아래로부터의 자발적인 조직 형성에 따라 태동한 것이 아닌, 정부가 주도하는 위로부터의 제도 구축과 재정적 지원에 따라 생성된 측면이 크다. 한국에서의 사회적경제 모델이 적극적으로 추진되는 배경에는 위로부터 형성된 제도적 지원하에서 사회적경제에 시민이 참여하고 활동함으로써 경제위기에 따른 일자리 창출의 문제를 해결하기 위한 정부의 목적이 선행한다.

더 나아가, 사회적경제에 담긴 민주주의적 함의를 발견하고자 한다는 것이 전제되어야 한다. 활성화된 사회적경제 조직은 민주주의의 실천의 장으로 역할할 수 있다는 점에서 긍정적이다. 비록 제도와 재정적 지원은 정부 주도로 이루어지지만, 실제로 사회적경제 활동에 참여하고 사회적 가치와 경제적 잉여를 창출하는 주체는 시민이다. 또한 사업체 내에서 고용주와 피고용자의 수직적 위계질서가 엄격히 지켜지는 일반적 시장경제 조직과 달리, 사회적경제는 수평적 호혜와 협력을 통해 민주주의와 자율성을 강화하는 활동의 측면이 강하다. 이는 사회적경제 활동이 사회적 가치를 함양한다는 의의뿐 아니라, 조직 내부의 구성원들 간의 동등한 의사결정권하에 민주적으로 운영되어야 한다는 조직 내부적 원리에 근거하기도 하다.

이 글은 서울시 성북구의 사회적경제 조직과 활동 사례를 통해 사회적경제 현상에 담긴 정치적 함의를 이해하고자 한다. 대의제 민주주의 제도와 정부 행위자로 협소하게 이해된 기존의 정치 개념과 달리, 정치에 대한 보다 확장된 관점은 미시적이고 개별적인 참여주체인 시민 계층에 초점을 맞춘다. 성북구의 사회적경제 사례를 통해 본 장은 ① 연대와 협동의 가치에 기반한 시민의 자발적인 공공성 형성 ② 민민 거버넌스를 통한 사회적경제 생태계 조성 ③ 민관 거버넌스를 통한 시민의 성장의 정치적 함의를 오늘날 사회적경제 현상에서 발견하고자 한다. 우선, 다음 절에서는 성북구의 지역적 특성과 사회적경제 생태계의 전반적인 특징을 개괄한다. 그런 다음 성북구의 다양한 사회적경제 주체에 대한 인터뷰 조사와 참여 관찰을 바탕으로 위의 정치적 함의를 구체적으로 밝히고자 한다.

Ⅱ. 성북구의 사회적경제 생태계 개괄

성북구 사회적경제 활동의 개별 사례를 탐색하기에 앞서, 성북구 사회적경제의 활동 역사와 활동 배경이 되는 사회·정치 제도적 조건, 활동 현황 등을 아우르는 생태계에 대해 전반적으로 살펴보고자 한다.

성북구의 다양한 행위자들이 사회적경제에 주목하는 이유는 무엇일까? 성북구의 사회적경제 활동의 배경에는 성북구의 경제·사회적 조건과 관련된 고유의 지역적 특성이 있다. 성북구는 서울시 자치구의 대표적인 베드타운으로, 1990년대 이후의 신개발주의에 따른 주거환경 개선·개발에 대한 욕구가 뉴타운 재개발, 재건축의 형태로 활발하게 진행되었다.[1] 이러한 재개발의 바람으

1. 일례로 서울시 주택재개발사업 추진실적을 살펴보면, 2015년 서울시 주택재개발사업 전체 시행면적 중 성북구의 주택재개발사업 시행면적은 약 7.7%(18,107㎡)를 차지한다. 2010년에는 전체 주택재개발사업 시행 면적 중 성북구의 주택재개발사업의 완료 면적은 약 34.1%(126,491㎡)를 차지했다. 이는 다른 서울시 자치구와 비교해 보았을 때 상당히 높은 비율이다. 출처: 서울시 열린데이터광장. http://data.seoul.go.kr/

로 지역주민들은 재개발 문제를 두고 첨예한 갈등을 빚기도 하였으며 이는 지역의 활력성 저하와 지역공동체 및 지역상권 침체, 산업·경제적 기반 약화로 이어졌다(성북구청 2015: 5). 또한, 성북구 제조업의 약 68%가 섬유 산업과 봉제 산업으로 지역 산업 지형의 대부분을 차지하고 있으며, 이들의 대부분이 영세사업장으로 지역 경제의 수익을 내는 데에 한계가 있다. 이로 인해 성북구는 새로운 지역경제 모델을 구축할 필요성을 갖고 있다(성북구청 2016a: 9). '사람 중심의 생활정치'를 표방하는 민선 5기 김영배 구청장의 취임 이후, 성북구는 뉴타운 개발로 대표되는 신자유주의적 경제 시스템이 지역사회와 지역 경제에 갖는 부정적 영향에 대응하여 지역사회와 공동체의 발전을 위한 대안 경제 체계로서 사회적경제를 주목한다.

'사회적경제의 사관학교'라는 별칭이 있을 정도로 서울시 자치구 중에서도 성북구의 사회적경제 활동은 단연 돋보인다.[2] 성북구는 사회적경제의 개념이 아직 생소한 시기에 전국 기초자치단체 중 처음으로 사회적경제 활동을 전담하는 사회적경제지원과를 신설했다(2012년). 또한, 성북구는 전국 기초자치단체 최초로 사회적경제 기본조례를 2014년 12월에 제정하는 등 서울시 자치구 중에서 사회적경제 생태계 조성에 앞장서는 자치구이기도 하다. 서울시 각 자치구의 사회적경제 네트워크 현황을 살펴보면, 성북구는 사회적경제통합지원센터[3](마을사회적경제지원센터), 사회적경제협의회, 지역자활센터를 모두 갖춘 서울시의 몇 안 되는 자치구일 뿐만 아니라, 사회적경제 예비특구로 지정되어 있기도 하다. 서울시는 지역 의제를 해결하는 맞춤형 사회적경제 주체를 발굴하고 지역의 특수성에 기반한 사회적경제 모델을 개발하자는 취지로 서울시의 6개 자치구를 사회적경제 예비특구를 지정하여 2016년부터 3년간 총 5억 원의 재정적 지원을 한다. 특히, 성북구는 '도시재생'을 지역적 특성을 반영한 핵심 키워

openinf/linkview.jsp?infId=OA-12519&tMenu=11(검색일: 2016. 9. 1.)

2. 이경주. "'사회적경제 사관학교' 소문난 성북." 서울신문. 2015년 2월 5일자. / 박종일. "'사회적경제 사관학교' 성북구 민간이 주도." 아시아경제. 2015년 4월 6일자. / 양은영. "지역 특성 살린 한국형 사회적경제 모델 만들겠다." 한겨레. 2015년 4월 26일자.

3. 사회적경제통합지원센터가 설치된 곳은 서울시에 8개 자치구밖에 없다.

표 5.1 사회적경제 조직 현황(2016년 8월 기준)

총(개)	협동조합	사회적기업	마을기업	자활기업	중간지원조직
126	77	29	8	12	성북구마을사회적경제센터

출처: 성북구청 홈페이지.

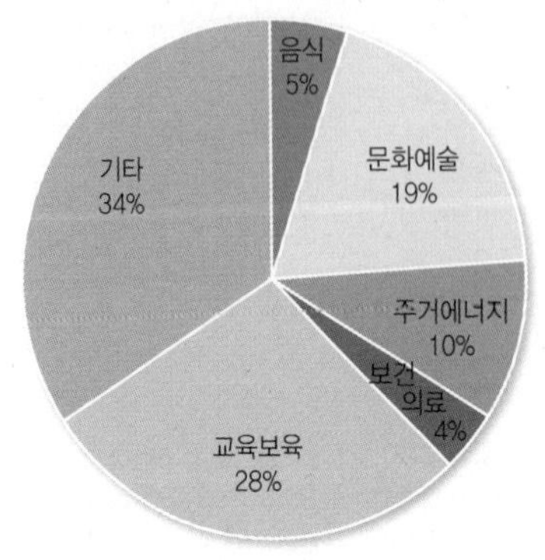

그림 5.1 사업분야별 사회적경제 조직 현황

드로 삼아, '도시재생을 융합한 사회서비스센터를 설립'하는 사회적경제 모델을 실험 중에 있다(서울특별시 2015). 이와 같이 성북구는 다른 자치구와 구별되는 지역적 특색을 기반으로 사회적경제 활동을 펼치고 있으며 이는 궁극적으로 지역이 당면한 지역사회 문제를 해결하는 데에 목적을 두고 있다는 점에서 사회적경제 본연의 목적을 충실히 지향하고 있다고 보인다.

그렇다면 실제로 성북구에 자리 잡고 있는 사회적경제 조직들의 활동 현황은 어떠할까? 성북구의 공공시장 영역에서 사업자 등록을 한 업체가 25,000개 정도임을 고려하면, 사회적경제 조직은 성북구 전체의 0.5% 정도밖에 되지 않을 정도로 아주 작은 규모에 불과하다. 비록 시장 전체에서 사회적경제 조직이 차지하는 비중이 높지는 않지만, 성북구 사회적경제의 외형은 꾸준히 성장하고 있다. 2016년 8월 말을 기준으로 성북구에는 고용부가 인증한 사회적기업 19개와 예비사회적기업 10개가 있으며, 협동조합 77개, 사회적기업 29개, 마을기업 8개, 자활기업 및 자활사업단 12개가 사회적경제 조직으로 활동하고 있다. 성북구에는 총 126개의 사회적경제 조직이 지역을 기반으로 활동하고 있으며, 450명이 사회적경제 조직에 종사하고 2,600여 명이 조합원으로 참여하고 있다. 2010년에는 사회적경제 조직 13개, 종사자 140여 명에 불과했으며 2013년에는 조직이 65개, 종사자 400여 명이었던 것과 비교했을 때 전체 사회적경제 조직과 종사자의 규모가 상당히 증가한 것임을 알 수 있으며 그 증가 속도도 점점 빨라지고 있다.[4]

성북구의 사회적경제 생태계의 조성에는 구청장을 비롯한 지자체 차원의 위로부터의 지원이 큰 역할을 해 왔다. 성북구는 민선 5기 김영배 구청장의 취임 이후부터 오늘날의 민선 6기까지 사회적경제의 육성을 핵심적인 정책 목표 중 하나로 삼고 있다. 구청장은 사회적경제를 "더 많은 이들의 풍요로 이어지고 공동체가 지속되는 방식으로 계속되는" 방식으로 이해하며, "(지방의 현실을 고민해야 하는) 사회적경제와 지방정부는 본질적으로 가깝기" 때문에 사회적경제 생태계 조성에 있어서 지방정부의 역할을 강조한다.[5] 따라서 성북구의 사회적경제 생태계는 실제 민간 차원의 사회적경제 조직들의 활동과 더불어 사회적경제 활동을 장려하고 지원하는 지자체 차원의 정책적·제도적 인프라도 큰 축을 이루고 있다.

성북구는 2016년 사회적경제와 관련된 정책과제로 ① 종합 지원체계 구축 ② 지속가능한 마을공동체경제 실현을 2대 핵심전략으로, ① 마을공동체경제 기반구축 ② 지역특화산업 육성 ③ 민간조직 육성 및 운영 ④ 맞춤형 도시재생 사업추진을 4대 지원전략으로 하는 6대 추진전략을 선정했다. 이러한 사회적경제 관련 과제 수행을 통해 ① 지역자원의 발굴, 재생, 공유 등을 통한 선순환하는 대안적 지역경제 모델을 수립하고, ② 사회적경제와 도시재생을 융합함으로써 지속가능한 마을공동체 경제를 구축하는 것을 달성하고자 한다.[6]

성북구 사회적경제 조직이 빠른 성장 속도를 보이는 데에는 행정력을 집중시켜 고도의 효율성을 발휘하는 관의 역할이 매우 컸다. 우선, 성북구청은 사회적경제에 대한 시민들의 인식이 미미하다는 점을 인지하여 시민들에게 많이 알리고 사회적경제의 좋은 의미를 전파할지 고민하고 있다. 이를 위해 성북구청은 2016년 3월 마을사회적경제과를 신설했고, 각종 위원회, 조례, 규칙 등 인프라를 구축하는 데 많은 노력을 할애하는 등 행정력을 집중시키고 있다.

또한, 성북구는 사회적경제 기업 구매촉진과 공공구매 활성화를 위해 「성북

---

4. 성북구청 마을사회적경제과 제공 「사회적경제 관련 주요성과 및 우수사례」
5. 장우성. "'사회적경제 전도사' 김영배 구청장 "더 많은 이에게 풍요를."" 뉴스1. 2014년 11월 20일자.
양은영. "지역 특성 살린 한국형 사회적경제 모델 만들겠다." 한겨레. 2015년 4월 26일자.
6. 성북구청 마을사회적경제과 제공 「사회적경제 발전을 위한 중장기계획안」

구 사회적 가치 실현을 위한 사회적경제 기본조례」 제12조(우선구매 지원)와 서울특별시 성북구 사회적경제 제품 구매촉진 및 판로지원에 관한 조례 제8조 「공공기관의 사회적경제 제품 우선구매」를 제정하였다. 위의 조례를 근거로 성북구의 공공기관이 사회적기업, 협동조합, 마을기업, 자활기업 등의 사회적경제 제품을 우선적으로 구매함으로써, 사회적경제 조직의 판로를 확대하고 경쟁력을 높이고자 노력하고 있다. 2013년부터 실시하고 있는 사회적경제 제품 의무구매 공시제 결과, 사회적경제 제품 구매 실적이 2011년부터 2014년까지 연 109%, 사회적기업 매출액이 연 444% 증가하였다. 이는 정부 행위자가 단지 사회적경제에 대한 보조적 차원의 지원을 넘어, 사회적경제 영역의 확장을 위해 참여하는 능동적 주체로서 역할하고 있음을 보여 준다. 이러한 공공기관의 지원을 통해 성북구의 사회적기업은 취약계층 163명을 포함한 345명이 근무하는 성과를 달성할 수 있었다고 평가된다.[7]

한편, 성북구는 사회적경제 기본조례에 근거하여 사회적경제 위원회를 구성 및 운영하고 있다. 사회적경제 위원회는 성북구청의 마을사회적경제 추진단과 함께살이성북사회적협동조합, 그리고 성북구마을사회적경제센터가 참여하여 사회적경제에 관한 주요 정책을 수립, 조정, 평가하는 회의체이다. 사회적경제 위원회는 성북구 사회적경제 영역의 성장에 필요한 지역적 기반 구축 방안을 논의하는 대표적인 민관 거버넌스 조직체로서 성북구 사회적경제의 생태계 형성에 큰 기여를 하고 있다. 또한, 사회적경제에 관련한 현안 업무를 협의·조정하기 위해 각 주체대표단이 참여하는 민관정책협의회는 ① 중간지원조직인 마을사회적경제센터를 지속적으로 활성화시켜 사회적경제 조직 인큐베이팅 사업과 민관, 민민 네트워크 공동사업 및 협업모델을 개발하고, ② 사회투자기금 운용 위원회를 구성하여 사회적경제 조직의 성장을 지원하기 위한 사회적 금융을 추진하며, ③ 전국사회연대경제지방정부협의회를 운영함으로써 교차구매 등 공동 협력 사업을 이용하여 사회적경제의 외연을 확대시키는 것 등을 세부적인 목표로 설정하고 있다.[8]

---

7. 앞의 글.

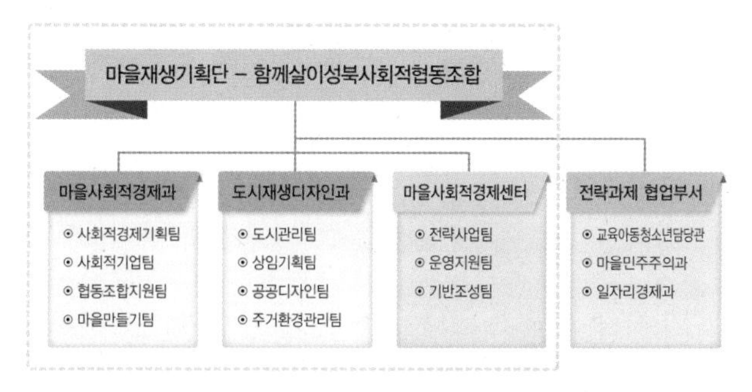

그림 5.2 성북구 상설협의체 구성 체계도

그림 5.2는 사회적경제를 위한 성북구청 산하의 상설협의체의 구성 체계도이다. 이 협의체하에는 사회적경제에 특화된 '마을사회적경제과'뿐만 아니라, '도시재생'과 '마을공동체'와 관련된 부서도 협업을 하고 있다. 이는 성북구의 사회적경제 영역이 마을공동체와 마을 민주주의 등의 지역공동체 재생의 이슈와 촘촘하게 연결되어 성북구의 풀뿌리 지역사회의 회복의 큰 틀에서 성장해 나가고 있음을 보여 준다.

더 나아가, 성북구는 사회적경제에 대한 실태 조사를 바탕으로 「사회적경제 기본계획」을 마련하고자 한다. 성북구는 「사회적경제 기본조례」에 근거하여 성북구 관내의 사회적경제 조직과 지역 자원조사 및 사회적경제 활동 실태조사를 통해 성북구 사회적경제의 종합적인 마스터플랜인 「사회적경제 기본계획」을 수립할 예정이며, 이는 2년 주기의 지역 조사를 바탕으로 4년마다 새롭게 쓰여질 것이다(성북구청 2016a: 31-32). 이러한 시도는 성북구가 사회적경제에 대해 중장기 차원의 체계적인 성장 계획을 갖고 있으며 궁극적으로 성북구의 고유한 지역적 특성에 알맞는 '성북구의 사회적경제 모델'을 마련하고자 함을 알 수 있다.

살펴보았듯이, 성북구는 서울시의 여러 자치구 중에서도 사회적경제에 대한 지자체 차원의 높은 열의와 주도성이 단연 돋보인다. 성북구 사회적경제 생태계의 형성에는 민간 행위자의 실질적인 사회적경제 활동만큼이나 관의 제도적

8. 성북구청. 2016. 『사회적경제와 도시재생을 위한 마을공동체경제 구축』.

인프라 구축이 큰 부분을 차지한다. 그러한 점에서 성북구의 사회적경제는 정부의 위로부터의 제도적 지원에 의해 폭발적으로 성장한 한국 사회적경제의 속성을 단적으로 보여 준다고 할 수 있다.

Ⅲ. 사회적경제에 대한 비판적 고찰: 행정 주도의 끌려가기식 발전 양상

사회적경제를 정치적 현상으로 분석하고자 할 때, '정치'의 개념을 어떻게 이해하느냐에 따라 사회적경제 활동의 정치적 함의에 대한 해석도 달라진다. 정치적 현상을 전통적인 국가·정부행위자 간의 상호작용과 제도권 내의 정치적 행위로만 이해한다면 국가·정부행위자에 의해 형성된 행정 시스템과 정책적 제도가 어떻게 사회적경제 활동을 조건 짓고 영향을 주었는지에 대해 더 초점을 둘 것이다. 본 절에서는 이러한 전통적인 정치 개념의 프레임을 통해서는 사회적경제를 어떻게 분석할 수 있고, 그것이 어떠한 함의를 가질 수 있는지 먼저 짚어 보고자 한다.

사회적경제가 국가 중심의 권력구조를 재생산할 뿐이라는 한계를 지적하는 입장은 사회적경제를 전통적인 권력 관계 중심적인 정치 개념으로 분석할 가능성이 크다. 왜냐하면, 사회적경제 현상을 국가나 정부 행위자 중심으로 분석하고 이해하기 때문이다. 대표적으로 한국형 사회적경제 모델에 대한 비판적 입장들 중에는, 사회적경제가 국가나 시장의 책임을 대체하거나 보완하는 기능적 도구 내지는 일자리 창출을 위한 정책적 도구로 전락했다는 입장들이 있다(양세훈 2012; 이해진 2015). 이러한 관점에 따르면, 오늘날 한국에서 이루어지고 있는 사회적경제 활동은 먼저 정부가 위로부터 법적 제도를 구축하고 자금을 지원하는 사업을 제공하면 민간 행위자들이 그것들에 참여하거나 또는 동원되는 '끌려가기'식의 양상을 보인다. 이들은 이러한 현상을 국가나 정치권력의 이해를 중심으로 전유되는 사회적경제의 '정치화'로까지 표현하기도 한다. 즉 사회적경제는 국가나 시장 영역과 대등한 협력관계를 맺지 못하고 국가나 시장 영역에 포섭되었다는 것이다.

성북구 사례를 볼 때, 이러한 비판은 일견 타당해 보이기도 한다. 사회적경제 활동을 적극 권장하기 위해 마련한 제도 및 인프라와 정부 주도로 추진하는 사회적경제 관련 사업이 실제 '정부의 주민 동원' 형태로 이루어지는 측면이 나타나기 때문이다. 현재 민간의 사회적경제 조직에 대한 주요한 지원체계는 공모사업의 형태로 이루어지고 있다. 이러한 공모사업들은 하드웨어적인 사업 실시를 통해 가시적인 활동성과를 달성할 것을 요구하거나 사업 지원을 위한 복잡한 행정 처리에 따른 진입장벽을 높여 주민의 참여를 어렵게 만든다. 또한, 공모사업은 주로 지원기간이 1년 단위로 이루어져 주기가 매우 짧고, 단기적 지원체계에 맞춘 사회적경제 조직의 형성과 이후 활동은 단발성 사업에 그치는 경우도 많다.

사회적경제 주체를 지원하는 다양한 정부 지원체계의 난립도 한계로 지적된다. 오늘날 다양한 정부 주체들은 사회적경제를 지원하는 제도적 체계를 갖추고 있는데, 행정자치부와 고용노동부, 환경부 등 중앙부처와 광역자치단체인 서울시와 기초 지자체인 성북구가 각기 개별적으로 사회적 조직을 지원하는 사업과 정책을 추진하고 있는 형국이다. 사회적경제 활동을 지원하는 다양한 공모사업과 지원제도들의 홍수 속에서 성북구의 민간 사회적경제 주체들은 어떠한 제도적 지원이 자신들에게 필요한 것인지에 대해 혼란스러움을 느낀다. 사회적경제를 활성화시키기 위해 위로부터 마련된 제도적 인프라가 갖고 있는 한계에 대해 성북구마을사회적경제센터의 양현준 센터장은 다음의 우려를 표한다.

> "사회적기업의 지정 부처는 고용노동부, 기획재정부 등 제각각이잖아요. 사회적경제 예산이 각종 공모방식으로 풀려나가기도 하지만, 실제 주민들이 이런 것에 대해서 얼마나 인지하고 체감하는지에 대해서는 미지수예요. … 주민들이 굉장히 많은 사업들 중에 대체 어느 것을 해야 할지 혼란스러울 수 있어요."
>
> – 양현준 성북구마을사회적경제센터장[9]

---

9. 해당 인용문은 양현준 센터장과의 인터뷰에서 발췌한 것이다(이하 표기 생략). 인터뷰 일자: 2016. 4. 21.

한편, 사회적경제 활동을 객관적 수치와 정량적 지표만을 이용하여 평가하는 행정의 성과주의 역시 문제로 지적된다. 일례로, 성북구의 사회적경제 조직을 지원하고 관리하는 마을사회적경제과는 사회적경제 관련 주요성과 및 우수사례를 평가하기 위해 사회적기업의 발굴·육성 현황(추진실적과 외부평가 '우수사회적기업 선정', '서울시 일자리 창출사업 분야 인센티브 우수상 수상' 등)과 취약 계층 고용 현황 및 매출액, 그리고 사회적경제 제품 공공기관 우선구매 공시제 등의 다양한 기준을 세우고 평가한다. 그러나 이러한 평가 기준들은 대부분 사회적경제 활동의 질적인 성과보다 가시적인 수치로 표현되는 양적인 성과에 집중되어 있다. 물론 수량과 수치에 근거한 양적 지표 역시 사회적경제의 현황을 파악하고 발전 정도를 측정할 수 있는 주요한 방법 중 하나다. 또한 주어진 인력과 예산, 시간의 한계를 고려한다면 구청 직원들이 개별 사회적경제 조직의 성과를 정성적으로 평가하는 데에 시간과 관심을 쏟는 것은 다소 부담스러운 과제이기도 하다. 그러나 사회적경제에 대한 논의와 평가가 조례 제정과 재정적 지원체계 구축 등 행정 시스템의 마련에만 집중되다보면, 이것이 오히려 사회적경제 영역의 질적인 성장과 생태계 발전에 제약을 주는 요인으로 작용할 가능성도 있다. 왜냐하면, 현재의 공모사업 방식과 성과주의 시스템하에서는 사회적경제 영역 내에서도 능력과 자원을 갖춘 소수의 민간 주체들이 더 수월하게 정부의 지원을 받을 수 있는 확률이 높기 때문이다. 따라서 정부가 제공하는 한정된 자원을 둘러싸고 사회적경제 주체 간의 경쟁이 심화되어 승자 독식 구조가 형성되면서, 기존의 시장경제체제가 갖고 있는 문제점이 그대로 양산될 가능성이 크다.

실제 현장에서 사회적경제 활동을 하는 주체들은 지원제도가 구축되고 제도가 정교해지는 것과 실질적인 사회적경제 생태계의 성장은 별개의 문제임을 지적한다. 이들은 시장경제가 절대적으로 지배하는 척박한 우리 사회의 현실에서 사회적경제가 발전할 수 있는 토양을 만든 데에는 위로부터의 제도적 지원의 역할이 컸지만, 사회적경제가 그 본래의 목적을 달성하기 위해서는 제도와 정책 시스템 마련으로는 충분하지 않다는 것에 입을 모은다.

"지금 (사회적경제에 대한 공공의 지원체계가) 잘 되었다는 것은 지원사업 수가 늘어나고 지원인력이 늘어난 것으로 측정을 하는데, 아쉬운 점은 그 너머의 적극적이고 주도적인 지원은 없는 것 같아요. … 스타트업 투자 사례를 보면 내가 직접 투자한 후에 절대 망하면 안 되니, 투자금 외에 공간, 네트워크 등을 아주 적극적으로 지원하거든요. 일종의 밀착 인큐베이팅이죠. 근데 사회적경제 지원체계는 가능성을 측정하기 어려워 그런지 자격여부를 깐깐하게 확인하는 등의 시스템만 더 정교해지는 것 같아요. … 지금의 사회적경제 분야는 수치, 수량적인 것들을 중요시 여기니 데이터나 통계는 좋게 나올 수 있겠지만, 실제로 건강한 생태계가 만들어졌느냐는 제대로 살펴볼 일이에요." – 박동광 협동조합 성북신나 이사[10]

현재 성북구는 사회적경제 조례를 제정하고 중간지원조직인 성북구마을사회적경제센터를 운영하며, 사회적경제에 대한 각종 지원사업을 선도적으로 추진함으로써 사회적경제라는 씨를 뿌리고 물을 주고는 있지만, 그 이상으로 사회적경제를 활성화하고 완성하기 위한 '농부의 마음'이 절실하다. 즉, 지금까지 지자체와 다양한 정부 주체에 의해 추진되어 온 공급자 중심의 사업 기획과 지원체계로부터 사회적경제 개별 조직의 특수성에 주목하는 수요자 위주의 지원체계로의 전환이 필요한 것이다.

"(성북구는) 사회적경제 단위만 중간지원조직만 커져 있고 공모사업을 거의 독점하는 형태예요. 사회적경제 단위의 지원, 우선구매 조례는 있지만 마을단위에는 그런 게 없거든요. … 마을주민들이 자신들의 제품을 판매할 수 있는 그런 건 없어요. 저희가 스스로 하기에는 굉장히 힘들고 홍보에도 한계가 있습니다."

– 배정학 장수마을주민협의체 대표[11]

한편, 사회적경제 활동에 대한 정부의 지원정책은 정치인이나 지자체장 등 리

10. 해당 인용문은 박동광 이사와의 인터뷰에서 발췌한 것이다(이하 표기 생략). 인터뷰 일자: 2016. 5. 9.
11. 해당 인용문은 배정학 대표와의 인터뷰에서 발췌한 것이다(이하 표기 생략). 인터뷰 일자: 2016. 5. 20.

더십의 의지에 따라 쉽게 강화되거나 축소될 수도 있다는 점에서 한계를 노정하고 있다. 앞서 언급했듯이, 성북구 사회적경제 영역의 급격한 성장은 김영배 구청장이 사회적경제와 마을만들기 사업에 대해 갖는 강한 의지와 그에 따른 전폭적인 재정적 지원과 제도 구축에 상당 부분 기인한다. 그러나 사회적경제 활성화에 대한 성북구청의 열의에도 불구하고 사회적경제를 위한 법적·제도적 지원은 일정 부분 한계를 갖는다. 사회적경제 영역을 국가적 차원에서 지원하는 사회적경제 기본법 제정에 대한 논의가 19대 국회에서 이루어졌지만, 여야 간의 정치적 이해관계를 이유로 결국 법률이 국회를 통과되지 못한 채 19대 국회가 막을 내렸다. 지자체의 조례는 상위법인 법률의 영향을 받기 때문에 국회에서 법률로 통과되지 않는 부분에 대해 조례를 임의로 제정할 수는 없다. 또한, 김영배 구청장의 임기와 연임에는 한계가 있으며, 뒤이어 선출될 구청장이 사회적경제 추진에 대한 비슷한 의지가 있을 것이라고 확신할 수 없다. 따라서 건실하고 자생가능한 사회적경제 생태계가 조성되지 않는 한, 사회적경제 조직과 활동은 정치권의 리더십 변화에 민감하게 영향을 받을 수밖에 없다.

> "총선이 끝나서 여소야대로 바뀌니 확 정책이 바뀐다고 하던데, 저희 사회적경제나 마을공동체 영역 사업 자체가 정치지향성이 강한 시스템이기 때문에 정치적 영향력을 많이 받을 수밖에 없어요. … 정치적 변화가 와도 흔들리지 않도록 자생성을 갖추는 게 저희의 과제입니다." – 양현준 성북구마을사회적경제센터장

성북구의 사회적경제 활동을 지원하는 행정적 시스템에서 구청의 예산은 핵심적인 요소이다. 그런데 사회적경제에 대한 예산 결정권을 구 의회가 쥐고 있기 때문에, 예산을 편성하는 과정에서 구 의원과 사회적경제 활동 참여 주체 간의 불균형한 지위 관계에서 파생된 문제가 드러나기도 한다. 현재 성북구는 '주민참여예산제'를 도입함으로써 마을 민주주의의 기반 마련을 위해 선도적인 노력을 하고 있지만, 그 규모는 여전히 매우 작은 실정이다. 2016년 성북구청은 주민참여 예산으로 추진될 57개의 사업을 위해 약 9억 원을 편성했는데, 이는 성북구 전체 예산 5100억의 0.2%만을 차지할 뿐이며 그 이외의 예산 편성은 구

의회 의원에 의해 전통적인 방식으로 이루어진다.[12] 그러나 의회에 있는 의원들의 대부분은 여태껏 시장경제의 환경 속에서만 살아 왔기 때문에 사회적경제에 대한 기본적인 이해가 부족하며, 그 필요성과 가치에 대해서 잘 알지 못하는 경우가 많다. 이는 현재 성북구의 사회적경제 지원체계에 대한 결정권이 사회적경제 영역 자체에 대한 이해도가 낮은 집단에 주어져 있다는 것을 의미한다. 이러한 암점을 보완하기 위해 성북구청은 자체적으로 의원들에 대한 교육과 설명회를 진행하고 있지만, 사회적경제의 중요성과 지원체계의 필요성에 대해 구의회 의원들의 이해와 합의를 구하는 데에는 어려움이 상당 부분 존재한다.

> "의회에 있는 사람들 대부분은 사회적경제에 대한 인식과 이해 자체가 미흡한 편입니다. 그리고 의회는 예산을 편성하기 위해 효율성을 따져야 하는 기구이기 때문에 (효율성만으로 설명되지 않는) 부분은 저희가 설명을 해야 하고요. … 추가적으로 사업을 하려면 미리 가서 사업 설명회도 하고 의원을 설득해야 하기 때문에 어려운 부분이 있습니다." — 은현기 성북구청 마을사회적경제과 팀장[13]

본 절은 성북구를 비롯해 오늘날 우리 사회에 화두가 된 사회적경제의 현상을 국가·정부 중심의 전통적인 정치 프레임을 통해 분석하고 그에 따른 한계를 비판적으로 검토하고자 하였다. 그 한계는 공모사업 방식과 과도한 지원체계의 제도화에 따른 사회적경제 영역에서 행정 역할의 비대화, 정량적 평가와 성과주의 중심의 행정 시스템의 한계, 제도권 정치의 지형도 변화에 따라 사회적경제 제도·정책이 변화하는 비일관적인 제도·정책의 한계, 사회적경제 지원예산체계에 대해 정부 행위자가 갖고 있는 우위의 결정권한 등이다.

이러한 한계들은 성북구의 다양한 사회적경제 주체들과의 인터뷰 내용에서 확인할 수 있었으며, 성북구 사회적경제의 발전을 위해 앞으로 점차 극복해 나가야 할 과제로 인식되었다. 그러나 앞서 살펴본 사회적경제에 대한 지원체계

---

12. 성북구청. 2016b.『2016 주민참여예산제 운영계획』.
13. 해당 인용문은 은현기 팀장과의 인터뷰에서 발췌한 것이다(이하 표기 생략). 인터뷰 일자: 2016. 5. 12.

와 제도의 한계는 성북구의 사회적경제의 현실을 온전히 보여 준다고는 할 수 없다. 사회적경제에 대한 위의 비판적 입장들은 사회적경제를 행정 시스템 차원에 국한하여 바라본 것이기 때문이다. 전술했듯이, 본 연구는 정책적 제도나 국가 메커니즘 중심의 정치 개념을 넘어 시민 자치를 포괄하는 폭넓은 정치 개념으로 사회적경제를 분석하고자 한다. 이러한 관점으로의 전환은 제도와 시스템의 한계로는 포착할 수 없는 미시적인 시민 행위자들의 자발적이고 능동적인 사회적경제 활동을 발견할 수 있도록 한다.

Ⅳ. 사회적경제를 통해 본 시민정치: 시민이 주도하는 연대의 경제

국가나 제도권 정치, 그리고 권력 관계의 전통적인 정치 개념으로 사회적경제를 바라본다면, 오늘날 사회적경제 현상은 위로부터의 사회적경제의 제도화로 인해 사회적경제 주체들이 국가·시민사회의 위계적인 권력구조하에 일방적으로 포섭되는 것으로 평가할 수밖에 없다. 이러한 관점은 사회적경제의 현실을 비판적으로 바라보는 데에 어느 정도 함의를 제공해 주지만, 시민정치의 새로운 영역으로서 사회적경제가 갖는 중요한 함의를 포착하지 못하는 한계가 있다. 사회적경제 활동이 이루어지고 있는 실제 현장에서 필자는 다양한 시민들이 신자유주의적 자본주의 경제체제가 양산하는 사회적 문제를 해결하기 위해 사회적경제를 실천하는 모습을 눈으로 관찰하였다. 사회적경제 영역에서 시민들은 자발적 참여와 활동을 통해 풀뿌리 민주주의와 시민 자치의 원리를 체득하고, 능동적인 정치적 주체로 발돋움할 뿐만 아니라, 더 나아가 정부 행위자와 수평적인 파트너십 관계를 형성함으로써 민관 거버넌스를 형성하는 주체로 성장하게 된다(김의영 2015).

위계적 권력구조에 매몰되지 않고 시장경제와의 경쟁에서 이겨내기 위해, 또한 지역사회에 기반을 둔 연대와 참여를 실천하기 위해, 성북구의 사회적경제 주체들은 나름대로의 고유성을 유지하고 내부 역량을 강화함으로써 지역공동체의 힘을 강화시키는 이른바 지역화 전략을 추진하고 있다. 공동체의 문제를 집합적으로 해결하고, 이를 통해 개별 행위자들인 시민이 능동적, 자발적으로 지역사회의 유의미한 변화를 이끌어냄으로써 작은 마을 단위의 민주주의를 궁극적으로 실현한다는 점에서 사회적경제는 매우 정치적인 현상이다.

본 절은 정치라는 현상을 국가적 차원에서 전개되는 권력 쟁취와 일부 엘리트 정치인의 행위로 협소하게 보았던 기존의 전통적인 정치적 관점을 재고하고자 한다. 나아가, 실제 인간 개개인의 사회적 삶 속에서 생겨나는 문제들을 해결하는 과정이라는 확장된 생활정치의 관점에서 성북구에서 일어나고 있는 다양한 사회적경제 활동을 분석하고 그것이 지닌 정치적 함의를 발견하고자 한다.

1. 시민에 의한 자발적인 공공성의 형성

칼 폴라니는 근대 이후에 전개된 경제사상 전반에 '가격 기구를 통해 수요와 공급을 자동적으로 조절해 주는' 자기조정 시장(self-regulating market)에 대한 이상화된 믿음이 내재해 있다고 주장한다. 그러나 그는 이러한 관념이 인간의 오랜 역사와 모순된다고 주장한다. 그에 따르면 자유시장경제 이론이 등장한 19세기 이전까지의 인간의 경제는 합리적 인간의 최대 이윤 추구보다는 함께 더불어 사는 '공공성'이라는 사회적 가치를 추구하는 인간의 내면적 욕구에 의해 이어져 왔다(폴라니 2009: 38). 인류 역사에서 생산과 분배의 질서는 오늘날 상호성과 재분배, 가정경제(householding)의 원리에 기반을 두었으며 인간이 경제적 행위를 통해 사회적 지위, 사회적 권리나 사회적 자산을 지키고자 한다는 것이다. 그러한 맥락에서 인간의 경제는 일반적으로 인간의 사회 속에 깊숙이 묻어 들어가 있으며(embedded), 인간의 경제 행위는 사회적 동기로 설명된다(폴라니 2009: 184-187).

시장자본주의의 핵심인 보이지 않는 손에 의한 자기조정 기제가 실패함으로써 빈곤과 소외 문제가 발생하고, 노동 가치가 적절히 평가받지 못하며, 사회 안정을 위한 사회 시스템이 구축되지 못하는 등의 폐해가 심화됨에 따라 오늘날 칼 폴라니 경제사상 이론이 재조명되었다. 이에 대해 경제적 행위가 불가분하게 사회적 관계에 배태되어 있다고 주장하는 폴라니주의자들은 오늘날 일종의 상식적 공리처럼 정형화된 시장중심적인 사회에서 벗어나 인간중심의 공동체적 전환이 이루어져야 한다고 본다. 이들은 이러한 '전환적' 경제를 통해 협력하고 사회적 가치를 중요시하는 문화가 성립되고 공유될 수 있다면 위와 같은 시장경제의 문제가 해결될 수 있다고 주장한다(진희선·송재룡 2013: 277). 폴라니의 사상은 사회적경제가 시장경제의 실패를 극복하기 위해 갑작스럽게 등장한 돌연변이와 같은 경제 모델이 아니며, 오히려 자본주의적 시장경제가 가진 몰인간성에 대항해 인간성과 사회적 가치의 회복이라는 인간 사회 본연의 가치를 실현하고자 하는 움직임으로서 사회적경제의 함의를 발견할 수 있게 한다. 오늘날 지배적인 시장경제적 관념에서 사회적 가치를 구현하는 경제관념으로 생각을 전환할 수 있는 상상력이 있다면 사회적경제는 충분히 실현가능한 경제 모델이다.

"혼자서 너무 살기 힘드니, 서로 협력해서 잘 살자가 사회적경제의 본질이라면, 구청장의 정책으로서가 아니라, 협력적 거래관계가 있는 사람들 스스로의 리그와 판을 준비해야 하지 않나 하는 생각도 해요. 사회적경제 기업이든 아니든."

– 박동광 협동조합 성북신나 이사

사회적경제 조직은 물질적 소유라는 경제적 의미에 매몰되기보다는 그보다 더 중요한 사회적 정의와 연대 등의 사회적 가치를 강조한다. 여기서 사회적경제를 통해 사회적 가치를 실현하는 주체는 다름 아닌 시민이다. 그리고 사회적경제 주체들이 연대하고 협동할 수 있는 가장 작은 단위는 '동네'이다. 폴라니와 폴라니주의자들의 이론은 경제와 상호배타적일 것 같은 '연대'와 '협력'의 가치를 경제적 행위의 필수불가결한 동기로 이해할 수 있는 단초를 마련해 준다.

1) 지역재생과 사회적경제

성북구는 지역 마을공동체의 회복과 사회적경제를 융합해 동네를 단위로 하는 사회적경제 생태계 조성을 시도하고 있다. 성북구가 마을공동체와 사회적경제의 결합에 힘쓰는 이유는 성북구 지역의 사회경제적 배경과 연관되어 있다.

전술했듯이 성북구는 서울시 내에서도 가장 많은 뉴타운 도시계획 대상지구가 있는 지역으로 각종 재개발 및 재건축 사업이 지속되면서 주거유형 획일화로 인한 도시경관 훼손, 사업을 둘러싼 지역주민 간의 갈등과 대립, 주민 공동체 붕괴 등의 지역적 문제가 양산되었다. 그러나 박원순 서울시장 부임 이후 서울시의 도시 정책에는 뉴타운 지구가 해제되고 새롭게 도시재생이라는 패러다임이 도입되고 있는 추세이다. 뉴타운 도시계획이 물리적으로 전체를 철거하고 새롭게 아파트 단지나 공원 등을 새롭게 만들어 가는 차원의 사업이었다면, 현재의 도시재생은 기존의 마을을 유지하면서 노후한 주택과 소외된 공동체 등의 지역사회문제를 지역공동체 회복을 통해 해결하려고 하는 사업이다. 성북구 지자체와 시민사회 주체들은 이러한 흐름에 발맞추어 다양한 도시재생 사업을 벌이고 있으며, 재개발과 재건축으로 붕괴된 도시의 마을공동체를 회복하자는 데에 적극적인 노력을 기울이고 있다.

그렇다면 지역공동체 내지는 마을공동체와 사회적경제는 과연 어떤 관련이 있는 것일까? 도시재생을 통한 마을공동체 회복과 사회적경제 활동은 지속가능성을 위해 상호 결합해야만 하는 보완재의 역할을 한다. 중앙정부나 지자체 주도로 출발한 한국의 사회적경제 활동이 정부의 지원 없이도 지속가능하게 상품과 서비스를 판매할 수 있는 안정적 기반은 지역사회에 있다. 사회적경제 조직은 지역의 특성을 반영한 지역 특화의 혁신형 사업을 펼치고 지역의 생산과 소비를 재조직함으로써 경제활동의 지속가능성을 확보하고 궁극적으로 지역 내 경제순환 구조를 만든다. 한편, 마을공동체는 지속적으로 공동체가 굴러갈 수 있는 안정적 자산과 재원을 마련하기 위해 사회적경제라는 경제적 모델을 발굴해내야 한다.[14] 따라서 지역공동체와 사회적경제는 각각의 지속가능성을 위한 상호 의존적 관계에 놓여있는 것이다. 마을공동체와 사회적경제의 지속가능성이라는 과제를 마주한 성북구의 다양한 사회적경제 주체들은 지역을 자산화하여 수익을 창출하고 이를 통해 얻은 경제적 이익을 지역사회에 돌려주는 지역 순환적 경제 구조를 만들기 위한 다양한 시도들을 해 왔다. 그중 협동조합

14. 이희동. "'사회적경제와 마을공동체는 함께할 수 있을까?" 오마이뉴스. 2015년 11월 20일자.

성북신나와 성북구마을사회적경제센터 사례를 살펴보고자 한다.

① 협동조합 성북신나: 지역재생을 꿈꾸는 청년 주체의 등장

지역재생을 목적으로 경제적 이윤이 아닌 협동 등의 사회적 가치를 동기 삼아 조직된 성북구의 사회적경제 조직 중 '협동조합 성북신나'(이하 성북신나)는 특별하다. 지역을 고민하는 청년들이 사회적경제의 주체로 등장했기 때문이다.

"지역을 신나게 하는 작은 회사"를 슬로건으로 내걸고 있는 성북신나는 청년 스스로 주체성을 강조하면서 지역재생과 청년일자리 생태계를 복원하기 위해 기획, 연구, 교육 등의 활동을 진행하는 협동조합이다. 성북신나는 「2013 서울 혁신일자리사업」을 통해 성북문화재단과 '성북은대학'에서 다양한 지역 프로젝트를 하던 10명의 초기 멤버들의 활동으로부터 시작했다. 이들은 1년 동안 정릉동 아리랑 시장의 전통시장 활성화 프로젝트, 지역 자원조사를 통한 연구 출판 사업(성북구 공유공간·사회적경제 아카이브북 『성북사용설명서』 출간), 지역을 기록하는 미디어 작업 등 성북구 지역을 기반으로 다양한 프로젝트를 실험했다. 서울시와의 공공근로 일자리 1년 계약 만료 이후에 일자리를 고민하던 청년들은 성북에 남아 '마을살이'를 통해 자립하는 방법을 고민했다. 이러한 치열한 고민의 결과가 바로 2014년 2월 7일에 지역재생과 청년일자리 생태계 복원을 목적으로 하는 '성북신나'의 탄생이었다. 창립발기인인 10명의 청년기획자는 누군가 대표가 되는 주식회사의 형태가 아닌 민주적 의사결정이 가능한 협동조합의 조직 형식을 선택하였다. 협동조합 창립 이후 약 7개월 만에 성북신나는 서울시의 마을기업으로 지정되었다.

성북신나는 2016년 8월 기준으로 조합원 70명과 후원회원 4명으로 구성되어 있으며, 조직 활동은 조합운영팀·지역콘텐츠연구팀·청년생태계팀으로 나뉘어 운영된다. 조합운영팀은 성북신나가 협동조합으로서 활동할 수 있는 다양한 지원을 맡는다. 이들은 '조합원들이 함께 만들고 운영하는 공동체회사'라는 인식하에 가입을 희망하는 예비 조합원들에게 일일이 찾아가 사업을 설명하고 협동조합 관련 교육을 하는 적지 않은 수고를 들인다. 조합원들에게 총회 참석·재정 상황 공유 등을 통한 경영 참여와 신규 사업 발굴, 청년 생태계 TF팀 구성 등

사업 참여의 의무가 주어지는 것은 당연하다. 조합원들은 강연, 영화상영, 교류회 등을 통해 조합원 간의 소속감과 유대감을 쌓는 한편, 성북신나가 만드는 출판물과 보고서 등의 성과를 공유하기도 한다. 성북신나는 조직이 어떻게 돌아가는지에 대한 현황을 SNS나 뉴스레터, 홈페이지 등으로 활발하게 공유함으로써 조합원의 적극적 참여를 독려한다.

지역콘텐츠연구팀은 공간, 역사, 문화, 예술 등의 형태로 잠재되어 있는 지역의 자원을 발굴하여 비즈니스의 자원으로 활용하는 데에 목적이 있다. 성북신나가 위치한 정릉동의 역사, 문화, 사람, 이야기, 맛집을 소개하는 온라인 동네 아카이브 미디어 '신나지', '성북신나' 자체 캐릭터 상품을 제작 판매하여 수익 모델을 실험하는 신나 상품제작, 맛집·여행코스 등 테마 지도와 이슈성 지도를 매핑하여 공유하는 크라우드매핑 서비스 '썸맵' 제작이 주요 활동이다. 청년생태계팀은 성북신나와 같이 청년의 문제를 고민하고 해결하고자 하는 다양한 청년단체들과의 네트워크를 조직하는 활동을 하고 있다. 청년생태계팀의 활동에 대한 자세한 내용은 다음 절에서 다루기로 하자.[15]

"그냥 돈만 벌 거였으면 흩어져서 일하고 모아서 나누면 되는데, 원하는 사회를 만들어 가는 과정에 돈이 벌어지는지 실험하는 거예요. 청년이 아무것도 가지지 못한 상태에서 지역의 변화를 일으킬 수 있는가. 그러면서 동시에 자기 생존할 수 있는가. … 마을기업이 되려면 지원서에 그런 질문이 있어요. 귀 단체는 어떤 지역성이 있으며, 어떤 기여를 하고 있는지를요. 요즘에는 뻔뻔하지만 이런 생각도 해요. 지역활동을 계속하며 스스로 일자리를 만들어 내고, 세금도 내고, 활성화 모델을 만드는 청년그룹이 있다는 것 자체로 지역사회 기여가 아닌가 하고요."

---

15. 성북신나에 대한 소개 내용은 1. 성북신나. 2015. 『성북신나 2016년 사업계획서』 2. 김태규. "한겨레 '청춘아, 정치하자' – 정치BAR_유쾌한 지역 협동조합 '성북신나'" 한겨레. 2016년 1월 29일자. 3. 문화연대. 2014. "본격 하드코어 마을살이 청년협동조합 '성북신나'를 소개합니다." http://www.culturalaction.org/xe/newsletter/1124784 (검색일: 2016. 6. 7.). 4. 김금진. "[현직자 인터뷰] 지역을 신나게 하는 작은 연구소, 성북신나" 서울잡스. 등을 참고하여 내용을 재구성하였다. 성북신나에 대해 더 알고 싶다면 성북신나 홈페이지(http://sinna.us/)를 방문해 보길 추천한다.

Q. 현재 성북신나의 활동은 어떠한 목적을 향해 이루어지고 있나요?

"우리가 원하는 바람직한 사회를 만들어 가는 과정에 있습니다. 자기 일을 하면서 세상을 바꾸는 데 나쁘지 않게 살 수 있다는 희망을 주기 위해서 실험하는 거죠. 돈 버는 것에 눈이 멀면 재미가 반감되겠죠? … 돈 바보들이 모였기 때문에 오히려 돈을 벌 수 있었던 것 같아요. 올해도 어떻게 될지 모르겠지만, '뭘 하더라도 굶어 죽지 않겠구나. 그러니까 하고 싶은걸 더 하자. 그걸 위해선 더 굶어도 된다'고 느낍니다."

– 박동광 성북신나 이사

2년여의 시간 동안 성북신나는 수익을 낼 수 있는 다양한 사업 아이템을 통한 실험을 해 왔다. 그들의 실험은 지역재생과 청년의 자기생존의 뚜렷한 목적을 향해 여전히 지속되고 있다. 어찌보면 이질적인 두 목표의 조합은 '함께' 잘 살자는 문제의식에서 만나게 된다. 성북신나의 청년들이 '나 혼자' 잘 살기 위한 경제활동에서 '함께' 잘 살기 위한 경제활동으로 눈을 돌린 과정에는 구성원 간의 연대와 협동의 가치가 깔려 있다. 더 나아가, 성북신나는 협동조합 구성원끼리 잘 살자는 배타적인 연대의식이 아니라 지역공동체의 재생에 기여할 수 있는 방향을 모색하고자 하는 조직의 목표를 갖고 있다. 박동광 이사는 그동안 성북신나가 시도하였던 사업과 활동, 역사를 소개하면서 그들의 활동을 "우리가 원하는 바람직한 사회를 만들어 가는 과정"으로 평가하였다. 성북신나는 문화예술 사업으로 지속가능한 수익을 내기 위해 지역의 자산을 활용하고, 이를 통해 지역공동체가 지속할 수 있도록 부가가치를 창출하여 사회적경제의 연대와 협동의 가치를 실천해 왔다. 더불어, 이들의 활동은 동네와 사회적경제, 청년의 결합을 보여 준다는 점에서 특별한 의미를 지닌다.

② 성북구마을사회적경제센터: 마을과 사회적경제의 융합

성북구는 성북신나와 같이 시민들이 자발적으로 지역에 기반해 펼치는 사회적경제 활동을 조직화할 수 있도록 장려하고 지원하기 위한 중간지원조직을 세웠다. 성북구마을사회적경제센터(이하 마을사회적경제센터)는 2015년 사회적경제 조직을 지원하는 기관인 사회적경제허브센터와 마을공동체 활동 업무를 지원하는 마을만들기 지원센터가 통합되어 만들어진 단체로서, 주민 기반 마을 공동체 활성화와 사회적경제 확장을 위한 지역 생태계를 구축하는 것을 기치로 내건다. 2013년에 진행된 민과 관의 공동간담회를 통해, 마을공동체와 사회적경제가 상생하여 시너지 효과를 만들자는 취지에서 중간지원조직 통합이 추진되었다. 마을공동체 활동과 사회적경제가 통합적으로 운영되는 곳은 서울시 자치구 중에서 성북구가 유일하다.

마을사회적경제센터는 성북구청과 민간단체를 잇는 중간조직으로서, 지역현안을 직접 나서서 해결하기보다는 주민들로 하여금 스스로 문제를 인지하고 사회적경제 방식을 이용한 사업 구조를 구축함으로써 해결하게끔 하는 유인을 제공하는 역할을 담당하고 있다. 마을사회적경제센터의 기본 사업으로는 사회적경제 조직의 설립 지원, 상담, 인큐베이팅, 컨설팅 지원 등이 있다. 또한 사회적기업의 장단점을 분석하여 향후 비전을 수립할 수 있도록 모니터링하고, 성북구의 특수한 상황을 고려한 사회적 전략 사업을 기획하기도 한다. 마을사회적경제센터의 또 다른 주된 활동은 「주민참여 공모사업」이다. 마을공동체 활성화를 위해 사업에 선정된 지역주민모임에게 소정의 금액을 지원을 하면, 주민들은 지역의 현안 문제를 해결할 수 있는 모임을 구축하고 방안을 마련해 구에게 제안한다.

중간조직으로서의 마을사회적경제센터는 행정의 예산을 활용해 민간의 역량을 제고하여 사회적경제 활동을 할 수 있게끔 지원하는 역할을 맡고 있다. 제도개선과 정책 환경의 변화를 견인함으로써 지역사회를 변화시키되, 변화의 견인력은 주민들 또는 그들의 당사자 조직으로부터 비롯되게 이끄는 것이다. 이렇게 주민들이 구의 정책과 사업에 참여함으로써 주민 자치를 실현하고, 마을공동체와 사회적경제를 활성화시켜 지역사회를 변화시킬 뿐만 아니라 구청의 행정이 미치지 못하는 문제를 주민들의 힘으로 풀어 나감으로써 직접민주주의 요소를 강화하는 것이 마을사회적경제센터의 궁극적 목표다.

더불어, 마을사회적경제센터는 성북구의 도시재생을 통한 마을공동체 회복과 사회적경제를 융합하기 위한 프로젝트를 실험 중에 있다. 성북구는 재개발로 인해 주민 간 첨예한 갈등이 있었던 장위동 지역에서 새로운 도시재생 모델

사진 5.1 양현준 마을사회적경제센터장과의 인터뷰

을 계획하고 있다. 이 도시재생 모델은 교육돌봄네트워크, 도시재생네트워크, 문화예술네트워크 등 분야별 네트워크를 통합하여 시범 모델을 개발하고자 한다. 이렇게 결합된 네트워크는 향후 주민이 주도하여 관리하는 지역관리조직(Community Regeneration Corporation, CRC)으로 발전하는 것을 목표로 삼는다. 장위동 지역을 중심으로 이루어지는 마을사회적경제센터의 실험은 사회적경제 활동을 통해 갈등과 반목의 경험이 지배적이었던 지역공동체에 연대와 상생의 가치를 싹틔워 보고자 한다는 점에서 중요한 의의가 있다.

> "어쨌든 저희가 하는 모델은 공동체잖아요. 좀 부유하거나 가난하더라도 그 안에서 서로 도움을 주고받을 수 있는 관계망을 형성하는 그런 것들이라서, 거기서 이제 추진하는 게 동네 도서관 같은 거 만들어 내고, 그리고 보육 서비스를 만들면 거기에 잘 사는 애들 못 사는 애들 다 어울려서 똑같이 할 수 있는 그런 서비스를 만들거나. 그 운영 자체를 지역주민이 할 수 있게끔 만들어 내는 방식을 찾고 있는 거죠."
>
> – 양현준 마을사회적경제센터장

2) 취약계층의 일자리창출을 통한 사회문제해결: ㈜살기좋은마을

사회적경제는 신자유주의적 시장경제체제가 양산하는 빈곤, 일자리 문제, 사회적 양극화, 소외계층의 문제를 해결할 수 있는 대안적 경제 모델로서 주목받

사진 5.2 ㈜살기좋은마을 활동 모습 (㈜살기좋은마을 제공)

게 되었다. 성북구의 다양한 사회적경제 주체 또한 고용창출을 통한 일자리 문제해결, 취약계층의 고용을 통한 사회적 양극화 해소라는 사회적경제의 주요한 역할을 수행하고 있다. 그중에서도 본 절은 초기 경제적 수익 창출의 어려움에도 불구하고 연대와 협동의 사회적 가치를 끊임없이 견지함으로써 결과적으로 기업으로서의 성과도 거둔 ㈜살기좋은마을을 소개하고자 한다.

㈜살기좋은마을은 공동택배, 우편 물류 사업, 재활용 사업 등을 통해 신 빈곤층, 노인 및 취약계층에게 일자리를 제공하는 사회적기업이다. 취업이 어려운 노인과 노숙인의 지속가능한 시장형 일자리 창출을 위해 마을기업 ㈜살기좋은마을이 설립되었다. ㈜살기좋은마을은 2013년 7월, 성북구 길음동에 거주하는 임대주민과 길음복지관 직원, 민간단체 대표 및 후원처가 주주로 구성된 주식회사로 시작되었다. 수익성이 높고, 장기적으로 지속가능한 많은 수의 노인 일자리를 만들기 위해 설립된 ㈜살기좋은마을은 여느 사회적기업과 달리 정부의 재정적 지원 없이 주민들이 십시일반 모은 자본금으로 사업을 시작하였다.

㈜살기좋은마을은 사업 추진 과정에서 정부가 제공하는 사회적기업 지원금을 받기는 하였으나 기업으로서 다른 영리기업과 경쟁하기 위해 수익구조를 만드려는 노력을 지속했다. 2014년 초까지 ㈜살기좋은마을은 월 평균 18명의 노인들에게 일자리를 제공해 왔지만, 초기자금과 택배 사업에 대한 경험이 부족

한 상태로 시작한 회사는 지역 내 물류체계 구축과 고객응대 시스템 구축, 노인과 함께 기업의 실무를 해 줄 직원확보에 큰 어려움을 가졌다. 그러나 건당 수수료가 현저히 낮은 택배 사업의 특성상 수익을 내는 것이 쉽지 않았고, 약 3년간은 지속적인 적자 상태로 기업 생존이 위기에 처하기도 하였다. 그러던 중 ㈜살기좋은마을은 서울시 혁신형사회적기업 공고에 합격하여 2012년 12월에 서울시 혁신형사회적기업이자 예비사회적기업에 선정되었다. 또한, ㈜살기좋은마을의 오범석 대표는 기본임금 수준을 높이고 많은 인센티브를 지급할 수 있는 수익성 높은 일자리를 지속하기 위해서는 기존에 활동하던 길음뉴타운의 지역이 좁다고 판단하여 지역 외부로 사업 영역을 확장하는 시도를 해 왔다. 꾸준히 사업 권역을 넓히고 영리 택배기업과 협력하는 한편, 고용된 노숙인 인력의 역량 강화에 힘쓴 결과 ㈜살기좋은마을은 흑자를 내기 시작했다. 이제는 12,000세대인 길음뉴타운아파트 단지는 물론이고, 돈암동, 정릉동, 동대문 및 종로구 창신동까지 택배 서비스의 활동 범위가 넓어졌다. 또한, ㈜살기좋은마을의 사업 모델은 일종의 성공적인 사회적기업 모델로서 타 지역에서도 시도 중에 있다.

> "일자리 없는 어르신들에게 안정적인 직업을 만들어 주면서 밑바닥부터 갖추는 걸 목표로 하고 있습니다. 지역의 경제 순환구조의 구심점이 될 수 있고, 그리고 그 주민들이나 근로자가 주인이 되는 회사로 만들어 가는 게 저는 혁명이라고 봐요. … 성공하기 위해서는 서로 간의 믿음이 중요하고, 그동안 무에서 유를 창조해 오면서 뜻을 같이하고 관철시켜 내는 데 힘든 건 당연합니다. 그 문제들을 해결하지 않으면 그 다음이 없다는 것을 현장에서 뼈저리게 경험을 했어요. 그래서 신념이 있었고, 고비를 넘기 위해서 최선을 다하는 것이 필요하다. 설사 거기서 실패를 해도 실패로 끝나는 것이 아니라 또 하나의 동력이 될 수 있다는 긍정적 동력이 될 수 있다는 생각을 해요."
>
> – 오범석 ㈜살기좋은마을 대표이사[16]

---

16. 해당 인용문은 오범석 대표와의 인터뷰에서 발췌한 것이다(이하 표기 생략). 인터뷰 일자: 2016. 5. 20.

㈜살기좋은마을이 지속된 적자에도 사회적기업으로서 정체성을 잃지 않고 견딜 수 있었던 것은 사회적 가치에 대한 대표의 신념과 노인·노숙인 고용자와의 깊은 신뢰 관계 덕분이었다. 더불어, 사회적경제 활동을 통해 지역공동체의 취약계층의 일자리와 복지의 질을 높이는 데에 기여해야겠다는 오범석 대표의 연대적·협동적 가치관도 ㈜살기좋은마을이 성공적인 사회적경제 조직으로 주목받는 이유다.

㈜살기좋은마을은 기존의 국가나 시장이 중심이 되는 경제 영역에서 해결할 수 없는 사회적 약자의 일자리 문제를 연대와 협력의 사회적 동기가 이끌어 가는 제3의 경제 모델인 사회적경제를 통해, 국가도 시장도 아닌 시민의 힘으로 해결할 수 있는 가능성을 보여 주는 사례이다.

2. 사회적경제와 거버넌스: 민민 거버넌스와 민관 거버넌스

생태계란 독립적으로 생존할 수 없는 개체들이 성장하고 상호 영향을 주는 일종의 연결망을 의미한다. 사회적경제 생태계 안에서 성북구의 사회적경제 주체들은 개별적으로 활동하지 않고 다른 조직 및 단체들과 협력하여 시너지 효과를 내고자 한다. 이러한 연대에 기반한 협력적 관계는 정부-비정부 행위자 간의 협력관계로 나타날 수도 있고, 사회적경제·비사회적경제 영역 행위자 간의 협력관계로 나타날 수도 있다. 또한, 성북구 내의 지역과 성북구 외 지역의 사회적경제 주체와의 협력관계로 나타나기도 한다. 성북구의 사회적경제는 다양한 층위와 차원의 이슈를 포괄하기 때문에 다양한 수준과 영역의 행위자들이 참여하는 공간이 되며, 또한 사회적경제를 위한 집합적 행동은 다양한 행위자 간의 정책 협의, 협상, 협력, 연대활동 등의 형태로 나타나기 때문에 거버넌스를 지향한다(Utting et al. 2014). 본 절은 성북구의 다양한 사회적경제 주체 간의 거버넌스 관계를 크게 비정부 행위자 간의 협력관계인 민민 거버넌스와 정부-비정부 행위자 간의 협력관계인 민관 거버넌스 관계로 나누어 살펴보고자 한다.

1) 민민 거버넌스: 연대를 통한 사회적경제 생태계 조성

사회적경제 주체들의 민민 거버넌스에 대해 앤셀과 개시(Ansell and Gash)의 협력적 거버넌스 모델은 유용한 관점을 제공해 준다. 앤셀과 개시는 정부의 관리주의에 대한 대안으로 협력적 거버넌스의 개념이 등장했다고 주장하며, 기존 연구들에 대한 검토를 통해 협력적 거버넌스가 어떠한 상황에서, 어떠한 조건하에 작동되는지에 대한 상황 모형을 제시한다. 여기서 협력적 거버넌스를 '공공 정책을 집행하거나 공공 프로그램이나 공공 자산을 관리하는 목적을 지닌 집단적 의사결정 과정에 비정부 이해관계자들을 직접적으로 개입시키는 관리·통치 모델'로 정의한다(Ansell and Gash 2008).

협력적 거버넌스의 모델은 정부-비정부 정치 행위자들 간의 거버넌스 관계뿐 아니라, 비정부 정치 행위자(민간 주체) 간의 협력적 거버넌스를 설명하는 상황에서도 적용할 수 있다. 협력적 거버넌스 모형에 따르면 거버넌스 주체 간의 협력과정은 크게 ① 대면적 대화 - 선의의 협상 ② 신뢰 형성 ③ 협력과정에 대한 몰입 - 상호의존적 인식, 과정 공유 ④ 이해의 공유 - 공동 문제 정의, 공동 가치 확인 ⑤ 중간단계의 결과 - 전략 계획, 공동 실태 조사 등의 다섯 단계를 순환하며 나타나며, 이 과정에서 ⑥ 명확한 운영 규칙과 과정의 투명성을 보장하는 제도적 설계와 ⑦ 촉진적 리더십이 협력적 거버넌스를 돕는 보조적인 역할을 한다. 앤셀과 개시의 협력적 거버넌스 모델은 공공 정책의 집행 과정에서 정부·비정부 행위자가 협력에 주로 초점이 맞추어져 있지만, 이들의 논의는 공공의 이익에 관련된 특정한 이슈와 관련하여 구성된 비정부 행위자 간의 협력 관계에도 확장하여 적용할 수 있다. 성북구의 사회적경제 영역에서는 사회적경제의 다양한 이슈와 관련하여 민간 차원의 이해당사자가 협력과정에 참여하는 이른바 민민 거버넌스가 실천되고 있다.

① 함께살이성북사회적협동조합: 성북 지역의 '함께살이'를 위해 모이다

함께살이성북사회적협동조합(이하 함께살이)은 사회적경제, 마을공동체, 풀뿌리 시민사회 조직 간 연대를 활성화시키기 위해 성북구 내의 사회적경제 주체, 마을활동가, 마을공동체 사업 참여자 등의 다양한 민간 주체들이 모여 2014

년 6월 30일에 창립한 협동조합이다. 함께살이는 "지역주민의 원활한 소통과 신뢰를 바탕으로 한 협업과 나눔으로 협동사회경제를 활성화하여, 함께 성장하는 마을공동체를 추구"하는 것을 조직의 목적으로 삼는다(이근영 외 2015). 함께살이는 풀뿌리조직을 포괄하여 마을과 사회적경제 활동의 통합성을 높이고, 각 주체들의 지속가능한 성장과 상생적 발전을 도모하는 민민 거버넌스 조직이다.

앞서 논의하였던 앤셀과 개시의 협력적 거버넌스 모델을 통해 함께살이의 초기 형성과정부터 이후 조직의 발전과정까지를 설명해 보고자 한다. 함께살이가 조직되기 이전에 '함께하는성북', '사회적기업협의회', '협동조합협의회'는 함께살이의 조직화를 주도했던 주요 단체들이다. 이들 단체들은 사회적기업이나 협동조합, 비영리민간단체 등 각 분야에 종사하는 민간조직들이 기반을 조성하는 초기 단계에서 개별 조직들이 독자적으로 해결할 수 없는 문제를 집합적으로 해결해 보자는 문제의식하에 서로 연대하는 민민 거버넌스를 구축하고자 하였다.

이들 세 개의 조직이 주축이 되어 함께살이를 만들어 나가는 과정에서 먼저 이루어진 것은 구성원 간의 대면적 대화다. 협의체를 만들게 된다면 그 조직은 과연 필요한 것인가, 어떤 가치를 가져야 하는 것인가, 어떻게 구성해야 할 것인가 등의 문제에 대해서 당시 각각의 조직들은 의견을 달리하였는데, 함께살이는 이런 문제를 해결하기 위해 각 조직 영역에서 대표를 선출하여 1박2일 간의 워크숍을 추진했다. 워크숍을 통해 서로 간의 신뢰를 구축하였고, 긴 대화를 통해 서로의 입장과 생각을 이해하고 공유할 수 있었다. 이를 통해, 자신의 의견을 일방적으로 개진하면서 관철시키려는 고집을 부리는 것이 아니라, 자신의 의견과 다른 사람들의 의견을 모아서 새로운 동력을 창출할 수 있도록 하는 참여 단체들 간의 공공성이 창출될 수 있었다.

> "왜 제주도를 택했냐면 서울에 있으면 중간에 들어갔다 나가고 그러잖아요. 그래서 스케줄을 잡아서 한 번에 17명이 거의 40시간을 같이 보내도록 한 거죠. 밥을 여섯 끼를 같이 먹으면서 이야기를 하면서 제주선언이라고 우리끼리 부르는 일을 하게 된 거죠. … 더 친해져야 하고, 더 많은 신뢰를 쌓아야겠다고 생각을 했습니다.
>
> – 이소영 함께살이 전 이사장•17

워크숍을 계기로 진행되기 시작한 통합 논의는 정관, 사업계획, 실무 TF(Task Force)팀을 구성하여 계속되는 회의를 통해 빠르게 진행되었다. 이들은 더 이상 개별 조직으로 인식되지 않았고, 하나의 공동 가치와 목적을 위해 의기투합하는 단체로 역할하기 시작하였던 것이다.

한편, 협동조합과 사회적기업, 마을기업을 막론하고 모든 사회적경제 조직은 조직 구성원 간의 수평적인 의사결정권을 보장하고, 민주주의적 의사결정 방식에 의한 조직 운영을 지향한다. 조직을 잘 굴러가게 하기 위해 오랜 기간 토론과 심의의 과정을 거쳐야 하며, 이러한 과정을 통해 참여자들은 민주주의의 원리를 몸소 경험하고 체득한다. 함께살이 역시 심의와 토론을 통한 민주주의 원리의 학습과 실천의 장으로서 기능한다. 함께살이는 지역주민 간의 원활한 소통을 통해 신뢰를 쌓고, 이를 바탕으로 한 협업과 나눔으로 협동사회경제 체제를 구축함으로써 함께 성장하는 마을공동체를 추구할 뿐만 아니라, 자주적이고 자치적인 활동을 통해 구성원의 복리증진과 상호부조에 기여하기 위한 목적으로 설립되었다. 시민과 그들이 만든 조직이 함께살이라는 수평적 네트워크에 포함됨으로써, 지역의 문제해결을 위한 어젠다를 직접 설정하고 지역의 사회적경제와 공동체를 강화할 수 있다.

"함께살이 같은 경우 울타리 역할을 하고 있어요. '지역주민의 소통과 신뢰를 바탕으로 한 협업과 나눔으로 협동사회경제를 활성화하여 함께 성장하는 마을공동체를 추구한다'를 기치로 내걸고 있죠. 마을공동체와 사회적경제 조직이 마을 안에서 활성화되며 큰 틀의 공동체를 활성화하며 지역의 경제를 활성화시키는 사업들을 하는 것이 최종 목적입니다."

– 박선영 함께살이 조합원(사업전략위원회 소속)•18

종합적으로 보면, 함께살이는 조합원들 간의 빈번한 대면적 대화와 심의의 과

17. 해당 인용문은 이소영 이사장과의 인터뷰에서 발췌한 것이다(이하 표기 생략). 인터뷰 일자: 2015. 4. 24.
18. 해당 인용문은 박선영 조합원과의 인터뷰에서 발췌한 것이다(이하 표기 생략). 인터뷰 일자: 2016. 5. 23.

정을 통해 구성원 간의 의견을 조정하고 신뢰 관계를 점차 형성하였다. 계속되는 토론과 논의의 과정을 통해 이전에는 개별 조직으로 인식했던 구성원들이 '협동사회경제'와 '함께 성장하는 마을공동체'를 조직 공동의 목표로 공유하고 이를 통해 공동의 가치를 확인하였다. 이후, 함께살이는 성북마을사회적경제센터의 민간 위탁 주체로서 마을사회적경제센터의 운영을 조직의 과제로 맡게 되었으며, 이후 함께살이 구성원들의 집합 행동을 이끌어 내는 조직의 핵심적 활동목표가 되었다.

② 청년의 '함께살이'를 위해 모이다

사회적경제 주체들은 비(非)사회적경제 조직과 협력할 뿐 아니라, 다른 지역의 사회단체들과도 적극적으로 협력한다. 앞서 소개하였던 협동조합 성북신나의 청년생태계팀은 '청년의 건강한 일자리 생태계 조성'이라는 조직의 본래 목적에 따라 다양한 청년 네트워크 조직화를 시도한다. 청년기획자 양성 프로그램인 '삼미교실'을 통해 다른 청년들을 마을살이에 초대하고(2013), 성북신나와 같이 지역에서 활동하고자 하는 청년 단체와의 긴밀한 네트워크를 지향하는 성북청년회를 조직하였다(2014). 청년단체들이 같이 나누어 먹을 수 있는 파이를 키우기 위한 방법을 구상하고자 하였고 이를 위해 교육, 연구, 포럼, 행사를 통해 성북구 지역 내의 청년들 간의 연대를 실행하고 있다. 성북신나는 올해는 서울시에 주민참여예산 발의를 통해 청년 거점 공간을 마련할 수 있는 '무중력지대 프로젝트'를 진행하고 있다. 동작구와 금천구에 이어 성북구에 세 번째로 설치되는 무중력지대는 지역기반 청년활동을 지원하고 청년협력 및 커뮤니티 활동의 중심이 되는 공간을 마련하자는 취지에서 추진되고 있다. 무중력지대는 민간단체에 위탁되어 운영될 예정이기 때문에, 성북신나는 청년을 교육하고, 조직하여 청년 관련 정책 형성에 참여한 경험을 바탕으로 위탁 경쟁에 참여할 예정이다. 만약 성북신나가 위탁을 받게 된다면, 이들은 멤버십을 늘려 나가 협동조합을 거쳐 청년재단의 형태로 지역의 건물을 자산화하는 것을 최종 목표로 두고 활동을 할 계획이다.

사진 5.3 박동광 성북신나 이사와의 인터뷰

"우리보다 기회를 누리지 못하는 청년팀이 있진 않을까 해서 성북청년회를 조직했어요. 판을 넓히고 멤버를 더 늘리고 싶습니다. … 성북신나의 이니셔티브는 줄겠지만 혼자 많이 먹으면 쪽팔려요. 무중력지대를 통해 같이 잘 먹고 잘 살 수 있는 생태계를 만드는 게 우선입니다." – 박동광 성북신나 이사

성북신나는 성북구 지역의 생태계 재생을 위해 출발한 조직이지만, 성북구 지역을 넘어 다양한 청년 주체들의 공존이라는 목적하에 민간 주체와의 연대망을 만들어 가고 있다. '청년'에 대한 동일한 문제의식하에 사회적경제·비사회적경제 주체가 협력할 수 있다는 것은 사회적경제 주체의 활동이 비단 경제활동 영역에만 한정되어 있지 않다는 것을 의미한다. 사회적경제 주체가 목표로 삼는 '다 같이 잘 먹고 잘 살 수 있는 생태계'는 단지 우리끼리 '잘 먹고 잘 살자'는 데에 방점을 찍기보다 사회적경제 주체가 속한 지역공동체, 더 나아가 사회 구성원이 '다 같이' 잘 살자는 데에 방점을 찍는다. 이는 사회적경제 활동이 사회적경제 영역을 초월하여 다양한 민간 주체를 포괄할 수 있는 민민 거버넌스 형성의 기초가 된다.

2) 민관 거버넌스: 정부와의 수평적 파트너십 형성

성북구는 민관 거버넌스의 방식으로 사회적경제 이슈에 접근할 수 있는 가능

사진 5.4 김영배 성북구청장과의 인터뷰

성을 보여 준다. 성북구청장에 의해 적극적으로 사회적경제의 제도화와 인프라 구축이 추진되고 있는 한편, 이러한 제도적 지원을 발판으로 삼아 지역의 문제를 사회적경제로 접근하려는 주민들의 움직임도 포착할 수 있는 곳이 성북구이다. 본 절은 성북구의 사회적경제를 민관 간의 협력적 거버넌스와 수평적 파트너십 관계의 개념으로 분석하고자 한다.

성북구의 사회적경제 생태계 조성과 활성화에 있어 중요한 역할을 맡고 있는 김영배 성북구청장은 성북구 사회적경제 영역의 고유한 특징으로 협력적 거버넌스를 주저 없이 꼽는다. 이 때 협력적 거버넌스는 민간 행위자와 행정이 대등한 위치에서 영향력을 행사하는 것만을 의미하지는 않는다. 공공 정책에 대해 비정부 행위자가 의견을 적극적으로 개진하고 정부 행위자는 민간 행위자의 다양한 이니셔티브를 공공 정책으로 발전시키고자 한다.

"사회적경제 우선구매 조례나 공정무역, 생활임금제 등의 (사회적경제 정책들에 대한) 아이디어가 저에게서 나온 게 아닙니다. 그것을 추진하는 에너지도 공무원에게서 나온 게 아니예요. 결국 협력적 거버넌스를 잘 구축하려고 노력한 것이 중요합니다. 민간의 에너지로 사회적경제 활성화에 대한 핵심적 제안이 들어오고, 그 핵심적 제안을 잘 수행하려고 하는 구청 쪽의 정책적 의지가 맞물렸는데, 그 중심에는 협력적 거버넌스를 잘 실행하기 위해 관과 민이 각각 신뢰를 구축하려고

하는 노력이 있었습니다." – 김영배 성북구청장[19]

성북구 사회적경제 영역에서 협력적 거버넌스가 두드러진 배경으로 지역 시민사회의 역사를 참고할 만하다. 필자들이 인터뷰하였던 성북구에서 활동하는 시민 활동가나 사회적경제 주체들은 성북구를 지역에 뿌리를 두고 오래 활동한 시민단체가 부재하고 다른 자치구에 비해 시민운동이 상대적으로 미발달된 지역으로 평가하였다. 그러나 이러한 환경이 오히려 백지 상태에서 사회적경제 생태계를 조성하고 시민사회를 성장시킬 수 있는 배경으로 작용하였다. 시민사회 내부의 칸막이가 없어 민관협력 거버넌스를 시작하는 데 유리했던 것이다.

이러한 배경을 바탕으로 성북구 사회적경제 영역의 협력적 거버넌스는 다양한 모양으로 실천되고 있다. 성북구는 서울시 자치구 중 유일하게 사회적경제센터와 마을공동체사업을 통합하는 융합형 중간지원조직을 운영 중이다. 이러한 융합 모델은 지역에 기반한 자생적인 사회적경제 생태계를 조성하자는 민간의 의견과 구청의 의견이 모여 만들어진 중요한 결과물이다. 또한 주민과 사회적경제 조직이 능동적으로 참여함으로써 센터를 활성화시켜야 자율성 높은 활동이 보장될 수 있다는 점에 대한 민과 관의 합의에 따라, 센터는 현재 하나의 사회적경제 마을공동체 우산 역할을 하는 함께살이에 위탁 운영되고 있다. 이렇게 성북구청에서 공무원이 파견되지 않고 민간단체가 센터의 운영을 위탁하게 된 것은 다양한 현장 경험을 갖고 있는 민간 행위자가 주민의 활동 참여와 지속가능성에 대한 대안 마련에 더 큰 역량을 갖고 있다는 믿음에 기반한다. 주체로서 참여하는 주민과, 정보와 행정적 지원을 해 줄 수 있는 관이 대등한 위치에서 협력하는 거버넌스를 통해서, 마을만들기와 사회적경제의 융합, 중간지원조직의 민간위탁 등 어느 자치구도 시도하지 않았던 도전을 통해 성북구만의 사회적경제 모델을 발전시키고 있다. 이들의 노력은 초기의 시행착오에도 불구하고 마을만들기지원센터 운영[20]에서부터 축적한 민관협력 관계의 노하우로 인

19. 해당 인용문은 김영배 성북구청장과의 인터뷰에서 발췌한 것이다(이하 표기 생략). 인터뷰 일자: 2016. 8. 23.

20. 성북구는 2012년 마을공동체 활동을 지원하는 중간지원조직인 마을만들기지원센터를 시민단체인 사단

해 성북구의 민관협력 거버넌스가 점차 안정화되었다는 평가를 받는다. 성북구의 이러한 시도는 사회적경제의 제도화의 과정에 민간 행위자를 적극적으로 참여시키며 민관이 수평적인 파트너십 관계를 형성할 수 있는 민관 거버넌스의 대표적 사례로 보인다.

> "(초기에는) 관의 정책과 관이 만들어 놓은 계획을 실행하는 것에서 지금은 우리가 이런 관 같은 경우에 이런 정책과 실행력을 가지고 사업들을 해 볼 수 있지 않느냐 역으로 제안하는 이런 단계를 만들어 가고 있는 것 같아요."
>
> – 박선영 함께살이 조합원(사업전략위원회 소속)

한편, 성북구는 2012년「사회적경제제품 구매촉진 및 판로지원에 관한 조례」를 제정하고 사회적경제제품 의무구매 공시제를 시행하는 등 공공시장을 활성화하는 노력을 기울여 왔다. 그 결과, 2015년 성북구의 공공구매 비율은 전체의 6.7%이며, 약 35억 원의 높은 구매 실적을 보였다. 성북구의 사회적경제 조직이 공공시장에 활발하게 진출한 데에는 민과 관 상호의 협력과 조율이 중요한 역할을 하였다. 이러한 협력적 행위의 예시로 2016년 5월 9일, 성북구청에는 공공시장 혁신방안을 논의하기 위해 성북구의 사회적경제 기업 대표자와 성북구청 관련 공무원들이 한 자리에 모여 '민관협력 집중토론회'를 가졌다.

토론회에 참석한 성북구에서 활동하는 사회적기업 활동가들은 성북구의 공공구매 현황에 대한 분석과 평가를 통해 이미 성북구는 다른 자치구에 비해 높은 수준의 공공구매 실적을 달성했음에도 문화·예술 분야의 서비스 구매의 비율이 높지 않으며, 공공구매에 대한 공무원의 인식이 강화되어야 함을 주장하였다. 더불어, 자리에 참석한 공무원들은 사회적기업이 시장의 여타 제품과 비교했을 때 경쟁력을 갖춘 재화와 서비스를 제공해야 한다는 의견을 개진하였다. 이러한 자리를 통해 민간 주체와 행정은 사회적경제에 대한 인식의 차이를 좁히고 조율해 가는 과정을 겪는다.

법인 나눔과 미래에 위탁하는 민간위탁의 방식으로 운영하였다.

사진 5.5 공공시장 혁신방안을 위한 민관협력 집중 토론회 (성북구청 제공)

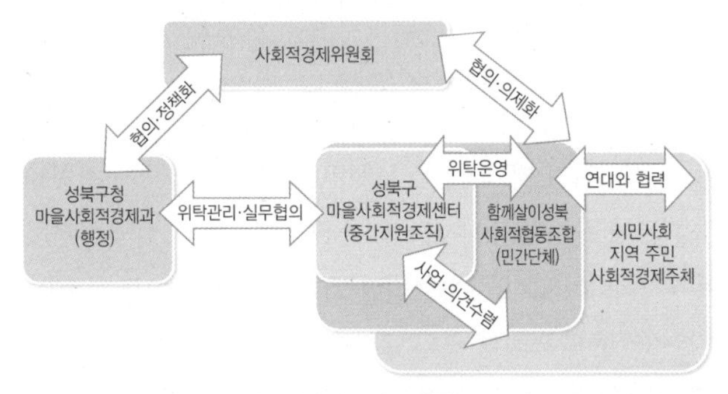

그림 5.3 성북구 사회적경제 거버넌스 현황 (출처: 김지헌 2016: 5)

성북구는 사회적경제 생태계 조성을 위해 사회적경제 활동 주체 및 지원 주체가 긴밀하게 협력하는 거버넌스를 만들어 왔다. 관(성북구청)은 중간지원조직(마을사회적경제센터)의 운영을 협동조합형 민간단체(함께살이)에게 위탁하는 방식을 통해 민관협력을 시도한다. 민간 위탁 방식을 통해 지역주민 및 사회적경제 주체의 의견을 더 가까이서 수렴할 수 있다. 또한, 민간 주체와 정부 주체가 동일한 비율로 사회적경제위원회를 구성해 성북구의 사회적경제 정책의 의제화와 관련하여 수평적인 협의체계를 갖추었다. 사회적경제위원회와 마을사회적경제과 등 행정기관은 사회적경제정책과 관련한 협의를 위해 협력하는 관계이다. 이와 같이 성북구는 관으로부터의 일방적인 지원에 머무르지 않고, 사회적경제 활동과 정책 실행에 관여하는 다양한 주체들이 긴밀한 협력관계를 맺는

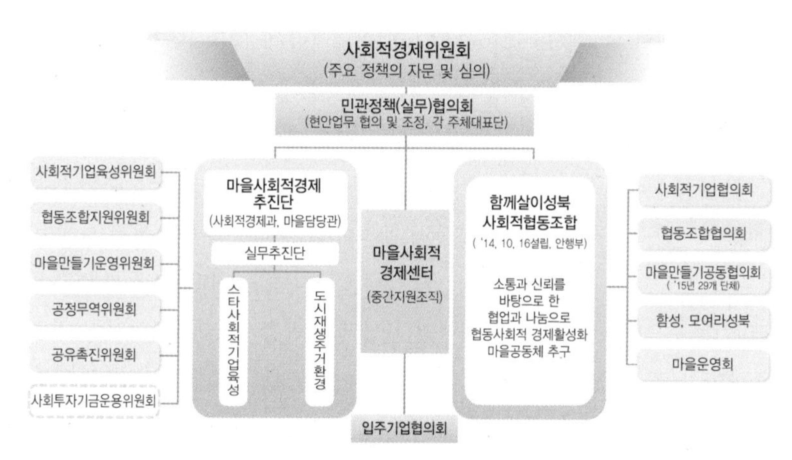

그림 5.4 성북구 사회적경제위원회 체계도 (출처: 성북구청)

거버넌스 구도를 구축해 왔다.

사회적경제를 통한 성북구의 협력적 거버넌스는 시민자치와 지방분권화의 시대적 흐름에 적합한 새로운 시도이기도 하다. 협력적 거버넌스의 프레임이 없다면 오늘날 시도되고 있는 사회적경제 영역의 혁신을 지방자치단체와 시민사회의 파트너십 관계로 해석하기 어렵다. 왜냐하면 지방자치단체는 시민사회의 민간 행위자에 비해 공공 정책에 대한 결정권과 재정적 자원의 보유에서 우위에 있기 때문이다. 그럼에도 불구하고 성북구 사회적경제 영역에서 지방자치단체와 시민사회 행위자들은 다양한 이슈를 둘러싸고 협력적 파트너십의 관계를 맺고 있으며, 이러한 협력의 관계는 궁극적으로 지방자치와 분권화에 기여하고 있다. 그러한 점에서 성북구 사회적경제 주체들의 협력적 거버넌스는 중요한 시민정치적 함의를 지니고 있다.

Ⅴ. 성북구 사회적경제의 향후 과제

1. 경제적 자립의 어려움

성북구는 사회적경제 영역의 성장과 활성화에 있어 모범적인 실천 사례를 보여줌에도 불구하고 지속가능한 사회적경제 생태계 구축을 위한 몇 가지 과제를 안고 있다.

먼저, 필자가 참여 관찰한 사회적경제 조직들을 포함해 많은 사회적경제 영역의 행위자들은 경제적 자립과 지속적인 수익 창출의 측면에서 어려움을 겪고 있다. 사회적경제는 공공의 이익을 목표로 한다는 점에서 '사회적'인 성격을 띠지만, 동시에 경제적 이윤을 창출해야만 하는 '경제적' 조직이기도 하다. 따라서 사회적경제 조직에 종사하고 있는 구성원들이 사회적경제 활동만으로 생활을 영위할 수 있는 기본적 소득을 창출할 수 없거나 조직을 운영할 수 있는 수익을 낼 수 없다면 조직의 존속 자체가 어렵다. 특히 성북구의 사회적경제 조직 중에는 문화·예술 분야의 조직 비율이 높은데, 이들이 생산하는 제품이나 서비스에 대한 수요는 한정되어 있고 이는 제한적인 수익구조, 고용 안정성의 약화로 이어진다. 이러한 한계를 극복하기 위해 사회적경제 조직은 공익의 사회적 가치를 추구하는 동시에 경제적 기능을 수행하는 대안 경제 모델로 자리 잡아야 할 필요가 있다. 사회적경제 조직의 생존과 지속가능한 발전을 위해서는 지속적이고 안정적인 수익을 창출할 수 있는 사업과 구조를 확보하는 동시에 구성원들 간에 공정하게 수익을 분배하기 위한 합의를 이루어야 한다.

성북구의 사회적경제 조직을 조사하고 이들의 활동을 참여 관찰한 결과, 현재 성북구에 위치한 사회적경제 조직 중 상당수는 안정적인 수익 모델을 갖추지 못한 듯하다. 협동조합 성북신나 역시 그런 조직 중 하나다. 조합원의 회비나 출자금과 같은 고정된 수익 모델이 존재하기는 하지만 그것이 전체 수익에서 차지하는 비중은 미미하다. 성북신나의 주된 수익원으로는 서울시 산하 기관, 청년허브 사회적경제지원센터, 서울시마을공동체종합지원센터, 성북문화재단 등 공공기관으로부터 용역사업을 수행하는 것과 다른 사회적경제 조직과 진행하는 컨소시엄이 있다. 그러나 전자는 사업이 진행되는 시기와 주기에 따라 영향을 많이 받을 수밖에 없으며, 후자 역시 그 규모가 크지 않다. 성북신나가 어느 한 종류의 사업을 밀고 나가기보다 여러 형태의 사업을 실험해 온 것은 한편으로 아직 조직에 안정적인 수익을 창출할 수 있는 사업을 발전시키지 못했다는 것을 의미하기도 한다.

㈜살기좋은마을 역시 최근에 사업이 흑자로 전환되기 전까지만 해도 지속적으로 매월 300만 원에서 750만 원까지의 적자를 유지했다. 이러한 적자를 대표이사가 메워 오면서까지 사업을 유지할 수 있었던 바탕에는 목사의 삶을 살아온 대표이사의 개인적 신념이 주요했다. 그러나 일반적으로 적자가 누적되고 자본금 비율이 잠식돼 있어 기업의 소생이 어려운 경우에 사회적기업가 개인의 신념만으로는 사업을 유지하는 것이 쉽지 않다.

정부에서 진행하고 있는 사회적기업에 대한 지원제도 역시 한 기업마다 인큐베이팅 2년의 과정을 포함해 5년밖에 유지되지 않는데, 이러한 단기적 지원제도하에서는 조직이 제대로 된 모습을 갖추고 안정적인 사업 구조를 구축하기까지 충분한 시간적 여유가 주어지지 않는다는 한계가 있다. 또한, 개별 사회적기업 역시 사업을 시작할 때 충분한 경쟁력을 갖춘 제품이나 신기술과 신제품을 개발하는 혁신을 꾀하기보다 대부분의 경우 기존 제조업 분야의 상품을 판매하는 수준에 그치기 때문에, 사회적기업의 제품과 서비스가 일반 시장에서 가격 경쟁력을 갖추지 못하는 한계를 지니고 있다.

> "워낙 작은 자본을 갖고 시작하는 게 문제고, 재화가 중국 제품에 비해 가격이 더 싼 것도 아니고, 국내 기업 타 제품보다 품질이 좋은 것도 아니고. 그러다 보니까 소비자들이 외면할 수밖에 없는 거죠. 그게 악순환이 되는 거라고 전 봐요."
>
> – 오범석 ㈜살기좋은마을 대표이사

결국 사회적경제 조직이 시장에서 살아남고 안정적으로 운영되기 위해서는 사업자가 충분히 경쟁력을 갖춘 재화와 서비스를 제공할 수 있어야 하며, 수익의 창출과 분배가 지속가능한지의 사업 타당성 여부에 대해 체계적이고도 지속적인 피드백 과정을 거쳐야 한다. 또한 정부 역시 사회적경제 조직이 지속가능한 수익구조를 구축하여 자생적으로 사업을 진행할 수 있도록 보다 장기적인 관점에서 넓은 범위에 걸친 제도적 지원의 제공을 검토할 필요가 있다.

2. 민민 거버넌스에 등장하는 집단행동의 딜레마

사회적경제 조직은 개별 조직에서 활동하는 것으로 그치는 것이 아니라, 조직 간의 연대를 통해 공공성의 가치를 실현하고 토론과 심의를 통한 협치를 이룩함으로써 직접민주주의의 근간을 마련할 수 있다는 가능성을 지닌다. 그러나 이러한 민민 거버넌스 과정은 때때로 집단행동의 딜레마를 일으키며 한계를 보이기도 하였다.

필자가 조사한 함께살이는 사회적 가치를 우선시하고 보다 나은 사회적경제 생태계를 조성하기 위해 시민단체들의 우산조직을 형성했다. 그러나 함께살이는 현재 마을사회적경제센터의 위탁 사업 외에 수익을 발생시킬 수 있는 사업을 독자적으로 진행하지 않고 있다. 함께살이 구성 조직 중 사업전략위원회가 존재함에도 불구하고 독자적 수익 모델을 갖추지 않은 이유는 설립 초기 단계에서 조직의 기반이 마련되지 않은 상태로 경제적 수익 모델 마련에 지나치게 몰두한 경우 본말이 전도되는 상황이 초래될 것을 염려했기 때문이다. 실제로 함께살이는 2014년에 조직의 사업과 활동을 구체화하고 실행할 수 있는 큰 틀을 구성원 간에 합의하였으나, 본격적인 사업화 및 지속적이고 장기적으로 성장할 수 있는 구조를 위해서는 다양한 측면의 기반의 조성이 선제돼야 함을 깨달았다. 이에 따라 함께살이는 2015년에 조직의 기반조성을 기조로 삼고 사업과 활동을 본격적으로 수행하기 위해 필요한 구조와 토대를 만드는 데 집중하였다. 또한 함께살이가 마을사회적경제센터의 위탁 운영을 맡게 되면서 함께살이의 가장 중요한 목표는 중간지원조직의 정상화와 센터의 사업을 고민하는 부분에 초점을 맞추게 된다. 이에 따라 함께살이는 주로 마을사회적경제센터를 통해 함께살이 조합원이 공공시장으로 진출할 수 있도록 사업과 조합원을 연계하는 방향으로 운영되고 있으며, 구의 정책 방향을 논의하고 정책을 직접 제안하는 주체로서 역할을 하는 데 주안점을 두고 있다.

"조합원들이 이미 개별적으로 사업을 진행하고 있는 상태였고, 함께살이가 현재 진행하고 있는 독자적 사업이 없기 때문에 새로운 분들이 가입하시지도 않고, 기존에 가입하신 분들이 활동을 활발하게 진행하시지 않습니다. 그리고 저희가 현재 사무국이 없어서 사무를 맡아볼 수 있는 인력 자체가 없어요. 앞으로의 과제로 남아 있죠."
– 박선영 함께살이 조합원(사업전략위원회 소속)

함께살이가 독자적 사업을 진행하지 않는 상황이 지속되다보니, 조직 활동에 참여하는 조합원들의 헌신도가 약화되는 문제가 발생하기 시작하였다. 그러다 보니 조합원들끼리 모여서 어떤 사업을 어떻게 진행할 수 있을지에 대해 논의하는 자리를 만들더라도 아직 사업을 구체화하는 단계까지 나가지 못하는 실정이다. 또한, 이미 함께살이 조합원들이 사회적기업협의회, 협동조합협의회, 성북아동청년네트워크 등의 기존 네트워크로 연결되어 있기 때문에 조합원들이 함께살이라는 조직을 통해서 협력을 하도록 충분히 동기부여가 되지 않는 것 역시 문제로 지적된다. 현재 함께살이는 이러한 문제를 인식하고 타개하기 위해 조직활동위원회와 사업전략위원회를 통해 조합원을 결합시킬 수 있는 사업을 진행해 보자는 논의를 진행하고 있다. 그러나 함께살이가 중간조직의 위탁운영 이외에 조직 자체의 역량을 성장시키기 위한 혁신을 시도하지 않는다면 그 결과가 얼마나 성공적일지는 미지수로 남아있다.

VI. 맺음말

최근 전 세계적 경제성장의 둔화와 함께 발생하고 있는 소득의 양극화와 높은 실업률 문제는 신자유주의 경제체제의 한계에 대한 근본적 의문을 제기하게 한다. 정부나 행정기관, 전문 정치인 등의 전통적인 정치 주체의 역할을 강조하며 이들의 주도하에 사회의 안전망을 구축하고 일자리 창출을 이룩함으로써 사회

문제를 해결하려고 했던 시도는 정당 간의 이해관계의 상충, 정부부처 및 유관 단체들의 통일성과 유기적인 협력이 결여된 중구난방식 업무 추진 등의 문제로 인해 그 효과를 보지 못하고 있는 현실이다.

협동조합, 사회적기업, 마을기업 등의 사회적경제 조직의 형성과 이들의 활동은 기존의 전통적인 정치 행위자의 하향식 사업 추진 체계를 극복하려는 시민들의 움직임과 관련돼 있다. 사회적경제 활동은 미시적인 관점에서 시민들의 주체성과 능동적 참여를 강화하고, 정부 또는 시장이 공급하는 데 한계가 있는 재화나 서비스를 직접 생산하고 공급함으로써 경제적 이익뿐만 아니라 사회적 가치를 실현하고 공공성에 기여한다. 이를 토대로 아래로부터 위로 향하는 시민자치와 풀뿌리 민주주의를 달성해 가는 움직임이 사회적경제이다.

성북구는 전국의 여러 지자체 중 사회적경제 활동이 활성화된 지역 중 하나이며 앞으로 긍정적인 전망을 지닌 지역 중 한 곳이다. 앞서 살펴보았듯이 성북구는 김영배 구청장을 중심으로 구청의 행정적 지원과 구 의회의 예산 편성 및 관련 조례 제정 등 위로부터의 지원과 보조가 빠르게 이루어지고 있다. 또한 중간지원조직인 성북구마을사회적경제센터와 위탁 운영 단체인 함께살이성북사회적협동조합이 민간의 다양한 사회적경제 조직을 아우르고 대표하여 행정 조직과의 민관 거버넌스 협력 체제를 성공적으로 구축해 나가고 있다. 그뿐만 아니라 함께살이는 민간의 다양한 사회적경제 조직들의 연합체로 구성되어 있어, 각 조직의 목소리를 들어주고 이들에 대한 지원과 관리를 도와주며 각 조직 간의 민민 거버넌스의 실현을 위한 체제를 만들어 나가기 위한 다양한 시도를 진행하고 있다. 이러한 관으로부터의 지원을 바탕으로 성북구의 개별 사회적경제 조직은 다른 어느 지역보다 ① 공공성과 사회적 가치의 실현 ② 시장경제체제의 문제로 지목됐던 빈곤과 실업 문제의 해결, 취약계층을 위한 맞춤형 재화와 서비스의 공급이라는 사회적경제 조직 본연의 목표에 근접해 가고 있다.

물론 성북구의 사회적경제 조직의 활동을 무조건 낙관적으로만 바라볼 수는 없다. 상당수의 사회적경제 조직은 정부의 재정적 지원으로부터 독립하기 위한 독자적 수익 모델을 갖춰야 하지만, 사회적경제 조직의 상당수는 그러한 수익 모델을 갖추지 못하고 있거나 반대로 경제적 이익을 내기 위해 공공성과 사회적 가치의 실현이라는 목표를 포기하고 있는 실정이다. 또한, 함께살이가 주도적으로 형성한 민민 거버넌스는 구성원들이 지속적으로 헌신할 수 있도록 유인하는 동력이 사실상 약화되었다.이러한 한계는 비단 성북구의 사회적경제에만 국한된 것이 아니며, 우리 사회의 사회적경제가 지속가능성을 위해 극복해야 하는 공통의 과제임이 틀림없다.

그럼에도 불구하고, 성북구는 한국형 사회적경제 모델의 중심에 서 있다. 사회적경제의 본고장인 유럽과는 사회복지 제도나 시민사회의 형성 및 발전 정도에서 큰 차이를 보이는 한국에서 다소 생소한 사회적경제가 연착륙하기 위해서는 한국의 역사와 상황에 알맞게 사회적경제라는 개념을 재해석하고 그 틀을 수정할 필요가 있다. 사회적경제의 토양이 약하고 시민의 자발적인 역량이 점차 성장해 나가는 한국의 맥락에서 관으로부터의 적극적인 지원과 민간 주체의 자발적 참여가 접점을 찾아나가고 있는 성북구는 한국형 사회적경제의 전형을 보여 준다고 할 수 있다. 이 접점이 궁극적으로 지속가능한 사회적경제, 시민자치와 풀뿌리 민주주의의 새로운 도약점이기를 기대한다.

은평구 사회적경제의 지역혁신
: 지역현안 주거, 문화, 여성 사례분석

김기범 · 배병진

Ⅰ. 들어가며

Ⅱ. 분석틀과 접근 방향

Ⅲ. 은평구 사회적경제 조직 분석

Ⅳ. 중간지원조직과 은평구청

Ⅴ. 사회적경제와 지역혁신

Ⅵ. 결론 – 나오며

Ⅰ. 들어가며

사회적경제가 부상하고 있다. UN이 '세계협동조합의 해'로 선정한 2012년은 한국에서 「협동조합기본법」이 시행된 해이기도 하다. 「사회적기업육성법」은 2007년에 시행되어 꾸준히 개정되고 있지만, 사회적경제가 한국에서 주목받고 확산되기 시작한 것은 비교적 최근의 일이다. 특히 박원순 서울시장이 취임한 이후 서울에서는 사회적경제에 관한 이니셔티브가 적극적으로 추진되고 있다. 사회적 가치와 자치를 추구하는 사회적경제 조직들을 국가가 '육성'하는 모습은 해외 사례들과는 비교되는 한국적 특성이다. 전국에서 사회적경제의 허브가 되고 있는 서울에서 25개 자치구의 사회적경제 추진 현황은 차이를 보인다. 은평구는 그중 사회적경제 활동 및 관의 지원 측면에서 돋보이는 지역이다.

1979년 서대문구의 북서부를 분리시켜 신설한 은평구에는 50만 명의 인구가 살고 있으며, 서울시 면적의 4.9%(29.70㎢)를 차지하고 있다.•[1] 은평구는 서울시의 최북단에 위치하는 자치구 중 하나이다. 후술하겠지만 이러한 지리적 특성은 은평구의 지역적 특징에도 영향을 미친다. 그림 6.1은 은평구청에서 발행한 『마을공동체 가이드맵』의 일부인 은평 마을지도이다. 보다시피 마을공동체 내 다양한 사회적경제 행위자들이 빼곡하게 자리하고 있다. 38개의 주요 단체를 소개하고 있지만, 실제로 은평구에는 2016년 현재 130개 이상의 사회적경제 조직들이 운영되고 있다.

아직 걸음마 단계인 한국의 사회적경제는 이제 그 토대가 형성되고 있는 상황이다. 지역별로 다르게 추진되고 있는 과정을 파악하기 위해서는 사회적경제 개념을 엄밀히 들여다보아야 한다. 우선, 엄밀한 개념정의가 필요하다. '사회적경제'라는 용어는 19세기 유럽에서 전개된 사상적 논쟁의 결과이며, 그 정의는 시대와 국가에 따라 변화돼 왔다. OECD(1999)는 사회적경제를 "경제적 측면에서 재화와 서비스의 직접적인 생산 및 판매, 높은 수준의 자율성 및 참여와 탈퇴권한 보유, 구성원들의 실질적인 재정적 결정, 최소한의 임금노동자 고용

1. 은평구청. http://www.ep.go.kr/CmsWeb/viewPage.req?idx=PG0000001112

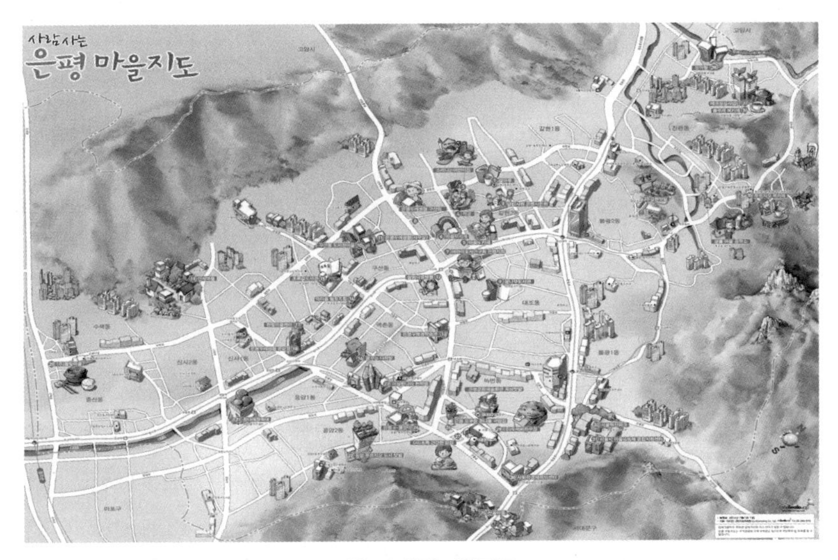

그림 6.1 은평 마을지도

등을 강조하고, 사회적 측면에서는 시민들의 주도권에 의해 만들어지고, 참여자의 민주적 의사결정에 의해 운영되는 경제"로 정의하고 있다. 한국에서는 아직 완전히 합의된 개념은 존재하지 않는 상황이지만(김경희 2013; 김의영·임기홍 2015), 광의적으로는 사회적 가치를 추구하는 모든 경제적 활동을 의미한다. 구체적으로 사회적경제를 구성하는 행위자 즉, 사회적기업, 마을기업, 협동조합, 상호공제조합 등의 집합으로 파악되고 있다.

이를 토대로 은평구 사회적경제의 현주소를 양적 수준과 질적 수준으로 파악해 보자. 우선 양적인 비교 및 평가는 은평구 내 사회적경제 조직의 변화량과 다른 자치구들과의 비교를 통해 가능하다. 사회적경제 조직과 여타 지원기관의 개수를 정량적으로 파악하여 은평구의 현재 수준을 가늠해 보는 것이다. 2011년에 은평구에는 사회적기업이 11개, 총 사회적경제 조직 개수가 13개에 불과했다. 2016년 현재는 총 139개의 사회적경제 조직이 활동 중이다.[2] '은평구 연합 중간지원조직모임'에 소속되어 사회적경제에 간접적으로 관여하고 있는 중

2. 은평구청 사회적경제과 자료제공(2016년 6월 기준)

간지원조직들과 그 밖의 센터들을 포함하면 관계된 행위자의 수는 더 늘어난다. 은평구 사회적경제의 괄목할 만한 성장은 사업체 1만 개당 사회적경제 조직의 비율을 살펴보면 더욱 두드러진다. 은평구의 경우 38.41로서, 서울시 평균인 29.57을 크게 웃도는 수준이다(김의영 외 2015). 이는 서울시 자치구 25개 중 상위 4번째에 해당한다. 이렇듯 은평구의 사회적경제는 양적 측면에서 두드러진 성장세를 나타냈으며, 다른 자치구와 비교했을 때에도 상위권의 수준에 도달했음을 확인할 수 있다.

한편 사회적경제 조직들의 질적 수준을 파악하는 것은 더욱 까다롭다. 공통적으로 적용가능한 질적 기준 혹은 지표를 도출하는 작업은 본 글의 범위 밖이다. 필자들은 은평구 내 조직들의 지역 기반성을 파악하기 위해 주요 행위자들과 심층 인터뷰를 진행했지만 은평구 내 모든 조직들의 질적 수준을 일반화하기에는 한계가 있다. 하지만 정부가 실시하고 있는 사회적기업 인증 제도를 활용하여 은평구 사회적경제의 질적 수준을 부분적으로나마 파악할 수 있다. 사회적기업 인증 대상이 되는 조직에는 사회적기업뿐만 아니라 협동조합과 같이 「특별법」에 따라 설립된 법인 또는 비영리민간단체 모두가 포함된다. 고용노동부 산하 한국사회적기업진흥원이 사회적 목적의 실현, 이해관계자가 참여하는 의사결정 구조, 이윤의 사회적 목적 사용 등의 총 7가지 요건을 통해 심사 및 선별한다. 사회적기업 인증 제도는 각종 단체들이 경제적 이윤 외에도 사회적 가치를 지향하고 연대와 협동 및 민주적 합의를 얼마나 실천하고 있는지를 나타내는 지표로서, 인증 현황을 통해 은평구 사회적경제의 질적 수준을 파악할 수 있다. 은평구에는 '인증사회적기업'[3]이 17개, '예비사회적기업'이 13개[4] 존재한다. 서울시 전체에는 총 268개의 인증사회적기업이 있으므로, 은평구에 존재하는 17개의 인증사회적기업은 서울시 전체의 6.34%에 해당된다. 서울의 자치구가 25개라는 것을 고려할 때, 은평구의 인증사회적기업 비율이 높다는 것을 알 수 있다. 하지만 이와 같은 인증제도에 대한 비판적 시각도 있음을 상기할 필요

3. 대표적으로는 ㈜두꺼비하우징, 살림의료복지사회적협동조합, ㈜트래블러스맵이 있으며, 이 연구의 사례에 포함된다.
4. 은평구사회적경제허브센터 자료 제공(2016년 6월 기준)

가 있다. 인증신청 없이는 사회적기업 또는 이와 유사한 명칭 사용을 금지하고 있기에, 일각에서는 정부의 인증 없이는 좋은 일도 못하냐고 주장한다.•5 또한 인증의 혜택이 3년간 법인세 면제라는 측면에서 결국 국가에 종속되는 계기로 작용하게 되면서 민간의 자율성을 악화시킨다는 의견도 존재한다. 자치를 육성하고 관리하는 한국적 사회적경제의 대표적인 모습이라 할 수 있다. 그럼에도 불구하고 인증제도를 통해 은평구에서 활동 중인 사회적경제 조직들의 질적 성숙도를 엿볼 수 있다.

이와 같이 은평구의 사회적경제 활동은 양적인 측면과 질적인 측면 모두 높은 수준이라고 평가할 수 있다. 사회적경제의 개념 자체가 성공과 실패로 단순히 평가하기 힘들고 특히 한국은 사회적경제의 초기 단계이지만, 은평구는 '성공적'인 사례로 언론에 수차례 소개된 바 있다. 그렇다면 이렇게 사회적경제의 기반이 잘 다져질 수 있었던 원동력은 무엇일까? 한국적인 특성대로 국가 차원에서, 관 차원에서 추진한 적극적인 지원정책의 결과물일까? 필자들은 그보다 은평구 사회적경제의 열쇠는 '지역'과의 깊은 관계에 있다고 보았다. 지역에 기반을 둔 조직들이 사회적경제를 통해 지역의 문제들을 해소하고 지역혁신을 가져오는 것이다. 관의 정책 또한 이러한 지역성에 초점을 맞춤으로써 정책의 효과를 높이는 모습을 살펴볼 수 있었다. 은평구 사회적경제의 지역혁신 과정과 그 의의를 실증적으로 분석하기 전에, 지역과 사회적경제의 연관성에 대한 이론적 논의를 먼저 짚어 보자.

Ⅱ. 분석틀과 접근 방향

1. '지역'과 사회적경제의 관련성

시민들의 자발적인 활동에 대해 '지역'을 강조하는 연구는 비단 새로운 것은

5. 김경하. "정부 인증 없으면 착한 일도 못하나요." 조선일보. 2014년 12월 9일자.

아니다. 퍼트넘(Putnam, 2003), 신명호(2000), 김의영·한주희(2009), 유재원·홍성만(2005) 등은 시민자치 활동 혹은 거버넌스가 '지역'을 기반으로 이루어져야 효과가 높다고 주장한다. 하지만 그동안 시민사회의 존립과 가치가 경제영역과 밀접하게 연관되어 있다는 점은 간과되어 왔다(정건화 2012). 시민사회의 핵심적 기반이 되는 지역이 경제, 특히 사회적경제에 가지는 의의는 보다 구체적으로 연구될 필요가 있다.

사회적경제의 주요 구성주체인 협동조합, 사회적기업, 마을기업은 공통적으로 지역에 대한 집중을 지향한다. 아래의 표 6.1을 살펴보자. 각각은 엄연히 다른 개념이며 관장하는 정부부처도 다르다. 하지만 그 목적과 기대효과에서 하나같이 지속적인 지역발전을 강조하고 있다. 이는 법적 정의 차원에서 발견되는 명목적인 공통점이다.

지역성이라는 조직들 간의 공통점은 사회적경제 분야에서 실질적인 연구대상으로 다루어진 바 있다. 정건화(2012)는 지역경제의 해체 혹은 쇠퇴 상황을 개선하지 않고 지역사회와 공동체를 재생, 활성화하려는 시도는 성공할 수 없다고 주장한다. 동시에 사회적 불평등에 대한 최근 논의에서 구체적인 지역을 기반으로 실현가능한 정책의 문제를 고민할 것을 제안한다. 남승균(2015)은 사회

표 6.1 사회적경제 주요 조직들

구분	협동조합	사회적기업	마을기업
정의	재화 또는 영역의 구매·생산·판매·제공 등을 협동으로 영위함으로써 조합원의 권익을 향상하고 지역사회에 공헌하고자 하는 사업조직	취약계층에게 사회서비스 또는 일자리를 제공하거나 지역사회에 공헌함으로써 지역주민의 삶의 질을 높이는 등의 사회적 목적을 추구하면서 재화 및 서비스의 생산·판매 등 영업활동을 하는 기업	마을주민이 주도적으로 지역의 각종 자원을 활용한 수익사업을 통해 지역공동체를 활성화하고 지역주민에게 소득 및 일자리를 제공하여 지역발전에 기여하는 마을단위 기업
목적	조합원의 권익향상 지역사회공헌	지역사회발전과 공익증진 사회적 목적 실현을 위한 재투자	지역발전 및 마을공동체 활성화 지역주민 일자리 창출
공통점	사회적 가치추구, 지역 경제발전, 지역 일자리 창출		
주관	기획재정부	고용노동부	행정자치부

출처: 남승균 2015 수정·보완.

적경제가 갖는 지역적 개념을 중심으로 사회적경제의 지역자원의 활용과 지역자원의 개발에 내발적 발전론의 이론을 접목한다. 전희경(2014)은 지역 내 집단적 거주라는 상황이 만들어 내는 새로운 국면이 살림의료복지사회적협동조합(이하 살림의료) 등 마을공동체의 활동과 직결된다는 연구결과를 제시한다.

그러나 기존 연구들은 지역과 사회적경제의 상관성에 대한 이론적 분석에 그쳤다는 한계가 있다. 실제로 중범위적인 사례를 선정하여 구체적인 분석까지 접목한 연구는 거의 전무하다. 본 연구는 이러한 문제의식에서 비롯되었다. 필자들은 사회적경제가 상대적으로 활성화될 수 있었던 원동력을 단순히 관의 적극성이 아닌 그 정책들과 사회적경제 조직들이 지역(community)과 맺어진 긴밀한 연관성에서 찾고 있다. 은평구라는 지역 사례 연구를 통해 이론적인 분석과 경험적인 사례 간의 공백을 메우고자 한 것이다.

2. 은평구라는 '지역'의 현안: 주거, 문화, 여성

핵심 변수인 지역과의 밀접함을 파악하기 위해서는 지역에 대한 조작적 정의가 필요하다. 경제이론에 공간이라는 개념을 도입한 지역경제학을 참고할 수 있다. 지역경제학에서 지역은 사회가 내포되어 있는 공간적 개념이다(남승균 2015). 공동체의식을 가진 인간집단이 거주하는 일정한 지리적 영역으로 이해할 수 있는데, 이는 구성원들이 상호작용을 통해 유대감과 소속감을 공유하여 다른 공간과는 구분지을 수 있는 범위를 뜻한다. 또한 각 지역을 구성하는 풍토, 문화, 역사, 산업 등에 따라 지역주민들은 일종의 동질성을 가지게 되고 여기서 지역정체성이 발생하게 된다(신동선·김인식 2008: 80-81). 따라서 이 글에서 '지역'이라는 개념은 단순한 행정단위가 아니라 공동으로 영위하는 생활공간, 자치단체를 뜻한다.

보다 구체적으로 지역이 갖고 있는 문제와 특징으로 지역을 파악하고자 한다. 예를 들어, 다른 자치구와 비교했을 때 열약한 부분에 대해 은평구민만의 의식과 고민이 있을 수 있다. 혼자가 아닌 지역주민들이 함께 느끼는 문제의식이라면 서로의 협력을 통해 문제를 보다 원활하게 해결할 수 있다는 점에서 지역적 문제의 존재는 지역 차원의 집합행동의 가능성을 의미한다. 우리가 주목하는 지점이 바로 여기에 있다. 50만 은평구민 개개인들은 특정 사안에 대해 느끼는 바가 다를 수 있고, 은평구만의 문제가 아닐 수 있지만 그러한 속성들을 집합적으로 파악하면 은평구라는 지역에 대한 포괄적 이해가 가능하다. 따라서 사회적경제가 그 '지역과 얼마나 밀접한가?'의 여부를 지역의 특징 및 문제를 포함하는 '지역의 현안을 얼마나, 어떻게 다루고 있는가?'로 재정의하고자 한다.

필자들은 은평구의 지역현안과 그 속에 있는 사회적경제 조직들을 파악하기 위해 다층적인 접근을 시도했다. 지역 외부의 연구자로서 문헌조사는 물론이고 현장조사와 심층인터뷰를 여러 차례 실시했다. 해당 지역에서 오랜 기간 거주한 지역주민들의 목소리와 해당 지역에서 많은 활동을 해 온 전문가들의 의견을 들어 보았다. 또한 지역주민들을 대상으로 조사한 통계조사 역시 지역의 특성 혹은 지역적 문제를 파악하기 위해 활용하였다. 마지막으로 구청은 해당 지역에 대한 통계적 정보를 가장 많이 갖고 있는 조직이다. 구청에서 적극적, 일관적으로 실천하고 있는 사업의 속성을 통해서도 이를 파악할 수 있었다.

우선 우리는 열린사회은평시민회 김다현 사무국장을 만나 이야기를 들어 보았다. 열린사회은평시민회는 열린사회시민연합체의 은평지회이고, "사람의 성장과 변화를 통한 지역사회의 변화발전"을 모토로 활동 중인 시민단체이다. 은평구에서 거주하며 장기간 지속적으로 활동을 해 왔기에 은평구의 현황을 파악하는 데 도움이 될 수 있었다.

> "직업으로 시민단체 활동가를 선택한 상황이예요…은평구에서 2007년부터 활동을 시작했고 아예 은평구로 이사를 온 것은 2009년이예요. 거의 10년간 활동을 한 셈이죠."
>
> – 김다현 열린사회은평시민회 사무국장[6]

그는 은평구의 지역문제로 다양한 사안을 꼽았다. 실제로 열린사회은평시민

---

6. 이하 같은 절의 인용문은 모두 김다현 열린사회은평시민회 사무국장과의 인터뷰 내용 중 발췌한 것이다. 인터뷰 일자: 2016. 5. 31.

회는 여러 분야의 시민단체들이 결성한 은평지역사회네트워크(이하 은지네)의 소속이기도 하다. 그녀는 그중에서도 은평구의 대표적인 지역문제로 주거와 문화를 지적했다. 주거지가 베드타운(bed town)으로서의 역할을 하고 있으며, 어린이의 인구 비율이 높음에도 불구하고 아이들을 위한 문화시설이 빈약하다는 것이다.

"지역의 다양한 주민들을 모을 수 있는 주제들은 많다고 생각을 해요. 저희는 지역을 바탕으로 활동하고 있는 입장으로서 그래도 주거와 문화적인 여건이 제일 취약하지 않나 싶어요."

자족 도시와 달리 베드타운은 지역경제 순환이 적절히 이루어지지 않아 일자리 창출에 어려움이 있고, 지역불균형과 삶의 질 저하를 초래한다. 특히 지역에 대한 애착 형성이 어렵기에 주민자치에 부정적인 영향을 끼친다. 이러한 점들은 베드타운이 지역현안이라는 점을 다시금 상기시킨다. 큰 기업체나 대학교 등의 시설이 없다는 점도 베드타운 형성 요인으로 꼽힌다. 이는 문화 시설 부족과도 관련이 있다. 또한 은평구는 아동 및 청소년 인구수가 25개 자치구 중 7번째로 높게 나타난다.•7 상위 6개 자치구에는 송파구, 강남구, 서초구가 포함되는데, 해당 지역들은 재정자립도와 문화 및 교육 여건이 잘 갖추어져 있다. 하지만 은평구는 그렇지 못하다.

김다현 사무국장은 시민정치와 관련한 연구 인터뷰에서도 주거와 문화를 지역의 핵심 사안으로 언급한 바 있다. 서울시 자치구의 참여 민주주의 내용을 담은 『동네 안의 시민정치』(김의영 외 2015)의 은평구 파트는 '축제, 너와 나의 연결고리, 이건 은평 안의 소리'라는 제목으로 은평구의 축제에 대해 중점적으로 다루고 있다. 앞서 언급한 은지네가 2004년 처음 개최된 '어린이날잔치한마당'을 바탕으로 은평마을상상축제, 은평골목상상축제 등으로 확장시키는 과정을 보여 준다. 다수의 구민들과 시민단체들이 연대할 수 있었던 출발점은 바로 문제

---

7. 서울 통계자료실 (2016년 2월 기준)

의식의 공유였다. 당시 많은 부모들은 지역 내에 아이들을 위한 제대로 된 문화 및 교육시설이 없다고 느꼈던 것이다(김의영 외 2015: 450). '문화로 꿈꾸는 아름다운 은평 만들기'라는 슬로건과 함께 시작된 민간 주도의 최초의 축제가 시작되어 이후 은평의 축제 문화는 크게 발전한다(김의영 외 2015: 457). 민성환 은평상상 이사는 은평이 이러한 축제활동을 거치면서, '문화'라는 키워드가 매우 중요하다는 인식이 생기게 되었다고 강조한다. 그 문화를 매개로 지속가능한 마을, 좋은 마을을 만들고자 의기투합하게 되었다는 것이다. 이처럼 은평구민들의 문화에 대한 인식은 축제를 계기로 확고하게 자리 잡았다.

하지만 아직 부족한 점이 많다. 축제는 은평구의 문화적 여건 확충에 기여했지만, 여전히 은평구에는 문화시설이 빈약하다는 것이 구청과 구민들의 입장이다. 은평구청은 은평구를 포함한 서울 서북권 지역에 국립문화시설이 없다고 강조했다.[8] 특히 은평구에는 은평문화예술회관과 은평역사한옥박물관 외에는 공연장, 전시장 등 문화를 향유할 수 있는 이렇다 할 대표시설이 없으며, 국공립뿐만 아니라 사립문화시설의 현황에 있어서도 타 자치구와 비교하면 빈약하다. 게다가 매년 5월에 개최했던 은평상상축제도 올해부터 일시적으로 진행하지 않게 되었다. 이는 문화적 요소를 위해 축제 이외에도 다각도적인 접근이 필요함을 시사한다.

한편 은평구청은 2011년 말 주민참여 활성화 방안을 모색하기 위한 정책 연구 보고서를 작성했다. 이를 위해 구청은 정부통계자료와 정기 간행물을 통해 기초자료를 수집하였으며, 자료보완을 위하여 논문 및 관계법, 기타 관련 서적 등을 다수 참고하였다. 특히 본 자료는 일반 주민 320명과 지역 리더 320명 등 총 640명을 대상으로 진행한 설문조사를 포함한다. 당시 구청장의 공약사항에 대한 그룹별로 중요하게 인식하는 정도를 조사했는데 청소년 일반그룹과 청소년 리더그룹, 청년 일반그룹, 성인 일반그룹, 성인 지역리더그룹에서 모두 공통적으로 주민 친화적 재개발(두꺼비하우징)을 공통적으로 중요도가 높은 공약으로 꼽았다(은평구청 2012). 구청 측은 이에 대해 '관심이 높은 사업인 만큼 진행과

---

8. 계별님 사회적경제과 주무관. 인터뷰 일자: 2016. 5. 31.

정에 대한 홍보가 강화되기를 기대'한다고 명시적으로 밝혔다. 은평구청의 주요 업무에 관한 중요성 인식에 있어서도 '주민 친화형 주거환경 조성'은 전체 23개 업무 중에 두 번째 순위를 차지했다. 주민들의 관심이 높게 반영된 지역적 문제임을 보여 준다.

필자들은 은평구의 지역적 문제로 '주거'와 '문화' 외에도 지역적 특성으로서 '여성'에 주목했다. 은평구는 비혼여성 인구가 가장 많이 거주하고 있는 자치구 중 하나이다. 잘 알려져 있는 여성단체인 한국여성의전화는 은평구에서부터 활동을 시작하여 현재도 은평구에 자리하고 있다. 그밖에도 한국여성정책연구원, 한국양성평등교육진흥원 등 많은 여성 관련 기관들도 은평구에 위치해 있다. 여성이 은평구의 핵심 키워드 중 하나인 이유는 여성들의 대외활동이 비교적 활발한 측면도 있지만 관의 지원정책이 적극적이기 때문이다. 대표적으로 은평구는 2015년에 여성친화도시에 선정되었다. 여성친화도시는 지역정책과 발전과정에 남녀가 동등하게 참여하고 그 혜택이 모든 주민들에게 고루 돌아가는지, 여성의 성장과 안전이 구현되도록 여성 정책을 운영하는지의 여부를 바탕으로 여성가족부가 선별한다. 은평구는 앞으로 5년 동안 여성가족부로부터 사업전반에 대한 정책 컨설팅과 전문교육을 지원받게 된다.[9] 은평구는 서울시 자치구 중 처음으로 여성정책담당관을 신설하기도 했다.

지금까지 은평구의 지역적 문제와 특성을 파악하는 작업을 거쳤다. 구청과 시민단체, 주민들의 의견을 반영하여 은평구가 어떠한 '지역'인지 개념화하고자 시도하였다. 그 결과 우리는 주거와 문화 그리고 여성을 은평구의 주요한 지역적 사안으로 도출할 수 있었다. 이제 어떠한 은평구 사회적경제 조직들이 어떻게 지역과의 연관성을 풀어 나가는 사업을 실시했는지 구체적으로 살펴보자.

9. 표영준. "서울 은평구, 여성친화도시 선정." 시민일보. 2016년 5월 11일자.

Ⅲ. 은평구 사회적경제 조직 분석

1. 행위자 선정과정

주거와 관련해 선정한 사회적경제 사례는 두꺼비하우징과 산새마을이다. 앞서 구청의 정책연구에서도 언급했듯이, 두꺼비하우징 사업은 주민들의 관심도가 높은 사업이었으며 결과적으로도 긍정적인 평가를 받고 있다. 실제로 두꺼비하우징 사업은 2012년 '제1회 한겨레 지역복지 대상'의 최우수상을 수상하고, 언론에도 다수 소개된 바 있다. 후술하겠지만 이러한 성공 뒤에도 나름의 고충이 존재했다.

두 번째 지역문제인 문화의 경우 자바르떼와 마을무지개를 선정했다. 자바르떼는 문화예술 교육과 축제 공연을 기획하는 사회적협동조합이다. 은지네를 중심으로 주민들이 상당 부분 직접 준비해 온 은평구 지역축제는 시민정치 참여의 통로가 되어 왔지만 매년 한 번 개최돼 왔기에, 해당 지역의 일상 속 문화 여건 마련에는 다소 부족함이 있다. 상대적으로 소외되는 계층들에게 일상적인 문화라 함은 마음의 안식처 개념도 포함될 것이다. 이러한 안식처가 필요한 대표적인 그룹이 다문화가정여성들이다. 다른 자치구에 비해 많은 수의 결혼이주여성들이 은평구에 거주하고 있으며, 그 비율은 꾸준히 증가하고 있다. 2013년을 기준으로, 은평구에 거주 중인 결혼이주여성 수가 서울시 25개 자치구 중 8번째에 해당된다. 물론 수치적으로 보면 은평구 전체 인구 대비 다문화가정여성의 비율은 0.33%에 불과하다. 하지만 이들은 결혼을 통해 한국인이 되고자 하는 잠재적인 대한민국의 국민이다. 또한 해당 관계자들이 공통적으로 얘기한 바와 같이 다문화가정의 내적 상황을 고려해 보았을 때, 결혼이주여성들이 타향에서 여성으로서 겪는 어려움은 결코 사소한 것이 아니다. 마을무지개는 바로 그러한 다문화가정여성들로 구성된 예비사회적기업이다. 다문화 교육과 케이터링 사업을 진행하며 각자의 가치를 재확인하는 기회를 가지게 되었다.

또한 마을무지개는 모든 구성원들이 여성이라는 점에서, 여성이라는 은평구의 키워드와 맥을 같이한다. 실제로 마을무지개 대표 및 구성원들의 활동 과정

표 6.2 은평구 사회적경제 조직 현황 (2016년 6월 기준)

총(개)	협동조합	사회적기업	마을기업	자활사업단	중간지원조직
142	106	30	3	3	은평사회적경제특화사업단

출처: 은평구 사회적경제과.

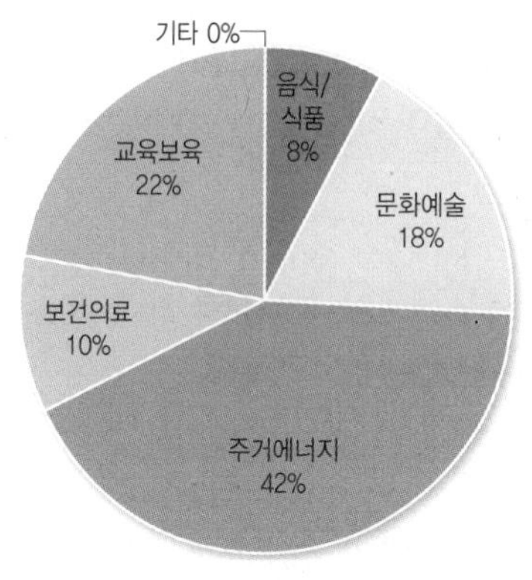

그림 6.2 사업분야별 사회적경제 조직 현황

은 여성으로서의 정체성에 대한 고민의 흔적이 드러난다. 그밖에는 살림의료를 선정했다. 살림의료는 비혼 페미니스트 의료인과 활동가가 의기투합하여 2009년 1월 첫 모임을 시작으로 3년간의 준비 과정을 거쳐 2012년 2월 창립되었다. 일차의료 제공을 통해 복지서비스를 제공한다는 의의도 있지만 그 시작은 '여성주의'였다. 본격적인 창립 준비에 들어간 시점부터는 은평구 비혼 페미니스트 및 지역주민들과 협동했다(전희경 2014: 81).

2. 구체적인 분석

우리가 주목한 단체들은 은평구의 지역적 문제를 극복하는 데에 기여하거나 지역적 특성의 발현과 관련된 활동을 진행해 왔다. 사회적경제를 통한 지역문제해결은 단순히 생계를 목적으로 안정적인 수익구조를 확보하고자 하는 지속가능성의 추구를 넘어, 보편적인 사회적 가치를 지향하는 공공성을 함께 추구한다는 점에서 큰 의의를 지닌다. 따라서 행위자들의 동기와 지향하는 가치 및 목표를 파악하는 것이 중요하다. 이를 위해 활동가들의 이야기를 직접 들음으로써 행위 동기, 지역과의 상관성, 지속가능성 등을 분석하고자 했다.

1) 주거: 두꺼비하우징과 산새마을

2011년 6월 은평구는 산새마을을 '주거환경 개선사업' 시범구역으로 선정한다. 현재 산새마을이 형성된 지역은 본래 재개발 예정구역이었다. 산새마을에는 지은 지 30년 이상 된 노후 주택이 많았다. 당시 노후 주택수가 77채, 노후율이 72.6%로 주거환경 개선이 절실했다. 하지만 수익성이 낮아 건설사가 사업을 포기했다. 이에 따라 구청이 두꺼비하우징에게 주거환경 개선사업을 위탁했다. 두꺼비하우징은 수익성만을 고려하는 기존의 주택개발과는 다르다. 오히려 기반시설을 보조하고 주택관리 및 보수를 통해 마을공동체 형성과 같이 보다 공적이고 중요한 가치들을 우선시한다. 따라서 주민들이 강제로 쫓겨날 일은 전혀 없다. 이 때문인지 두꺼비하우징 사업은 주민들의 관심과 요구가 상당히 높은 사업이었다. 사입 지역의 선정 방식도 민주적이었다. 은평구는 2011년 두꺼비하우징 사업에 대한 주민설명회를 개최했다. 12개동 800여 명의 주민이 참석하여 희망지 신청을 받은 결과, 산새마을을 시범사업 조성지로 선정하였다. 기존의 관 위주의 하향식 정책결정과 달리 민관 사이의 민주적인 의사결정이 이루어진 장이었다. 이처럼 산새마을에서의 두꺼비하우징 사업은 주민들의 참여, 사회적기업 그리고 관의 행정이 잘 맞아떨어진 성공사례이다. 과거 은평구는 베드타운의 밀집 및 주거지의 재건축 현상이 빈번하여, 구민들은 은평구에 대한 애착을 형성하기 쉽지 않았다. 산새마을과 두꺼비하우징 사업은 이러한 문제점을 극복할 수 있는 대안을 제시한다. 또한 위 사업은 주민공동체에 활력을 불어넣는 계기로 평가받는다는 점에서 지역문제의 극복 차원을 넘는 또 다른 의미를 지닌다.

① 두꺼비하우징

두꺼비하우징은 도시재생부서, 건축사업부서, 사회주택부서로 크게 3가지 부서로 나뉘어 있다. 세 부서는 서로 협력하여 재건축·재개발이 지연되어 빈집으로 방치된 곳을 새집처럼 리모델링하여 임대주택으로 공급한다. 특히 산새마을 내 부지는 1980년대까지 도축장으로 사용된 후 방치돼 있었다. 도시재생 이후 마을 내 주민들과 함께 텃밭으로 탈바꿈시키는 등 주민공동체 활동에 활기를 불어넣었다.

인터뷰에 응한 이제원 팀장은 활동을 시작하게 된 계기로 서울시 은평구와 성북구 등에서 재개발 바람이 불면서 기존 거주민들이 그 지역에서 쫓겨나는 것에 대해 문제의식을 느꼈다고 한다.

"2008년부터 '나눔과 미래'라는 시민사회단체, NGO에서 활동을 시작했어요. 저도 그 출신이고 현재 두꺼비하우징의 두 설립자들도 나눔과 미래 출신입니다. 성북구가 그때 당시 재개발지역 50개, 재개발 열풍이 불었어요. 그걸 하다 보니 아쉬운 게 기존 사람들은 쫓겨나게 되는 거죠. 이 안에서 고치면서 주거지를 보존하는 방향에서 대안적인 개발을 할 필요가 있지 않을까 생각했어요."

– 이제원 두꺼비하우징 사회주택팀장[10]

그는 두꺼비하우징이 은평구에 출범하게 된 배경을 상세하게 설명했다. 서울 변두리에 위치한 은평구는 아파트 비율이 가장 낮고, 저층주거지가 많은 자치구였다. 이러한 상황에서 2010년 지방선거 당시 현 은평구청장 김우영은 공약사업으로 두꺼비하우징 사업의 지원을 약속했다. 즉 당시 시민사회단체들이 일부 자본금을 내고, 은평구 공공에서 일부 자본금을 내는 민관합작의 형태를 계획했다. 하지만 이 안건은 구의회에서 부결된다. 그래서 비록 관의 지원이 없더라도 자체적으로 활동해 보자는 취지에서 순수 민간자본을 바탕으로 은평지역 사회적기업으로 출발한 것이 바로 두꺼비하우징이다. 주요 활동목표는 기존 주민들이 자신들의 정주권을 가진 상태에서 살아갈 수 있게끔 환경적 기반을 마련하는 것이다. 관리가 어려운 주택을 보다 쉽게 관리할 수 있는 시스템을 마련하고자 했다.

"사람들이 아파트를 좋아하는 게, 물리적인 환경이 단독주택보다 좋죠. 또 하나 주목했던 게 관리문제예요. 보통 사람들이 주택, 건축에 대한 노하우가 없다 보니까 주택 관리를 할 엄두가 안 나요. 예를 들어 할머니 혼자 사는데 전등 하나를 갈

10. 이하 같은 절의 인용문은 모두 이제원 두꺼비하우징 사회주택팀장과의 인터뷰 내용 중 발췌한 것이다. 인터뷰 일자: 2016.4.12.

기가 힘들어요. 처음에 저희가 내세웠던 것은 아파트와 같은 관리시스템을 갖춘 저층주거지예요. 이러한 사업을 처음 시작했던 마을이 바로 산새마을입니다."

이제원 팀장은 사회적경제는 지역을 떠나면 본래의 의미가 희석된다고 재차 강조했다. 도시재생 사업이야말로 사회적경제와 밀접한 관계가 있기에 지역주민 및 활동가 그룹의 역량 강화가 중요하다고 언급했다. 두꺼비하우징은 지역의 관점에서 사회적경제와 도시재생을 결합하는 고민을 지속해 왔으며 그 일환으로 주민들의 역량 강화나 컨설팅, 아카데미 활동 등을 꾸준히 진행해 왔다.[11] 산새마을 사례의 성공은 도시재생 사업이 지역주민들의 손에 의해 지역 단위로 이루어졌다는 데에 기인한다. 두꺼비하우징은 저소득층 무상집수리사업을 실시·추진해 오고 있다. 2011년에는 총 236가구를 완료하였으며, 2012년에는 총 177가구를 완료하여 혁혁한 성과를 보이고 있다.

하지만 두꺼비하우징에게도 고충은 있었다. 산새마을의 경우 주민 역량 강화를 위한 방안 중 하나인 주민대표를 세운 부분은 본인들의 취지에도 어긋날 수 있으며 한계가 있다고 지적했다. 지역주민들의 의사를 수렴하고 전달할 대표가 있으면 관의 입장에서는 효율적일지 몰라도 많은 주민들의 목소리를 들을 수 있는 기회가 배제될 수 있기 때문이다. 그는 실제로 소통하는 과정에서 아쉬움을 느꼈다고 털어놓았다. 한편 이제원 팀장은 두꺼비하우징이 사회적기업으로서 가지는 어려움에 대해서도 토로했다.

"현실적으로 사회적기업은 정말 5년을 살아남기가 힘들어요. 지금도 월급에 대한 걱정이 크고요. 매출이 나와야 하는데… 우리가 시장에서 상대할 수 있는 콘텐츠들은 무엇일까 하는 고민을 매일 하죠. 시장경제와 차별화하려 노력하지만 일단 유지가 돼야 하잖아요. 가격 경쟁도 어렵고, 정부지원도 현실적으로 공공시장조달, 우선 구매 물론 그런 기반이 필요하지만 대표들은 월급 제때 받아가는 사람은

11. 추가적으로 도시재생 활동가 포럼 개최나 단체들이 역량을 집중하여 해마다 서로 다른 지역에서 도시재생을 실시하는 등 다양한 방안들을 제시했다.

제 주변에 없어요."

두꺼비하우징은 언론에도 성공사례로 여러 차례 소개된 적이 있고, 지역 고민거리의 혁신적인 해결을 통해 사회적 가치를 창출하는 기업이다. 하지만 이러한 성과에도 불구하고 경제적 측면에 있어서 현실적인 어려움을 겪고 있었다. 이는 비단 두꺼비하우징만이 아니라 한국의 사회적경제 조직들 대부분이 겪고 있는 사안일 것이다.

② 산새마을

은평구 신사동에 위치한 봉산 중턱의 가파른 언덕길을 오르다 보면 아름답고 재치 있는 벽화들과 함께 산새마을이 나온다. 주민들의 아이디어로 꾸며진 벽화 사업은 보기 흉했던 낡은 주택들을 변화시켰다. 마을 한가운데에는 주민들의 중요한 공유공간인 산새텃밭이 있다. 산새텃밭은 2011년부터 주민들이 본격적으로 가꾸기 시작한 이후 만 5년의 시간이 지난 현재까지 꾸준하게 주민들의 손길이 닿고 있다. 그곳은 원래 1980년대까지 도축장으로 사용된 후 방치되어 있던 기피 장소였다. 하지만 두꺼비하우징과의 협력 이후 현재는 주민들이 직접 부지를 만드는 데 일조하면서 마을공동체의 대표적인 공간이 되었다. 필자들이 현장조사를 위해 방문했을 때에도 마을주민들이 손수 밭을 일구고 계셨다. 과거 수십 년간 반상회 한 번 없었다는 산새마을에서 이제 일상적으로 이루어지는 연대활동은 지역혁신의 가능성을 시사한다. 밭에서 손수 일군 농작물은 수확하여 복지관에 공급하고 있다.

최복순 마을대표는 두꺼비하우징과의 협력사업이 지금의 산새마을을 만드는 데에 많은 도움을 주었다고 말하면서도, 2013년 이후부터는 더 이상 협력사업을 진행하지 않다고 전했다.•[12] 그 이유는 산새마을주민들은 원하지 않는 여러 사업들을 두꺼비하우징이 추진하려는 상황이 반복되었기 때문이라고 한다. 양 측의 협력은 중단되었지만 이는 불화라기보다는 독립에 가깝다고 주민들은

---

12. 최복순 산새마을 대표. 인터뷰 일자: 2016. 4. 12.

사진 6.1 산새텃밭을 일구고 있는 산새마을주민들과 일손을 돕는 필자 김기범. 산새마을 최복순 대표와의 인터뷰 모습(왼쪽부터 차례로)

말한다. 하지만 관련 행위자들이 입장 차이를 좁히지 못해 협력관계가 중단된 모습은 분명 아쉬운 대목이다. 실제로 산새마을의 마을공동체 활동에 참여하는 주민들은 소수에 한정돼 있었다.

산새마을 사례는 주민들이 복지서비스를 수동적으로 수혜받기보다는 스스로가 원하는 주거복지 사업을 능동적으로 선택할 수 있다는 점에서 *Humanizing the Economy*의 저자 레스터키스(Restakis 2010)가 말하는 사회적 시장 모델에 가깝다고 할 수 있다. 사회적 시장 모델하에서는 사회복지를 제공하는 기업들 간의 경쟁을 통해 양질의 서비스를 주고받을 수 있다. 하지만 이제원 팀장의 말처럼, 사회적기업은 자신이 처한 어려운 상황을 극복하고자 산새마을 측에 여러 사업을 제안한 것이 자명해 보인다. 산새마을 입장에서는 부담스럽게 느껴질 수도 있었던 제안이, 두꺼비하우징의 존속을 위해서는 꼭 필요한 사업이었을 수도 있다는 것이다.

레스터키스가 주목한 이탈리아와 캐나다의 사례처럼, 사회복지가 성공적으로 제공되기 위해서는 복지서비스 수혜자에게 선택권이 제공되는 것은 분명히 필요해 보인다. 하지만 두꺼비하우징처럼 복지서비스 제공 기업들에게도 최소한의 운영 및 유지를 위한 수익구조가 필요하다. 그렇지 못한 상황이 계속된다면 사회적기업들의 시장 진입이 줄어들어 복지서비스 공급이 감소할 것이고, 그 여파는 사회복지 수혜자에게 고스란히 돌아갈 수밖에 없다. 이러한 측면에서 관은 복지서비스 수혜자와 공급자의 연결고리 역할을 수행하거나 혹은 공급자를 위한 직접적인 지원을 하는 등 지역을 최대한 고려하는 방향으로 주거문제를 다루어야 한다.

2) 문화: 마을무지개와 자바르떼

필자들은 은평구의 문화를 크게 두 가지 관점에서 파악했다. 첫 번째는 다문화이주여성들이 많음에도 불구하고, 그들을 위한 문화시설이 부족하다는 것이다. 두 번째는 은평구의 대표적인 문화 키워드인 축제와 관련된다. 어린이들이 이용할 만한 문화시설이 빈약한 것을 계기로 발전한 마을축제가 2016년 오늘날 은평구에 어떠한 모습으로 녹아 있는지, 그리고 축제의 한시성을 어떻게 보완하고 있는지 사회적협동조합 자바르떼와의 인터뷰를 통해 밝히고자 하였다.

① 사회적협동조합 자바르떼

자바르떼는 일을 뜻하는 영어 'job'과 예술을 뜻하는 이탈리아어 'arte'의 합성어이다. 예술가들이 함께 만드는 일자리를 의미한다. 사회적협동조합 자바르떼(이하 자바르떼)는 2004년 실업극복국민재단(현 함께일하는재단)에서 제안한 문화예술분야 공공적 일자리 만들기 사업의 일환으로 활동을 시작하게 되었다. 2005년에는 '신나는문화학교교사협회'라는 비영리민간단체를 만들고 다양한 문화예술 교육을 기획하며 2007년까지 진행해 왔다. 이후 조직의 재구성과 비즈니스 모델의 안정화를 위해 일부 정부의 지원이 필요하다고 판단하여 2007년 12월 노동부 사회적기업으로 인증받는다.

자바르떼가 현재의 운영 형태인 협동조합으로 전환하기까지는 내부의 경험이 작용하였다. 2007년 사회적기업 인증 준비를 위한 회의를 거듭하면서 자바르떼 구성원들은 장기적으로 문화예술 생산자협동조합을 지향해야 한다고 의견을 모았다. 하지만 자바르떼는 2007년부터 2011년까지 사회적기업으로 운영되면서 1명의 대표에게 모든 책임이 집중되었다. 이로 인한 어려움을 계기로 초기에 고민해 왔던 문화예술단체의 지속성에 대해 상기하게 된다. 자바르떼는 협동조합으로 전환하기 위해 2012년 10월부터 2013년 2월 창립총회까지 한국협동조합연구소를 통해 전문 컨설팅을 받는다. 이러한 교육과정을 통해 구성원들은 함께 책임지고 함께 운영하는 방식이 1인 기업의 고용한계를 극복하는 존재방식이라는 확신을 가지게 되었다. 사회적경제 영역 내에서 문화예술 사업이 확대되어야 한다는 고민 또한 자바르떼가 협동조합으로 전환하는 데에 기여하였다.[13]

주목할 만한 점은 자바르떼의 지역성이다. 자바르떼는 마포에서 활동을 시작해서 금천구에 2011년부터 2014년 7월까지 있었다. 2014년 7월에 자바르떼는 사회적협동조합으로 전환한 이후 연합회를 준비하는 과정에서 좀 더 우호적인 지역이 필요했고, 은평구에 있는 서울사회적경제지원센터의 공유공간 모집공고에 신청하여 현재 은평구에 입주 중이다. 외부 지역에서 들어온 자바르떼는 이후 은평구의 지역적 조직으로 탈바꿈하고 있다. 앞서 언급한 바 있는 26개 시민단체의 연합인 은지네와 은평협동조합협의회에 가입해서 지역과 함께 고민하며 활동하려 노력 중이다. 그 일환으로 올해 초에는 지역 네트워크의 첫 사업으로 세월호 2주기 추모문화제도 함께 기획 및 진행하였다. 조합원들이 지역아동센터와 대안학교에서 문화예술 교육을 하고 있으며 매년 지역축제의 주요 행위자로 참여하고 있다. 올해는 은평마을예술 창작소와 함께 새로운 사업을 시작했다. 은평시민대학 갈현캠퍼스인 은평마을예술창작소에서 문화로 부는 골목바람의 첫 번째 프로젝트인 '우리집 맥가이버와 행복한 습관 사업으로 그림에세이로 담아내는 여자의 이야기'를 시작한 것이다. 이처럼 자바르떼는 은평구에 기반을 둔 문화 활동을 적극적으로 추진하고 있다. 자바르떼의 사례는 현재 입주해 있는 '지역'이 단체의 활동 성격에 영향을 준다는 점을 보여 준다. 즉 지역과 직접 관련된 활동을 하는 것이 효과적이며 유의미함을 보여 준다.

② 마을무지개

마을무지개의 핵심은 다문화가정 여성들이다. 그들은 유아, 초등, 중등생을 대상으로 하는 다문화 체험 프로그램, 다문화 강사 양성, 다문화 공연, 다문화 물품 교류, 다문화 음식 케이터링 서비스 활동 등을 하고 있다. 지난 5년간 은평

---

13. 서면 인터뷰: 2016. 5. 27.

구 결혼이주여성들이 주축이 되어 유치원과 초·중학교 학생들을 대상으로 '찾아가는 다문화 체험' 프로그램을 진행하고 지역행사에 직접 만든 다문화 음식을 제공하고 있다. 은평구사회적경제허브센터에 입주해 있는 25개 사회적경제 단체들은 각 단체의 교육이 있을 때 마을무지개에 식사를 의뢰한다. 이러한 마을무지개의 시작은 결혼이주여성들에게 진정 필요한 것이 충족되지 못하는 현실에서 비롯되었다고 전명순 마을무지개 대표는 밝혔다.

> "우연히 은평구 대조동 주민자치센터에서 독서지도를 하고 있었는데 한국어 교실이 생겼어요. 제가 도우미 선생님을 해서 결혼이주여성들을 만나다 보니 중국 여성을 만났어요. 그 여성과 서로 안 통하는 말로 한 두 마디 나눴는데 그게 운명적인 만남이었죠. 이분들에게 정말 필요한 것은 이분들의 정서를 어루만지고, 답답한 것을 들어주는 것인데, 이건 전무하고 획일적으로 한국어 교실을 하고 있다는 것을 안 거죠. 정서적인 면이 있었어요." – 전명순 마을무지개 대표[14]

이는 퍼트넘(Putnam 2003)이 강조한 "집단을 조직하는 것은 개인의 아픔을 집단의 사명으로 만드는 것"의 대표적인 예이다. 그는 평범한 사람들끼리의 이야기를 통해 그들이 진정으로 원하는 것이 무엇인지 파악하는 것이 중요하다고 말한다(Putnam 2003: 282-285). 자신의 이야기를 공유하는 과정에서 공감대와 유대감을 형성할 수 있기 때문이다. 퍼트넘은 이 과정을 "I story, We story, They story"라고 표현한다. 전명순 대표가 중국 여성의 힘든 이야기를 들어주며 그 이야기를 공유하는 과정은 '나의 이야기를 하고 다른 사람은 이를 들으며 공감하고 우리의 관계를 새롭게 정의하면서 새로운 관계를 형성'하는 "I story"의 과정에 해당한다. 대화를 통해 서로 아픔을 나누는 것이 얼마나 중요한 요소인지 다시 한 번 확인할 수 있는 대목이다.

이러한 과정은 마을무지개의 여러 활동들을 통해 더욱 공고해진다. 그 주축에는 문화 교육이 있다. 재정수익의 85%를 충당하는 교육 부문은 결혼이주여

---

14. 이하 같은 절의 인용문은 모두 전명순 대표와의 인터뷰 내용 중 발췌한 것이다. 인터뷰 일자: 2016. 4. 26.

성 한명과 한국인 여성 한명이 팀을 이루어 진행하고 있다. 이러한 페어링 시스템은 다문화가정여성들이 한국 사회에 정착하는 데 많은 도움이 되었다. '함께 가는 아시아 여행', '글로벌 식탁으로의 초대', '세계 시민 교육' 등 다양한 콘텐츠의 프로그램을 진행해 왔다. 그 밖에도 마을무지개는 케이터링 사업과 다문화 공연을 통해 수익구조를 창출했다. 공연 프로그램은 주로 봄이나 가을 축제 시즌에 한정적으로 진행되고 있지만 구성원들의 요구대로 꾸준히 유지하고 있다. 2012년에 제정된 은평구의 「마을공동체 지원 등에 관한 조례」는 주민 및 마을의 개성과 문화의 다양성 존중을 명시하고 있다. 마을무지개의 다문화가정여성들에게도 본인들의 문회를 공감할 수 있는 상이 필요했다. 이들은 다양한 문화를 교육서비스와 연대활동의 형태로 제공하면서 문화적 소외감을 극복해 나가고 있었다. 사회적경제를 통해 문화가 일상 속에서 입체적으로 다루어지고 있는 것이다.

3) 여성: 마을무지개와 살림의료

① 마을무지개

전명순 대표가 다문화여성들과 함께 마을무지개 활동을 하게 된 계기는 얼핏 보기에는 단순히 개인적인 동기로 보이지만 사실 보다 깊은 의의가 있다. 전희경(2014)이 주목하는 바와 같이 그 고민의 출발점에 공사 분리, 성별 분업, '정상가족'을 중심으로 한 젠더질서를 당연시하는 경향에 대해 저항하는 심리가 담겨 있다.

"아들이 고등학교에 들어갔는데, 대한민국 고등학생들은 너무 열심히 공부해야 하는데, 저는 아들 성적 잘 나오게 도와주는 그걸로 3년을 보내고 싶지는 않았어요. 의미 있게 보내야겠다 싶어서 영어를 배워서 3년 동안 잘 할 수 있게 만들어야지 해서 시작했는데 진척을 알 수 없더라고요. 그래서 중국어로 바꾸고, 그게 제가 다문화 일을 하게 된 시발점입니다."

전명순 대표는 마을무지개 활동을 시작하게 된 계기가 자녀의 고등학교 입학이라고 말한다. 그녀는 자녀를 양육해야 하는 '엄마'로서의 역할에 스스로를 가두고 싶지 않았던 것이다. 이는 고착화되어 있는 우리나라의 젠더질서와 여성관 및 '정상가족'의 개념에 대한 도전으로 해석할 수 있다. 이후 그녀는 다문화가정여성 관련 현안을 지역적인 문제로 인식하고 스스로 결혼이주여성들과의 관계를 형성 및 확장해 나갔다. 중요한 것은 그 과정에서 사회적 가치가 창출되고 스스로 만족감과 성취감을 느끼고 있다는 점이다. 이는 이후 살펴보겠지만 스스로를 정상적인 기준에 속하는 여성보다는 활동가(activist)로서 인식하는 살림의료 활동가(전희경 2014: 83)들을 떠올리게 한다.

이러한 변화는 전명순 대표뿐만 아니라 마을무지개에서 활동하는 다문화 여성들에게서도 나타났다. 다문화가정여성들은 생계에 대한 고민 속에서 지역사회의 주인이라는 주체의식을 점차 상실해 갔다. 하지만 그들은 마을무지개의 다문화교육 프로그램에 참여한 이후 동네 아이들이 '선생님'이라 부르는 경험을 하게 되었고, 이는 엄청난 감동으로 다가왔다고 한다. 다문화여성들은 더 이상 단순히 '외국에서 시집 온 사람'이 아니었다. 그녀들은 본인 스스로와 본인들의 활동이 얼마나 소중하고 가치 있는지 사회적경제 속에서 재확인할 수 있었다.

다문화가정여성들 역시 전명순 대표처럼 기존의 젠더질서에 저항하고 있었다. 우리는 은평구다문화가족지원센터를 통해[15] 많은 결혼이주여성들이 경제활동의 욕구가 강하다는 것을 알게 되었다. 고향에 돈을 보내고자 하는 의도도 있지만, 정착이 쉽지 않은 상황에서 육아에만 한정된 생활보다는 사회생활을 더 선호하는 것이다. 결혼이주여성들과 직접 만나 얘기를 나누어 보았을 때도 일반 여성과는 다른 그룹들로서 오히려 '정상가족'의 개념과 한국의 젠더질서에 대한 저항적 인식이 있다는 것을 파악할 수 있었다. 사회적경제 활동이 경제활동의 통로인 동시에 기존 젠더질서에 대한 반감이 표출되는 장으로도 기능한 것이다.

---

15. 양미자 팀장 인터뷰 일자: 2016. 6. 1.

② 살림의료

살림의료는 '우리 스스로 만들어 가는 동네 병원, 살림의 힘으로 돌보는 건강 공동체'를 지향하는 사회적협동조합이다. 현재 조합원이 1,845명, 출자금이 9억 7000만 원[16]에 달할 정도로 규모가 크고 활성화되어 있는 사회적경제 조직이다. 살림의료는 페미니스트 의료인과 활동가가 3년간의 준비 끝에 2012년 2월 창립했다. 2009년 1월에 가진 첫 모임부터 그들은 '여성주의 의료생협'을 표방했지만 이후에 지역기반이 필수적임을 경험하게 된다.

> "처음에는 막연히 뜻있는 여성들이 힘을 모아서 병원을 만들어야겠다고만 생각했지, 의료생협을 만들기 위해서는 지역운동을 기반으로 그곳에 사는 주민들과 협력하는 과정이 필요하다는 것까지는 잘 몰랐지요."[17] – 무영 살림의료 주치의

실제로 살림의료가 은평구에 자리를 잡게 된 배경에는 서울시 내 비혼 여성의 수가 가장 많다는 점과 중견 여성활동가들을 중심으로 한 탄탄한 풀뿌리조직의 존재가 크게 작용했다.

이렇게 살림의료의 추진 원동력은 '여성'이었지만 기본적으로 일차의료 서비스를 제공하며 환경의학 클리닉, 금연 클리닉 등 건강 교육 프로그램을 운영한다. 일차의료란 지역사회 의사가 질병 예방 및 치료 서비스를 지역주민에게 제공하는 것이다. 일차의료는 지역사회에 기반을 둠으로써 의료 제공자와 지역과 주민들 간의 지속적인 관계를 형성할 수 있고, 치료중심이 아닌 예방 및 건강증진 중심이기에 의료 이용자가 단순히 서비스 수요 및 구매자가 아닌 주체적인 역할을 할 수 있게 된다. 이러한 점에서 일차의료는 보다 적은 비용과 적정 수준의 의료기술로 건강문제를 해결함으로써 의료서비스의 효율성과 의료자원의 균등한 재분배 기능을 수행할 수 있다고 평가된다. 한국에서도 일차의료에 관한 정책이 시도된 바는 있으나 정부의 일방적인 정책 수립에 의해 실패

---

16. 검색일: 2016. 8. 9.
17. 박은지. "'여성주의 의료생협'이 궁금해요." 여성주의 저널 『일다』. 2012년 3월 1일자. http://blogs.ildaro.com/1303

를 거듭하였다. 이러한 가운데 살림의료는 협동조합의 형태로 일차의료가 제공될 수 있음을 보여 주고 있다. 이 때 수요자는 직접 의료복지에 참여하며 적극적인 역할을 맡게 된다. 이는 일종의 새로운 의료복지 거버넌스 모델이라 할 수 있다. 의료복지의 제공이 국가에 의해 일방적으로 이루어질 때에는 생각하기 어려운 모습이다. 또한 살림의원은 지역 보건사업 및 축제 내부에서 프로그램을 운영하는 등 의원 밖에서도 활발한 실천 활동을 수행함으로써 지역사회 지향적인 의료복지서비스를 제공하고 있다.

살림의료는 다양한 소모임 활동도 진행하고 있다. 통기타·요리·반려동물 등 친목도모 성격의 활동, 프랑스어·일본어 등의 학습 등 교육 성격의 활동, 산행·걷기 등의 건강 성격의 활동들이 대표적이다. 살림의료는 여러 모임 운영을 통해 이웃, 마을, 지역사회 내 관계 형성을 장려하고 있다. 이는 사회적 자본을 강조한 퍼트넘의 모델을 떠올리게 한다. 소모임 활동에 참여하는 주민들은 모임을 조직하고 활성화하는 과정에서 결합적 사회적 자본을 형성한다. 이는 지역에 기반을 둔 연대를 구축함으로써, 공동 육아 모임과 같이 돌봄서비스를 제공하는 지역사회 복지 협력으로 확대되었다. 한편 살림의원은 은평구에 살지 않아도 조합원이 될 수 있도록 '사회적협동조합'으로 전환함으로써 지역사회를 지향하되 다른 거주지의 주민들과의 연결적인 사회적 자본을 쌓을 수 있는 토양을 마련했다. 또한 조합원 3명 이상이 모이면 하고 싶은 소모임을 만들 수 있도록 하여 결사체 활동을 촉진함으로써 중장년, 노년층에게 가장 유익할 수 있는 건강서비스를 제공했다. 이러한 활동을 주도하는 살림의료의 관계자 여성들은 '정상적'인 성역할과는 사뭇 다른 사회적 공익을 실천하는 활동가로서의 면모를 보인다. 이는 단순히 기존의 지역공동체에 외삽적으로 '진입'하는 것이 아니라, '공동체'성 자체를 재정의해 가는 과정이라고 전희경(2014)은 말한다.

Ⅳ. 중간지원조직과 은평구청

사회적경제 개념은 불과 몇 년 전에 한국에 도입되었다. 그동안 한국에서 관의 지원정책은 하향식 성격이 두드러졌고 따라서 민간의 의존성이 심하게 나타났다. 한국의 사회적기업을 공공부조형으로 분류(김경휘·반정호 2006)하는 것도 같은 맥락에서이다. 정부에서도 부처별로 서로 다른 사회적경제 조직들을 관리하고 자치활동을 육성하고 있다. 이러한 한국적 사회적경제의 관 주도적, 하향적 성격의 부작용을 지적하는 의견도 많다.

하지만 관 주도적인 한국적 특성에도 불구하고 관이 현재의 사회적경제 토대를 확충하는 데 주요한 역할을 했다는 점은 엄연한 사실이다. 영국과 같이 지역사회친화형 사회적기업이 발달한 나라에서도 중앙정부 차원의 정책은 존재한다. 오히려 영국에서도 사회적기업들이 공공기관과의 서비스 계약이나 보조금과 같이 정부의 적극적인 지원에 의존하는 경향이 있기도 하다(Amin et al. 2002). 우리나라 역시 마찬가지이다. 관 주도적, 하향적 성격은 앞으로 개선해 나가야 되지만 관의 역할을 무조건 부정적으로 인식하거나 배제할 수는 없다. 따라서 탄탄한 사회적경제의 토대를 마련한 은평구에서 실시된 관의 정책을 검토해 볼 필요가 있다. 먼저 중간지원조직의 역할부터 살펴보자.

1. 은평상상허브

은평구에는 다양한 중간지원조직이 존재한다. 녹번종합사회복지관, 은평마을지원센터, 은평자원봉사센터, 은평문화예술회관, 은평역사한옥박물관, 서부장애인종합복지관, 은평종합사회복지관, 은평구평생학습관, 신사종합사회복지관, 은평구사회적경제허브센터(이하 은평상상허브)가 있다. 또한 사회적경제지원센터, 마을공동체종합지원센터, 청년일자리허브와 사회혁신가들이 입주해 있는 서울혁신파크도 은평구에 자리하고 있다. 서울혁신파크는 다양한 아이디어를 가진 청년들과 혁신가들이 사회문제를 해결하고 새로운 부가가치를 창출하는 혁신적인 방법을 모색해 보자는 취지에서 서울시가 설립한 공간이다. 실제로 은평구 및 다른 자치구의 여러 사회적경제 조직들은 서울혁신파크에 입주해 있다. 다른 자치구에서 활동을 하다가 입주 조건이 우호하여 입주한 기업들이 많은데, 전술한 자바르떼와 같이 입주 이후 은평구라는 지역 안으로 포섭되

사진 6.2 은평상상허브 공용홀

는 양상을 보인다는 점은 흥미롭다. 하지만 사회적경제 영역과 제일 직접적으로 관련이 있고 은평구 고유의 실질적인 중간지원조직은 은평상상허브이다. 은평상상허브는 은평구청에게 위탁받은 seed:s(이하 씨즈)[18]와 은평상상[19]이 공동으로 운영하고 있다.

은평상상허브는 상호 호혜와 연대를 기반으로 지역경제의 선순환을 지향한다는 기치 아래 2014년 3월에 개소했다. 열린사회은평시민회 등 지역단체들과 씨즈가 은평소방서 이전으로 생기는 공간을 사회적경제 조직들과 주민들을 위한 공간으로 만들자고 제안하여 설립되었다. 여럿이 모여 상상하고 함께 만들어 가고자 한다는 '은평상상허브'에는 다양한 조직들이 모여 있다. 사회적경제 허브, 풀뿌리NPO 허브, 마을공동체 허브로 이루어져 있는데 사회적경제 조직들이 공간의 대부분을 사용하고 있다.

사회적경제 중간지원조직의 역할은 크게 중개, 조정, 역량구축으로 나누어 볼 수 있다(전국사회연대경제지방정부협의회 2016). 중개는 민과 관을 연결해 주는 역할로써 정책을 모니터링, 피드백 그리고 제안하는 기능을 수행한다. 조정은 민간 네트워크를 촉진하고 이해관계자들 간의 자원을 연결하고 조정함을 의미한다. 역량구축은 민간 행위자들에게 도움이 될 만한 정보나 상담을 제공하는 기

18. 지역경제 활성화를 넘어 전반적인 사회적기업 지원 및 청년사회적기업가를 양성하는 비영리 사단법인
19. 은평 시민사회의 활력과 NPO 성장을 촉진하는 중간지원조직

능으로써, 교육 프로그램이나 조사연구 등을 통해 이루어진다. 은평상상허브는 이 중에서도 특히 조정자 역할을 적극적으로 수행하고 있다. 은평상상허브의 가장 큰 특징은 사회적경제 조직들뿐만 아니라 풀뿌리 시민단체 조직들과 마을공동체 중간지원조직까지 입주해 있다는 점이다. 은평상상허브는 사회적경제를 실현하기 위한 다양한 단체들이 클러스터를 조성하고 있어 의견 수렴이 수월하다. 입주 현황의 대다수를 차지하는 (예비)사회적기업들에게 이러한 환경은 큰 이점으로 작용한다. 씨즈의 김영석 국장은 "풀뿌리 단체들과 함께하는 큰 그림을 보고 있다. 같이 상상할 수 있고 협력할 수 있는 사회적경제 조직들이 함께 지역사회를 변화시킨다면 이곳이 사회적경제의 지역 랜드마크가 될 수 있을 것이다." 라고 운영 비전을 개소 초기에 밝힌 바 있다.

이후 은평상상허브는 사회적경제의 민간네트워크 형성을 통해 결속적 사회적 자본을 축적하는 데 주요한 역할을 했다. 입주해 있는 15개가량의 사회적경제 조직들 간의 친목을 강화하기 위해 옥상에 텃밭을 만들고 영화를 공동 상영했다. 매주 수요일에는 지혜의 점심이라는 밥모임을 운영했고, 마을무지개와 같이 요리를 다루는 사회적기업에게 이를 맡김으로써 결속을 다지면서도 상호 도움이 될 수 있도록 노력을 기울였다. 더 나아가 은지네와 같이 사회적경제 영역에서도 민간 주체들 간의 네트워크를 형성하자는 논의가 올해 초부터 시작되어 마침내 2016년 5월 은평사회혁신기업네트워크가 창립되었다. 또한 은평상상허브장은 살림의료의 사외이사를 겸임하고 있다. 이는 은평구의 네트워크가 촘촘하게 잘 형성되어 있음을 보여 준다.

2. 은평구청 및 은평구청장

우리가 인터뷰를 진행한 단체들은 은평구에서의 사회적경제 활동 여건이 우호하다고 입을 모아 말한다. 마을무지개 전명순 대표의 말을 들어보자.

> "은평구는 기본적으로 사회적경제, 교육혁신지구 이런 쪽으로 앞서가는 자치구예요. 시대적 흐름의 선두에 있는 자치구죠. … 기초적인 베이스를 만들어 준 것, 이

를 테면 교육컨텐츠 하고 이런 것들, 바로 관의 정책이 있었기 때문이죠. 은평구는 경제적으로 열악하고 결혼이주여성 비율도 많고, 다문화 정책을 정말 잘 만들어서 모델을 만들어야 하는 자치구라고 생각해요. 결혼이주여성 비율이 많은데 잘 사는 자치구면, 그 가정 안에서 해결이 되겠지만 은평구는 경제적으로 어렵잖아요. 그럴 때일수록 사회적 미션이 필요하죠." – 전명순 마을무지개 대표

은평구에서 사회적경제 관련 정책이 시행되기 시작한 시점은 2010년 김우영 은평구청장이 취임한 이후부터이다. 물론 처음부터 수월했던 것은 아니었다. 구청의 해당 업무 담당 공무원은 "우리도 처음에 너무 생소하고, 어려움이 많았어요. 여기까지 오는 데도 공부도 많이 하고 정말 노력했어요."[20]라고 한다. 어떠한 역할을 수행해야 하는지에 대한 고민과 시행착오가 있었던 것이다.

시리아니(Sirianni 2009)의 협력적 거버넌스 모델은 관이 실시하는 정책이 시민사회의 역량을 강화할 수 있음을 보여 주는 대표적인 이론이다. 그는 협력적 거버넌스 정책의 세 가지 역할인 "empower, enlighten, engagement"를 강조한다. 관이 시민들에게 권한을 부여하고, 시민들에게 적절한 교육을 제공하며, 시민들의 참여를 활성화할 때 거버넌스의 역량이 강화될 수 있다는 것이다. 사회적경제 역시 시민사회에 뿌리를 두고 있기에 은평구 사회적경제의 활성화를 위한 은평구청의 노력과 지향점을 파악하는 것은 의의가 있다. 김우영 은평구청장은 은평구의 핵심을 공동체 정서로 파악했다. 공동체 정서가 탄탄하기에 지역공동체 회복을 이루어 사회적경제를 활성화하는 데 기여했다는 것이다.

"은평구에는 토박이를 중심으로 하는 공동체 정서가 많이 남아있어요. 저는 이것이 은평구의 자랑거리이자 강점이라 생각해요. 사회적경제는 자본보다 사람을 우위에 두는 경제개념으로 지역공동체 회복을 이루어 내자는 건데, 저는 이러한 점에서 은평구가 사회적경제를 위한 토대를 갖추었다고 생각해요. 그 대표적인 예가 산새마을입니다. 보통 성공한 마을공동체는 외부에서 사람들이 유입되어 들어

---

20. 은평구청 사회적경제과 구일완 과장. 인터뷰 일자: 2016. 6. 8.

사진 6.3 김우영 은평구청장과의 인터뷰

와 만들어지는 경우가 많은데, 이곳은 자연스럽게 태동된 마을공동체죠. 또한 일반적인 재개발 방식이 아니라 지자체와 주민이 합심해서 마을을 재생했지요. 신혼부부에서부터 시니어에 이르기까지 세대도 계층도 다원화되어 있는 곳에서 마을공동체가 제대로 작동하는 곳, 그곳이 바로 은평구입니다."

– 김우영 은평구청장•21

구청장은 공동체 정서와 활성화된 마을공동체를 은평구만의 독특한 사회적 자본으로 바라보고 있었다. 실제로 여러 사회적경제 조직들과 관련 기관들을 만나 인터뷰할 때마다 마을공동체 혹은 민간 네트워크가 촘촘히 이루어져 있다는 것을 느낄 수 있었다.

한편 구청장은 사회적경제의 활성화를 통한 가시적인 효과로 일자리 창출을 고려하고 있었다. 은평구는 주거 밀집지역으로 고용활성화에 필요한 구인처와 산업구조가 열악하기 때문에, 사회적경제를 통해 일자리 창출과 지역경제 활성화를 꾀할 수 있다. 이를 위해 여성, 노인, 청년 등 사회계층과 구민들을 나누어 접근하는 전략을 구상하고 있었다. 여성친화도시에 선정된 이후에는 '여성 일자리 이음학교'의 이름으로 마을과 함께하는 여성 일자리를 목표로 여성의 경제활동 참여 및 사회참여를 촉진하려 노력 중이다. 2016년에는 특히 청년들의 취

21. 이하 같은 절의 인용문은 모두 김우영 은평구청장과의 인터뷰 내용 중 발췌한 것이다. 인터뷰 일자: 2016.6.8.

업난 해결에 중점을 두고 있다고 밝혔다. 2016년 6월 1일자로 사회적경제과에 청년지원팀이 신설되었고, 이를 통해 사회적경제 조직들과 함께 청년들의 주거 문제를 해결하고 일자리를 창출할 수 있는 방안을 모색하고 있었다. 반면 김우영 구청장은 사회적경제 전반에 대해서 냉철히 진단했다.

"보통 사회문제해결은 관의 주도로 이루어지는 경우가 많아요. 하지만 사회적경제 방식은 그와 다른 형태입니다. 사회적경제는 이윤의 극대화가 최고 가치이자 목적인 시장경제와 달리, 사람의 가치를 우위에 두는 경제활동입니다. 이는 시민 스스로 자신의 문제를 해결하는 것이고, 시민사회 민간주도 사회적경제 활동이 활발해진 것입니다. 관에서는 이들의 활동을 지원해 주는 역할을 하면 됩니다. 지금 시대 흐름은 국가에서 마을로, 관치에서 자치로, 개인에서 공동체로, 사유에서 공유사회로 옮겨 가고 있어요. 그 중심에 사회적경제가 구심점 역할을 합니다. 진정한 민주주의를 실현하는 거죠."

구청장은 관의 최종 목표는 주민들의 자치여야 한다고 밝혔다. 이러한 인식은 실무자급에서도 공유되고 있었다. 관에서 일방적으로 명령을 내리기보다는 지원을 하여 자생적인 뿌리를 내릴 수 있도록 하는 것이 바람직하다는 것이다. 하지만 구청장은 이러한 변화를 위해 필요한 선결과제로 정부의 행정 인프라 개선을 지적했다. 중앙정부에는 '사회적경제 조직'을 총괄하는 부서가 없을뿐더러 법적 근거도 부족하다는 것이다. 「사회적경제기본법」을 제정하여 사회적경제를 총괄하는 중앙정부부처를 지정하고 그에 따라 통합하고 일관적인 정책을 펼쳐야 지자체도 체계적인 접근이 가능하다고 강조했다. 하지만 이처럼 구청장은 가시적 성과로서 고용 창출 효과를 항상 염두에 두고 사회적경제를 통한 자치를 위해 필요한 것으로 발전적인 행정 인프라를 꼽았다. 이는 관의 입장이 지니는 어쩔 수 없는 한계이기도 했다.

V. 사회적경제와 지역혁신

필자들이 만난 행위자들은 각자 서로 다른 계기를 통해 사회적경제 활동에 참여하고 있었다. 누군가는 특정 사안에 대한 문제의식을 가지고 활동가가 되겠다는 마음으로 뛰어들었다. 누군가는 본인의 역할에 대해 고민하던 중 우연히 만난 특정 집단의 사람들을 계기로 사회적경제 속에서 답을 찾기도 했다. 사회적 안정망에서 배제된 이들을 돕기 위해 활동을 시작했거나 대기업의 거대자본에 사라져 가는 골목상권을 지키기 위해 뭉친 사람들도 있었다. '경쟁'과 '이윤'만이 살아남는 경제적인 토양에 새로운 씨앗을 뿌려 보고자 처음부터 사회적경제를 핵심 공약으로 삼은 구청장도 있었다.

계기는 다양했으나 그들이 공통적으로 향하는 곳이 있었다. 바로 지역과 마을공동체이다. 필자들은 바로 이에 초점을 맞추어 사례를 선정하고 분석했다. 두꺼비하우징은 은평구의 핵심적 지역현안인 '주거' 문제를 거버넌스를 통해 효과적으로 해결했다. 주민들의 자발적인 참여를 독려하면서 장기적으로 교류할 수 있는 장을 만들었다. 이러한 사업의 제일 큰 결과물은 마을공동체의 복원이었다. 마을주민들은 이전에는 모이지 않았던 반상회를 다시 열고, 마을회관에서 함께 밥을 지어 먹으며 공부를 한다. 공동텃밭을 가꾸어 수확물을 복지관에 제공하며, 숙원 사업이었던 마을버스 교통권을 위해 주민들이 힘을 모아 해결했다. 재개발 문제에 사회적경제를 통한 도시재생 사업으로 접근했기에 가능할 수 있었던 결과물들이다.

마을무지개와 자바르떼는 은평구의 지역현안 중 하나인 '문화'의 영역에서 혁신적으로 활동하고 있었다. 우선 사회적경제 조직들과 주민들이 참여하는 지역축제 개최에 있어 주요한 역할을 담당했다. 또한 문화예술 교육, 추모문화제 등과 같이 다채로운 문화의 장을 지속적으로 생산해 내고 있었다. 이와 더불어 마을무지개는 다문화 교육과 같은 외부적인 활동을 진행함과 동시에, 활동 주체인 결혼이주여성들이 기댈 수 있는 하나의 문화공간이 됨으로써 경제적 조직 이상의 가치를 제공하고 있다.

살림의료의 경우 여성주의 운동에서 시작됐지만 의료복지로부터 취약한 지역주민들을 아우르는 지역사회 지향적인 모습으로 발전해 나갔다. 조직의 성격을 사회적협동조합으로 설정하여 조합원들의 경제적 참여와 민주적 의사결정을 촉진하고 있으며, 치료 중심이 아닌 예방 및 건강증진 중심으로 의료를 바라봄으로써 이용자들에게 보다 적극적인 역할을 부여했다. 나아가 다양한 소모임 활동을 통해 조합원들 간의 관계를 형성하고 만남을 촉진함으로써 지역사회 네트워크 형성에 기여했다.

우리는 지역적 사안을 다루는 조직들을 분석하면서 사회적경제를 통한 지역혁신이 가지는 세 가지 의의를 도출할 수 있었다. 첫째, 그동안 배제돼 온 지역의 물적, 인적 자원을 혁신적으로 활용할 수 있다. 두꺼비하우징의 경우 장기간 방치되어 있던 공간, 즉 물적 자원을 주민들의 공간개선 요구를 반영함으로써 마을회관, 마을텃밭과 같이 함께 향유할 수 있는 공유공간으로 탈바꿈시켰다. 마을주민들 모두가 향유할 수 있는 공유공간은 공동체 활성화의 장으로 활용되고 있다. 마을무지개는 결혼이주여성들이 형식적인 지원의 수혜대상 혹은 젠더 질서의 단순한 순응자가 아닌 적극적인 경제주체로 활동할 수 있음을 보여 준다. 이는 궁극적으로 사회적경제 활동에 참여하는 다문화가정여성들의 자존감을 향상시켰고 동시에 지역현안을 다루는 서비스가 사회적경제라고 하는 대안적인 형태로 제공될 수 있음을 의미한다.

둘째, 지역 문제의식의 공유를 통한 네트워크적 확산은 참여자들이 민주적 참여와 연대를 훈련하게 함으로써 그 조직과 지역, 나아가 사회민주화에 기여한다. 살림의료가 단기간에 자리 잡을 수 있었던 이유는 은평구 내 협동조합들 간의 연대 및 협력이 가능했기 때문이다. 또한 은지네가 지역행사 활동에 함께했으며, 초록길도서관, 평생학습관, 은평시민회 등 다수의 단체들이 살림의료에 가입출자를 홍보하고 공간을 대여해 주었기 때문이다. 은평다문화가족지원센터는 마을무지개와 함께 다문화 강사를 육성하는 프로그램을 진행한 경험이 있다. 구청의 지원정책이 변동되고 사업 다양화를 위해 중단되었지만 당시 활동은 큰 자양분이 되었다고 센터 측은 밝혔다.[22] 실제로 다문화가족지원센터는

22. 양미자 팀장 인터뷰 일자: 2016. 6. 1.

이후 사회적기업들과의 연계활동을 지속적으로 시도하고 있다.[23]

셋째, 관의 적극적인 역할과 거버넌스를 촉진한다. 아래로부터의 활발한 움직임은 관에게 직간접적인 압력과 동기로 작용한다. 관의 정책이 사회적경제를 촉진하고 이는 또다시 관에게 보다 실질적인 지원에 대해 고민하는 계기를 제공함으로써 선순환이 발생하는 것이다. 물론 이미 관의 주도성이 강한 한국적 맥락 속에서 관이 단순히 적극적인 역할을 하기보다는 그 내용이 중요하다. 민간 행위자들의 자율성과 역량을 강화할 수 있도록 정책에 대한 깊은 고민이 필요하다. 은평구청의 경우 이러한 고민의 연장선으로 최근 대상별 접근을 채택하고, 공모사업이나 우선구매를 벗어나 정책 다각화를 시도하고 있다. 이는 중간지원조직과 은지네와 같은 민간 네트워크와의 소통의 결과였다. 예를 들어, 마을공동체의 특성을 살려서 경력단절여성들이 경제활동에 참여할 수 있는 창구를 사회적경제 조직을 통해 시도하고 있다. 청년들을 대상으로는 꾸려진 여행사회적기업을 직접 육성하고 있다. 은평공유센터 설립과 신협을 통한 매칭투자의 창구 마련도 돋보인다. 관의 노력은 시민사회와의 보다 잦은 접촉으로 이어졌고 자연스럽게 거버넌스의 강화로 이어졌다. 사회적경제협의회를 통한 월례 회의가 구성되었고 최근에는 현재까지의 민관협력을 돌아보는 심층적인 회의를 가지고 있다. 구청에서도 어느 선까지 구민 및 시민사회와의 협력을 확장할 수 있을지 시험해 볼 수 있는 시점이라고 판단하고 있다.

VI. 결론 - 나오며

지금까지 지역의 관점에서 은평구의 사회적경제에 대해 살펴보았다. 지역과 사회적경제의 연관성을 이론적으로 고찰하고 지역이라는 개념을 지역의 문제와 특성을 포함하는 지역현안으로 구체화시켰다. 다각도의 검토를 기반으로 하

---

23. 현재 ㈜다누리맘과 함께 다문화전문산후관리사를 육성 중에 있으며, 2016년 6월 18일에서 8월 20일까지 총 8번에 걸쳐 사회적기업인 예술과 시민사회와 함께 '우리 가족 함께 사는 마을만들기' 행사를 서울혁신파크에서 진행했다.

여 주거, 문화, 여성을 은평구의 지역현안으로 도출했다. 이에 해당하는 사회적경제 조직들을 인터뷰하고 관련 자료를 수집하여, 지역혁신의 관점에서 은평구 사회적경제를 조망하였다. 그리고 지역혁신에 중요한 역할을 한 은평구청과 중간지원조직들의 현황과 정책에 대해서도 파악했다.

앞서 살펴보았듯이, 은평구는 사회적경제의 토대가 탄탄하게 확충된 서울시 자치구이다. 이는 사회적경제 조직들을 통해 지역의 문제를 효과적으로 해결하기 위한 활동과 지역의 특성에 맞는 활동이 지속되었기 때문이다. 결국 거대한 규모의 경제 논리가 아닌 '지역'에 기반한 '공동체'의 경제가 이들의 성공에 큰 기반이 되었다. 이렇듯 시민들의 자생적인 네트워크 및 활동력, 그리고 구청과 중간지원조직이 조성한 우호적인 제반 여건은 은평구의 큰 자산이다.

사회적경제와 지역의 깊은 연관성은 지역혁신의 모습을 통해 뚜렷하게 살펴볼 수 있었다. 우선 효율성과 이윤이 강조되는 시장경제와 달리, 사회적경제에서는 배제되어 온 지역의 물적, 인적자원이 활용될 수 있는 기회가 창출된다. 또한 지역 문제의식이 공유되면서 자연스럽게 네트워크가 형성되고 그 속에서 행위자들은 협동과 민주적 참여를 경험하게 된다. 이는 또 다른 네트워크로 확장되고 그 조직과 지역, 나아가 사회민주화에 기여한다. 마지막으로 지역현안과 결합된 사회적경제는 지역에 대한 관의 이해도와 적극성을 높이며 거버넌스를 촉진한다.

그러나 아직 갈 길은 멀다. 우선 지표의 개선이 필요하다. 사회적경제는 이윤만을 목표로 하는 경제가 아니다. 사회적인 가치와 민주적인 가치를 동시에 지향한다. 하지만 관은 사회적경제 조직들의 성과를 평가하기 위해서 민주성이나 사회성과 같은 공적 가치보다는 경제적 측면의 성과에 집중하는 경향이 있다. 이는 사회적 가치가 얼마나 실천되었는지를 정확히 반영하지 못한다. 즉, 현재의 성과 측정방식으로는 지역혁신 파악에 한계가 있는 것이다. 또한 여전히 민간의 자율성과 자생력은 많이 부족해 보인다. 여전히 관의 정책은 우선구매 혹은 공모지원사업이 대부분이다. 직접 사회적기업을 육성하거나 구민들을 세분화하여 정책을 다각화하려는 시도도 있지만, 현장에 있는 민간 행위자들의 고충은 여전했다. 중간지원조직도 조정자 역할뿐만 아니라 중개와 역량 강화 역할을 보다 강화할 필요가 있다. 교육 프로그램은 콘텐츠에 있어서 제한적인 측면이 있었고, 민의 입장을 종합해서 전달하는 모임도 정기적, 공식적으로 이루어지고 있지 않았기 때문이다. 사회적경제 조직들의 자생력 확보는 간단치 않은 문제인 만큼 지속적인 고민과 노력이 필요하다.

구청보다 더 큰 차원에서의 개선이 필요한 지점도 분명 있다. 바로 법률적인 근거이다. 총체적인 사회적경제 관련 법률의 부재로 중앙정부 차원에서의 지원이 제한되고 있기 때문이다. 계류 중이었던 「사회적경제기본법」이 다시 논의되고 있다는 점은 희망적이다. 단체들과 구청은 한국의 사회적경제가 다음 단계로 나아가기 위해서는 법률적 근거가 필요하다고 입을 모아 말한다. 이제는 사회적경제의 민간조직들이 자율성을 강화하고 지속가능성을 갖출 수 있도록 섬세하고 구체적인 고민이 필요한 시점이다.

제3부

전국 지자체 사회적경제 사례 분석

지역발전위원회

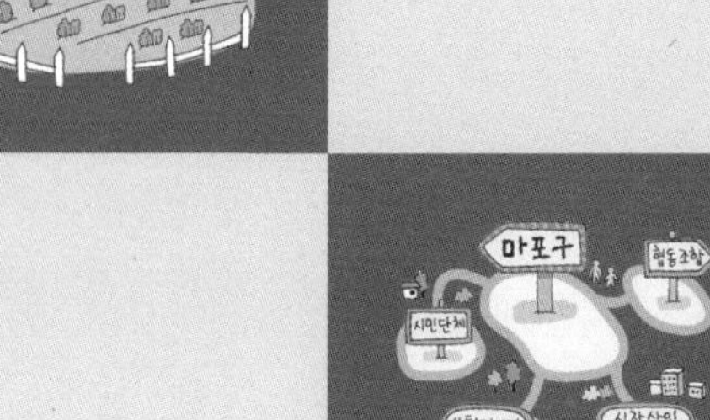

마포구
협동조합
시민단체
사회적기업
시장상인

클린광산

우각마을

로컬푸드

광주 광산, 어우러짐의 자치를 통해 사람 내음 나는 사회적경제 '굳히기'

김정은 · 임기홍

Ⅰ. 들어가며: 사회적경제, 그거 가난한 사람이 하는 거 아니야?

Ⅱ. 광산구 어디까지 알고 있니?

Ⅲ. 광산구의 사회적경제 '굳히기'

Ⅳ. '어우러짐의 살림살이'를 향하여

Ⅴ. 찻잔 속의 태풍이 아닌, 언제나 느껴지는 산들바람이 되기를

Ⅰ. 들어가며: 사회적경제, 그거 가난한 사람이 하는 거 아니야?

경제학의 기본 원칙은 "자원은 유한하지만, 욕구는 무한하기 때문에 가격이라는 보이지 않는 손이 자원을 효율적으로 배분한다."는 것이다. 이런 관점에서 보면 사회적경제는 쉽게 이해되기 어렵다. 사회적경제는 자본주의 시장경제가 발전하면서 나타난 불평등, 교육 격차, 환경 파괴 등 다양한 사회문제에 대한 대안으로 등장한 경제활동으로 정의되는 만큼(ILO 2011), 개인의 이기심보다는 연대와 호혜를 중심으로 살림살이를 같이 운영하자는 데 목적을 두고 있기 때문이다.

이러한 사회적경제에 대해서는 긍정적인 전망과 부정적인 전망이 동시에 존재한다. 사회적경제가 시장경제의 결함을 보완하고 추후 상당 부분 시장경제를 대체할 수도 있다는 낙관적인 전망이 있는 반면, 사회적경제가 추구하는 목표가 너무 이상적이라는 평가를 받기도 한다. 부정적인 전망을 하는 사람들은 "먹고살기 바쁜데 언제 그런 걸(협동조합) 조직하냐?", "그거 가난한 사람이 하는 거 아니야?"라는 질문을 던지기도 한다.

이러한 의구심은 사회적경제 조직에서 활동하는 사람들도 인지하고 있었다. 광주 광산구에서 만난 인터뷰이들은 애로사항을 말해 주면서 사회적경제에 대한 무관심 또는 불신이 존재한다고 솔직하게 전했다. 그래서인지 사회적경제에 대한 사례조사를 하고 있는 필자들에게 "질문이 많아 고맙"고 "힘이 된다."고 덧붙였다.

필자들은 이 글에서 사회적경제를 실천하고 있는 사람들의 목소리를 담아내고자 했다. 사회적경제에 대한 전망을 하거나 사회적경제와 시장경제 간의 관계를 따지는 것도 중요하지만, 사회적경제 과정 자체가 갖는 의미를 발견하고 전달하는 일 역시 매우 중요하다고 생각했기 때문이다. 이를 위해 사회적경제를 운영하는 주체들뿐만 아니라, 관련 법을 제정하는 의회, 행정적 지원을 담당하는 구청, 그리고 개별 주체들의 역량을 강화시키는 중간지원조직까지, 사회적경제에 관한 서로 다른 목소리를 담았다.

사람에 집중하다 보니, 사람들 사이의 관계 맺음이 보이기 시작했다. 광산구청 입구에서 주민들은 지역먹거리 무인판매장에서 장을 보며, 카페에서 협동조합을 설립하기 위한 열띤 토론을 한다. 주민들과 구의원 및 구청 직원은 서로 인사하고 안부를 묻는다. '같이 잘 살자'라는 마음을 확인하기 위해 주민들은 끊임없이 모이고 얘기하고 설득한다. 이따금 섭섭함을 토로하는 과정에서 오해가 생기기도 하고, 모임이 해체된 적도 있다. 그러나 주민은 자신이 살고 있는 공동체에 대한 애정을 함께 키워 나가고 갈등을 함께 극복한다. 이처럼 광산구는 신뢰와 협의를 통해 같이 생산하고, 소비하고, 분배하는 경제활동인 사회적경제를 실천하는 중이다.

Ⅱ. 광산구, 어디까지 알고 있니?

1. 개괄

광산구는 광주광역시 5개 자치구 중 하나로 광주 서북부에 위치해 있으며, 전남 함평군, 장성군, 나주시와 이웃하고 있다. 2015년 1월 1일 현재 면적은 222.9㎢로 광주시 전체 면적의 절반에 가까운 땅을 차지하고 있으며(44.05%), 406,074명(외국인 8,793명 포함)이 살고 있다. 행정구역은 21개동 687통, 2,884반, 법정동 79개로 구성되고, 구청은 5국 1소/1실 3관 25과 1센터로 조직되어 있으며, 895명의 공무원이 배속되어 있다.

민형배 구청장은 민선 5기에 이어 6기에 연임을 하고 있으며, 사회적경제를 통한 지역현안 해결을 추구하고 있다. 그는 "파괴된 사회를 복원하려는 시도가 사회적경제"이고, "사회적경제에 걸맞은 정치적 대안 실천이 지자체의 역할"이라는 확신을 갖고 사회적경제 정책을 집행하고 있다.[1]

구청 조직 중 경제환경국 산하 사회경제과에서 사회적경제를 전담하고 있으며, 복지문화국 산하 희망복지과에서 민관복지연대 사무를 담당하고 있다. 또

1. 주동석. "민형배 광주광산구청장, 지역현안 해결은 사회적경제 방식이 적절." 뉴스웨이. 2015년 5월 17일자.

표 7.1 광주 광산구 사회적경제 조직 현황 (2016년 7월 기준)

총(개)	협동조합	사회적기업	마을기업	자활사업단	자활기업	중간지원조직
199	132	20	9	29	9	광산구공익활동 지원센터

출처: 광주광역시 광산구 사회적경제과

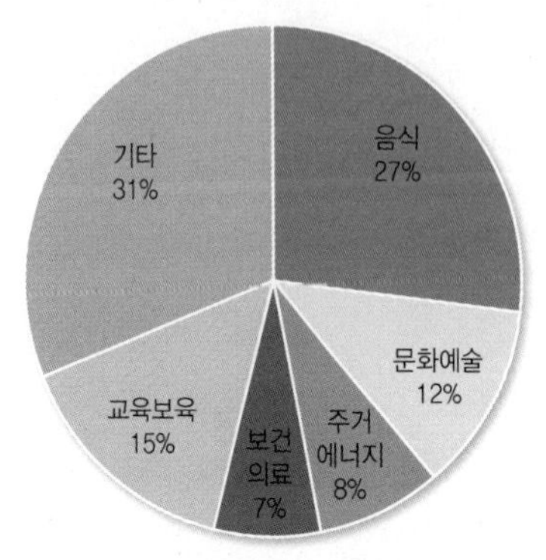

그림 7.1 사업분야별 사회적경제 조직 현황

한 자치행정국 산하 주민자치과에서 공익활동지원센터 업무 및 마을공동체 지원 업무, 아파트공동체, 공유도시 조성 업무를 관장하고 있으며, 특이사항으로 경청소통센터를 설치해 11명의 직원을 배치하는 등 민관 소통에 노력을 기울이고 있다.[2] 상기한 부서들은 사안에 따라 긴밀히 협조를 하고 있으며, 구청장의 정책 의지를 충실히 따르고 있다.

광산구는 2013년 4월 17일 중간지원조직으로 광산구공익활동지원센터를 설치했으며, 공익활동센터는 "민의 자발성과 창의성, 그리고 관의 추진력과 정보력이라는 장점"을 결합하여 사회적경제 지원, 공동체 활동 지원, 시민 교육 등을 성공적으로 추진하는 것을 목표로 하고 있다.

2015년 10월, 광산구의회는 「사회적경제 육성 지원에 관한 조례」(이하 「조례」)를 제정했다. 「조례」는 "광주광역시 광산구 사회적경제 조직의 설립, 운영 지원 및 지속가능한 관련 생태계 조성으로 새로운 일자리를 창출하고 사회서비스를 확충함으로써, 사회통합과 주민의 삶의 질 향상에 이바지"(제1조)하는 것을 목적으로 한다. 사회적경제는 "사회구성원 공동의 삶의 질 및 복리수준의 향상 등 공공의 이익과 사회적 가치의 실현을 위하여 협력과 호혜를 바탕으로 생산, 교환, 분배 및 소비가 이루어지는 경제시스템"(제2조)으로서 복리와 공익, 사회적 가치에 부합하는 모든 경제적 활동이 사회적경제에 포괄될 수 있다. 조례는 사회적

2. 광산구 홈페이지, '조직 및 업무' http://www.gwangsan.go.kr/ (검색일: 2016. 3. 31.)

경제를 폭넓게 정의해 구청과 지역 구성원들이 지역현안 및 정치·경제적 자활과 관련하여 재량을 발휘할 여지를 확보했다.

「조례」는 사회적경제 활성화를 위한 실질적인 제도적 기반이 되었다. 구는 2016년 1월 8일 광주시 최초로 '사회적경제 생산물 공공구매 공시제'를 실시하여 총 구매액의 7% 이상을 사회적경제 제품으로 의무 매입하고 있다. 공시제는 「조례」 제10, 11, 12, 13, 14조 등에 근거하고 있다. 「조례」 외에도 광산구는 부서장을 평가하는 직무성과계약제에 공시제 이행 정도를 반영하여, 제도의 실효성을 확보하고 있다.

광산구 사회적경제 조직 중에는 '전국 최초' 혹은 '광주 최초' 타이틀을 단 기업과 사업이 다수 존재한다. 대표적으로 '클린광산협동조합'은 전국 최초의 청소노동자협동조합이며, '더불어락협동조합'은 광주·전남 1호 협동조합이다. 2014년 7월에는 광산구 협동조합협의회가 광주 지역에서는 최초로 설립되었으며, 2015년 4월에는 전국 지자체 최초의 민간 공동체운동 네트워크인 '광산마을지원네트워크'가 창립되었다. 투게더광산 나눔문화재단의 경우에도, 전국적으로 민관이 함께 복지재단을 운영하는 사례 중에서 최초로 주민이 주도가 되어 설립된 사례였다.

2. 주요 조직: 클린광산협동조합, 더불어락협동조합, 투게더광산 나눔문화재단

광산구의 대표적 사회적경제 조직으로는 클린광산협동조합, 더불어락협동조합, 투게더광산 나눔문화재단(이하 투게더광산) 등을 들 수 있다. 먼저 클린광산협동조합은 계약 만료를 앞두고 고용 승계를 요구하며 사측과 갈등을 빚던 청소대행업체 미화원들이 협동조합을 설립(2012년 12월 21일)한 사례다. 계약 해지된 미화원들이 협동조합을 설립해 청소대행에 나선 일 역시 전국 최초다. 이들은 협동조합을 설립해 안정된 일자리를 만들었고, 스스로 사장이 되어 자주관리로 회사를 경영하고 있다. 김성복 클린광산협동조합 이사장은 "그동안 민간업자에게 갔던 중간 이윤들이 고스란히 노동자들에게 돌아왔다."며 "아직도 많이 부족하지만 임금과 복지는 전보다 개선됐다."라고 말했다. 무엇보다 전근대적인 사업주를 대신해 노동자들의 자율적인 경영을 통해 "오히려 업무 효율성이 증대"됐고, "일이 끝나고 들어오는 직원들 얼굴이 밝아진 것"이 예전에 비해 큰 변화라고 꼽았다. 모든 것을 조합원 총회를 통해 결정하는 과정이 처음에 낯설었지만, "이제는 함께 논의하고 결정하는 것이 자연스럽다."라고 말한 데에서는 협동조합의 운영원리인 '민주성'이 정착되고 있음을 확인할 수 있었다.•3 양성채 조합원 역시 "일주일에 2~3차례 전체 회의를 해 회사 운영과 작업에 대한 총의를 모으고 있다. 의사결정이 더디긴 하지만, 그만큼 민주주의를 다질 수 있어 좋다."라고 말했다.

클린광산협동조합은 양질의 서비스를 제공할 뿐만 아니라, 수익금 일부를 적립해 지역 취약아동에 대한 기부를 꾸준히 진행하고 있다. 이에 대해 "공공사업의 수익이 지역으로 환원돼 지역경제 활성화에 기여한다는 점에서 지역형 사회적경제의 새 모델"이라고 평가되기도 한다(희망제작소 2014). 클린광산협동조합은 최근 큰 위기를 하나 넘겼다. 2016년 6월 말 클린광산협동조합과 광산구의 위탁계약이 만료되는 시점에서 시설관리공단에 소속될 것인지, 기존 협동조합을 유지할 것인지에 대해 결정을 내려야 했기 때문이다. 김성복 이사장은 "우리 조합원들은 돈을 좀 적게 벌고 고용이 불안정해도 협동조합을 좋아한다."라며, "계속해서 광산구에 기여도 하고 성공한 협동조합이 될 수 있도록 노력하겠다."라는 입장을 밝혔다. 이후 협동조합으로 존속하는 쪽으로 결정이 났고, 2016년 7월 사회적협동조합(비영리법인)으로 전환하였다.

둘째, 더불어락협동조합은 광산구 더불어락 노인복지관을 모태로 하여 설립되어 새로운 노인복지 모델을 제시한 것으로 평가받고 있다. 더불어락협동조합은 구성원들이 노인복지관 1층 일부를 북카페로 만드는 과정에서 태동했다. 이들은 '이러이러한 일을 할 테니 예산을 달라'던 기존 방식을 벗어나 자신에게 필요한 것이 무엇인지 파악하고, 활동에 필요한 예산을 확보하기 위해 직접 나섰다. 나아가 초창기 멤버들은 복지관을 마을주민과 함께 쓰는 공동체 공간으로 개방했고, 2011년 8월 두부 판매, 팥죽가게, 북카페를 운영하는 '더불어락주식

3. 김성복 클린광산협동조합 이사장 인터뷰 참고. 인터뷰 일자: 2016. 4. 8.

회사'를 설립했다. 이 주식회사가 광주·전남 1호 협동조합으로 전환한 것이다.

지난 5년간 광산구 더불어락 노인복지관을 찾은 중앙부처, 지방자치단체, 복지 관련 기관은 모두 170여 곳 3,700여 명에 달하며, 광주지역 초등학교 사회과 교과서에 '노인 문제를 지혜롭게 해결한 이야기'로 수록되기도 했다. 2015년 11월에는 더불어락 노인복지관이 '제3회 대한민국 지방자치박람회 행정서비스 공동생산 우수사례 공모 협력행정' 분야에서 최우수상을 받았다. '행정서비스 공동생산(co-production)'은 정부와 주민이 공동으로 행정 서비스를 기획, 설계, 전달, 평가하는 정책 추진방식을 의미하는데, 더불어락 노인복지관이 좋은 사례라는 평가다.[4]

셋째, 투게더광산은 2011년 6월, 민관 공동복지망으로서 '민간 영역과 공공 영역의 장점을 합해 사회적 배려 계층을 지원하는 참여와 나눔의 광산형 복지 모델'을 만드는 것을 목적으로 구청이 주도해 '임의단체'로 설립되었다. 투게더광산은 보편적 복지를 지향하는 지역 마을공동체사업과 사회적 배려 계층에 대한 나눔 활동에 주력했고, 장애가정 결연 지원, 교복 물려주기, 저소득층의 보육을 지원하는 보육 멘토링, 맞벌이 부부를 위한 놀토 아동 돌봄서비스, 지역 학원들과 연계한 저소득층 사교육 지원 등의 사업을 진행했다.

투게더광산의 경우 설립단계에서부터 시민사회의 목소리가 많이 반영되었고, 시민사회가 요구한 사항이 운영원칙으로 자리 잡았다는 점에서 주목할 만하다. 민형배 구청장은 기존 복지제도의 사각지대에 대한 고민으로 더불어락 노인복지관장 등 시민사회 리더들과 의논하는 데서 시작했다. 처음 민 구청장이 제안했던 방식은 지원에 방점이 맞춰져 있었으나, 당시 강위원 더불어락 노인복지관장이 구민들 스스로 복지수요를 발굴하고 자체 힘으로 충족하는 방식을 제안해 민 구청장이 이에 동의했고 투게더광산의 운영 주도권을 구민들에게 넘겨주었다. 구청의 지원을 받은 투게더광산은 이후 '국가주도 복지모델과 시장주의 복지모델 모두 부적격'이라고 판단 내리고 '대안으로서 공동체 복지'를 추

4. 노해섭. "광주시 광산구 더불어락 노인복지관, 행정 서비스 미래 대안 부상." 아시아경제. 2015년 10월 26일자.

진하기 시작했고, 2013년 11월 민간주도재단(비영리 공익복지법인)으로 성격을 전환했다. '공동체 복지'는 지역사회가 자체 힘으로 복지 수요를 충족하는 가운데 국가 지원이 결합하는 형태를 말하며, 투게더광산은 '공동체 복지'를 위해 마을의 역량을 키우고 정치로부터 독립하는 것을 주요과제로 삼고 있다.•5 투게더광산은 2014년 2월 개최된 첫 회원 총회를 '참여공회'로 운영했고, 참여이사 100명을 포함해 250여 명이 참여하여 현장제안과 투표를 통해 당해 사업을 확정했다.

Ⅲ. 광산구의 사회적경제 '굳히기'

광산구의 사회적경제가 안정적으로 도입될 수 있었던 배경에는 구청의 적극적인 행정, 마을지도자의 헌신 및 리더십, 시민사회의 자발적 참여가 있었다. 그러나 광산구는 단순히 사회적경제 조직의 수를 늘리기보다는, 사회적 가치를 확산시킬 수 있도록 사회적경제 '굳히기'에 나서고 있다. 광산구는 사회적경제의 뿌리를 지역구성원들의 연대와 신뢰에 두었다. 연대와 신뢰가 겹겹이 쌓여야지만, 공동체성이 복원되고 사람과 노동의 가치가 존중되는 살림살이의 경제가 원활하게 작동될 수 있다.

먼저 광산구는 개인의 필요를 이웃과 협동해서 공공의 필요로 전환하는 지속가능한 생활관계망을 형성하기 시작했다. 지속가능한 생활관계망 안에는 조직 내 혹은 조직 간 상호협력을 촉진하는 규범, 가치, 이해가 포함되기 때문에 공동체의 사회적 자본 또한 시나브로 축적되는 중이다. 사회문제에 관한 인식의 공유는 조직의 문제해결에 관한 경험을 축적시키는 데 기여해 문제해결 능력을 증진시키는 기반이 된다(McFadyen and Cannella 2004). 다시 말해, 주민, 중간지

5. 이러한 문제의식이 반영된 것이 바로 다음의 '운영의 3대 원칙'이다. 투게더광산은 "정치적으로 독립된 주민 참여 순수 비영리 나눔문화 단체"이고, "복지 현장과 마을공동체를 돕고 지키는 복지 전문 중간지원조직"이며, "공공과 민관의 유기적 협력과 연대를 근본으로 하는 민관 거버넌스 기관"이다. 투게더광산 나눔문화재단 홈페이지(http://www.tgnanum.com/), "운영의 3대 원칙" (검색일: 2016. 4. 15.)

원조직, 구청, 의회에 속한 구성원들 사이에 공유된 책임의식을 토대로 신뢰가 제도화될 때 광산구의 사회적경제는 더 깊이 '굳혀질' 것이다.

1. 너와 내가 눈을 마주쳐, 귀로 듣고, 손을 잡아 '우리' 되기

1) 각진 아파트 속에서 둥근 관계를 꿈꾸다-아파트 공동체

광산구민은 바쁘다. 초등학생부터 60대 퇴직 공무원 등 다수 주민이 주민리포터단 참여를 통해 구정소식을 전파하고, 동장주민추천제로 직접 동장을 선출하며, 구정에 대해 의견을 제시하고 토론하는 100인 참여단에서 활동한다. 주민들은 스스로 주민 자치의 장을 만들어, 청소년 문화공간 마련과 같은 주요 지역문제를 의제화한다. 2013년 개관한 수완지구 장덕도서관이 첫 번째 청소년 문화공간으로 자리매김했고, 2016년 9월에는 선운지구에 선운도서관이, 10월 말에는 청소년문화의집이 개관했다. 개인적 경험을 공유함으로써 주민들은 서로간 긴밀한 관계를 유지할 뿐만 아니라 자신의 일상 속에서 할 수 있는 일을 함께 고민하고 있다.

그 결과 광산구민들은 이웃의 삶에 공감하는 것에 그치지 않고, 지역문제해결의 주체자로서 아파트 내에 마을공동체를 자발적으로 형성해 사회적경제 굳히기를 시도하고 있다. 광산구 아파트 공동체에서는 다양한 마을살이 현장을 느낄 수 있다. 옥상텃밭에서 채소를 길러 이웃과 나누어 먹고, 단지 내 작업장에서 공동부업을 하며, 마을목공소 '맹글라우'에서 DIY 탁자를 만든다. 교회 마당에서 골목 반상회를 하고 찬반투표를 벌인다. 치열하게 '싸울 때'도 있지만, 흥 많은 주민들은 마을아카데미에서 같이 춤을 춘다. 하루하루 먹고사느라 바쁜 주민들에게 마을살이는 특별한 '이벤트'가 아니다. 일상 속에 스며든, 의식하지 않아도 느껴지는 창문 너머로 느껴지는 따사로운 '햇살'이다.

이 마을살이는 자원을 함께 쓰려는 운동, 즉 '공유'로 수렴된다. 민형배 구청장은 "국유는 권위주의적인 일괄적 자원배분 방식인 반면, 공유는 서로에게 이익을 주는 평등에 기반"한다는 점을 강조한다. 공간, 물건, 기술, 정보 등을 함께 나누고, 공유 과정에서 이웃이 탄생하고, 자원이 순환되고, 환경이 더욱 쾌적해진다. 광산구에서는 2014년부터 주차장, 회의실 등을 공유하는 움직임이 시작되었다. 교회와 동주민센터가 먼저 시작했고, 광산구 공유와 자원봉사 정보가 모이는 광산 공유플랫폼 공자다방[6]에서 주민들이 직접 공유자원 발굴과 등록도 할 수 있다.

아직은 정식 운영에 돌입하지는 않았지만 노령 거주자와 광산구공익활동지원센터가 중심이 된 노인택배 협동조합 설립도 고민하고 있다. 유휴자원을 활용해 공유를 확산시키자는 고민이 계기가 되었다.[7] 보통 관리사무소에서 택배를 맡기는데, 경비원들 나름대로 보관문제로 많이 힘들어하고, 심지어 어떤 주민들은 왜 밤에 안 가져다 주냐며 경비원에 불만을 토로하기도 했다. 이에 경로당에서 택배를 받아 노인들이 각 세대로 배달하는 방식을 구상 중이라고 한다. 요즘 대두되는 아파트 외부 출입 문제를 해소해 줄 뿐만 아니라, 노인들에게도 용돈벌이가 될 수 있어 서로에게 도움이 되는 이웃관계망을 형성한다는 의미가 있다. 물론 풀어야 할 과제는 있다. 택배회사가 노인에게 업무를 맡길 것인지, 맡긴다면 택배기사가 받던 건당 액수의 일부를 노인에게 주어야 하는데 가능할지 등이다. 현재 수완지구경로회연합회와 논의하며 기존 지역 상권과의 충돌을 최소화하는 동시에, 한 아파트에서만이 아니라 지역 단위에서 시행될 수 있도록 나눔과 공유의 중요성을 강화하려는 노력이 진행 중이다.

2) 아이들과 엄마들의 놀이터: 함께크는나무협동조합과 광주어깨동무공동육아협동조합

함께크는나무협동조합(이하 함께크는나무)과 광주어깨동무공동육아협동조합(이하 어깨동무)은 교육과 육아가 중심이 된 지역밀착형 복지협동조합이다. 가족뿐만 아니라 지역사회, 공동체 등의 광범위한 관계망이 교육과 육아를 공동으로 책임진다는 공통점을 가지고 있다. 2015년에 만들어진 함께크는나무는 하정호 상마당쇠와 추현경 마당쇠가 오랫동안 재개발 지역으로 묶여 있는 신가동

---

6. 광산구 공유문화플랫폼 공자다방 홈페이지 http://www.공자다방.kr (검색일: 2016. 5. 28.)
7. 김형원 광산구공익활동지원센터 사회적경제 담당 팀장 인터뷰. 인터뷰 일자: 2016. 4. 8.

신가공원 계단 아래에 '마당집'을 만들면서 시작되었다.

"이곳에서는 어린이, 청소년이 주인이고 아이들이 무언가 하고 싶을 때 어른들이 그것을 할 수 있도록 '마당'을 쓸어 준다고 해서 플랫폼을 마당집이라 부르고, 마당집을 지키는 사람이라는 뜻에 마당쇠라는 직함을 써요." – 추현경 마당쇠[8]

마당집은 '배우고 노닐며 함께 크는 청소년 플랫폼'으로서, 어린이와 청소년이 놀기도 하고 공부도 하면서 스킨·로션 등의 화장품을 수제로 만드는 등 자기가 하고 싶은 일을 하는 자유로운 공간이다. 소년원에서 나온 청소년들이 쉬는 청소년자립센터에 한 달에 한 번씩 밥을 차려 주는 엄마모임으로부터 지금의 함께크는나무가 탄생했다. 처음에는 아이들에게 "지글지글 소리를 들려주고 싶다."라는 정서적인 동기에서 봉사를 시작했는데, 시나브로 문화활동 체험장을 운영하거나 공예활동을 하는 엄마들이 봉사에 참여하게 되었고, 각자의 재능을 활용해서 수익을 내면 봉사활동이 더 오랫동안 지속될 것 같아서 협동조합을 설립했다. 함께 성장하고 돕자는 의미에서 '함께 크는 나무'라는 이름을 붙였다.

2015년 가을학기에 함께크는나무는 광산중학교 자유학기제와 연계하여, 중학교와 초등학교 사이에 비어 있던 공간을 청소년의 소통과 성장이 담긴 '성장통(通)'으로 이름 붙이고, 페인트칠한 폐타이어와 재생공예로 이 공간을 꾸미는 활동을 했다. 이후에도 학교와의 연계가 지속될 수 있도록 조합원들을 6~7개의 인근 학교에 파견하는 한편, 자체적으로 자유학기제 프로그램을 개발하고 있다. 2016년 가을학기에는 '자화상'을 테마로 하는 수업을 계획 중이다. '나'를 돌아보는 성찰의 과정이 있어야지만 마을에 대한 애정이 생길 수 있다는 생각 때문이다. 상대적으로 마을에 대한 기억이 적은 학생들이 지역사회에 관심을 갖도록 해 세대가 바뀌어도 마을공동체가 지속될 수 있는 원동력을 만들어 가고자 한다. 아이들은 자유롭게 마당집을 들락날락하며, 자신들이 사는 이 고장이 해결해야 할 문제를 스스로 고민한다. 고민의 결과물로 꾸민 벽화와 급경사가

---

8. 이하 같은 절의 인용문은 모두 추현경 마당쇠와의 인터뷰 내용 중 발췌한 것이다. 인터뷰 일자: 2016. 5. 9.

심한 마당집 올라오는 입구에 설치한 계단이 있다.

한편 '내 마음은 호수(好手)다'라는 공예 브랜드 설립도 준비 중이다. 영화 '귀향'에서 어둡고 무서운 곳에서 개불노리개가 소녀들에게 정서적 위안이 된 것처럼, 쓰임의 공예가 아니라 공유의 공예가 되기를 바라는 마음을 담은 것이다. 동아리를 통해 시범적으로 공예 프로그램을 운영하고 있는데 홈페이지 개설을 준비하고 있다. 추현경 마당쇠는 "원래는 hosuda라는 인터넷 도메인을 만드려고 했는데, 이미 있는 도메인이라 hosooda로 바꿔야 했어요. 그런데 마침 o가 두 개 붙어 있는 모양이 무한대더라고요."라고 말했다. 다양한 기술과 사람이 접목시켜 공예의 쓰임이 '무한대'가 될 수 있도록, 지역에 더 착한 소비가 공유되기를 희망하는 것이다.

> "하나의 소비에 여러 이해 당사자가 연결되어 있기 때문에, 우리는 연결되어 있다, 나도 언젠가 수혜자가 될 수 있다고 믿어요. 연결되어 있기 때문에 이 사회에 나 혼자 사는 게 아니라 더불어 살아야 하니 선순환적인 영향을 주고받으면 좋겠습니다. 똑같은 일을 해도 내 주머니만 배부르는 일을 했다면 (이런 만족도를 못 느꼈을 겁니다.) 주위 사람이 기분이 좋고 사회적 약자에 대해 보탬이 되기 때문에 거기서 오는 만족도가 높아요."

2003년에 설립된 어깨동무는 공동육아 이념과 운영방식에 동의하는 사람들이 모여 자주·자립·자치적인 협동조합 활동을 통하여 서로의 가치관을 공유하고, 성, 지역, 계층, 혼인상태 및 신체·정신 장애에 따른 사회·문화적 차별과 불평등을 극복하며, 공동 육아 이념을 실천하여 공동 육아 정신이 사회적으로 확산되고 지역사회가 보다 발전하는 데 목적을 두고 있다. 육아 때문에 여성운동을 그만둔 엄마들이 여성운동을 다시 하고 싶어 아이들을 보육시설에 보냈지만 마음 한구석이 불편해, 결국 아이가 자라는 터전을 같이 만들고자 어깨동무를 설립했다. 어깨동무는 엄마이면서 동시에 교사인 3명의 회원들이 주축이 되었다. 대부분의 공동육아 교육기관에서 교사는 조합원이 아니지만, 어깨동무에서는 엄마가 교사이고 조합원이자 아이를 같이 키우는 일꾼이다. 지금은 규모

사진 7.1 광주 광산구 '마당집' 외관

사진 7.2 '나는야 요리사' 프로그램을 통해 아이들이 만든 수제 쿠키

사진 7.3 인터뷰에 응해 준 어깨동무 조합원들과 함께한 필자들

사진 7.4 아이들과 엄마들이 함께 그린 벽화

가 커져 교사 10명이 주로 아이들을 돌보고 부모 38명은 일일교사로 참여한다. 아이들의 졸업 후에도 출자금 일부를 남긴 사람을 위해[9] 장학회를 구성해 졸업 조합원들 간에도 육아 네트워크가 유지될 수 있도록 했다. 상호의존적인 네트워크를 유지해 아이들의 성장과 발달을 같이 고민하는 문화를 지속시켜, 마을 중심의 보육시스템이 자리 잡는 데 기여하고자 하는 것이다.

아이들은 찐 옥수수를 나눠 먹고, 오디를 따고, 막대기칼 싸움을 하면서 자연과 교감하며 함께 크는 방법을 익힌다. 조합원들은 주간 교육평가와 다음주 준비를 위해 매주 교사회의를 열고, 돌아가며 오후 7~9시 야간보육을 담당한다.

9. 공동 육아 방식에서는 아이 입학시 출자금을 납입하고, 졸업 시에 반환받는다. 여기서는 졸업 이후에도 어깨동무를 위해 출자금을 남겨 두는 사례를 지칭한다. 보다 상세한 내용은 '공동육아와 공동체교육(http://www.gongdong.or.kr)' 참조.

분기별 1회의 대청소를 통해 한 학기를 마무리하며 회포를 푸는 자리를 가진다. 그러나 '환상적인 공동체'를 꿈꿔온 조합원들 사이에도 크고 작은 갈등은 존재한다. 초창기의 조합원들은 서로 알고 있었기 때문에 관계 맺음이 힘들지 않았다. 그러나 조합원이 바뀌면서 각자 참여 목적과 꿈꾸는 바가 다르기 때문에 사소한 청소 문제부터 공사 방식까지 운영상 의견차를 좁히지 못할 때도 있다.

"예컨대 청소를 할 때도, 나는 열심히 했는데 누군가는 제가 하는 방식이 마음에 들지 않아 뭐라 할 때 섭섭함을 느끼죠. 그리고 예전에는 공사를 한다고 할 때, 같이 페인트칠 했는데 요즘에는 먼저 조합원들이 공사비용부터 물어봐요. 예전처럼 직접 하는 게 맞을지, 아니면 사회 풍토에 맞게 육아공동체가 변해 가야 할지 고민 중이예요."

– 박옥심 어깨동무 재정이사[10]

매주 진행되는 조합원 회의나 야간보육 부담으로 중간에 그만둔 사람도 있었다. 육아는 매우 개인적이다. 내 아이를 잘 키우고 싶은 마음에서 온 조합원들에게 남의 아이까지 돌보는 과정이 쉽지는 않을 것이다. 지극히 개인적인 육아를 공동으로 한다는 것 자체가 아직까지는 낯설기 때문에, 공동체 운영방식을 변화시켜야 한다는 목소리가 생기고, 미묘한 긴장이 오간다. 그럼에도 불구하고 조합원들은 공동 육아가 꼭 필요하다고 입을 모았다. 특히 자신의 아이들이 관계를 중시하고 배려하는 자세를 어렸을 때부터 체득한 것에 대해 강한 자부심을 표했다.

"사실 저도 엄마라서 당연히 우리 아이가 한글도 못 떼고 학교에 들어가서 걱정이 많았죠. 지금 제 딸이 중학교 2학년인데 제도권 교육 내에서 시험에 대한 스트레스를 받는 것을 보며 마음이 아플 때도 있어요. 떠들면 안 되고, 뛰면 안 되고, 이런 규율이 어깨동무의 정서와는 맞지 않죠. 그래도 저는 여전히 학교 들어가기 전까지는 자유롭게 놀게 하고 싶어요. 어깨동무에서 컸기 때문에 지금까지 제 딸은

10. 인터뷰 일자: 2016. 5. 18.

관계 맺음을 잘 하고 있고, 관계를 소중히 여기고 있어요."

– 송석정 어깨동무 장학이사[11]

"(처음 공동육아 했을 때) 1년 내내 힘들었어요. 그러나 공동육아를 통해 내 아이를 관찰하면서 내 아이에 대해 더 잘 알게 되었어요. 아이들은 각기 다른 성향과 자질을 가지고 있는데, 그것을 부모가 잘 발굴해야겠죠. 그리고 어깨동무에서 제 아이가 놀면서 컸기 때문에 아이가 잘 성장할 수 있었다는 믿음과 확신을 가지고 있습니다."

– 정둘자 어깨동무 기획담당[12]

두 협동조합 모두 처음부터 협동조합을 염두에 두고 만들어졌다기보다는 '어떻게 하면 나의 아이들이 잘 자라날 수 있을까?'하는 개인적인 고민에서 시작되었다. '우리'가 되는 것은 결국 '나'에 대한 이해에서 시작되고, 그 이해를 바탕으로 '너'와 '내'가 눈을 마주쳐, 귀로 듣고, 손을 잡아 갈등 속에서도 견고한 관계를 만들어 나가고 있다.

2. 주민이 먼저다: 광산구의 지원방식

2012년 12월에 「협동조합기본법」(이하 「기본법」)이 제정된 후, 약 8,000개의 협동조합이 생기는 과정에서 「기본법」은 두세 차례만 정비가 되었다. 기본법이 상법에 의거하기 때문에 협동조합 설립 시 불가피하게 주식회사에 준하는 양식을 제출해야 하는 과정 역시 번거롭고 설립 절차만 안내되었기 때문에, 협동조합 담당부처인 기획재정부 담당자조차 해산 절차를 잘 모르는 상황이 부지기수이다. 그뿐만 아니라 순환근무로 인해 지역 구청의 담당자가 1년 단위로 바뀌기 때문에, 이미 합의된 상황이 번복되어 시민들의 자립 의지를 꺾는 경우도 왕왕 있었다. 요컨대 한국의 사회적경제는 관련 정보의 부재 및 비효율적인 의사소

11. 인터뷰 일자: 2016. 5. 18.
12. 인터뷰 일자: 2016. 5. 18.

통의 문제점을 안고 있는 것이다.

다행히 광산구는 다르다. 광산구 경제환경국 산하 사회경제과 내 사회적경제 부서가 자리 잡고 있으며, 2014년 1월 6일부터 현재까지 2년 넘게 동일한 담당자가 사회적경제 조직 활성화 정책을 꾸준히 담당하고 있다. 그 결과 협동조합 설립 이후 계속해서 주민들은 행정기관과의 감정적 연계를 형성할 수 있었다. 신뢰는 불확실한 상황 속에서 상대방의 행동이나 협력에 대한 긍정적 기대를 만들어 주민들의 참여를 초반에 이끌어 낼 수 있다. 또한 광산구는 주민을 단순히 사업 파트너로 여기지 않고, 사업 종료 이후에도 주민과 친밀감을 쌓으며 소통하고 신뢰를 지속시키고자 했다. 이런 구청의 노력 덕분에 "북구에 위치한 협동조합 카페가 법인주소를 광산구로 옮겨 광산구의 자문을 받을 만큼" 시민사회 측면에서 광산구는 주체적으로 도움을 주는 조직으로 인식되어 있다.[13] 주민들이 생활관계망을 주체적으로 만들어 가는 과정 속에 광산구는 주민들의 자치 의지가 지속될 수 있도록 생활 관계망 사이를 연결한다. 사회적경제 '굳히기'에서 행정은 주민과 주민 사이의 관계를 넓히고 보강하는 역할을 담당한다.

1) 지원을 통해 생각을 바꾸고, 문화를 만들자

광산구 아파트 거주 비율은 전국 평균인 58.4%에 비해 매우 높은 83.5%이다.[14] 이 때문에 광산구는 공동체적 생활 요소가 결핍된 아파트의 문제를 극복하고, 주민의 생활 문화를 바꾸고 자치 시스템을 활성화해 실천력 있는 아파트 공동체를 키우는 중이다. 2014년 광산형 아파트공동체 만들기를 통해 수완영무예다음 2차 아파트 1층에 마을카페를 조성한 것을 시작으로, '광산구 오순도순 마을살이-새내기 마을공동체 지원사업'(이하 오순도순 마을살이)을 2016년 5월부터 11월까지 진행하고 있다.

오순도순 마을살이에서는 사업 경험이 없는 형성기와 사업추진 경험이 있는 성장기로 나누어, 시기별로 지원 규모를 달리하고 있다. 형성기에 해당하는 단

---

13. 김형원 광산구공익활동지원센터 사회적경제 담당 팀장 인터뷰 일자: 2016. 4. 8.
14. 양은영. "생활경제 협동조합으로 '아파트 공동체'를." 한겨레. 2015년 6월 21일자.

체 20개 내외를 선정해 100만~300만 원을, 성장기에 해당하는 단체 10개 내외를 선정해 300만~1000만 원을 지원한다. 주민들은 보조금의 10% 이상을 자부담 사업비로 편성해야 하고, 편성비율에 따라 구청은 가산점을 부여한다. 사업을 통한 수익금은 자부담 사용이 불가하다(광산구공익활동지원센터 2015a). 이로써 행정이 각 부서별로 지원금을 일괄적으로 교부하는 방식에서 벗어나, 지원 내역을 대상에 따라 다양화시켜 이웃관계망이 의제분야별 우선순위를 스스로 세울 수 있게 돕고자 한 것이다. 또한 가족과 마을을 넘어 직접 마을과 지역사회를 연계할 수 있도록 해당 아파트 주민들로 구성된 5인 이상의 아파트 주민협의체 외에, 주민이 아니라도 아파트를 활동범위로 하고 있는 법인, 협동조합, 마을기업을 공모대상으로 삼았다. 이로써 아파트 주민모임에 나타날 수 있는 이른바 '끼리끼리' 문화를 극복하고, 공론장을 확장시켜 광산구를 아끼는 누구든지 접근할 수 있는 환경을 조성해 주고자 했다.

현재 전담부서인 주민자치과 아파트공동체팀은 아직까지 주민들에게 생소한 아파트 마을에 대한 인식[15]이 점차 변화될 수 있도록, 민관협력을 정착시키는 제도를 마련하고 있다. 마을의제를 발굴하고 실행방안을 도출하게 도와주는 찾아가는 아파트 주민 워크숍을 열고, 공동체 주제별 맞춤형 교육을 수행하는 아파트 마을학교를 운영한다. 또한 주민과 전문가그룹 간 1:1 컨설팅을 통해 광산형 아파트공동체 만들기 공동사업과, 자랑질(하소연)대회나 공동체 우수사례 수기공모 사례집 제작과 같이 아파트공동체 주민축제를 지원한다. 광산구는 지원담당 공무원제 및 구와 아파트 간 징검다리 역할을 수행하는 아파트공동체 지원관제 아파트너(A-partner)를 운영하고 있다. 또한 아파트 주민참여 모바일 앱 'e-아파트너'를 보급해서 동대표를 선출하고, 아파트 입주자 간 교류 및 공론의 장을 마련한다. 정리하자면, 광산구는 이웃들이 스스로 만든 생활관계망들이 서로 연계하고 협력할 수 있도록 지원하고 있다. 아파트에 대한 기존의 '네모난' 인

15. 5월 20일 광산구공익활동지원센터에서 열린 '전국 마을론 마을컨퍼런스' 입구에는 아파트에 대한 주민들의 생각이 담긴 포스트잇이 부착된 입간판이 있었다. 한 주민이 남긴 내용은 "아파트는 아이가 자라서 어린 시절 아파트 놀이터, 슈퍼마켓, 동네 친구 등 추억하는 모든 것들이 아파트에서 시작되는 '내 아이의 고향'이었고, 누군가에게는 '친정엄마 같은 편안함이 아쉬운 시어머니' 같은 존재이다."

사진 7.5 민형배 구청장과의 인터뷰 모습

식을 개선하고, 고유의 아파트 마을문화가 자리 잡을 수 있게 제도를 구축하고 있다.

특히 아파트공동체 팀은 이런 다양한 사업을 준비하고 수립하는 과정에서 구민들의 의견을 적극 반영했다. 2014년 1월부터 8월까지 아파트공동체 수립에 관한 로드맵을 꾸리면서 입주자대표위원회, 부녀회, 관리사무소, 지식인 등 여러 조직과 인사들이 모여 함께 로드맵을 작성했다. 아파트 단지마다 현안이 다를 수 있기 때문에 "같이 머리를 맞대고 의논하는 워크숍을 진행"했던 것이다. 그 결과 기존의 공모사업 방식, 즉 입주자대표위원회 중심으로 이루어지는 금전적 지원방식을 탈피하고, 아파트에 맞는 주민참여형 사업을 수립할 수 있었다. 현재 광산구의 아파트 사업은 주민들이 원해서 시작되고, 아래로부터 제기되는 방식으로 진행되고 있다. 초기 주민들 대상 워크숍을 진행할 때, "지원해 달라"고 말하던 주민들이 최근에는 "구청에서 너무 간섭하지 말아 달라"는 의견을 낼 정도로 사업에서 주민들의 발언권과 영향력이 증대되고 있다.•16

2) 사회적경제의 지속가능성을 믿고 옆에서 기다려 주기

많은 연구에서 행정의 리더십은 협력적 자치의 선행조건으로 제시된다(Ansell and Gash 2008; Pierre and Peters 2000). 지자체장은 지역 내 참여구성원을 결정

16. 문혜연 아파트공동체과 팀장 인터뷰. 인터뷰 일자: 2016. 6. 3.

하고, 협력의 필요성을 공유하게 하고 동기를 유발하며, 정책 결정에 지대한 영향을 끼친다. 가령 주민참여제도가 있어도 이와 관련한 주민들의 이해가 낮다면 주민들은 참여 및 협력의 필요성을 느끼지 못할 것이다. 행정의 주민 기반 지원 방식은 주민들의 주체성과 능동성을 배양시켜 주민역량을 강화시킨다. 즉, 일회성 지원사업이 아닌 공동체 내부 역량 강화가 기반이 된 행정체계를 구축할 때 사회적경제가 지속될 수 있다.

광산구는 민형배 구청장의 촉진적 리더십 아래 생산과 소비의 공유, 교환, 분배를 기반으로 한 살림살이의 경제활동을 지원했기 때문에 지역민들이 서로 신뢰하는 문화를 스스로 만들어 갈 수 있었다. 그러나 이따금 시장경제와 사회적경제의 관계를 잘못 이해해 사회적경제를 '특혜'로 바라보는 사람도 있었다.[17] 민형배 구청장은 시장경제와 사회적경제 사이의 다음과 같은 관계를 강조한다.

> "경제는 기본적으로 살림살이예요. 하나(사회적경제)는 연대와 협동을 통해 살림살이를 해 나가자는 거고, 다른 하나(시장경제)는 경쟁논리로 가자는 거지요. 사회적경제는 시장경제의 한계, 모순, 조정 불가능성 등을 사회적 관계, 호혜로 조절해 내는 방식을 취하고 있습니다. 사실 둘은 상호보완적이고, 다른 방식일 뿐입니다. 시장경제 입장에서는 사회적경제를 하부 단위로 보거나 시장경제 논리에 맞지 않다고 보기 때문에 특혜란 말이 나오는데, 사회적경제 입장에서 보면 그게 왜 특혜입니까? 살림살이에 필요한 것들을 조달하는 방식이 다른데. 시장경제 모순을 해결할 수 있다면 당연히 국가가 뒷받침해야죠." – 민형배 광산구청장[18]

살림살이는 구민 혼자서 꾸려 나갈 수 없기 때문에, 광산구는 사회적경제 주체의 개별적 지원을 넘어 개별 주체들 사이에 협력이 이루어지는 방향으로 지원하고 있다. 그러나 철저히 그 주체들이 운영의 민주성을 확보할 수 있도록 '팔길이 원칙'을 고수한다. 대표적인 예로 '협동으로 리셋하라'가 있다. 광산구는

---

17. 특별취재반. "클린광산協 수의계약 의혹 투성." 광산저널. 2013년 7월 9일자.
18. 인터뷰 일자: 2016. 5. 18.

총 8개의 협동조합 카페(더불어락 북카페, 세상에서가장아름다운나무, 카페홀더, 테크테리아, 들꽃카페, 아프리카, 아름다운송정씨, 행복을나누는커피) 운영자들을 모아 2015년 1월부터 매월 워크숍을 진행하고 있다. 워크숍의 중간 결과로 광산구가 '공동스탬프제'를 만들었고, 사회적경제 한마당행사에서는 카페 부스를 공동으로 운영하여 공생을 도모했다. 또한 광산구 우량 협동조합들을 견학하는 프로그램인 '협동조합 탐방길'을 만들어, ① 초·중·고등학생들을 위한 사회적경제 현장체험 ② 대학생, 청년을 위한 진로탐색 ③ 창업 관련 멘토링, 협동조합 창업, 사업 컨설팅 등 세 갈래로 진행하고 있다. 협동조합 탐방길을 돌며, 협동조합 설립을 고려하는 주민들이 우수사례를 스스로 공부하고 경험하게 하려는 시도다. 아직은 첫걸음 단계이지만 사회적경제를 튼실하게 하려는 연대의 노력은 계속되고 있다.

또한 사회적경제의 재정독립성을 강화하고 운영의 안정성을 높이기 위해 광산구는 ㈜오마이컴퍼니와 함께 2016년 1월 25일부터 3월 15일까지 사회적기업 2개와 협동조합 6개가 참여한 크라우드펀딩을 추진했다. 크라우드펀딩은 수많은 대중(crowd)이 투자한 소액을 모아 자금조달(funding)을 한다는 뜻으로, 온라인을 활용해 시민들로부터 자금을 모으는 투자방식이다. 총 270명의 시민들이 투자금 952만 원을 모아 참여업체 6곳이 목표 금액을 달성했다. 펀딩 초기부터 광산구는 참여 업체들에게 10만 명의 회원을 보유한 ㈜오마이컴퍼니를 통해 마케팅, 홍보기법 등 교육기회를 제공했고, 1:1 전략 컨설팅과 간담회를 통해 모금 방식 및 마케팅 전략을 함께 모색했다.[19] ㈜오마이컴퍼니 성진경 대표는 "투자 목표 성취율이 평균 35~50% 선임을 볼 때, 광산구의 75% 달성율은 남다르다."며 "사회적경제 주체들의 노력과 더불어 광산구의 뒷받침이 합심해 이룬 결과"라고 평가했다. 광산구는 이번 펀딩의 성과를 토대로 추후 증권형 펀딩 등 다양한 형태의 크라우드펀딩을 진행할 계획이다. 정리하자면 광산구는 단순히 보조금의 형태로 1년 단위의 '생색내기' 평가를 진행하기보다는 격려를 통해 성과를 공유하고 보상해, 사회적경제 주체들을 연계시키고 옆에서 지켜보는 역할

19. 이상훈. "사회적경제 자금조달 '더불어 함께' 실험." 「광산구보」 264호. (2016년 4월호)

을 한다.

3. 중간조직, 주민과 주민의 손을 잡고, 구청과의 연결고리를 부탁해

"중간은 풍요한 자리, 수많은 곳, 수많은 사람을 만나는 자리이다."•[20] 마을과 마을, 주민과 주민, 주민과 행정을 잇는 중간조직은 플랫폼을 제공하여 참여의 편재성을 극복하고 변화의 추동력을 주민에게 제공해 준다. 행정이 아무리 '자치하세요'라고 외쳐도, 행정이 사회적경제를 '말하는' 순간 주민들은 이미 관치로 받아들인다.•[21] '통치하지 않겠다!'는 '주문'이 역설적으로 자치의 탈을 쓴 통치가 될 수 있다는 것이다. 민간 영역에서 스스로 '우리 자치합시다!'라는 움직임이 나와야 하지만 모두가 자치의 욕구를 갖고 있지는 않다. 때문에 특정 누군가가 선도적으로 자율성과 주체성을 발현해야 하고, 따라 배우는 사람이 생겨난다. 행정은 생활관계망 '간' 관계를 넓히고 보강한다. 중간조직은 생활관계망 '내' 개별 주민들이 생활관계망에 대한 신뢰가 쌓일 수 있게끔 신중하게 그들의 목소리를 들어 주고, 그들의 요구를 앞장서서 내세워 줄 마을지도자를 키운다.

광산구가 설립해 직영으로 운영하는 '마을공동체 중간지원조직'인 광산구공익활동지원센터(이하 공익활동지원센터)•[22]는 2013년 4월 수완지구 원당숲 언덕에 문을 연 이후, 공동체 활성화를 위한 민관협력을 강화하고 있다. 10명 남짓의 적은 인원이 2015년에만 마을등대 공모사업 등 공모사업 컨설팅 지원 54회, 사회적경제 컨설팅 및 주민교육 57회를 진행했다. 공익활동지원센터는 센터 내 마을부서, 사회적경제 부서, 플랫폼 부서를 두어 공동체운동과 사회적경제가 같

---

20. 신영복의 책 『나무야 나무야』에 있는 내용으로, 이 문구가 쓰인 현수막이 공익활동지원센터 앞에 걸려 있다.
21. 김광란 광산구 구의원 인터뷰. 인터뷰 일자: 2016. 5. 18.
22. 기존에는 사단법인 마을두레가 민간위탁 받아 운영했지만, 2015년 10월 구의회의 거듭된 예산 삭감 때문에 잠정 폐관하는 등 파행을 겪었다. 광산구는 11월에 '민간위탁 동의안'을 구의회에 제출했지만, 의회에서는 안건으로 상정조차 하지 않았고, 광산구는 민간위탁 동의안을 철회했고, 직접운영을 준비하겠다는 내용을 구의회에 제출했다. 구의회는 '공익활동지원 등에 관한 업무 민간위탁 동의 철회안'을 2016년 1월 27일자로 승인했다. 의회와의 갈등은 뒤에 더 자세히 살펴본다.

이 갈 수 있는 통합모델을 만들었다. 주민들이 공동체를 스스로 만들 때까지 막연히 기다리기보다는 한 두 명의 활동가가 공동체 안에서 마을공동체 운동의 '시동'을 걸면서 나머지 주민들과의 관계성을 만들어 갈 수 있도록 동기부여를 하고 교육훈련의 기회를 제공했다. 그 결과 마을지도자가 관계망을 확대하고, 그 관계망 내에서 새로운 마을지도자가 태어나는 선순환 구조가 마련됐다. '그 나물에 그 밥'이 될 수 있는 폐쇄적인 사적 모임이 아니라, 개방성을 통해 자가발전하는 마을을 만들어 낼 수 있다. 공익활동지원센터가 2015년에 마을플래너 19명, 마을상담사 15명, 마을코디네이터 2명을 양성했기 때문에 가능했던 일이다.

공익활동지원센터는 아파트공동체 자치활동 강화에도 앞장서고 있다. 구민이 행정이 내놓은 공모사업[23]을 지원하면, 공익활동지원센터는 정책 기획 및 조정, 공모사업 분석 및 평가를 담당한다. 또한 '아파트자치대학-주민리더전문과정'을 통해 '입주자대표회의-관리사무소'형식의 기존의 위계적 자치체계를 공동체적 모델로 운영하기 위한 교육 시스템 구축을 시도하고 있다. 모니터링과 평가는 협력 기반 사회적경제를 조성하기 위한 가장 중요한 제도적 장치이다. 실적을 쌓아서 승진을 해야 하는 내부구조 때문에 행정 단독의 객관적인 사후평가는 어려운 상황에서 중간지원조직이 주민들의 시도와 축적된 노하우, 경과를 평가, 해석하고 행정과 공유하는 것이다. 공익활동지원센터는 이러한 환류를 통하여 마을공동체의 긍정적 경험을 사회적경제에 내재화하고자 한다. 공익활동지원센터 김형원 팀장은 "공동체가 깨지면 다시 만들기 쉽지 않기 때문에 마을만들기와 사회적경제 연계는 조심히 접근해야 하는 어려운 문제"라고 했다.[24] 등기, 출자금 등 재정 문제가 달려 있기 때문에, 무턱대고 관변단체처럼 많이 만들기보다는, 민이 나서서 아파트공동체를 천천히, 그러나 주도적으로 추진해야 한다. 공익활동지원센터는 마을공동체가 경험을 충분히 쌓을 수 있도록 현장의 다양한 상황 변화에 대응하는 중이다.

이러한 과정에서 '관계 형성'을 목적으로 만들어진 4개의 플랫폼이 중요한 역

---

23. 광산형 아파트공동체 공모사업은 아파트 동아리 활성화, 공동체캠페인을 추진하는 씨앗공모, 아파트공동체 롤모델 형성을 위한 기획공모, 프로그램운영 및 공간조성을 지원하는 자유공모로 나뉜다.
24. 김형원 공익활동지원센터 사회적경제 담당 팀장 인터뷰 참고.

사진 7.6 공익활동지원센터 내부에는 마을활동가 수기집을 비롯해 주민들의 목소리가 담긴 책자들이 전시되어 있다.

할을 한다(광산구공익활동지원센터 2015b: 180-231). 먼저 '원당숲 어울마루' 플랫폼은 공익활동지원센터와 동시에 생겼으며 주민들로 꾸려진 운영위원회가 매달 회의를 통해 운영한다. 대표 프로그램은 주민들이 직접 강의하는 난타, 국악, 사진, 목공 등의 전문 강좌로 이루어지는 '원당숲 어울마루 학교'이다. 두 번째 플랫폼은 비아시장 플랫폼 '맹글라우'로 마을목공동아리가 연합해 운영한다. 맹글라우는 어린이를 대상으로 한 목공체험과 인형극 공연, 주민 목공교실, 비아시장 이용객 목공교실, 시장 간판 만들기 등의 활동을 통해 마을공동체 회복에 힘쓰고 있다. 세 번째 플랫폼은 송정시장에 위치한 '아름다운 송정씨'(이하 송정씨)다. 송정씨는 마을 협동조합이며 카페로서 주민 동아리의 활동 공간으로 기능하고 있다. 송정씨의 제일 원칙은 '동네순환'이며 주민들이 자발적으로 모여 직접 수레를 제작해 폐지를 주워 생활하는 노인들에게 전달했던 '청춘수레' 사업이 대표적이다. 마지막으로 '본량동 더하기센터' 플랫폼은 옛 본량중학교를 리모델링해 만든 주민참여 플랫폼이고, 도농교류 체험 확대를 주 목적으로 한다. 본량동 더하기센터에는 친환경목공협동조합 '말하는 나무'가 들어서 있고, 본량동 주민들의 난타 동아리 '여명'이 센터를 연습장으로 활용하고 있다. 또한 본량마을주민공동체가 바느질 공방을 만들어 입주해 있다.

4. 의회와 구청, 가깝고도 먼 당신

광산구의 사회적경제 '굳히기'는 주민이 생활관계망을 형성하고, 행정이 생활관계망 사이를 연계하고, 중간지원조직이 생활관계망 내부를 강화하고 있기 때문에, 비교적 안정적으로 진행된다고 볼 수 있다. 그러나 사회적경제에 대한 입장 차이로 인해 지원 방식과 규모에 대해서는 이견이 적지 않다.

1) 동상이몽

2015년 10월 광산구의회는 공익활동지원센터 예산을 전액 삭감했다. 마을활동가들은 구의회 앞에 천막을 쳤고, 주민참여플랫폼에서 모임을 갖던 주민들이 센터 정상화 서명운동을 시작했다. 10여 일 동안 6,228명이 서명운동에 동참했고, 주민과 마을활동가는 구의회 예산결산특별위원회와 본회의를 함께 방청했다. 서명운동 동안 주민들은 "센터가 활동가를 키우잖아. 의원들이 자기 자리 없어질까 그러는 거다.", "구의원은 구(舊) 의원이다.", "주민이 요구하는 변화를 전혀 따라가지 못한다."라는 비판을 쏟아냈다. 당시 예산안 표결결과 동수가 나와 회의규칙에 따라 부결해야 하지만, 최순이 예결위원장은 '동수일 경우 위원장이 결정하는 것'이라고 판단해 예산안을 통과시켰다.[25] 광산구는 11월 잠정 폐관한 공익활동지원센터 운영을 민간에 다시 맡기겠다는 '민간위탁 동의안'을 구의회에 제출했지만, 의안조차 상정되지 못 했고 결국 현재 2016년 1월 7일자로 광산구의 직접운영 방식으로 센터가 운영되고 있다.

광산구의회는 지속적으로 공익활동지원센터의 업무가 사회경제과 및 주민자치과 업무와 중복된다고 문제제기한다. 그러나 「광산구 공익활동지원조례」에 따른 공익센터의 주 사업범위는 주민공익단체 지원, 교류 활성화 사업, 협동조합, 사회적기업 육성에 관한 사업, 공익적 주민활동의 주체 발굴 및 양성사업 등이다. 따라서 예산안 전액 삭감은 사실상 2012년 7월 16일에 의회가 제정한 조례를 스스로 부정했다는 비판이 제기된다.[26]

의회와 행정은 금융복지센터 설립 여부를 두고 또다시 충돌했다.[27] 금융복지센터는 2016년 4월 채무조정 및 신용회복 알선 지원, 재무설계 상담 교육, 지역대부업체 모니터링을 총괄하기 위해 논의되었다. 2015년 12월에 민형배 구

25. 윤난실. "우리가 광산구의회 마당에 천막을 친 이유." 오마이뉴스. 2015년 11월 16일자.
26. 박준배. "광주 광산구의회 '이유 없는 몽니' 때문에…" 광주인. 2015년 9월 30일자.
27. 광산구의회 홈페이지(http://gjgc.co.kr), "제214회 기획총무위원회 제1차 회의록" (검색일: 2016. 5.24.)

청장, 제윤경 롤링주빌리(Rolling Jubilee)•28 대표, 강위원 투게더광산 상임이사가 협약을 맺은 서민 악성채무 탕감 운동 '롤링주빌리 in 광산'의 일환으로 계획되었던 구상이다. 이에 대해 한 구의원은 "이 구상안이 기존 경제과 업무와 중첩된다. 과연 구 단위에서 이런 센터가 공정하게 잘 운영될 수 있을지 의문"이라고 광주시 편입을 요구했지만, 김형준 혁신정책관은 구 단위로 구성될 때 지원이 의미를 가질 수 있다고 팽팽히 맞섰다. 2016년 6월 현재 금융복지센터 예산안 관련 발의는 수정 가결된 상태이다.

2) 광산구의회는 변할 수 있을까?

몇 차례 충돌 와중에도 광산구의회의 사회적경제에 대한 인식은 조금씩 변화하고 있다. 5월 20일 공익활동지원센터에서 열린 마을론 컨퍼런스에서 김광란, 정경남 의원을 포함해 전체 구의원 중 약 70% 정도가 참석해 전국 각지의 살림살이의 경제를 보고 들었다. 또한 2016년 6월 말 클린광산협동조합과 광산구의 위탁계약이 만료되는 시점에서, 의회는 클린광산협동조합이 시설관리공단에 소속되지 않고 기존의 협동조합을 유지할 수 있도록 승인해 클린광산협동조합이 계속해서 활동할 수 있도록 했다.

무엇보다도 의회가 주민 의견을 듣기 시작했다. 2015년 7월에 개최된 '의원역량 강화 워크숍'에서 의원들은 여론수렴을 위해 분야별 저명인사 초청 특강으로 의원정책네트워크를 구성할 것을 제시했고, 2년 동안 지역주민과 생활 현장 의견을 바탕으로 의정에 반영할 참신한 아이디어와 정책을 제안할 의정모니터단과 의정활동을 구민에게 신속하게 알리는 대학생 기자단도 출범시켰다.

일부 구의원은 성과를 부풀린 몇몇 협동조합 사례 때문에 사회적경제 조직에 대한 불신이 만연해 있는 상태라고 주장한다. 사회적경제 초기에 시행된 씨앗공모사업이 1년 안에 성과를 올려야 하는 행정 시간표 때문에 빚어진 일이

28. 롤링주빌리는 2012년 미국 시민단체 '월가를 점령하라'가 시작한 빚 탕감 운동으로, 시민과 기업으로부터 성금을 모아 부실채권을 사들여 소각함으로써 채무자들의 빚을 탕감하고, 이들이 스스로 정상적인 경제활동을 할 수 있도록 재무 상담과 경제 교육을 하는 사업이다. 정아름. "광주 광산구, 서민 악성부채 탕감사업 추진." 매경증권. 2015년 12월 10일자.

다.[29]

> "… 증빙 서류만으로 사회적경제를 재단해선 안 되고, 사회적경제 기업들이 모두 지원을 악용한다고 매도할 수는 없어요. 사회적경제가 굳혀지기 위해서는 조례를 통해 개별 협동조합을 지원을 허락하는 것을 넘어, 의원들 스스로 연대의 가치에 대한 공감대를 형성해야 한다고 봅니다. 우리가 현장을 방문해 사회적경제 조직이 어떠한 철학에서 시작되었는지에 대한 고민을 들어 보고, 자본 중심의 가치에서 벗어나 개별 운영자를 평가의 대상으로 보기보다는, 격려하고 이해해 줄 필요가 있습니다. 무엇보다도 광산구 의회가 직접민주주의의 참여 통로를 제도적으로 보장해서 필요를 일방적으로 요구하는 정치문화에서 필요를 다함께 채워 나가는 문화로 바뀔 수 있다고 봅니다." – 김광란 광산구 의원

김광란 의원은 현재 '100인의 참여의원단 제도', '주민만민공동회', '사회복지 유니온'을 통해 주민이 의정에 참여할 수 있는 통로를 확보하려 노력 중이다. 김 의원은 "국가에 손 내미는 복지만으로 복지 사각지대가 없어지지 않는다."며 "이웃 사이의 관계망이 생겨, 이웃이 이웃을 찾아가고, 살피는 관계를 회복할 때 삶을 포기하지 않는다"고 역설했다. 의회가 관심과 규범이 우선된 사회적 규칙을 세워, 사회적경제가 굳혀지는 토양을 배양해야 한다는 것이다. 의회와 행정이 '살림살이'에 대해서 같은 '방향성'을 공유할 때 주민들의 필요를 정확히 발굴할 수 있다. 즉 광산구의회와 광산구 사이의 관계가 '길항하는 협력관계'로 개편될 때, 더 견고한 사회적경제 굳히기가 가능하다는 지적이다.

Ⅳ. '어우러짐의 살림살이'를 향하여

앞에서 행위자, 즉 주민, 구청, 중간지원조직, 의회 등이 광산구 사회적경제

---

29. 이하 같은 절의 인용문은 모두 김광란 의원과의 인터뷰 내용 중 발췌한 것이다. 인터뷰 일자: 2016. 5. 18.

'굳히기'에 어떤 역할을 수행하는지 알아보았다. 본 장에서는 광산구 사회적경제 활성화의 기반이 되고 있는 사회적 자본(social capital)에 주목하고자 한다. 사회적 자본은 사람들 사이의 협력을 가능케 하고, 사회 구성원들이 힘을 합쳐 공동 목표를 효율적으로 추구할 수 있게 하는 사회적 자산을 뜻하는 말이다(Putnam 1993b). 구체적으로 신뢰, 헌신, 배움, 네트워크 등 네 가지의 키워드를 기준으로 광산구 사회적경제를 분석하고자 한다. 이를 통해 각 행위자들의 역할에서 발견될 수 있는 특성을 정리하고, 각 행위자들이 어떻게 상호작용을 하며, 사회적경제 확산에 기여하고 있는지를 살펴본다.

1. 지속가능한 관계망이 형성되기 위한 미시적 요인

1) 신뢰

사회적경제는 '열매'로 비유될 수 있다. 의회는 조례를 통해 열매가 맺어지는 '토양'을 배양한다. 주민은 '씨앗'처럼 스스로 햇빛을 받아 가며 자연스럽게 커간다. '물'이 있어야 광합성이 가능한 것처럼 행정은 주민이 조달할 수 없는 자원 및 시스템(공모사업)을 제공한다. 마침내 '벌'이 수분을 해야 열매를 맺을 수 있듯이, 마을지도자 및 중간지원조직은 주민들 사이의 의견 공유를 촉진시켜 관계망을 재생산한다. 다시 말해, 열매를 맺기 위해 토양, 씨앗, 물, 벌 모두가 있어야 하는 것처럼, 사회적경제를 운영하기 위해서는 주민, 행정, 중간지원조직, 의회 사이의 상호보완적인 관계가 전제되어야 한다. 주민, 행정, 중간지원조직, 의회가 서로를 필요로 하고 영향을 주어 변화할 때, 크고 작은 갈등에도 무너지지 않는 지속가능한 관계망이 형성되어 사회적경제가 확산되고 안정화될 수 있다.

그런데 토양, 씨앗, 물, 벌이 있어도 열매가 맺어지지 않는 경우가 있다. 바로 신뢰라는 '햇빛'이 충분하지 않을 때이다. 문화결정론적 시각(Putnam 1993b; Fukuyama 1995; 곽현근 2008)에서 보자면, 광산구는 상호 신뢰가 이미 쌓인 지역으로 볼 수 있다. 다만 먹고 사는 문제로 자신이 사는 지역을 찬찬히 둘러보지 못했을 뿐, 내면에는 자신이 사는 곳에 대해 알아 가고 싶은 마음을 갖고 있다. 1980년대 독재 정권에 대한 집단적인 저항이 광주에서 태동되었기 때문이다. 필자가 경험한 광산구는 함께 이룩한 5·18 민주화운동의 유산을 자랑스럽게 여기고, 치열한 항쟁과정의 자치공동체를 기념한다. 다시 말해, 광산구민들은 5·18 민주화운동의 항쟁의 정신과 더불어 자치공동체에 대한 향수를 기억하고, 이를 오늘날 되살리고자 노력하고 있다. 그래서 그때의 '따뜻함'을 오늘날 회복하기 위해, 광산구는 공동체와 연대를 강조하는 사람 중심의 사회적경제를 운영하고 있다.

그런데 사회적 자본이 있다 하더라도 이것을 발현시키기 위해서는 추가적인 노력이 필요하다. 광산구민들이 투쟁 과정에서 보여 준 자치공동체에 대한 향수를 갖고 있고, 이것을 구체화하려는 구청장의 비전과 행정이 있었기 때문에 지역사회에 대한 애정과 신뢰를 바깥으로 표출할 수 있었다. 민형배 구청장은 "광산구, 이곳이 특별해서 연대성을 강조한 사회적경제가 공감을 얻었다기보다는 사람과 정책이 있었기 때문에, 공동체성, 공감대, 관계망이 모일 수 있었다." 고 말한다.

일례로 광산구는 "광산의 눈으로 오월을 보자"라는 취지로 〈광산오월문화제〉를 2015년부터 진행하고 있다.[30] 시작은 2011년 5월 『광산구보』 표지에 실린 윤상원 열사의 사진이었다. 주민들은 이름은 들어 보았지만 정작 잘 몰랐던 열사에 대해 궁금해 하기 시작했고, 열사를 기억하는 사람들은 열사는 불의에 맞선 '꼿꼿함'과 풍류를 즐길 줄 아는 '부드러움'이 공존해 있었다고 회상했다. 이것이 계기가 되어, '정의로운 항쟁'과 '민주주의 자치공동체'를 같이 실현시키려는 움직임이 주민들이 함께 즐길 수 있는 '축제'로 구체화되었다. 2016년 〈광산오월문화제〉에서는 광산구립합창단과 일본 일어서라합창단이 협연한 국제교류음악회, '오월의 신부'[31]를 국악으로 재해석한 낭독콘서트, 오월 나눔콘서트 in 프롤로그, 창작판소리로 만나는 오월광주로 열린 오월 토크콘서트가 열렸다. 오월정신이 2016년의 의미로 재해석되어 인물-지역-예술이 어우러지는 관계

---

30. 5월 18일 광주를 방문한 필자에게 민형배 구청장, 김미숙 팀장을 비롯한 많은 인터뷰이들이 광산오월문화제 참석을 권유했다. 또한 2016년 5월 20일에 열린 전국 마을론 컨퍼런스에서 '님을 위한 행진곡'을 제창할 만큼 광산구는 시대정신을 보존하려는 애향심이 진한 지역이다.
31. 5·18 민주화운동의 현장에서 살아남은 자들의 슬픔과 고뇌를 그린 황지우 시인의 희곡 작품이다.

망을 더 결집력 있게 만든다. 행정이 눈에 보이지 않았던 신뢰가 보여질 수 있도록 장(場)을 마련하고, 그 곳에서 마을 사람들은 자치공동체를 향한 애정을 직접 느끼고, 키울 수 있었던 것이다.

2) 헌신

광산구 사회적경제의 또다른 특징으로는 구성원들의 헌신을 들 수 있다. 이들의 헌신이 있었기 때문에, 신뢰관계망도 형성될 수 있었다. 재정적으로 열악한 상황에서도 최선을 다하는 모습이 구민들에게 진정성 있게 받아들여졌고, 신뢰의 기반이 되어 주었기 때문이다.

사회적경제 조직은 조합원의 출자금을 바탕으로 시작되고 이윤창출이 최종 목적이 아니다 보니 재정적으로 넉넉한 상황은 아니다. 가령, 어깨동무 설립 시 교사의 월급이 최저임금에 못 미칠 만큼 재정적으로 어려운 상황 속에서 운영되었다. 그러나 조합원이 개인 돈을 선뜻 내어 햇살가득어린이집을 설립할 수 있었다. 시민자유대학 또한 개인당 3000만 원을 기부한 10명의 시민이 있었기 때문에 시민이 세운 대학으로서 교육과정의 자율성을 확보할 수 있었다. 재정적으로 어려운 상황 속에서도 개별 주체들은 이웃과 지역사회에 대한 애정과 협동조합에 대한 신념을 가지고 운영을 이어나갈 수 있었다.

개별 주체의 헌신과 선한 에너지는 이웃사회에 전파되기도 한다. 함께크는나무 추현경 이사는 "자신이 할 수 있는 일로 사회에 필요한 일을 해 보자"라는 마음을 모아 '기억을 나누다' 전시회를 2016년 4월 12일부터 30일까지 진행하였다. 세월호의 아픔과 진상규명의 바람을 담아 기억을 공유하자는 취지에서 만들어진 것이다. 참여 작가 20여 명이 일상의 기록을 기록하듯 100개의 열쇠고리, 가죽공예, 컵받침 등을 만들고, 제작된 작품을 전시하고 판매했다. 이 전시회는 크라우드펀딩을 통해 목표 금액의 101%를 달성하는 등 지역사회의 공감을 얻었고 호응을 이끌었다. 즉, 개인의 헌신이 여러 사람이 의미 있는 일에 동참할 수 있는 힘을 만들었던 것이다.

민간 영역뿐만 아니라 공공기관 구성원의 헌신 역시 지속가능한 관계망의 형성과 확산에 기여했다. 사회적경제 분야 정책 집행은 쉬운 일이 아니다. 첫째,

사진 7.7 5월 21일에 열린 전국마을론컨퍼런스에 마련된 '기억을 나누다' 전시 및 판매 부스

기존 행정체계를 뛰어넘는 포괄적인 접근이 필요하고, 둘째, 새로운 사업이다 보니 담당 공무원이 위험을 감수해야 하는 경우가 있기 때문이다. 가령, 평생교육업무 같은 경우 중앙예산이 주로 교육청에 몰려 있고 관련 매뉴얼도 없다. 담당 공무원이 빡빡한 지자체 예산 내에서 생소한 마을공동체교육의 정책 방향을 스스로 만들어 가야 한다. 협동조합도 마찬가지이다. 사회경제과 공무원은 끊임없이 현장의 목소리를 들으며, 사회적 이윤 배분과 민주적 운영이 동시에 이루어질 수 있도록 행정의 지원방식에 대해 고민하고 있다. 초반에는 '가치관의 혼란'을 겪기도 했다.

> "제가 생각하는 공공성의 기준에 덜 미치는 협동조합을 만났을 때 지원을 할지 말지 고민한 적이 많았어요. 지금은 협동조합의 목적이 다양할 수밖에 없다는 점을 받아들이고 있습니다. 중요한 것은 어떻게 하면 행정이 개별 주체의 공공성과 연대 의식을 발굴할 수 있을까의 문제라 생각해요." – 김미숙 사회경제과 팀장[32]

또한 사회적경제는 담당 공무원에게 책임, 즉 위험 감수의 문제이다. 시민에게 살림살이의 실천을 맡기고 있지만, 공무원이 성과에 대해 책임져야 하는 부분이 크다. 이 부분에 대한 부담을 해소하고자, 민형배 구청장은 사회경제과 부서에 한해 기존의 1년 단위의 순환근무를 없앴다. 긴 호흡을 가지고 사회적경제 주체들과 함께 성과를 공유하고, 책임성과 문제해결력을 갖추기 위해서이다.

32. 김미숙 광산구 사회적경제과 팀장 인터뷰. 인터뷰 일자: 2016. 5. 9.

이에 따라 광산구의 지원 방향은 단기적인 성과를 요구하는 보조금 방식에서 참여의 자발성(bottom-up)을 보장하고 자산과 기금은 내리는(top-down) 방식으로 자연스럽게 전환될 수 있었다.

현재 광산구에서는 독일의 교회 중심 사회적경제 운동인 디아코니아(Diakonia) 모델[33]을 도입하려 검토 중이다. 오늘날 시장화된 한국 교회의 상황에 비추어 보았을 때, 교회중심의 복지조달은 무모한 도전인 것처럼 보이지만, 미리 단념하지는 않는다. 김미숙 팀장은 지방을 오가며 복지의 종교적 실천에 대해 교회 목사님과 대화하면서 다양한 조직이 사회적경제에 기여할 수 있는 방안에 대해 고민하고 있다고 한다.

2. 연대의 정치문화 형성을 위한 거시적 요인

사회적 자본은 개인 수준과 지역사회 수준으로 구분할 수 있다. 위에서 설명한 애향심과 신뢰, 그리고 헌신은 전자에 속한다고 할 수 있다. 반면, 지역사회 차원의 사회적 자본은 개인을 초월한 지역사회 구조에 주목하면서 공공재(public good)로서의 기능을 강조한다(Kwon et al. 2013, 이해진 2015에서 재인용). 가령, 시민교육(배움)과 네트워크 형성 노력 등이 지역 전반의 공동체성을 제고하는 데 기여할 수 있을 것이다.

1) 배움

사회적 자본과 교육은 상호 밀접한 관련이 있고, 교육은 사회적 자본을 형성

---

33. 독일어로 섬김과 봉사를 의미한다. 1833년 독일에서 비헤른 목사가 방치된 아이들을 돌보고 양육하는 공동체인 구원의 집을 세우면서 시작되었다. 이후 여러 종교인이 디아코니센 공동체를 세우면서 확장해 갔다. 산업혁명의 결과로 생긴 수많은 사회문제에 무방비와 무관심으로 일관한 기존 교회에 대항하여 생긴 개혁운동이자 각성운동이었다. 비헤른은 당시 산재해 있던 디아코니아 실천을 하나로 통합하고, 연대하여 이를 바탕으로 1849년에 내적선교중앙위원회를 구성한다. 이 기관은 사회구조 틀 안에서 디아코니아를 구체화하기 위해 비스마르크 정권의 사회법 제정에 깊이 관여했다. 이후 1883년 의료보험, 1884년 산재보험, 1889년에 근무 장애보험과 연금보험이 제정되었다. 한국디아코니아연구소 홈페이지 http://diakonie.co.kr (검색일: 2016. 6. 17.)

하는 데 중요한 역할을 한다(최종덕 2007: 135). 교육 수준이 높을수록 호혜성이나 타인에 대한 신뢰, 상호 간 협력이 증가할 개연성이 높아지기 때문이다. 또한 다수 연구자들은 민주주의의 발전과 심화를 위해 시민교육이 활성화되어야 한다고 주장해 왔고, 최근에는 시민교육의 대상을 학생에서 모든 시민으로 확대해야 한다는 공감대가 형성되고 있다. 이들은 대상뿐만 아니라 내용 역시 정치적 영역에서 생활 영역 전반으로 확장하고, 교육의 방법론을 기존의 주입식이 아니라 대화와 토론으로 전환할 것을 제안하고 있다(이은미 · 전성미 2014).

> "'학습 없는 진보'는 없습니다. 사회적경제의 '사회적(social)'이라는 것이 정치로 가면 '자치'가 되고, 교육으로 가면 '마을교육공동체'가 될 수 있습니다. 배움을 통해 현재 부족한 점을 극복하고자 교육의 중요성을 강조합니다."
>
> – 민형배 광산구청장

사회적경제 관련 교육사업으로는 구청 차원에서 이루어지는 사회적경제와 평생학습을 연계시킨 타운홀 미팅(town hall meeting), 주민자치 · 공동체 · 사회적경제에 관한 '광산자치학당'을 들 수 있다. 광산구 청소년들을 대상으로 한 '사회적경제 탐방 프로그램'과 입주자대표회장, 관리소장, 그리고 주민 등을 대상으로 한 '광산 아파트발전소'라는 이름의 주민자치대학도 있다. 중간지원조직인 공익활동센터는 사회적경제 아카데미, 더좋은 마을 플래너 육성, 협동조합 세무 · 회계교육, 마을 · 협동조합 토크콘서트, 협동조합 워크숍, 광산구마을공동체 활성화 간담회, 마을공동체 활성화를 위한 공무활동가 역할교육, 광산구협동조합협의회와 업무협약 체결, 찾아가는 마을학교 운영, '사회적경제 멘토단' 운영, 협동조합 아이디어 컨퍼런스 등 목표에 부합하는 활동을 활발히 전개하고 있다.[34] 2015년 한 해 공익활동센터는 165회의 교육사업과 248회의 주민컨설팅을 기획하고 진행했으며, 3,942명이 참여했다(광산구공익활동지원센터 2015b: 39). 마을활동가들은 마을공동체 모니터링, 마을워크숍, 주민상담 등 주민들과

---

34. 광산구공익활동지원센터 홈페이지. "알림과 참여" http://www.maeulings.or.kr/ (검색일: 2016. 4. 15.)

사진 7.8 배움의 중요성을 역설하는 민형배 구청장의 모습

함께 마을사업을 계획하고 집행하는 역할을 하고 있으며, 마을·동네·아파트 등 생활 현장에서 주민들의 자치와 참여를 이끌어 내는 데 기여하고 있다.

이미 구청은 2010년부터 내부교육을 강화했다. 민형배 구청장은 구청공무원을 '공무활동가'라고 부른다. 상부 지시를 이행하는 수동적인 공무원에 머물 것이 아니라 "정치인처럼 갈등 조정을 하고, 시민운동가들처럼 문제의식을 가지라는 뜻"에서 부르는 이름이다. 이때 가장 중요한 것은 '학습'이다. 관치가 아니라 자치를 강조하는 구정의 기조를 이해하고, 현장을 파악함과 동시에 대안까지 고민하기 위해서는 끊임없는 공부가 요구되기 때문이다. 이를 위해 구청에서는 직원들을 대상으로 하는 민주주의 교육을 정기적으로 실시하고 있으며, 공무원들의 학습 동아리를 적극 지원하고 있다. 꾸준한 교육의 결과, 이제는 구청 내 모든 부서에서 '공동체'를 염두에 두고 사업을 입안하고 집행하게 되었다.•35

시민사회에서는 '시민자유대학'을 설립 및 운영하고 있으며, 시민자유대학은 "국가와 시장의 논리에 지배되지 않고 시민이 주체가 되어 학문과 예술을 연구하고 교육하는 열린 대학"이 되는 것을 목적으로 삼고 있다. 시민자유대학은 2013년부터 광산구와 전남대학교가 인문학 중심으로 시도한 평생교육 프로그램 '빛뫼인문학'에 기반하여 2015년에 설립되었다. 광산구는 자원을 내리는(top-down) 전략을 취했지만, 설립과 운영은 광주 지역 대학교수 등으로 결성된 '시민자유대학 추진위원회'에 맡겼다.•36 시민자유대학은 2015년 11월에 광

35. 문혜연 아파트공동체과 팀장 인터뷰 참고.

36. 2013-2014년 한국연구재단의 인문도시사업 수행 과정에서 사업에 참여한 교수를 중심으로 추진위가 구성되었다. 추진위에는 전남대 박구용(서양철학), 조윤호(동양철학), 서기문(미술), 최유준(음악), 조선대 김형중(문학), 동강대 김용근(물리학, 뇌과학), 광주대 김동하(건축), 독일 카셀대 김덕영(사회학) 교수 등이 있다. 염승용. "광산구, 시민중심 '민립'대학 오는 3월 개강." 더리더. 2016년 2월 11일자.

산구와 상생협약을 맺고, 광산구는 장덕동 근대한옥과 공익활동지원센터에 거점 공간 및 강의 장소를 제공했다. 설립목적인 '사람과 사람이 만나 새로운 관계가 생겨나고, 학문과 학문을 융합해 나만의 전공을 창조하기'에 부합될 수 있도록, 광산구는 시민이 자유롭게 참여해 학습하고 토론하며 배움을 이루어 나갈 수 있도록 '자리'는 주되, 멀리서 지켜보고 응원하고자 한다. 국립대학이나 사립대학의 시민강좌가 일종의 시혜를 기반으로 조금 더 배운 사람이 잘 모르는 사람을 교육하는 것이라면, 민립대학으로서 광주시민대학의 취지는 '함께 공부하기'이다. 모든 학문과 예술을 자유롭게 넘나들며, 소득, 나이, 공간과 상관없이 주민들이 문화를 향유하고 같이 배움을 나눌 수 있다. "무엇보다도 주민들이 공부하면서 행복을 느끼고 더 나아가 문화적으로 풍요로운 광산구와 광주시를 만들 수 있기를 기대"하는 것이다.[37]

민과 관이 협업하여 교육을 진행하는 경우도 쉽게 찾을 수 있다. 가령, 구가 주관하는 '청소년·마을·사람에 뽀짝 아카데미'의 경우, 마을·학교·구가 협력체계를 만들어 지역사회 교육을 위해 연대하고, 함께 프로그램을 추진하는 사업이다. 2015년 5월부터 시작된 이 프로그램은 주민과 청소년이 멘티-멘토 관계를 맺어 다양한 직업을 실제로 체험하고, 사회적경제·공유문화·마을장터 등을 돌며 협동과 신뢰에 바탕을 둔 경제를 경험해 보는 것을 핵심으로 하고 있다. 마을교육공동체를 위해 교육청과 광산구, 그리고 공익활동지원센터가 '광산구 마을교육공동체 조성 및 빛고을 혁신교육지구 추진 업무협약'을 맺은 것 역시 주목할 만한 사례다. 최근에는 구청과 구내 학교, 지역단체 등 12개 기관이 협약을 맺고 '마을교육공동체'를 구현하는 사업에 나섰다.[38] 학교와 지역단체들이 교육 공간을 공유하고, 학생과 학부모의 마을 활동을 지원하며, 구청과 여타 공공기관이 행정적으로 지원하는 방식이다.

---

37. 시민자유대학 이효원 교수(전남대 건축학과) 인터뷰. 인터뷰 일자: 2016. 4. 7.
38. 새별초등학교, 은빛초등학교, 신가중학교, 수완중학교, 수완동주민센터, 신창동주민센터, 공익활동지원센터, (사)마을두레, 광주여성센터, 풍영정천사랑모임, 비폭력평화교육센터 등이 참가하고 있다.

2) 네트워크

사회적경제 관련 사안은 복합적이고 다양한 행위자가 개입되어 있다. 따라서 사회적경제를 육성하기 위해서는 행위자 간 네트워크 형성이 필수적이다. 이러한 네트워크는 참여당사자들의 상호 신뢰를 통한 공동의 목표를 달성하고 사회문제를 해결하는 것을 전제로 한다(Rhodes 1997).

광산구에서는 2015년 2월 공유도시 조성을 위한 기반조성을 목적으로 「광주광역시 광산구 공유촉진 조례」가 제정되었으며, 같은 해 7월부터 '광산공유지도'가 구축되었다. 광산공유지도는 광산구 공공데이터 플랫폼과 연계되어 공공·민간시설 공유공간에 대한 정보를 제공하고 있다. 사람들 간 교류의 확대와 밀접히 연관되어 있으며, 이웃과의 소통 기회 증대는 공동체 형성에도 긍정적으로 기여하고자 공유문화 확산을 추진하는 것이다(광산구 2015: 219-220). 또한 구청은 「사회적경제 육성 지원에 관한 조례」(9조 1,2항)에 기반하여 사회적경제 조직 간 네트워크 형성을 지원하고 있다. 예컨대 광주 지역에서는 최초로 2014년 7월에 광산구 협동조합 간 네트워크가 설립되어 각 조합 대표들이 매월 첫째 주 화요일 공통 현안을 논의하고 해결책을 모색하고 있다.[39] 아울러 상호거래, 공동마케팅과 같은 자구책을 마련하고 있으며, 유사 업종 업체들은 장기적으로 공동생산, 구매를 추진할 계획이다.

민과 관이 네트워크를 구성하여 사회적경제 활성화를 추진하는 사례도 있다. 광산구는 공익활동센터, 지역사회와 함께 이른바 '짝꿍 프로젝트'를 추진해 왔고, 그 첫 결실로 2016년 3월 '아동전문간병 지원사업 업무협약식'을 가졌다. 광산구, 공익활동지원센터, 광산수완미래아동병원, 사회적기업 광주아가마지, 글로벌직업능력개발원 등이 참여해 아동간병이라는 돌봄서비스 제공과 일자리, 그리고 사회적경제 영역의 확대를 동시에 추진할 가능성을 제시하고자 한다. 투게더광산과 구청의 협업 역시 한 가지 사례다. 투게더광산은 다른 행위자와의 협업을 통해 구청이 다 찾아낼 수 없는 복지 사각지대를 해소하고, 돌봄 및

---

39. 광주 지역에서는 총 두 기관이 교육기관으로 선정되었는데, 타 선정기관은 ㈔광주NGO시민재단이었다. 광산구. 2016. 「광산구 협동조합협의회 이력」(내부자료)

의료서비스를 제공하는 역할을 수행해 왔다. 복지 사각지대 특별조사 실시(2014년 4월), 광주사회복지공동모금회 나눔협약(2014년 4월), 광산구와 함께한 '마을 등대 프로젝트'(2014년 6월) 등이 그 예다. 덕분에 광산구는 2014년 연말, 보건복지부로부터 '복지사각지대 발굴체계 구축' 부문 대상에 선정되었다.

광산구의 또 다른 특징으로는 민관 네트워크 형성과 동시에 공공기관 내 부서 간 네트워크가 형성되고 있다는 점이다. 민관 네트워크가 제대로 기능하기 위해서는 최소한 세 측면에서의 네트워크, 즉 민민 네트워크, 관관 네트워크, 그리고 민관 네트워크 등이 동시에 작동해야 성과를 낼 수 있다(유창복 2016). 실제 시회적경제를 기존 '칸막이 행성' 방식으로 지원하는 데에는 한계가 있다. 사회적기업과 협동조합, 마을기업을 주관하는 주무부처가 다 다르기 때문에 업무 진행을 위해서는 부서 간 긴밀한 협조체계가 구성될 필요가 있다. 그러나 기존의 관성적인 행정문화가 일차적으로 제약 요인으로 작용하고 있으며, 설사 각 부서의 담당자가 적극적인 지원의사를 가지고 있는 경우라 하더라도 상위 법 때문에 지원이 어려울 수도 있다. 가령, 아파트공동체 팀에서 아파트의 주차장을 주변지역에 개방하고 공동관리하는 공유정책을 추진하려고 해도, 주택법령에서는 해당 아파트의 부대복리시설은 주민들을 위해서만 사용할 수 있다고 규정하고 있다. 따라서 구청 건설과가 아파트공동체사업을 지원하고자 해도 상위 법령에 의해 지원을 하기 어려운 것이다.[40] 그런 점에서 구청 내 여러 부서 간에 네트워크가 형성되는 것은 다른 요소 못지않게 매우 중요하다.

현재 구 아파트공동체 팀에서 시행하고 있는 '아파트공동체 롤모델 형성 의제 사업'은 크게 7가지 의제를 포괄하고 있다(광산구 2015: 194-195). 이와 관련해 아파트공동체 팀장은 먼저 아직 "부서 칸막이가 존재한다."고 인정했다. 그러나 시간이 흐를수록 사업상 연계에 한계가 발견되기도 하지만 "'공동체'라는 가치적인 면은 공유가 잘 됐다."고 한다. 어떤 사업을 하든지 "우리(구청)가 하고 있는 일에 대해 공감을 하고, 연계부서로서 참여를 하는 기풍이 확실히 그 전과는 달

40. 이하 같은 절의 인용문은 모두 문혜연 광산구 아파트공동체팀장과의 인터뷰 내용 중 발췌한 것이다. 인터뷰 일자: 2016. 6. 3.

라졌다."는 것이다. 경청소통센터의 팀원 역시 "법령이라든지 각 소관담당 법령의 제약에 따라 안 되는 부분도 있"지만, "각 부서별로 공동체에 대해 인식하게 된 것은 명확해졌다."라고 말한다. 가령, "건설과라도 공동체를 인식하고 공동체 형성을 염두에 두고 업무를 추진"하고 있다는 것이다.

이처럼 사회의 공동 목표와 사회문제를 해결하는 데 공감대가 형성되어 있다는 점에서 광산구 네트워크의 향후 발전 가능성은 높다고 할 수 있을 것이다.

V. 찻잔 속의 태풍이 아닌, 언제나 느껴지는 산들바람이 되기를

지금까지 광산구의 사회적경제를 행위자와 네 가지 키워드를 통해 살펴보았다. 구민, 구청, 중간지원조직, 의회 등 다양한 행위자들의 활동을 통해 광산구 사회적경제의 실제 모습을 살펴볼 수 있었고, 네 가지 분석기준을 통해 그 정치학적 함의를 정리할 수 있었다. 필자들은 지역을 사랑하는 마음이 신뢰의 바탕이 되었고, 각 활동 주체들의 헌신이 신뢰관계망을 확산시키고 심화시키는 데 기여했다고 평가하였다. 또한 민관이 함께 사회적 가치를 학습하고 공유하는 과정에서 사회적경제의 확산 가능성을 발견할 수 있었고, 네트워크 구축을 통해 관계와 신뢰가 제도화되고 있는 데 주목했다. 사회적경제가 아직 도입단계에 불과하다는 점을 감안하면 이러한 측면들은 의미가 있다고 볼 수 있을 것이다. 하지만 사회적경제가 지속가능하기 위해서는 해결해야 할 문제들이 여전히 많이 있다.

가령, 사회적경제는 한낱 유행처럼 치부되기도 한다. 결국 먹고살기 바쁜 주민들이 자신의 일터로 돌아가기 때문에, 주민들이 머리를 맞대고 지역문제를 해결하는 데 한계가 있을 것이라는 전망도 적지 않다.

그러나 사회적경제를 실천한 지는 이제 4년이 조금 넘었을 뿐이고, 어떤 방식의 사회적경제가 성공한 것이고 실패한 것인지에 대한 판단 기준조차 없는 상태임을 감안하면 이러한 우려는 시기상조일 수 있다. 성공 여부와는 별개로 주민들이 필요한 서비스를 스스로 제공하기 위해 등장하는 것 자체가 의미 있고,

이제 점차 주민들이 연결되고 있는 단계이다.

실제 광산구 주민들은 자발적인 연대를 실천하고 있다. 개별 주체가, '나의 문제는 나만의 문제가 아니라 이웃의 문제이고 모두의 문제인 것'을 깨달을 때 공감대는 확산되고 연대의 문화 형성이 가능할 것이다. 또한 특정 조직에 국한된 사회적경제가 아니라, 우리 모두의 사회적경제를 통해 주민들이 이웃과 지역사회와 더불어 문제를 해결해 나가면서 책임감 있는 공적 주체로 성장할 가능성도 발견할 수 있었다.

인터뷰 대상자들은 사회적경제의 지속가능성을 확보하기 위해서 중앙정부에 보다 효과적인 정책, 제도를 수립해 줄 것을 주문했다. 첫째, 사회적경제 생태계를 조성하기 위해 사회적경제를 육성할 수 있는 기금을 광역 단위로 만들 필요가 있다. 광역 단위별로 기금이 조성되면, 사회적경제 주체 간 공동의 프로젝트를 추진하는 것이 용이해질 것이다. 공동의 프로젝트를 통해 끈끈해진 주체 사이의 연결망은 지속가능한 사회적경제로 가는 첫 단추가 될 것이다. 「사회적경제기본법」조차 제대로 마련되지 못한 상황에서 개별 지자체 별로 관련 기금을 만드는 일은 한정된 재정 여건상 거의 불가능하다. 또한 개별 지원이 자주 및 자립의 가치를 훼손할 수 있기 때문에 지원방식에 대한 신중한 접근이 요구된다. 개별 기업 육성 차원을 넘어 먼저 법적 제도가 구비될 때 공동체에 대한 공감대를 더 넓고 깊게 확산시킬 수 있을 것이다는 지적이다.

둘째, 계량화된 실적을 통해 1년 단위로 사회적경제 성과를 평가하는 문화는 지양해야 한다. 사회적경제가 성과를 내려면 꽤 많은 시간이 필요할 수 있음을 인정해야 한다. 무엇보다도 사회적경제 조직을 실적을 내야 하는 평가의 대상으로 보기보다는 사회적경제 조직을 묵묵히 운영하는 사람들을 격려하고 이해하려는 노력이 필요한 때이다.

셋째, 서류 중심의 평가를 지양하고 과도한 서류작업으로 인한 행위자들의 부담을 덜어 줄 필요가 있다. 예컨대 사회적기업 평가와 인증은 지향하는 가치가 아닌 서류상 결격사유를 중심으로 이루어지고 있다. 그러나 고용노동부가 사회적기업 인증 권한을 가지고 있지만 관리 감독은 온전히 기초 지자체가 하고 있다. 이 경우 감사 시 기초 지자체가 모든 책임을 지고 있어 행정 관료는 사회적경제과 장기 근무에 부담을 느낀다. 그뿐만 아니라 사회적경제 주체는 서류를 구비하는 데 있어서 중앙정부가 일괄적으로 적용한 조건을 맞추는 데 어려움을 겪고 있다. 개별 지자체가 사회적경제 관련 공모사업을 진행하고 싶은데, 중앙정부에서 요구하는 서류작업 때문에 선뜻 권하기 어려운 상황도 있다.

넷째, 이와 관련하여 기초 지자체에 선정 권한이 주어진다면, 개별 지자체가 현장의 목소리를 듣고 신중히 사회적경제 주체를 선정해 감사 시 애로사항을 최소화할 뿐만 아니라 개별 조직과 맞는 개별적 지원이 이루어져 '함께 살아가기'에 대한 논의를 독려할 수 있을 것이다.

사회적경제는 이제 막 시작한 단계이다. 사회적경제가 특정한 누군가에 의해 주도되는 운동에서 그친다면, 마치 찻잔 속의 태풍처럼 '함께 살아가기'에 대한 논의는 결국 희미해질 것이라 생각한다. 사회적경제는 주민이자 시민이 '잘 살아 보세'라는 마음을 모아, 운영의 민주성을 확보하고, 이윤을 공유하고, 지역경제에 사회적 가치를 순환시키는 새로운 생활양식을 만들어 가는 과정이다. '함께 살아가기'의 문화가 시나브로 언제나 느껴지는 산들바람처럼 스며들기 희망한다.

마지막으로 여러 인터뷰에서 지속가능성에 관련해 필자들이 던진 질문에 나온 대답은 거의 일치했는데, 이를 소개하는 것으로 글의 마무리를 대신하고자 한다.

"사회적경제가 지속될 수 있을까요?"
"지속(가능)하려고 사회적경제 하는 거예요."

구도심 문제에 대한 현실적 대안
: 인천 남구 사회적경제 로컬 거버넌스

이상직 · 김채은

Ⅰ. 인천 남구: 구도심과 사회적경제

2015년에 지역주민을 대상으로 한 면담조사에서 인천광역시 남구(이하 남구) 하면 떠오르는 이미지를 묻고는 그 답들을 긍정적인 것과 부정적인 것으로 분류한 적이 있다. 긍정적인 수식어로는 '역사가 오래된', '주민들이 정이 많은', '교통이 편리한', '도서관이 많은', '전통시장이 많은', '사회복지 자원이 풍부하고 행정의 지원이 적극적인' 등이 꼽혔다. 부정적인 수식어로는 '낙후된', '정체되고 보수적인', '어둡고 삭막한', '젊은이들이 머물고 싶지 않아 하는', '사람들이 떠나가는', '즐길 만한 문화가 없는' 등이 꼽혔다(한경현 2015: 143-151).

이들 수식어는 남구가 구도심으로 갖는 특성을 잘 보여 준다. 남구는 조선시대부터 1980년대까지 인천 중심지였으나 주변 지역이 개발되면서 오늘날에는 행정적, 경제적, 사회적, 문화적 기반이 쇠락한 대표적인 구도심이다. 이 지역을 '남구'로 부른 것은 1968년 구(區)제가 실시되면서부터인데, 당시에는 오늘날보다 훨씬 광범위한 지역을 아울렀다. 인천이 직할시로 승격(1981년)된 후 남구 동남쪽에 대규모 주택단지 및 상업시설이 개발되면서 이 지역 일부가 떨어져 나갔고(1988년 남동구 신설), 인천이 광역시로 전환(1995년)되면서는 문학산 남쪽 옛 먼우금 지역이 떨어져 나갔다(1995년 연수구 신설). 현재 남구 경계는 옛 도심

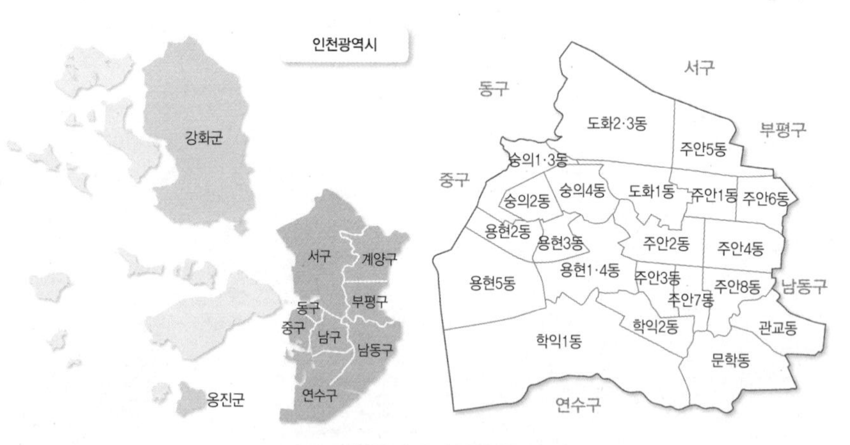

그림 8.1 인천광역시 남구 행정구역 지도

지라고 할 수 있는 숭의, 도화, 주안, 용현, 학익, 문학, 관교 등 7개 법정동을 포괄한다(임학성 2015: 17-18).

대체로 바다를 메워 만든 땅이나 서울과 가까운 땅에 시설을 들이는 방식으로 인천 지역개발이 진행(서종국 2013)되면서, 남구와 같이 가운데 끼어 있던 기존 도심지는 쇠퇴를 거듭했다. 우리가 만난 사람 대부분도 '구도심'이라는 말로 남구 특성을 요약했고, 그 맥락에서 지역현안을 이해하고 있었다.

"원래는 남구가 상당히 중심지였어요. 조선시대 인천도호부청사가 있었고, 1883년 인천 개항 이후에도 중심지였어요. 그런데 도시가 팽창하면서 상권과 행정지구가 바뀌다보니까 자연스럽게 원도심(原都心), 구도심(舊都心)이 되었어요. 1985년에 인천시청이 남구 신포동에서 오늘날 남동구 구월동으로 이전했고, 이후에는 여기서 남동구, 연수구가 갈라져 나갔죠. 90년대 중반 들어서는 남구 5·6공단 공장들이 원주나 청주, 경기도로 대거 이전해요. 도시가 작을 때는 외곽에 있던 공장이 도시 팽창으로 도심에 들어오면서 공해 등 민원이 발생한 거죠. 2000년대 이후에는 해안을 매립한 송도, 청라 지역이 개발되고 인천 시가지가 전반적으로 확장되면서 인구가 분산되었어요. 그 결과 남구는 원도심으로 전락하게 된 거죠."

– 김용구 남구사회적경제지원센터장[1]

구도심은 거주지가 낡았다는 뜻만은 아니다. 새로운 지역으로 사람들이 떠나면 상권이 쇠퇴하고, 교육·문화 환경도 쇠퇴한다. 지역에 남은 사람들은 대체로 사회·경제적 지위가 낮은 노년층이다. 지역에서 생산인구가 줄고 복지인구가 늘면 자치단체 재정 부담이 커진다. 도시 전반으로는 주민 관계망이 해체되면서 분위기가 침체된다.

"마을은 생태계와 가깝다는 생각이 들어요. 외래종이 들어오거나 사슬 하나가 끊기면 생태계 자체가 무너지거든요. 외적인 측면에서 남구의 가장 큰 문제는 공가

1. 인터뷰 일자: 2016. 5. 3.

(空家), 빈집이에요. 이게 왜 심각하냐면, 주택지에는 골목이 있는데, 한 집이 떠나고 그 집이 오래 비어 있으면 사람들이 굉장히 자연스럽게 그 안으로 쓰레기를 버리기 시작해요. 이렇게 되면 그 집에 해충, 고양이 꼬임 등의 문제가 발생해요. 기와는 올려주지 않으면 틈이 생기는데, 고양이가 뛰어다니면서 틈이 벌어지고, 그 빈틈으로 여름에는 빗물이 들어가고 습기가 차고, 겨울에는 이 습기가 얼어요. 그럼 틈이 더 벌어지죠. 다음 해에 다시 비가 들어가고 얼고 하면서 집들이 무너지기 시작하죠. 누전 때문에 화재가 발생하기도 하죠. 그러면 그 옆집이 나가요. 또 그 옆집이 나가고. 그럼 골목 자체가 위험해지는 거예요. … 내적인 측면에서는 다양한 계층이 함께 살 수 있는 마을이야말로 건전한 공동체 생태계라고 볼 수 있는데 대부분의 원도심이 그렇듯 남구도 젊은 층 이탈로 도시가 활력을 잃어 가고 있어요.[2] 마을을 이루는 한 축이 무너지고 있는 거죠. 그로 인한 도시획일화와 세대 간 소통 단절과 고립화, 계층화가 진행되는 측면이 남구의 과제인 것 같아요."

– 이창휜 남구청 지혜로운시민실 마을만들기지원팀 실무관[3]

구도심 문제 해법으로 행정기관과 주민이 원했던 것은 소형주택을 전면철거하고 중대형 아파트를 세우는 이른바 재개발 사업 방식이었다. 2002년 7월에 이명박 전 서울시장이 '뉴타운사업'을 시작하면서 서울에 재개발 붐이 일었고, 2005년 말에 「도시재정비촉진을 위한 특별법」이 제정되면서 그 붐이 전국으로 확산되었다(변창흠 2013: 86). 남구도 이런 분위기에서 자유롭지 못했다. 이 무렵 인천에서 200여 개 지역이 정비예정구역으로 지정되었고, 상당수가 남구에 있었다. 그러나 2007년부터 부동산시장이 침체되고 2008년에는 경제위기까지 겹치면서 사업자 선정이나 주민이주 문제가 불거져 상당 지역에서 사업을 시작조차 못하거나 중단했다.

---

2. 2016년 5월 기준 주민등록 인구통계(http://rcps.egov.go.kr:8081)에 따르면, 인천의 인구 30만 명 이상 자치구 여섯 곳(남구, 연수구, 남동구, 부평구, 계양구, 서구) 가운데 65세 이상 인구 비중이 가장 큰 곳은 남구(13.8%)다. 이 수치는 나머지 다섯 개 구와 비교했을 때 작게는 2.9%p(부평구), 크게는 5.7%p(연수구) 높은 것이다.
3. 인터뷰 일자: 2016. 5. 9.

"몇 년 전에 서울을 중심으로 뉴타운 재개발 공약이 크게 인기가 있었죠. 재개발 되면 경제적 가치도 올라가고 돈도 벌 수 있다는 생각이었죠. 그런 붐을 타고 인천에도 약 200개 재개발 지구가 지정됐는데, 대부분 중구, 동구, 남구인데, 남구가 꽤 많았던 거죠. 그런데 대부분 실패로 돌아가고, 조합들이 해제를 건의하거나 기관에서는 지정고시를 해제했죠. 그러다보니 상당히 많은 문제가 남게 되잖아요."

– 김용구 남구사회적경제지원센터장

남구의 고민은 재개발 방식이 한계를 드러낸 상황에서 구도심 문제를 어떻게 풀 것인가로 요약된다. 사회적경제는 바로 이 문제를 풀려는 남구의 의지와 노력을 가장 잘 요약하는 말이다. 구도심 문제는 취약계층 고용·복지와 주거환경 개선, 그리고 상권 활성화 과제로 구체화된다. 그에 따라 사회적경제 활동도 두 갈래로 나뉜다. 하나는 취약계층의 자활 및 고용을 돕는 매개체이자 지역 소상공인들이나 문화예술인들이 협력하는 매개체로 사회적기업이나 협동조합을 설립하는 흐름이다. 다른 하나는 거주 환경, 먹거리, 교육 등 공통의 생활문제를 주민 스스로 풀어보고자 마을관계망을 구축하는 흐름이다. 이 글에서는 분석적 차원에서 전자를 '사회적경제 조직 활동'으로, 후자를 '마을공동체 활동'으로 부르고자 한다.

남구에서 사회적경제 조직 활동이 가시화된 것은, 사회적기업을 육성해 고용 및 복지 문제에 대응하고, 주민·재개발조합·시공사와 협의해 재개발 문제를 풀겠다는 공약(인천광역시 남구 2013)으로 당선된 박우섭 구청장이 2010년 7월 민선 5기 기초자치단체장으로 취임하면서부터다. 남구청은 2010년 10월에 기초자치단체로는 처음으로 중간지원조직인 사회적기업육성센터(현 사회적경제지원센터)를 설립했고, 2011년 3월에는 구청장 직속조직으로 '일자리창출추진단'을 신설해 사회적기업팀을 구성했다. 2011년과 2012년, 2013년을 각각 '사회적기업 진흥의 해', '사회적기업 확산의 해', '사회연대경제 출범의 해'로 정해 사회적경제 조직 육성에 행정역량을 집중했다. 그 결과 다른 인천 자치구·군과 비교했을 때 지난 6년간 남구에서 가장 많은 사회적기업, 마을기업, 협동조합이 설립되었다(서봉만 외 2015).

구청이 마을공동체 활동을 지원한 것도 이 무렵부터다. 2010년 하반기부터 평생교육 프로그램의 일환으로 마을만들기 교육·연구 모임을 장려했고, 2011~2012년에는 마을만들기 시범사업으로 '우각로 문화마을', '염전골 사람들' 등 마을모임을 지원했다. 2013년 1월에는 통(統) 단위로 주민활동을 활성화하자는 '통두레 운동'을 구청장이 제안하기에 이른다. 활동을 지원하기 위해 2014년 3월에 마을공동체 중간지원조직인 '학산마을협력센터'를 개소했고, 2014년 12월에는 '지혜로운시민실' 내에 마을만들기지원팀을 구성했다. 현재 남구 마을공동체 활동은 '학산마을만들기'라는 이름으로 확산되고 있다.

이처럼 지난 6년간 남구에서 전개된 사회적경제 조직 활동과 마을공동체 활동이 '사회적경제'[4]라는 이름으로 우리가 보려는 것이다. 두 활동을 함께 보는 것은, 첫째, 법인격을 갖춘 조직이 하는 시장 활동으로 조사범위를 한정하면 사회적경제의 폭을 제대로 드러내지 못하기 때문이다. 사회적경제에는 비시장적 경제활동도 포함되고, 활동주체도 '기업'으로 한정되지 않는다(신명호 2009). 지역현안을 주민들이 지역자원을 활용해 풀어가려는 활동이라는 점에서 두 활동은 성격이 같다. 신뢰와 협동이라는 활동원리도 같다. 둘째, 두 활동이 상호보완관계에 있기 때문이다. 사회적경제 조직 활동이나 마을공동체 활동을 지속하고 확장하려면 사회성과 경제성이 선순환하는 체계를 갖추어야 한다. 마을관계망이 사회적기업, 마을기업, 협동조합의 거래망이 되고, 사회적경제 조직이 마을관계망을 받힐 때 둘 다 지속할 수 있다. 최근에는 각 활동이 따로 여겨지는 것에 대한 문제제기도 나온다(김경희 2013; 유창복 2014; 서봉만 2015). 사회적기업이나 협동조합이 추구하는 '경제성'도 지역사회 관계망을 토대로 할 때 안정적

4. 사회적경제는 보통 '사회적 가치를 추구하는 경제활동'으로 정의된다. 사회적 가치란 개인별로 분배되는 것이 아닌 집단이 공유할 수 있는 이익으로 정리할 수 있고, 경제활동이란 자원의 생산, 소비, 교환, 분배 등과 관계된 일체의 활동으로 정리할 수 있다(장원봉 2007; 신명호 2009) 활동조직의 구성 및 운영 원리로는 호혜, 협력, 자율성, 민주성 등이 강조되는데, 이들 조직은 도구적 교환을 통한 개별 이익 추구와는 다른 방식과 목표로 운영되기 때문이다(Defourny and Develtere 1999; ILO 2011; EU 2012). 따라서 사회적경제는 시장부문뿐만 아니라 재분배와 호혜성의 원칙이 통용되는 부문까지 포괄하고, 시장 판매를 통한 상업 활동, 공공자금 조달, 기부 및 후원금 모집, 자원봉사활동 등을 포괄한다(신명호 2009). 따라서 활동 조직이 꼭 기업일 필요는 없다. 이렇게 보면 자원순환활동 성격을 갖는 마을공동체 활동도 사회적경제에 포함된다.

으로 구현될 수 있고, 마을관계망으로 이루고자 하는 '사회성'도 자체적인 경제적 토대가 뒷받침되어야 실질적으로 구현될 수 있다는 점에 주목하는 것이다.[5]

이를 보는 틀로 참조한 개념이 '로컬 거버넌스'(김의영 2011)다. 거버넌스는 "정부의 위계적·통제적 질서와는 달리 정부 및 시민사회 행위자 간 네트워크와 파트너십 그리고 대화, 협상, 조정 등 소위 조종 방식에 의하여 문제를 해결"(김의영 2011: 211)하는 방식이자 과정을 지칭하는 말이다. 이 말 앞에 '로컬'을 붙인 것은 거버넌스 공간 범위를 지역으로 한정해 지역정부와 시민사회가 지역문제를 함께 풀어나가는 과정에 초점을 두기 위해서다.

로컬 거버넌스 개념으로 남구의 사회적경제를 보려는 것은, 첫째, 민관 협력 문제해결 방식이 기초자치단체 단위의 사회적경제 활동에서 두드러지게 나타나고 있기 때문이다. 남구청은 지역현안과 관련해 사회적경제 조직 및 주민단체와 적극적으로 만나고, 의견을 듣는다. 주민들도 민원을 제기하는 수준을 넘어 사회적경제 조직을 만들거나 마을공동체 활동을 조직하면서 지역현안에 대한 인식을 넓히고 있다. 당사자조직협의체를 구성해 좀 더 포괄적인 이슈에 대해서도 구청과 논의한다. 다른 공공영역에서는 찾아보기 힘든 중간지원조직의 존재도 주목할 만하다. 둘째, 로컬 거버넌스 개념으로 민관의 역할과 상호관계를 평가해 볼 수 있기 때문이다. 일례로 김의영(2011: 221-226)은 맥락적·환경적 요인, 거버넌스의 목표 요인, 주요 행위자의 역량 요인, 정책·제도·전략 요인 등 네 측면에서 로컬 거버넌스를 평가하는 지표를 제시한다. 이와 유사한 틀로 지역의 사회적경제 조직 활동이나 마을공동체 활동을 평가하는 연구도 나오고 있다(김의영·한주희 2008; 정규호 2008; 강병준 2014; 김정희 2015; 박수진 외 2015). 특히 남구는 구청이 주도적인 곳에서 형성되는 거버넌스의 특성을 살필 수 있는 좋은 사례다.

II절에서는 남구 사회적경제 로컬 거버넌스의 주요 행위자들을 행정기관, 중간지원조직, 사회적경제 조직 및 마을공동체, 당사자조직협의회 순으로 개괄하

5. 이희동. "사회적경제와 마을공동체는 함께할 수 있을까?: '함께 강동', 지역 내 협동경제를 꿈꾼다." 오마이뉴스. 2015년 11월 20일자.

고, 우리가 방문조사한 곳을 소개한다. Ⅲ절에서는 사회적경제 조직과 마을공동체 사례로 각각 선정한 네 개 조직 및 단체 활동을 소개하고, 경제성과 사회성을 조화시키는 방식에 주목해 조직 수준에서의 지속가능성을 전망해 본다. Ⅳ절에서는 지속가능성을 조직 단위가 아닌 지역 단위로 봐야 한다는 입장에서, 행정기관, 중간지원조직, 사회적경제 활동 관련 조직 및 단체에 참여하는 사람들의 경험과 인식을 정리하고, 세 주체가 관계 맺을 때 고려해야 할 점을 짚어본다. 결론인 Ⅴ절에서는 논의를 요약하면서 사회적경제를 지역 단위로 봐야 할 필요성을 다시 한 번 강조한다.

Ⅱ. 사회적경제 활동 현황

1. 사회적경제 관련기관 및 조직 현황

사회적경제 활동과 관련 있는 기관 및 조직, 단체는 크게 행정기관, 중간지원조직, 사회적경제 조직 및 마을단체, 그리고 사회적경제 조직들이 결성한 협의회로 구분할 수 있다. 행정기관과 중간지원조직, 협의회는 두 수준(인천광역시 수준과 자치구 수준)으로 구분된다.

1) 행정기관

인천광역시(이하 인천시)에서 사회적경제 조직을 지원하는 곳은 경제산업국 사회적경제과이고, 마을공동체를 지원하는 곳은 도시관리국 주거환경정책과이다. 인천시는 2010년에 「인천광역시 사회적기업 육성 및 지원에 관한 조례」(1.18.)를 제정해 사회적기업을 지원했고, 2014년에는 이 조례를 수정(「인천광역시 사회적경제 육성 및 지원에 관한 조례」(1.9.))해 지원 대상을 협동조합, 마을기업, 자활기업 등으로 확대했다. 사회적경제과는 2013년 5월에 사회적경제를 담당하는 행정조직으로는 전국 지자체에서 처음으로 신설된 곳이다. 그러나 유정복 시장이 당선된 직후인 2014년 10월에 사회적경제과를 폐지하겠다는 조직개

편안이 알려지면서 시장과 지역 사회적경제 조직들 간에 갈등이 빚어지기도 했다.[6] 결국 사회적경제과는 유지되었지만 긴장은 여전히 남아있다.

남구는 담당조직 위상이나 예산규모로 볼 때 다른 인천 자치구·군에 비해 사회적경제 활동 지원에 적극적인 편이다. 사회적경제 조직 관련 업무는 보통 과 단위 조직 하위부서가 맡지만 남구는 2011년 3월에 신설된 구청장 직속조직인 일자리창출추진단 내에 일자리창출팀, 사회적기업팀, 공공일자리팀, 자활지원팀을 두어 사회적기업과 마을기업, 자활기업을 통합 지원한다. 마을공동체 활동을 지원하는 마을만들기지원팀 역시 2014년 12월부터 별도 조직인 지혜로운시민실 내에서 주민협력팀과 도서관기획팀, 도서관운영팀과 함께 운영되고 있다. 예산규모에서도 2016년 기준 일자리창출추진단 예산 110억 원 중에 사회적경제 조직육성예산이 약 26억 원, 지혜로운시민실 예산 32억 원 중에 마을공동체 사업 예산이 약 2억 원으로 적은 편은 아니다.[7]

2) 중간지원조직

인천시에서 사회적경제 조직 활동을 지원하는 중간지원조직은 두 곳이다. 한 곳은 2014년 1월에 설립된 사회적기업·협동조합 통합지원기관으로, 지역민간 연구소인 (사)시민과대안연구소가 한국사회적기업진흥원의 위탁을 받아 운영하고 있다. 사회적기업, 마을기업, 협동조합 설립을 기초단계에서 지원한다. 다른 한 곳은 「인천광역시 사회적경제 육성 및 지원에 관한 조례」(2014.1.9. 전부개정)에 근거해 2014년 11월에 설립된 인천사회적경제지원센터다. 직영체제로 운영되었으나 2016년 9월부터 (사)한국근로장애인진흥회가 위탁 운영을 시작했다. 사회적경제 활성화정책 개발, 사회적경제 조직 컨설팅, 네트워킹 사업 등을 한다. 마을공동체 중간지원조직으로는 인천마을공동체지원센터가 있다. 「인천

6. 배영수. "인천 사회적기업들, "사회적경제과 폐지 절대 안 돼."" 인천in. 2014년 10월 20일자; 김영환. "인천시 사회적경제과 폐지 논란." 한겨레. 2014년 10월 21일자.

7. 물론 비교준거 없이 위 예산이 어느 정도 규모인지 평가하기는 어렵다. 그럼에도 남구의 가용예산 규모에 비추어볼 때 적은 편은 아닌 것으로 보인다. 2016년 남구 예산은 약 4,640억 원인데, 그 가운데 약 60%가 사회복지예산으로 쓰인다. 가용예산은 1,800여억 원으로 그리 많지 않다. 일자리창출추진단 예산 110억 원만 하더라도 상당 부분은 사회복지예산인 자활사업 지원금으로 쓰인다.

광역시 마을공동체 만들기 지원조례」(2013.5.27. 제정)에 근거해 2013년 12월에 설립된 곳으로, 지역마을활동 네트워크 조직인 (사)마을넷이 위탁 운영하고 있다. 마을공동체 활동 관련 주민 교육 및 자문, 네트워크 지원사업 등을 한다.

남구 사회적경제 조직 중간지원조직으로는 남구사회적경제지원센터가 있다. 전신은 「남구 사회적기업 육성 및 지원에 관한 조례」(2010.9.16. 제정)에 근거해 2010년 11월에 전국기초자치단체에서 처음으로 설립된 사회적기업육성센터다. 설립당시 전례가 없어 시행착오를 겪었으나,[8] 현재는 안정적으로 운영되고 있다. 주로 사회적경제 조직 발굴 및 인증 지원, 교육 및 현장 지원, 홍보 및 네트워킹 지원사업 등을 한다. 최근에는 다른 인천 자치구·군도 지원센터를 설치했지만 남구와 달리 대부분 구·군청이 직접운영하거나 민간전문가를 계약직으로 채용해 운영한다.[9] 남구사회적경제지원센터의 2016년 예산은 2억 8천만 원으로 인천사회적경제지원센터과 비슷한 수준이다. 마을공동체 중간지원조직으로는 2014년 초에 개소한 학산마을협력센터가 있다. 이곳은 단체에 위탁하지 않고 민간 전문가를 계약직으로 채용해 운영한다.

3) 사회적경제 조직 및 마을공동체

다른 지역에서처럼 남구에서도 사회적경제 조직은 (예비)사회적기업과 마을기업, 자활기업, 협동조합으로 나뉜다. 사회적기업과 마을기업, 자활기업은 인증요건을 갖춘 조직에게 정부가 붙여주는 이름이다. 따라서 주식회사나 협동조합, 비영리민간단체도 사회적기업 등이 될 수 있다. 마을공동체 활동은 마을기업이나 협동조합, 비영리민간단체 등 조직을 매개로 전개되기도 하지만, 법인격 없는 주민단체가 주도하는 경우도 많다.

---

8. 처음에는 (사)실업극복국민운동인천본부가 위탁 운영했으나 센터직원 채용과 사회적기업 설립지원 과정에서 문제가 불거져 2011년 2월부터는 지역민간연구소인 (사)홍익경제연구소가 운영하고 있다. 이병기. "남구사회적기업육성센터, '비리투성이': '전국최초' 무색, 구비로 만든 사회적기업 직원 소유 등 말썽." 인천in. 2011년 1월 16일자.
9. 정형선 남구청 일자리창출추진단 사회적기업팀장. 인터뷰 일자: 2016. 5.19.

① 사회적경제 조직

2015년 11월 기준으로 인천에는 사회적경제 조직이 504개 있다. 협동조합(242개)이 가장 많고, (예비)사회적기업(133개)이 그 다음으로 많다(표 8.1).

남구에는 (예비)사회적기업 30개, 마을기업 7개, 협동조합 37개, 자활기업 15개 등 89개 조직이 있다. 비중으로는 전체의 17.7%로, 절대 수에서나 인구비(13.6%)를 감안한 상대 비중에서나 최상위권이다. 이들 사회적경제 조직의 업종 분포는 그림 8.2와 같다.

인증업체인 사회적기업과 마을기업으로 한정하면 비중이 더 커지는데, 일정요건을 갖춘 안정적인 조직이 남구에 그만큼 많다고 읽을 수 있다. 세부정보를 확인할 수 있는 사회적기업만 보면 남구에는 22개 업체가 있다. 인증연도 기준으로, 2007년에 2개, 2008년에 1개, 2010년에 1개가 설립되었고, 2013년부터 매년 5개 이상 설립되었다(2013년도 7개, 2014년도 6개, 2015년도 5개).[10] 업종

표 8.1 인천광역시 사회적경제 조직 현황(2015년 11월 기준)

구/군	사회적기업			마을기업	협동조합	자활기업*	합계	%	인구비**
	부처	예비	인증						
강화군	–	3	3	4	17	6	33	6.5	2.3
계양구	–	3	9	4	20	11	47	9.3	11.2
남구	–	8	22	7	37	15	89	17.7	13.6
남동구	1	7	12	5	43	7	75	14.9	17.7
동구	–	4	10	5	11	5	35	6.9	2.4
부평구	–	5	9	8	49	16	87	17.3	18.6
서구	1	7	5	4	29	2	48	9.5	16.8
연수구	–	4	7	7	20	9	47	9.3	10.5
옹진군	–	1	–	5	3	–	9	1.8	0.7
중구	–	6	6	3	13	6	34	6.7	3.8
합계	2	48	83	52	242	77	504	100.0	100.0

* 2001년에서 2014년 상반기까지 설립된 자활기업의 수. ** 2015년 12월 말 주민등록인구 기준.
자료: 자활기업 수는 이용갑(2014: 8), 나머지 조직 수는 서봉만 외(2015: 10-17).

10. 현재 운영 중인 기업 수로, 2012년 이전에 설립된 기업 중 몇 개는 운영을 중단했다.

에서는 도소매(17.4%), 문화예술(17.4%), 교육(10.1%), 제조(8.7%), 간병가사보육(7.2%) 비중이 높은데, 인천시 (예비)사회적기업 업종분포와 비교했을 때 눈에 띄는 차이는 없다(서봉만 외 2015: 13). 21개 기업[11]은, 6명에서 75명까지, 평균 17명을 고용한다. 이 중 약 60%가 고령자, 경력단절여성, 장애인, 저소득층 등 이른바 취약계층이다. 고용노동부 사회적기업 분류상 대부분은 '일자리제공형'에 속한다. 연 매출액 규모는 550만 원에서 13억 원으로 폭이 넓지만 평균적으로는 1억 2000만 원 정도 된다.

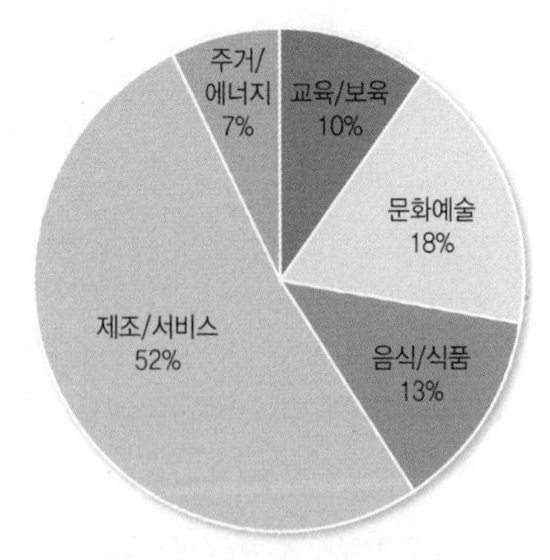

그림 8.2 인천 남구사회적경제 조직 업종 분포(2015년 11월 기준) (출처: 인천광역시 남구사회적경제지원센터)

② 마을공동체

마을공동체는 조직현황을 파악하기 어렵기에 정책적 환경만 개괄하고자 한다. 남구에서 마을공동체 활동은 세 단계로 구성된 지원체계 내에서 전개되고 있다. 1단계는 '통두레 운동'이다. 통(統) 단위로 주민모임을 만들어 마을문제를 발굴하고 해결책을 모색하자는 운동으로, 박우섭 구청장이 2013년 신년사(1.3.)에서 제안한 것이다. 주 1회 주민모임을 갖고, 논의 내용을 SNS로 마을주민과 공유하며, 한 해 활동을 자치구 축제인 주안미디어축제에서 남구 주민과 공유한다는 구상이다. 2015년 10월 현재 622개 통 가운데 52개 통에서 주민 860여 명이 활동한다. 동네화단 가꾸기, 동네공터를 주차장이나 텃밭으로 활용하기 등이 대표 활동이다(채은경·정남숙 2013).

2단계는 '마을단위 종합계획'(이하 마을계획)이다. 통두레 운동이 마을의 작은 문제를 찾아 해결하자는 것이라면, 마을계획은 좀 더 장기적인 관점에서 마을

11. 22개에서 1개를 제외한 정보다. 인천광역시남구사회적경제지원센터가 2015년 5월에 펴낸 『대학생기자단과 함께하는 남구사회적기업 탐방』에서 정보를 확인했는데, 2015년 이후 인증받은 1개 업체 정보는 빠져 있다. 책자에는 업체별 채용규모, 매출액 등 정보와 대표자 인터뷰가 실려 있다.

을 발전시킬 방안을 찾는 프로그램이다. 두 달간 여덟 차례 워크숍을 열어 전문가와 주민이 마을의 장점과 문제점을 진단하고 마을의 비전과 목표를 세워 나간다.

1~2단계를 거쳐 주민들이 관계를 맺고 함께할 수 있는 일을 찾으면 '학산마을만들기사업'에 신청해 계획을 실행에 옮길 수 있다. 남구 주민 5인 이상으로 구성된 모임 또는 단체면 신청할 수 있고, 선정되면 천만 원까지 사업비를 지원받을 수 있다. 이것이 3단계다. 현재 이십여 곳에서 학산마을만들기 활동을 하는데, 염전골 사람들(주안5동), 풍성한 마을(주안6동), 기흥주택 통두레(주안3동), 노적산 호미마을(학익1동) 등이 대표 사례다. 유창복 서울시 협치자문관의 표현(2014: 214-219)을 빌리면, 남구는 통두레 운동으로 "마중물을 지원"하고, 마을계획으로 "불쏘시개를 지원"하며, 학산마을만들기사업으로 "다지기를 지원"하는 종합지원체계를 갖춘 셈이다.

4) 당사자조직협의회

마지막으로 사회적기업, 마을기업, 협동조합 등 사회적경제 조직들이 결성한 협의회가 있다. 협의회도 광역 수준과 기초단체 수준으로 구분된다. 인천에서는 2010년 7월에 사회적기업협의회가, 2012년 3월에 마을기업협회가, 2014년 2월에는 협동조합협의회가 결성된 바 있다. 결성 순서는 사회적기업, 마을기업, 협동조합 순으로 제도적 틀이 갖춰진 시점을 반영한다. 남구 협의회도 구성방식은 유사하다. 보통 기초단체 수준에서는 사회적기업, 마을기업, 협동조합이 '사회적경제협의회'를 구성하는 경우가 많지만 남구에는 각 조직의 특수성과 전문성을 살리기 위해 사회적기업협의회(2012.6)와 마을기업협의회(2015.10), 협동조합협의회(2016.4)가 따로 구성되어 있다.•[12] 조직을 설립하면 자동으로 회원이 되고 회장은 총회에서 선출된다. 협의회의 주요 역할은 회원조직들끼리 조언을 나누고 거래관계를 맺는 장을 제공하는 것이다. 구청이나 중간지원조직, 광역수준 협의회에 회원조직의 의견을 전달하는 것도 중요한 역할이다. 또

12. 김용구 남구사회적경제지원센터장.

협의회 이름으로 할 수 있는 사업을 구상하기도 한다. 이를 위해 정기총회나 자체 워크숍 등 내부모임을 월 1회 갖고, 연 2회 정도는 세 협의회와 남구청, 사회적경제지원센터 관계자들이 간담회를 갖는다. 마을공동체 활동과 관련해서는 마을기업협의회가 일정한 역할을 수행하지만, 마을공동체 단체 및 모임 전반을 아우르는 네트워크가 형성되어 있지는 않다.

2. 조사대상

지금까지 소개한 곳들 가운데 행정기관으로는 남구청장실과 일자리창출추진단, 지혜로운시민실을, 중간지원조직으로는 인천사회적경제지원센터와 남구사회적경제지원센터를, 협의회로는 남구사회적기업협의회와 남구마을기업협의회를 방문 조사했다. 당사자조직 및 단체로는 사회적경제 조직 네 곳과 마을공동체 활동 단체 네 곳을 조사했다(표 8.2).

사회적경제 조직으로는 ① 경력단절여성을 고용해 방문보육사업을 하는 ㈜다사랑보육서비스, ② 결혼이주여성과 경력단절여성을 고용해 가내 수공업을 하는 ㈜이주여성희망나눔터, ③ 쇠락한 목공예거리에 남은 공인들이 협력하기 위해 설립한 숭의목공예마을협동조합, ④ 여성주의 지역 활동가들이 인천여성영화제를 준비하고 영상교육 프로그램을 운영하는 사회적협동조합 인천여성영화제를 선정했다. 설립주체 및 경로, 업종 등을 고려했지만, 크게는 법인격을 고려했다. 앞의 두 사례가 주식회사이고 뒤 두 사례가 협동조합이다. 사회적경제 조직은 법인격으로 보면 크게 주식회사와 협동조합으로 나뉜다. 법인격이 다르면 조직의 목표와 운영방식도 다르고, 구청이나 중간지원조직과 관계 맺는 방식도 달라진다. 이 점에 주목해 사회적경제 활동의 특성을 살펴보고자 한다.

마을공동체 활동단체로는 ① 재개발이 무산된 쇠락한 마을에 문화예술인들이 들어가 활기를 불어넣고자 설립한 '우각로 문화마을', ② 우각로 문화마을과 비슷한 환경에서 통장을 중심으로 주거환경을 개선하고 현재는 주민들이 마을계획을 세우고 있는 '노적산 호미마을', ③ 아파트단지 주민들이 협동조합을 매개로 먹거리를 공동구매하고 물건들을 서로 나누며 교육 프로그램을 운영하고

표 8.2 당사자조직 사례 요약

유형	성격	사례조직	활동 내용	인증	전신	주체	단체설립 (활동시작) 연도
사회적경제 조직 활동	취약계층 고용	㈜다사랑 보육서비스	경력단절여성 고용 돌봄 서비스, 무료공부방사업	사회적기업	실업극복 인천본부	시민활동가	2008 (2007)
		㈜이주여성 희망나눔터	이주여성 문화교실 및 가내수공업	마을기업	일반기업	주민+행정	2011
	소상공인/ 문화예술인 협력체	(협)숭의목공예마을	목공예교육 및 공동판매	–	–	소상공인+행정	2015
		(사협)인천 여성영화제	여성영화제 조직, 영상제작교육, 홍보물 제작	사회적기업	인천여성회	시민활동가	2014 (2005)
마을공동체 활동	구도심 재생	우각로 문화마을	지역예술인 활동거점마련, 마을재생	사회적기업 (행복창작소)	–	지역 예술인	2012 (2011)
		노적산 호미마을	마을재생	–		주민+행정	2014
	공동주거단지 기반 생활공동체	항아리	공동구매(식품), 공유경제 (가전, 도서), 엄마강사	마을기업 (협동조합 다락)	주민봉사모임	주민	2013 (2007)
		문학골 맑은 사람들	육아, 교육공동체	–	도서관 주민모임	주민	2015 (2011)

있는 '항아리', ④ 빌라 주민들이 동네 작은도서관에 모여 자녀 교육을 고민하다가 마을에서 할 수 있는 일을 계획하고 있는 '문학골 맑은 사람들'을 선정했다. 남구에서 마을공동체 활동은 크게 구도심 저층주거지에 터 잡은 주거환경 개선 활동과 아파트나 빌라 등 공동 주거단지에 터 잡은 생활공동체 활동으로 구분될 수 있는데, 우각로 문화마을과 노적산 호미마을이 전자 사례라면, 항아리와 문학골 맑은 사람들은 후자 사례다.

그림 8.3은 우리가 방문 조사한 곳의 위치를 남구 지도에 표시해 본 것이다. 처음 방문한 곳은 남구사회적경제지원센터다. 행정기관과 사회적경제 조직의 중간에서 현장을 가장 잘 조망할 수 있는 곳이라 생각했기 때문이다. 이후 남구청 담당부서들과 사회적경제 조직, 마을공동체 단체를 번갈아 방문했으며, 조사말미에는 인천사회적경제지원센터를 방문해 인천시 맥락에서 남구 사회적경제 활동의 특성을 파악하고자 했다. 마지막으로는 남구청장을 만나 그간 조사

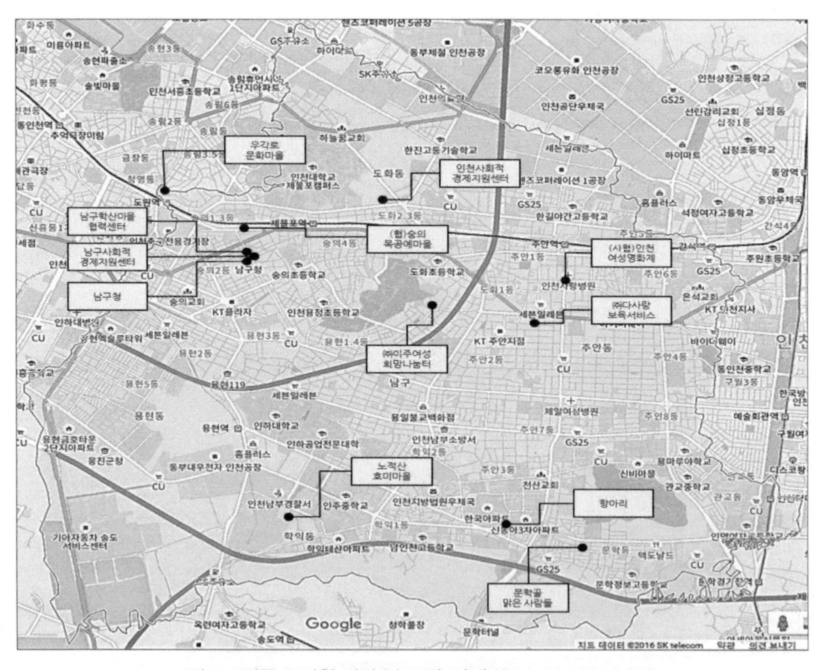

그림 8.3 방문 조사한 기관 및 조직, 단체 (출처: 구글 맵 서비스)

내용을 점검하고 향후계획과 전망을 물었다. 방문하기는 했지만 관계자를 면담하지 못한 곳(인천여성영화제, 호미마을)의 정보는 관련 문헌과 기사를 검토해 보완했다.

Ⅲ. 사회적경제 활동 사례

이 절에서는 당사자 사례를 소개하면서, 어떤 계기로 누가 활동을 주도했으며 활동의 구체적인 내용은 무엇인지 살펴본다. 이를 바탕으로 조직수준에서 지속가능성을 평가해 본다.

1. 사회적경제 조직

1) 주식회사형 사회적경제 조직

① ㈜다사랑보육서비스

㈜다사랑보육서비스(이하 다사랑보육)는 40~60대 경력단절여성을 교육하고 고용해 주로 맞벌이 가정에 방문보육·돌봄서비스를 제공하는 사회적기업이다.

전신은 2007년 (사)실업극복국민운동인천본부가 운영한 사회적일자리사업이었다. 양육부담으로 일하지 못하는 저소득층 여성의 자녀를 다른 취약계층 여성이 돌봐주게 하고 고용노동부가 인건비를 지원해 주는 사업이었다. 취약계층 여성이 취약계층 여성에게 서비스를 제공하고 정부가 인건비를 보조한다는 점에서 사업성격이 복지에 가까웠다. 때문에 사회적기업 설립을 생각했던 것은 아니었다고 한다. 그러나 2008년에 사업이 종료되면서 사회적기업으로 전환할 것을 요구받았다. 운영을 중단하면 취약계층 일자리가 없어지는 셈이었기 때문이다.[13]

13. 남구에서 운영되고 있는 ㈜다사랑간병서비스, ㈜다사랑산모케어도 (사)실업극복국민운동인천본부의 사회적일자리사업에서 시작된 사회적기업이다. 이들도 비슷한 과정을 거쳐 사회적기업으로 전환했다(인천광역

당시 사회적일자리사업을 주로 운영했던 비영리단체나 비영리법인은 기업을 운영할 능력이 부족했다. 보육서비스는 고부가가치를 창출하는 분야가 아니어서 수익 모델을 찾기도 어려웠다. 결국 정부가 지원해 주는 5년간만 운영하겠다는 암묵적 동의하에 2008년 10월 사회적기업으로 전환했다. 실제로 전국의 시민사회단체에서 비슷한 시기에 사회적기업으로 전환했던 보육서비스 업체들(예: 전국 YMCA를 모법인으로 둔 사회적기업 '아가야')이 2014~2015년 무렵 운영을 중단했다. 그러나 다사랑보육은 고용 인원을 늘리고 작년 말에는 서울지사를 설립하는 등 성장하고 있다. 심옥빈 대표는 그 차이를 서비스질 제고, 시장조사, 마케팅 등의 노력에서 찾았다.

"공손하게 얘기하면 운이 좋았던 거고요. 그냥 얘기하면 노력이죠, 시장을 파악하려는. 사실 비영리에서 시작하는 사람들이 기업 운영하기 되게 어려워요. 애초부터 짜여진 예산을 쓰는 데 익숙한 사람들이라 버는 것은 힘들어 하거든요. 마케팅도 해야 하고 시장단가도 계속 올려야 되고, 그렇게까지 하고 싶어 하지 않는 것도 있어요. … 그 당시 취약계층은 고령자보다는 저소득층이라든지 한부모 가정 여성이 많았어요. 그분들을 훈련시켜서 일하게 한다는 것이 되게 어려운 측면이 있었죠. 시장에서 안 먹히죠. … 또 그 당시에는 서비스 대상자도 취약계층이었어요. 근데 이 사람들은 지불능력이 없으니까 시장으로 나오게 되면 그게 불가능한 거죠. 그래서 저희는 연차별로 서비스 비용을 높이면서 서서히 시장 전환을 했어요. 지불능력이 있는 사람들 쪽으로 타겟을 정해서 집중적으로 마케팅을 하고, 퀄리티를 높이고. 일하시는 분들도 정서나 여러 가지를 충분히 검토해서 할 수 있는 사람들이 하게 하고요. 명분만 가지고 되는 게 아니잖아요. 그렇게 전환을 했던 거고, 지금은 어느 정도 올라가 있다고 보여요." – 심옥빈 다사랑보육 대표[14]

다사랑보육은 돌봄복지배상책임보험과 같은 제도적 안전장치를 마련하고,

시남구사회적경제지원센터 2015).

14. 인터뷰 일자: 2016. 5. 10.

사진 8.1 취약계층 고용 사회적경제 조직(다사랑보육/희망나눔터)

80시간 보육사양성교육을 통해 균등한 서비스 품질을 유지하고 있다. 중산층 이상 맞벌이 가정을 타겟으로 삼아 서비스 가격을 시장보다 20% 높게 책정했음에도 송도 등 인천지역 소비자들의 신뢰를 얻은 것은 그만큼 서비스 질이 좋기 때문이다. 현재 고용된 보육사들은 130여 명으로, 시간제로 근무하지만 4대 보험이 적용되는 무기계약을 맺고 있다. 근무시간을 조정할 수 있으면서도 안정적인 일자리로 여겨져 만족도가 높다고 한다. 하지만 심옥빈 대표에 따르면 이런 조건을 유지하면서 수익을 내기는 쉽지 않다. 실제로 보육서비스로만 보면 적자여서 모자라는 운영비를 베이비시터/놀이시터 교육 프로그램 수강료나 대표의 외부강의료로 충당하고 있다.

② ㈜이주여성희망나눔터

㈜이주여성희망나눔터(이하 희망나눔터)는 지역 결혼이주여성들이 일을 하고, 한글·문화 교육을 받고, 소통할 수 있는 장을 마련하자는 취지로 설립된 마을기업이다. 기계부품을 조립해 납품하거나 원목시계를 만들어 판매하는 일을 주로 한다. 2011년에 행정안전부 마을기업육성사업이 추진될 당시 도화1동 주민자치센터와 통장자율회가 협력해 설립했다.

"마을 단위로 기업체를 만들어 일자리 창출도 하고 여러 가지 공동체 모임을 해 보라고 안전행정부에서 시군구로 지침이 내려왔는데, (안전행정부에서도) 마을기업 취지 자체도 모르고 일단 시작했던 것 같아요. 저희 같은 경우는 원래 기업을 나름대로 하고 있었기 때문에 주민자치센터하고 연관 지어서 일을 시작하게 되었는데, 개인적으로 사회공헌에 대한 기업을 하려고 마음먹고 있었는데, 지침이 저와 매치가 잘되어서, (주민자치센터의 제안으로) 한 번 해 보자 진행하게 되었기 때문에 어떻게 보면 저한테는 좋은 기회였어요." – 김창기 희망나눔터 대표[15]

주민자치센터 도움으로 이주여성들에게 홍보해 초기에는 15명 노동자 모두 이주여성이었고, 그들의 반응도 좋았다고 한다. 하지만 대부분 어린 자녀가 있어 일할 수 있는 시간이 짧고, 이주여성들을 위한 문화·한국어 교육을 주 4시간씩 하다 보니 실질적인 노동시간이 적어 어려움이 많았다. 출산 등 개인사정으로 나오지 못하는 사람들도 생겼다. 현재는 열 명이 일하는데, 세 명이 이주여성이고 나머지는 지역 중년여성이다.

"바깥으로 잘 못 나오시는 분들은 말문이 안 열리는데, 여기 나오시니까 서로서로 얘기를 하다 보니 너무 재밌는 거예요. 자기 나라끼리 소식도 알고 하니까 반응이 상당히 좋았어요. 굉장히 놀랄 정도로 밝아졌죠. 대부분 첫인상이 밝지 않았거든요. 나와서 하시면서 굉장히 밝아졌죠. 출산율이 굉장히 높아졌어요. 애가 없는 상태에서 출산한 게 아니라 두 명씩 있는데 또 출산하더라고요. 그게 나름대로 생활이 즐거우니까, 효과가 있지 않았을까 생각을 해요. … 이런 행복한 모습을 볼 때 기쁘고, 이 일에서 보람을 느낍니다." – 김창기 희망나눔터 대표

희망나눔터는 올해 6년차로 남구에서 가장 오래된 마을기업이다. 이주여성비중이 줄면서 설립 취지는 다소 퇴색되었지만, 마을기업이 "연착륙하기 쉽지 않다."는 점을 고려하면, 안정적으로 운영된다는 것만으로도 긍정적으로 평가할 수 있다. 안정화 요인으로 김창기 대표는 기업운영 경험과 혁신노력을 들었다. 일반기업을 운영하면서 축적한 네트워크와 경험을 활용해 하청주문을 꾸준히

15. 인터뷰 일자: 2016. 6. 3.

따올 수 있었고, 틈새시장도 파악할 수 있었다는 것이다. 주력상품인 원목시계는 재료조달에서 생산, 판매까지 전 과정을 김창기 대표가 맡아 고품질을 유지하면서도 생산단가를 낮출 수 있었다고 한다. 이런 경험을 바탕으로 김창기 대표는 현재 남구마을기업협의회 회장을 맡아 남구의 다른 마을기업 운영자들과 마을기업을 설립하려는 이들에게 조언해 주고 있다.

2) 협동조합형 사회적경제 조직

① 숭의목공예마을협동조합

숭의목공예마을협동조합(이하 목공예협동조합)은 숭의목공예거리에 자리한 목공예업체 중 여덟 곳이 출자해 2014년 10월에 설립한 사업자협동조합으로, 현재는 일곱 업체가 참여한다. 1990년대 초반에는 목공예업체 수십 개가 자리 잡으면서 목공예거리로까지 알려졌지만 현재는 쇠락해 십여 개 업체만 운영하고 있다.

목공예협동조합은 남구청 역점사업과 맞물려 설립되었다. 구도심활성화사업의 일환으로 지역 자산인 목공예산업을 살리겠다는 목표를 세워 2012년부터 남구청이 숭의목공예마을조성 기본계획을 구상했고, 이 구상안이 2013년 안전행정부 '희망만들기사업'과 국토교통부 '도시활력증진지역개발사업'에 선정되어 시행에 탄력을 받게 되었다. 이러한 행정적 움직임에 맞추어 목공예분야에서 구청과 협의할 수 있는 협의체가 필요하게 되었고, 그런 요구에 부응해 목공예협동조합이 설립되었다.

> "목공예 하는 곳이 열다섯 개 정도 있는데, 저를 제외하고 30~40년 평생 하신 분들이에요. 도원역에서 배다리 쪽으로 많이 있었는데, 1987~1988년도 도로확장 때문에 도로가 헐리면서 이동해 온 거죠. 이분들이 장기간 뿌리내리고 있어서 장인정신이나 인적자원이 있는데, 이런 자산이 쇠퇴해 가니까 살릴 필요가 있지 않나 해서 행정에서 먼저 움직였죠. 구청장님도 직접 나서서 국비예산을 확보해 창작공방을 시초로 목공예센터를 짓고, 올해도 계속하고 있죠. 그렇더라도 여기 목

공예에 계신 분들이 대상이 되어야 하는데, 목공예 특성상 고집들이 세잖아요. 자기 기술 이런 거. 그리고 다 경쟁 구도예요. … 친목 차원에서 협동한다면 얼마든지 하지만 먹고사는 문제라면 다르죠. 협동이라는 거가 잘 안 맞는 구조인 거죠. 그런데 구청에서는 협의 대상이 있어야 하잖아요. 지원을 해 주든지 뭐를 하든지 자발적인 것이 중요한 거지, 돈을 때려 넣는다고 되는 일이 아닌 거잖아요. 몇 명이라도 의식을 갖고 자발적으로 움직이려는 힘이 있고, 거기에 기름을 부어 줘야 더 활성화되고 나중에 무너지지 않잖아요. 그래서 중요한 게 어떤 식으로 협의체를 만들어야 하나였죠."

– 박승화 목공예협동조합 이사장[16]

두 사업의 지원으로 주민들이 목공예를 배울 수 있는 창작공방이 2013년 12월에 개관했고, 목공예업체를 운영하는 사업자들이 공동으로 사용할 수 있는 목공예센터가 2015년 12월에 개관했다.[17] 이곳 관리는 남구청이 하지만 목공예체험교육 등 운영은 목공예협동조합이 한다. 또 봉사활동의 일환으로 낡은 건물을 수리하거나 주변의 낙후된 마을환경을 정비하기도 한다.

목공예협동조합의 올해 목표는 목공예센터를 거점으로 목공예 산업 저변을 확대하기 위한 교육 시스템을 체계화하는 것이다. 이를 위해 목재문화진흥회와 제휴해 작년부터 조합원들이 체험지도사자격증교육을 받고 있다. 공동사업면에서는 조달청 입찰시스템인 '나라장터'에 등록하고 자체 홈페이지를 개설해 대량주문을 받을 수 있는 체계를 만들 계획이다. 그 준비 작업으로 업체 신뢰도를 높이기 위해 조합원들이 명장자격교육을 받고 있다. 장기적으로는 인근대학 기계과, 전자과 등과 협력해 작업 기계를 자체개발할 계획도 구상하고 있다.

목공예협동조합은 사업자들이 자발적으로 결성한 것이 아니라 구도심재생사업의 일환으로 구청이 설립을 유도한 조직이다. 그랬기에 조합원들 모두 처음에는 조합결성의 필요성과 목표, 운영방식에 대한 이해가 낮아 모이는 것 자체

16. 인터뷰 일자: 2016. 5. 10.
17. 인천in. "숭의동 '주민이 만드는 마을창작공방' 개소: 어린이목공체험교실 등 시범운영." 2013년 12월 8일자; 김영숙. "상인은 수익 창출, 마을은 환경 개선, 시민은 목공 체험: 인천 남구 숭의목공예센터." 시사인천. 2016년 4월 14일자.

가 쉽지 않았다고 한다. 그러나 일여 년의 논의과정을 거치면서 조금씩 공감대를 쌓았고, 현재는 구체적인 사업계획을 세우고 있다.

② 사회적협동조합 인천여성영화제

사회적협동조합 인천여성영화제(이하 여성영화사협)는 '인천에도 여성영화제를 만들어보자'는 취지로 인천의 여성주의 활동가들이 만든 영상미디어활동단체다. 2005년부터 매년 7월에 열리는 인천여성영화제를 총괄하는 단체로, 2004년 1월 인천여성회라는 모임으로 시작해 2010년 1월에 인천시 비영리민간단체로 등록했다. 2009년 5회까지는 인천여성회 사업으로 운영했으나 영화제가 성장하면서 2010년에 여성영화제 자체가 별도 단체로 독립한 것이다.[18] 이후 자생력을 갖추려는 노력 끝에 2012년 4월에는 예비사회적기업으로 지정되고, 2013년 12월에는 사회적기업 인증을 받았다. 2015년에는 법인격을 사회적협동조합으로 전환했다.

여성영화사협이 하는 가장 큰 일은 매년 7월, 3일간 영화제를 진행하는 것이다. 영화제는 주안역 근처에 있는 '영화공간 주안'에서 열리는데 매년 독립영화

사진 8.2 지역 소상공인과 지역 활동가들이 만든 협동조합 (목공예협동조합/여성영화사협)
(왼쪽은 인천일보 제공, 오른쪽은 인천여성영화제 홈페이지)

18. 김영숙. "해외영화제로 확대? 오히려 지역에 집중 해야죠: 최주영 인천여성영화제 집행위원장 인터뷰." 오마이뉴스. 2014년 7월 9일자.

20~30편을 무료상영하고 감독과의 대화, 씨네토크, 영화해설 등을 진행한다. 그 외에 지역 곳곳으로 찾아가는 영화상영회나 여성과 아동, 청소년을 위한 영상제작 교육을 진행하기도 한다. 사회적기업 인증을 받기 전에는 관객이나 감독, 자원봉사자, 후원 회원 등의 도움으로 운영되었지만 사회적기업이 되면서부터는 홍보영상물 제작이나 디자인 컨설팅 등 수익사업도 하고 있다. 현재 9명이 근무한다(인천광역시남구사회적경제지원센터 2015: 32-39).

2. 마을공동체

1) 저층 거주지 기반 마을공동체

① 우각로 문화마을

우각로 문화마을(이하 우각마을)이 자리한 숭의동 109번지 일대는 2006년에 주택재개발정비예정구역으로 지정되었으나 현재까지 사업이 시작되지 못한 여러 곳 중 하나다. 오랫동안 재개발사업이 시작되지 못하자 빈집이 늘어나면서 주거환경이 더 열악해졌다. 무단 투기한 쓰레기 때문에 빈집에 벌레가 생기고 고양이가 드나들면서 옆집에도 문제가 생겼다. 노숙인이나 청소년 아지트로까지 이용되기도 했다. 쓰레기로 인한 악취가 점차 마을 전체로 퍼져나갔지만 빈집은 사실상 사유지였기 때문에 구청의 역할도 제한적일 수밖에 없었다. 결국 사람들이 하나둘 떠나가면서 마을에는 고령층만 남았다.

이것이 2011년에 숭의1·3동 주민자치센터에 발령받아 청소, 재난 업무를 맡게 된 이창휜 실무관이 목도한 상황이었다. 고심 끝에 그가 떠올린 아이디어는 빈집을 예술인들에게 빌려주자는 것이었다. 예술인 거주공간이자 창작공간으로 빈집을 활용해 마을환경을 개선해 보자는 취지였다. 당시 남구 차원의 민관협의체인 '학산지속발전협의회'에서 함께 활동했던 조영숙 시인이 이 구상에 공감해 지역 문화예술인들과 뜻을 모았다. 조영숙 시인은 '인천의제21실천협의회'와 '한국문인협회인천광역시회'에서도 꾸준히 활동해 왔기에 지역 문화예술인들을 설득할 수 있었다. 이창휜 실무관은 임대 절차를 도왔다. 하지만 일부 주민

사진 8.3 구도심 재생방안으로서의 마을공동체 활동(우각마을/호미마을)

들은 마을환경이 좋아지면 재개발 가능성이 낮아질 것을 염려해 예술인들이 마을에 들어오는 것을 반대했다. 결국 마을 일부 지역에서만 활동하기로 재개발 조합과 합의하고 열네 집에 예술인들이 입주하게 되었다.

> "저희가 11년도에 답사하고 추진위원회가 결성돼서 12년도 1월에 단체를 만들었어요. 예술단체로 등록하기보다 우리가 마을 안에 들어와 있으니까 마을로 등록하는 게 더 합당하지 않을까 해서, 거기가 새 명칭이 '우각로'거든요, 우리는 문화를 하고 마을은 있는 거니까, 그래서 우각로 문화마을이란 이름으로 비영리단체 등록을 했죠."
> – 조영숙 우각마을 전 대표[19]

초기에는 단체 운영비를 입주 예술인들의 회비로 충당했으나 집을 수리하고 공동공간을 만드는 작업에 드는 최소한의 비용도 곧 감당하기 어려워졌다. 그러나 2012년 하반기에 문화체육관광부와 한국문화예술위원회가 주관하는 '생활문화공동체지원사업'에 선정된 것을 계기로 공동체 공간과 작은도서관(행복도서관)을 세우고 예비사회적기업(창작공작소)도 설립하는 등 본격적인 마을공동체 활동을 해나갔다. 곧 우각마을은 문화예술인들이 '마을만들기'에 나선 우수사례로 지역과 언론에 알려지게 되었다.[20]

---

19. 인터뷰 일자: 2016. 5. 19.

그러나 우각마을은 올해 2월에 해산했다.[21] 예비사회적기업도 문을 닫았다. 사업지원금 운용과정에서 단체 구성원 간에 불화가 생기기도 했고, 집주인들이 임대비를 요구해 더 이상 무상으로 공간을 쓸 수 없게 되면서 예술인들이 활동하기 어려워졌기 때문이다. 그러나 예술인 7~8명은 여전히 우각로에 남아 활동하고 있다. 또 행복도서관 2층에 위치한 '봉로방'은 지역주민들이 결성한 숭의1·3동 통두레(우각이) 활동의 거점으로 활용되고 있다.

② 노적산 호미마을

노적산 호미미을(이하 호미마을)은 학익1동 노적산로 40번길 일대에 위치한 동양화학 담장 옆에 자리한 저층주거지로, 앞뒤로 고층아파트가 들어서 있다. 집들 대부분이 지은 지 50~60년이 넘어 지붕에 물이 새는 등 노후화되었다. 정비예정구역으로 지정되어 수리조차 하기 힘들어졌지만 결국 재개발이 중단되면서 거주환경이 더 열악해졌다. 쓰레기를 무단 투기하는 사람도 많아져 악취가 마을에 진동했다고 한다. 이때 재개발추진위원장이자 10년째 이 곳 통장을 맡고 있던 유현자 씨가 상황을 더 이상 방치하면 안 되겠다는 생각에 주민자치센터의 협조를 구해 거주환경 개선작업을 시작했다. 쓰레기를 버리는 곳에 화단을 조성하자는 아이디어였다(인천광역시마을공동체지원센터 2015).

"개발 당시 통장인 저는 동네에서 5년 가까이 추진위원장 역할을 했어요. 그때는 정말 될 것 같았어요. 우리 동네를 둘러싸고 고층아파트들이 전부 들어서서 21세기를 달려가고 있었거든요. 이 동네만 50년대 풍경으로 남은 거예요. 그런데 이런 상황이 되자 주변 아파트에서 이 동네를 헐라고 민원을 넣는다는 풍문을 들었어요. 경관이나 집값 문제 때문이겠죠? 사실인지 진심인지는 모르지만 그런 이야기

20. 임승재. "재개발 동네 '예술인 마을'로 재탄생." 경인일보. 2012년 8월 14일자; 정창교. "인천 남구 '우각로 문화마을' 지방자치박람회 우수 향토자원으로 선정." 국민일보. 2013년 10월 24일자; 윤태현. "시간 멈춘 인천 '우각로마을'…예술로 시계 돌리다." 연합뉴스. 2013년 11월 10일자; 문찬식. "인천 남구 마을만들기 사업 잇달아 벤치마킹." 시민일보. 2015년 6월 25일자.
21. 인천in. "남구 '우각로문화마을' 해산: 예술인들 무상입주 공간 재계약 어려워." 2016년 2월 24일자.

가 도니까 너무 속상했어요. 제가 돌아다니면서 개발동의서 받던 사람이잖아요. 그 책임감 때문인지 너무 미안한 거예요. '이건 안 되겠다. 마을 가꾸는 작업을 해야겠다.'라고 마음먹게 되었죠." – 유현자 호미마을 통장[22]

2014년 3월부터 주민자치센터 인력, 자원봉사자들과 함께 동네 대청소를 하고 쓰레기가 투기되는 곳에 화단을 조성해 꽃을 심었다. 초기에는 주민자치기금과 적십자회후원금이 큰 도움이 되었다. 이런 노력이 알려지면서 2014년 하반기에는 남구청 '학산마을만들기시범사업'에, 2015년에는 행정자치부 '지역공동체활성화사업'에 선정되어 쇠락가옥 수리, 골목길 정비, 마을벽화 그리기 등 주거환경 개선 활동을 본격적으로 추진할 수 있었다(인천광역시마을공동체지원센터 2015). 현재 호미마을주민들은 '마을계획'의 일환으로 워크숍을 수차례 가지면서 '살고 싶고 가고 싶은 노적산 호미마을'을 모토로 2020년까지의 연차활동계획을 세우고 있다.

2) 공동주거지역 기반 마을공동체

① 항아리

항상 아름다운 마을이라는 뜻의 '항아리(里)'는 협동조합 다락(이하 다락)을 중심으로 교류하는 학익동 신동아아파트 주민 커뮤니티 이름이다. '다락'은 '즐거움이 많다, 또는 다 같이 즐겁자'라는 뜻이다.

대단지이고 단지별로 다소 떨어져 있어 부녀회 같은 조직은 분리되어 있지만, 주민 상당수가 오랫동안 대를 이어 살아 친인척 관계로 엮여있는 사람들이 많다. 남구의 다른 지역에 비해 30~40대도 많은 편인데, 인접한 제2경인고속도로 덕분에 교통이 편리해 경기도 주요도시 및 서울로 직장을 다닐 수 있고, 주변에 초·중·고등학교, 대학교가 자리하고 있기 때문이다. 즉 직장과 교육을 어느 정

22. 인천광역시마을공동체지원센터가 펴낸 마을공동체사례집 『인천 마을을 잇다』(2015: 275-276)에서 인용.

도 해결할 수 있는 곳으로 평가받고 있다.[23]

항아리의 모체는 학교에서 아이들에게 책을 읽어주는 엄마봉사모임이었다. 2008년부터 인주초등학교에 자녀를 보내는 엄마 열 명이 '책 읽어주는 도깨비' 프로그램을 진행하면서 가까워진 것이다. 몇몇은 주민봉사활동으로만 운영되는 구립도서관 '이랑'이 2012년 10월에 개관하는 데 힘을 보태기도 했다. 다른 몇몇은 구립도서관 '학나래'에서 아이와 엄마가 책을 매개로 소통하는 '북스타트' 프로그램에 참여해 관계를 이어 나갔다. 아이와 책을 매개로 여러 활동을 해오면서 다져진 관계는 2013년 6월 유정란 공동구매로 발전되었다. 공동구매 활동을 확대하기 위해 2013년도 말에는 온라인 커뮤니티를 만들었는데, 이 커뮤니티를 매개로 이어진 사람들의 관계망이 항아리이다.

항아리로 사람들이 모이고 공동구매 품목도 늘자 체계적으로 활동할 필요성을 느껴 2014년 3월부터 엄마 열 명이 협동조합 설립을 준비해 같은 해 5월에 설립하였고, 9월에는 남구청의 도움으로 마을기업에 선정되었다. 이들이 협동조합 설립을 준비하면서 세운 계획은 크게 세 가지다. 첫째는 '공동구매'를 좀 더 체계적으로 하는 것이고, 둘째는 '공유경제'라는 이름으로 필요 없게 된 물품을 교환하고 1년에 몇 번 쓰지 않는 가전제품이나 공구 등을 대여할 수 있는 플랫폼을 만드는 것이다. 마지막은 '엄마강사' 활동이다. 조합원 엄마들이 주변 아이들을 모아 다양한 주제에 대해 강의하거나 주변 학교나 도서관 교육 프로그램에서 강의하는 것이다.

현재 항아리에는 온라인 회원 350여 명, 오프라인 회원 50여 명이 활동하고 있다. 이들은 조합원이 아니지만 공동구매 물품을 구입하거나 쓰지 않는 물건을 기증·교환·대여하기도 한다. 또 자녀를 위해 엄마강사 프로그램을 수강하기도 한다. 때로는 이런 강의를 해달라고 엄마들이 모여 신청하기도 한다. 이 모든 활동을 조직하는 곳이 아파트단지 내 조그마한 상가건물 지하에 자리 잡은 다락 사무실이다. 현재 조합원 일곱 명 중 직장에 다니는 두 명을 제외한 다섯

23. 신동아아파트는 남구에서 가장 규모가 크고 오래된 단지다. 1차에서 8차까지 4,300여 세대가 살고 있다. 1, 2차 아파트에 입주한 때가 1988년이고 마지막 8차 아파트 입주 시기가 1997년이니, 거의 20~30년이 된 아파트단지다.

사진 8.4 공동주거지역 기반 생활공동체(항아리/맑은사람들) (왼쪽은 항아리 제공)

명이 돌아가며 사무실을 지키며, 주요 업무가 있을 때나 행사를 준비해야 할 때는 모두 나와 일한다.

구매희망물품을 온라인 커뮤니티 댓글로 신청하거나 사무실에 와서 신청하면 매주 목요일에 다락 사무실에서 찾아갈 수 있다. 현금으로만 살 수 있고, 배달도 되지 않지만 주민들이 수고스러움을 마다하지 않는 것은 좋은 물건을 싸게 살 수 있다는 것을 잘 알기 때문이다. 또 누구나 자기가 원하는 물건을 가져와 팔거나 교환할 수 있는 '나눔마당'을 1년에 두 차례 연다.

② 문학골 맑은 사람들

'문학골 맑은 사람들'(이하 맑은사람들)은 문학동에 자리한 '큰나무 도서관'을 중심으로 활동하는 가족모임이다. 문학동 주민 대부분은 다세대, 연립주택에 산다. 2010년 6월에 문을 연 큰나무 도서관은, 2007년에 문학동에 이사 온 목회자 부부가 "늦은 시간에도 놀이터를 배회하는 아이들의 필요를 지역아동센터 하나 없는 동네에서 어떻게 채워 줄 수 있을까"[24]를 고민하며 세운 사설도서관으로, 현재 지역의 작은 교회 두 곳이 함께 운영하고 있다.

사설도서관으로 인가받으려면 15평 미만 장소에 책이 1,000권 이상 있어야 하고, 운영시간이 일정해야 한다. 이 기준에 맞추기 위해 식당으로 쓰던 곳을 빌

24. 공인희 맑은사람들 회원. 인터뷰 일자: 2016. 6. 23.

리고 여기저기에서 책을 끌어모아 겨우 문을 열 수 있었다. 운영시간을 지키기 위해 부득이하게 외출할 때는 문을 열어 두어 메모를 남기고 책을 빌려 갈 수 있게 했다. 또 아이들이 도서관에 있을 수 있도록 후원을 받아 악기교실이나 탁구교실 등을 운영했다.

어렵게 운영하던 중에 인천시가 주관한 '2013년도 작은도서관 조성지원 시비 공모'에 선정되어 리모델링을 거쳐 2014년 2월에 새로 문을 열었다.•25 리모델링으로 도서관 환경이 쾌적해지자 많은 주민들이 도서관을 이용하기 시작했고, 도서관 프로그램도 다양해졌다. 2015년 3월에는 아이 교육에 관심 있는 몇몇 가정이 매주 수요일 저녁 도서관에서 만나 교육 영상을 보고 의견을 나누는 '수요 부모 톡톡' 모임도 시작했다. 그러던 중 리모델링 사업으로 관계를 맺었던 남구청의 제안으로 '마을계획'과 연계해 마을에서 함께할 수 있는 일을 논의하는 모임을 올해 초부터 지금까지 이어 오고 있다. 이 모임에는 현재 일곱 가정이 참여한다.

'부모와 아이가 함께 성장하는 마을만들기'를 주제로 마을계획 워크숍을 진행하면서 처음 논의했던 안건은 아이들 등하굣길에 인도를 만드는 일이었다. 문학동 주민들이 가장 많이 이용하는 편도 1차선 도로에 인도가 없기 때문이다. 주민들의 뜻을 다 모을 수는 없어 실행하지 못했지만, 논의 과정 자체가 한편으로는 주민자치센터 및 남구청과 다른 한편으로는 동네주민들과 대화하는 계기가 되었다. 실행에 옮긴 일은 도서관 건물옥상에 텃밭과 화단을 만든 것이다. 행정자치부 '지역공동체활성화사업'에 선정된 것을 계기로 맑은사람들에 모인 부모와 아이들이 목공수업을 받아 직접 옥상방수공사를 하고 정원에 필요한 탁자와 화단을 만들었다.•26 작년과 올해 4월에는 도서관 옆 주차장에서 누구나 쓰지 않는 물건을 가져와 교환하거나 사고파는 벼룩시장을 주최하기도 했다. 통두레 모임에서 아이들이 연극을 배워 1년에 한 번 열리는 주안미디어축제에서 공연하기도 했다. 이런 활동들을 함께 하면서 맑은사람들은 동네에서 아이들을

25. 박주영. "남구 큰나무 도서관 리모델링 개관." 미디어인천신문. 2014년 2월 19일자.
26. 곽안나. "함께하는 인천 마을공동체 탐방: 문학골 맑은 사람들." 인천일보. 2016년 4월 11일자.

함께 키우고 있다.

3. 조직 단위에서 본 지속가능성

지금까지 살펴본 사회적경제 조직 사례 네 곳과 마을공동체 사례 네 곳은 활동 주체와 계기가 다르고, 따라서 운영방식과 활동수준도 다르다. 그럼에도 이들은, I 절에서 밝힌 것처럼, 지역문제를 지역자원을 이용해 주도적으로 해결하려 한다는 점에서 크게 다르지 않다. 특히 숭의목공예거리 주변지역을 활성화하겠다는 맥락에서 결성된 목공예협동조합이나 우각마을 활동의 일환으로 설립된 예비사회적기업 창작공작소, 항아리 활동의 매개체인 다락 사례에서 확인할 수 있듯이 마을만들기 활동과 사회적경제 조직 활동이 만나기도 한다.

그러나 이들 사례 모두 직간접적으로 중앙·광역정부나 구정부의 지원을 받아 왔다는 점에서 지원이 종료되어도 지속가능할지에 대해 고민이 필요한 것도 사실이다. 사회적경제 조직이나 마을공동체의 지속가능성을 탐구하는 논의가 공통되게 강조하는 것은 경제성과 사회성의 조화다(Laidlaw 2000[1980]; 김정원 2009; 한신갑 2016). 이 점에 주목해 앞서 소개한 사례들을 평가해 보고자 한다.

1) 사회적경제 조직

사회적경제 조직 네 곳은 주식회사나 협동조합을 설립하기 이전부터 다른 형태로 지역에서 활동하고 있었다. 다사랑보육은 지역시민단체가 위탁 운영한 사회적일자리사업이 사회적기업으로 전환한 경우이고, 희망나눔터는 통장자율회에서 활동했던 기업인이 주민자치센터 제안으로 마을기업을 설립한 경우다. 구청 역점사업에 따라 설립이 유도된 측면이 있지만 목공예협동조합 역시 오랫동안 영업해 왔던 목공예인들이 있었기에 가능했다. 여성영화사협은 2005년부터 활동한 지역여성단체에 뿌리를 두고 있다. 이런 의미에서 이들 모두는 나름의 지역기반을 갖추고 있다.

그럼에도 경제성과 사회성의 조화 측면에서 조직형태에 따라 강조하는 바는 조금 달랐다. 다사랑보육이나 희망나눔터 대표는 상대적으로 경제성을 강조했다. 물론 비용 대비 산출의 의미는 아니다. 최소한의 시장경쟁력을 갖출 수 있는 서비스나 제품을 개발해야 하고, 이를 위해 시장 논리와 방식을 철저히 공부해야 한다는 의미에서였다. 그들은 사회적 가치를 강조하는 것만으로는 시장에서 살아남을 수 없다는 점을 강조했다. 시장에서 신뢰를 얻는 토대는 서비스나 제품의 질이지 사회적 가치 그 자체는 아니라는 것이다. 이들 업체의 일차 목적은 취약계층 고용이지만, 그런 사회성은 기업이 '시장'에 자리를 잡을 때에 실현 가능한 것이다.[27]

> "저도 많이 받은 비판이 뭐냐면, 저임금체계를 네가 고착화시키는 게 아니냐. 그렇다면, 최대한 안 그러려고 노력하고, 그렇다고 이 사람들이 다른 데 좋은 일자리는 갈 수 있고 그건 아니라는 거죠. 제가 할 수 있는 한 최대한 이분들의 일자리를 만들어 주는 것, 그걸 위해 마케팅하고 시장개발하고 일하시는 분들 계속 교육하고 해서 보다 나은 일자리를 만드는 게 제 역할이라고 생각해요. 그게 덜 비겁하지 않은가." – 심옥빈 다사랑보육 대표

> "저는 개인적으로 한 기업으로서의 가치를 중요하게 생각하기 때문에 마을기업으로 살아남는 것보다 현실적으로 어렵지만 기업으로 살아남아야겠다. 그래서 노력하고 있죠. 노력하지 않으면 도태될 수밖에 없어요. 어차피 사회적경제라는 것이 자원봉사가 아닌 이상 일반 기업하고 경쟁해야 한다는 거야. 판매가 되어야 확장하는 거지. 우선구매 이런 게 있다지만 그것도 한계가 있는 거예요. 계속 구매해 줄 수는 없는 거예요." – 김창기 희망나눔터 대표

두 업체는 어느 정도 시장에 자리 잡았다. 가장 큰 요인은, 두 대표의 말에서

---

27. 물론 이 두 업체의 사회적 가치가 취약계층 고용에 있는 것만은 아니다. 다사랑보육은 근처 임대아파트단지 어린이 공부방 두 곳을 운영하며, 저소득층 가정에 보육서비스를 지원하는 자원봉사활동도 한다. 희망나눔터도 수익 일부를 취약계층에게 후원한다. 더불어 다사랑보육 대표나 희망나눔터 대표 모두 각각 인천사회적기업협의회 부회장과 남구마을기업협의회 회장을 맡아 사회적경제 조직 설립에 관심 있는 사람들을 교육하거나 사회적경제 조직을 운영하는 사람들에게 조언해 주고 있다. 그럼에도 이런 활동은 업체 활동과 직접 연결되어 있지 않다는 점에서 주된 것은 아니다.

드러나듯이, 대표의 노력과 역량이다. 구청 공무원이나 중간지원조직 실무자 등 사회적기업 활동을 옆에서 지켜본 사람들이 공통적으로 했던 말도 "대표의 마인드가 중요하다."였다. 여기서 '마인드'란 막연히 사회에 기여하고 싶다거나 돈을 좀 벌어보겠다는 안일한 인식과는 거리를 두고 헌신하는 '사회적기업가 리더십'을 뜻한다. 이런 인식은 이들을 비롯한 사회적기업 상당수가 상대적으로 조직 내 신뢰보다 조직 외 신뢰, 즉 시장에서의 신뢰를 중시하는 주식회사 틀을 갖추고 있는 것과도 관련 있어 보인다. 이 점에서 두 사례는, 대부분 '일자리제공형'에 속하고 그중 상당수가 주식회사인 사회적기업(김정인 2014)에게 하나의 지속가능모델을 제시한다. 그러나 대표의 헌신을 지나치게 강조할 경우 조직 수준에서 사회적기업의 지속가능 조건을 찾는 데에는 시사하는 바가 제한적이지 않을까라는 의문이 드는 것도 사실이다. 다른 한편으로는 이들 업체가 대상으로 삼는 '시장'이 얼마나 지역과 연계될 수 있는지, 그래서 이들의 활동이 취약계층 고용 이상의 사회적 가치로까지 확장될 수 있는지에 대해서도 좀 더 고민이 필요할 것으로 보인다.

협동조합 형태로 사회적경제 조직을 설립한 경우는 맥락이 다르다. 대표가 누구를 고용하는 것이 아니라 뜻과 이해가 맞는 사람들이 동등한 조합원 자격으로 무언가를 함께 하는 체제이기 때문이다. 목공예협동조합은 인천제과점협동조합이나 시장상인협동조합 등 남구의 다른 사업자협동조합과 같이 소상공인들이 서로 협력해 시장 경쟁력을 키워보자는 취지로 설립했다. 여성영화사협은 지역에서 활동하던 여성주의 활동가들이 "영화를 통해 서로 다른 생각과 경험을 나누고, 나와 이웃의 관계를 성찰해 보자."라는 취지로 설립했다. 전자는 경제적 이해관계 공유에, 후자는 사회적 가치 공유에 기초해 설립되었다고 볼 수 있다. 이런 점에서 목공예협동조합의 경우 사회성이 '취약계층 고용'과 같이 뚜렷한 형태로 드러나지 않는다. 그렇기에 사회성을 찾는 데에 더 많은 시간과 노력이 필요할 것으로 보인다. 반대로 여성영화사협은 공유하는 사회적 가치는 뚜렷하지만, 그 가치를 지속적으로 추구할 수 있는 경제적 토대를 마련하는 데에는 더 많은 고민이 필요할 것으로 보인다.

"초반에는 봉사나 협동이라는 개념이 좀 낯설고 사치스러운 거예요. 아침에 와서 가게 열기 바쁘지 마을공동체니 뭐 이런 것들로 모여서 같이 대화하고 이런 게 쉽지 않은 거죠. 빨리 장사하고 빨리 들어가고 아침에 일찍 나와서 손님 확보하고 이런 게 주니까. 거기에 대고 가게 비우고 봉사하라고 하면 쉬운 일이 아닌 거고. 그러니까 시간 비워서 회의하는 게 만만치 않은 거예요. 토론하면 답 안 나오는 얘기들 많잖아요. 특히나 목공은 직접 아웃풋이 있는 작업 아니에요. 그런데 뭐가 옳다 그르다 하는 얘기를 하니까 "아 머리아파," "아 나 바빠, 나 먼저 갈게." 이렇게 되는 거라고. 그러니까 인제 시간이 필요한 거야." – 박승화 목공예협동조합 이사장

"사회적협동조합으로 전환하면서 거듭된 토론을 통해 상근자들은 스스로의 정체성을 정했어요. '페미니스트 지역 미디어 활동가'라고요. 쉽지 않죠. 생소하기도 하고. 정서적으로 받아들이는 데 아직 두려워하는 상근자도 있지만, 지향은 분명히 결정했습니다." – 최주영 여성영화사협 대표•28

그 과정에서 중요한 것은 구성원끼리의 소통과 협력이라는 협동조합 특유의 조직 원리를 얼마나 잘 유지하느냐가 될 것이다. 나아가 조합원끼리의 관계를 넘어 지역주민들과는 어떤 식으로 관계를 맺을 수 있을지에 대해서도 더 고민해야 할 것으로 보인다.

2) 마을공동체

비교적 분명한 목표가 있는 공식 조직으로 전개되는 사회적경제 조직 활동에 비해 마을공동체 활동은 목표도, 주체도 덜 분명하다. 이런 점에서 사람들의 참여를 이끌어 내는 것 자체가 더 어렵고, 활동 과정에서도 다양한 사람들의 이해와 생각을 조율하는 문제가 더 중요해진다. 남구에서 확인한 마을공동체 활동은 크게 두 갈래로 나뉜다. 하나는 새로운 사람들의 유입을 유도해 쇠락한 거주

---

28. 김영숙. "해외영화제로 확대? 오히려 지역에 집중해야죠: 최주영 인천여성영화제 집행위원장 인터뷰." 오마이뉴스. 2014년 7월 9일자.

환경을 개선하고 관계의 씨앗을 심으려는 노력이고, 다른 하나는 공동주거지역을 기반으로 자녀교육에 대한 공통의 관심으로 맺은 소규모 관계망을 다양한 활동을 매개로 마을관계망으로 확장하려는 노력이다.

우각마을과 호미마을 사례에서 예술인과 공무원 등 이른바 외부인이 활동을 주도했던 것은 그만큼 이들 지역이 쇠락한 곳이었기 때문이다. 떠날 사람은 이미 떠나고, 노년층이나 저소득층 등 사회경제적 지위가 낮은 사람들만 남았다. 집들 상당수는 재개발 이익을 기대하는 외지인들에 팔려 빈집이 되었다. 우각마을에서처럼 이런 상황에서 빈집에 예술인이 들어가 살면서 마을에 활력을 불러일으킨다는 구상은 매력적이었다. 예술인들에게는 적은 임대료로 생활, 작업공간을 마련할 수 있고 한 동네에서 다른 예술가들과 어울리고 함께 작업할 수 있다는 점이 매력이었다. 일부 주민은 반대했지만 마을 입장에서도 사람이 들어와 빈집이 없어진다는 것이 마냥 나쁜 일은 아니었을 것이다. 호미마을의 경우에는 외부인들이 입주해 활동한 것은 아니었다. 그러나 이곳 역시 마을주민보다는 주민자치센터나 지역사회가 더 주도적인 역할을 했다.

주거환경개선 활동의 결과는 매우 가시적이었다. 버려지다시피 한 집과 골목이 정비되고, 벽화가 그려졌으며, 공동공간이 세워졌다. 마을분위기도 한결 깔끔해졌다. 눈에 보이는 결과는 외부의 주목을 끌었다. 두 마을은 인천뿐만 아니라 전국에서도 우수사례로 알려져 상당한 반향을 일으켰다. 정부가 주관한 자치단체 사례발표회에서 여러 차례 수상했으며, 여러 지자체 공무원과 주민이 다녀갔다.

그러나 마을공동체 활동의 지속성 면에서는 두 사례 모두 과제를 남긴 것으로 보인다. 우각마을은 주민과 예술인이 연결되지 못했다. 재개발조합은 이들의 활동으로 재개발이 중단될 것을 우려했고, 꼭 그렇게 생각하지는 않았던 주민들도 예술가들과 엮일 고리를 찾지 못했다. 결국 현재는 활동이 잠정적으로 중단된 상태다. 조영숙 전 우각마을 대표는 당시 활동을 회고하면서 예술인과 그곳에 살던 주민이 서로 서툴렀다는 점을 아쉬워했다.

"지역주민이 할 수 있는 건 한정되어 있어요. 그래서 예술인들이 거기에 거점을 두고 계속 활동하게끔 만들어줘야 되는데 지역주민들은 예술인들하고 사실 잘 섞이지 못하잖아요. 섞이려면 오랜 시간이 걸리잖아요. 그러니까 지역주민과 예술인들이 가까워질 수 있는 공간과 계기를 만들고, 그 다음에 우리가 재밌게 살려면 어떻게 하면 좋을지 지역주민들 스스로 얘기하고 찾고 활동할 수 있는 체제를 만드는 게 제일 중요한 것 같아요. 우리 예술인들은 예술 활동만 해 왔지 지역주민하고 소통하는 건 사실 안 해봤거든요. 그러니까 지역주민하고 예술가하고 따로따로 노는데, 이 따로따로가 같이 섞여 놀려면 어떻게 해야 되는지, … 많이 서툴렀던 것이 사실이예요."

– 조영숙 우각마을 전 대표

호미마을의 경우 외부인이 들어와 살면서 활동하지는 않았지만, 그렇다고 마을주민들이 적극적으로 활동했던 것은 아니다. 지원사업의 틀에 마을 활동이 맞춰지면서 예술인이나 공무원, 강연자, 자원봉사자 등 외부인들의 역할 비중이 컸다. 그렇다고 대부분이 노년층인 주민들에게 적극적인 참여를 기대하는 것도 무리일 수 있다. 주변이 아파트 단지로 둘러싸여 쇠락함이 더 두드러지는 마을에 앞으로 새로운 사람들이 들어올 것이라고 기대하기도 어렵다. 이런 의미에서 주민들이 언제까지 모일 수 있을지, 모인다면 어떤 활동을 할 수 있을지가 여전히 불투명하다.

활동을 주도하는 사람이 누구인가는 활동자원의 출처가 어디인가와도 연결된다. 두 사례 모두 주된 자원은 마을 외부로부터 왔다. 우각마을은 문화관광부 생활문화공동체사업 지원금이 주된 자원이었다. 성과가 알려지면서 인천시와 남구청의 지원도 이어졌다. 그러나 어떤 마을을 어떤 식으로 만들어갈지 충분히 논의하지 못한 상황에서 외부자원이 들어오자 예술인들과 주민, 지원기관 간에 마을활동 방향과 방식을 두고 긴장이 드러났다.

"사람이 없어서 생긴 문제니까 사람을 들이자 해가지고, 예술인들이 막 고치고 거기다 마을도서관 만들고 사랑방 만들고 문화교실 만들고, 직접 와서 거주하시는 분도 있고, 마을이 생기를 되찾기 시작했어요. 근데 좋았던 시기가 그리 길지 않았어요. 그때만 하더라도 저를 비롯해서 참여자들의 공동체에 대한 이해가 낮았어요. 그러다보니까 사업과 성과 위주로 진행된 거죠. 그 과정에서 주민들은 사업 수혜자로만 인식 됐었죠. 우각로 전체가 뿌리가 얕은 식물이 돼버린 거죠. 뿌리 얕은 상태로 위로 막 자라고 이게 사회적기업으로까지 연결되고 수익사업이 진행되고 지원이 들어오고 이러다보니까 내부에서 갈등이 일어나고 작은 바람에도 무너지더라고요." – 이창훤 남구청 지혜로운시민실 마을만들기지원팀 실무관

"단체가 결성돼서 움직이려면 자립심이 있어야 되거든요. 근데 자립심이 키워지기도 전에 어디서 뭘 해 주겠다, 뭘 해 주겠다, 계속 이런 식으로 얘기가 들어오는 거예요. 그래서, 하지 말아라, 여기가 스스로 자립하려면 시간도 많이 걸리고, (우리가) 원해서 뭐가 필요하니 해 주세요 할 때, 그때 해줘라, 그랬거든요. 그러고 나서 발을 뗐는데 사람들이 그런 걸 잘 모르니까, 어디서 도와주겠다 그러면 받고, 이렇게 된 거야. 체제를 만들어놓고 운영해야 되는데 받아 놓고 운영하려니 그게 안 되죠, 당연히." – 조영숙 우각마을 전 대표

호미마을도 행정자치부 지역공동체활성화사업과 인천시 원도심디자인활성화사업, 남구청 마을계획 등을 통한 지원금에 의존해 활동을 전개했다. 물론 우각마을보다는 활동성원이 동질적이어서 긴장이 표면화되지는 않았지만, 지원이 끝난 뒤에도 과연 자체자원을 마련해 활동해 나갈 수 있을지는 미지수다.

"저희도 그 부분에 대해서는 고민이 상당히 많아요. 호미마을 경우는 한 사이클이 마무리되는 과정에 있어요. … 마을은 공동체성을 회복하고 있었지만 소비적 마을활동이 주를 이루고 있었어요. 물론 자발적인 활동이 바탕이 되긴 했지만 주 활동은 예산투입을 통한 환경개선과 마을아카데미 운영이었어요. 이런 활동은 필연적으로 예산 지원이 수반되는데 평균 70대에 저소득층 어르신들이 스스로 돈을 내서 진행할 수 있는 상황은 아니라는 거죠. 그럼 지속적인 활동 동력을 어떻게 마련하느냐가 문제였죠. 지원이 끊기면 옛날로 돌아갈 수밖에 없는 마을인데, 그동안 모임을 통해서 상당 부분 공동체성이 회복됐지만 2차 마을계획이 끝나면 모임이 존속되기 힘들어진 거죠. 그래서 주민들과 협의해서 능력범위 내에서 선정한

게 부업센터에요. 경제적으로 어려운 노년층에게 일정부분 도움이 될 뿐더러 지속적인 만남의 장이 되고 마을기금으로까지 발전될 여지가 있다고 봤거든요."

– 이창훤 남구청 지혜로운시민실 마을만들기지원팀 실무관

결국 두 사례는 "내부자원과 외부자원이 적절하게 균형을 이뤄야 한다."(Mattessich 2015[1997]: 83)는 마을만들기 원칙이 쇠락한 환경에서는 지켜지기 쉽지 않다는 것을 시사한다. 내부자원을 모으기 어렵다는 점이 주된 이유겠지만, 극적인 변화를 제시해 상대적으로 외부자원을 얻기 쉽다는 점도 한 가지 이유다. 낡은 주거환경을 개선하는 활동은 결과가 분명하고 눈에 쉽게 들어오기 때문이다. 이런 점에서 내부–외부자원의 불균형을 어떻게 조정할지가 중요한 문제이다.

남구청은 현재도 매입한 빈집이나 빈 가게를 거주 공간이자 작품 활동 공간으로 예술인들에게 제공하는 식으로 마을 살리기 노력을 하고 있다. 일례로 우각마을에서 얼마 떨어져 있지 않은 숭의평화시장 내에 지상 4층 규모의 낡은 건물 여섯 채를 매입해 문화예술 창작공간이자 체험공간으로 만들려는 사업을 추진하고 있다.[•29] 예술인이나 문화기획자를 입주시켜 시장과 주변 거리를 활성화하려는 취지에서다. 빈집을 젊은 예술가들에게 거주 및 창작 공간으로 제공하는 '레지던스사업'의 일환으로 구청이 매입한 빌라에 2014년 3월부터 예술인 열한명이 입주해 창작활동을 하고 있는 '그린빌라'나 2014년 11월에 근처 슈퍼마켓 공간을 매입해 지역주민을 위한 문화예술공간으로 만든 '수봉다방'도 비슷한 사례다.[•30] 물론 이들 활동은 우각마을이나 호미마을과는 맥락이 다르지만 쇠락한 마을에 예술인들이 들어가서 마을을 살린다는 기본 구상은 유사하다. 이런 사업으로 들어온 예술가들은 경우에 따라서는 지역과의 연계가 더 약할 수 있다. 또 자원의 상당 부분이 외부에서 온다는 점에서도 비슷하다. 그런 점에서 이들 활동도 앞의 두 사례가 보여 준 한계에 부딪힐 가능성이 있다.

---

29. 인천in. "'숭의평화시장 창작공간' 문 열다: 재래시장에서 문화장터로 '재생' 꿈꿔." 2015년 8월 23일자.
30. 차준호. ""커피한잔 드시면 미술은 덤입니다.": 인천 남구 숭의동 수봉다방의 특별한 메뉴." 동아일보. 2014년 12월 2일자.

반면 항아리와 맑은사람들은 앞 두 사례만큼 주목받지 않았지만 지속가능성 면에서 주목할 만하다. 앞 사례들이 전형적인 구도심 환경에서 진행된 활동이라면, 두 사례는 상대적으로 중산층이 거주하는 공동주거단지를 배경으로 한 활동이다. 특히 자녀교육이라는 이슈를 공유했던 엄마들이 소규모 네트워크를 만들어 활동을 시작했다는 점에서 다르다.

"아이들로 연결된 엄마들이 봉사활동을 통해 정도 생기고 신뢰도 생기면서 자연스럽게 유정란을 시작하면서, 그럼 공동체를 한 번 만들어 보자, 우리 아파트 좋은 마을로 만들어 보자 해서 '밴드'를 결성하게 되었고, 그러다 보니까 '항아리'라는 공동체를 키워 나가고 유지하기 위해서는 사업주체가 있어야 하지 않을까 해서 협동조합 다락을 만들게 되었고, 그러던 차에 마을기업 선정공고가 나서 이게 우리 취지에도 맞는 거니까 지원해 보자 해서 지원까지 받게 된 거구요. … 저희가 사업하려고 만든 게 아니라 필요에 의해서, 마을공동체를 굳건히 다지면서 유지하기 위한 필요에 의해서 협동조합을 만들게 되었고, 초창기에 봉사하면서 만난 조합원들이예요. 그래서 공동체를 만들어 나가기 위해 노력한다는 그런 의미성을 지금도 많이 말씀드리죠. 사업으로만 보면 저희는 제로에요. 직원들 급여도 못주는 상황이기 때문에. 사업으로 안 좋게 보시는 분들은, 저게 무슨 사업이야, 아줌마들이 몇 년 하다가 말겠지, 이렇게 생각하시는 분들도 되게 많았던 것 같아요."

– 성민희 다락 이사장[31]

항아리는 10여 년에 걸친 자원봉사모임으로 관계를 맺고 있던 엄마들이 자연스럽게 활동 폭을 넓혀가는 와중에 조직했다. 맑은사람들도 지역의 작은도서관을 거점으로 자녀교육모임을 갖던 중 구청과 관계를 맺어 마을계획을 세우고 있다. 이처럼 기존의 관계망이 있었기에 이들은 비교적 지원기관과 동등한 지위에서 활동을 기획하고 추진할 수 있었다.

---

31. 인터뷰 일자: 2016. 5. 31.

"도서관에서 꾸준히 엄마들 만나면서 아이들 어떻게 키워야 되냐 이런 고민들 하다가 우리 아이들 같이 키워야 되지 않겠느냐 해서 모인 게 '문학골 맑은사람들'이 됐죠. 그렇게 남구청과 만났던 것 같아요. 마을만들기사업 하시는 분들이, 마을만들기 하면 어떤 사업을 추진해서 마을사람들이 모여서 어떤 걸 하자면 모일 장소도 필요하고 그랬는데, 저희는 자연스럽게 도서관에서 모임을 갖고 있었기 때문에, '아, 도서관을 활용한 마을만들기가 될 수 있겠다', 그렇게 보셨다고 하시더라고요. 저희가 '수요 톡톡'을 1년 가까이 하고 있는 상황에서, '여기는 수요일마다 동네사람들이 모인다네?', 이렇게 이야기가 전해지면서 남구청 마을만들기팀에서 관심을 가지게 된 거죠. '아이들 잘 키워보자'라는 부모모임이니까, 우리 마을이 어떻게 이 과제를 풀어나갈까, 그런 고민이 마을만들기팀하고 공유됐던 거 같아요."

– 공인희 맑은사람들 회원[32]

마을공동체 활동의 성공을 "실제적인 목표 달성이 아니라 지역사회 혹은 다른 주민들에 대한 사회적·심리적 일체감의 강화"(Mattessich 2015[1997]: 20)로 평가한다면, 이 두 사례는 성공적이다. 항아리의 경우 공동체를 키워나가기 위한 사업주체의 필요성을 인식하고 협동조합을 설립했다는 점도 주목할 만하다. 성민희 이사장은 수익성이 없다고 말했지만, 다락의 모든 활동이 마을관계망에 기초해 있어 운영이 매우 안정적이다. 아직은 초기단계에 있어 예단하기 어렵지만, 맑은사람들도 활동 폭을 넓히고 내용을 구체화하는 과정에서 사업주체를 설립할 가능성이 열려있다.

정리하면, 앞 두 사례는 눈에 띄는 성과를 일궜으나 그것이 마을관계망 형성으로는 이어지지 않았다는 점에서 과제를 남겼다. 반면 뒤 두 사례는, 눈에 띄는 성과는 없었지만, 활동과정에서 구성원들이 또 그들과 지역주민들이 사회적으로나 심리적으로 보다 가까워졌다는 점에서 가능성을 보였다. 물론 모든 마을공동체 활동이 이런 식으로 전개될 수는 없다. 앞의 두 사례와 뒤의 두 사례의 차이도 활동 주체의 의지나 역량보다는 환경적 맥락 차이에서 비롯되었다고 봐

32. 인터뷰 일자: 2016. 6. 23.

야 한다. 그럼에도 뒤의 두 사례는 지역주민들이 충분한 시간을 두고 서로의 이해와 가치를 공유하면서 점진적으로 관계를 확장해갈 때 실질적이고도 꾸준한 마을 활동이 가능하다는 점을 보여 준다.

Ⅳ. 사회적경제 로컬 거버넌스

지금까지 사회적경제 활동 사례를 소개하고, 조직 및 단체 단위로 지속가능성의 측면에서 성과와 한계를 검토해 보았다. 그러나 가장 오래된 곳의 활동이 불과 10년 차인 상황에서 사례별로 성공과 실패를 말하는 것은 그리 큰 의미가 없다. 오히려 이들 활동이 전개되는 지역 맥락 전체를 조망하면서 각 활동이 어떻게 연계되는지, 그 과정에서 공무원, 중간지원조직 실무자, 주민 등 다양한 참여자들이 어떤 식으로 관계 맺고 있는지를 살펴보는 것이 사회적경제 활동을 전망할 때 더 유용한 접근법일 수 있다. 이 절에서는 I절에서 소개한 로컬 거버넌스의 시각으로 남구 사회적경제 활동의 지역적 맥락과 주요 행위자들 간 관계를 살펴보고자 한다.

1. 관계 맺기의 문제

구도심이라는 환경이 남구 사회적경제 로컬 거버넌스에 부여한 특징은 행정기관의 역할이 매우 크다는 것이다. 노년층 비중이 높고 시민사회단체 활동이 미약한 보수적 환경에서 사회적경제 활동이 비교적 활발해 보이는 배경을 묻자 많은 사람들이 구청장을 중심으로 한 남구청의 지원을 꼽았다. 이런 평가에 대해 박우섭 남구청장은 이렇게 말했다.

> “사회적경제 지역을 보실 때 그곳 아파트 비율과 평균 연령을 비교해 보는 것도 재밌을 거예요. 고학력 젊은층에서 사회적경제 동력이 나오는지 아니면 조금 삶이 어렵고 서민적인 곳이 토양이 좋은지 검토해 보시는 게 좋아요. 어쨌든 우리 남

구가 사회적경제를 하기에 썩 나쁜 조건은 아닌데 그렇다고 해서 좋은 조건도 아닌 거죠. 시민사회단체나 사회적기업가 마인드가 있는 사람들이 많은가 하는 부분에서는 좋은 조건이 아니고, 일례로 남구만 지역신문이 없어요. 그런데 묘하게 어쨌든 단독주택을 중심으로 이웃 간 정서들, 서로 소통되고 있는 부분들은 있어 나름 토양이 될 수 있겠다는 생각도 들어요. 어쨌든 우리는 고령층, 서민층을 토양으로 해서 할 수밖에 없습니다. 그 점에서 제가 그냥 느끼는 것은 아직은 뭔가 관의 지원이 필요하지 않나 하는 거예요." – 박우섭 남구청장[33]

실제로 남구에서 사회적경제 활동이 가시화된 것은 2010년 7월에 박우섭 구청장이 취임하면서부터다. 그가 취임한 이래 남구는 사회적경제 관련 조례를 제정하고, 담당부서를 신설했으며, 사회적경제지원센터를 만들어 사회적경제 조직 지원체계의 틀을 갖췄다. 사회적경제복합매장 '두레온'[34]이나 '남구형 사회적기업'[35]과 같이 남구만의 지원정책도 만들었다. 다른 한편으로는 평생교육 프로그램이나 도서관 사업 등을 기반으로 통두레 운동이나 마을계획, 학산마을만들기사업 등 단계별 마을공동체 활동 지원체계를 갖추어 주민활동도 적극 장려하고 있다. 이러한 정책적 노력으로 남구에서는 아주 작은 주민모임에서부터 사회적경제 조직, 마을공동체에 이르기까지 주민들이 각 수준별로 교육 및 컨설팅지원, 자금지원, 네트워킹지원을 받을 수 있게 되었다.

그러나 그 역시 처음부터 사회적경제를 구정의 기본방향으로 생각한 것은 아니었다. 2006년에 재개발 공약으로 나선 구청장 선거에서 낙선한 것이 방향 전

33. 인터뷰 일자: 2016. 6. 20.

34. 남구청과 홈플러스가 협약을 맺어 2012년 10월에 홈플러스 인하대점 2층에 마련된 매장에서 사회적경제 조직 제품을 홍보하고 판매한다. 현재 남구 사회적경제 조직을 중심으로 30여 개 업체의 제품이 전시되어 있다. 이곳은 또한 사회적경제 관련 교육 프로그램 장소나 협의회 회의 장소로도 쓰여 사회적경제 조직들의 호응을 얻고 있다. – 연경선 남구사회적경제지원센터 행정지원팀장. 인터뷰 일자: 2016. 6. 23.

35. "남구에서만 통하는 사회적기업이에요. 괜찮은 아이디어가 있으면 센터가 인큐베이팅 하는 거죠. 사회적기업 인증 요건이 꽤 까다로워서 설립도 쉽지 않고 운영도 어렵거든요. 사회적기업이 되려면 법인이어야 하는데, 저희는 개인사업자에게도 문호를 개방했지요. 2011년부터 10개 업체가 선정됐는데 인천형 예비사회적기업보다 평균 4개월 빨리 사회적기업이 됐어요. 지속가능성면에서도 좋은 성과를 보였고요. 그런 점에서 꽤 성공한 정책이었죠." – 김용구 남구사회적경제지원센터장

환을 모색하게 된 계기였다.

"스스로 부끄럽게 생각하는 게 2006년에 제가 구청장 후보였을 때 '남구도시개발공사 사장'으로 캐치프레이즈를 내걸었습니다. 그때 서울에 소위 뉴타운, 인천에도 재개발재건축 광풍이 불었어요. 결국 저도 거기에 얹혀가려고 했던 거예요. 물론 그 전 2002년도에는 문화도시를 주창했지만 구체적인 프로그램은 없었던 거죠. 암튼 2006년도에 떨어지고. … 사회적경제, 평생학습, 마을만들기 이런 부분을 제 나름대로는 공부를 좀 한 거죠. 그러고 2010년도에 구청장이 되고나서 처음으로 사회적경제를 어떤 대안으로, 특히 지방정부차원에서 키워 가야 할 중요한 가치로 생각하고 공약으로도 내세웠고, 2011년부터 '사회적경제 진흥의 해'로 정해서 초기에 드라이브를 건 거죠. 그러니까 낙선하고 좀 쉬면서 '내가 어떤 구청장이었나,' 반성도 하고 '다시 하게 되면 어떻게 해야 하나,' 공부도 하면서 제 나름대로 구상을 세운 거죠." – 박우섭 남구청장

적어도 우리가 만난 사람들은 구청이 제시한 기본 방향에 동의했고, 특히 선도적인 지원정책의 효과에 대해서도 긍정적인 평가를 내렸다. 실제로 Ⅲ절에서 소개한 활동 거의 모두가 남구청의 직간접적인 지원을 배경으로 한다. 그럼에도 몇 가지 아쉬움을 털어놓기도 했다. 사회적경제 조직을 운영하는 입장에서 아쉬운 것은 구청 담당부서나 실무자가 너무 자주 바뀐다는 것이다. 이는 순환보직체계에 따른 문제이기도 하지만, 업무 특성은 종합적인 데 반해 행정조직은 분리되어 있는 구조적인 문제에서 비롯되는 것이다. 일례로 숭의목공예거리 사업은 일자리창출추진단, 문화예술과, 지혜로운시민실, 평생학습관 등이 번갈아 맡았다. 마을공동체 활동을 하는 주민 입장에서 아쉬운 것은 단기성과를 위한 형식적인 지원이다. 준비가 안 되어 있을 때는 정해진 예산이니까 써야 한다고 하고, 정작 지원이 필요할 때에는 규정을 내세워 실질적인 도움을 주지 못한다는 것이다. 다른 한편으로는 자발적 주민활동이 마을만들기 사업과 결합되면서 주민들이 성과에 대한 압력을 느끼게 되는 경우도 있다.

이런 한계를 구청도 어느 정도 인식하고 있었다. 현재는 구청이 나서서 시범

케이스를 만드는 수준이라는 것이다.

> "아직도 저희 일이 탑다운 방식이라고 생각해요. 마을계획을 세울 때에도 구청이나 마을만들기지원센터가 주도해 주민들을 끌어오는 경우가 많고요. 물론 거기에 조응하는 핵심 주민들이 있기 때문에 가능한 거죠. 그런데 거꾸로 주민들이 자생적으로 일어나 요구하는 것을 중간지원조직이 조금씩 지원해 주고 관은 예산이나 정책 차원에서 받쳐줄 때에 제대로 가는 것이라고 봅니다. 지금은 공무원이나 주민이나 다 피곤한 구조죠. (공무원은) 끌어내야 하고, (주민은) 조금 억지로 가야 하고, 약간 성과도 내야 하고. 지금은 모든 게 다 일종의 시범케이스 같은, 하나의 새로운 모델을 만드는, 일상이 아닌 거죠. 그게 조금 더 일반화되고 일상화되고 밑에서부터 올라오는 흐름을 어떻게 만들 것인가 하는 관점을 가지고 우리도 일을 해야죠. 사례 하나가 성공하는 게 중요한 게 아닐 수가 있는 거죠." – 박우섭 남구청장

구청 입장에서는 주민들의 자발성이 아쉬울 때도 있다. 많은 주민이 여전히 개발주의적 방향과는 다른 방식을 낯설어하고, 이해관계가 엮여있으면 반대하기도 한다. 때문에 행정역량을 사회적경제에 모두 쏟을 수는 없다. 지원을 바라고, 지원을 당연하게 생각하고, 때로는 지원제도를 악용하려는 사람들도 있다. 이런 경험이 어쩔 수 없이 주민들을 관리대상으로 보게 만든다.

> "아쉬운 점은 타협할 수밖에 없는 점들이 많습니다. … 행정이 갖는 연 단위 예산 문제나 의회와의 관계도 있지만, 제일 중요한 것이 주민들의 요구죠. 단기적인 이해관계에 굉장히 민감하기 때문에 그런 부분을 잘 설득하는 것이 쉬운 일이 아닙니다. 그래서 주민들의 생각과 가치관이 서로 공유되어서 나름의 바른 방향으로 모이는 것, 이것이 핵심이라고 봐요." – 박우섭 남구청장

다른 한편으로는 주민들이 구청에 대해 갖는 아쉬움을 구청이 중앙정부나 시정부에 대해 갖기도 한다. 중앙·광역정부의 성과주의식, 개발주의식 정책기조가 기초자치단체가 운신할 폭을 좁힌다는 것이다.

"오히려 우리는 중앙정부나 시정부가 자꾸 일을 망가뜨린다고는 하죠. 중앙정부도 마을기업 같은 것을 하고 우리도 그걸 이용하기도 하는데, 조금 더 길게 생각하면 좋을 텐데 하는 것들이 있어요. 3년만 지원하고 끊거나 어디에 쓰라고 규정을 만들어서 중앙정부가 관리하기 좋게 사업들을 하는데, 그러면 우리도 거기에 맞춰야 하는데 현실에서는 참 어렵거든요. 지역에 조금 더 자율권을 줘서 그 돈을 차라리 더 쉽게 쓰도록 하면 좋겠다는 생각도 있어요. 그래도 그건 이쪽 분야를 키워주려고 하면서 나타나는 문제이고, 더 큰 틀에서는 아직도 도시에 대한 중앙정부 생각이나 시책이 자꾸 건물 새로 짓고 시설 짓고 이런 쪽으로 더 많이 가있는 거죠. 건설경기활성화 명목으로 주차장을 덜 짓고도 도시형생활주택을 지을 수 있게 법을 개정해 준다든지."

– 박우섭 남구청장

이런 환경에서 구청은 앞의 한계를 무릅쓰고라도 어느 정도까지는 지금과 같은 "관 주도적인 방식"으로 갈 수밖에 없다고 생각하고 있다. 주민들의 자발성을 '끌어내기' 위해서라도 행정이 더 적극적으로 다가가야 한다고 생각하기 때문이다.

"현재의 보조금사업은 굉장히 행정 중심적이예요. 예산을 행정의 소유물로 인지하고 주민들이 예산을 활용하려면 굉장히 난해한 행정 단계들과 관리감독을 헤쳐나가야해요. 꼭 남의 돈 빌려 쓰는 것 처럼요. 근데 그게 아닌 거죠. 사실 그 마을의 공적 필요를 가장 잘 알고 집행할 사람들은 그곳 주민이예요. 근데 그걸 전담할 만한 능력이 안 되고 그런 연습도 안 되어 있었기 때문에 그동안 행정이 독점해 왔던 것뿐이거든요. 제가 말씀드리고 싶은 건 그런 연습이, 단지 그런 자각이 없었다는 거예요. 그런 점에서 공무원이나 공적 영역을 핸들링하는 사람들이 50이 아니라 85까지 나와 줘야 되거든요. 그러다가 80, 75, 70 물러나는 식으로 주민들이 공적 주체로 성장할 수 있는 기회를 줘야 한다고 생각해요."

– 이창휜 남구청 지혜로운시민실 마을만들기지원팀 실무관

이처럼 아직은 갈 길이 멀지만, 지난 6년간의 경험을 통해 민관협력관계가 조

금씩 틀을 잡아가는 움직임도 확인할 수 있었다. 이 과정에서 가장 중요한 역할을 하는 곳이 남구사회적경제지원센터나 학산마을협력센터와 같은 중간지원조직이다. 즉 행정기관 내 칸막이와 행정기관과 주민 간 칸막이로 서로 분리되어 있는 활동들을 엮어주는 것이다.

> "마을공동체 활동이나 마을기업이 유사해 보여도 제도상으로는 분리되어 있거든요. 그게 구청 내 담당에서도 일부 반영되고 있고요. 그래서 예를 들어 어떤 곳에서 마을만들기를 하는데 마을기업에 한 번 공모해 보는 게 어떨까 이런 식으로 서로 알아보기는 하지만, 기본적으로는 사회적경제지원센터나 마을협력센터 같은 전문조직이 있어서 그런 문제를 종합적으로 논의하고 판단할 수 있는 체제가 되는 것 같아요." – 이신구 남구청 일자리창출추진단 공공일자리팀 실무관[36]

> "남구는 노무관리라든가 어려움을 함께 고민할 수 있는 네트워크가 있는 편이에요. 특히 중간지원조직이 있으니까 소통이 편하고, 어려운 부분이 있어도 공무원이나 우리 쪽이나 다이렉트로 부딪히지 않아도 되고요. 지속적으로 수집한 데이터와 경험치가 있어서 가능한 거죠. 다른 데는 중간지원조직들 난리에요. 1년마다 바뀌고." – 심옥빈 다사랑보육 대표

> "남구사회적경제지원센터가 다른 구에 비해 활동을 많이 하는 편이예요. 기업들 돌아보는 것도 많이 하시고, 현황 파악이나 홍보책자 발간 이런 것도 남구가 제일 빠르거든요. 이런 게 직접적인 혜택은 아니더라도 다른 구에서는 굉장히 부러워해요." – 김창기 희망나눔터 대표

> "협동조합 설립을 준비하면서 평생학습 학산콜 강좌로 남구사회적경제지원센터 협동조합교육을 받게 되었고, 마을기업에 신청하면서도 사전교육을 받았어요. 이후에도 관련 교육이나 회의에 꾸준히 참석하고 있고, 때로는 저희가 강의하기도

36. 인터뷰 일자: 2016. 5. 19.

해요. 그런 것들이 협동조합을 운영하고 마을 활동을 하는 데에 큰 도움이 되었어요."
– 성민희 다락 이사장

남구사회적경제지원센터는 이런 역할을 더욱 강화하려는 취지로 최근에는 개별 사회적경제 조직 지원을 넘어서 사회적경제 생태계 조성에 초점을 맞추고 있다.[37]

"저희도 처음에는 발굴 및 인증지원 같은 수치적인 작업에 포커스를 맞췄어요. 그런데 조직 수를 늘리는 것도 중요하지만 이제는 이 사람들이 자생할 수 있게 서로 연결해 주는 연결고리 역할을 하는 게 저희 센터가 앞으로 해야 할 일이 아닌가. 사회적기업이든 마을기업이든 협동조합이든 무언가 사업을 진행하면 이익이 생겨야 하고 그 이익을 가지고 무언가를 해야 되는데, 우선구매 이런 것도 있지만 궁극적으로는 그들끼리의 협력이 답이 아닌가. 그래서 사회적경제 조직들이 서로 힘이 되고 이를 바탕으로 행정기관과도 더 깊은 수준에서 협력할 수 있도록 네트워크 강화에 포커스를 맞추고 추진하고 있어요."
– 고영주 남구사회적경제지원센터 팀장[38]

이런 시각에서 남구사회적경제지원센터는 사회적경제 생태계 조성 중장기 계획도 세우고 있다. 구체적으로 1~2년 내에 남구 총 고용의 1%(약 1,200명)와 지역내총생산액(GRDP)의 1%(약 530억 원)를 달성하고, 3~4년 내에는 각각 3%를 달성해 지역순환경제체제의 초석을 다지겠다는 내용이다. 이 정도 수준에 도달하면 사회적경제 활동이 연계되어 시너지 효과를 낼 수 있는 생태계가 조

---

37. 중간지원조직의 역할은 광역 수준에서도 살펴볼 필요가 있다. 자치구별로 중간지원조직이 있고, 광역 수준에서도 여러 중간지원조직이 있다는 것을 고려하면 이들 간 연계도 매우 중요하지만 실제로는 협력이 그리 쉽지 않다고 한다. "광역 수준에서 중간지원조직은 대개는 위탁 운영되잖아요. 그런데 광역 수준에서 보면 다들 비슷한 일을 하고 있어서 나름 경쟁 구도가 생겨요. 협업을 하다가 틀어지기도 하고, 위탁 운영 입찰 때 경쟁하기도 하고요. 운영단체들이 서로 지향이 다른 경우도 있고요. 그래서 생각보다 같이 일하는 경우는 많지 않아요." – 전경희 인천사회적경제지원센터장. 인터뷰 일자: 2016. 5. 31.
38. 인터뷰 일자: 2016. 6. 23.

사진 8.5 지난 5월에 열린 남구사회적경제 합동 워크숍 모습: 남구 사회적경제 조직 대표 및 임원과 인천시사회적기업협의회, 남구사회적경제지원센터, 남구청 담당자 등 60여 명이 참여했다.
(인천광역시남구사회적경제지원센터 제공)

성되리라 기대하는 것이다. 학산마을협력센터도 남구의 평생교육 프로그램과 도서관 사업 등과 연계해 주민 관계망을 형성하는 데에 집중하고 있다. 그와 함께 남구 곳곳에서 진행되는 마을계획 워크숍에서 공모를 위한, 공모를 통한 성과내기보다는 꾸준히 즐겁게 할 수 있는 작은 활동을 생각해 보자고 주민들에게 제안하고 있다.

이런 노력에 힘입어 사회적경제 활동과 마을공동체 활동이 연결된다거나 그 과정에서 주민과 행정기관, 중간지원조직이 연결되는 움직임이 가시화되고 있다. 마을이 마을계획을 세우거나 중앙정부, 시정부가 주관하는 공모사업에 신청할 때 마을주민과 지역사회적경제 조직, 중간지원조직, 남구청이 함께 협의하는 경우(남구마을만들기사업 TFT)를 예로 들 수 있다. 2016년 2학기부터 전면 도입되는 중학교 자유학기제에 문화·예술·교육 관련 사회적경제 조직들이 참여할 수 있도록 지역교육청과 구청, 중간지원조직, 사회적경제 조직들이 협의하는 경우(자유학기제 TFT)도 좋은 사례이다(인천광역시남구사회적경제지원센터 2016). 최근에는 중간지원조직을 중심으로 남구청과 사회적경제 조직이 환경개선사업과 같은 공공기관 발주 사업을 함께할 수 있는 방안에 대해서도 고민하고 있다.

주민과 행정기관의 바람직한 관계를 원론적으로 말하기는 쉽다. 주민들은 스스로 나서야 하고, 행정기관은 주민들이 요구할 때에 적절하게 지원해 주되, 스스로 활동을 조직해 나갈 수 있도록 최대한 기다릴 필요가 있다는 것이다. 그러나 앞서 개괄한 현실에서 주민과 행정기관이 실질적으로 어떤 관계를 맺어야 한다고 단정하기는 어려워 보인다. 행정기관, 중간지원조직, 주민들 간 관계에서 각 주체들도 다양한 성격을 가진 하위 주체로 구성되어 있다. 관이 주도한다고 부정적으로 볼 수만도 없다. 문제는 주도 자체가 아니라 주도의 의도와 방식일 것이다. 이런 점에서 어떤 식으로든 사회적경제에 참여한 사람들이 긍정적인 경험을 쌓고, 이들을 매개로 주위 사람들이 새롭게 유입되는 흐름이 형성되는 것이 중요하다.

2. 참여자들의 인식과 전망

사회적경제 활동에는 공무원이나 중간지원조직 실무자, 사회적기업 운영자나 협동조합 조합원, 시민단체나 주민모임 회원 등 여러 사람들이 각기 다른 맥락에서 참여한다.[39] 이런 점에서 사회적경제 활동에 참여하지 않았더라면 서로 만나지 않았을 사람들이 새롭게 연결되고 있고, 그 과정에서 서로에 대한 이해의 폭을 넓히면서 공적활동에 대한 인식을 키우고 있다는 점에 주목할 필요가 있다.

이들은 다양한 동기와 경로로 참여했지만 사회적경제 활동에 크게 두 가지 의미를 부여하고 있었다. 하나는 가치의 실현이고, 다른 하나는 자아의 확장이다. 사회적경제 활동을 하기 전에 노동운동이나 시민운동 등으로 사회적 가치를 실현하려고 했던 사람들은 그 가치를 사회적경제 활동으로 실현하고 있다는 점에서 보람을 찾고 있었다.

39. 박우섭 남구청장이나 김용구 남구사회적경제지원센터장, 심옥빈 다사랑보육 대표나 최주영 여성영화사협 이사장, 조영숙 우각마을 전 대표 등은 시민사회운동을 했던 사람들이다. 전경희 인천사회적경제센터장은 구의원이었고, 호미마을의 유현자 씨는 오랜 기간 통장으로 활동해왔다. 김창기 희망나눔터 대표나 박승화 목공예협동조합 이사장과 같이 개인 사업을 해왔던 경우도 있다. 또 다락 조합원들이나 맑은사람들 회원들과 같이 일반 주민인 사람들도 있다. 담당부서 공무원의 경우 발령을 받아 사회적경제를 처음 접했던 공무원도 있고, 나름의 소신을 갖고 온 공무원도 있다.

"처음에 그렇게 화려한 말이 필요했었나 싶긴 한데요. 그냥 같이 행복했으면 좋겠어요. 저희가 뭐 대단한 사람들이 아니기 때문에 서비스 받는 분들이 만족해하고 일하시는 분들이 조금 더 행복해지고 나아지는 데 제가 뭐라도 하나 기여할 수 있다면 충분하고도 남겠죠. 할 수 있는 게 그다지 있지 않아서."

– 심옥빈 다사랑보육 대표

"사회적경제 조직이 활성화되고, 특히 지역에 어려운 이웃들이 취직한다거나 사회적인 문제를 서로 협력해 해결해내면 기분 좋고 보람 있죠. 옛날에 노동운동 하고 시민운동 하면서 어려운 이웃들을 도왔던 것처럼 보람은 꽤 있어요. 나아가 지역순환경제체제의 초석을 다진다고 생각하면 기분이 좋지요."

– 김용구 남구사회적경제지원센터장

다른 하나는 자아의 확장이다. 자아가 확장된다는 건 새로운 것을 경험하고 역량을 쌓는다는 의미도 있지만 인식의 지평이 넓어진다는 의미가 더 크다. 사회적경제 활동에 참여하면서 다른 사람들에 대한 관심이 커지고 이해가 깊어졌으며, 나아가 공적문제에도 관심을 갖게 되었다는 것이다.

"문화예술 활동은 평생 하는 거잖아요. 그렇지만 이번 경험을 통해 이제는 마을공동체를 알았고 마을공동체에서 어떤 역할을 해야 하는지 명확히 판단했기 때문에, 앞으로는 지역주민이 활동하는 곳에 가서 제가 도와드릴 수 있는 부분을 찾고, 실제로 도와드리는 게 제몫이라고 생각해요. 그렇게 하는 게 맞는 거 같아요."

– 조영숙 우각마을 전 대표

"마음 맞는 사람들끼리 우리끼리 하면 뭐든지 좋고 하는데 사실은 저희 선에서 끝날 게 아니고 같이 이 마을을 만들어 가는 거니까요. (다른 사람들과 함께하면서 느끼는) 미묘한 감정 속에서 내 생각이나 행동을 한 번 더 생각하는 거, 그러면서 뭐랄까 사람이 다듬어지고 성장해간다는 느낌, 사업을 해서 무슨 성과를 보여 주고 그런 게 아니고 그걸 하는 과정에서 끊임없이 배워가는 공부다, 이런 생각이 사

실은 들어요." – 공인희 맑은사람들 회원

"저희 작은 활동 하나가 열 가지가 되고, 열 가지가 스무 가지가 되면서 마을이 활성화된다는 느낌이 들어요. 엄마들 간에 믿음이 있어서 자기 아이를 잠깐 맡길 수 있는 그런 공간 역할을 한다는 것에 대해 조합원 모두가 자부심을 느끼고 있고요. 저희도 많이 컸어요. 옛날에는 사회현상을 그냥 지나쳤다면 요즘에는 주변 이야기를 많이 들으니까, 무슨 문제가 나오면 조금 더 관심 갖게 되고 남구 일에도 조금 더 관심을 갖게 되는 거고. 옛날엔 여기서 무슨 행사를 하든 전혀 모르죠. 우리 애랑 관련 있으면 좀 갈까 그 외적인 일로는 전혀 관심 없던 사람들인데 눈이 넓어진 거죠. 자기 아이만 보다가 옆집애도 보게 되고, 그 시선이 마을 전체로 넓어지고, 그게 또 남구로 넓어진 거고. 이렇게 말씀드릴 수 있을 것 같아요."

– 성민희 다락 이사장

이러한 인식 변화는 주민뿐만 아니라 공무원도 경험하고 있다. 자신이 생각하는 가치와 맞는 일을 한다는 점에서 무척 만족한다고 말하는 이창훤 실무관과 같이 처음부터 관련 활동에 뜻을 갖고 일하고 있는 공무원도 있지만, 대부분은 발령을 받고 처음 사회적경제를 접한다. 주민들과 직접 부딪혀야 하고 적극적으로 나서야 하며 종합적으로 판단해야 할 일을 맡게 되면서 처음에는 대개 낯섦을 느끼고 어려움을 겪지만, 일을 해나가면서 점차 행정–주민관계를 새로운 시각으로 보게 되고 사회적경제에 대한 인식을 키우게 된다.

"공무원이 하는 일이 법정업무가 많고 행정행위가 많은데 일자리창출추진단에서 하는 업무, 특히 마을기업, 사회적기업을 접하는 일은 사실 좀 생소한 거라서 처음에는 부담스러울 때도 있었던 것 같아요. 그런데 이 일 하면서 새로운 것들을 접하고 주민들과도 직접 부딪히면서 인식이 넓어진 게 사실이예요. 물론 직접 부딪히다보니 느끼는 희비들이 조금씩은 있는데, 다른 행정업무로는 해 보지 못했던 것들을 경험하면서 배우고 느끼는 것들이 많이 있는 것 같아요."

– 이신구 남구청 일자리창출추진단 공공일자리팀 실무관

"여기 오기 전까지는 저도 사회적경제라는 말을 몰랐어요. 동장으로 있다가 작년 7월에 와서 아직도 배우고 있어요. 그런데 여기 와서 보니 이 방향이 맞는 것 같다는 생각이 개인적으로도 들더라고요. 일자리라는 것도 예전처럼 기업 유치하고 부동산 개발하고 그런 식으로 만드는 데에는 한계가 있잖아요. 특히 취약계층 일자리를 만드는 건 너무 힘들잖아요. 그래서 어려운 점이 있긴 한데, 그러니까 사회적기업이나 마을기업 활동이 더 중요하다는 생각이 들고, 뿐만 아니라 지역경제라는 면에서도 의미 있는 것 같아요." – 이승숙 남구청 일자리창출추진단장•40

주민들과 공무원들의 이런 경험과 그에 따른 인식 변화는 향후 남구의 사회적경제 로컬 거버넌스가 좀 더 탄탄해지는 데 밑거름이 될 것이다. 물론 참여자들의 인식 변화는 하루아침에 만들어진 것이 아니다. 이들도 그 점을 강조했다. 그런 맥락에서 아직은 여전히 남구의 사회적경제가 매우 미약한 수준에 있고, 앞으로 확장되기도 쉽지 않을 것이라고 전망했다. 그럼에도 이 방향이 옳다는 데에는 모두 동의했고, 그런 점에서 장기적인 시각에서 봐야 한다고 강조했다. 이런 인식은 사회적경제 활동의 현 수준과 전망에 대한 박우섭 남구청장의 평가에 잘 요약되어 있다.

"(사회적경제가) 아직은 부분적인 모델을 만들어 가는 측면이 있어요. 관이 일종의 마중물이 되어서 조금씩 거점을 만들어 놓으면 민간부분이 거기에 조금 더 달라붙어서 뭔가 해결책을 찾기를 바라는 건데 아직은 아주 초기단계로 보여요. 그런데 도시가 쇠퇴하는 데 10~20년이 걸린다고 보면 다시 살아나는 데에도 10년, 20년이 걸린다고 봐야죠. 결국 방향을 그렇게 잡고 사람들이 조금씩 성공사례를 만들어 내면 다른 사람들도 거기에 오고 그렇게 해서 바뀌어가는 거겠죠. 물론 그러려면 큰 사회적 흐름도 바뀌어야 하고 중앙정부의 관점이나 시책도 바뀌어야 하고요." – 박우섭 남구청장

40. 인터뷰 일자: 2016. 5. 19.

V. 결론: 사회적경제를 지역 단위로 볼 필요성

남구에서 사회적경제 활동은 구도심 환경에서 비롯된 지역현안을 지역의 다양한 행위자들이 협력해 풀어가는 수단이자 목표로 인식되고 있다. 구도심 환경은 취약계층의 고용과 상권 활성화, 거주 및 생활환경 개선의 필요성을 낳는다. 그에 따라 사회적경제 활동도 취약계층의 자활 및 고용을 돕는 매개체이자 지역 소상공인들이나 문화예술인들이 협력하는 매개체로 사회적기업이나 협동조합을 설립하는 흐름(사회적경제 조직 활동)과 거주환경, 먹거리, 교육 등 공통의 생활문제를 주민 스스로 풀어보고자 마을관계망을 구축하는 흐름(마을공동체 활동)으로 나눌 수 있다.

사회적경제 조직 활동은 조직 성격이 주식회사인지 협동조합인지에 따라 경제성과 사회성을 조화시키는 방법론이 다르다. 주식회사형 조직인 다사랑보육이나 희망나눔터는 취약계층 고용을 목표로 하고, 이를 위해 대표 개인의 헌신과 시장 경쟁력을 강조했다. 그러나 지역 관계망과 어떤 식으로 결합할지에 대해서는 좀 더 고민이 필요해 보였다. 목공예협동조합이나 여성영화사협과 같이 이해나 가치를 공유하는 성원들이 설립한 협동조합형 조직은 주식회사형에 비해 경제성도, 사회성도 덜 또렷해 보였다. 그럼에도 대표 개인의 의지나 역량보다는 조합원 전체의 소통과 협력을 강조한다는 점에서 지역사회와의 연계 가능성을 엿볼 수 있었다.

마을공동체 활동은 활동 주체와 자원 측면에서 두 흐름으로 나눌 수 있다. 우각마을이나 호미마을과 같이 환경개선활동이 주가 되는 곳에서는 가시적인 성과를 내기는 비교적 수월하나 장기적 관점에서 외부인과 내부인의 관계, 외부자원과 내부자원의 균형 문제를 푸는 것은 쉽지 않다는 점을 확인할 수 있었다. 항아리의 경우 마을관계망이 경제활동을 떠받치고 경제활동을 통해 마을관계망이 단단해지는 선순환 관계가 일정 부분 형성된 것으로 보였다. 맑은사람들도 경우에 따라서는 항아리와 같은 형태로 발전될 가능성이 있어 보였다.

이처럼 활동 사례별로 나름의 평가를 시도했지만 우리가 강조하고 싶은 것은 여기서 소개한 활동 모두 그 자체로는 성공도 실패도 아니라는 점이다. 소개한 사례 중 일부는 언론에 소개되었던 것만큼 활발하게 활동하고 있지 않았다. 반대로 잘 알려져 있지 않지만 나름대로 탄탄한 경험을 쌓고 있는 곳도 있었다. 시작은 좋았지만 지금은 문제가 있는 곳도 있었고, 시작은 어려웠지만 지금은 안정적인 곳도 있었다. 마찬가지로 지금은 문제가 없지만 미래를 밝지 않게 보는 곳도 있었고, 지금은 어려움을 겪고 있지만 미래는 밝게 보는 곳도 있었다. 이런 점에서 "각각의 노드들을 만들어서 그 노드들이 서로 링크되기를 바라는 단계에 있다."라는 이창훤 실무관의 말이나, "단체로서는 실패했다고 볼 수 있을지 모르지만 그 경험이 뿌리가 되어 남구 전역으로 뻗어나가고 있다."라는 조영숙 전 우각마을 대표의 말처럼 각 활동은 시공간적 맥락과 서로와의 관계 속에서 이해될 필요가 있다.

이런 점에서 경제성과 사회성의 조화를 조직 단위가 아닌 지역 단위에서, 구체적으로는 로컬 거버넌스를 통해 구축되어야 할 생태계 측면에서 볼 필요가 있다. 구청과 주민들 모두 장기적인 관점에서 마을과 경제가 연결될 수 있는 방식에 대해 고민하고 있었다. 물론 이를 위해서는 행정기관과 중간지원조직, 사회적경제 활동 조직 및 단체들 간에 풀어야 할 숙제들이 남아 있다. 그러나 남구청 공무원들도, 중간지원조직 실무자들도, 주민들도 때로는 작은 실패를, 때로는 작은 성공을 직간접적으로 경험하면서 성장하고 있다고 말했다. 이들은 어떤 곳의 실패가 다른 곳의 밑거름이 된다는 점을, 오늘의 성공이 내일의 위기가 될 수도 있다는 점을 잘 알고 있었고, 그런 의미에서 종합적이고 장기적인 시각이 필요하다고 강조했다. 이들이 이렇게 평가하는 것은 사회적경제 활동을 사례가 아닌 지역 단위로 생각하고 있기 때문이고, 결과가 아닌 과정으로 생각하고 있기 때문이다.

남구 사례는 두 가지 점에서 의미가 있다. 첫째, 사회적경제를 둘러싼 담론과 쟁점을 평가해 볼 수 있는 경험준거가 된다. 2010년 무렵부터 사회적경제라는 말이 언론이나 학계는 물론이고 중앙 및 지역정부에서도 통용되면서 관련 담론이 급증했지만 상당수는 다분히 규범적이고, 추측성이 강하다. 사회적경제를 둘러싼 제도나 실천 자체가 진화(미우라 히로키·한주희 2013; 김의영·임기홍 2015)하고 있기는 하지만, 사회적경제에 근본적인 의미를 부여하는 것이 큰 원인이다. 한편에서는 사회적경제라는 말에 대안경제체제나 대안사회운동이라는 거창한 의미를 부여한다(오세근 2014). 반대편에서는 사회적경제가 신자유주의의 새로운 위기관리 전략이라는 근본적인 비판(김성윤 2013; 박주형 2013; 서영표 2013)이 제기된다. 문제는 이들 근본 담론을 평가할 경험연구가 많지 않다는 것이다(한신갑 2016). 소수 연구도 대부분은 사회적경제 조직을 성공사례나 모범사례로 소개하는 데 그치고 있다. 문제는 활동 맥락과 과정에 대한 고려 없이 성공과 실패가 특정시점에서 너무 쉽게 규정되고, 그 원인도 구성원 의지나 자치단체 정책으로 단순하게 진단된다는 것이다. 이런 점에서도 지역을 단위로 한 경험연구(예: 정규호 2008; 엄한진·권종희 2014)가 더욱 필요하다.

둘째, 정책적 함의를 끌어 낼 수 있다. 구도심 재생과 취약계층 고용은 거의 모든 지자체가 안고 있는 문제다. 인천으로 보면 중구와 동구, 서구가 비슷한 문제를 안고 있고, 서울을 비롯한 수도권 주요 도시도 비슷한 문제를 안고 있다. 남구는 이 문제를 사회적경제로 풀려는 실험을 선도적으로 하고 있는 곳이다. 따라서 남구가 보여 주는 가능성과 한계는 남구와 비슷한 문제를 다른 방식으로 풀려는 곳과의 비교준거로도, 다른 문제를 남구와 비슷한 방식으로 풀려는 곳과의 비교준거로도 의미 있을 것이다.

민주주의 학습으로서의 사회적경제
: 전북 완주군의 사회적경제 활성화와 주민 의식 변화

윤용빈 · 이경수

Ⅰ. 들어가며

전북 완주는 '대한민국 로컬푸드의 1번지'로 꼽힌다. 전국 각지에서 로컬푸드의 성공사례를 배우려 완주군을 찾는다. 완주군에서는 로컬푸드 정책을 통해 직판장과 직매장 개설 등으로 사업의 성공을 이끈 한편 지속가능성도 보여 준 것으로 평가된다. 생산자들로 조직된 완주로컬푸드협동조합(이하 완주로컬푸드)과 각 마을에서 먹거리 가공을 위해 운영되는 마을기업이 로컬푸드 정책의 핵심이다. 나아가 협동조합과 마을기업, 사회적기업은 완주군 곳곳을 변화시키는 데서도 핵심적인 역할을 하고 있다.

완주군의 로컬푸드는 임정엽 전임 군수의 적극적인 행정을 통해 시작되었다. 그는 로컬푸드 정책 확대를 필두로 농업 및 먹거리에 초점을 둔 지역정책을 추진하는 한편, 커뮤니티비즈니스(현 공동체사업)를 북돋우기 위해 커뮤니티비즈니스센터, 지역경제순환센터 등을 잇달아 만드는 등 정책적 실험을 이어갔다. 이러한 완주 내의 흐름은 외부의 변화에도 흔들리지 않아 2014년 지방선거 이후 군수가 교체되었음에도 불구하고 로컬푸드 관련 지원과 마을기업 등 커뮤니티비즈니스는 흔들림 없이 진행되고 있다. 오히려 완주군청은 20대 총선을 앞두고, 완주군 국회의원 후보자들에게 사회적경제를 필수항목으로 하는 '완주군 미래발전 전략과제'를 요구함으로써, 지속적으로 사회적경제에 관심을 보이는 군의 의지를 밝히기도 했다.

이렇듯 완주군은 협동조합과 마을기업 등 사회적경제 조직에 기반한 지역발전이 성공적으로 뿌리내린 사례이며, 국내를 넘어 국제적 주목을 받기도 했다. 지난 2015년 한 해 일본과 중국, 중남미와 아프리카 등 590여 개 기관, 단체에서 완주를 벤치마킹하기 위해 다녀갔다.[1] 자연히, 완주군의 지역정책과 사회적경제에 대한 많은 연구성과가 축적되어 왔다. 그러나 선행연구 상당수는 완주군청과 중간지원조직에 초점을 맞추고 있다(이수연 2013; 주상현 2014).

---

1. 완주군의 마을기업 도계마을은 2013년 기준 국내외 1,053명이 벤치마킹을 위해서 방문했고, 2015년 3월 18일에는 우간다 지방자치부 인사들이 방문하는 등 주요 벤치마킹 모델이 되었다.

사진 9.1 전주 효자동에 위치한 완주로컬푸드 효자점 전경. 1층은 매장, 2, 3층은 식당과 카페가 들어서 있다.

사진 9.2 완주로컬푸드 모악산 매장 내부. 각 물품마다 생산자 이름을 강조하는 점이 눈에 띈다.

하지만 사회적경제를 관이 중심이 되는 정책으로만 평가할 수는 없다. 사회적경제의 본래 의미는 이윤의 극대화가 최고의 가치인 시장경제와 달리 '사람의 가치를 우위에 두는 경제활동[2]'으로, 그 방점은 '사람'에 찍혀 있다. 이는 국제연합(UN) 차원에서 사회적경제[3]를 연구하는 유엔사회발전연구소(이하 UNRISD) 우팅(Peter Utting) 박사의 생각에서도 드러난다. 그는 사회적경제를 "개인의 경제적 임파워먼트(empowerment, 권한강화)를 넘어서, 정치적 임파워먼트를 추구하며, 나아가 인간의 평등(equality)과 해방(emancipation)을 목적으로 하는 사회적-환경적 접근"(Utting et al. 2013)이라고 말한다. 즉, 사회적경제

2. Global Social Economy Forum 2014(http://www.gsef2014.org)

3. UNRISD를 비롯한 유엔 기관은 사회적경제(social economy) 대신 사회연대경제(social and solidarity economy)라는 용어를 통해 사회적경제의 해방적 의미를 보다 강조한다. 사회적경제, 사회연대경제에 관한 다양한 개념화에 대해서는 ILO. 2011. "Social and Solidarity Economy: Our common road towards Decent Work." 참조.

란 단순히 경제적 차원에 그치는 것이 아니라 "주민 개개인이 경제적, 정치적, 사회적, 환경적인 의식을 갖는 것"을 포함하고 있으며, 주민들의 참여를 고양하여 시스템 자체를 스스로 만들고 수정하는 일련의 거버넌스를 구축하는 것을 내포한다. 우팅은 또한 "사회적경제 시스템과 주민들의 주체적 참여가 고양될 때, 사회적경제의 궁극적인 목표인 인간해방에 다가갈 수 있다."는 점 역시 역설한다.

이 글에서는 사회적경제의 '사람 중심 경제'라는 성격에 주목해 완주군 사회적경제 조직 참여자들의 의식 변화를 중점적으로 살펴본다. 즉, 관의 정책이 가져온 성과를 살펴보는 것을 넘어서, 지역주민들의 입장에서 완주의 성공사례가 가져온 변화를 탐색하고자 하는 것이다. 이는 크게 두 가지 의의를 가질 것으로 기대된다. 첫째, 주민의 입장에서 사회적경제를 분석함으로써 '사람 중심 인본주의'에 방점을 찍은 사회적경제의 본래 의미를 되살리는 데 기여할 수 있다. 둘째, 완주군에 대한 기존 연구가 지역활성화, 민관협력, 거버넌스를 핵심어로 관의 정책 및 제도 설계에 초점을 맞춰 온 것과 차별화된다는 점에서 그 의의를 찾을 수 있을 것이다(주상현 2014: 219-249; 이수연 2013: 149-168; 권홍재 2011).

구체적으로 주민들의 의식 변화를 임파워먼트 측면에서 살펴보고자 한다. 우팅은 "조합원들이 사회적경제에 참여하는 집합행동을 통해 개인적으로는 접근이 불가능했던 경제활동에 참여하는 한편, 결사체를 통해 적극적 시민성을 발휘하고, 논쟁과 주장을 통해 정치적 목소리를 내며 때로는 정치적 의사결정에 참여하게 된다."라고 주장한다. 즉, 이러한 일련의 과정 자체가 주민들의 경제적-정치적 의식을 고양하는 것을 수반하며, 그것이 바로 주민들이 임파워먼트를 경험하게 된다는 것이다. 특히 우팅은 경제적, 정치적 임파워먼트가 상호 강화적이라는 점을 강조해 참여자들이 정치적인 목소리를 내는 과정을 중시한다.[4](Utting et al. 2014).

임파워먼트는 학자들마다 다양하게 정의되나, 공통적으로 ① 과정을 지칭하

4. 이 외에도 우팅은 사회적자본 창출, 참여적 거버넌스, 연대성과 윤리성 증진 등이 이와 연관된 혜택으로 설명되지만, 이 글에서는 임파워먼트 부분에만 초점을 맞춘다.

며 ② 지역사회(공동체, communities)에서 발생하고 ③ 적극적 참여를 포함하고 ④ 비판적 숙고와 인식, 이해 ⑤ 주요 의사결정에의 접근과 통제를 의미한다(Calvés 2009).[5] 즉, 지역사회 내 적극적 참여를 통해 통해 숙고된 결정을 내리는 일련의 과정을 뜻하는 것이다. 사회적경제 조직 참여자에게 이 개념을 적용한다면, 참여자들이 자신의 행동의 영향을 알고, 의견을 적극적으로 개진함으로써 자신과 지역사회를 발전시키고 그 변화 속에서 지속적인 행동의 동기를 찾게 되는 과정을 설명하고자 한다. 특히 임파워먼트가 '아래로부터의 행동'을 포함하며, 이 때문에 저항과 해방의 동력이 될 수 있다는 점에서 참여자들이 기존 제도와 장애물을 극복할 수 있음에도 주목한다. 나아가 임파워먼트적 접근에서 민주주의는 자신의 삶을 관리(governing)하는 데 있어서 선택지를 제공하고, 공적 생활을 만들어 가는 데 있어 의견을 제시하고 투표하는 권리를 의미한다(Alexander and Welzel 2011). 이 글에서는 사회적경제 활동과 임파워먼트의 상관관계를 살피고, 추가적으로 사회적경제 활동이 민주주의에 미치는 함의를 도출하고자 한다.

Ⅱ. 완주군 사회적경제와 지속가능한 농촌

전북 완주가 '로컬푸드의 1번지'로 거듭나게 된 것은 채 10년이 되지 않은 기간 동안의 일이다. 이는 2008년 임정엽 전 구청장이 민선 5기 군수로 부임하면서 추진한 농업정책, '약속 프로젝트 5개년 계획'에서 시작되었다. 군비 500억 원을 투입해 생산·유통·경영·복지 혁신, 활력 증진에 힘써 왔고, 특히 '월급 받는 농민'을 만든다는 목표하에 실시된 로컬푸드 정책과 마을회사 100개 만들기

---

5. 넓은 의미에서 임파워먼트는 개인과 집단이 자신의 웰빙을 보장하기 위해 행동할 능력, 자신과 관계된 의사결정에 참여할 권리를 의미한다. 임파워먼트는 프레이리의 비판교육학, 페미니스트 및 급진주의 비판의 영향 등을 받아 1990년대부터는 국제기구 등에서 개발·발전을 논하는 데서 폭넓게 수용되었다. Calvès. 2009. Empowerment: The History of a Key Concept in Contemporary Discourse, http://www.cairn-int.info/article-E_RTM_200_0735--empowerment-the-history-of-a-key-concept.htm.

그림 9.1 전북 완주군 행정구역 지도

를 목표로 커뮤니티비즈니스(마을기업, 영농기업 등) 사업에 힘을 기울였다(전북발전연구원·전라북도마을만들기협력센터 2015).

현재의 성공은 완주군청의 구체적 정책 설계와 뒷받침, 민간의 적극적인 참여 속에서 결실을 맺었다. 완주군은 로컬푸드 인증절차를 마련해 소비자들이 믿고 구매할 수 있는 시스템을 만들었다. 2013년 7월 말 114개 생산공동체, 총 1,500 농가가 로컬푸드 생산에 참여하는 것으로 나타났다. 완주군에 100개가 넘는 마을회사에서 농민들이 지역 농산물로 가공식품을 만들어 판매하고 농가 레스토랑을 운영해 건강한 밥상을 선보인다. 실제 로컬푸드를 구매하는 소비자는 효자, 모악, 하가, 삼천 4개 매장별로 상이하지만 일 평균 500~1,000여 명으로 전체 3,000명 정도다.[6] 생산된 식품이 지역에서 소비되고, 지역으로 사람들을 끌어모으는 선순환이 그려진 셈이다.

1. 완주군청의 로컬푸드 실험

완주군이 로컬푸드 시스템 구축을 핵심으로 하는 농업정책을 마련하면서 시

---

6. 가장 먼저 생긴 로컬푸드 직매장은 용진매장으로 용진농협이 운영을 담당한다. 로컬푸드는 임대료 등에서 완주군청의 지원을 받아 완주 2곳, 전주 2곳에 자체 투자한 직매장을 운영한다.

작부터 초점을 맞춘 것은 소농·가족농과 고령농 문제였다. 완주군 전체 9,700여 농가 중 1ha 미만이 72.8%를 차지하고, 그중 65세 이상 고령농이 36.5%였다. 고령농 중 68%는 대부분 자가소비를 목적으로 농사를 짓는 상태였다. '지속가능한 지역농업 유지'를 위해 완주군청은 이들의 작물생산 시스템을 다품목 소량생산으로 새로 조직하고, 유통채널을 확보해서 생산자와 소비자를 연결했다.

로컬푸드 정책은 '월급 150만 원 받는 농부 3,000명 육성'을 목표로 했다. 이를 위해서는 밥상에 필요한 300여 가지 이상의 다양한 품목을 지역 내에서 생산하는 기반을 갖추는 것이 필요했다. 따라서, 매일 밥상에 올라야 하는 두부, 달걀, 콩나물 등을 기본으로 품목을 세분화해 생산계약을 맺어 안정적인 공급망을 확보하는 일부터 시작을 했다. 다른 한편으로 공동체 단위의 공동생산을 장려하고, 부가가치를 생산할 수 있도록 거점농민가공센터를 설치해 원하는 누구나 교육을 마치고, 시설을 이용해 가공식품을 생산, 판매할 수 있도록 했다.

동시에 안정적인 유통망을 발전시키기 위한 완주가정으로 배달되는 농산물 꾸러미를 판매하고, 2008년•[7] 이후 완주군 용진농협을 시작으로 완주와 전주에 각 세 군데 직매장을 개설했다. 직매장은 생산 농민이 수확한 농산물의 가격을 직접 책정하고 포장과 바코드 붙이는 것까지 직접 맡는 방식으로 운영된다. 그리고 상품이 직매장에 진열되면 소비자들이 이를 구매하고, 매주 농민에게 판매금액이 부여되는 방식이다. 2016년 2월 현재 매장별로 차이는 있으나 300~400여 농가가 출하하고 있으며, 일 평균 매출액은 2,000만 원을 넘는다. 2014년 생산농가 1,500명 중 1,040명이 조합원으로 전환하면서 설립된 로컬푸드가 현재 직매장 운영을 맡고 있고, 200억 원이 넘는 매출액을 올리고 있다. 유통단계를 줄여 농민에게 돌아가는 몫이 90%인 상태라 매출의 대부분은 완주의 농민들에게 되돌아간다. 텃밭에서 작물을 키워 먹는 데 그치던 소농들은 로컬푸드 덕분에 새로운 소득을 올릴 수 있게 되었고, 매주 정산을 받으며 "로컬에 내니까 용돈이 생기게 된 것"이다. 기존의 시장에서 소외되었던 다수의 소농들이 로컬푸드를 통해 새로운 경제활동의 기회를 부여받은 것이다.

---

7. 자세한 내용은 건강한밥상 꾸러미 홈페이지 참조. http://www.hilocalfood.com/index.do

이와 동시에 추진되었던 것이 마을자원에 기초한 커뮤니티비즈니스 사업이다. 김연주 사회적경제팀장은 "사회적경제의 가장 밑바탕은 마을공동체, 그 위에 로컬푸드, 그 위에 마을기업과 사회적기업이 있고, 맨 꼭대기에 주민들이 있다고 보면 된다."라고 설명한다. 공동체사업은 각 마을의 특성을 살려 주민 주도로 아이디어를 내고, 사업화할 수 있도록 지원하는 방식으로 이루어졌다.

> "처음에는 제대로 안 됐죠. 처음 해 보는 일이고 하니… 각 마을별로 담당자를 두고 아이디어를 모으려고 하니까, 우리 마을은 다리가 없다, 도로가 없다, 뭐가 부족하다 식으로 하드웨어 관련한 의견만 나왔습니다. 그래서 행정이 개입해서 각 마을별로 자원을 조사하도록 하고 기초적인 사항부터 살피기 시작했습니다. 그게 씨앗 단계고, 이후에 공모사업인 마을기업이나 정보화마을로 키워 나가도록 로드맵을 갖고 시작했습니다. 기본부터 공동체를 조금씩 묶어 나가고, 공동체 소득을 중심으로 공동체사업, 마을기업을 고민하는 거죠. 지난해까지 100개 마을을 만들었고, 30개 마을 정도는 우수하고, 30개 마을 정도는 사업을 정리하는 쪽으로 가는 것으로 평가합니다. … 마을마다 특산물이 있으니 판로가 개척되어야 하니까 스스로 판매를 고민해서 전국 최초로 로컬푸드를 하게 된 거죠."
>
> – 김연주 완주군청 일자리경제과 사회적경제팀장[8]

이 과정에서 완주군청은 로컬푸드 정책의 설계자이자 든든한 지원자로 활동했다. 무엇보다도 로컬푸드 개념조차 생소하던 시절에 로컬푸드의 의미와 장점을 알리는 마중물 역할을 자처했다. 2009년 처음 주말마다 모악산에 천막을 쳐서 직매장을 만들었을 때는 품목이 다양하지 못해 하루 매출이 20만 원일 때도 있었다고 한다. 직매장 운영계획을 후일로 미루고 2010년 60여 명 공동체사업 리더들을 모아 건강한밥상 영농법인을 만들고 꾸러미 사업을 먼저 시작했을 때

---

8. 인터뷰 일자: 2016. 5. 27. 아래에서 설명하는 농촌활력과가 사라지면서 담당 공무원들이 여러 과에서 사회적경제 관련 업무를 추진하는 형태로 바뀌었다가 7월에 과거와 유사한 방식으로 조직개편이 이루어져 2016년 8월 현재 경제안전국 산하 공동체활력과가 사회적경제, 도시공동체, 마을회사, 청년정책을 담당하고 있다.

표 9.1 완주군 사회적경제 조직 현황 (2016년 5월 기준)

총(개)	협동조합	사회적기업	마을기업	자활사업단	마을공동체회사	중간지원조직
129	46	7	11	3	61	완주공동체지원센터

출처: 완주군청 홈페이지.

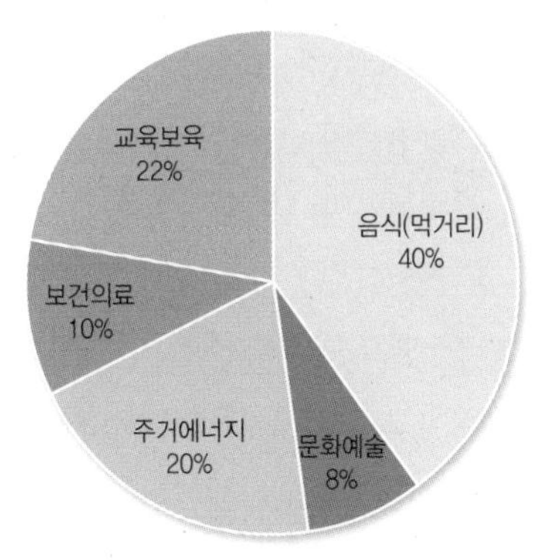

그림 9.2 사업분야별 사회적경제 조직 현황

차와 창고를 군에서 지원해 준 것은 물론 공무원들이 테스팅 사업에 참여했다. 당시 임정엽 군수가 이 사업을 직접 챙길 정도였다.

"처음에는 꾸러미 신청한 공무원들의 각 사무실로 갖다 주는 걸로 시작했어요. 제대로 포장이 안 돼서 한 꾸러미는 두부가 2개, 다른 꾸러미는 0개 들어가기도 해서 군청 로컬푸드계에 전화 오고 서로 바꿔 가기도 했죠. 공무원들도 이것저것 피드백과 개선사항을 적극적으로 알려 줬구요. 공무원의 신청자 모집 상황을 군수가 직접 점검한 덕분에 원래 1년 동안 1천 명 모집을 목표로 했는데, 몇 달 만에 4천 명까지 회원이 확 늘었어요. 계약농가 생산으로는 모자라게 된 거죠. 결국 '완주에서 생산된 것만 담으려고 하니까, 조금만 기다려 달라'고 편지를 써서 양해를 구하기도 했습니다. 사업이 확 큰 덕분에 방송에서 수없이 찾아오고, 로컬푸드 홍보 효과는 제대로 봤습니다. 하하."

– 안대성 완주로컬푸드 이사장[9]

당시 임정엽 완주군수가 직접 로컬푸드 정책을 챙긴 리더십은 앤셀과 개시가 협력적 거버넌스의 필수로 꼽는 촉진적 리더십(facilitative leadership)에 비길 만하다(Ansell and Gash 2008).[10] 각종 조례를 제정한[11] 것을 비롯해 마을회사 육

9. 인터뷰 일자: 2016. 5. 6.

10. 앤셀과 개시가 개념화한 협력적 거버넌스(collaborative governance) 과정에 영향을 미치는 주요 요인은 제도 설계와 촉진적 리더십이 꼽힌다. 그외 거버넌스 과정에서 면대면 대화, 신뢰 형성, 과정에 대한 헌신, 이

성·로컬푸드·도농순환·사회연대·커뮤니티비즈니스 담당 등 5개 업무를 담당하는 농촌활력과를 신설해 정책 추진을 담당토록 했다. 정책을 제안하고, 설계한 것은 물론 생산농가 등을 대상으로 강연과 교육을 했고, 2012년 첫 용진농협 직매장을 개설할 때는 농협과 농민 150여 명을 이끌고 일본의 지산지소(地産地消, 지역에서 생산한 것을 지역에서 소비하자) 현장을 찾기도 했다.

단순한 제도적 정비와 시스템 구축에 그치지 않았다. 완주군청이 지속적으로 민간과의 협력을 추구하고 이를 위해 관의 문화 역시 바꾸어 낸 것도 빼놓을 수 없다.[12] 공무원 사회 내에서도 연공서열 대신 성과를 기준으로 삼아 승진인사를 단행해 '열심히 일하는 분위기'를 조성하는 한편, 일부 공무원을 1년 단위로 희망제작소에 순환 배치해, 민간의 업무문화를 익히고, 보다 효과적으로 완주군 내에 적용하도록 한 것이다. 김연주 사회경제팀장 역시 순환 근무를 한 이후 "혁신적인 부분, 자기 지역을 고민하는 방식을 많이 배우고 적용해야 한다는 점을 느꼈다."라고 말한다. 특히 인문적인 부분, 지역에서 사는 사람들의 삶은 어떨까를 고민하게 된 것을 가장 큰 성과로 꼽는다. 자기 견해나 소신이 있는 젊은 공무원들을 농촌활력과에 배치해 "행정을 통해 주민들이 빨리 교감하고 주도적인 역할을 할 수 있도록 시간을 절약"하도록 한 것이다.

마을 자원 조사도 행정에서 구상한 것이지만 희망제작소의 도움을 받아 자원 조사를 진행했고 마을 자원을 적극적으로 활용하도록 커뮤니티비즈니스센터(현 완주공동체지원센터, 이하 센터)를 만든 것도 한 예이다(희망제작소 2013). 완주공동체지원센터의 경우에도 민간에 센터 운영을 위탁해 민간 차원의 활력을 보다 살릴 수 있도록 군청의 중재하에 신협과 관심 있는 개인이 재원을 출자해 재

해의 공유, 작은 성과를 달성하는 것이 결과에 영향을 미친다는 점 역시 중요하다. 서휘석 김길곤은 이 개념을 적용해 완주군의 로컬푸드 실험을 분석하기도 했다.

11. 「완주로컬푸드 육성 및 지원에 관한 조례」(2010.10.7 제정), 「완주군 농업회사법인 출자 및 지원에 관한 조례」(2012.5.11 제정), 「완주군 로컬푸드 공공급식 지원에 관한 조례」(2012.12.27 제정), 「재단법인 로컬푸드 공공급식지원센터 설립 및 운영 조례」(2013.3.14 제정), 「완주군 로컬푸드 시설물 관리 및 운영 조례」(2013.6.13 제정).

12. 시리아니(Siriani)는 협력적 거버넌스에서 "제도 문화의 변형"을 협력적 거버넌스 성공을 위한 주요 전략의 하나로 꼽는다. 관에서 시민을 고객으로 생각하는 게 아니라 파트너로 인식을 전환하는 것과 더불어 민간에서도 민관의 협력을 지원하는 문화가 자리 잡아야 한다는 것이다(Siriani 2008).

단법인을 설립해 운영하는 형태로 도농 각 공동체가 스스로의 자원을 이용해 문제를 해결할 수 있도록 지원하는 것이 핵심이다. 공동체지원센터 외에 로컬푸드센터, 마을회사육성센터, 귀농귀촌센터 등은 모두 민간이 위탁받아 운영하면서 새로운 아이디어와 실험을 적극적으로 추진할 수 있도록 마련되어 있다.

마을기업 100개를 만든 것도 센터의 힘이다. 현재 마을기업 100개 중 10~15개는 이익을 배당하고 적립하는 수준이고, 30여 개 정도는 새로운 아이템을 개발해야 되는 상태다. 경력단절여성이 중심이 되어 만든 제과제빵 협동조합 줌마뜨레의 경우 CB센터(현 공동체지원센터)에서 주최한 베이킹교실에서 만난 사람들 7명이 협동조합을 만든 사례다. 성수정 줌마뜨레 대표[13] 역시 "협동조합을 만들어야겠다는 생각이 있던 것은 아니었는데 군의 지원에 힘입어" 2013년부터 협동조합을 시작하게 됐다.

"마을기업에서 가장 중요한 것은 수익을 많이 내는 게 아니에요. 지역 일자리를 만들기 위한 사회적기업 성격이라 인건비만 남으면 성공인 거죠. 동네에 새로운 소득원, 일거리가 생기는 측면에 있고, 소득이 안 남아도 마을 사람들끼리 서로 갈등하는 것을 해소하고 협력하는 공동체 문화 만들기도 성과 중 하나구요."

– 손우기 완주공동체지원센터 정책·홍보팀 팀장[14]

2012년부터 매년 출자금 배당을 시행하는 정도로 안정적으로 운영되는 도계마을의 누룽지, 두부 생산 공동체사업을 살펴보자. 도계마을에서는 전체 57가구 중 80%인 46가구가 참여해 사업을 시작했다. 1구좌 10만 원씩 출자를 해서, 또 더 많은 주민이 참여하는 것을 목적으로 20구좌까지만 제한을 둬서 종잣돈을 마련한다. 그리고 누룽지와 두부를 생산하여 마을 홈페이지와 직거래장터 현장판매, 로컬푸드 직매장, 꾸러미 사업, 그리고 자매결연을 맺은 기업체에 납품한다. 사업을 통해 창출된 일자리가 14개인 데다, 기본적으로 마을에서 생산

13. 인터뷰 일자: 2016. 5. 6.
14. 인터뷰 일자: 2016. 4. 8.

사진 9.3 완주군 고산면에 위치한 폐교를 리모델링해 만든 완주공동체지원센터

사진 9.4 손우기 완주공동체지원센터 정책·홍보팀 팀장

되는 농산물만 쓰기 때문에 간접적 일자리 창출 효과도 50명으로 추산되어 공동체사업을 벌인다. 재료와 인건비 모두 마을로 돌아가기 때문에 사업의 실제 순익을 따지는 것보다 지역 차원에 미치는 경제적 효과를 고려할 때 그 성과는 더욱 크다는 것이다. 센터는 공모사업을 신청해 예산을 확보하는 일을 돕는 것부터 서류 작성에 이르기까지 마을의 공동체사업이 자리 잡는 과정을 지원하는 역할을 하게 된다.

2. 아래로부터 주민들의 노력

관의 혁신은 민간의 적극적인 노력과 만나서야 열매를 맺을 수 있었다. 지역 내 대표적인 마을기업 성공사례로 꼽히는 도계마을과 마더쿠키를 살펴보자. 이 두 마을기업은 지역에서 생산한 재료를 바탕으로 부가가치를 창출하고, 인건비 역시 지역주민에게 지급되어 지역경제 활성화에 공헌하는 것이 핵심이다.

2009년 군청의 희망프로젝트 사업에서 시작되어, 3명으로 제과제빵 사업을 시작한 마더쿠키는 현재 14명의 직원을 고용하는 마을기업으로 자리 잡았다. 40~50% 이상 완주 식재료만 쓰는 데다가 제빵에 사용하는 부재료인 딸기잼, 쑥, 단호박도 직접 만들어 매출에 비해 인력을 많이 쓰는 편이다. 원한다면 누구나 2개월가량 교육을 거쳐 직접 제빵작업을 시작할 수 있어 참여자들의 문턱도 낮췄다. 강정래 마더쿠키 대표는 "이익이 많지는 않아도 직원 모두에게 봉급을 줄 수 있어 더 바라는 건 없다."라고 말한다.•15

"다문화지도사로 있으면서 농업기술센터에서 빵 수업을 10번 정도 한 적이 있어요. 계속 못 하겠다고 사양하다가 군청에서 권유해 시작한 거죠. 사실 기술도 설비도 부족하지만 주변에서 도와주시는 분들이 많았어요. 제과점 사장님 한 분은 자기 매장도 있는데, 우리가 헤맬 때마다 도와주시고… 울기도 많이 울고 정말 힘들었는데, 도와주시는 분들 덕분에 여기까지 온 거라서 이제 환원하는 거죠."

강 대표는 마더쿠키가 자리 잡는 과정에서 완주 지역의 변화가 큰 도움이 되었다고 한다. 기술도 부족하고 판로도 없는 상태에서 시작했는데, 주변 제빵인들의 도움으로 기술을 익히고, 용진농협 로컬푸드 직매장이 생기면서 납품처도 생겨 시스템이 잘 마련되었다는 것이다. 완주 내 로컬푸드가 급성장하면서 마더쿠키 매출액도 급성장했고 인터넷 판매와 체험학습을 개발해 8대 2 정도로 로컬에 의존하던 매출이 6대 4 정도로 안정화되었다. 마더쿠키의 시작은 분명 관의 정책에서 비롯된 것이나 강정래 대표의 역할과 주변의 도움, 그리고 시스템을 통해 대표적 마을기업으로 자리 잡게 되었다.

완주군청의 마중물 역할을 민간이 더욱 큰 물줄기로 만들어 낸 것은 완주로컬푸드의 경우도 마찬가지이다. 시스템의 핵심인 생산자 설득, 교육, 조직화를 맡은 것에는 민간의 노력이 컸다. 초기에 농민들은 농가에서 작물을 재배하면 로컬 직매장에서 판매하는 시스템을 생소하게 받아들였다. 일본을 둘러보긴 했

15. 인터뷰 일자: 2016. 5. 27.

사진 9.5 완주군 용진면 도계마을 이일구 이장. 이 이장 앞은 그동안 받은 각종 상장과 상패들

사진 9.6 경력단절여성들이 만든 협동조합 줌마뜨레 대표

사진 9.7 안대성 완주로컬푸드 이사장

사진 9.8 강정래 마더쿠키 대표와 결혼이주여성 직원

지만 '우리랑 문화가 달라서 우리는 안 된다'고 절레절레 하던 농민들도 많았다. 이에 안대성 완주로컬푸드 이사장은 농촌·농업정책 전문가로서 생산농가 300여 곳을 직접 뛰어다니면서 설득에 나섰는데, 그 역시 군청직원이 아닌 '주민'이었다.

"로컬푸드에서는 품목을 다양화하는 게 중요하기 때문에 한 작물을 대규모로 키우는 중대농 중심이 아닙니다. 생산자 대부분인 소농이나 고령농은 대상농가를 직접 방문하는 수밖에 없어요. 콩 몇 말, 참깨 몇 말, 명절에 자식들 주려고 쌓아놓은 건조나물은 얼마나 있는지 일일이 물어봅니다. 처음에 로컬에 내놓으면 우리가 팔아주겠다고 마을마다 돌면서 홍보했는데, '수상한 사람'이라고 면사무소에 신고가 들어가기도 했다더군요. 첫 일 년에는 400명 정도로 시작했는데, 일 년 지나고 나서 정말 판매가 되고, 일주일에 한 번씩 판매대금이 정산돼서 따박따박 들어가니까 그때부터는 신뢰를 하기 시작했습니다." – 안대성 완주로컬푸드 이사장

이렇게 마련된 지속가능한 시스템과 신뢰 덕분에 완주군의 사회적경제는 임정엽 전 군수가 2016년 박성일 현 군수로 교체된 이후에도 지속적인 관심과 지원을 받고 있다. 현재의 목표는 '작지만 따뜻한 일자리가 넘쳐나는 완주군'을 만드는 것이다. 완주군은 지역의 문제를 사회적경제로 일자리를 창출하면서 해결하고자 하는 한편, 농촌에서 자리 잡은 공동체사업을 아파트 등 도시 지역으로 확대해 '주민 주도적 마을만들기'도 진행하고자 한다.

요컨대 군의 정책적 실험과 민간의 활력이 함께 만들어 낸 것이 현재의 완주군이다. 사회적경제 조직이 크게 증가하면서 포착된 변화는 가시적이다. 각 읍면의 다양한 주민들이 농작물 생산자로 협동조합에 가입하고, 가공식품 생산자로 마을기업을 만들어 운영한다. 다음에서는 주민들이 이 과정에서 어떤 변화를 경험했고 만들어 냈는지를 보다 상세히 살펴본다.

Ⅲ. 사회적경제와 임파워먼트: 주민 의식 변화를 중심으로

앞에서 본 것처럼 이 글에서는 임파워먼트를 '참여자들이 자신의 행동의 영향을 알고, 의견을 적극적으로 개진함으로써 자신과 지역사회를 발전시키고 그 변화 속에서 지속적인 행동의 동기를 찾게 되는 과정'으로 넓은 의미에서 이해한다. 즉, 임파워먼트의 방점은 '과정'에 찍혀 있는 것이다. 과정으로서의 임파워먼트는 다양한 영역에서 일어날 수 있으나 여기에서는 우팅 박사가 지적한 경제적, 정치적 임파워먼트를 중심적으로 검토한다.

1. 누구나 시작할 수 있는 경제활동: 경제적 임파워먼트

사진 9.9 완주로컬푸드 대의원인 박희자 조합원

우팅은 경제적 임파워먼트와 정치적 임파워먼트가 상호강화적이라는 점을 강조했다. 그러나 완주군은 경제적 임파워먼트가 '선행하는 것'처럼 보인다. 완주군 사회적경제의 목적이 '저소득 소농을 월급받는 농민으로 만드는 것'이었고, 커뮤니티비즈니스를 통해 지역 자원에 기반한 사업을 추진하는 것이었기 때문이다. 즉, 완주군의 사회적경제는 사장되어 있는 농촌의 자원을 사회적경제를 통해 사업화하는 것이 우선이었다. 경제적 임파워먼트는 다양한 층위에서 드러난다. 마을기업인 협동조합 줌마뜨레, 마더쿠키는 농촌에서 일자리를 찾기 힘들었던 이들이 경제활동을 시작하는 계기가 되었다. 줌마뜨레는 아이를 키우느라 직장을 다니기 힘들었던 경력단절여성 7명이 2013년 모여 만든 협동조합으로 지역 식재료로 빵을 만들어 납품한다. 마더쿠키는 결혼으로 완주에 정착한 이주노동자 여성과 퇴직한 어르신들을 직원으로 고용한다. 경제활동 기회가 주어지지 않았던 이들이 사회적경제 조직을 통해 경제활동에 참여하게 된 것이다. 이러한 완주군의 경제적 임파워먼트를 완주로컬푸드의 대의원 박희자[16] 조합원과의 심층인터뷰를 통해 보다 상세히 살펴보자. 박희자 조합원은 로컬푸드에 참여하기 전에는 농촌에 살지만 농사를 짓지는 않았다.

> "로컬푸드가 생기기 전에는 농사 안 지었어요. … 옛날에 상추 한 번씩 지어서 경매장에 팔기도 했는데, 이게 100원 200원에 팔려서 실망을 많이 했어요. … 그래서 그냥 조금 지어서 동네 사람들이랑 나눠 먹기나 했지요. … 근데 로컬이 생기

16. 박희자 조합원은 로컬푸드 초기부터 활동해 왔다. 인터뷰 일자: 2016. 5. 27.

고 이게 나의 삶의 현장이 됐어요. 로컬에서는 1,000원 2,000원씩 쳐주니까. 나의 희망이고, 내 통장에 돈이 들어오고, 돈이 쌓여 가니까 내가 하고 싶은 거 할 수 있고, 손주들한테 내가 사 주고 싶은 거 사 줄 수 있고… 그래서 일이 많아져서 힘들긴 해도 즐겁게 하고 있어요."

박 조합원은 60대, 남편은 70대로 소규모 농사를 지어 동네 사람들과 나눠 먹거나 자식들에게 보내 주는 전형적인 고령소농이다. 농협이나 중간 유통업자가 단일 품목의 대규모 판매를 선호하는 상황에서, 고령소농에게는 그 조건에 맞게 농사를 짓는 일이 힘들었다. 박 조합원이 경제활동 기회가 없던 상황에서 사회적경제를 통해서 경제활동을 시작하고 로컬푸드를 '삶의 현장'으로 표현할 정도로 현재의 경제활동에 대해 즐거움을 느끼고 있다. 요컨대 사회적경제가 개인의 삶을 변화시키고, 새로운 보람을 가져다준 것이다. 그러나 박 조합원이 처음부터 사회적경제에 기대를 걸었던 것은 아니다.

"처음에는 이거 해서 괜히 또 도둑놈 주는 거 아니야? 물건만 주면 지들이 돈은 떼어 먹는 거 아니야? 라고 생각했죠. 그 사람들이 그렇게 신뢰를 줄지는 몰랐죠. 그런데, 지금에 와서는 너무나 좋죠. 신경도 안 쓰고 로컬푸드에 물건만 내면 팔아주니까, 얼마나 재미도 있고, 돈 들어오는 보람도 있고 하니까… 처음에는 엄청 힘들었어요. 할 사람 있고 안 할 사람 있고, 한다고 했다가 안 한다고 한 사람도 많았어요. 그 사람들도 처음에는 물건을 대표님이나 로컬푸드 직원들에게 갖다주면, 이 사람들이 떼어먹을까 의심한 거죠(웃음). 근데, 몇 주 보니까 이 사람들이 신뢰가 생기고, 또 몇 년이 지났는데도 신뢰를 줘서 그렇게 하고 있어요."

박희자 조합원의 답변은 조합이 정착하는 과정을 보여 준다. 처음에는 구성원들이 새로운 유통채널을 신뢰하지 못했지만, 이내 경제성과 투명성이 보장되자 신뢰성을 구축하게 된다. 구체적으로 로컬푸드가 성공할 것이라고 생각한 것은 아니지만, 조합을 통해서 '돈을 벌 수 있기에' 구성원들이 적극적으로 참여하는 모습을 보여 준다. 이러한 신뢰는 조합의 운영에 대한 신뢰로도 이어진다.

Q: 대의원이시기도 하니까, "이런 건 좀 바꿨으면 좋겠다." 제의도 하실 것 같은데요?

"네. 그렇기도 하죠. 근데 제의할 것도 없고 대표님들이랑 직원들이 다 알아서 하니까, 뭐 우리는 뒤로 물러 앉아도 다 알아서 해 줘요. (대표님과 직원들이) 그렇게 잘해요. 처음부터 지금까지 그대로 똑같아서, 누구나 다 믿음직스럽다고 말해요. 그냥 믿고 맡기면 돼요. 또, 1년이나 6개월에 한 번씩 내역서를 뽑아 보는데, 의심할 것이 없어요. 믿음을 갖고 하니까 재밌게 할 수 있는 거지요. 물론 불만이 있는 사람도 있어요. 그럼 제가 대의원 회의 갔다 온 다음에 좀 다독여 줘요. '그렇게 하면 안 되고 로컬푸드 운영상 지켜야 할 점이 있으니까, 좀 이해도 하고 지켜야 한다'고 말해 줘요. 그럼 주민들도 믿고 운영해 가요. 그럼 동네 사람들도 믿고, 그런가 보다 해요."

위의 답변은 박 조합원이 경험하는 경제적 임파워먼트의 성격을 보여 준다. 앞선 답변에서 경제활동에 대한 의식은 상당히 제고된 것으로 보였지만, 조합의 운영에 대한 관심은 소극적이다. 하지만 조합 생성 이전에는 경제활동을 하지 않았던 인물이, 매일의 판매 내역서를 뽑아 보면서 회계를 대조하는 등 자신과 관계된 조합의 활동에 대해서는 적극적인 관심을 보인다. 박희자 조합원의 경우는 조합 활동에 있어 자신의 의견을 제시하는 것보다는 조합에 대한 '신뢰'가 더 큰 부분을 차지한다. 조합의 운영을 직원들에게 전적으로 맡기는 모습을 보여 주며, 의견 개진도 적은 모습이다. 또한, 대의원의 역할을 '조합과 일반 조합원의 중간자'로만 한정하고 있어 정치적 임파워먼트 측면의 변화는 적다. 이는 대의원 회의를 '적극적인 의견교류의 장' 보다는 '주민들에게 전달할 운영원칙을 정하고 학습하는 장소'로 바라보는 데서도 드러난다.

"제 쌈채소가 3년간 제일 잘 팔렸어요. 로컬푸드 매장에 물건 내놓으면, 제 이름이 걸려있으니까, 그것을 보고 사 간 것 같아요. 그게 제일 재밌었어요. 갖다가 놓으면 하나 남는 것 없이 그냥 다 팔렸어요. 그런데, 지금은 쌈채소 농사는 안 지어요. 왜냐하면, 쌈채소는 농사짓기 가장 쉬운 품목이라서 새로운 조합원들을 위해서 남겨 두는 거죠. 저는 좀 더 농사짓기 어려운 품목을 주로 하고 있어요."

그럼에도 불구하고 사회적경제는 공동체와의 협동정신을 증진하는 중요한 기제로 작동했다. 박 조합원은 조합이 잘 유지되기 위해서 "누구나 할 수 있는 쉬운 상품을 새로운 생산자들에게 물려준다."고 한다. 새로운 조합원들에게 쉬운 상품을 양보하는 것, '함께 일하는 것'을 강조하는 에피소드는 공동체에 대한 애착과 협동정신이 관찰된다. 또한 '자신을 믿는 소비자'에 대한 애정도 드러낸다.

"그리고 또 재밌는게, 로컬이 우리 가게 같아요. 우리 직원들 얼굴 바라보고 오면 하루가 행복하고 기분도 좋고, 안 가면 로컬 직원들이 어떻게 하고 있을까 궁금하기도 하고, 전화도 하게 되고 그래요. 우리 로컬 한 번 맛 붙이면 헤어 나오질 못해요(웃음). 우리 직원들이 항상 가면 어머니 오셨냐고 반겨 주고… 항상 그냥 사랑한다고 서로가 그래싸고(그러고)… 우리도 그러고. 난 직원들이 안 보면 보고싶어요. 하하. 재미있어요 하여튼…. 대의원 일이 힘든데 직원들 덕분에 힘이 나서 하는 것도 있어요(웃음). 동네를 위해서 하는 것도 있는데, 매장 가면 직원들 얼굴 한 번 더 볼 수 있잖아요(웃음). 가면, 어머니 오셨냐고 안아 주는데, 진짜 가족 같아요. 그렇게 우리 직원들이 다 좋아요. 재밌는 일 있으면 서로 웃고, 또 맛있는 거 있으면 먹어 보라고 하고. 진짜 난 우리 직원들이 너무 좋아."

박 조합원이 보여 준 직원들에 대한 애정과 신뢰는 주목할 만하다. 이는 비록 정치적 임파워먼트가 고양되지는 않았어도, 상호 간의 신뢰성을 구축하는 과정에서 조합이라는 공동체에 대한 신뢰와 애정이 늘어난 것임을 보여 준다. 로컬푸드 생산자이자 조합원으로 활동하면서 박 조합원은 경제적 역할 인식, 지속적 활동 동기, 공동체에 대한 애착이 확연히 증가하는 변화를 경험했다고 요약할 수 있다. 이는 사회적경제가 가져온 의식 변화를 보여 주는 한편, 지속적 활동과 경험을 통해서 임파워먼트가 더욱 확대되고 발전될 가능성을 보여 준다고 할 수 있다.

2. 생산자에서 지역사회 리더로: 정치적 임파워먼트

사회적경제가 가져온 가장 가시적인 변화는 주민들의 경제적 임파워먼트이더라도, 그 변화는 경제적인 변화에 그치지 않았다. 조합의 경제적 성과가 늘어나면서 조합원들은 조합을 유지, 관리하는 과정에도 참여했고, 이 과정에서 경제적 임파워먼트와 정치적 임파워먼트가 상호 강화되는 모습을 볼 수 있었다. 아래에서는 임병목 완주로컬푸드 대의원과의 인터뷰에서 이 내용을 보다 상세히 살펴본다.•17

임병목 조합원 역시 박희자 조합원과 마찬가지로, 완주로컬푸드의 초기 단계부터 신뢰를 느끼지는 않았다. "(시장과 함께) 일본에 갔다 오기도 했지만 우리나라 정서는 시장에서 흥정하는 게 맞다고 생각해서 부정적으로 생각했다."고 한다. 즉 이론에서의 사회적경제를 높게 평가하고 그 의의에 공감하더라도, 현실에서 사회적경제가 성공을 거두고 그 과정에 참여하는 것은 다른 것일 수 있다는 것이다. 임파워먼트에 앞서 사회적경제 조직이 성장하기 위해서는 경제적 성과와 지속가능성을 현실에서 증명하는 일이 필수적이라 볼 수 있다.

Q: 일반 농사와 로컬푸드 방식 중 어느 것이 더 어렵나요?

"로컬푸드가 더 힘들다. 손도 많이 가고, 농가들 마음대로 약을 뿌리면 안 된다. 규정이 있어서, 제초제는 안 되고 농약도 허용 범위 안에서 사용한다. 그래도 소득이 안정적이라서 좋다. 안정적인 것뿐 아니라 소득이 몇 배가 높다. 통계상으로 연 소득 1000만 원 미만 농가가 60%인데, 로컬푸드 농가는 소농이나 고령농을 제외하고

사진 9.10 완주로컬푸드 임병목 조합원. 배경의 사진은 모악산 농가카페 벽면에 로컬푸드 생산자 사진을 모아 놓은 것이다.

17. 임 조합원은 로컬푸드 초창기부터 생산자로 참여해 왔다. 인터뷰 일자: 2016. 5. 27. 로컬푸드모악산직매장 농가 레스토랑.

는 모두 이것을 넘는다. 많게는 몇 천만 원 버는 사람도 있다."

조합의 경제적 성과가 확인된 이후 조합은 비로소 안정적으로 작동할 수 있었다. 조합원들은 이후 경제적 임파워먼트를 경험하게 되면서 조합이 더욱 성공적으로 운영되고 작동하는 선순환을 경험하게 된다. 다른 한편 임 조합원은 조합원들이 '규정'을 지켜야 한다고 강조해 조합의 제도가 조합원 내에서 공유되고, 정착되어 가고 있음 역시 보여 준다.

Q: 규정은 어떻게 만드시는 건가요?
"규정은 처음에 생산 농가들이 협동조합으로 전환하면서 총회에서 만들었다. 가령 상추만 해도 농사 짓는 사람이 많은데 유통매장에서는 (한 품목만 많으면 안 되니까) 이를 조율할 필요가 있었다. 소비자들이 원하는 만큼 판매되는 양도, 가격도 시중가보다 비싸면 안 되기에 이를 조율하고자 했다. 또한 상추의 등급에 따라서 가격을 조율한다. 상품 등급도 규칙에 맞게 책정된다."
Q: 처음에는 자치적인 조합 운영이 어려웠을 것 같습니다. 시행착오는 없었나요?
"처음에는 많이 어려웠다. 젊은 사람들도 어려워하는데 고령이신 분들은 얼마나 어려웠겠나. 포장도 해야 하는데 바코드에 가격 책정하고, 그람 수를 적어서 입력도 해야 한다. 시행착오가 많았다. 나이 드신 분들은 그람 수를 잘못 적기도 하고, 또 가격을 잘못 적기도 했다(웃음). 이러한 애로사항을 직원들이 돌아다니면서 골라내긴 했는데 많아서 힘든 경우가 많았다.
또 갈등도 있었다. 많은 사람들이 이용하니까 진열 경쟁을 벌이기도 했다. 가령 남의 상품 위에 자기 상품을 올려놓아서 먼저 팔리게 하는 조합원들도 많았다. 이는 규칙을 이해를 못해서 벌어진 일이다. 그러지 말라고 제재하면 처음에는 조합원들이 조합이 운영되는 방식을 몰라서 다투기도 했다. 이러한 문제를 규칙으로 엄격하게 제재조치 했다. 벌점제도가 주요했다. 특히, 생산자들끼리 마찰이 있으면 벌점을 통해서 출하정지를 시킨다. 이 규칙은 5년 동안 경험이 축적되어서 만들어졌다."

조합원들은 갈등을 극복하기 위해서 스스로 규정 마련에 나섰다. 규정은 총회에서 조합원들의 의견을 통해서 만들고 수정하면서 스스로 제도를 만들어 가는 모습을 보여 준다. 제도적으로 규정이 마련되었다 하더라도, 조합원들은 규정을 자각하지 못하는 경우가 많았고, 또 자각하고 있다고 하더라도 준칙에 대한 필요성을 크게 느끼지는 못했지만 준칙을 내재화하는 과정을 통해 조합원들이 점점 변화해 나가고 있음을 볼 수 있었다.

안대성 완주로컬푸드 이사장에 따르면 소비자와 다툼이 나는 경우나 로컬푸드 생산규정을 어기는 등의 사례가 이사회나 교육 시기에 논의되다가 "아, 이러지 말고 우리끼리 규정을 정합시다."라고 해서 문제의 가중에 따라 출하정지, 제명 등의 절차 15개 정도를 만들게 되었다고 한다. 예를 들어 식품에서 머리카락이 나오면 1차 경고, 2차 출하정지 며칠 정도로 절차를 마련한다. 안 이사장은 "대단한 의식을 가진 건 아니지만 우리가 지켜야 되는 원칙, 양심을 지키는 것이 시스템화되어 가는 과정"이라고 이를 평가한다.

Q: 운영 과정에서 갈등이 없었나요?

"많았다. 그런데 이것이 적절히 조율하는 것이다. 교육의 역할도 컸다. 근본적인 취지를 알고 나면 자신이 생각을 잘 못했다고 느끼고 조용해진다. 물론 처음에는 힘들었다. 낫을 들고 쫓아오는 분들도 있었다(웃음). 하지만, 지금은 총회라는 공식적으로 싸우는 장이 있어서 여기를 통해서 의견을 교류한다. 또, 대의원이 있으니까 대의원한테 말하기도 한다."

임병목 조합원의 설명에 따르면 조합원들이 성숙한 태도로 조합의 의사결정에 참여하고 갈등 역시 스스로 조율하고 있다는 것을 알 수 있다. 총회가 열리지 않을 때에도•[18] 대의원들이 의견을 취합하는 한편, 교육이 이루어져 이러한 성숙하고 민주적인 태도가 자리 잡게 된 것으로 보인다. 지난해 조합원총회 때

18. 완주로컬푸드는 1년에 한 번 조합원총회를 열어 주요 결정에 있어 조합원의 의견을 반영하고 1달에 한 번 대의원총회를 열어 일상적인 운영상 결정을 내린다. 대의원은 각 마을별로 10명당 1명을 선출하게 되어 있어 대의원과 일반 조합원의 접촉과 소통이 원활하도록 했다. 안대성 로컬푸드 이사장 인터뷰에서 발췌.

는 별다른 홍보 없이도 전체 1,100여 명 조합원 중 절반이 넘는 600명이 모여서 완주군에서 가장 큰 군민회관이 꽉 찰 정도였다고 한다. 임 조합원은 교육을 중요한 변화의 동인으로 꼽는다. 협동조합 창립 조합원임에도 불구하고 그는 '교육은 그 역시 무조건 받아야 하는 의무'라고 말하며 교육의 중요성을 다시 한 번 강조한다.

> "교육은 지금도 많이 받는다. 교육 없이는 유지가 안 된다. 다 아는 내용이라도 반복 교육을 해야 한다. 사람은 교육 없이는 까먹게 된다. 또, 교육을 받은 뒤 사람들에게 알려 줘야 한다. 지금도 교육은 엄청 받는다. 일 년에 분기별로 4번 받고, 워크숍 2번. 2개월에 1번꼴이다. 이것은 조합 내에서만 이루어지는 것이다. 그 외에 추가 교육도 있다. 의무 교육을 안 받으면 출하가 정지가 된다(올해 조합원총회에서 처음 교육 관련 제재를 도입한 것이라 한다). 한 번 빠지면 20일, 두 번은 30일 등으로 규정되어 있다. 그런데 너무 강해서 요즘은 보충 교육으로 대신하는 것으로 규칙을 바꿨다. 교육을 매우 강조한다. 왜냐하면 교육을 받은 사람은 조합의 정책에 반발이 없다. 이것이 대의원총회와 이사회에서 통과된 것을 알기에. 그런데 이것을 모르면 따지는 경우도 있다. 그래서 교육은 무조건 참여시킨다. 이것이 또 5년 경험을 해 보니까 모두 체감하고 있다. 또, 조합원들이 모두 교육을 받다 보니 협동조합이 어떻게 돌아가는지 알게 된다. 협동조합은 자신이 주인인 것이다. 교육을 안 받으면 이를 모르는데 교육은 이를 상기시켜 준다."

임 조합원은 교육을 통해서 구성원들이 협동조합의 상황과 정책을 이해하게 한다는 점을 강조한다. 협동조합의 성격인 '조합원이 주인인 단체'를 자각하는 것이 결국 '규정을 만든 것은 본인'이라는 사실을 자각하는 것으로 이어진다는 것이다. 조합원들은 교육과 대의원총회, 이사회 등을 거쳐 협동조합의 지향을 익히는 한편 조합 운영에 대한 의견을 개진하면서 민주주의를 체득하고 있다. 교육은 협동조합적 가치를 제도적으로 익히는 가장 중요한 장이다. 교육과 조합원총회 등을 경험한 사람과 그렇지 않은 사람들의 차이는 적지 않다. 안대성 이사장은 "현재 우리 농가번호가 3,000번대인데, 500번 미만의 조합원과 2,000

~3,000번대 사람들이랑 다르다."라며 "로컬푸드 시장이 포화니까 조합원 그만 받아야 된다고 이기적인 의견을 내는 사람은 모두 후순위 사람들"이라고 설명한다.

Q: 조합원들이 평소에도 적극적인 의견 개시를 하시나요?

"엄청 많이 한다. 해 보니까, 돈도 잘 되고, 즐겁게 참여하다 보면 개선점을 발견한다. 그래서 사람들이 의견을 개진한다. 가령 포장지는 조합에서 혜택을 주는데, 여기에 필요한 도구들이라든지 조합원으로 참여하면서 필요한 자재를 의견을 개시해서 공동구매를 하게 된다."

Q: 생산농가들이 의견 개시도 하시고, 총회에서 논의를 하고 규정이 바뀌는 식이군요?

"그렇다. 예전과 다르게 적극적이다. 또, 재미있는 점은 예전에는 몰랐는데 나이 드신 분들은 밤새도록 상품을 준비한다. 그만큼 로컬푸드에 관심이 많아지셨다는 것이다. 그리고 상품을 준비하는 과정에서 아이디어가 생기기도 한다. 그래서 의견 제시를 많이 하시는 것 같다."

위 답변은 많은 조합원들이 조합의 발전을 위해 활발히 의견을 내놓는 상태임을 보여 준다. 경제적 동기에서 조합원이 되었지만, 조합에 대한 애정과 신뢰가 정치적 임파워먼트로까지 발전된 것이다. 임병목 조합원도 다음과 같이 주민들이 향후 더욱 적극적으로 협동조합에 참여할 것으로 내다본다.

"지금 대의원은 아직은 경합 없이 되는 경우가 많았다. 그런데 몇몇 지역구에서 경합을 벌였다. 나도 마찬가지로 경합을 벌인 지역이었다. 한 표 차이로 되었다. 이것이 사실은 명예직이기에, 조합에 애착을 가지신 분들이 적극적으로 할 것이다. 직책을 갖고 있으면 책임의식도 있는 것이다. 자신이 하나라도 조심스럽게 하려고 하기에, 그런 것 때문이라도 개인적으로 대의원들이 돌아가면서 됐으면 좋겠다. 많은 사람들이 대의원을 경험해 봤으면 좋겠다."

Q: 대의원에 참여하시게 된 계기는 무엇이었나요?

"나는 처음부터 참여를 했고, 이사장님과 공감하는 바도 있어 내가 해야 하겠다고 생각했다. 아직까지는 나이 드신 분보다는 젊은 사람이 하는 게 좋지 않겠나? 대의원이라고 딱히 뭐가 있는 것은 아니다. 읍-면별로 되어 있었는데, 지금은 1,000명 중 100명이다. 우리는 의견수합하고, 결정사안을 알려주는 중간다리 역할을 한다. 또 안건제출도 한다. 대의원들의 안건제출도 활발하다. 2개월에 한 번씩 대의원총회를 하고 대의원끼리 별도의 회의를 갖는다. 회의 참여에 경제적 지원도 없다. 좋아서 하는 것이다. 일이 조금 많긴 하다. 그것을 감내하더라도, 협동조합 때문에 우리가 잘 살고 있는 것이기에 만족한다. 도움을 받고 있는 것이고, 대의원이 도움을 줘야 하지 않겠나? 또 안심농자재사업단이라고, 유기농 약재를 생산하기 위한 단체가 있는데 여기 이사기도 하다. 사실 이것도 겸직을 해서 힘들기는 하다."

임 조합원은 로컬푸드라는 대안적 시스템을 통해 농민들에게 안정적인 소득을 보장하도록 만들고 싶다는 협동조합의 가치에 공감하여 대의원 활동을 시작했다. 가치와 지향에 공감하기 때문에 상당한 양의 일, 특히 주민들의 의지를 수합하여 안건을 상정하고 토의하는 일도 당연히 해야 하는 것으로 여긴다. 대의원들은 대의민주주의에서 국회의원들이 수행하는 업무를 하고 있는 것이다. 또한, 임병목 조합원은 대의원 외에도 협동조합 내 다른 사업단의 이사를 겸임하고 있어 상당히 바빠졌지만 오히려 뿌듯함을 느끼고 있음을 보여 준다.

Q: 혹시 농협 일이라든지, 이장 일을 하셨었나요? 말씀도 너무 잘 하셔서… (웃음).

"농사꾼은 농사에 대해서는 하루 종일 이야기할 수 있게 잘 안다 (웃음). 농협은 아니고 이장을 작년까지 조금 오래했다. 또, 가공협동조합 이사이기도 하다. 시골에 살면서 갖고 있는 직함이 8개이다. 너무 바쁘더라도 뿌듯함이 있다. 또, 내가 귀농귀촌협의회 회장을 하고 있는데, 귀농자들에게 도움을 줄 때 뿌듯함을 느낀다. 우리에게는 작은 노력인데 그들에게는 큰 도움이라서 기분이 좋다. 그런 힘으로 일을 한다. 그런데 전부 다 무보수이다(웃음)."

Q: 원래 조합이 생기기 전에도 일을 앞서서 하는 분이셨나요?

"전혀 아니었다. 그때는 할 수 있는 기회도 없었다. 조합이 있기에 내 일과 지위가 만들어진 것이다. 그때는 하겠다 해도 아무 것도 없는데 무엇을 할 수 있겠나? 대의원 역할이 컸던 것 같다. 뭔가 모범을 보여야 한다고 생각하게 됐다. 사실, 처음에는 (완주로컬푸드가) 이장들 중심으로 시작됐다. 그래서 이장으로서 사람들을 많이 조합에 참여시켜야 했다."

임 조합원이 '자리가 사람을 만든 것'이라고 말하는 것처럼 사회적경제 조직 참여는 그의 개인적 변화에 중요한 계기로 작용했다. 조합의 중추적인 역할인 대의원 활동을 하면서 정치적 임파워먼트를 경험했고, 결과적으로 지역사회의 리더로 성장한 것이다. 이는 더욱 발전해서 농촌사회에서 다양한 역할을 선도적으로 수행하는 것으로 이어졌다. '많은 조합원들이 책임의식을 가질 수 있도록 대의원 활동을 더 많은 사람이 하면 좋겠다'는 바람과 앞선 답변들을 종합해 볼 때, 임 조합원은 다른 조합원들의 정치적 임파워먼트도 제고하기를 소망하는 선도(善導)의식까지 지니게 된 것이다.

Q: 지금 대의원 2기 째인데, 새로운 인물도 있나요?

"많다. 1기는 대의원의 수 자체가 적었다. 그래서 새로운 인물이 많다. 지금은 조합원도 많아지고 대의원도 많아졌다."

Q: 대의원이 많아지면 의견도 달라지고, 갈등도 많지 않나요?

"당연하다. 그런데 다양한 의견이 나와야 발전한다. 100명이 찬성하기보다는 1명이라도 반대해야지 건강한 것이다. 이렇게 총회가 잘 돌아가는 것은 이사장의 공이 크다. 반은 그 사람이 한 것 같다. 다른 농가의 방문이 있을 때, 인솔자 태도를 보면 드러난다. 대다수는 인솔자가 적극성이 없다. 대다수는 공무원이고 아마 귀찮아 할 테고 책임감이 잘 없다. 그런데 완주는 농촌활력과를 군에서 만들기도 하고, 지속적으로 이것을 성공시키고자 하는 적극성이 있다. 이것이 성공해야만 한다고 공무원들이 생각을 갖고 있다. 완주의 브랜드를 성공시키고자 하는 열정이 있었다."

여기서 보면 임병목 조합원은 갈등과 타협이라는 민주주의의 본질을 체감하고 있다는 사실을 보여 준다. 자칫하면 회의에서 발생하는 갈등을 비효율적이라고 치부해 버릴 수 있다. 하지만 임 조합원은 "100명이 찬성하기보다는 1명이라도 반대해야지 건강한 것"이라며 다양한 의견을 교류하는 것 자체를 긍정적으로 평가하고 있다.

스스로 구체적인 조합의 미래상을 구체적으로 그리기도 한다. "완주군의 지원을 많이 받다 보니 셋방 사는 느낌이다. … 행정에서 독립되어야 한다는 생각에 처음으로 조합원 출자금으로 삼천매장을 내게 되었다."라고 밝히며 그는 협동조합의 경제적 자립에 대한 인식을 내비쳤다. 또한 로컬푸드에 대한 인식 제고를 위해 "체험농가를 확대해 협동조합의 근본취지를 소개하는 일" 역시 중요하게 바라보고 있었다. '조합원이 주인'이라는 점이 협동조합의 가장 큰 특징임을 생각할 때 임 조합원이 로컬푸드의 진정한 주인임을 알 수 있는 대목이다.

3. 민주주의 학습으로서의 임파워먼트

임파워먼트는 작은 승리(small wins)를 수반한다(Teresa and Kramer 2011). 참여자들은 미시적 단위에서 작은 '성취'를 맛보면서 조직과 일에 대해서 '재미있다', '할 수 있다'라는 감정을 느끼게 된다. 이것은 나아가 '이 점은 잘못된 것 같다' 그리고 '이것은 바꾸고 싶다'라는 의식까지 발전하게 된다. 그리고, 본인의 힘을 통해서 잘못이 개선되는 것은 또 다른 작은 승리로 작용해 임파워먼트는 지속적으로 발전하게 된다. 우리는 앞선 인터뷰를 통해서 주민들이 작은 승리를 거두는 과정을 살펴볼 수 있었다. 박희자 조합원이 밝히듯, 대부분의 조합원들은 초기에 로컬푸드의 성공을 의심했다. 하지만 그들은 '경제적인 성과'라는 작은 승리를 거둔 뒤에 조합에 대한 애정을 느끼기 시작한다. 나아가 임병목 조합원의 인터뷰에서 찾을 수 있듯, 조합원들은 조합에 대한 활발한 의견개진을 하면서 '규칙을 만들고 변경하는 경험'을 하게 된다. 이것은 '정치적 효능감'이라는 새로운 작은 성공으로 작동했고, 새로운 조합원들은 '대의원직에 출마'하는 등 지속적으로 성장하고 있다.

또한, 개인들의 작은 성공 외에도 협동조합이라는 '결사체'의 역할에 주목할 수 있다. 토크빌은 일찍이 공공성과 시민들의 덕성을 키우고 과도한 개인주의를 억제하는 결사체의 민주주의 학교 역할(art of association)에 주목한 바 있다. 앞에서 살펴 본 완주로컬푸드 조합원은 경제적 동기에서 협동조합에 참여했지만, 협동조합의 민주적 의사결정 과정 속에서 의식 변화를 경험하고 있다. 협동조합은 경제적 차원뿐만 아니라 정치적 차원의 의식 변화를 이끌어 내 주민들을 임파워하고 보다 각자가 적극적인 목소리를 내고 공적 의식을 확장시키는 역할을 하고 있는 것이다. 물론 조합원 모두가 그런 것은 아니겠지만 임병목 조합원이 지역사회의 리더로 거듭나는 모습은 사회적경제의 정치적 임파워먼트 효과를 생생하게 예시한다. "시골에 살면서 갖고 있는 직함이 8개나 된다."라는 임 조합원의 모습은 정치적 임파워먼트의 효과가 완주로컬푸드를 넘어서 완주 지역사회 내로 확장될 가능성도 보여 준다. 즉, 로컬푸드가 지속가능한 농촌 만들기라는 경제적 임파워 역할을 넘어서 지역사회 리더를 양성하는 '민주주의 학교'로서 기능해 정치적 임파워 수단으로서도 역할하고 있음을 시사한다.

앞에서 본 것처럼 완주로컬푸드를 비롯해 완주군 사회적경제 조직은 주민들에게 상당한 임파워먼트 기회를 제공하고 있다. 경제활동에서 배제될 수밖에 없었던 주민이 경제활동을 통해 보람과 가치를 경험했고, 몇몇 경우에는 대의원 활동을 통해 지역사회 리더로 성장하는 모습 또한 보였다.

물론 이러한 경험이 완주군 주민 전체에 적용되는 것은 아니다. 조합원들이 경험하는 임파워먼트 효과는 각자 상이하며, 같은 로컬푸드 대의원이더라도 박희자 조합원의 경우는 신뢰와 공동체에 대한 애정은 크게 늘어나되 정치적 임파워먼트를 경험했다고 보기 힘들다. 임병목 조합원의 경우에도 로컬푸드의 중요성과 의의에 적극적으로 공감하면서도 새로운 시스템 구축에는 소극적인 태도를 보인다. 추가적인 협동조합이 필요하지 않느냐는 질문에 임 조합원은 "안건, 규칙 제정 등이 힘들다. … 큰 협동조합 내에서 작목반 형태로 활동하는 것이 더 바람직하다."고 답했다. 정치적 임파워먼트의 효과가 완주군이라는 보다 넓은 지역사회에서보다는 로컬푸드 내에서 강하게 작동하고 있는 것이다.

Q: 혹시 선생님께서 다른 지역으로 이사가시면, 조합을 새로 만들 의향이 있으신가요?

"'못'할 것 같다. 해 보니, 시스템을 만드는 것이 너무도 어려운 것을 알았다. 기나긴 어려움이 따른다. 또, 완주에서 마을기업 100개 만들기 사업 등 적극적이었다. 내가 이장이어서 마을기업을 하나 해 보았는데, 절차상 어려움보다는 주민들 간의 교류가 처음에는 너무나 힘들었다. 또, 처음에는 서로에 대한 불신도 있었다. 바뀌는 것이 쉽지가 않다. 그래서 마을기업은 2년 정도 하다가 포기했다. 돈 몇 푼으로 잔잔한 마을에 분란을 일으킬 수 있다고 생각했다. 그런 아직까지는 이해라는 부분, 양보라는 부분은 힘든 측면이 있다. 물론 잘 되는 곳도 있지만 대체적으로 어려운 측면이 많다."

임 조합원은 본인의 역량만으로 새로운 조합을 만드는 것에는 손사래를 치며, 로컬푸드가 군의 지원과 이사장과 본부장 등 협동조합 내 리더십의 역할이 필수적이었다고 평가한다. 또한 임 조합원은 "정착이 잘 되면 다른 인물이 이사장을 맡아도 유지될 것 같지만, 아직까지는 다른 사람보다는 이사장에게 신뢰가 크기 때문에 힘들 수 있다."라며 향후 조합의 미래에 대한 의견을 내놓았다. 안대성 이사장의 적극적이고 조합원 중심적 가치관은 조합원들에게 긍정적인 임파워먼트를 꽃피우는 데 중요한 역할을 하고 있었다. 하지만 조합이 지속적으로 유지되기 위해서는 관과 직원들의 도움 없이 모든 조합원들이 조합에 대한 애착을 갖고 경제적-정치적 활동을 지속해야 할 것이다. 다만 임병목 조합원은 '아직까지는'이라고 밝히면서, 조합원들의 임파워먼트가 더 고양될 때 비로소 자율적이고 자발적인 협동조합 본연의 모습이 될 수 있음을 보여 준다.

Ⅳ. 결론 및 제언

완주군의 사회적경제는 농민들에게는 희망으로 읽혔다. '저소득 소농을 월급 받는 농민으로 만들기'라는 완주군의 정책은 그 목표를 달성했고, 농민들의 경제적인 삶은 훨씬 풍요로워졌다. 다른 한 편으로는 완주군의 사회적경제는 주민들의 의식에도 큰 변화를 일으켰다. 두 조합원과의 심층 인터뷰에서 살펴보았듯, 협동조합에 참여하기 이전과 이후의 변화가 뚜렷하다. 경제적-정치적 의식이 한층 성장했고, 나아가 적극적으로 조합의 '주인'이 되어 가고 있었다.

서울시 마을공동체 위원장을 역임한 조한혜정 교수는 "국민에서 시민이 되기 위해서 달려왔더니 난민이 되어 있었다."라고 대한민국을 진단한 바 있다(조한혜정 외 2016). 이는 군부정권 시절 강한 행정에 의해서 억눌렸던 정치의식이, 민주화된 이후에도 여전히 억눌려 있다는 것이다. 그녀는 민주화 이후에도 시민단체 등 정치표출의 창구가 '지식인과 전문가'들만의 모임이 되었고, 이에 따라 여전히 시민정치가 사장되어 있는 현실을 꼬집는다. 조 교수는 이에 대한 대안으로 "다시 시민이 되기 위해서 우선 주민이 되어야 한다."라고 주장한다. 즉, 자신이 발 딛고 있는 마을에 '주체적으로 참여하는 주민'이 됨으로써 동네라는 미시적 단위에서 시민으로 성장하게 되고, 이는 나아가 국가라는 거시적 단위에서 주체적인 시민이 되는 밑바탕이 된다는 것이다.

완주군의 사례는 사회적경제 조직이 참여자들을 임파워하고, 민주적 의식을 발전시키는 데서 효과적일 수 있음을 보여 준다. 비록 완전한 것은 아니며 조합 내에 국한된 성격이 더 크지만, 일반 농민을 지역사회의 리더로 성장시키는 사회적경제의 정치적 효과는 주목할 대목이다. 조합에 대한 강한 애착이 생면부지인 군 전체의 농민으로 번지고 있다는 점에서 정치적 임파워먼트의 확대 가능성이 엿보인다는 점도 고무적이었다. 완주군에서의 혁신이 채 10년이 되지 않는 기간임을 감안한다면 향후가 더욱 기대된다고 볼 수 있다.

우리는 완주군 사례를 통해 '동네 안의 시민경제'가 '동네 안의 시민정치'(김의영 외 2015)와 상호강화적이라는 점을 확인할 수 있었다. 물론 지금까지의 변화도 매우 크지만 완주군은 앞으로가 더욱 기대되는 지역이었다. 완주가 '로컬푸드 1번지'뿐만 아니라 '민주적 농촌 1번지'가 될 가능성을 주민들을 통해 발견했기 때문이다.

지역 활성화 전략으로서의 사회적경제 : 전주시 행위자들의 제도·정책·전략을 중심으로

배병진 · 임기홍

"대기업과 은행의 이익은 지역에서 순환하지 않는다."

– 다타이 타다시 일본 구루메대학 교수[1]

"국민소득 3만 불, 4만 불 시대로 간다고 우리가 행복해질까? 전주를 서울보다 부자는 아니지만, 서울보다 행복한 시민들이 사는 곳으로 만들고 싶다."

– 김승수 전주시장[2]

Ⅰ. 들어가며: 개괄 및 전주 사회적경제 현황

1. 개괄

전주시는 문화와 예술의 고장, '전주 인심'으로 잘 알려져 있으며, 특히 한옥마을은 전주를 대표하는 심벌이자 주요 관광지이다. 유명 여행 가이드북인 『론리플래닛』은 최근 발표한 '1년 안에 가봐야 할 아시아의 10대 명소'에서 전주한옥마을을 아시아 명소 3위로 소개한 바 있다.[3] 또 지난 5년간 전주한옥마을에 한해 이뤄졌던 '슬로시티'[4] 인증은 2016년 들어 전주시 전체로 확대되었고, 2011년 350만 명 규모의 한옥마을 관광객은 2015년 들어 965만 명으로 약 3배가량 증가했다.[5]

그러나 한옥마을의 성공을 제외한다면 전주시의 경제와 사회는 몇 십 년째 침체되어 있다. 경기 침체뿐 아니라 고용, 주거, 사회서비스 등 사회 제 분야에서 쇠퇴를 겪고 있으며, 지역소득의 외부 유출 역시 심각한 수준이다. 그밖에 인구

1. 한일국제포럼. 2014. 1. 18. '전주 종합경기장을 협동경제의 메카로' 메인 발제.
2. 소중한. "소득 3만불이면 행복? 전주시장의 도발적 질문." 오마이뉴스. 2015년 9월 4일자.
3. 임청. "여행바이블 론리플래닛 "전주한옥마을, 아시아 명소 3위로 소개."" 연합뉴스. 2016년 7월 14일자.
4. 슬로시티는 '유유자적한 도시, 풍요로운 마을'이라는 뜻의 이탈리아어 치타슬로(cittaslow)의 영어식 표현이다. 전통과 자연생태를 슬기롭게 보전하면서 느림의 미학을 기반으로 인류의 지속적인 발전과 진화를 추구해 나가는 도시라는 뜻이다.
5. 임청. "전주시 국제슬로시티 재인증 성공…전통생명문화 중심지 '우뚝'." 연합뉴스. 2016년 5월 31일자.

그림 10.1 전북 전주시 행정구역 지도

의 고령화, 청년 인구의 유출 등 지역생산인구 감소 역시 지역 침체에 주요 원인이 되고 있다.

또한 한옥마을의 외적이고 양적인 성장이 전주시민들의 삶의 질에 긍정적인 영향만을 끼친 것은 아니다. 우선, 한옥마을의 규모가 커지면서 기존 거주민들이 거처를 옮기는 경우가 다수 발생했고 타 지역에 거주하는 임대 사업자 및 부동산 사업자가 다수 유입되면서 지역의 지가와 임대료가 크게 상승했다. 전통 한옥마을의 문화 보존과 체험이라는 본래의 의도와 달리 상업화가 급속히 진전되면서 한옥마을 본래의 매력을 상실하고 있다는 지적도 근래 계속 제기돼 왔다.

때문에 전주시와 시민들은 2000년대 중반 이후 지역의 활성화를 위해 새로운 대안에 눈을 돌리기 시작했다. 2014년 지방선거는 이러한 문제의식이 표출되고, 후보자들이 주민들의 요구를 수용하는 방식으로 진행되었다. 시장에 출마한 주요 세 명의 후보 모두 사회적경제를 지역 활성화를 위한 주요 전략으로 제시했고, 사회적경제와 관련된 공약을 주요하게 다뤘다. 선거 당시 김승수 후보는 5대 공약 중 첫 번째로 '사회적경제 1번지 전주'를 내세웠고, 당선 이후 일관되게 사회적경제 활성화를 위한 정책을 수립 및 실시하고 있다. 가령, 전주시는 시에 사회적경제국을 새로 설치하고 중간지원조직을 설립했으며, 사회적경제 조직 및 전주 시민사회조직과 일상적이고 밀접하게 소통하고 있다.

이러한 전주시의 움직임은 두 가지 면에서 주목할 가치가 있다. 먼저, 상당수 지자체가 지역 발전 혹은 지역 활성화를 위해서 주로 대규모 공단을 조성하거나 대기업을 유치하는 데 노력했던 것과 비교하여, 전주는 사회적경제, 지역순환경제 등의 지역화를 강조하고 있다. 물론 지역순환경제가 전주만의 특징은 아니지만,[6] 대형자본의 유입을 거부하는 선택을 한 것은 분명 쉽지 않은 결정일 수 있다. 둘째, 외부에서의 지원보다 내부 자원을 잘 활용하는 전략을 택할 시, 지역 구성원들의 참여가 반드시 필요하다. 이를 위해 전주시는 '도시재생-공동체-사회적경제'를 긴밀히 연계하는 전략을 택하고 있다. 공동체와 사회적경제를 묶는 경우는 많이 발견할 수 있지만, 도시재생과 연계하였다는 점은 특이한 부분이다. 관련하여 필자들은 구체적인 실행계획이 무엇인지를 살펴볼 필요가 있다고 판단하였다. 아직 전주시의 사회적경제가 뚜렷한 성과를 내고 있는 것은 아니지만, 전주시의 전략이 실행가능성과 효용성 등의 측면에서 가치가 있다면 비슷한 문제를 안고 있는 지자체가 벤치마킹할 수 있을 것이다.

이어지는 절에서는 간략히 전주 사회적경제의 현황을 살펴볼 것이다. II절에서는 전주 지역문제를 상술하고 이를 해결하기 위한 전주의 고민과 선택을 역사적으로 기술할 것이다. 또 기존의 도시재생과 전주의 지역재생 혹은 지역 활성화가 어떻게 다른지에 대한 설명을 제시하고 있다. III절에서는 행위자를 중심으로 전주시의 대응을 분석하고자 하며, IV절에서는 '굿 거버넌스 연구 분석틀'을 활용하여 전주 사회적경제 거버넌스에 대한 분석을 시도하고 있다. 결론인 V절은 전주 사회적경제의 지속가능성과 관련한 제언을 제시하고 있다.

2. 전주시 사회적경제 현황

전주시는 전라북도의 도청 소재지로 분지를 이루고 있다. 면적은 206.22㎢이며 행정구역은 2구 33개동으로 구성되어 있다. 2016년 7월 현재 전주시의 인구는 652,617명이다. 전주시의 사회적경제 조직의 총 수는 2016년 8월 기준 319개이며, 그 내역은 표 10.1과 같다.

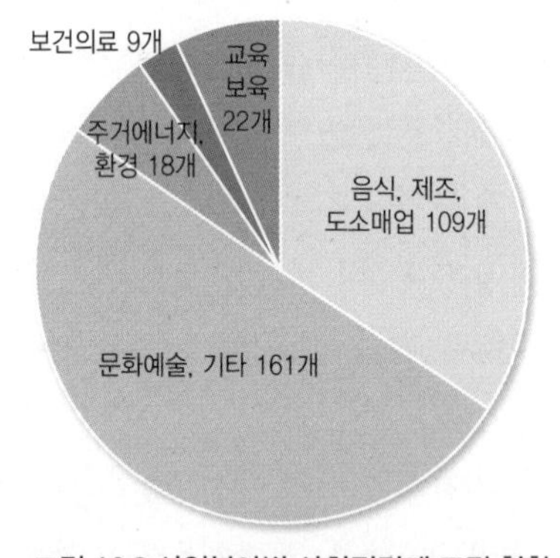

그림 10.2 사업분야별 사회적경제 조직 현황

6. 김진열 외(2016)는 "최근 지역경제발전의 패러다임이 지역의 문제를 지역에서 해결하고 지역의 자생력을 기르는 내생적 지역발전이 중시되고 있"다고 지적했다(김진열·정문기·이규명 2016: 339).

표 10.1 전주시 사회적경제 조직 현황 (2016년 8월 기준)

구분	계	사회적기업	협동조합	마을기업	자활기업	사회적경제 중간지원조직*
전주시	319	62	232	5	20	2

출처: 전주시청 사회적경제과

* 중간지원조직은 "공생과 협력을 목표로 지역사회와 시민사회단체 간의 변화와 요구를 파악하여 인재자금정보 등을 제공하고, 시민사회단체 간의 중개역할을 수행하며, 다양한 영역에서 요구하는 서비스의 수요와 공급을 코디네이터 하는 조직"이다. "본래 주기능이 코디네이터 기능이지만 최근 들어서는 지역의 다양한 문제들을 직접 해결하기 위한 사업들을 진행"하기도 한다(전창진·정철모 2014: 302).

II. 전주의 고민과 선택: 도시쇠퇴와 2014년 지방선거

한옥마을로 잘 알려져 있는 전주시는 전통과 문화 그리고 관광 중심의 도시 특성을 두루 갖추고 있다. 하지만 동시에 전주는 공업 생산의 기반이 미미한 도농복합 지역이다. 급속한 경제성장으로 점철된 한국의 발전 모델 속에서 산업 기반이 취약한 전주는 갈수록 지역성장의 원동력을 상실하고 있다. 더 큰 문제는 이것이 전주만의 이야기가 아니라는 점이다. 지방과 수도권의 양극화는 보다 심화되고 있다. 국토의 불균형적 성장은 이미 오래 전부터 논의돼 왔으나 경제적인 측면만을 강조하는 경향이 있었다. 하지만 경제적 부만이 아니라 젊은 세대의 인구와 고급인력이 지방을 빠져나감으로써 '도시쇠퇴' 현상은 심화되고 있다.

도시쇠퇴는 도시의 인구가 감소하고 제반 도시기능이 약해져 도시의 경제력, 기능 및 세력이 쇠락하는 현상(김항집 2011)을 뜻한다. 도시쇠퇴는 크게 네 가지 요인에 따라 각각의 유형으로 나눠진다. 물리적 쇠퇴(physical decay), 경제적 쇠퇴(economic decline), 사회적 불이익(social disadvantage), 소수민족(ethnic minorities)이 그것이다. 한국의 경우는 일반적으로 물리적 쇠퇴와 경제적 쇠퇴로 인해 진행된다. 물리적 쇠퇴의 경우 주택의 노후화, 구식 공장과 주택의 혼재, 공가 및 공지의 증가 등의 현상을 보이는 반면 경제적 쇠퇴는 높은 실업률과 신규 제조업에 대한 투자 부족, 고급인력 유출과 높은 미숙련 노동자 비율 등의 현상을 보인다. 수도권과 대도시에 비하여 도시발전을 위한 기반과 역량이 매우 미약한 지방 중소도시에서 이러한 도시쇠퇴가 두드러지게 나타난다.

좀 더 전주 및 전북 지역에 초점을 맞춰 보자. 전라북도는 14개 시·군으로 이루어져 있는데 그중 10곳에서 도시쇠퇴가 진행 중인 것으로 나타났다.[7] 도시쇠퇴 진행 지역으로 선정된 10개 지역 중 익산, 남원, 순창, 진안 등 4개 지역은 3가지 평가항목 요건 모두를 충족해 심각한 도시쇠퇴가 이뤄지고 있는 것으로 파악되었다. 또한 전북 지역에는 3가지 요건을 모두 벗어난 '성장하는 도시'는 단 한 곳도 없는 것으로 드러났다.

전북은 재정자립도 측면에서도 취약하다. 2015년 기준으로 전북의 재정자립도는 본예산 기준으로 15.1%인 것으로 집계되었다. 각 지역의 수입 중에 자체적으로 동원하는 수입의 비율이 약 15%에 불과한 셈이다. 나머지 85%는 재정보전금과 지방교부세 등을 통해 중앙정부의 재원에 의존하고 있음을 의미한다. 전주, 익산, 군산 등 전북 6개 시의 재정자립도 평균치는 18.1%로 파악되었는데, 이는 전국 시 단위의 재정자립도 평균치인 31.1%에 한참 못 미치는 수치이다. 전북 지역의 평균 재정자립도는 특히 2010년부터 줄어들고 있는 추세다. 2010년 19.3%에 달했던 전북 지역 시·군 평균 재정자립도는 2011년 18.3%, 2012년 18.4%, 2013년 18.5%로 감소세를 보이다가 2014년에 15.4%로 급감했다.[8] 재정 규모는 복지와 사회간접시설 수요 등으로 갈수록 증가하는 반면, 자체 수입 증가율은 도시쇠퇴 현상으로 인해 수요를 따라가지 못하기 때문이다.

전주와 전북의 쇠퇴 현상을 단편적으로 보여 주는 또 다른 측면은 지역소득의 역외유출이다. 2013년 기준으로 타 지역으로 유출되는 전북 지역의 소득이 연간 5조 원대에 육박한 것으로 파악되었다. 한국은행의 지역소득 역외유출 실태조사 보고서에 따르면 전북 지역의 최근 10년 새(2000~2010년) 도내 지역내총생

7. 이는 후술할 〈도시재생 활성화 및 지원에 관한 특별법〉이 시행되기에 앞서 전국 228개 시·군·구를 대상으로 이루어진 도시쇠퇴에 대한 조사를 바탕으로 한 것이다. 도시쇠퇴의 요건으로는 인구감소(최근 30년간 최대치 대비 현재 인구 20% 이상 감소), 산업 쇠퇴(최근 10년간 최대치 대비 사업체 수 5% 이상 감소), 주거환경 악화지역(준공 20년 이상 노후건축물이 전체 건물 중 50% 이상) 3가지가 고려되었다. 앞서 언급한 물리적 쇠퇴와 경제적 쇠퇴가 고려된 것이다. 도시쇠퇴 진행지역은 해당 요건 중 2개 이상을 충족하는 지역이다.
8. 박임근. "전북 8개 군 재정자립도 10.4%대 '바닥'." 한겨레. 2015년 9월 7일자.

표 10.2 전북 지역소득 역외유출 실태

구분	2000년	2010년
지역내총생산(GRDP)	19조 2986억 원	34조 6430억 원
지역총소득(GRI)	18조 867억 원	28조 3842억 원
1인당 가처분소득	718만 원	1202만 원
지역소득 역외유출	1510억 원	4조 8751억 원

출처: 한국은행(정성학 2013 재인용)

산(GRDP)은 약 80% 증가하면서 34조 원대로 커졌다. 연평균 5%에 가까운 고성장의 결과였다. 하지만 표 10.2와 같이 지역총소득(GRI) 증가율은 이보다 23% 낮아 지역내총생산 대비 82% 수준에 머물렀다. 역외유출 소득은 2010년에만도 약 4조 8751억 원대로 추산됐다. 도민의 가처분소득도 전국 최저 수준인 1명당 1200만 원대에 불과했다. 소득증가율이 타 지역에 비해 낮기 때문이기도 했다. 특히 유출되는 지역소득의 증가세가 두드러져 2000년 이후 3,129%에 달한다. 이는 전국 최악에 해당한다. 보고서는 유출통로로서 타 지방에서 지출되는 교육비와 의료비도 꼽고 있지만 무엇보다 주로 타 지방에 본사를 둔 대기업으로 추정하고 있다.

전주와 관련이 깊은 대기업은 롯데이다. 현재 전주에서 유일한 백화점인 롯데백화점이 입점한 이후 주변 지역상권을 몰락시켰다는 지적이 있다. 롯데백화점 전주점이 4년 동안 벌어들인 6000여억 원 중 10%가량만 전북에 남기고 나머지는 역외로 유출되었다는 분석도 있다.[9] 부근 지역상인들은 백화점에 비해 접근성이 용이한 지역으로 이전해서 틈새시장 공략으로 활로를 모색했지만 전주종합경기장에 롯데복합쇼핑타운을 유치하는 사안이 논의되자 대기업의 경제유출이 또 다시 화두에 올랐었다. 전주시의회 박진만 의원 측은 종합경기장 개발사업의 전면 재검토를 촉구하면서 롯데쇼핑이 들어서면 1조 4000억 원이 유출될 것이라 밝힌 바 있다.

9. 박기동. "롯데백화점, 도내 경제에 어떤 영향을." 전민일보. 2008년 1월 13일자.

"지역에서 돈이 돌아야 하는데 그 혜택이 대기업 백화점이나 마트들이 들어서면서 지역자본이 외부로 유출되잖아요. 그러니 지역경제 순환 구조가 무너질 수밖에 없죠. 이마트의 경우 연간 3000억여 원에 가까운 매출을 올리고 재래시장을 잠식하고 있지만 지역 복지사업에 환원한 금액이 얼마인지 아시나요? 매출액의 0.1%도 안 됩니다."
– 육이수 전북노동복지센터 소장[10]

대기업은 지방의 고급인력의 유출과도 관련이 있다. 대기업의 연구소와 공장이 입주해 있는 지역은 경제적인 특수를 누릴 수 있겠지만 한편으로는 의존을 의미한다. 입주 지역조차 기업의 내부적 판단하에 시설이 이전될 경우 전문인력 및 숙련노동자가 실업이나 지역유출을 야기하게 된다. 실제로 2015년 전주에서는 현대자동차 공장이 연구 인력의 일부를 경기도 화성으로 이동하기로 결정하면서 논란이 된 바 있다. 전라북도청은 "현대자동차 전주공장은 1995년부터 가동된 이래 20년간 전북 도민의 사랑을 받아온 대표적 향토기업으로 연구인력 유출은 지역경제에 미치는 영향이 지대하다."며 반대 입장을 밝혔다.

이와 같은 도시규모의 스케일로 발생하는 도시쇠퇴의 문제를 극복하기 위한 정책적 대안이 바로 '도시재생'이다. 도시재생은 1980년대 유럽을 중심으로 대두된 개념으로 우리나라에서 도시재생이 논의되기 시작한 것은 2000년대를 전후해서이다. 하지만 그동안의 도시재생 사업은 장기적인 재생전략 없이 도시환경정비사업의 일환으로서 주택재개발사업에 치중해 왔다. 그러다 보니 침체되고 있는 지방 중소도시에서는 새로운 신시가지를 개발하거나 전면철거방식으로 주택단지를 재개발하는 물리적 재생사업이 주류를 이루어 왔다(김항집 2011). 특히 이 또한 수익성 있는 지역을 중심으로 이루어져서 도시 활력의 원천이 기존 도심부 재생은 제대로 추진되지 않았다.

이러한 기존의 도시재생의 방향에 대해 2000년대 후반부터 반성이 제기돼 왔다. 물리적 환경정비 위주의 접근으로는 고용, 복지, 문화 등 복합적인 도시문제의 해결이 어렵고 인구감소 및 산업이탈 등 도시경제 기반의 상실에 대한 고려

10. 인터뷰 일자: 2016. 8. 25.

가 부족했다는 것이다. 이를 인지한 정부도 2007년부터 국가R&D의 일환으로 지역특성을 반영한 도시재생 정책방향을 모색하고 그 일환으로 2013년 6월에 「도시재생 활성화 및 지원에 관한 특별법」이 제정되었다.

도시재생의 새로운 패러다임에 대한 논의가 지속되고 있지만 현장에서의 변화는 감지하기 어렵다. 김혜천(2013)은 실제 도시재생 사업이 추진되는 현장에서는 도시재생 사업을 여전히 전통적인 물리적 환경개선 중심의 사업으로 인식하고 있다고 지적한다. 즉, 지방자치단체나 공기업, 민간 개발업체 관계자들은 여전히 도시재생 사업을 도시 재개발로 인식하고 있다는 것이다. 실제로 국토교통부 산하연구기관인 국토개발원의 보고서 〈원도심 쇠퇴현황 및 도시재생 추진방향〉(2013)을 살펴보면 기존의 시각에서 크게 벗어나지 못했음을 알 수 있다. 도시를 대표하는 지역으로서 원도심이 정체성과 매력을 지닌 곳으로 재생될 필요성을 역설하고 있지만 결국엔 투자의 선순환을 강조한다. 정책방향으로 "다양한 주거유형 및 도시의 고차 서비스 기능을 담는 복합용도로 개발"과 "공공 공간을 우선적으로 조성함으로써 집객력 제고 및 민간투자 유도"를 제시하고 있다. 그나마 단순한 개발적인 관점과 차별적인 대목은 역사문화자산 등의 적극 활용에 대한 논의하는 부분이다. "역사문화자원을 보존·확충하면서 다양한 이벤트 등 소프트한 요소들을 연계·활용함으로써 원도심을 시민의 중심활동공간으로 자리매김"하여 외부 인구와 수요의 유입을 확대해야 한다고 언급하고 있다.

지역특화 산업의 발굴이나 도시 정체성의 강화를 위한 도시 문화유산의 보존과 활용을 통한 사회경제적 도시재생 재건축 중심의 재생사업의 대안으로 한동안 많은 논의가 있었다. 일본의 가나자와시와 영국의 쉐필드시가 모범사례로서 주로 언급된다. 역사문화자산을 활용하는 도시재생의 주요 골자는 물리적 도시환경의 정비에 있어서도 장소적 맥락에 맞게 문화연계 전략을 통하여 소프트웨어와 관광·문화·체험 프로그램을 육성하고 도시의 문화적 정체성을 강화하는 방향으로 나아가야 한다는 것이다(김항집 2011; 조명래 2011; 김혜천 2013; 홍성덕 2015). 전주는 이러한 맥락에서 성공적인 국내사례로 꼽힌다. 바로 한옥마을이 있기 때문이다.

하지만 필자들은 한옥마을을 역사문화자원을 활용한 성공적인 도시재생 모델로 볼 수 있는지에 대해 의문을 갖게 되었다. 한옥마을의 상업화가 급속히 진전되면서 한옥마을 본래의 매력을 상실하고 있다는 지적이 근래 계속 제기되어 왔기 때문이다. 같은 맥락에서 전주KBS는 2013년 10월 23일에 "한옥마을 정체성 찾기"란 주제로 토론을 방영했고, JTV는 『시사기획 판』 프로그램에서 2013년 8월 13일 "전주한옥마을의 변질"이란 주제를 다루었다. 특히 전주한옥마을의 관광지화 과정에서 발생하는 명암에 주목하는 진양명숙·문보람(2014)의 연구는 주목할 만하다. 우선, 한옥마을 일대에서 고령화가 계속 진행되는 데다가 주거기능이 점점 쇠퇴되는 현실을 지적한다. 한옥마을 일대의 인구와 젊은 세대가 지속적으로 감소하면서 주민의 고령화는 20.4%로 전주시 고령화 10.0%의 2배에 다다랐다. 또한 저자들은 전주 한옥마을의 전통은 새롭게 발명된 하나의 상품이면서, 전통의 선택과 배제가 작동된 '정치적' 과정이라고 지적한다.

더 나아가 다수 주민들과의 인터뷰를 통해 공동체가 균열되는 조짐이 나타났다. 이에 대해서 이선희(2011)는 한옥마을 사례로 전통문화구역 정책이 주민사회에 끼치는 영향을 비판적으로 밝히고 있다. 한옥마을이 관광개발 지역으로 본격화되면서 전주한옥마을보존협의회라고 하는 단체가 기존의 주민자치 조직들을 흡수하면서 생겨난다. 하지만 전주한옥마을보존협의회는 관 주도로 만들어진 단체의 성격이 짙었다. 자생적으로 생겨난 것이 아니라 전주시가 주민과의 협의 창구의 필요성을 느끼면서 조직된 것이다. 이러한 태생적 한계 때문에 사업을 전개하는 과정에서 마을 내 조직들 간에 갈등이 빈번하게 나타났다(이선희 2011). 이처럼 과도한 상업화 이외에도 복합적인 문제들이 결부된 한옥마을은 전주의 장기적인 원동력보다는 전주 도시쇠퇴의 또 다른 장면에 더 가까워 보인다.

여러 측면에서 도시쇠퇴 혹은 지역침체의 현상이 발견되는 전주는 새로운 전략이 필요해 보인다. 그러한 변화에 대한 지역적 요구 속에서 치러진 2014년 전주시장 선거는 특별했다. 현재 전주시장인 김승수 후보의 선거캠프의 정책실장이자 현재는 사회적경제 도시재생 센터장을 맡고 있는 임경진 센터장의 말을 들어 보자.

사진 10.1 임경진 센터장과의 인터뷰

"14년도 전주시장 선거 후보들이 모두 공동체 정책으로 경쟁했거든요. 토건, 대기업 중심의 공약을 전혀 찾아볼 수 없었던 선거였죠. 그때, 아, 이것이 시대적 흐름이구나 싶었죠." – 임경진 전주시 사회적경제·도시재생지원센터 센터장[11]

2014년 6.4 지방선거에서 전주시장 선거에는 김병석, 김승수, 장상진, 임정엽 이렇게 총 네 명의 후보가 출마했다. 김병석 후보는 새누리당 소속으로 도시재생계획과 '주민 권익보호 민원센터' 설립을 대표 공약으로 제시했다. 다른 지역의 성공사례를 벤치마킹하여 전통형 도시재생을 기본방향으로 삼고, 전주 선미촌정비 민관협의회와 관련기관 및 업주대표 등과 함께 민관 거버넌스를 구축하겠다고 밝혔다.[12] 무소속 출신인 장상진 후보는 신속한 민원 해결을 위한 '자치법령 해석심의위원회' 운영과 재래시장 활성화를 주요 정책으로 들고 나왔다. 하지만 선거에서 호각지세를 보인 후보들은 새정치민주연합 김승수와 무소속 임정엽이었다. 임정엽 후보는 2006년부터 2014년까지 제42대, 제43대 전라북도 완주군 군수를 역임했다. 그는 특히 지역농산물 판로 확대를 위해 추진했던 완주로컬푸드로 잘 알려져 있다. 임정엽 후보는 사회적경제 조직 300개 육성,

11. 인터뷰 일자: 2016. 8. 25.
12. 조양덕. "후보 핵심공약 비교분석_전주시장." 전라매일. 2014년 5월 20일자.

지역순환형 경제일자리 10,000개 육성, 사회적경제지원센터를 통한 계층별 협동조직 육성, 참여형 노인일자리 2,000개 창출, 청년 해외취업 및 연수 지원센터 설치 등 창조적이고 지속가능한 좋은 일자리 2만개 만들기를 대표공약으로 내놓았다. 공동체가 살아나는 원도심 재생과 상생협력을 위한 다양한 연리지 사업을 중심으로 전주·완주통합 재추진도 제시했다.[13]

김승수 후보의 대표 공약은 전주형 마을공동체 사업을 체계적이고 단계별로 추진하기 위해 지원조례 제정, 민관협력 중간지원조직 구축, 행정지원체계 '사회적경제지원국' 신설 등을 내세웠다. 김승수 후보는 무엇보다 선거기간 내내 전주종합경기장을 롯데쇼핑에 매각하는 사안에 대해 반대 입장을 강하게 밝혀왔다. 현재 김승수 전주시장의 정책으로 이어진 핵심 공약들은 뒤에서 보다 자세히 다룰 예정이다. 이처럼 전주의 2014년 기초단체장 선거는 공동체와 거버넌스 그리고 사회적경제가 쟁점이 된 선거였다.

실제로 전주에서는 시장의 교체 이후 많은 변화가 일어났고 현재도 새로운 정책들이 시도되고 있다. 그렇지만 최근 전주의 변화는 관의 역할뿐만 아니라 전주라고 하는 지역이 가지는 특수한 배경과 시민사회의 역량이 있었기에 가능했다. 전주시의 새로운 원동력을 구성하고 있는 요소들을 심층적으로 살펴보자.

Ⅲ. 전주시 사회적경제 행위자 분석: 시민과 시장

1. 전주의 환경적, 역사적 배경

사회적경제의 핵심 가치인 연대와 협력은 한국 전통에서는 인심(人心)으로도 이해될 수 있다. 그러한 측면에서 전주는 예로부터 인심으로 소문나 있었던 것 같다. "미인은 강계와 강릉, 장사는 고흥과 함흥, 인물은 안동과 정주라 하듯이 인심하면 전주"라는 옛말이 있다고 한다. 또한 옛날 보부상인들이 서로 인사를

---

13. '전주를 바꾸는 임정엽의 희망약속'이라는 주제로 선거공약서를 출간했다.

사진 10.2 김승수 전주시장과의 인터뷰

나누다가 고향이 전주라고 하면 인사를 한 번 더 하거나 장사가 힘들면 전주 방향을 향해 지본인심이 난망하다며 절을 하는 관례도 있었다고 한다. 1963년에 전주에서 개최된 제44회 전국체전은 전주의 인심을 보여 주는 여러 가지 의미 있는 기록을 남겼다. 선수단을 모두 수용할 만한 숙박시설이 부족해서 전주시민들이 대규모 민박을 실시하여 인정체전, 민박체전이라는 말을 남겼다.•14 전라북도 최초의 종합운동장이기도 한 전주종합경기장은 전국체전을 유치하면서 도민성금으로 세워졌다. 김승수 전주시장은 이와 관련하여 전주라는 지역과 시민들에 대해 상당한 자부심을 느끼고 있었다.

> "우리 전주는 역사와 문화를 바탕으로 다른 지역에 비해서 공동체성이 굉장히 강합니다. 정으로 뭉쳐져 있는 지역입니다. 전주사람들은 예부터 음식 장사해서 돈 버는 것을 부끄러워합니다. 자기가 먹을 만큼만 하지 먹는 걸로 이윤을 남기면 안 된다면서요. 전주 분들이 순하고 인정이 많기 때문에 사회적 자본과 같은 자산이 두텁죠."
>
> – 김승수 전주시장•15

그 덕분인지 전주는 전국 자치단체 최초로 사회적기업 육성기금 조성을 추진

14. 중앙일보. '체전 이모저모.' 1980년 10월 7일자.
15. 인터뷰 일자: 2016. 9. 2.

했고 사회적기업 지원조례를 제정했다. 또한 한동안 전국적인 뜨거운 감자였던 대형마트 및 기업형슈퍼마켓(소위 SSM)의 의무휴업이 처음 논의되고 시행된 곳도 바로 전주였다. 2012년 전주시의회는 대형마트 영업제한 조례를 만들었다. 2014년 서울고등법원은 대형마트 의무휴업을 위법으로 판결 내렸지만 대형마트와 SSM 점장들은 "전주시의 조례대로 의무휴업에 동참해 나갈 것이다."라고 밝히기도 했다.[16] 한편 전주시의 '엄마의 밥상' 사업도 전주의 공동체성이 돋보이는 사례이다. 김승수 시장이 취임한 이후에 처음으로 결재한 사업으로, 자치분권 정책박람회에서 보편적 복지와 지방자치 분야 전국 우수사례로 소개되고 최근에는 감사원 표창을 받기도 했다. 이 사업은 아침밥을 제대로 먹지 못하는 청소년과 어린이에게 도시락을 전달하는 사업이다. 전주시 정책 BEST 10에 대한 설문조사에서 시민들은 '엄마의 밥상'을 1위로 꼽기도 했다. 더욱 유의미한 대목은 120세대 183명으로 시작했는데 시민들의 후원과 개인 정기후원, 기관 등의 성금이 이어지면서 현재 180세대 277명으로 대상이 확대되어 운영되고 있다는 점이다. 이를 벤치마킹하기 위해 충남 아산시와 서울 서대문구, 금천구 등 전국 지자체 공무원들이 방문하는 등 '엄마의 밥상'은 전주의 인심과 공동체성을 보여 주는 대표적인 사업이다.

이러한 전주가 가지는 지역적 특수성은 사회적경제와도 관련이 있다. 전통문화 도시답게 전주에는 예비사회적기업 62개 중 문화관광 업종은 12개나 된다. 전주시 입장에서는 동종 업종의 예비사회적기업이 지역적 공간에 비해 많은 것에 대해 부담이 있을 수 있다. 그럼에도 전주 지역 문화관광 예비사회적기업들은 경쟁보다는 협업을 위해 '아리'라는 단체를 만들고 협동조합 '사이'를 만들어 공생의 방향을 모색하고 있다.

2. 시민사회의 역량

또 다른 전주의 힘은 사회의 다양한 분야에서 일어나고 있는 사회적경제적 움

16. 장정철. "전주시 대형마트 "의무휴업 그대로 유지"." 전북도민일보. 2014년 12월 17일자.

직임에 있다. 의료에서부터 문화, 예술 그리고 장례까지 여러 영역에서 발산되고 있는 시민사회의 역량을 한번 살펴보자. 그에 앞서 학계 네트워크를 통한 사회적경제 활성화 협력이 돋보인다. 관이 사회적경제 정책을 일방적으로 주도해 나가는 것이 아니고 학계와 같은 그 지역의 주요 구성원들과 필요성을 공유하고 지역경제 및 도시쇠퇴의 대책을 함께 강구하는 것이 중요하기 때문이다. 전북대학교 유남희 교수는 이러한 취지하에 학교 산하 사회적경제 연구센터 설립을 추진하여 현재 센터장을 맡고 있다. 그가 동시에 이사장을 맡고 있는 전북사회경제포럼은 고용노동부, 기획재정부의 산하의 인가를 받아 광역 단위로 존재하는 사회적경제 통합기관이다. 사회적기업 심사 및 선정, 협동조합 인가 조건 지원 등이 주요 역할이다.

> "지역이 살지 않고서는 국가의 지속가능성은 없다. 수도나 소수의 주요도시 몇 개에 의존하는 것은 매우 기형적이다. 현재 포화상태의 한국 경제 상황에서는 지역공동체, 사람 중심의 경제로 가야만 한다. 이는 사회적경제를 통해서만 가능하다."
>
> – 유남희 전북대학교 교수[17]

유남희 교수는 전주와 같은 지방 도시들의 쇠퇴는 곧 국가의 쇠퇴로 이어질 것이라면서 전북에서 특히 재정자립도가 낮은 전주에서 사회적경제가 아니면 다른 대안이 없는 역설적인 상황이 사회적경제를 위한 생태계 구축의 움직임을 자극했다고 판단했다.

> "아무리 지자체단체 당이 강력한 드라이브로 추진한다고 하더라도 민간에 제대로 된 네트워크와 생태계가 없었다면 지금처럼까지 못 왔을 것이다."
>
> – 유남희 전북대학교 교수

2015년 전주시와 전북대학교는 '미래발전 공동구상을 위한 전주시, 전북대

---

17. 인터뷰 일자: 2016. 8. 25.

사진 10.3 전주시 사회적경제 민관 네트워크

업무협약'을 체결했다. 사회적 가치를 지닌 아이디어를 산학협력을 통해 찾아내고, 이를 창업으로 발전시킬 수 있는 사회적경제 창업 모델을 발굴하여 일자리 창출은 물론 청년 CEO를 육성하겠다는 방침이다. 청년 세대의 지역유출을 방지하고 지역재생의 선순환으로 이어지게 하는 방안 중 하나로서 사회적경제의 활용 대상을 젊은 시민들까지 확대하는 전략인 것이다.

버스커즈 팩토리는 문화예술이라고 하는 업종으로도 바라볼 수 있지만 그 주체가 청년들이라는 점에서 주목할 만하다. '버스커즈 팩토리'는 거리공연문화를 조성하는 사업을 중점으로 공연 및 축제를 기획하고 홍보하는 문화예술 사회적기업으로서 현재 전주청년예술문화협동조합에 가입돼 있다. 일반 대중과 소통하는 주요 수단으로 삼고 있는 SNS에는 5,125명이 '좋아요'를 눌러 버스커즈 팩토리의 공지를 구독하고 있다. 현재 버스커즈 팩토리를 운영하고 있는 이준희 대표는 올해 2월에 대학을 졸업한 25살 청년이다. 전북경제통상진흥원에서 교육을 받으면서 사회적기업을 알게 되어 창업한지 3년이 되어간다. 과거에는 브로커들이 개입하여 지역행사 공연을 지역 아티스트들에게 분배하는 구조였지만 이제는 사회적경제 조직 유형 속에서 직접 기획하고 운영을 할 수 있게 되었다. 법인을 세울 수 있게 되면서 중간매개체를 필요로 하지 않는 수익구조를 확보하게 된 것이다. 이준희 대표는 나아가 서울과 수도권으로 떠나는 학교 친구들과 선후배들을 보며 안타까움을 느꼈다며 메말라 가는 지역에 대한 문제의식을 내비쳤다.

"제가 하고 있는 일이 솔직히 사회적경제 활동인지는 잘 모르겠어요. 다만 관광객 뿐만 아니라 지역민들이 즐길 수 있는 거리공연, 다양한 문화예술을 생산해 내고 공유하고 싶다는 마음이에요. 그러기 위해서는 이 지역에 발 디디고 있는 사람들이 남아서 만들어 가야죠." – 김준희 버스커즈 팩토리 대표•18

전주의 문화를 대표하는 한옥마을을 보다 건강한 방향으로 살려 보자는 사회적경제 조직도 있었다. 한옥마을 협동조합의 오춘자 대표는 한옥을 보고 길거리 음식 몇 개 먹고 가는 것이 관광일 수는 있지만 전통과 문화는 될 수 없다며 안타까움을 전했다. 그녀는 한옥마을이 개발되면서 발생한 젠트리피케이션의 직접적인 피해자이기도 했다. 일전에 전통음식점을 운영하고 있었지만 건물주인이 월세를 2배로 올리면서 마을기업 종업원 역할을 해 주던 어르신들에게 인력비 지급이 어려워지면서 한옥마을을 나올 수밖에 없다. 현재 한옥마을 협동조합 사무실은 한옥마을 외곽 전주자연생태박물관 옆에 위치하고 있다. 그녀는 현 한옥마을이 관광지화되면서 일정 수준의 상업화는 불가피한 상황에 대해서도 냉철하게 판단하고 있었다.

"한옥마을이 사업성으로 갈 수밖에 없다면 문화체험을 통해 한옥마을이라고 하는 자산의 지속성을 강화하기 위해 노력해야 한다고 생각하고 협동조합을 설립했어요." – 오춘자 한옥마을 협동조합 대표•19

한옥마을 협동조합은 전통과 문화라고 하는 소중한 지역적인 자산을 보다 건강한 방법으로 지켜나가고자 다양한 방면으로 노력 중이었다. 된장, 고추장, 김치 등 먹거리나 친환경 생리대, 기저귀, 그리고 바구니 같은 생활용품을 직접 제

18. 인터뷰 일자: 2016. 8. 23.
19. 인터뷰 일자: 2016. 8. 26.

조해 보는 활동을 기획하는 것이 대표적이었다. 다른 조직들 간의 연대를 통해서 자연주의 음식문화를 한옥마을이라고 하는 공간에서 유지 및 확대코자 하는 시도들이 인상깊었다. 전북생태유아공동체와 함께 매년 몇 차례 함께 행사를 진행하고 있는데 올해는 11일에 111명 아이들과 함께 가래떡데이를 개최할 예정이라고 한다. 최근에는 가시적인 아이템이 필요하다고 판단하여 전통용기 및 그릇에 한옥를 새기거나 목장갑으로 애착인형을 제작하는 프로그램을 운영 중이다.

전주시민들의 일상생활과 밀접한 연관이 있는 영역에서도 사회적경제는 태동하고 있었다. 대표적으로 전주의료복지사회적협동조합(이하 전주의료사협)이 있다. 전주의료사협의 시초는 한의학과 출신들의 지역사회 운동이었다. 평화동 주공아파트에 밀집적으로 거주하고 있는 장애인과 영세민들을 위해 의료생활협동조합을 꾸렸지만 기본적인 수익구조조차 확보가 되지 않았다. 이후 사회적경제 관련 조례가 통과되고 환경적 여건이 나아졌지만 재무상태가 좋지 않아서 등록을 할 수 없었다. 그러나 시청 공무원과 중간지원조직 센터 직원들이 직접 현장을 방문하고 지속적으로 소통하면서 지원해 주었다고 한다. 그러한 지원에 힘입어 현재 전주의료사협은 치과 개원을 준비 중이다. 가정의학과가 설립 초기에 있었지만 협동조합 설립을 목적으로 지인들이 동원되었고 해당 진료에 대한 수요는 현저히 낮아서 유지할 수가 없었다. 이후 실질적으로 한의원으로 운영돼 왔지만 협동조합 기본법 통과와 함께 체계를 잡아 가면서 사회적협동조합으로 전환했다. 의료협동조합이라도 법적으로 건강보험 대상인 항목들은 의료비를 할인해 줄 수가 없다. 따라서 보험에 포함이 안 되는 항목이 많은 치과를 개원함으로써 추가적인 구성원을 확보해 나가기 위한 전략적인 판단이다. 전주의료사협의 이사장과 전무이사는 본인들의 활동을 지역적 변화의 흐름 속에서 이해하고 있었다.

"우리나라에서 민간의료가 전체 의료의 95%를 차지하고 있어요. 공공의료가 상대적으로 취약하죠. 게다가 요즘에는 의료민영화가 정부 차원에서 논의되고 있는 상황이잖아요. 저희 다 함께 사명감을 가지고 하고 있어요. 물론 쉽지 않았고 앞으로도 그렇겠죠. 그래도 우리 삶 각각의 영역에서 사회적경제 조직들이 많아진다면 지역이 자활할 수 있을 것입니다." – 이홍락 전주의료사협 이사장[20]

전주의료사협은 특히 '장애인 주치의 사업'을 성공적으로 진행하고 있다. 이 사업은 사회복지공동모금회의 지원으로 2015년부터 실시되고 있는데, 주치의가 이동의 어려움과 타인의 시선 등 의료서비스의 사각지대에 놓인 장애인들에게 방문 진료하는 사업이다. 시행 이전의 우려와 달리 장애인과 의료진들이 크게 만족하고 있으며, 방문 진료 외에도 건강실천단, 건강학교 등 별도의 프로그램들을 공동으로 시행하고 있다. 의료문제를 협동과 연대의 힘으로 해결함으로써 건강공동체를 만들고자 하는 의료사협의 비전이 잘 반영된 사업이다. 최근 치과 개원 준비 중에 논의되었던 장소이전 사안을 장애인과 영세민이 비교적 많은 지역적 특수성을 고려하여 부결한 점도 사회적경제 고유의 가치를 지향하는 맥락으로 파악된다.

3. 시장 리더십: 반응성(responsiveness), 철학, 일관성, 결단력

전주시 사회적경제 정책을 주도하고 있는 김승수 시장은 다음과 같은 네 가지의 특질, 즉 반응성과 철학, 일관성과 결단력을 갖고 있고, 이에 기반한 그의 리더십이 지역사회의 민주성, 정책의 정당성과 효율성이 제고되는 데 긍정적으로 작용하고 있는 것으로 보인다.

1) 반응성

퍼트넘(Putnam 1993a)은 '좋은 정부(good government)'의 근본적 속성을 반응성(responsiveness)이라고 주장했다. 또 다수의 연구자들 역시 좋은 정부의 조건 중 하나로 반응성을 꼽고 있고, 반응성이 민주성과 직결되는 요소라고 분석하고 있다(이지호 · 이현우 2015[21]). 그런데 이 반응성은 정부에만 해당되는 개념

20. 인터뷰 일자: 2016. 8. 26.

은 아니다. 정부의 반응성은 행정수반의 반응성과 밀접히 연관될 수밖에 없기 때문에, 정책결정권자의 반응성에 주목하는 연구도 존재한다(김형준 2009; 이숙종·유희정 2015). 그렇다면 전주시장이 얼마나 반응적인가에 따라 정책의 민주성이 결정될 수 있고, 시장이 반응적일수록 정책에 대한 지역주민들의 동의를 얻어 낼 개연성이 제고될 것이다.

이런 측면에서 김승수 시장의 반응성은 높은 편으로 보이며, 여기에는 김승수 시장의 개인적인 경험이 영향을 미쳤다. 김 시장의 가정은 넉넉하지 못했고, 가정형편으로 인해 다소 늦은 대학생활을 하게 되었다. 또한 전라북도 정무부지사 재임 당시, 시민사회와의 소통을 담당하면서 쌓은 경험과 네트워크는 시민의 요구에 민감하게 반응하게 된 배경이 되었다.[22]

가령, 김 시장은 한옥마을주민들이 관광객이 몰려 거주하기 불편하고, 삶의 터전을 잃을 수 있다는 목소리에 대해서 "주민·전주시민·관광객 등의 의견을 수렴해 장기적 발전대책을 마련하겠다."고 즉각 응답했다.[23] 그는 말에서 그친 것이 아니라 대외적으로는 2016년 5월 전국 36개 자치단체와 젠트리피케이션 방지 협약을 맺었고[24], 대내적으로는 같은 해 7월에는 전주시의회 의장, 첫 마중길 주변 상생협의회 관계자들과 함께 '지역발전과 지역공동체 상생을 위한 협약'을 체결하는 등 실천에 나서고 있다.[25]

2) 철학

시장의 철학 역시 매우 중요한 요소이다. 리더가 철학 없이 반응적이기만 할 경우, 다양한 요구에 즉자적으로 대응하면서 정책의 일관성을 담보하기 어려울

---

21. 이지호와 이현우는 정부의 반응성을 5가지로 나누어 파악할 수 있다고 보았다. 가령, (1) 정부가 정책결정시 국민에게 적절한 정보를 제공하는 여부, (2) 이해당사자와 관련 집단의 의사를 표명할 기회를 보장하는 여부, (3) 그러한 의사를 공평하게 잘 반영하는 여부, (4) 일반 국민들의 목소리를 반영하는 여부, 그리고 (5) 선거공약을 지키려고 노력하는 여부 등이다(이지호·이현우 2015: 14)
22. 임경진 센터장과의 인터뷰. 인터뷰 일자: 2016. 8. 26.
23. 박임근. "전주 한옥마을주민들 "관광객 몰려 거주 불편."" 한겨레. 2014년 7월 23일자.
24. 강인석. "전주시, 전국 36개 자치단체와 젠트리피케이션 방지 협약." 전북일보. 2016년 5월 29일자.
25. 임청. "전주 첫 마중길 "젠트리피케이션 안 돼요."" 연합뉴스. 2016년 7월 29일자.

것이기 때문이다. 또 확고한 철학은 정치적 결단력의 배경이 될 것이다.

김 시장은 기존의 중앙정부가 주도하는 개발과 양적 성장 방식에만 의존하는 것은 여러 측면에서 문제가 많다고 인색해 왔다. 그래서 그는 취임일성으로 "외연 확장 보다 삶의 질 향상에 역점을 두겠다."고 밝혔으며•26, 도시발전의 패러다임도 바꾸어야 한다고 주장했다.•27 대신 '동네복지'를 들고 나왔으며, 동네복지를 "기존 복지 시스템에 마을 재생을 통한 쾌적한 주거공간 조성, 사회적기업·마을기업·협동조합을 통한 사회적경제 활성화, 마을공동체를 통한 이웃 복원, 마을 공유경제 등을 통합한 새로운 복지 패러다임"이라고 설명했다.•28 아울러 전주를 "인간적이고 품격있는 도시"로 만들겠다는 계획을 갖고 있으며•29, '사람, 경제 그리고 지역화'를 주제로 한 '행복의 경제학' 국제회의를 개최하여 지역순환경제에 대한 관심을 환기시키는 데 노력하고 있다.•30

"저는 국가의 시대는 끝난 것 같아요. 이제 도시의 시대가 분명히 온 거고, 국가가 도시를 끌어가는 시대보다는 도시가 국가를 이끄는 시대가 분명히 온 거예요. … 근데 대한민국의 모든 도시들이 복제되고 있어요. 몇 도시 빼고는 우리가 어떻게 서울을 따라갈까 하는 생각만 했던 거죠. 근데 도시를 시민들이 만들어 가는 게 아니잖아요. 다 기업들이 만들었잖아요. 기업들이 아파트 다 지었고 도시 한가운데에 쇼핑몰 짓고, 옆에 돌려 보면 스타벅스 있고, 통닭집 있고, 핸드폰가게 있고. 대한민국 도시들이 다 획일화 돼 버린 거죠. 그러면 도시 경쟁력은 없는 거죠, 다 똑같으니까. 그래서 도시 경쟁력은 자기 도시에 정체성을 찾는 것이 굉장히 중요하다라고 생각하고, 전주라는 도시는 전주다움을 찾아야 한다. 그것이 바로 우리의 도시발전 전략이고, 미래다. 두 번째는 그러면 뭐가 발전이냐, 우리한테. 울산은 소득이 6만 달러잖아요. 2만 달러에 행복한 도시로 가는 것이 발전 전략이에요.

---

26. 김준호. "김승수 전주시장 당선인 "외연 확장 보다 삶의 질 향상 역점."" 전북일보. 2014년 6월 18일자.
27. 김준호. "김승수 전주시장 "도시발전 패러다임 바꿔야."" 전북일보. 2014년 7월 2일자.
28. 김종표. "김승수 전주시장 "동네복지 구축."" 전북일보. 2015년 1월 4일자.
29. 홍인철. "김승수 전주시장 "인간적·품격있는 도시 만들겠다."" 연합뉴스. 2016년 1월 11일자.
30. 홍인철. "세계화 위기 지역화로 극복"…'행복의 경제학' 전주서 국제회의." 연합뉴스. 2015년 9월 4일자.

그래서 2가지. 전주다움을 찾는 것과 2만 달러에 행복한 도시를 만들자. 이게 바로 전주가 꼭 가야 할 방향입니다." – 김승수 전주시장[31]

3) 일관성과 정치적 결단

'지역화'라는 패러다임을 전면에 내세우고 있는 김승수 시장은 정책일관성 역시 잘 견지하고 있다. 선거공약 및 취임 초기 다짐들을 정책으로 현실화시키고 있는 것이다. 그는 2015년도 시정운영 방향으로 "사람 냄새 나는 복지·생태도시 조성"을 제시했고[32], 아울러 사회적경제 기반 조성에 150억을 투입했다.[33] 2016년에는 사회적기업 제품의 우선구매 규모 역시 꾸준히 확대되고 있다. 아직 사회적경제가 산업비중에서 차지하는 규모가 크진 않지만, 김 시장은 "시정(市政)에서 사회적경제에 쏟는 열정의 비중이 50%"[34]라고 말할 정도로 지속적인 관심을 보이고 있다.

김승수 시장은 또한 정치적 결단을 종종 내렸다. 두 가지 사례를 들면, 첫째, 김 시장은 전주시가 10년 전부터 추진해 사실상 결정이 났던 전주종합경기장 자리 롯데쇼핑몰 유치를 철회했다. 이러한 결정에 대해 롯데쇼핑이 법적 대응 절차를 밟겠다는 공문을 보냈고, 김 시장은 "종합경기장을 지키려는 것은 롯데쇼핑과의 협약체결 이후 지역 소상공인과 시민단체를 중심으로 한 대다수가 대형 쇼핑몰 입점에 따른 상권 붕괴 등의 피해를 우려했기 때문"이라며 "롯데가 시민의 뜻을 거스르고 소송을 제기한다면 전주시는 '시민의 이름으로' 전면전도 불사할 각오가 돼 있다."고 맞받았다.[35] 전국 지자체 사례를 다 뒤져 봐도, 정부 승인까지 받은 사업을 기초단체장이 엎은 일은 최초였다.

둘째, 사회적경제국을 설치하는 일 역시 쉬운 일이 아니었다. 전례가 없었던 일이었기 때문이다.

---

31. 김승수 전주시장. 인터뷰 일자: 2016. 9. 2.
32. 김종표. "김승수 전주시장 "사람 냄새 나는 복지·생태도시 조성."" 전북일보. 2014년 11월 18일자.
33. 홍인철. "전주시 '사회적경제' 기반조성에 150억 투입." 연합뉴스. 2014년 12월 22일자.
34. 김승수 전주시장. 인터뷰 일자: 2016. 9. 2.
35. 홍인철. "전주시장 "종합경기장은 시민의 것…롯데와 전면전 불사." 연합뉴스. 2015년 9월 21일자.

"아, 진짜 저항이 많았고요. … 역사의 눈으로 봐야 할 것이 있다면 사회적경제 이 부분은 반드시 결단을 해야 되는 사항이고 그래서 결단을 한 거고. … 우리 공직사회나 의회, 언론 등에서 사회적경제에 대한 이해가 워낙 안 되어 있기 때문에 시장이 뜬구름 잡는다고 사실 엄청 비난을 받았어요. 그렇지만 이것은 전주의 미래를 위해서 결단을 해야 되는 상황이었어요."

– 김승수 전주시장[36]

정치적 결단과 동시에 세부적인 측면에서의 조율 역시 잘 이뤄졌다. 행정 조직과의 조율 및 민간전문가들의 조언 역시 수용하면서 국 설치를 추진할 수 있었던 것이다. 또한 국 설치 과정에서 기존에 복지파트가 담당하던 자활 업무를 사회적경제 파트로 이관하면서 "과거 수동적 지원이 아닌 능동적인 연대"를 통해 자활 사업을 예전보다 활성화시키기도 하였다.[37]

Ⅳ. 행위자의 정책·제도·전략으로 본 전주시 사회적경제

최준영(2014)에 따르면 지방자치는 "지역의 특수성과 다양성"을 살릴 수 있다는 점에서 중앙집권적 체제에 비해 장점을 갖는다. 즉, "지방의 특수성과 다양성이 지방정치의 핵심적 사안을 구성"하며, 이에 따라 지방의 현실에 맞는 정책들이 입안되고 실행될 수 있다는 것이다. 이러한 정책은 지역주민들의 삶을 실질적으로 개선시킬 수 있을 것으로 기대된다(최준영 2014: 102). 때문에 "시민의 관심과 참여를 이끌어 낼 수 있도록 보다 다양하고 자율적인 운영 방식과 제도의 도입"이 필요하다(강원택 2014: 14).

또한 다수의 연구자들이 지방에서 자치적인 거버넌스가 형성될 필요가 있으며, 이러한 '로컬 거버넌스'가 새로운 변화를 만들어 낼 수 있다고 분석하고 있다. 가령, 김의영(2011)에 따르면, 로컬 거버넌스는 "해당 지역에 거주하는 주민

36. 김승수 전주시장. 인터뷰 일자: 2016. 9. 2.
37. 임경진 센터장, 인터뷰 일자: 2016. 8. 25.

들의 직접적인 참여와 권한 행사를 중시하는 개념"으로서 "단순히 전문가나 이익집단 그리고 조직화된 NGO가 지방정부의 정책 네트워크에 참여하는 정도를 지칭하는 것이 아니며, 지방자치 차원에서 이해당사자와 주민이 직접 정책 또는 공동문제해결의 전 과정에 주도적으로 참여하는 거버넌스 모델"이다. 로컬 거버넌스는 "지방정부관료 중심의 통치 방식에 비하여 더욱 전문적이고, 책임성이 있으며 효율적인 방식으로 지역의 문제를 해결할 수 있으리라는 기대"를 받고 있다(김의영 2011: 211).[38]

본 장에서는 김의영(2011)의 '굿 거버넌스 연구 분석틀'을 활용하여 전주시의 사회적경제 거버넌스를 분석하고자 한다. 이 분석틀을 선택한 이유는 우선 굿 거버넌스 연구 분석틀이 로컬 거버넌스와 밀접한 관련이 있으며, 둘째, 기존 연구 경향이 대부분 정부의 역량과 역할에 초점을 맞추고 있는 반면 김의영(2011)의 글이 "지역주민들의 자치적인 조직화"에 관심을 기울이고 있어, 시와 시민사회가 협업하고 있는 전주의 움직임을 설명하는 데 유용하다고 판단했기 때문이다.

아래에서는 굿 거버넌스 연구 분석틀을 간단히 소개하고, 전주시 행위자들의 정책·제도·전략에 대한 사례분석을 기술할 것이다.

1. 이론적 자원: 굿 거버넌스 연구 분석틀

김의영(2011)에 따르면, 굿 거버넌스 분석을 위해서는 크게 네 가지의 요소를 고려해야 한다. 첫째, 거버넌스의 목표, 둘째, 행위자들의 정책·제도·전략, 셋째, 굿 거버넌스의 역량, 넷째, 맥락적·환경적 요인 등이다.

굿 거버넌스의 목표는 참여성, 분권화, 책임성, 효율성 및 효과성 등으로 나누어 볼 수 있다. 참여성, 분권화, 책임성이 굿 거버넌스의 민주성을 측정하고 평가하기 위한 기준들이라면, 효율성 및 효과성은 거버넌스가 관료제적 방식이나

38. 이선향(2016)의 경우, 로컬 거버넌스가 민주주의에도 긍정적으로 기여할 것이라고 주장했다. 로컬 거버넌스가 "제도적, 행정적 수준에 머무는 것이 아니라, 민주주의 패러다임의 지평을 확대하고 보다 역동적인 사회발전의 기제로서 작동"할 수 있음을 강조하고 있다는 것이다(이선향 2016: 239).

시장주의적 방식과 비교하여 얼마나 효율적이고 효과적인지에 관련된 목표이다.

행위자들의 정책·제도·전략은 주민과 정부의 범주로 나눠서 살펴볼 수 있다. 주민들로서는 "주민 결사체의 조직화"가 중요하며, 정부는 규제적 개입 혹은 후원적·협력적 개입을 택할 수 있다. 후자는 주민들의 참여를 촉진하고, 권한을 이양하며, 민관협력을 도모하기 위한 개입방식이고, 전자는 로컬 거버넌스의 책임성을 확보하기 위한 방식, 가령 정부관료의 모니터링과 감독, 정보공개 및 투명성의 제고 등을 포함한다.

굿 거버넌스의 역량은 굿 거버넌스 실현에 필요한 행위자들의 기본적인 능력을 의미한다. 지역시민사회의 사회적 자본(신뢰, 규범, 네트워크 등)과 지방정부의 제도적 자본(리더십, 자원, 인프라 등), 지역사회의 개혁적 역량 등을 구성 요인으로 한다.

마지막으로 굿 거버넌스의 맥락적·환경적 요인들은 선험적으로 제시할 수 있는 성격의 것은 아니지만, 지역의 규모, 이슈의 성격, 정치적 기회구조, 경제적 상황 등이 고려될 수 있을 것이다.

그런데 목표를 달성하기 위한 세 가지 요인 중 가장 중요한 것은 행위자들의 정책·제도·전략이다. 먼저 굿 거버넌스의 역량이 굿 거버넌스 실현에 긍정적인 영향을 끼칠 수 있는 것은 상식적으로 볼 수 있다. 그러나 포르토 알레그레시의 참여예산제에 대한 연구에서 알 수 있듯이, 굿 거버넌스 역량이 구축되지 않은 지역에서도 적절한 정책·제도·전략의 활용에 따라 원하는 목표를 달성

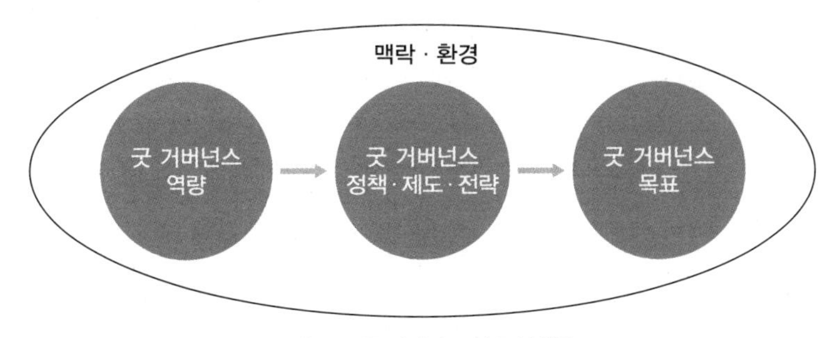

그림 10.3 굿 거버넌스 연구 분석틀

할 수 있다. 달리 말해, 굿 거버넌스 역량은 거버넌스 실현에 도움을 줄 수 있지만 반드시 필요불가결한 것은 아니다. 굿 거버넌스의 맥락과 환경도 역량과 마찬가지로 필연적으로 결정적인 요인이 아니며 굿 거버넌스 성패에 있어서는 정책·제도·전략과 같은 주의주의적(voluntaristic) 요인들이 더 중요할 수 있는 것이다.

2. 전주시 행위자들의 정책·제도·전략

1) 전주시 사회적경제 정책 및 제도

2014년 지방선거에 당선된 김승수 시장(민선 6기)은 '사람의 도시, 품격의 전주'를 내세우고 나눔, 배려, 공유, 연대와 협력의 전주형 사회적경제 활성화 정책을 적극적으로 추진하고 있다. 현 시점까지 전주시의 사회적경제 현황 및 성과는 아래와 같이 크게 아홉 가지로 나누어 볼 수 있다.

첫째, 전주시는 전주형 사회적경제 생태계 구축을 위한 조직 및 제도를 정비했다. 전국 최초로 사회적경제 局단위 행정조직을 신설(2014년 10월)했고, 사회적경제 활성화를 뒷받침할 기본조례 3개(「사회적경제 활성화 기본조례, 마을공동체 지원조례, 도시재생 활성화 지원조례」)를 제정(2014년 12월)했다. 아울러 2015년 7월 '전주시 사회적경제·도시재생지원센터'를 개소했다.

둘째, 전주시는 사회적경제의 성장기반이 될 수 있는 공동체를 육성하고 있다. 전주시는 '온두레공동체'사업에 지난 2년간 6억 4천만 원의 예산을 지원했고, 2015년 66개, 2016년 63개의 공동체를 발굴했다. 2015년에 발굴한 공동체 중 성장 잠재력이 있는 12개의 공동체를 선정 및 육성하여 단계별 지원으로 마을기업, 협동조합 등 사회적경제 조직으로 진출하는 것을 유도하고 있다.

셋째, 지속가능한 사회적경제 조직을 육성하기 위한 정책을 실시하고 있다. 전주시는 지난 2년간 227억 원 규모의 재정지원사업을 펼쳐 견실한 사회적경제 조직을 발굴하고자 했고, 이들을 지원한 결과 사회적경제 조직이 319개(177개 증가)로 성장하였고, 매출액이 309억 원 증가(74%)했다. 고용효과도 커 1,500명의 추가고용을 창출했다. 가령, '전주형 협동조합'으로 사회적 약자 협동조합인

'오래된 소나무', 교육복지 실현을 위한 '전라중학교 학교협동조합', 동네상권 활성화를 위한 '동네빵집 협동조합' 등이 설립되었다.

넷째, 전주시는 사회적경제 시장 활성화를 추진하고 있다. 이를 위해 시는 사회적경제 조직 생산품 우선구매를 중점 추진하여 2015년 구매액이 40억 원에 달해 전국 기초자치단체 중 3위를 기록했고, 2016년에는 50억 원을 목표로 세웠으며 올해 상반기 기준 26억 원의 구매기록을 달성했다.

다섯째, 국내외 사회적경제 조직과의 연대·협력 강화 역시 진행되고 있다. 전주시는 2015년 5월 전국사회연대경제지방정부협의회에 가입했고, 같은 해 12월에는 '행복의 경제학 국제회의' 및 '사회적경제 한마당 행사'를 개최했다. 이 행사에는 300여 개의 사회적경제 조직이 참여했다. 또한 전주시는 서울시와 사회적경제 분야에 관해 '우호교류 상생협약'을 체결했다. 협약 체결 이후 서울시 사회적기업 온라인쇼핑몰 '함께누리몰'에 전주 사회적기업이 입점할 수 있었다. 올해 6월에는 '전주시·서울시 사회적경제분야 상생워크숍'을 개최했다.

여섯째, 사회적경제 인력 양성 및 가치 확산을 위한 교육사업 역시 활발하다. 2015년부터 사회적경제 청년캠프와 사회적경제 아카데미가 운영되고 있으며, 2015년의 청년캠프와 아카데미에는 각각 50명, 300명이 참여했다. 관내 전주 초등학교 지역화교과서인 『우리고장 전주』에는 사회적경제에 대한 내용이 수록되었으며, 청소년을 대상으로 하는 「체험으로 배우는 사회적경제」프로그램 역시 운영되고 있다. 이외에도 2016년 5월에는 전북 최초로 전주시 사회적경제 조직 「크라우드펀딩 대회」를 개최했고, 242명의 시민이 참여하여 1223만 원을 모금했다.

일곱째, 사회적경제와 밀접한 관련이 있는 공유경제에 대한 이해 및 인식을 확산시키기 위한 제도적 정비를 수행했다. 2015년 12월, 「전주시 공유경제 촉진조례」를 제정했고, 2016년 3월에는 위원회를 구성했다.

마지막으로 사회적경제의 큰 축이 될 수 있는 저소득층의 자활기반을 조성하기 위한 노력을 기울이고 있다. 예컨대, 자활 참여자를 대상으로 하는 힐링교육을 추진하고 있고, 공공부분의 자활 일자리를 새로이 늘려(8개소) 7800만 원 규모의 계약을 체결했다. 또한 31억 4천만 원 규모의 사회보장기금을 조성하여 사회복지장학금 수혜자의 범위를 확대했다.

마지막으로 전주시는 시민의 참여를 제도화하고 있으며, 시민들은 시 정부의 정책결정 과정에도 참여하고 있다. 대표적인 제도가 '다울마당'이다. 다울마당은 민선6기 전주시에서 내세운 민관협력 거버넌스 사업의 총칭으로 '다함께 우리 모두 지혜를 모으는 마당'을 뜻하는 우리말 조어이다. 시정 주요현안이나 중심시책을 입안하고 결정할 때 그 시작 단계부터 시민들의 참여를 보장하고 의견을 수용할 수 있게 제도화한 것이다. 다울마당은 단체실무자, 언론, 전문가, 지역주민 등 다양한 이해 당사자들이 참여하되 시민대표 등 일반시민을 과반수 이상으로 구성하고 있고, 다울마당을 구성하기 전에 참여자 사전모임을 통하여 사업내용 및 이해관계를 공유하며, 책임성 있는 운영을 위해 전주시청의 해당 국·소장이 참여하는 것을 원칙으로 하고 있다(전주시 홈페이지 참조).

또한 전주시에는 120여 개 온두레공동체 협의회, 그리고 2016년 하반기에 만들어질 300여 개 전주지역 협동조합협의회, 60개 사회적기업의 사회적기업협의회, 65개 제반 조직과 기관들이 참여하는 사회경제네트워크 등 다수의 사회적경제 조직들이 있다. 이 조직들은 시장실에서의 조찬모임, 현장간담회 등을 개최하고 혁신센터를 중심으로 많은 행사와 교육 프로그램들에 참여하고 소통하고 있다.

2) 전주시의 전략: 도시재생-사회적경제-공동체 연계

전주시는 사회적경제가 지역민들이 참여하고 지역의 기존 자산을 적극 활용하는 특성이 있다는 것에 착안해 사회적경제 외에도 도시재생과 공동체사업을 한데 묶어 효율성을 제고하는 전략을 채택하고 있는데, 그 문제의식과 내역은 아래와 같다.[39]

우선, 지역 자원의 힘으로 지역의 다양한 사회적 문제들을 해결하기 위해서는 다양한 공동체를 만들어 가는 것이 중요하다. 지역단위공동체, 소규모 창업공동체 등을 발굴하고 육성해야 하는 것이다. 그런데 이러한 조직들이 지속되기

39. 임경진 센터장 서면 인터뷰. 인터뷰 일자: 2016. 9. 7.

위해서는 예산을 확보해야 하고, 또 수익을 창출하는 경제조직체로 전환될 필요가 있다. 마을기업, 협동조합, 사회적기업 등의 사회적경제 조직이 그 대안이 될 수 있는 것이다. 동시에 이러한 공동체 조직, 경제조직들에게는 공간이 필수적이다. 가령, 젠트리피케이션 현상으로 인해 오랫동안 활동했던 공간에서 쫓겨나는 일이 있을 수 있는 것이다. 전주시는 이러한 과제를 세 분야의 정책 연계를 통해 해결하고자 하는 것이다.

사회적경제지원단에 세 개 과(사회적경제과, 도시재생과, 공동체지원과)를 배치한 것은 이러한 문제의식에 기반하고 있다. 즉, "공간을 만들어 가는 도시재생, 공간에 콘텐츠를 적용하는 공동체, 공동체의 지속 및 활성화를 지원하는 대안경제체제인 사회적경제"를 연계, 통합 추진하여 성과를 극대화하자는 취지인 것이다. 개발과 사업 중심의 국토부 공모사업에도 최근에는 커뮤니티와 사회적경제 조직 구축 및 운영의 활성화 부분이 반영되어야 하는 변화가 나타나고 있다.

예컨대, 전주시가 추진하는 '새뜰마을사업'의 경우 국토부 공모로 100여억 원의 사업비가 투입되는 취약주거지 재생사업으로, 마을 안에 있던 유휴공간을 매입하여 리모델링을 통해 주민 커뮤니티 시설로 활용하고 있다. 공모계획수립 단계부터 시의 각 과가 머리를 맞대어 수립했고 실행은 민간 전문가와 사회적경제-도시재생센터가 담당하는 구조로 진행되고 있다. 주민들이 다양한 공동체를 만들면 이 조직들이 향후 협동조합, 마을기업으로 되는 것을 지원하는 것이 사업의 핵심이다.

이외에도 공동체가 사회적경제 조직으로 전환하는 사례가 점점 늘고 있다. 구도심에 있던 공동체가 '노송밤나무' 협동조합을 설립하거나, 서학동 예술인 마을의 지역공동체를 근거로 한 '예술인 협동조합' 등 전주 전역에 공동체가 확산되고 있는 것이다.[40]

40. 김승수 전주시장. 인터뷰 일자: 2016. 9. 2.

Ⅴ. 나가며

전주는 2014년 사회적경제라는 새로운 선택을 했고, 과거와는 다른 민관 거버넌스를 형성했으며, 변화를 만들어 가고 있다. 적극적인 사회적경제 정책은 전주시민들뿐 아니라 다른 지역의 단체장 및 시민들의 관심을 받고 있다. 그러나 전주의 사회적경제가 과연 지역 활성화 전략으로서 기능할 것인지에 대해서는 아직 답을 내리기 어렵다. 사회적경제가 시장에서 차지하는 비중은 여전히 미미하며, 사회적경제에 대한 인식이 깊게 뿌리내린 것도 아니다.

그럼에도 불구하고 '지역화'를 추구하는 전주시의 방향은 적절한 것으로 보인다. 또한 행정조직, 시민사회, 중간지원조직 등의 연계와 통합을 통한 전주만의 모델을 만들어 가려는 시도 역시 충분히 평가받을 수 있을 것이다.

다만, 향후의 지속가능성을 확보하기 위해서는 다음의 몇 가지 과제를 실천해야 할 것이다. 먼저, 더 많은 다양한 공동체를 만들어 내야 한다. 관련하여 아직은 수가 많이 부족한 민간 활동가들을 많이 발굴하고 활동을 지원해야 하며, 지역 시민의 자발적 실천을 이끌어 내고 지속가능한 활동을 지원하는 것 역시 중요하다. 마지막으로 네트워크 형성을 포함하여 사회적경제 조직들이 믿고 의지할 수 있는 사회적자본을 확충할 필요가 있다.

사회적경제는 도덕적 경제다*
: 충북 옥천의 지역공동체 실험

류동규

* 전체 연구기간 동안 아이디어 기획단계부터 최종 원고 작성단계까지, 모든 과정들을 항상 함께하며 숱한 시행착오와 우여곡절을 겪는 와중에도, 끝까지 포기하지 않고 격려와 조언을 아끼지 않아 주신 연준한 조교님께 진심을 담아 감사의 말씀을 드립니다.

Ⅰ. 문제제기: 경제와 도덕

현대사회에서 경제와 도덕은 어떤 관계에 있는가? 혹은 있어야 하는가? 이 질문에 대한 이 시대의 가장 정통적 답변은 이렇다: 경제와 도덕은 관련이 적거나, 거의 없다. 경제의 목적은 도덕적 이상의 달성이 아니라 개인적·사회적 이익의 극대화에 있고, 경제시스템의 작동원리 역시 도덕적 규범이 아니라 시장의 수요-공급에 의한 가격 메커니즘을 따른다는 설명이다. 이 논리는 현재 여러 공적 논쟁의 장에서 '경제활동은 기부나 자선사업과 다르다', '기업의 목적은 사적 이윤이지 공익이 아니다,' '경제적 결정에 도덕적 동기의 개입은 경제적 총생산과 경제적 효율성을 감소시킨다,' '경제와 도덕을 구분하지 못한다면 그 개인(혹은 기업)은 끝내 시장에서 도태되고 말 것이다' 등과 같이 다양한 형태로 변주되고 있다.

그러나 '경제와 도덕의 분리' 혹은 '경제의 탈(脫)도덕화'라고 명명할 수 있을 법한 이 생각이 보편적으로 인식된 것은 생각보다 길지 않다. 주지하다시피 '경제(economy)'라는 말은 오이코스(oikos)와 노모스(nomos)에서 왔다. 이를 처음으로 규정했던 아리스토텔레스의 범주에 따르면, 전자는 정치적 논쟁의 장으로서 폴리스(polis)에 대응하는 가정적·경제적 살림의 장을, 후자는 도덕적 규범·질서를 의미하는 것이었다(홍기빈 2001). 즉, '경제'라는 말의 요점은 그 어원을 살펴볼 때 '살림과 도덕'에 있었다. 경제는 도덕과 결코 무관하지 않았으며, 오히려 경제를 구성하는 가장 큰 두 개의 축 중 하나였다. 요컨대 '경제문제'라는 것은 일상의 필요를 충족시키는 문제(살림)였던 동시에, 다른 한편으로 사회적 규범을 충족시키는 문제(도덕)이기도 했다.

경제와 도덕이 서로 불가분의 관계에 놓여 있다는 이 오래된 생각이, 훨씬 더 긴 역사에도 불구하고 현대사회의 경제문제를 마치 탈도덕화된 효용극대화 문제처럼 치환시켜 버린 신고전파경제학의 주류 이데올로기에 밀려 묻혀 버린 것은 비교적 최근의 사태이다. 폴라니는 그 시기를 1·2차 세계대전을 전후한 20세기 초중반의 어느 시점으로 진단하며, 이에 대항해서 '실체경제학'의 입장을 천명한다(폴라니 2009). 그는 아리스토텔레스 이후 경제학의 연구대상으로서 '경제적인 것(the economic)'의 중심에 있었던 '일상의 필요 충족(살림)'과 '사회적 규범 충족(도덕)'이라는 근본문제를 방기해 놓고, '효용극대화'라는 주변적이고 몰도덕화된 문제설정으로 이탈해버린 당대 경제학을 비판하면서 경제학을 '살림과 도덕'이라는 본원적 임무에 복귀시킬 것을 주장했다.

비록 그는 그 시대의 이데올로기 전쟁에서 승리하지는 못했으나, 불행인지 다행인지 폴라니 사상은 20세기를 거쳐 21세기로 접어들며 훨씬 더 큰 시의성을 얻게 된다. '경제에서 살림의 분리' 및 '경제에서 도덕의 분리' 현상이 그동안 훨씬 더 심화되면서, 일상생활을 건사하는 데 필수적으로 요청되는 재화·서비스가 부족해지거나 경제활동에서 사회적 규범이 위반되는 경우들이 급증했기 때문이다(노대명 2009; 정건화 2012). 이런 맥락에서, 폴라니 사상을 계승하는 학문적 담론과 정치적 실천의 장에서 문제해결의 방법으로서 제시하고 있는 현재 시점의 대항운동이 바로 '사회적경제(social economy)'다. 그러므로 다소 거칠지만 잠정적으로나마 정의내려 본다면, 사회적경제란 '경제와 살림의 분리'와 '경제와 도덕의 분리' 경향에 맞서, '일상적 필요 충족(살림, oikos)'과 '사회적 규범 준수(도덕, nomos)'를 경제(economy)의 영역에 다시 통합시키려는 '활동들' 및 그 결과로 구성되는 '영역들'이라고 정의해 볼 수 있겠다.

사회적경제가 지향하는 '살림과 도덕'이라는 두 가지 목적 중에서 이 글은 후자, 즉 도덕의 문제에 먼저 천착해 보고자 한다. 이 글에서 던지려는 질문은 다음과 같다: 사회적경제와 도덕은 어떤 관계를 맺는가? 사회적경제에서 도덕은 어떤 기능을 수행하는가? 도덕적 원리에 입각해서 운용되는 사회적경제는 일상의 필요를 안정적으로 효과적으로 충족시킬 수 있는가? 즉, 사회적경제의 도덕적 이상은 지속적으로 추구 가능한 목적인가? 이상의 물음에 대해 충분히 '손에 잡힐 만한(tangible)' 답변을 얻기 위해, 이 글은 일종의 현장연구(field study)로서 충북 옥천의 지역공동체 사례에서 발견되는 사회적경제의 도덕적 성격과 그곳에서 도덕이 수행하는 기능을 탐구한다.

이 글의 논의는 다음의 순서를 따른다. 우선 이 글에서 채택하고 있는 연구의 방법과 대상의 맥락에 대해 구체적으로 밝히고(II), 해당 사례에서 발견되는 사회적경제의 도덕적 성격을 그 활동들·영역들이 묻어 들어있는(embedded) 지역공동체의 동기(motivation) 수준에서 탐색한다(Ⅲ). 다음으로 현실 사회적경제의 실천과정에서 도덕적 가치와 규범이 수행하는 기능들을 각 개인의 역량 강화(empowerment) 측면에서 확인한다(Ⅳ). 마지막으로 결론에서는 위 논의를 통해 사회적경제가 공동체의 도덕성과 경제성을 조화롭게 추구할 수 있는, 유효한 대안일 수 있을지 잠정적으로 판단해 본다(Ⅴ). 위의 과정을 거침으로써, 오래된 미래이자 대안적 미래로서 사회적경제의 가능성과 그 정치적 의미를 더 깊이 이해하는 데 기여하고자 한다.

Ⅱ. 방법과 대상

1. 연구방법

사회적경제의 도덕적 성격과 그 안에서 도덕의 기능을 탐구하기 위해 이 글에서 주로 사용된 방법은 형식화된 공식 인터뷰와 (일상적 대화의 형식을 띤) 무정형의 비공식 인터뷰, 참여관찰 등이었다. 거의 모든 수집된 자료는 기록되거나 녹음되었고 사진이나 영상으로 남기기도 했다. 인터뷰는 반(半)구조화된 질문들로 구성됐는데, 많은 경우 '당신은 왜 사회적경제[1] 활동에 참여하게 됐고 계속하고 있습니까?' 같은 개방형식(open-ended)을 취했다. 전체 연구기간동안 충북 옥천에는 2016년 4월 2일과 9일, 5월 21일과 25일, 6월 4일 총 5차례 방문해 총 12회의 공식 인터뷰를 진행했고, 중요한 인터뷰 대상자의 경우에는 필요에 따라서 2회 이상 인터뷰한 경우도 있었다. 한편 해당 지역의 사회적경제 활동과 관련해 서울에서 활동하는 인터뷰이 2명과의 공식 인터뷰는 2016년 5월 10일과 13일에 각각 진행됐다. 공식 인터뷰 이외에도 장터 · 결혼식 등 현장 곳곳에서 시시때때로 참여관찰과 비공식적 인터뷰가 수행됐다.

1. '사회적경제' 가 학문적 담론의 장에서 먼저 개발되고 사용됐던 용어였으므로, 인터뷰이들에게는 대체로 그것이 즉각 와닿지 않는 표현일 가능성이 더 높았다. 그렇기에 실제 인터뷰에서는 '사회적경제'라는 추상적인 표현보다 그가 실제 참여하고 있는 활동들에 대해 묻는 방식으로 진행됐다.

첨언하자면, 충북 옥천은 학부 재학 중인 연구자가 2013년 8월 5~12일과 2014년 8월 4~11일에 각각 7박 8일씩 2차례 농민학생연대활동(이하 농활)을 다녀온 지역이기도 하다. 첫 번째 해에는 마을대장, 두 번째 해에는 중앙집행국의 일원으로 농활에 참여해 농사일 외에도 농민회-학생회 간 회의들, 공식·비공식적 술자리들, 농민축제(전농충북도연맹가족한마당) 등도 직접 경험해 볼 기회가 있었다. 농활을 계기로 처음 만나 몇몇 옥천 사람들과 쌓게 된 라포(rapport)는 인터뷰 섭외를 포함해서 전체 연구의 수행을 훨씬 용이하게 해 주었고, 농활 당시의 체험과 기억들 역시도 연구방향을 설정하거나 각종 문헌·인터뷰 자료를 이해하는 데 직간접적으로 도움이 됐다.

2. 연구대상

이 글의 대상은 지역으로서는 충북 옥천, 사람으로서는 충북 옥천의 사회적경제 활동에 직간접적으로 참여하고 있거나 연관된 10명을 대상으로 했다. 이 절에서는 옥천 지역의 사회적경제가 딛고 선 역사적 맥락을 밝히고(가), 인터뷰 대상을 간단하게 소개한다(나).

그림 11.1 충북 옥천군 행정구역 지도

1) 옥천의 맥락

충북 옥천은 대전의 동쪽에 인접한 인구 5만 3천여 명, 농가비율 약 30%의 농업군으로, 토지이용 중 임야가 전체 면적의 65%를 차지하고 용도 지역 중 도시지역은 10%에 불과하다. 대전·청주·충청권 대부분의 식수원인 대청호를 끼고 있는 탓에 총 면적 537㎢의 83.7%가 수질보전특별대책지역으로 묶여 있어 개발이 특히 제한된 지역이기도 하다(주교종 외 2015). 경제적 악조건 속에서도 옥천군민들은 1987년 6월 항쟁과 민주화의 성과로서 1991년 지방자치가 제도적으로 정착되기 이전부터 풀뿌리에서 자체적으로 자치역량을 축적해 왔다. 1989년 222명의 출자자가 모여 전국 최초 군민주 방식의 지역신문인 『옥천신문』을 창간했고(정순영 2015), 1990년에는 '옥천군농민회'가 창립됐다.[2] '사회적경제'라는 용어가 유행하기 한참 전인 2003년 이미, 안내면 '행복한학교'와 안남면 '어머니학교'가 주민들의 손에 직접 세워졌고,[3][4] 안남면에서는 관광객이 아닌 면민들을 위한 '작은음악회'를 2003년부터 매년 열고 있다.[5] 2004년 대청호를 공유하는 대전·청주권을 아우르는 환경단체 '대청호주민연대'를 옥천면민들이 주도해서 꾸려 현재까지 이어오고 있고,[6] 2005년에는 전국 최초 지역정당 창립시도였던 '풀뿌리옥천당' 실험도 있었다.[7]

이렇게 축적된 자치역량으로 2006년 출범한 안남면 '지역발전위원회(이하 지발위)'와 옥천군 '농업발전위원회(이하 농발위)'는 많은 가운데서 특히 흥미로운 사례로서[8][9] 지발위·농발위는 옥천신문·옥천살림협동조합(이하 옥천살림)·옥천순환경제공동체와 함께 이 지역을 대표하는 사회적경제 조직이다.[10] 지

2. 옥천신문편집부. "옥천군농민회 창립… 농민권익과 지위향상 실현 취지." 옥천신문. 1990년 4월 14일자.
3. 권오성. "앞으로 10년도 건강하고 재미있게… 안내 행복한학교 10주년 기념식 열려." 옥천신문. 2013년 12월 6일자.
4. 황민호. "어머니 한글학교, 첫 개강 25일." 옥천신문. 2003년 2월 21일자.
5. 황민호. "작은 음악회에 놀러 오세요." 옥천신문. 2003년 10월 25일자.
6. 황민호. "더불어 사는 대청호 공동체를… 3일 대청호주민연대 발기인대회." 옥천신문. 2004년 11월 26일자.
7. 점필정. "옥천당은 정치개혁이다." 옥천신문. 2005년 11월 18일자.
8. 백정현. "안남면지역발전위원회 공식 출범… 1월부터 공동사업 본격추진." 옥천신문. 2006년 11월 2일자.
9. 백정현. "농업발전위원회, 드디어 출범." 옥천신문. 2006년 11월 16일자.

사진 11.1 자치와 협동으로 순환과 공생의 지역공동체를 만들어 나가는 안남면 지역발전위원회의 실험. 가장 왼쪽의 인물이 주교종 이사이다. (옥천신문 제공)

발위는 연 1억 5000만 원의 자체예산을 갖는 면 단위 지역 거버넌스 조직인데, 이장 12명·마을위원 12명·추천위원 12명이 함께 모여 '12(대표성)+12(비례성)+12(다양성)' 형식의 '실질적' 참여예산제를 운영하고 있고, 이장단협의회를 넘어서는 "면내 최고의사결정기구"(A-2)[11][12]로서 현재 그 권위도 인정받고 있다. 농발위의 경우, 농민들이 5년 넘는 투쟁 끝에 기존 관(官) 주도의 농정심의회를 대체하며 만들어 낸 '민(民) 주도의' 농정 거버넌스조직으로, 지방자치단체

10. 법적·제도적 시각에서 규정되는 협의의 사회적경제 조직이 아닌, 글의 서론에서 조작적으로 정의내린 바 있는 이론적·조작적 개념으로서 광의의 '사회적경제' 활동 및 영역에 속한다는 의미이다. 단, 이때 광의의 사회적경제 조직에 속한다고 해서, 위의 조직들이 사회적경제 조직이기'만' 한 것은 결코 아니며 어디까지나 다른 무엇이면서 동시에 사회적경제 조직이기'도' 하다는 데 유의해야 한다. 예컨대 김유숙은 그들의 활동을 '사회적경제'로 명명할 수 있겠냐는 인터뷰 질문에 답하면서, 모든 것이 '사회적경제'로 뭉뚱그려질 때 우리가 간과할 수 있는 것들에 대해 이렇게 우려를 표한 바 있었다: "영역별로 활동을 하면서 사회적경제를 할 수는 있겠죠. 그런데 '이 모든 게 사회적경제야'라고 정의 내리는 건 무리수가 있는 것 같아요. 농민운동에는 농민운동으로서의 의미가 또 있거든요. 그걸 단지 '사회적경제'로만 덮어 버리기에는, 거기 어마무시한 어젠다가 있는 거죠."(김유숙, 인터뷰 일자: 2016. 5. 10.)

11. 본문 내각주에 녹취록을 인용하는 방식이다. 표기의 편의를 위해 각 면담자에게 영문 대문자 알파벳 기호를 부여하고, 2회 이상 인터뷰한 경우에는 뒤에 숫자를 부기해서 그 시기를 구분했다. 예컨대 'A-2'는 면담자 A(주교종)의 두 번째 인터뷰 녹취록에서 발췌했다는 의미이다. 이때 각 기호에 해당하는 면담자는 본문 2장에서 확인할 수 있다. 인터뷰 일자는 외각주에 표시했다.

12. 인터뷰 일자: 2016. 4. 2.

(행정관료)·지방의회(의원)·단위농협·(주체별)농업인단체·(종목별)생산자단체 관계자를 위원으로 두고 군수가 당연직 위원장을 맡아 최대 35명의 위원이 농업정책·농민복지 등의 농정 제반사항에 대해 '실질적' 자문·평가·심의의 기능을 수행하고 있다(I).[13][14] 머지않아 소비자단체까지도 포함해서 농민·군민 전체의 총의를 폭넓게 대변할 대의기구로서 '농업회의소'로 전환을 준비 중에 있다(A-3; I).[15]

옥천의 대표적 사회적기업 '옥천살림'의 탄생 역시, '민'을 중심으로 전개돼온 농정 거버넌스 맥락에서 이해될 수 있다(황민호 2015). 이는 같은 목적지를 향한 두 움직임의 결합이었는데, 우선 경쟁력 확보의 필요성을 절감해 온 친환경농업인 일군의 생산자집단이 있었고, 다른 한편으로 농발위의 성과로서 「학교급식지원조례」와 「옥천푸드지원조례」의 제정에도 불구하고 친환경농산물유통과 친환경공공급식에 그다지 흥미나 의지가 없었던 군수들과 농협들이 있었다. 기존 제도권에서 무관심했기 때문에, 농민들이 직접 나서지 않으면 안 되었다. 그리하여 2008년 옥천살림영농조합이 닻을 올렸고, 2014년 사회적기업 인증을 받은지 불과 4개월 만에 협동조합으로 전환했다.[16] 10년의 세월이 흘러, 설립 당시 5명이 10만 원씩 출자해 시작한 옥천살림은 현재 연 매출 10억 원 규모로 성장했고 「옥천푸드지원조례」에 의거해 설립된 '옥천푸드유통센터' 운영을 책임질 민간 운영주체로도 선정되었으며, '옥천푸드인증사업'처럼 대안적 농정시스템을 직접 견인하기 위해 행정영역에도 적극 관여하고 있다.[17]

옥천의 사회적경제는 이처럼 일관되게 민에 의해 주도돼 왔으나, 사회적경제가 유행처럼 번진 2010년대 초반부터는 군청에서도 약간의 관심을 갖기 시작했다. 『옥천신문』은 2011년 군을 추동해서 사회적경제중간지원조직인 사회투자지원재단과 '옥천사회적경제함께만들기프로젝트'로 3년간 3자 업무협약을 맺

---

13. 「옥천군 농업발전위원회 설치 및 운영 조례」, 2007. 5. 30.
14. 인터뷰 일자: 2016. 5. 25.
15. 인터뷰 일자: 2016. 5. 25.
16. 권오성. "옥천살림, '협동조합'으로 지역공동체 회복 견인." 옥천신문. 2014년 7월 25일자.
17. 이현경. "옥천살림, 옥천푸드인증사업 견인 역할 해야." 옥천신문. 2016년 3월 7일자.

는다.•[18] 같은 해 「옥천군사회적기업육성지원조례」의 제정으로 제도적 기반이 마련됐고, 이를 바탕으로 재단과 신문사, 군청은 함께 '사회적기업가학교'를 열어 사회적경제 활동가들을 발굴하는 한편 옥천의 지역적 특색에 적합한 사회적경제 활동방안을 모색하기 위한 '지역자원조사' 연구도 벌였다. 이런 토양 위에 사회적경제의 중간지원조직으로 2013년 '옥천순환경제공동체(이하 순환공동체)'가 출범했다.•[19] 중간지원조직으로 민간에서 100% 출자한, 전국에서 거의 유일한 사례이다(H).•[20] 모든 운영비가 회원단체와 개인후원회원의 회비로만 충당되고 현재 상근자 1명이 근무하고 있다. 지역에서 세력으로 보나 그 성과로 보나 아직 지발위·농발위·옥천신문·옥천살림 등에 비한다면 한참 '막내'에 가깝지만, 눈에 보이는 성과를 기대했던 군청에서 3년을 끝으로 발을 뺀 뒤, 순환공동체는 운영비는 물론이고 관으로부터 거의 지원을 받지 않은 채로 꿋꿋하게 지역에서 사회적경제의 '밭'을 갈고 있다(C).•[21]

무엇보다 옥천은 『옥천신문』이 있다. 매주 발간되는 이 신문은, 이곳에서 단지 언론이기만 한 것이 아니다. 물론 언론으로서, 비단 사회적경제의 과정뿐 아니라 지역의 역사를 충실하게 기록하고 평가하는 증인이자 비판자로 활동하고 있다. 그렇지만 그 이상의 일을, 때로는 지역의 작은 목소리를 키워 주는 확성기로, 때로는 지역의 일에 직접 뛰어드는 선수로, 사회적경제의 경우에는 사실상의 중간지원조직으로 기능하며 기층 시민사회영역–운동영역–행정영역 간을 잇는 가교역할을 모범적으로 수행하고 있다.

2) 인터뷰 대상

심층 인터뷰 대상자는 표 11.2와 같다. A, B는 모두 한때 농민회장이었거나 농민회의 간부였던 인물들로, 연구자와 이미 알고 있는 관계였다. 4월 2일 첫 방

---

18. 정순영. "옥천 사회적경제 함께 만들어갑시다." 옥천신문. 2011년 2월 18일자.
19. 박누리. "살 맛 나는 지역사회 만들어보자… 옥천순환경제공동체 창립총회 열려." 옥천신문. 2013년 11월 29일자.
20. 인터뷰 일자: 2016. 5. 10.
21. 인터뷰 일자: 2016. 4. 2.

표 11.1 충북 옥천군 사회적경제 조직 현황 (2016년 6월 기준)

총(개)	협동조합	사회적기업	마을기업	자활사업단	중간지원조직
7	3	3	0	1	안남면 지역발전협의회, 옥천순환경제공동체, 옥천 농업발전위원회

출처: 옥천군청 홈페이지 http://www.oc.go.kr/html/kr/realm/realm_0608.html

표 11.2 옥천군 인터뷰 대상자 정보

기호	이름	나이	성별	설명
A	주교종	50대	남성	옥천살림협동조합 상임이사 옥천군농업발전위원회 위원 안남면 배바우작은도서관 관장 전 안남면 지역발전위원회 위원장 (1-3기) 전 옥천군농민회 회장
B	황민호	40대	남성	옥천신문 기자제작국장 전 옥천순환경제공동체 운영위원장 전 옥천군농민회 연대사업부장
C	정순영	30대	여성	옥천순환경제공동체 사무국장 전 옥천신문 편집국장
D	김대영	40대	남성	안남면 지역발전위원회 사무국장 안남면 주민자치위원회 위원장
E	신복자	50대	여성	안남면 산수화권역 사무국장 안남면 지역발전위원회 위원 안남면 어머니학교 교사
F	박미영	30대	여성	안남면 배바우작은도서관 사무국장
G	허헌중	50대	남성	지역재단 상임이사 옥천살림협동조합 사외이사
H	김유숙	40대	여성	사회투자지원재단 사회적경제역량 강화센터 소장
I	이재실	50대	남성	옥천군청 친환경농축산과 농정기획팀장
J	김우현	40대	남성	옥천군청 산림녹지과 산림특구팀장 옥천순환경제공동체 회원

문에서는 A, B 그리고 다른 경로를 통해 새로 알게 된 C와 인터뷰했다. 그들에게 다른 지역주민들을 소개받아, 일종의 눈덩이표집(snowball sampling) 방법으로 대상자를 선정해서 인터뷰를 진행해 나갔다. 인터뷰 당시에 B는 이미 본업이던 기자로 복귀한 상태였다. C는 처음부터 지역활동가의 뜻을 품고 옥천신문에 입사해서 편집국장까지 지낸 다음, 임기 말 때마침 상근자를 구하고 있었던 순

환공동체에 사무국장으로 합류하게 되었다.

D, E, F는 모두 안남면 거주민이다. 이들은 옥천군에서 지역자치가 가장 활발한 안남면에서 하고 있는 활동—지발위·산수화권역사업·배바우작은도서관—들의 핵심 실무자인 사무국장을 초창기부터 도맡아 온 가장 기층의 주민들이다.

G, H는 비록 옥천에 살고 있지는 않으나 옥천에 애정을 가지고 오랫동안 주변에서 관여해 온 지역 밖의 활동가들이다. G는 안남면의 발전계획 컨설팅을 소속 단체에서 수탁받은 것을, H도 소속 단체에서 '옥천사회적경제함께만들기 프로젝트'에 참여한 것을 계기로 옥천을 알게 돼 이후 연을 이어 오고 있다. G는 현재 옥천살림협동조합 사외이사이기도 하다. 특히 이들은 기층의 주민들에 비해 사회적경제에 대한 이해도가 높고, 긴 시간에 걸쳐 관찰자의 시점에서 지역의 활동을 지켜보았기에, 연구자에게 보다 친숙한 언어로 옥천의 농민운동·지역운동·사회적경제운동의 역사와 그들 간 관계의 큰 그림을 한결 이해하기 쉽게 설명해 주었다.

I, J는 옥천군청에 근무하는 현직 공무원이다. I의 경우 농발위 발족 초창기부터 농민들과 직접 소통하고 협의하는 관(官) 측 실무자로 일해 왔고, 공무원 중에서는 농민과 농민운동이 갖는 가치와 지향성에 대한 이해도가 높은 편이다. J도 마찬가지이다. 비록 현재는 담당분과가 바뀌었지만, 「학교급식지원조례」 제정 당시 옥천살림이 친환경 공공급식으로 처음 자리를 잡을 때 담당 공무원으로서 기여한 바 있다. 운동의 가치에 대해서도 공감해서 이후로도 관심을 가지고 지켜보아왔고, 공무원으로는 흔치 않게 순환공동체의 회원으로도 가입해 있다.

Ⅲ. 도덕의 활로

'경제와 도덕의 관계'라는 글의 문제의식으로 다시 돌아오자. 앞서 서론에서 예고한 것처럼 이 장에서는 사회적경제의 도덕적 성격을 그 활동·영역들이 묻어 들어 있는(embedded) 지역공동체의 동기(motivation) 수준에서 탐색한다. 그런 과정에서 사회적경제는 한편으로 기존의 도덕적 운동세력들이 한계에 봉착한 운동의 '활로'를 뚫으려는 동기(1)에서, 다른 한편으로 붕괴되고 파편화된 지역공동체를 '복원'하고 연대와 공생의 규범을 재생시키려는 동기(2)에서 시도된 것임을 밝히고자 한다. 이상의 논의를 통해, 사회적경제의 의미론을 구성하는 핵심 중 하나가 단지 윤리적 경제활동의 수준을 넘어선 도덕적 세계의 구현, 즉 '도덕공동체'의 재건에 있음을 드러낼 것이다.

1. 운동의 재장전

1990년 옥천군농민회가 깃발을 올린 이후, 옥천지역 농민들의 삶은 줄곧 악화일로를 걸어야 했다. 당연히도 그것은 농민회의 탓은 아니었다. 근본적 원인은 특히 1990년대 급격하게 전개됐던 세계화와, 정확히 그만큼 일관되게 관철됐던 농산물시장개방의 추세였다. 농민회 출범은 차라리 그 결과에 더 가깝다. 다국적기업이 광작(廣作)으로 기계농업으로 생산해 낸 값싼 농산물이 쏟아졌다. 생산비를 맞출 수 없는 이 땅의 소농은 살기 위해 투쟁해야 했고, 투쟁하기 위해 단결해야 했다. 그런데도 상황은 갈수록 악화되기만 할 뿐이었다. 무엇보다 농민들의 수가 갈수록 급격히 줄고만 있었다. 해방 이후 약 50년 만에 전체 인구 중 농가인구 비율이 70%에서 7% 남짓으로, 무려 1/10 수준으로 추락한 것이다.[22] 농민들은 순식간에 사회의 절대적 소수가 되었고, 고립돼 버렸다. 잇달아 체결된 FTA 국면을 통과하면서, 언제부턴가 대중에게 농민들은 시위·과격·무식·죽창 등의 이미지로 기억되기 시작했다. 농촌의 공동화·도시와 농촌의 괴리 경향으로 시민과 농민이 직접 대면해서 소통할 수 있는 창이 좁아지고,

22. 통계청의 2015년 농림어업총조사의 결과에 따르면, 2015년 12월 1월 기준 전체 농가인구 수는 256만 9,000명으로, 가구 수는 108만 9,000가구로 각각 집계됐다. 이는 인구 수를 기준으로 전체 인구 수의 5%에 간신히 걸치는 수치로 해방 직후 농가인구 수의 비중 71.4%, 각각 1960년과 1980년의 농가인구 수인 1424만 2,000명, 1082만 7,000명에 비춰 볼 때 그 급격한 추락속도를 짐작할 수 있다. 고령화율의 상승추세는 더 심각하다. 전체 농가인구 중 65세 이상 비중은 38.4%로, 이는 전체 인구 평균 13.1%의 3배에 근접하는 수치이며 2010년에 비해 무려 6.7%p 증가한 것이다.

시장개방으로 식탁이 외국산 농산물로 차려지며, 절대적 수까지 줄면서 농민은 대중과 권력의 시야에서 벗어났다. 농민이 아무리 외쳐도 소용이 없었다. 농민의 삶과 생존투쟁은 그 한계에 봉착했다. 이전의 방식으로는 패배만 할 수 있었다. 이제 새로운 활로가 필요한 시점이 온 것이다.

지역재단 허헌중 이사는 옥천지역에서 활동하던 농민운동 그룹들이 1990년대 이미, 우루과이라운드(UR) 타결 국면에서 그 한계를 직감하고 있었다고 회고한다. 그들 진영에서 모든 것을 쏟아부어 총력전을 폈던 UR 투쟁이 끝내 패배로 막을 내리자, 그때까지의 운동방식이 더 이상 지속가능하지 않다는 것을 깨달은 것이다. UR 투쟁의 패배는 각성과 전환의 계기가 되었다.

> "옥천지역 농민운동 그룹들이 물론 아스팔트 농사[23]도 열심히 했죠. … 이런 방식으로 처음 구상하게 된 게 1990년대 UR 투쟁이 깨지면서, 아, 이걸 아스팔트 농사로만 해서는 안 되겠다. 생산지에서 지속가능한 진지를 구축하지 않으면, 그리고 소비지와의 긴밀한 결합관계를 갖지 않으면. 새로운 대안도 만들어 가면서 투쟁과 건설, 저항과 구성, 비판과 대안이라고들 하잖아요, 이것을 통일해 나가지 않으면 안 되겠다."
>
> – 허헌중 지역재단 상임이사[24]

이에 따르면 그 당시 농민운동 진영에는 요구만 있었지 대안은 없었다. 물론, 그들의 요구는 매우 '도덕적인' 요구였다. 그들의 요구는 절박한 생존의 요구였기 때문이다. 어떤 누군가(수출기업)의 삶을 지금보다 단지 좀 더 나은 수준으로 만들기 위해서 다른 누군가(농민)를 죽음으로 몰고 가는 일을 이들에게 도덕과는 거리가 멀었다. UR·FTA의 실상이 무엇이었든 간에 UR·FTA의 타결은 국가가 농민에게 그렇게 하겠다는 것처럼 들렸고, 그런 순간부터 농민의 저항은 도덕적 성격을 갖게 됐다. 이 사회가 진정 도덕적이라면 다수를 '편익'을 위해 소수의 '생존'을 희생시키지는 않았을 것이기 때문이다. 농민들이 요구했던 도덕

23. '아스팔트 농사'란 대규모 농민집회를 은유적으로 이르는 말이다. 대규모 집회로 성과를 얻으면, 마치 몇 년 치 농사를 지은 것에 준하는 효과를 얻을 수도 있다는 함축을 담고 있다.
24. 인터뷰 일자: 2016. 5. 13. 직후의 인용도 같은 인터뷰 녹취록에서 발췌한 것이다.

의 수준은 그리 대단한 게 아니었다. 단지 소수의 '생존'을 위한 것일 때만 다수의 '비용'을 감내할 수 있는 정도의 도덕만 이 세계에 요구했다. 농민들은 미처 그들이 알지도 못하는 사이에, 이미 그 사회의 가장 도덕적인 존재였다.

그러나 문제는 그들에게 오직 도덕만이 있었을 뿐 대안적 미래를 생산하는 능력이나 역전의 전략이 부재했던 데 있었다. 역설적이게도 민주주의 사회에서 수적으로 열세인 데다가 실질적 권력도 없는 농민의 도덕은 단지 '요구'만으로는 관철되지 않을 가능성이 더 높았다. 옥천지역 농민운동 그룹들은 열악하지만 조금이라도 상황을 타개하고 운동을 지속하기 위해서는 "투쟁과 건설, 저항과 구성, 비판과 대안"을 "통일해 나가지 않으면 안 되겠다."라는 성찰에 도달하게 된다. 이상만으로 구현가능한 도덕적 세계는 없다. 이곳에서 도덕공동체를 '재건'하기 위해서는 다른 무언가가 필요하다. 그는 이때의 그 무언가가 "생산지에서 진지의 구축"과 "소비지와의 긴밀한 연합"이었으며, 당시 꿈꿨던 "지속가능한" 형태가 현재의 사회적경제의 원형이었다고 이해한다.

> "20년 전부터 꿈꿔 온 과정의 일환으로, 첫 작업을 안남면에서 주민주도형 (지발위를) 하고 옥천살림을 만들고, 공공급식을 하고 로컬푸드를 대전까지도 넓혀 나가고, 자본에 의해서 모든 가공품이 지배되고 있는 상황에서 1차 생산에서 가공까지 조직화를 해서 부가가치를 제고하고 지속가능한 소득원을 협동적으로 구축하는 … 경제협동뿐만 아니라 교육문화협동으로 도서관·어머니학교를, 정치협동으로 주민자치위원회를, 어떻게 체계를 만들어 나갈까 고민하고 있는 거죠."
>
> – 허헌중 지역재단 상임이사

다시 말해 현재 옥천에서 전개되고 창출되고 있는 사회적경제의 활동들과 영역들은, 적어도 그 핵심그룹 관점에서 과거 농민운동과 지역운동의 연장선 상에 놓여 있다. 농민운동에서도, 지역운동에서도, 사회적경제 활동에서도 중추적 역할을 맡고 있는 주교종 이사는 그런 의미에서 상징적 존재다. 그는 옥천군농민회의 창립부터 농발위와 지발위의 발족, 옥천살림의 탄생까지 모든 순간들을 함께했고, 뿐만 아니라 항상 중심에 있어 왔다. 농민운동·지역운동·사회적경제 활동이 서로 다른 영역에 속하고 있음에도 불구하고, 한 개인이 변절이나 신념의 변화를 겪지 않고 운동과 활동을 지속할 수 있는 것은, 그것들을 모두 관통하는 무언가가 있기 때문이다. 이 글은 그것을 '도덕'으로 본다. 도덕의 '내용'은 변하지 않았다. 바뀐 것은 단지 그 '형식'뿐이다.

> "사회적경제 얘기하는데, 저는 협동조합이 뭔지도 잘 모르고 지금 협동조합 이야기하니까 우리 옷을 협동조합으로 입고 가 보자 이렇게 한 건데, 모든 것이 사회적경제로 다 빨려 들어가서 이야기가 되는 것 같고 … 이것을 운동처럼 큰 흐름으로 가야만 되지 않을까. … 다음에 또 뭐가 될지 모르지만, 정부가 하는 정책사업이라고 하는 것은 거기 올라타서 내가 (뭔가) 할 수 있는 일차적 기반을 마련해 보는 것으로."
>
> – 주교종 옥천살림협동조합 상임이사[25]

앞서 인용한 인터뷰에서 김유숙 소장도 말한 것과 비슷하게, 주교종 이사 역시도 마찬가지로 "모든 것이 사회적경제로 다 빨려 들어가"기보다는 사회적경제도 "운동처럼 큰 흐름으로 가야"한다고 생각한다. 다시 말하자면, 사회적경제는 오직 운동의 큰 흐름 속에 위치할 때만 의미가 있다. 사회적경제는 내용(content)보다 형식(platform)에 더 가깝기 때문이다. 이들에게 사회적경제는 협동조합이나 사회적기업에 대한 현금보조 같은, 정부 "정책사업"으로 먼저 인식되며 "거기 올라타서" 다른 무언가를 해 볼 수 있는 "일차적 기반" 정도 의미를 갖는다. 사회적경제로 불릴 만한 여러 활동들을 훌륭하게 수행하고 있음에도, 이들은 왜 '사회적경제'로 호명되기를 경계하는가? 아마도 이곳의 사회적경제가 그 표현이 유행하기 훨씬 이전부터 농민운동의 이름으로, 지역운동의 이름으로 계속돼 온 활동이기 때문일 것이다.[26] 이들에게 사회적경제는 오히려 낯

---

25. 인터뷰 일자: 2015. 9. 2. (출처: 기획재정부 "지역기반 협동조합 활성화 방안연구")

26. 김유숙 소장은 이렇게 말한다: "협의의 사회적경제는 사실 (옥천에서) 후발주자로 인식된 거예요. 그분들이 이게 사회적경제구나, 언어로 쓴 것은 불과 몇 년이 되지 않고, 기존에 각각 영역별로 운동을 하셨던 분들인 거잖아요, 사실. … (처음) 그렇게 정의내리지 않았고. 사실 이름을 불러줘야 그렇게 생각하게 되잖아요." (인터뷰 일자: 2016. 5. 10.)

선 이름이었고, 혹시 모를 불순물을 우려하지 않을 수 없었다.

2. 공동체의 복원

그렇다면 옥천에서 과거 농민운동과 지역운동을 거쳐 현재 사회적경제활동까지도 일관되게 관통하고 있는 도덕의 '내용'은 무엇인가? 농민의 도덕은 아스팔트 농사에서처럼 여전히 '생존'에 머물러 있는가? 당연히 아니다. 그들은 오히려 한걸음 더 나아갔다. 단지 '생존'에만 국한되지 않는 가치들을 단지 요구하기만을 넘어서서, 직접 생산까지 하고 있다. 결론부터 말한다면 옥천지역공동체의 새로운 가치는 '순환과 공생'이며, 새로운 규범은 '자치와 연대(협동)'이다(주교종 외 2015). 새로운 도덕은 그들의 실천에 이미 녹아 들어있다. 이들의 실천을 오랫동안 지켜봐 온 『옥천신문』 황민호 기자와 지역재단 허헌중 이사는 공동체의 층위에서 옥천주민들이 '대청호주민연대'와 '금강유역환경회의' 성립을 주도했던 이유와 그 맥락을 이렇게 설명한다.

"환경단체로 환경운동연합 옥천지부가 아닌, 옥천을 넘어서 대청호 인근의 농민연대를, 대청호를 넘어 금강유역환경회의를 만들었다는 거, 이게 되게 중요해요. … 결국에 우리는 같은 물을 먹고 사는 식구다! … 마한땅에 성이 없는 100여 개 읍락들이 연맹체 국가를 만들었듯, 같은 물을 먹는 식구끼리 연방제 개념으로 농산물도 같이 자급자족할 수 있는 그런 걸 만드는 것이 아닐까. 난 어렴풋이 그런 생각을 하는 거지."[27]

– 황민호 옥천신문 기자

"(옥천은) 상수원보호구역이라서 규제를 받으니까, 금강 물을 쓰는 하류지역, 특히 대전·청주권에서 사실 (옥천의) 물건을 사 줘야 되거든요, 공생관계를. 좀 더 깨끗하게 농사를 위에서 지어야 물도 깨끗해지고, 밑의 사람들이 깨끗한 물을 지속적으로 먹기 위해서는 깨끗한 농사를 짓는 농민들하고 공생해야지, 단지 내

27. 인터뷰 일자: 2016. 4. 2.

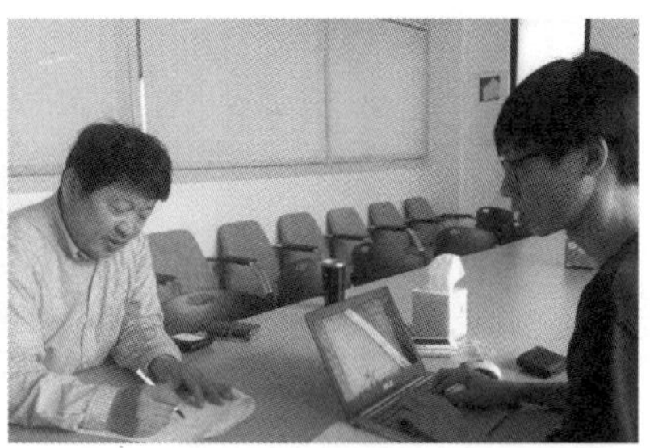

사진 11.2 황민호 옥천신문 기자와의 인터뷰

사진 11.3 허헌중 지역재단 상임이사와의 인터뷰

가 물 부담금만 냈다고 내 할 일 다 했다고 하면 안 된다는 거죠. 상류지역에서 치산치수도 해 주고 물·토양·산림관리도 해 줘야 하류지역에서 피해가 없다는 거죠."•28

– 허헌중 지역재단 상임이사

도덕, 즉 가치와 규범은 언제나 '공동체'를 전제한다. 그렇다고 할 때 그들의 도덕이 이전과 달라진 것은 같은 도덕을 공유하는 공동체의 범위가 비단 농촌에만 그치지 않고 확장되기 시작했다는 데에 있다. 바로 자치와 연대를 통해서다. 아스팔트 농사에만 몰두하던 당시로는 상상할 수 없던 변화다. 시민이나 대중에게 농민의 생존권 요구는 그들만의 요구처럼 느껴졌고, 그들의 생존이 왜, 어떻게 자기 문제가 될 수 있는지 상상하기 어려웠다. 그런 상황에서 농민과 농촌의 고립은 오히려 자연스러웠다고 할 수 있다. 그러나 농민들은 바보가 아니었고, 기존 방식이 일단 한계에 부딪치자 다른 방식을 찾아나서기 시작했다. '강'이란 물리적 실체를 매개로 공동체의 범위를 확장해 나가고, 나아가 그 도덕의 가치를 설득해 나갔던 것이다.

물론 그 이전에도 연대는 있어 왔다. 지발위의 예산이 된 '주민지원사업비'가 그 실제 사례다. 전술한 것처럼, 금강의 상류에 위치한 옥천은 전체 면적 대부분이 '수질보전특별대책지역'으로 묶여 있어 경제적 개발에 상당한 제약을 받고 있다. 이때 '주민지원사업비'는 개발제한으로 보호받는 대전·청주권의 하류지

28. 인터뷰 일자: 2016. 5. 13.

역주민들로부터 상류지역 주민들이 수질관리비용 및 보상차원의 명목으로 매년 이전받는 자원인 것이다. 이때 총 금액의 30%가 상류지역 주민 삶의 질 향상을 위해 사용할 수 있게 지원된다. 지발위 사례가 흥미로운 것은 보통은 해마다 이벤트성으로 각 마을로 흩어지고 마는 이 돈들을 개별화된 방식으로 소진하는 대신, 면의 장기적 발전을 위한 예산으로 모으는 데 성공했기 때문이다(D).•[29]

현재 이장단협의회를 대체하면서 면의 최고의사결정기구로 위상을 굳힌 지발위는 이 예산을 규율하기 위한 논의체로 처음 출발했다. 상류지역은 하류지역의 상수원을 보호하는 한편, 하류지역은 상류지역의 대안적 발전의 자원을 제공한 결과로서 지발위와 지발위의 예산은 존재할 수 있다. 그런 의미에서 지발위는 존재 그 자체로 공동체의 도덕적 이상을 담고 있다. 황민호 기자의 시각에서, 수계사업지원비를 집행하는 데도 영향을 미치는 금강유역환경회의 역시, 같은 지향을 공유하며, 나아가 더 높은 수준의 가치를 추구한다. 허헌중 이사의 표현을 빌리면, "물 부담금만 냈다고 해서 내 할 일 다 했다고 하면 안" 된다. 법률에 따라 피해에 대한 보상금만 내는 것을 넘어, 서로의 "물건을 사줘야" 하는 공생관계로, 바꿔 말하면 강을 매개로 상호호혜적 의무관계를 키워나가는 '도덕공동체'가 최종 목적이어야 한다는 취지에서다. 황민호 기자는 이런 도덕공동체의 본질적 의미를 "같은 물을 먹고 사는 식구"라고 표현한다.

이와 같은 '공생'의 도덕이 오직 공동체의 범위를 확장시킬 때에만 그 동기로 작용했던 것은 아니었다. '공생'이라는 핵심가치는 기존 공동체의 도덕적 깊이를 심화시키는 기제이기도 했다. 주교종 이사(전 1-3기 지발위원장)는 올해로 10년째 지발위 활동을 계속해 오면서 분명히 말할 수 있는 것으로 아래의 변화를 꼽고 있다.

> "이렇게 한 십 몇 년씩 오다 보니까, 그것은 분명히 말할 수 있어요. 큰 유지가 새끼 유지를 키우는 것, 계속 그 통로로 지역의 유력한 인사가 크는 게 지금 차단이 된 거지. … 옛날에는 유지모임이 있어, 청심회. 지역의 세력을 재생산하면서 공화

---

29. 인터뷰 일자: 2016. 5. 21.

당 시절에. … 이제 안남 같은 경우는 그런 게 좀 단절이 돼서 그런 성향의 사람들이 크지를 못하니까, 속이 뒤집어지지. 이런 변화들은 있다고 보는 거예요. 다른 지역에서는 잘 보지 못한 것들?"[30] – 주교종 옥천살림협동조합 상임이사

과거 농촌에는 사회경제적 위계질서가 매우 분명했다. 개인에게 요구되는 도덕의 내용도 수직위계적 권력구조의 어디에 위치하느냐에 따라서 달라졌다. 즉, 그 시절의 도덕은 위계적 성격을 지녔다. 지주의 도덕·부농의 도덕·자작농의 도덕·소작농의 도덕이 모두 달랐기 때문이다. 누군가 시혜의 미덕을 베풀면, 누군가 복종의 미덕을 발휘해야 생존이 가능했다. 분명히 도덕이 존재하고 있었으나 그 도덕의 품질까지도 높았다고는 볼 수 없다. 아직까지도 본질적으로 많이 다르지 않을 것이다. 일반적으로 농촌일수록, 도덕적 규범이 강할 가능성이 높다. 그러나 정작 중요한 것은 도덕의 존재유무 그 자체나 형식보다, 도덕의 내용임에 틀림없다. 아무리 강력한 도덕공동체도 얼마든지 부도덕한 공동체일 수 있다.

그에 따르면 현재 안남면은 그 내용적 측면에서 본질적 진보를 이뤄 냈다. 이제는 적어도 공동체의 층위에서 위계적 질서가 해체되고, 대신 독점적 위계가 아닌 다른 도덕적 질서가 형성되고 있다. 이는 바로 '민주'에 기초한 '공생'의 질서다. 이제 더 이상은 공적인 권위를 얻기 위해, 즉 "지역의 유력한 인사"가 되기 위해 "큰 유지가 새끼 유지를 키우"는 통로를 거칠 필요가 없어졌다. 오히려 지금은 그런 사람들이 "크지를 못"하고 "속이 뒤집어"지게 만든다. 이제 공동체를 좌우하는 것은 소수 유지들로 구성된 "청심회"가 아니라 면의 최고의사결정기구인 지발위이기 때문이다. 지발위는 특정 유지나 특정 개인의 이익을 대변하는 게 아니라, 면민 전체의 이익을 대변하고 면민 전체의 공생을 추구한다. 그들의 경제는 도덕적이어야 하기 때문이다.

---

30. 인터뷰 일자: 2016. 4. 2.

Ⅳ. 의미의 경제

이들의 도덕적 경제는 공동체 안팎의 많은 이들에게 이해와 공감을 얻고 있지만, 결코 만만치 않은 의혹과 비판에도 직면하고 있다. 그 요점은 간단하다. 도덕적인 것은 얼마든지 좋다. 그렇지만 경제의 목적이 결국 '돈벌이'에 있다고 한다면, 도덕적 동기의 개입은 목적을 달성하는 데 방해가 된다. 경제성과 도덕성은 상충하는 목적이며, 경쟁하는 목적이다. 둘 간의 조화는 근본적으로 불가능하며, 도덕성을 추구하면 경제성은 떨어진다. 이렇게 극단적 입장까지는 아니더라도, 도덕적 경제의 '경제성' 혹은 '지속가능성'에 대한 충분히 있을 법한 의심들이 옥천 지역공동체 안팎에서도 쉽게 확인된다. 예를 들어 옥천군청에서 근무하는 공무원이면서, 순환공동체의 회원이기도 한 중간자적 인물로서 김우현 팀장은 이렇게 말한다.

> "(사회적경제가) 공무원이 느낄 때는 좀 뜬구름 같은. … 편하게 말하면 목구멍에 넘어가는 게 없는 거잖아, 이런 게 피부로 안 와닿는 거 같애. … 그 취지에는 동의하는데, 실제 단계에서 현실성이 조금 떨어져요. … 항상 말하는 게, 운동하고 사업은 좀 분리를 해야지 된다. 확실히 분리를 해서, 돈 벌 때는 돈 버는 데 집중을 해야지. 부도덕하지 않게 돈 벌고 그런 (좋은) 데다 쓰라는 거 아니예요. 그런데 돈을 벌어야 쓸 거 아녀."
>
> – 김우현 옥천군청 산림특구팀장[31]

그는 "그 취지에는 동의"함에도 불구하고 사회적경제가 "실제 단계에서 현실성이 조금 떨어진다."고 판단하면서, 그 이유를 '운동과 사업이 섞여 있는' 상황에서 찾고 있다. 옥천살림에서 처음 친환경 공공급식을 시작했을 당시 담당 공무원이었던 그는 해당 사업을 정착시키는 과정에서 발생했던 초기 어려움들 중 상당 부분이, 일을 '운동적' 시각에서 접근했던 옥천살림 측과 '사업적' 시각에서 바라봤던 다른 업체 측 사이의 시각 차이에서 비롯됐고, 둘 사이를 조율하는 게

31. 인터뷰 일자: 2016. 5. 25.

주된 일이었다고 회고한다. 이처럼 '운동'과 '사업'이 서로 대립적 도식을 취할 때, 운동은 '도덕'을, 사업은 '경제'를 각각 상징하게 된다. 이때 둘 간의 대립이 성립가능한 이유는, 도덕적 동기의 개입이 대체로 '돈벌이'로 표현되는 경제적(절약적, economical) 효율성을 침식시킨다고 여겨지기 때문이다. 이 도식에 갇혀 버린다면, 사회적경제의 이념에서 주장하는 '경제와 도덕의 조화'는 어디까지나 개념 수준에서만 가능하게 된다.

그런 도식에 갇혀 있을 필요가 없다. 대안적 도식이 얼마든지 가능하다. 글의 서론에서 밝혔던 것처럼 경제(economy)를 구성하는 두 개의 기본 틀은 살림살이(oikos)와 가치규범(nomos)이다. 이때, '사업적' 관점은 살림살이(oikos) 중에서도 오직 '돈벌이'에만 방점을 찍고, 도덕(nomos)이 효율을 구축하므로 그것은 경제적이지 않다고 말할 것을 요구한다. 그러나 본래의 의미대로라면 경제의 요점은 '효율'에 앞서 '생산(살림)'에 있고, 일상의 필요를 충족시키기 위한 생산을 가치규범과 조화시키는 것이야말로 진짜 경제의 목적이다. 만약 그렇다면 '운동적' 시각도 경제성과 무관하지 않게 된다. '총효용의 극대화'라는 관점에서 비효율적일지언정, '총필요의 충족'이라는 관점에서 효과적일 수가 있기 때문이다. 어떻게 그것이 가능할 것인가? 도덕이 생산을 구축시킬 것이라는 일반적 통념은, 기왕의 경제이론을 경제적 행위자들이 가치와 규범을 공유하지 않는 조건을 전제하고 쓴 것이기 때문에 생겨난 것이다. 그러나 만약 어떤 공동체가 특정한 도덕적 가치와 규범을 공유하는 경우, 공동체는 일반적인 것과 다른 의미에서 고도의 생산성을 발휘할 수도 있다.

그리하여 이 장에서는 서론에서 예고한 대로, 이상의 추상적 논의를 현실로 끌어 내리면서, 사례에 근거해 실제 사회적경제의 실천과정에서 도덕적 가치와 규범이 수행하는 기능들을 각 개인의 역량 강화(empowerment) 측면에서 확인한다. 그런 과정에서 사회적경제의 실천양식이 사회적 생산을 구축하기보다 오히려 '비효율적 효과성'을 촉진시킨다는 점(1)과, 그 근본 동력이 한 개인으로 하여금 '자기의 확장'을 가능케 해 주는 공동체 내부의 도덕에 있다는 점(2)을 밝힐 것이다. 그럼으로써 공동체의 도덕적 가치와 규범이 사회적경제의 활동들에 참여하는 각 개인의 삶에 '의미'의 자원을 제공함으로써 그에 대한 개인들의 자발적 헌신과 정치경제적 역량 강화를 이끌어 낸다는 것을 입증해 보고자 한다.

1. 비효율적 효과성

옥천에서 공동체의 일을 해 나가는 방식들을 외부인의 시각에서 처음 보면 터무니없을 만큼 답답하게 느껴지는 때가 있다. 도시민의 기준에서 아주 작고 사소하게 느껴지는 사안이더라도 이곳 지역사회에서 그 사안이 논의되는 주기는 도시민의 상상을 초월한다. 올해 마침내 완성된 안남면의 마을상징물인 '둥실둥실 배바우'도 그중 하나이다.[32] 주교종 관장[33]에 따르면, 마을상징물이 구체적으로 실제 계획에 착수한지는 불과 2년만이지만 마을에서 실제 논의되기 시작했던 것은 벌써 10년 넘은 일이라고 했다(A-2).[34] 10년 전부터 이야기되기 시작해서 제작 계획이 구체화된 게 2년 전이라는 이야기다. 2009년 운행을 시작한 '도서관무료순환버스'도 역시 마찬가지였다.[35]

옥천사람들은 그게 바로 '옥천방식'이라고 말한다(주교종 2015). 요즘에는 달라지고 있다고 하지만, 도시에서 상징물이나 기념물 같은 것을 만든다고 할 때 10년씩이나 소요된다는 것은 쉽게 상상할 수 없다. '옥천방식'이 '느리게, 느리게'라면, 이와 대비되는 '서울방식'은 '빨리빨리'이다. 그렇기에 외부 도시민의 관점에서 이런 옥천방식은 비효율적인 것처럼 보인다. 아무리 사소한 사안이더라도 논의될 가치가 있다면 거의 모든 지역사안들을 비공식적 이야기와 공식적 회의를 거쳐 합의하에 결정하기 때문이다.

---

32. 황민호. "동갑내기 농민 · 민중화가, 안남 '배'를 만들다." 옥천신문. 2016년 6월 24일자.
33. 그는 안남면의 마을도서관인 '배바우작은도서관'의 관장이기도 하다. 2007년 면 단위로는 전국 최초로 건립된 이 도서관 역시, 이곳 주민들의 손에 의해 만들어진 큰 성과 중 하나이며(참고: 황민호. "전국 면 단위 최초, 안남 배바우작은도서관 개관… 주민들의 힘으로 만들어 20일 개관식 열려." 옥천신문. 2007년 7월 26일자).
34. 인터뷰 날짜: 2016. 4. 2.
35. 안남면의 대표적 숙원사업이었다. 버스를 지발위 자체예산으로 마련했고 인건비는 옥천군청 지원으로 운영된다. 교통소외라는 고질적 문제를 지역주민들이 스스로 해결한 모범사례로서 평가받고 있다.(참고: 박진희. "안남 도서관 버스, 이제 맘껏 달린다… 1일부터 운행 시작, 옥천군 인건비 지원 약속." 옥천신문. 2009년 6월 5일자)

"(도시 같았으면) 어떻게 보면 속 터져서 못살 거야. … 계속 숙성의 과정이 있었다고 보는 거죠, 내 식대로 얘기하면. 스쳐가는 술자리든 회의 자리든 반복적으로 얘기가 됐어요. 그러니까 1년, 2년, 3년 지나니까 이게 내 얘기가 되어 버리는 거야. '응 맞어, 이거 우리 이렇게 이렇게 하기로 했지.' 안남이 앞으로 어떻게 될까, 얘기를 하다 보니까 누구의 제안이 아닌 내 얘기가 되어 버린 거야. 우리 장터 복원하자 했는데, 마을 살림을 어떻게 하자 했는데, 다 내가 제안한 게 되는 거지."

– 주교종 옥천살림협동조합 상임이사[36]

"작년 얘기를 또 하더라도 하는 거예요. 그분들은 작년에 한 거를 잊어 버렸고. 그래서 처음에 이 짓을 왜 또 해? 그랬는데. 근데 그거를 하는 게, 진짜 좋은 거 같아요. … 어찌됐든 흘려가는 소리라도 들었잖아요. '그려, 뭘 한다고 했던 거 같어' 이렇게라도, 큰 관심은 없더라도 흘려듣기라도 했으니까 전혀 모른다는 아니잖아요. … 가다가 뭔가 걸리면 주민들이 그걸 다 치워 버리고 또 가는 거예요. 느리게 느리게. 결국 그거를 못하는 것보다 그렇게 해서 하는 게 더 빠른 거잖아요."

– 신복자 안남면 산수화권역 사무국장[37]

그러나 이들은 그럼에도 불구하고 "느리게 가는 게 더 빠르다."고 말한다. 그리고 반복하고 또 반복하는 게 "진짜 좋은 것 같다."고도 말한다. 도시 같았으면 "속 터져서 못살" 일이지만, 실제로는 "결국 그거를 못하는 것보다 그렇게 해서 하는 게 더" 빠르기 때문에, 아주 느린 속도지만 장애가 될 만한 위험요소들을 "다 치워버리고" 간다. 이것은 말하자면 "숙성의 과정"이다. 처음에는 낯설었던 이야기도 이런 과정을 거친 후에는 "누구의 제안이 아닌 내 얘기"가 돼 버리고, 모두의 제안이 된다. 이런 스토리텔링 과정은 오랜 시간이 소요되지만, 일단 공동체 수준에서 합의가 된 이후에는 오히려 성공할 확률이 훨씬 더 높다는 점에서 확실한 '생산'을 보장한다(Putnam 2003). 공동체 전체가 달려들어 어떻게든

36. 인터뷰 일자: 2016. 4. 2.
37. 인터뷰 일자: 2016. 5. 21.

'일이 되게' 만드는 것이다.

느려도(비효율) 일단 결정되고 나면 확실히 일(효과)이 되도록 만드는, 이토록 지난한 방식의 요점을 '비효율적 효과성'에 있다고 한다면 무리일까? 공동체 구성원 모두 합의에 이를 때까지 논의하는 것은 비효율적이지만 무엇보다 가장 도덕적인 방식이다. 이 방식은 효율성의 관점에서 보면 비효율적이지만 효과성의 관점에서 보면 완벽에 가깝다. 비싸서 자주는 못쓰더라도, 일단 쓰기만 하면 효과는 확실한 약이다. 그렇다면 가장 도덕적인 방식이 가장 효과적인 방식일 수 있는 것이다. 옥천에서는 많은 일들이 이런 식이다. 주교종 관장에 따르면 2016년 현재 시점의 안남면에서, 숙원사업은 누가 뭐래도 목욕탕이다. "이제 누구한테 물어봐도, '목욕탕 짓자'를 다 알 거야. … 뭐가 필요해요? 물어보면 어른이 됐든 아이가 됐든 누가 됐든, '응 맞아, 목욕탕 지어야지' 그럴 거야(A-2)."[38] 역시 수 년의 숙성을 거쳐 "내 얘기"가 돼 버린 것이다. 아마도 머지않아 그 계획이 구체화될 테고, 그 과정에서 불협화음은 가장 적을 것이며, 다른 악조건이 외부에서 발생하더라도 모두의 협동을 통해 해결책을 찾아내고, 결국 돌파할 것이다.

> "한 3시간 가만히 보고 있으면, 지난 번에 회의했던 거 또 다시 짚고. 막, 열불 나 진짜, 어떻게 하나 간 졸이는데, 그래도 그걸 조율하는 것, 이게 굉장한 능력이거든요? 수평적인 리더십이 (아니었으면) 깨졌어도 여러 번 깨졌어요. 여러 번 도발을 했거든. 왜? 재미가 없거든. 보통 면에서는 면장이 대장인데. (더 이상 아니니까) 이건 임의적인 위원회다, 전체를 대의할 수 없다, 몇 번을 부정했는데. 무슨 소리냐, 이게 우리가 제일 많이 참여하는 건데, 버텨 내고 이겨 냈던 거죠."
>
> – 황민호 옥천신문 기자[39]

황민호 기자의 회고처럼, 이 방식도 초기에는 공동체 내부에서조차 확신을 얻

38. 인터뷰 일자: 2016. 4. 2.
39. 인터뷰 일자: 2016. 4. 2.

사진 11.4 안남면사무소 앞 광장에 위치한 마을상징물 '둥실둥실배바우'상 앞에 모인 지역 아이들. 안내판에는 "자치와 협동의 지역공동체 안남: 오랜 시간 안남의 역사와 함께 흘러온 강 위에 둥실둥실 떠 있는 상상의 배 '배바우'를 형상화했다. 배 위의 소녀상은 자치와 협동의 지역공동체, 하나되어 나아가는 안남이라는 꿈을 향해 스스로 노를 저어가는 안남 주민들의 힘과 의지를 표현한 것이다. 안남의 뿌리인 12개 마을이 각각 형태가 다른 문을 통해 표현되면서도 결국 그 문은 하나 된 안남의 역사와 정신을 보여 주는 방으로 연결됨을 확인할 수 있다."라고 써 있다. (옥천신문 제공)

을 수 없었다. 갈등도 많았다. 모범적 사례로 취재하기 위해 SBS 다큐멘터리 "최후의 권력" 팀이 지발위를 찾았다가 예상과 달리 험악했던 분위기 탓에 돌아가 버린 일도 있었다(B).[40] 상황은 항상 우호적이지 않았다. 전반적으로 교육수준이 저조한 농촌특성상 논의수준도 낮았고, 초기에는 관에서도 지발위를 임의단체 취급하며 인정하지 않았다. 그럼에도 지발위가 그 모든 시련을 "버텨 내고 이겨" 낼 수 있었던 동력은 수평적 리더십 아래서, 지발위의 당위성과 지발위가 지향했던 가치들에 거의 모든 공동체 구성원이 공감했던 데 있었다. 무엇보다 회의장은 그 자체로 민주주의 학습장이자 교실이기도 했다. 공론장에서 토론을 통해 정치적으로 성숙해졌고[41] 공동체의 도덕적 합의를 통해 공동체의 강건성

40. 인터뷰 일자: 2016. 4. 2.

41. 주교종 이사가 회고하는 지발위의 경험과 성과는 정치적 성숙과 사회적경제의 긴밀성을 입증한다: "지역사회에서 주민들이, 안남면의 향후 5년·10년 계획을 스스로 이렇게 해 본 적이 없어요. 군수한테 이장한테 면장한테 우리 뭐 해 줘요 뭐 해 줘요 이거뿐이지. 면장은 왔다 가는 자리고 이장단협의회도 심부름만 하는 거고. 우리 면을 고민하는 단위는 하나도 없는 거죠. 뿌리가 없어져 버린 거예요. … (중앙정부의 정책사업은) 밑빠진 독에 물붓기밖에 안 되는 거지. 모아지지를 않고 개별화되고. … 면 단위 자치능력을 회복하지 못했

이 계속해서 유지됐다. 가장 심하게 다툴 때조차 판을 깨버릴 생각까지 하지는 않았다. 그토록 갈등이 심했던 것도 이만큼 성과를 축적한 것도 모두 이 지역이 나의 터전이며 이 공동체가 나의 공동체라는 하나의 생각과 하나의 도덕을 공유하지 않았다면 처음부터 가능하지 않았을 일이다.

2. 자기의 확장

그렇지만 제 아무리 도덕적인 사람이라 해도, 일반적인 상황에서 자기 자신까지 희생해 가며 공동체를 위해 헌신한다는 것은 쉽지 않은 일이다. 그럼에도 불구하고 이들이 기꺼이 공동체를 위해 헌신할 수 있는 것은 대체 무엇 때문인가? 도덕이 반드시 지켜야 하는 부담스러운 압박이 아니라, 자기 삶에 '의미'의 자원을 제공하는 원천으로 기능하기 때문이다. 인간은 경제적 동물이기도 하지만 의미의 동물이기도 하다. 인간은 밥 없이도 못 살지만, 의미 없이도 살지 못한다. 내가 의미 있는 삶을 살아가고 있다는 의식은, 물질적 효용과 금전적 이익이 주는 것과는 전혀 다른 삶의 에너지를 그에게 준다. 때때로 이 에너지는 설령 '목구멍에 넘어가는' 밥이 적더라도 삶의 의미를 지속적으로 추구해 나갈 수 있도록 만드는 원동력이 된다. 무엇이 가장 보람이 있고 고단해도 이 활동을 계속할 수 있게 해 주는가 묻자, 신복자 사무국장과 김대영 사무국장은 이렇게 말한다.

> "마을에서 저를 굉장히, 믿는다고 해야 하나? 저에 대해 좋은 평을 해 주시고, 열심히 한다고 할 때 … 성취감이야 저희 대표님 같은 분들이 느끼겠고, 저는 그런 자그마한, 칭찬이라든가 믿음, 신뢰, 이런 것이 되게 와닿아요. … (어머니학교에서 가르칠 때) 저는 그게 어머님들이랑 논다고 하는데, 제일 즐거운 건 그거예요. 사무장보다는 어머님들이랑 노는 게 제일, 최고 좋아요. … 어찌됐든 마을을 위해 이런저런 일을 하니까, 많은 돈을 벌지는 않지만 그래도 행복한 삶이 아닌가."
>
> – 신복자 안남면 산수화권역 사무국장•42

기 때문에 실효성이 없는 거지. 안남은 그것을 세워 보겠다는 것이고." (인터뷰 일자: 2016. 4. 2.)

"내가 안남 원주민이 아니예요. 근데 내가 나름대로 이 지역을 위해서, 여기서 먹고 살기 때문에, 이 지역을 위해서 하는 게 있어야 한다고 생각해요. 여기 사람들에게 도움만 받고 살면, 내 자신이나 내 가족이 떳떳하게 살지 못할 거 같아요. … 저 사람은 그냥 일 맡는 걸 좋아하는구나, 오해할 수도 있는데 대가성으로 뭘 해본 적이 없어요. … 돈이 안 되는 것 보다도 마음에 보양을 하고 있다고 생각해요. 제가 이렇게 해서 행복하다고 하면 저에겐 보람이 되는 거죠."

– 김대영 안남면 지역발전위원회 사무국장•43

지역에서 사무국장의 일은 객관적으로 "많은 돈을 벌"지 못하면서 하는 일은 많은 고된 일이지만, 이들은 기꺼이 일을 하고 심지어 몇 년째 계속하고 있다. 이는 외부자의 시선에서 볼 때에는 과거 차야노프(Chayanov)가 말한 '기아지대'를 내면서까지 '자기착취'를 밀어붙이는, 마치 전근대적 농민처럼 보일 수 있다(스콧 2004). 그렇지만 전근대적 농민에게 자기착취를 가능케 했던 근본동인이 '생존' 그 자체에 대한 열망이었다면, 현재 옥천지역 가장 일선에서 활동하는 실무자인 이들에게, 그 활동의 지속가능성을 담보하는 가장 근본적인 원동력은 더 이상 생존 그 자체나 물질적 동기가 아니라 "자그마한 칭찬이나 믿음, 신뢰"거나 "재미"이다. 돈이 전혀 되지 않는 일이라도 "마음에 보양"을 한다고 말하며, 스스로 "행복한 삶"이라고 만족한다.

전혀 돈과 이익을 추구하지 않는다고 말한다면 그건 위선일 수 있다. 그러나 이들에게 돈은 단지 "많은 돈을 벌" 필요가 없을 따름이다. 돈은 지역에서 "먹고 살" 수 있는 만큼이면 된다. 이때 흥미로운 것은 단지 이곳에서 "먹고 살기"만 할 뿐이라면 나나 내 가족이 "떳떳하게 살지 못할 것"이라는 생각이다. 지금처럼 먹고 살 수 있는 것은 여기 사람들에게 "도움"을 받은 덕택이기 때문이다. 그렇기에 "지역을 위해서" 무엇인가 하는 일이 있어야만 지역에서 "떳떳하게" 살 수 있다. 공동체의 일에 대한 참여와 헌신의 규범은 각 개인이 공동체 안에서 살 수

---

42. 인터뷰 일자: 2016. 5. 21.
43. 인터뷰 일자: 2016. 5. 21.

있는 권리, 바꿔 말하면 도덕적 시민권과 관계된다. 이는 법적으로 규제되는 시민권이 결코 아님에도 매우 강한 실천의 동기를 제공한다. 개인은 도덕적 시민권을 획득함으로써 공동체 안에서 자기 존재의 참된 의미를 발견하고, 이를 통해 단지 자기 몸뚱아리에만 국한되는 것이 아니라 공동체로의 '자기의 확장'을 시도할 수 있기 때문이다.

따라서 이들은 경제학적 관점에서 자기착취이며, 객관적으로 절대 이해타산이 맞지 않는 일임에도 불구하고 공동체를 위해 내 삶의 의미를 위해 자기의 확장을 위해 할 수 있다. 이들에게 이 논리는 비단 자기 자신에게뿐 아니라 공동체의 다른 구성원에게서 도덕적 동기를 추동하고 자발적 헌신을 이끌어 내는 데도 위력을 발휘한다. 공동체의 모든 구성원이 도덕의 화신이 되는 일은 불가능할 뿐 아니라 자연스럽지도 않다. 개인의 경제적 필요와 공동체의 도덕적 가치들 사이에는 조화의 계기만큼이나 긴장의 계기 또한 존재하며, 이를 조화로운 방향으로 해소하기 위해 섬세한 조율이 항상 필요하다. 이는 사무국장으로 활동하며 가장 신경써야 했던 일 중 하나였다.

> "사실 힘들어요. 내 소관이 아닌 일들까지도 해야 되니까. 대표님도 그렇고 나도 그렇고 다독이는 거죠. 저는 이제 꼬시죠, 직원들을. 당신 여기서 살 거잖아. 지금 대전에서, 고향이 여긴데 부모님이 모시고 다니면서 다니는 친구가 있고, 옆 동네 안내면에 귀농한 친구가 있고, 다른 분은 원래 여기 사람이고 그런데, 당신 여기 와서 살 거잖아, 살 거면 우리가 잘 만들어 놔야지 살 수 있다, 그런 식으로 저희가 꼬시죠."
> – 신복자 안남면 산수화권역 사무국장•44

인력이 항상 부족한 상황에서 언제나 과부하 상태에 놓이는 직원들을 그는 이렇게 다독인다. "당신 여기 와서 살 거잖아, 살 거면 우리가 잘 만들어 놔야지 살 수 있다." 고된 노동이기는 해도 어디까지나 나의 터전을 위한 일이고 삶에 의미를 부여해 주는 활동이므로, 단지 버티는 수준을 넘어서 기꺼이 할 수 있다. '자

---

44. 인터뷰 일자: 2016. 5. 21.

기착취'라는 말은 본래부터 성립불가능한 형용모순이다. '착취'는 타자를 전제하는 개념이기 때문이다. 자기가 자기를 스스로 착취하는 것은 개념적으로만 가능할 뿐이며, '열정노동'과도 구분돼야 한다. 열정노동이란 말 그대로 열정의 착취다. 합당한 대가를 지불하지 않거나 무의미를 남긴다(한윤형 외 2011). 사회적경제는 다르다. 사회적경제의 열정은 도덕적 시민권으로, 진정한 삶의 의미로 그들에게 다시 돌아온다. 이곳에는 외부 불경제(external diseconomy)로서 '열정의 불경제'가 아니라 외부 경제(external economy)로서 '의미의 경제'가 작동하고 있다.

V. 결론: 도덕공동체의 경제적 재구성

지금까지 충북 옥천의 사회적경제 사례에서 '도덕'의 의미에 대해 살펴봤다. 이를 요약해 보면 다음과 같다. 우선 공동체의 동기 수준에서, 사회적경제는 한계에 봉착한 기존의 도덕적 운동이 활로를 모색하기 위한 시도였다. 또한 옥천 지역공동체가 자치와 연대의 규범을 통해 공동체의 외연을 넓히고, 순환과 공생의 가치를 통해 공동체의 심연을 도덕적으로 재구성하기 위한 시도이기도 했다. 결국 옥천에서 사회적경제는 도덕공동체가 스스로 복원을 시도하는 과정에서 자연스럽게 도달하게 된 정거장이었다.

경제 영역에서 도덕성을 추구하는 사회적경제의 기획은 효율성의 측면에서 항상 의심받았지만, 옥천 사례에서 도덕적 가치와 규범은 오히려 사회적경제의 효과성을 제고했다. 도덕적 규범에 대해 공동체 구성원 모두가 합의에 도달함으로써, 사회적경제의 활동들에 대한 구성원 전체의 자발적 참여를 이끌어 낼 수 있었기 때문이다. 개인은 공유된 가치와 목적을 위해 헌신함으로써 도덕공동체의 시민권을 획득하고 그 안에서 자기 삶의 진정한 의미를 발견했다. 도덕공동체가 존재하지 않았다면, 묻어 들어 있는 사회적경제도 없었을 것이다.

요약컨대 옥천에서 사회적경제는 근대 이후 탈도덕화된 경제 영역을 도덕적으로 재구성해서 포섭하기 위한 도덕공동체의 시도였다. 글에서는 주로 성공만을 봐 왔지만, 실패도 많았다. 아직까지 가치와 규범을 공유하는 정도의 격차가 구성원들 사이에 명백히 존재하며(F),[45] 공동체적 거버넌스 방식들에 대해서도 민관 간·민민 간 견해 차가 여전하다(A-3).[46] 이처럼 성공과 실패를 두루 조망할 때도, 충북 옥천의 지역공동체 실험은 여전히 지속가능한가? 글의 결론을 갈음하면서, 미래의 전망과 정치적 함의를 함께 제시해 보고자 한다.

"옥천에서 지역순환경제, 자치와 협동을 열심히 잘 할 때, … 지금 소비자들이 가치소비를 하니까, 단지 우리 먹거리니까, 농약 안 쳤으니까 사주세요. 그것만으로 안 되거든요? 그리려면 그런 농촌다움. 농약 제초제만 안 친다고 유기적이라고 볼 수 없다 이거지. 그 농산물이 생산되는 지역사회가 유기적으로 잘 사느냐, 그들이 인근의 물과 다른 작물들과 다른 농부들과 어떻게 (관계를 맺느냐) … 그런 면에서 옥천이, 노력이 결실을 보겠죠."
– 허헌중 지역재단 상임이사[47]

"면사무소·우체국·보건소·학교·농협 뭐가 됐든, 중앙행정계통기관이지만 안남에서는 안남식대로, 서로 유기적 통합을 이뤄 내 줬으면 좋겠다. 내가 당장 국가를 바꾸고 군을 바꾸지는 못하지만, 적어도 안남면사무소 직원은 안남의 분위기에서 안남의 기운을 받고 일하면 좋겠다. … 가장 최소 단위에서부터 모세혈관 피돌기를 정말 유기적으로 해 보자. … 모두 새로 만들기보다는, 있는 관계를 안남의 광장에서 녹여냈으면 좋겠다. 이런 생각들을 하는 거죠."
– 주교종 옥천살림협동조합 상임이사[48]

허헌중 이사도 지적하듯이, 옥천 사회적경제의 이념이 만약 '환경적·생태적 가치'로만 축소된다면 미래가 없다. 국산 유기농산물은 중국 유기농산물에 비해 가격 경쟁력이 낮을 가능성이 높다. '유기농'만으로 설득하기에는, 소비자의 입

45. 인터뷰 일자: 2016. 5. 21.
46. 인터뷰 일자: 2016. 5. 25.
47. 인터뷰 일자: 2016. 5. 13.
48. 인터뷰 일자: 2016. 4. 2.

장에서 국산보다 중국 유기농산물을 구매하는 것이 더 합리적이다. 주교종 이사도 인정하듯이, 당장 국가와 시장을 바꾸지 못하는 상황에서 도덕적 요구가 수용되기만을 무작정 기다릴 수도 없다. 그럼 어떻게 할 것인가? 위기와 기회는 함께 온다. 갈수록 시장개방이 가속화되는 한편, 소비자들은 가치소비로 전환해 간다. 그렇다면 협동과 연대의 범위를 확장하기 위해서도 옥천지역사회적경제는 시장경제나 다른 경제가 쉽게 모방할 수 없는 가치, 더 높은 가치를 담아내야 한다. 유기농산물은 돈만 벌린다면 시장경제에서 얼마든지 모방할 수 있다. 'organic' 인증마크만으로는 표현할 수 없는 가치들을 사회적경제는 생산해야 한다.

옥천의 지역공동체가 추구해 온 '도덕적 가치'는 그런 가치 중의 가치이다. 그런 '옥천다움'이야말로 옥천 사회적경제가 생산할 수 있는 최고의 가치다. 그러므로 사회적경제는 집요하게 지역공동체에 닻을 내려야 한다. 사회적경제라는 배는 지역공동체라는 항구에 정박해야만 하는 것이다. 지금 당장 국가 단위·군 단위의 경제 시스템을 바꾸기는 어렵지만, 옥천 사회적경제가 '옥천의 분위기에서 옥천의 기운을 받고' 돌아가게 하는 것은 한결 쉽다. 이것이 사회적경제가 지역에 주목해야 하는 이유이다. 모든 사회적경제의 활동과 실천은 지역공동체의 도덕적 가치와 공명할 때, 그리하여 지역 안에서 지역 밖의 시민들에게 대안적 삶의 가능성을 보여 줄 때 훨씬 오래 지속가능하고 훨씬 널리 확산가능하게 될 것이다. 사회적경제의 연대와 협동을 지탱하는 것은 무엇보다 이 경제가 재생산해 내는 도덕적 가치의 대내외적 설득력과 호소력에 있기 때문이다.

참고문헌

• 논문 및 단행본

A.F. 레이들로. 김동희 옮김. 2000.『레이들로 보고서: 서기 2000년의 협동조합』 서울: 한국협동조합연구소출판부. (Laidlaw, Alexander F. 1980. *Co-operatives in the year 2000*).

강동구청. 2016.『지속가능 행복도시 강동: 2016 주요업무계획』.

강병준. 2014. "거버넌스 관점에서의 사회적 경제조직의 성과요인 분석: 이해관계자의 인식조사를 중심으로."『공간과 사회』 24(3). 5-46.

강원택. 2014. "총론: 지방자치를 보는 새로운 시각." 강원택 편.『한국 지방자치의 현실과 개혁 과제』 서울: ㈜사회평론아카데미.

경희대학교 산학협력단. 2015.『마포 관광통계 조사연구 용역』 서울: 마포구청.

고광용. 2014. "자치구 마을공동체 네트워크와 중간지원조직의 역할 비교연구: 서울시 동대문구와 성북구의 비교를 중심으로."『사회과학연구』 26(2). 131-159.

고재경·주정현. 2012.『마을공동체 활성화를 위한 중간지원조직의 역할-거래비용이론 관점에서: 경기개발연구원 기본연구 2012-12』.

곽현근. 2008. "지역사회 사회자본에 미치는 동네효과에 관한 연구."『지방정부연구』 11(4). 59-86.

관계부처 합동. 2012.『제2차 사회적기업 육성 기본계획(2013~2017)』.

______. 2013.『제1차 협동조합 기본계획(2014~2016)』.

광산구공익활동지원센터. 2015a.『오순도순 마을살이 주민공모』.

______. 2015b.『2015 광산구공익활동지원센터 활동백서』.

광산구. 2014a.『2014-2018 구정운영계획: 신광산 비전과 전략』.

______. 2014b.『지역일자리 목표 공시제 광산구 민선6기 일자리대책 종합계획 "사회적 경제를 통한 든든한 일자리 창출"』.

______. 2015.『광산구 마을공동체 사례집』.

______. 2016a. "사회적경제 자금조달 '더불어 함께' 실험."『광산구보: 오색매력』 264.

______. 2016b.『광산구 협동조합협의회 이력』 (내부자료).

광주광역시. 2015.『「더불어 함께하는 공동체, 사회적 공유가치 창출」을 위한 광주광역시 사회적경제 종합발전계획』.
국토개발원. 2013.『원도심 쇠퇴현황 및 도시재생 추진방향』(보고서).
국회사무처. 2014.『정부와 지방자치단체의 사회적경제 지원정책의 현황 및 개선과제 도출』.
권홍재. 2011. "커뮤니티비즈니스 방식의 민관협력에 의한 지역활성화 요인에 관한 연구- 완주군 사례를 중심으로." 한국외국어대학교 행정학과 박사학위논문.
권효림. 2015. "결사체주의 관점에서 본 '마을공동체 만들기'의 민주주의적 의의: 마포파티(Mapo party) 사례를 중심으로."『한국사회학』49(5). 151-180.
금천구청. 2015a.『구민우선, 사람중심의 구청: 2015 주요업무계획』.
______. 2015b.『'금천구 사회적경제 민·관 공동영업단' 구성 및 운영계획』.
______. 2015c.『금천구 사회적경제 지역특화사업단 3차년 사업보고』75.
김경휘·반정호. 2006. "한국 상황에서의 사회적 기업의 개념과 유형에 관한 소고."『노동정책연구』6(4). 31-54.
김경희. 2013. "사회적 경제를 통한 지역혁신의 가능성과 한계."『공공사회연구』3(2). 126-150.
김기성. 1999. "시민자치와「정치적인 것」의 변화: 일본 사회의 실험을 중심으로."『한국정치학회보』33(2). 157-178.
김남균·김남주. 2015.『골목사장 생존법』. 서울: 한권의책.
김성윤. 2013. "사회적 경제에서 사회적인 것의 문제."『문화과학』73. 110-129.
김우영. 2013. "은평구 마을공동체로 바라보는 주민참여사업."『공공사회연구』3(2). 5-35.
김의영 외. 2015.『동네 안의 시민정치: 서울대생들이 참여관찰한 서울시 자치구의 시민정치 사례』. 서울: 푸른길.
김의영. 2011. "굿 거버넌스 연구 분석틀: 로컬 거버넌스를 중심으로."『한국정치연구』20(2). 209-234.
______. 2014.『거버넌스의 정치학: 한국정치의 새로운 패러다임 모색』. 서울: 명인문화사.
______. 2015. "사회적경제의 혼종성과 정치학적 연구의 가능성: 조직 지형, 국가 간 비교, 민주주의." 서울대학교 사회과학대학 설립 40주년 기념 심포지엄 발표 자료.
김의영·임기홍. 2015. "한국 사회적경제 조직 지형도."『Oughtopia』30(1). 61-92.
김의영·한주희. 2008. "결사체 민주주의의 실험: 성미산 지키기 운동과 마포연대의 사례."

『한국정치학회보』 42(3). 143-166.
김인태. 2010. "한국형 사회적기업 발전방안 연구: 선진국과 한국의 비교분석을 중심으로." 호남대학교 석사학위 논문.
김정원. 2009. 『사회적기업이란 무엇인가』. 서울: 아르케.
김정인. 2014. "사회적기업의 특성 및 지원유형에 따른 성과차이 분석: 자율경영공시 사회적기업을 중심으로." 『한국사회복지행정학』 16(2). 181-212.
김정희. 2015. "굿 거버넌스 실현을 위한 대도시의 주민참여행정 비교연구: 부산시와 서울시의 마을만들기지원정책을 중심으로." 『지방정부연구』 18(4). 135-170.
김지헌. 2016. "중간지원조직과 거버넌스." 『희망이슈』 5. 희망제작소.
김진열·정문기·이규명 2016. "'지역기반 사회적기업'의 활성화를 위한 지방자치난체의 역할 - 시흥시민 햇빛발전소 사례를 중심으로." 『한국자치행정학보』 30(2). 521-538.
김찬미·김경민. 2014. "서울시 사회적기업의 사회적 네트워크 연구." 『서울도시연구』 15(3). 165-178.
김창환. 2016. "전주시 온두레공동체 등장과 지역재생." 『도시정보』 411. 24-26.
김학실. 2014. "지역경제 위기에 대응한 사회적 경제 지원방향에 관한 연구: 사회적 경제 중간지원조직 활동을 중심으로." 『한국위기관리논집』 10(7). 75-97.
김항집. 2011. "역사·문화자원과 연계한 지방중소도시의 도시재생 방안." 『한국지역개발학회지』 23(4). 123-148.
김형준. 2009. "대통령의 국정 운영 리더십 고찰: 이명박 정부 집권 초기 리더십 실패를 중심으로. 『신아세아』 16(4). 185-212.
김형호. 2013. "마을공동체 형성과 주민 자치 민주주의: 서울시 금천구 사례를 중심으로." 『지역거버넌스와 풀뿌리 민주주의: 지방자치단체 사례를 중심으로』 서울: 민주화운동기념사업회.
김혜천. 2013. "한국적 도시재생의 개념과 유형, 정책방향에 관한 연구." 『도시행정학보』 26(3). 1-22.
나주몽. 2012. "한국의 커뮤니티비즈니스정책 추진과정과 지역차원의 과제." 『지역개발연구』 44(1). 141-160.
남구청. 2013. 『민선5기 3주년 공약사항 성과집: 서른다섯 가지 정책약속 이렇게 실천했습니다』.
______. 2016. 『2016년도 주요업무계획』.

남승균. 2015. “사회적경제와 지역의 내발적 발전에 관한 연구.” 『인천학연구』 23. 85-124.
노대명. 2009. “사회적경제를 강화해야 할 세 가지 이유: ‘생활세계의 위기’를 넘어.” 『창작과비평』 37(3). 73-93.
대구광역시. 2016. 『대구 사회적경제 종합발전계획』.
마포구청. 2016. 『상상드림 마포: 2016 주요업무계획』.
미우라 히로키. 2014. “시민섹터 관련 법인제도의 재편성에 관한 한중일 비교연구.” 『아태연구』 21(2). 5-37.
______ · 한주희. 2013. “한국 사회생태계에서 정부-기업-시민섹터 간 융합적 영역: 조직, 재정, 시민참여의 실태와 경향.” 『한국정치연구』 22(3). 121-152.
박수진 · 윤희철 · 나주몽. 2015. “로컬거버넌스 관점에서 지방의제21 마을만들기 실천사업의 고찰.” 『한국거버넌스학회보』 22(2). 337-359.
박주형. 2013. “도구화되는 ‘공동체’: 서울시 마을공동체 만들기 사업에 대한 비판적 고찰.” 『공간과 사회』 23(1). 5-43.
변창흠. 2013. “뉴타운사업의 정책실패 악순환 구조 분석.” 『공간과 사회』 23(2). 85-128.
생태보전시민모임, 2001. 『성미산 자연생태현황 조사 보고서』.
서봉만. 2015. 『인천시 도시재생사업 활성화를 위한 사회적경제기업 육성 방향과 과제』. 인천: 인천발전연구원.
______ · 윤석진 · 이인휘. 2015. 『인천광역시 사회적경제 현장실태조사』. 인천: 인천광역시 사회적경제지원센터.
서영표. 2013. “인식되지 않은 조건, 의도하지 않은 결과: 노골적인 계급사회의 탈계급정치.” 『진보평론』 58. 62-85.
서울사회적경제지원센터. 2014a. 『사회적경제가 만들어 가는 서울의 변화』.
______. 2014b. 『서울의 사회적경제 봄, 바람: 사회적경제 지역생태계조성사업 성과보고회』.
______. 2016. 『2014 사회적경제 현황 및 지역화 과제』 발표자료집.
서울특별시. 2013. 『지속가능한 생태계 조성을 위한 사회적경제 종합지원계획』.
______. 2015a. 『GSEF2014 백서』. 서울: 삶의출판협동조합.
______. 2015b. 『사회적경제지원센터 브로슈어』.
______. 2016a. 『2025 서울시 도시재생전략계획』.
______. 2016b. 『사회적경제 활성화 정책 대화: 경제민주화를 염원하는 정치리더와 시민

들의 만남』 자료집.

서종국. 2013. "도시계획의 변화로 보는 인천." 인천광역시사편찬위원회 편. 『인천광역시사 2: 끊임없는 개척정신, 새로운 도약』. 557-621. 인천: 인천광역시.

서휘석·김길곤. 2015. "협력적 거버넌스 구축 과정에 관한 연구: 완주군 로컬푸드를 중심으로." 『한국자치행정학보』 29(2). 45-66.

성북구청. 2015. 『경제에 가치를 담다! 성북구 사회적경제』.

______. 2016a. 『2016 사회적경제와 도시재생을 통한 마을공동체경제 구축』.

______. 2016b. 『2016 주민참여예산제 운영계획』.

성북신나. 2015. 『성북신나 2016년 사업계획서』.

스테파노 자마니·루이지노 브루니. 2015. 제현주 옮김. 『21세기 시민경제학의 탄생』. 서울: 북돋움.

신동선·김인식. 2008. "지방자치단체의 역사인물자원을 활용한 지역정체성 확립에 관한 연구: 사례분석 및 주민의식조사를 토대로." 『경기행정논집』 22. 77-100.

신명호. 2000. "한국 지역주민운동의 특성과 교훈." 조효제 편역. 『NGO의 시대』. 서울: 창작과비평사.

______. 2009. "한국의 '사회적 경제' 개념 정립을 위한 시론." 『동향과 전망』 75. 11-46.

양세훈. 2012. 『(마을기업과 사회적기업의) 거버넌스: 사회적 일자리 정책의 불편한 진실』. 파주: 한국학술정보.

엄한진·권종희. 2014. "대안운동으로서의 강원지역 사회적 경제: '연대의 경제'론을 중심으로." 『경제와사회』 104. 358-392.

엘리너 오스트롬. 2010. 『공유의 비극을 넘어』 서울: 랜덤하우스코리아. (Ostrom, Elinor. 1990. *Governing the Commons*. Cambridge: Cambridge University Press.)

오단이·정무성. 2015. "지역사회문제해결을 위해 창업한 사회적기업가가 바라본 한국 중간지원조직 연구 - 지속가능한 사회적기업 활성화를 위해." 『한국사회복지행정학』 17(1). 189-212.

오미일. 2010. "글로벌경제의 대항 비전으로서 사회적 경제." 『로컬리티 인문학』 4. 83-118.

오세근. 2014. "'사회적경제'에 내재한 대안 사상적 함의 도출: 신자유주의 너머의 연대 경제와 자율정치 구상을 위한 시론으로서." 『사회사상과 문화』 30. 209-256.

위성남. 2015. "도시형 마을의 주민 관계망 형성방식에 대한 연구." 『2015 마을살이 작은 연구』. 156-220.

______·구교선·문치웅·허선희·신승철·김민수·이규원. 2012.『마을하기, 성미산마을의 역사와 생각』. 국토연구원 도시재생지원센터.

유재원·홍성만. 2005. "정부의 시대에서 꽃핀 Multi-level Governance."『한국정치학회보』. 39(2). 171-194.

유창복. 2010. "나의 마을살이 10년 - 이제 마을하자!"『진보평론』 43. 55-99.

______. 2014.『도시에서 행복한 마을은 가능한가』. 서울: 휴머니스트.

______. 2016. "협치, 지속가능한 혁신을 위하여" (미발표 원고).

윤석인. 2014.『지방자치가 우리 삶을 바꾼다: 지역을 바꾼 77가지 혁신사례』. 서울: 희망제작소.

은평구청 주거재생과. 2014.『보도자료: 은평구 빈집프로젝트 1호, 증산동 쉐어하우스 개관』.

은평구청. 2012.『정책연구보고서』.

______. 2016.『북한산 큰숲, 사람의 마을 은평: 2016년 주요업무계획』.

이근영 외. 2015. "성북구마을사회적경제 매거진 성북마을 no.1." 성북구마을사회적경제센터.

이선향. 2016. "지속가능한 국가발전 모델과 로컬거버넌스: '굿거버넌스'의 제도적 설계에 대한 재검토."『사회과학연구』 55(1). 235-262.

이선희. 2011. "전통문화구역 정책변화가 주민사회에 미친 영향: 전주시 '한옥마을'을 사례로."『지역사회연구』 19(1). 109-135.

이수연. 2013. "협력적 거버넌스의 관점에서 본 커뮤니티비즈니스 정책과정에 대한 연구-전북 완주군 사례를 중심으로."『한국거버넌스학회보』 20(2). 149-168.

이숙종·유희정. 2015. "정부신뢰의 영향요인 연구: 대통령 신뢰의 매개효과를 중심으로."『한국정치연구』 24(2). 53-81.

이용갑. 2014.『사회적 자원 개발을 위한 인천광역시 자활기업 현황 연구』. 인천: 인천발전연구원.

이은미·진성미. 2014. "시민교육의 확장을 위한 평생교육의 의의: 지역사회기반 시민교육을 중심으로."『시민교육연구』 46(3). 195-221.

이인우. 2014. "사회적경제와 지역사회 발전." 충북대학교 사회과학연구소.『사회적경제와 지역사회 발전 포럼 자료집』 5-19.

이지호·이현우. 2015. "정부신뢰의 한국적 의미와 측정: 반응성, 효율성 그리고 공정성."『한국정치연구』 24(3). 1-27.

이해진. 2015a. “한국의 사회적경제: 제도화의 정치과정과 지역화 전략.”『지역사회학』 16(1). 135-180.

_____. 2015b. “사회적경제와 지역발전: 혁신, 호혜, 협력의 원리를 중심으로.”『한국사회학』 49(5). 77-111.

인천광역시남구사회적경제지원센터. 2015.『대학생기자단과 함께하는 남구 사회적기업 탐방』. 인천: 남구사회적경제지원센터.

_____. 2016.『2016학년도 자유학기제·창의공감 교육을 위한 교육 프로그램 가이드북: 남구 사회적기업, 마을기업, 협동조합』. 인천: 남구사회적경제지원센터.

인천광역시마을공동체만들기지원센터. 2015.『인천 마을을 잇다: 2015 인천 마을공동체 탐방기』. 인천: 마을공동체만들기지원센터.

임학성. 2015. “총설.” 인천광역시 남구 편.『인천광역시 남구 역사문화총서 1. 도시마을생활사: 숭의동, 도화동』. 17-20. 인천: 남구청.

장원봉. 2007.『사회적경제의 이론과 실제』. 서울: 나눔의집.

전국사회연대경제 지방정부협의회. 2016.『제10차 사회적경제 공동포럼 자료집』. 2016. 6. 2. 부평구청청소년수련관.

전북발전연구원·전라북도마을만들기협력센터. 2015.『로컬푸드 매뉴얼』. 전주:전북발전연구원.

전주시청. 2016.『전주! 더 시민 속으로, 더 서민 곁으로: 2016 주요업무계획』.

전창진·정철모. 2014. “도시재생사업에서 사회적 자본이 로컬 거버넌스에 미치는 영향에 관한 연구: 전주 T/B 중간지원조직을 중심으로.”『주거환경』 12(3). 297-310.

전희경. 2014. “마을공동체의 ‘공동체’성을 질문하다.”『페미니즘 연구』 14(1). 75-112.

정건화. 2012. “민주주의, 지역 그리고 사회적 경제.”『동향과전망』 10: 7-43.

정규호. 2008. “풀뿌리 사회경제 거버넌스의 의미와 역할: 원주지역협동조합운동을 중심으로.”『시민사회와 NGO』 6(1). 113-148.

정순영. 2015. “믿을 만한 신문, 아무리 봐도 없다고요?” 충남연구원 엮음.『사회적경제의 발견』. 옥천: 포도밭출판사.

정용택. 2014. 다큐멘터리 “파티51.”

정태인·이수연. 2013.『협동의 경제학』. 서울: 레디앙.

제임스 스콧. 김춘동 옮김. 2004.『농민의 도덕경제: 동남아시아의 반란과 생계』. 서울: 아카넷. (Scott, J. 1976. *The Moral Economy of the Peasant: Rebellion and Subsistence in Southeast Asia*. New Haven & London: Yale University Press.)

조명래. 2011. “문화적 도시재생과 공공성의 회복: 한국적 도시재생에 관한 비판적 성찰.” 『공간과 사회』 37. 39-65.
조한혜정 · 엄기호 · 천주희 · 최은주 · 이충한 · 이영롱 · 양기만 · 강정석 · 나일등 · 이규호. 2016. 『노오력의 배신: 청년을 거부하는 국가, 사회를 거부하는 청년』. 서울: 창비.
주교종 외. 2015. “자치와 협동을 통해 순환과 공생의 지역공동체를 만들어나가는 옥천군의 실험.” 지역재단 엮음. 『분권과 자치의 시대: 지역농정 거버넌스 구축방안』, 제34회지역리더포럼발제자료. 3-40.
주상현. 2014. “지속가능한 커뮤니티비즈니스 형성요인과 정책과제.” 『한국자치행정학보』 28(3). 219-249.
진양명숙 · 문보람. 2014. “주거지에서 관광지로_전주한옥마을 관광지화의 명암.” 『지방사와 지방문화』 17(1). 177-208.
진희선 · 송재룡. 2013. “칼 폴라니의 전환적 사회경제 사상에 대한 고찰 – 시장경제에서의 사회적 가치를 중심으로.” . 28. 267-315.
채은경 · 정남숙. 2013. 『남구 통두레 모임 활성화 방안』. 인천: 인천발전연구원.
최종덕. 2007. “사회자본 형성을 위한 시민교육의 방향.” 『시민교육연구』 39(4). 135-161.
최준영. 2014. “지방의회와 주민 참여: 현황과 개선 방안” 강원택 편. 『한국 지방자치의 현실과 개혁 과제』 서울: ㈜사회평론아카데미.
칼 폴라니. 홍기빈 옮김. 2009. 『거대한 전환』. 서울: 길. (Polanyi, Karl. 1944. *The Great Tranformation*. MA: Beacon Press)
폴 매티시. 장수찬 옮김. 2015. 『마을 만들기를 위해 알아야 할 28가지』(Mattessich, Paul W. 1997. *Community Building: What Makes It Work*.). 홍성: 그물코.
하승우. 2011. “생활정치와 로컬 거버넌스의 민주적 재구성.” 『경제와 사회』 90. 12-38.
한경헌. 2015. 『인천시 남구 여성친화도시 조성 기본 계획 연구』. 인천: 인천시여성가족재단.
한국사회적기업진흥원. 2016. 『2016 협동조합 정책 활용 길라잡이』.
한상진. 2005. 『시장과 국가를 넘어서: 사회적 기업을 통한 자활의 전망』. 울산: 울산대학교출판부.
한신갑. 2016. “협동조합의 조직생태학: 혼종성의 공간, 혼종성의 시간.” 『한국사회학』 50(2). 165-198.
한윤형 · 김정근 · 최태섭. 2011. 『열정은 어떻게 노동이 되는가: 한국 사회를 움직이는 새로운 명령』. 서울: 웅진지식하우스.

행정자치부 지역경제과. 2016. 『보도자료: 청년 창업 등 마을기업 다양화 나선다』.
홍기빈. 2001. 『아리스토텔레스, 경제를 말하다』. 서울: 책세상.
______. 2012. 『살림/살이 경제학을 위하여』. 서울: 지식의 날개.
홍성덕. 2015. "전주시 역사문화자원의 활용과 도시재생: 전주 한옥마을을 중심으로", 『열상고전연구』 48. 29-61.
황민호. 2015. "마을과 농민의 만남, 먹거리를 지켜라." 충남연구원 엮음. 『사회적경제의 발견』. 옥천: 포도밭출판사.
희망제작소. 2013. "지속가능한 지역공동체 만들기-희망제작소의 지역창조 사업: 완주군 커뮤니티비즈니스 적용 사례." Hope Report 1302-2202.

Alexander, Amy C. and Christian Welzel. 2011. "Measuring Effective Democracy: The Human Empowerment Approach." *Comparative Politics* 43(3). 271-289.
Amabile, Teresa M. and Steven J. Kramer. 2011. "The Power of Small Wins." Harvard Business Review May. https://hbr.org/2011/05/the-power-of-small-wins
Amin, Ash, Angus Cameron and Ray Hudsonn R. 2002. *Placing the Social Economy*. New York and London: Routledge.
Ansell, Chris and Alison Gash. 2008. "Collaborative Governance in Theory and Practice." *Journal of Public Administration Research and Theory* 18(4). 543-571.
Calvès, Anne-Emmanuèle. 2009. "Empowerment: généalogie d'un concept clé du discours contemporain sur le développement." *Revue Tiers Monde* 4(200). 735-749 http://www.cairn.info/revue-tiers-monde-2009-4-page-735.htm
Coleman, James. 1990. *Foundations of Social Theory*. Massachusetts: Harvard University Press.
Defourny, Jacques and Patrick Develtere. 1999. "Social Economy: the Worldwide Making of a Third Sector," in *Social Economy North and South*, edited by Jacques Defourny, Patrick Develtere, and Bénédicte Fonteneau, 22-56. HIVA: KULeuven.
European Economic and Social Committee. 2012. *The Social Economy in the European Union*. Brussel: EU.
Fukuyama, Francis. 1995. *Trust*. New York: Simon&Schuster.

Gibson-Graham, J.K.·Cameron, Jenny·Healy, Stephen. 2013. *Take back the economy: an ethical guide for transforming our communities*. Minneapolis: University of Minnesota Press.

ILO. 2011. "Social and Solidarity Economy: Our Common Road towards Decent Work." Turin: Italy.

International Training Centre of the International Labour Organization. 2011. The Reader 2011: Social and Solidarity Economy: Our common road towards Decent Work. Social and Soclidarity Economy Academy 24-28 October 2011, Montreal, Canada.

McFadyen, Ann and Cannella Jr., Albert. 2004. "Social Capital and Knowledge Creation: Diminishing returns of the Number and Strength of Exchange Relationships." *Academy of Management Journal* 47(5). 735-746.

Peters, Guy and Jon Pierre. 2001. "Developments in intergovernmental relations: towards multi-level governance." *Policy&Politics* 29(2). 131-135.

Putnam, Robert D. 1993a. *Making Democracy Work: Civic Traditions in Modern Italy*. Princeton: Princeton University Press.

______. 1993b. "The Prosperous community." *The American Prospect* 4(13). 35-42.

______. 1995. "Bowling Alone: America's Declining Social Capital." *Journal of Democracy*. 6(1). 65-78.

______. 2001. *Bowling alone: The collapse and revival of American community*. New York: Simon and Schuster.

______ and Feldstein, Lewis. 2003. *Better Together: Restoring the American community*. New York: Simon and Schuster.

Restakis, John. 2010. *Humanizing the economy: co-operatives in the age of capital*. Gabriola, B.C.: New Society Publishers.

Rhodes R.A.W.. 1997. "From Marketization to Diplomacy: it's the mix that matters." *Public Policy and Administration* 12(2). 31-50.

Sirianni, Carmen. 2009. *Investing In Democracy: Engaging Citizens in Collaborative Governance*. Washington D.C.: Brookings Institution Press.

Smith, Graham and Simon Teasdale. 2012. "Associative democracy and the social economy: exploring the regulative challenge." *Economy and Society*. 41(2).

151-176.

Utting, Peter, Nadine van Dijk and Marie-Adélaïde Matheï. 2013. "Social and Solidarity Economy: A Pathway to Socially Sustainable Development?" Geneva: UNRISD.

______ et al. 2014. "Social and Solidarity Economy: Is There a New Economy in the Making?" *UNRISD Occasional Paper* 10. Potentials and Limits of Social and Solidarity Economy.

Wright, Erik Olin. 2010. *Envisioning real utopias*. New York: W.W.Norton.

• 언론보도 및 기사

allmytown. "사회적경제기본법 쟁점은 무엇인가? 새누리당 법안과 새정치민주연합 법안 전격 비교." 코코뉴스. 2014년 8월 14일자.

강인석. "전주시, 전국 36개 자치단체와 젠트리피케이션 방지 협약." 전북일보 2016년 5월 29일자.

곽안나. "함께하는 인천 마을공동체 탐방: 문학골 맑은 사람들." 인천일보. 2016년 4월 11일자.

권오성. "앞으로 10년도 건강하고 재미있게… 안내 행복한학교 10주년 기념식 열려", 옥천신문. 2013년 12월 6일자.

______. "옥천살림, '협동조합'으로 지역공동체 회복 견인." 옥천신문. 2014년 7월 25일자.

김경하. "정부 인증 없으면 착한 일도 못하나요." 조선일보. 2014년 12월 9일자.

김광기. "[서소문 포럼] 한국 경제, '사회적 자본'의 고갈이 더 큰 문제." 중앙일보. 2016년 7월 28일자.

김금진. "[현직자 인터뷰] 지역을 신나게 하는 작은 연구소, 성북신나." 서울잡스. 몇 년 몇 월 몇일자- 안나옴.

김영숙. "상인은 수익 창출, 마을은 환경 개선, 시민은 목공 체험: 인천 남구 숭의목공예센터." 시사인천. 2016년 4월 14일자.

______. "해외영화제로 확대? 오히려 지역에 집중해야죠: 최주영 인천여성영화제 집행위원장 인터뷰." 오마이뉴스. 2014년 7월 9일자.

김영환. "인천시 사회적경제과 폐지 논란." 한겨레. 2014년 10월 21일자.

김영훈. "우리 동네 더 좋은 동네 만드는 협동조합." 한겨레. 2016년 5월 29일자.

김재태. "성북구, '공유(共有)경제시대'를 선도하다: 전국 기초 지자체 최초 '공유촉진 조례

(안)’ 입법예고해.” 한강타임즈. 2014년 4월 9일자.
김준호. “두리반의 기적…“뭉치면 살고, 흩어지면 죽는다!.”” 프레시안. 2011년 7월 1일자.
______. “김승수 전주시장 당선인 “외연 확장 보다 삶의 질 향상 역점.”” 전북일보. 2014년 6월 18일자.
______. “김승수 전주시장 “도시발전 패러다임 바꿔야.”” 전북일보. 2014년 7월 2일자.
김종표. “김승수 전주시장 “동네복지 구축.”” 전북일보, 2015년 1월 4일자.
______. “김승수 전주시장 “사람 냄새 나는 복지·생태도시 조성.”” 전북일보. 2014년 11월 18일자.
김태규. “한겨레 ‘청춘아, 정치하자’– 정치BAR_유쾌한 지역 협동조합 ‘성북신나’.” 한겨레. 2016년 1월 29일자.
노해섭. “광주시 광산구 더불어락 노인복지관, 행정 서비스 미래 대안 부상.” 아시아경제. 2015년 10월 26일자.
문찬식. “인천 남구 마을만들기 사업 잇달아 벤치마킹.” 시민일보. 2015년 6월 25일자.
박누리. “살맛나는 지역사회 만들어보자… 옥천순환경제공동체 창립총회 열려.” 옥천신문. 2013년 11월 29일자.
박임근. “전북 8개 군 재정자립도 10.4%대 ‘바닥’.” 한겨레. 2015년 9월 7일자.
______. 전주 한옥마을주민들 “관광객 몰려 거주 불편.” 한겨레. 2014년 7월 23일자.
박송이. “망원동에서 무럭무럭 크는 새로운 ‘가치’.” 경향신문. 2015년 10월 17일자.
박종일. “‘사회적경제 사관학교’ 성북구 민간이 주도.” 아시아경제. 2015년 4월 6일자.
______. “강동구, 300가구 이상 아파트 단지 도시텃밭 설치해야.” 아시아경제. 2016년 3월 22일자.
______. “이해식 강동구청장, 사회적경제 조성 자치단체 역할 중요.” 아시아경제. 2016년 6월 18일자.
______. “이해식 강동구청장, 서울대생들과 사회적 경제 토론.” 아시아경제. 2016년 6월 19일자.
박주영. “남구 큰나무 도서관 리모델링 개관.” 미디어인천신문. 2014년 2월 19일자.
박준배. “광주 광산구의회 ‘이유 없는 몽니’ 때문에….” 광주인. 2015년 9월 30일자.
박진희. “안남 도서관 버스, 이제 맘껏 달린다… 1일부터 운행 시작, 옥천군 인건비 지원 약속.” 옥천신문. 2009년 6월 5일자.
박효진. “홍대 앞 서교센터 폐관 위기? “죽지 않아, 아직은!.”” 오마이뉴스. 2013년 11월 19일자.

배영수. "인천 사회적기업들, "사회적경제과 폐지 절대 안 돼."" 인천in. 2014년 10월 20일자.
백정현. "농업발전위원회, 드디어 출범." 옥천신문. 2006년 11월 16일자.
______. "안남면지역발전위원회 공식 출범… 1월부터 공동사업 본격추진." 옥천신문. 2006년 11월 2일자.
소중한. "소득 3만불이면 행복? 전주시장의 도발적 질문." 오마이뉴스. 2015년 9월 4일자.
손효숙. "서교센터 폐관 위기, 민관 문예협력 '공수표'." 2013년 10월 26일자.
양은영. "비어 있던 집을 함께 사는 집으로 만들고 있죠." 한겨레. 2015년 8월 16일자.
______. "생활경제 협동조합으로 '아파트 공동체'를." 한겨레. 2015년 6월 21일자.
______. "주민들끼리 빈 공간 빌려주는 '엔젤존' 확산중." 한겨레. 2015년 6월 7일자.
______. "지역 특성 살린 한국형 사회적 경제 모델 만들겠다." 한겨레. 2015년 4월 26일자.
염승용. "광산구, 시민중심 '민립'대학 오는 3월 개강." 더리더. 2016년 2월 11일자.
염지현. "돈 보다 사람 챙기는 사회적 경제가 시장 빈 틈 메울 것." 중앙선데이. 2016년 5월 1일자.
옥천신문편집부. "옥천군농민회 창립… 농민권익과 지위향상 실현 취지." 옥천신문. 1990년 4월 14일자.
윤난실. "우리가 광산구의회 마당에 천막을 친 이유." 오마이뉴스. 2015년 11월 16일자.
윤태현. "시간 멈춘 인천 '우각로마을'…예술로 시계 돌리다." 연합뉴스. 2013년 11월 10일자.
음성원. "에너지 자립도 24% 끌어올린 강동구 '십자성 마을'." 한겨레. 2014년 10월 16일자.
이경주. "'사회적경제 사관학교' 소문난 성북." 서울신문. 2015년 2월 5일자.
이병기. "남구사회적기업육성센터, '비리투성이': '전국최초' 무색, 구비로 만든 사회적기업 직원 소유 등 말썽." 인천in. 2011년 1월 16일자.
이원재. "'본격 하드코어 마을살이 청년협동조합 '성북신나'를 소개합니다'." 문화연대. 2014년 12월 11일자.
이현경. "옥천살림, 옥천푸드인증사업 견인 역할 해야." 옥천신문. 2016년 3월 7일자.
이희동. "'사회적경제와 마을공동체는 함께할 수 있을까?" 오마이뉴스. 2015년 11월 20일자.
인천in편집부. "숭의동 '주민이 만드는 마을창작공방' 개소: 어린이목공체험교실 등 시범 운영." 2013년 12월 8일자.

______. "남구 '우각로문화마을' 해산: 예술인들 무상입주 공간 재계약 어려워." 2016년 2월 24일자.
임승재. "재개발 동네 '예술인 마을'로 재탄생." 경인일보. 2012년 8월 14일자.
임청. "여행바이블 론리플래닛 "전주한옥마을, 아시아 명소 3위로 소개."" 연합뉴스. 2016년 7월 14일자.
______. "전주 첫 마중길 "젠트리피케이션 안 돼요."" 연합뉴스. 2016년 7월 29일자.
______. "전주시 국제슬로시티 재인증 성공…전통생명문화 중심지 '우뚝'." 연합뉴스. 2016년 5월 31일자.
장우성. "'사회적경제 전도사' 김영배 구청장 "더 많은 이에게 풍요를."" 뉴스1. 2014년 11월 20일자.
점필정. "옥천당은 정치개혁이다." 옥천신문. 2005년 11월 18일자.
장정철. "전주시 대형마트 "의무휴업 그대로 유지."" 전북도민일보. 2014년 12월 17일자.
정기석. "농촌은 '농장'이 아니라 '마을'이다." 오마이뉴스. 2016년 1월 18일자.
정성학. "지역소득 역외유출 31배 폭증."새전북일보. 2013년 1월 13일자.
정순영. "옥천 사회적경제 함께 만들어갑시다." 옥천신문. 2011년 2월 18일자.
정아름. "광주 광산구, 서민 악성부채 탕감사업 추진." 매경증권. 2015년 12월 10일자.
정창교. "인천 남구 '우각로 문화마을' 지방자치박람회 우수 향토자원으로 선정." 국민일보. 2013년 10월 24일자.
조양덕. "후보 핵심공약 비교분석_전주시장." 전라매일. 2014년 5월 20일자.
조현경. "마을이 키우는 아이…'사회적 경제 특구' 들어보셨나요?" 한겨레. 2015년 12월 6일자.
주동석. "민형배 광주광산구청장, 지역현안 해결은 사회적경제 방식이 적절." 뉴스웨이. 2015년 5월 17일자.
중앙일보. "체전 이모저모." 1980년 10월 7일자.
홍인철. "김승수 전주시장 "인간적 · 품격있는 도시 만들겠다."" 연합뉴스. 2016년 1월 11일자.
______. "세계화 위기 지역화로 극복"…'행복의 경제학' 전주서 국제회의." 연합뉴스. 2015년 9월 4일자.
______. "전주시 '사회적경제' 기반조성에 150억 투입." 연합뉴스. 2014년 2월 22일자.
______. "전주시장 "종합경기장은 시민의 것…롯데와 전면전 불사."" 연합뉴스. 2015년 9월 21일자.

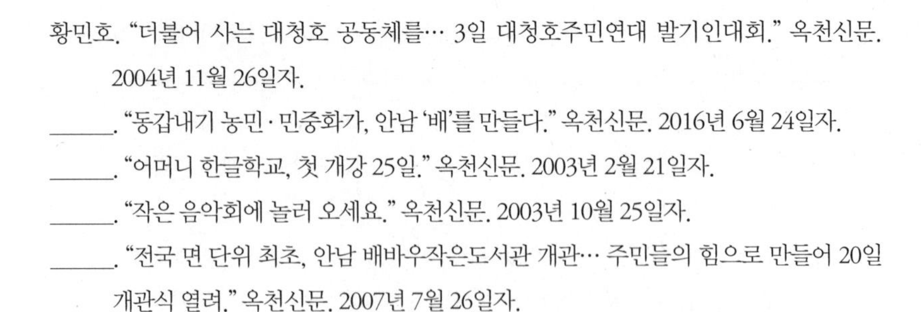
황민호. "더불어 사는 대청호 공동체를… 3일 대청호주민연대 발기인대회." 옥천신문. 2004년 11월 26일자.
______. "동갑내기 농민 · 민중화가, 안남 '배'를 만들다." 옥천신문. 2016년 6월 24일자.
______. "어머니 한글학교, 첫 개강 25일." 옥천신문. 2003년 2월 21일자.
______. "작은 음악회에 놀러 오세요." 옥천신문. 2003년 10월 25일자.
______. "전국 면 단위 최초, 안남 배바우작은도서관 개관… 주민들의 힘으로 만들어 20일 개관식 열려." 옥천신문. 2007년 7월 26일자.

• 인터넷 자료

Global Social Economy Forum 2014. http://www.gscf2014.org
건강한밥상 꾸러미 홈페이지. http://www.hilocalfood.com/index.do
공동육아와 공동체교육. http://www.gongdong.or.kr
광산구 공유문화플랫폼 공자다방 홈페이지 http://www.공자다방.kr
광산구공익활동지원센터 홈페이지. "알림과 참여." http://www.maeulings.or.kr
광산구의회 홈페이지. http://gjgc.co.kr
광주NGO시민재단 사회경제센터 홈페이지. http://www.socialcenter.kr
기획재정부 협동조합 홈페이지. http://www.coop.go.kr
마포공동체경제네트워크 모아 홈페이지. http://mapo.network
서울특별시 도시재생 희망지 공모. http://citybuild.seoul.go.kr/archives/58356
서울특별시 열린데이터광장. http://data.seoul.go.kr
서울특별시 홈페이지. "사회적경제." http://economy.seoul.go.kr/socialeconomy
성북신나 홈페이지. http://sinna.us
성산1동 주민센터. http://seongsan1.mapo.go.kr
시민과대안연구소 홈페이지. http://www.sidaeyeon.net
옥천군청 홈페이지. http://www.oc.go.kr
완주군청 홈페이지. http://www.wanju.go.kr
은평구청 홈페이지. http://www.ep.go.kr
일상예술창작센터 홈페이지. http://www.livingnart.or.kr
전주시 사회적경제 · 도시재생지원센터 홈페이지. http://www.jsec.or.kr
전주시청 홈페이지. http://www.jeonju.go.kr
충북사회적기업 & 마을기업 홈페이지. http://cbsocial.cb21.net

투게더광산 나눔문화재단 홈페이지. http://www.tgnanum.com
한국디아코니아연구소 홈페이지. http://diakonie.co.kr
행정자치부 자치법규 정보시스템. http://elis.go.kr